汇集十年精华
展现裁判思维
促进适法统一

《中国法院年度案例集成丛书》

主　　编 胡田野　国家法官学院副院长

副 主 编 刘　畅　最高人民法院司法案例研究院规划部主任

　　　　　李晓果　最高人民法院司法案例研究院研究部副主任

主编助理 赵文轩　最高人民法院司法案例研究院规划部编辑

编审人员（按姓氏笔画为序）

王晓梅　王　锐　王蓓蓓　王　曦　朱志磊　朱建伟

朱　琳　刘　畅　安慧中　李迎昌　李明桓　李　彦

李　洋　李晓果　李　婧　李　谦　李想成　张智颖

陈佳艺　周丽华　赵文轩　荣学磊　胡田野　胡　岩

姜子佳　姜　丹　费嘉荣　徐万佳　唐世银　唐墨华

唐鑫鑫　梁　欣　程　瑛　焦明静　童启鑫　熊　燕

潘园园

本书编审人员 王　锐　周丽华　费嘉荣

中国法院年度案例集成丛书

金融纠纷

裁判规则
理解与适用

国家法官学院
最高人民法院司法案例研究院
—— 编 ——

中国法制出版社
CHINA LEGAL PUBLISHING HOUSE

《中国法院年度案例集成丛书》通讯编辑名单

刘晓虹	北京市高级人民法院	宋淼军	湖北省高级人民法院
王　凯	北京市高级人民法院	黄　娅	湖北省宜昌市中级人民法院
董　扬	天津市高级人民法院	唐　竞	湖南省高级人民法院
童若涵	河北省高级人民法院	李　雪	广东省高级人民法院
崔铮亮	山西省高级人民法院	邹尚忠	广西壮族自治区高级人民法院
杨智勇	内蒙古自治区高级人民法院	陈小青	广西壮族自治区高级人民法院
周文政	辽宁省高级人民法院	李周伟	海南省高级人民法院
苏　浩	吉林省高级人民法院	闫帅锋	重庆市高级人民法院
王　妍	黑龙江省高级人民法院	任　梦	四川省高级人民法院
牛晨光	上海市高级人民法院	李丽玲	云南省高级人民法院
缪　芳	江苏省高级人民法院	石　瑾	云南省昆明市中级人民法院
卢燊绅	江苏省高级人民法院	伍席芳	贵州省高级人民法院
符东杰	江苏省南通市中级人民法院	余长智	贵州省贵阳市中级人民法院
宋婉龄	江苏省无锡市中级人民法院	王丽萍	西藏自治区高级人民法院
杨　治	浙江省高级人民法院	郑亚非	陕西省高级人民法院
蒋　莹	浙江省高级人民法院	张旦旦	甘肃省高级人民法院
刘伟玲	安徽省高级人民法院	王　晶	青海省高级人民法院
杨　宇	福建省高级人民法院	康　莹	宁夏回族自治区高级人民法院
章光园	江西省高级人民法院	石孝能	新疆维吾尔自治区高级人民法院
李　宁	山东省高级人民法院	吉　雄	新疆维吾尔自治区高级人民法院生产建设兵团分院
郭宇凌	河南省高级人民法院		

序

党的十八大以来，以习近平同志为核心的党中央高度重视依法治国，明确提出全面依法治国，坚持在法治轨道上推进国家治理体系和治理能力现代化。党的二十大报告指出，要坚持走中国特色社会主义法治道路，建设中国特色社会主义法治体系、建设社会主义法治国家，围绕保障和促进社会公平正义，坚持依法治国、依法执政、依法行政共同推进，坚持法治国家、法治政府、法治社会一体建设，全面推进科学立法、严格执法、公正司法、全民守法，全面推进国家各方面工作法治化。人民法院始终坚持以习近平新时代中国特色社会主义思想为指导，深入贯彻落实习近平法治思想，把加强案例指导和研究作为助力推进全面依法治国的重要途径，通过制定司法解释、发布指导性案例、提炼裁判要旨、推行类案检索等系列举措，深入推进法律适用统一，不断提升司法质量、效率和公信力，努力让人民群众在每一个司法案件中感受到公平正义。

“中国法院年度案例丛书”是国家法官学院于2012年开始编辑出版的一套大型案例丛书，每年年初定期出版。截至2022年，已经连续出版11年。2020年起，丛书由国家法官学院和最高人民法院司法案例研究院共同编著。丛书编辑始终坚持以习近平新时代中国特色社会主义思想为指导，深入贯彻落实习近平法治思想，深化成果运用，认真总结案例积累的审判执行经验做法，积极回应人民群众多元司法需求，记录我国司法审判执行工作发展进程，助力丰富司法审判理论，构建中国法治话语体系。该丛书案例涵盖人民法院刑事、民事、商事、行政、知产、环资和执行各业务领域，按照业务领域和案由层级设计分册及纲目，目前汇编案例合计1.2万余篇。丛书严格遵循案例选编要求，突出争议焦点、裁判规则和法律适用分析，追求“好读有用”，已经形成品牌效应。为总结十余年的案例编选和研究经验，在全国各级人民法院的大力支持下，国家法官学院与最高人民法院司法案例研究院经全面梳理丛书的1.2万余篇案例，以新法新规为依据，对于其中“判得好且写得好”的案例进行再次深度加工，编辑出版“中国法院年度案例集成丛书”。

“中国法院年度案例集成丛书”坚决贯彻落实党的二十大报告关于坚持全面依法治国，推进法治中国建设的部署要求，深度挖掘优秀案例在完善裁判规则体系、促进统一法律适用、促进民法典等新法新规正确实施和应用法学研究等方面的法治价值、学术价值和时代价值，探索体系化提炼和编纂裁判规则的新思路，发挥司法案例的规范、指导、评价、引领作用，展现新时代我国法治建设成就，大力弘扬社会主义核心价值观，助推全民法治意识和法治素养提升。

“中国法院年度案例集成丛书”共15个分册：《物权纠纷裁判规则理解与适用》《合同纠纷裁判规则理解与适用》《借款担保纠纷裁判规则理解与适用》《人格权纠纷裁判规则理解与适用》《婚姻家庭与继承纠纷裁判规则理解与适用》《侵权纠纷裁判规则

理解与适用》《道路交通纠纷裁判规则理解与适用》《保险纠纷裁判规则理解与适用》《劳动纠纷裁判规则理解与适用》《公司纠纷裁判规则理解与适用》《金融纠纷裁判规则理解与适用》《知识产权纠纷裁判规则理解与适用》《行政纠纷裁判规则理解与适用》《刑事案例裁判规则理解与适用》《执行纠纷裁判规则理解与适用》。丛书在编辑工作中坚持以下原则：一是突出裁判规则价值。以历年“中国法院年度案例丛书”采用的1.2万余篇案例为精选基础，优中选优，提供给读者十余年积累的多类型、多视角的疑难新型典型性案例，概览人民法院的类型化裁判规则。二是方便读者检索。为体现以读者为本的理念，丛书分卷细化，每卷根据最新的案由、法律适用问题分类编排案例，以裁判规则、裁判思路或案件焦点的核心内容作为主标题，让读者一目了然，迅速找到目标案例。三是注重案例分析的实用性。根据最新的法律法规以及司法解释对原“法官后语”进行完善，高度提炼案例对理解和适用新法新规的参考价值，为新型疑难法律适用问题提供解决方案，为司法工作提供借鉴，为法学研究提供启迪。

中国法制出版社始终全力支持“中国法院年度案例集成丛书”的出版，给了作者和编辑们巨大的鼓励。该丛书还提供了数据库增值服务，内附精美书签，扫描其中二维码，即可免费查阅往年同类案例数据库。我们在此谨表谢忱，并希望通过共同努力，臻于至善，真正探索出一条编辑案例书籍、挖掘案例价值的新路，不断增强丛书案例的代表性、时代性、权威性，丰富案例类型，细化裁判规则，提升分析质量，以更好服务于社会主义法治国家建设、服务于司法审判执行工作、服务于学习研究法律的广大读者。

“中国法院年度案例集成丛书”既是法官、检察官、律师等法律工作者的办案参考和司法人员培训的实用教材，也是社会大众学法用法的经典案例读本，同时是教学科研机构案例研究的良好素材。当然，我们难以一步到位实现初衷，该丛书还存在各种不足甚至错误，欢迎读者批评指正。我们愿听取各方建议，不断拓宽司法案例研究领域，有效发挥类案裁判规则功能，立足新发展阶段，实现中国特色司法案例研究事业的高质量发展。

国家法官学院

最高人民法院司法案例研究院

2023 年 2 月

目 录

Contents

一、金融借款合同纠纷

二、储蓄存款合同纠纷

三、银行卡纠纷

（一）借记卡纠纷

（二）信用卡纠纷

四、融资租赁合同纠纷

五、委托理财合同纠纷

六、证券纠纷

七、信托纠纷

八、保险纠纷

九、票据纠纷

十、信用证纠纷

十一、其他

一、金融借款合同纠纷

001 质权人对应收账款质押权的行权困境

——甲农商行诉乙公司等金融借款合同案

【案件基本信息】

1. 裁判书字号

吉林省永吉县人民法院（2020）吉 0221 民初 1151 号民事判决书

2. 案由：金融借款合同纠纷

3. 当事人

原告：甲农商行

被告：乙公司、陈长某、某市教育局

【基本案情】

2016 年乙公司与某市教育局签订《某市中小学生桶装饮用水采购合同书》，约定某市教育局为其所属学校学生向乙公司采购桶装饮用矿泉水，合同期限自 2016 年 2 月 1 日起至 2017 年 7 月 31 日止，合同总价款 3600000 元。2016 年 6 月 2 日，乙公司向甲农商行申请以应收账款作为质押，贷款 2200000 元。2016 年 6 月 13 日，甲农商行与乙公司签订《应收账款质押协议》。2016 年 6 月 15 日，乙公司向某市教育局出具《应收账款回款路径确认书》，告知某市教育局其公司向甲农商行申请以应收账款质押贷款，并提请某市教育局批准双方的结算账户更改为乙公司在甲农商行开户账户。同日，某市教育局为乙公司出具《应收账款回款路径确认书回执》，为甲农商行出具《应收账款回款路径承诺书》，同意将乙公司提出的账户作为销售货款结算的唯一指定账户。2016 年 6 月 16 日，甲农商行与乙公司签订《流动资金借款合同》《应收账款质押合同》各一份。借款合同约定，乙公司向甲农商行借款 2150000 元，借款期限自 2016 年 6 月 16 日起至 2017 年 6 月 15 日止。质押合同约定：乙公司以应收账款为其在甲农商行的借款提供质押担保，出质标的为乙公司与某市教育局签署的采购合同中的应收账款 3600000 元；债务人未按时足额偿还全部或部分贷款本金利息时，债权人有权依法拍卖、变卖应收账款，并以所得价款优先受偿。同日，陈长某与甲农商行签订《个人保证合同》并约定，陈长某为乙公司在甲农商行的借款提供连带责任保证担保。2016 年 6 月 20 日，甲农商行向乙公司发放贷款 2150000 元。2016 年 9 月 25 日，甲农商行在中国人民银行征信中心办理了动产权属统一登记。2017 年 10 月 21 日，甲农商行向乙公司、陈长某催收贷款，陈长某在逾期贷款催收通知书回执上加盖公司公章及法人名章。截至 2020 年 4 月 1 日，乙公司尚欠甲农商行贷款本金 1750000 元，利息 673051.03 元。另查明，乙公司与某市教育局 2016 年至 2019 年的矿泉水货款已经全部结清。

【案件焦点】

1. 甲农商行诉请的借款利息是否符合法律规定；2. 某市教育局应否承担还款责任；3. 陈长某应否承担连带保证责任。

【法院裁判要旨】[①]

吉林省永吉县人民法院经审理认为：本案关键在于确定甲农商行与乙公司借款合同的效力及责任承担问题、陈长某的保证责任是否已过保证诉讼时效，以及甲农商行与乙公司签订的《应收账款质押协议》的履行情况、合同效力、合同项下权利义务关系以及责任承担，某市教育局应否向甲农商行承担还款责任。乙公司与某市教育局之间的应收账款质押，质押权是否成立，甲农商行是否能就该笔应收账款实现自身的抵押权等问题，均具有至关重要的影响。

就本案已知证据及本院调查了解的情况分析，首先，签订借款合同成立并生效，双方当事人应按照合同约定全面履行义务。其次，陈长某为乙公司的借款提供连带责任保证。甲农商行在法定的诉讼时效期间内向保证人陈长某要求承担保证责任，符合法律规定。最后，应收账款质押合同办理了应收账款质押登记，甲农商行的质权自登记时设立。乙公司作为出质人，在其与甲农商行签订质押合同后，仅以甲农商行提交的回款账户无法办理税收登记为由，擅自与某市教育局更改货款回款账户，且未征得甲农商行的同意，乙公司的行为违反了质押合同约定，其应承担违约责任。某市教育局为甲农商行出具的《应收账款回款路径承诺书》系其承诺将甲农商行提供的账户作为回款账户，但承诺书上并无乙公司不履行还款责任时其承担相应还款责任的内容，甲农商行亦未提交某市教育局应承担还款责任的其他证据，故甲农商行要求某市教育局承担清偿借款本息责任的诉讼请求，缺乏事实及法律依据，不应予以支持。依照相

---

① 本书【法院裁判要旨】适用的法律法规等条文均为案件裁判当时有效，下文不再对此进行提示。

关法律规定，作出如下判决：

一、乙公司于本判决生效后立即偿还甲农商行贷款本金 1750000 元、利息 673051.03 元，本息合计 2423051.03 元（利息计算至 2020 年 4 月 1 日，以后罚息按照月利率 10.875‰，计算至贷款清偿之日止）；

二、陈长某对本判决第一项向甲农商行承担连带保证责任；

三、驳回甲农商行的其他诉讼请求。

判决后，双方当事人均未上诉，本判决现已生效。

【法官后语】①

应收账款质押操作简便，有利于市场主体之间资金盘活。根据《应收账款质押登记办法》第二条、第十条以及《中华人民共和国民法典》第四百四十五条的相关规定，应收账款质押登记具有设立质权的作用。依法定程序设立的应收账款质权，具有质权登记的公示效力，应及于出质人的债务人。但是，质押合同及债权人据此享有的质权能否约束或对抗出质人的债务人，还需要具体情况具体分析。

如前所述，应收账款债务人并非质押关系中的当事人，但债务人的履约行为却是质权实现的重要保障。在实践中，根据应收账款质押制度的运行机理，应收账款质押是用应收账款债务人之信用去弥补出质人信用之不足，故质权人给予信贷融资是基于债务人的清偿能力及清偿行为。所以，对质权人来说，关注质权对债务人产生哪些效力及如何实现某种意义上更甚于对出质人的效力。同时，应

① 本书【法官后语】对此类法律问题涉及的法律法规等内容进行了时效性更新，下文不再对此进行提示。

收账款质押天然的弱担保性，必然要求对应收账款现金流的控制，其终极体现即为应收账款债务人的按约还款。是故，质权对应收账款债务人的效力是实现应收账款质押制度中保障质权人安全的重要内容，承载着该制度安全价值的实现，也是该制度能否在现实经济生活中发挥其作用、实现其预期目标的关键性要素。

因法律缺乏对应收账款债务人的清偿行为限制的明确规定，将给质权人带来一定的法律风险。应收账款质押后，应收账款债务人的清偿行为是否受到限制？

有人认为从合同相对性的角度来看，质权人仅对出质人的处分权有限制，出质人在擅自处分后，对质权人承担违约责任，应收账款债务人与质权人之间，一无合同约定，二无法律规定，债务人并无责任。

法律虽然没有明确规定，但应收账款出质后，产生了对应收账款债务人清偿行为的限制。理由如下：从权利本身性质出发，应收账款质押具有担保物权和债权的双重属性。动产质押是依靠对动产的占有来实现其优先受偿权的，质权人对质物的控制从而保障优先受偿权是质权的核心内容，是故，出质后产生对应收账款债务人清偿行为的约束为权利本身的应有之义。同时，按照合同法理论，债权人可以转让其债权，质权人能够确保对已收取金钱部分取得优先权。然而，从债权角度分析，如果应收账款收取后直接用于归还质权人主债务的约定出现在出质人、质权人与次债务人的三方协议中，该条款相当于“封闭汇款协议”，次债务人的还款直接汇至指定账户，用于归还出质人债务，次债务人未按此偿还的，直接向质权人承担违约责任；如果出现在出质人和质权人的双方约定中，则构成涉他合同，次债务人未还款至指定账户的，不向质权人承担违约责任，相应违约责任由出质人承担。

第三方债务人虽然不与银行直接接触，但债务人的行为仍可以给商业银行带来风险。在实践过程中，第三方债务人恶意逃脱废债，导致作为质押标的的应收账款无法得到偿还，给银行带来了极大的信贷风险。如果应收账款的债务人经营状况不佳或是信用状况不良，产生违约的道德风险，同样使质押的还款来源堵塞，商业银行无法正常地收账款意味着合同义务随之终止，商业银行等金融机构也会因此无法实现债权。

编写人：吉林省永吉县人民法院　武爽

002　金融借款中配偶方表达知悉同意借款事实不构成共同借款意思表示

——甲银行温州分行诉李某、陈某金融借款合同案

【案件基本信息】

1. 裁判书字号

浙江省温州市中级人民法院（2020）浙 03 民终 2149 号民事判决书

2. 案由：金融借款合同纠纷

3. 当事人

原告（上诉人）：甲银行温州分行

被告（被上诉人）：李某、陈某

【基本案情】

2013 年 12 月 11 日，李某向甲银行温州分行申请信用贷款，并提交了甲银行温州分行提供的《×意人卡（×意红）申请表》，约定：申请人为李某，贷款用途为生产经营，自主支付范围为采购数码产品等，企业名称为某数码产品经营部，性质为独资企业；授信额度 15 万元，循环额度有效期限自 2013 年 12 月 17 日起至 2018 年 12 月 17 日止，单笔贷款期限为 36 个月，采用等额本息还款；借款利率以固定月利率 1.5%计息，逾期按约定利率加收 30%计息，未按期偿付借款利息，按逾期利息利率计收复利。

李某和陈某于 2009 年 9 月 27 日登记结婚。涉案申请表第六项载明："本人确认，本人已经仔细阅读本申请书的所有条款。银行的有关人士已经提醒本人在签署本文件前可以要求银行的有关人士对任何条款作充分说明和解释，并对本人就有关条款提出的问题和信息进行了充分的说明和解释。本人同意甲银行不论是否与本人就上述业务达成协议都有权保留相关材料。本人现已充分了解本文件所有条款的含义。因而经过谨慎考虑，本人同意接受所有条款并遵守所有承诺及声明。本人若违反上述条款及声明，愿意按照法律法规规定、个人信用贷款合同的约定承担相应责任。"上述条款下方借款人签名栏有李某本人签字，借款人配偶签名栏签有陈某名字。

合同签订后，截至 2019 年 8 月 23 日，李某尚欠甲银行温州分行借款本金 39817.22 元（其中已到期本金 36303.69 元，未到期本金 3513.53 元）、利息 3774.48 元、逾期利息 4887.64 元、期内利息复利 446.31 元。

【案件焦点】

李某以个人名义向银行借款，陈某作为配偶在借款合同的借款人配偶签名栏签字，明确已知悉并同意借款事宜，是否构成共同借款的意思表示。

【法院裁判要旨】

浙江省温州市鹿城区人民法院经审理认为：甲银行温州分行选择宣告贷款提前到期，属行使合同解除权，其要求计收未到期本金逾期利息的请求缺乏合同依据，且在此情形下，支付逾期利息存在双重救济适当性的考量。因此，对甲银行温州分行关于未到期本金逾期利息的诉请不予支持。陈某未在借款合同中作为借款人签字，其在配偶栏签字并不足以证明上述借款系李某、陈某共同意思表示，且甲银行温州分行也无证据证明上述借款系因家庭日常生活需要所负的债务，现甲银行温州分行主张系夫妻共同债务，不予支持。遂判决：

一、李某于判决生效之日起十日内偿付甲银行温州分行借款本金39817.22元、利息及逾期利息、复利（截至2019年8月23日利息3774.48元、逾期利息4887.64元、期内利息复利446.31元，自2019年8月24日起利息以未到期本金3513.53元为基数按年利率18%计算，逾期利息以到期本金36303.69元为基数按年利率23.4%计算，复利以未还利息为基数按年利率23.4%计算，均计算至实际履行完毕之日止）；

二、驳回甲银行温州分行的其他诉讼请求。

甲银行温州分行不服原判提起上诉。浙江省温州市中级人民法院经审理认为：关于涉案债务是否属于李某、陈某共同债务的问题，本案款项系以李某个人名义所借，虽借款申请表第六项借款人配偶签名处签有陈某名字，但该签名是否系陈某本人所签，各方尚存争议；即使签字为真，签名栏上方所载内容仅表明配偶方知晓并同意李某借款事实，并无表达共同借款的意思表示。甲银行温州分行作为正规金融机构，债权安全防控能力较强，涉案借款合同系甲银行温州分行提供的贷款格式合同，在合同中没有要求配偶作为共同借款人签字，往往是出于交易效率、贷款利率等因素考虑所作的有意选择。综上，本案借款应认定为李某的个人债务。关于涉案借款的利息认定问题，甲银行温州分行既行使宣告合同提前到期权，使借款人丧失合同期限利益，又要求对未到期本金计收逾期利息，存在双重救济的失衡。故对未到期本金不支持按逾期利率计算利息。遂判决：

驳回上诉，维持原判。

【法官后语】

自《最高人民法院关于审理涉及夫妻债务纠纷案件适用法律有关问题的解释》（法释〔2018〕2号）[①] 出台以来，共同举债意思表示成为认定夫妻共债的基本准则。若缺乏夫妻在债权凭证上共同签字或配偶方事后追认等明确表达共同举债意思表示的事实依据，能否根据配偶方知悉同意举债事实，以推定配偶方存在共同举债的意愿，是司法实践中经常碰到的难点。

笔者认为，夫妻共同债务的最终责任形式为连带责任，因此债务人配偶共同负债的意思表示必须清晰、明确，使法律状态完全明白无误。在事实不清的情况下，应以认定个人举债为原则，共同举

① 根据《最高人民法院关于废止部分司法解释及相关规范性文件的决定》，该司法解释已于2021年1月1日起失效。

债为例外。通过发挥裁判导向作用，引导民事商事主体主动规范交易行为、加强风险防范、避免日后纠纷。故债务人配偶知道、了解甚至同意债务人的负债，均不足以构成自愿共同负担债务的意思。实践中还经常出现债务人使用配偶名下账户收付款项的情形，夫妻之间人身关系的特殊性及财产关系的混同性，使夫妻双方易获得彼此的账户信息，配偶对转账之事知悉同意，不能据此即认定配偶具备举债合意，仍要审查债务有无超过家庭日常生活所需、是否用于夫妻共同生活等因素综合判断是否构成夫妻共债。

值得注意的是，本案的债权人系银行，金融借款中配偶方仅表达知悉同意举债一方借款事实的，更不应认定构成共同借款意思表示。从双方交易地位来看，银行作为正规金融机构，债权安全防控能力较强，在交易中亦处于优势地位，完全可以也有条件在交易时即要求相对人配偶作出共同负债的意思表示，以避免日后产生纠纷时的举证风险。银行自行提供的格式合同仅要求夫妻另一方以借款人配偶身份签字以明确其知晓并同意借款人借款事实，而未要求配偶作为共同借款人身份签字，往往是银行对配偶方不共同举债已有预期，出于产品特性、贷款利率、交易效率、管理成本等多因素考虑所作的有意选择。针对小额金融产品，债务人个人的征信能够保障债权安全的，并无必要追加配偶为共同债务人，以防范资金链风险过度扩散造成的社会危害。

编写人：浙江省温州市中级人民法院　胡淑丽

003 贷款机构未披露实际利率不得据此收取利息

——田某、周某诉甲信托公司金融借款合同案

【案件基本信息】

1. 裁判书字号

上海金融法院（2020）沪74民终1034号民事判决书

2. 案由：金融借款合同纠纷

3. 当事人

原告（上诉人）：田某、周某

被告（被上诉人）：甲信托公司

【基本案情】

2017年9月22日，田某、周某和甲信托公司签订《贷款合同》，约定贷款本金6000000元，期限8年，贷款利率具体以《还款计划表》为准，平均年利率11.88%，还款方式为分次还款。合同附件《还款计划表》载明，还款期数为96期，每期还款均包含本息，每年12期还款金额一致，每12个月递减一次还款金额。

2017年9月26日，田某、周某先向甲信托公司汇款141000元作为第一期还款，甲信托公司于2017年9月27日向田某、周某转账支付6000000元。田某、周某按《还款计划表》逐月还款至2018年11月27日，后申请提前还款获准，遂于2018年12月17日向甲信托公司支付5515522.81元（其中本金5505522.81元、违约金10000元），结清全部贷款。之后，田某、周某认为甲信托公司未披露实际利率，告知其平均年利率为11.88%，但实际执行

利率却达20%多，且实际放款前已经收取了第一期还款，该款项应从贷款本金中扣除。据此，请求判令甲信托公司返还多收取的利息并赔偿相应损失。甲信托公司辩称，合同约定贷款利率以《还款计划表》为准，该表系以借款本金6000000元×平均年利率11.88%×借款期限8年算得应还总利息，加上本金后分摊至每月作成。借款人签字确认按《还款计划表》还款即视为认可。另外，由于在贷款实际发放前确实收取了第一期还款141000元，故愿意补偿田某、周某200000元。

案件审理中，甲信托公司为说明《贷款合同》每期还款金额如何确定，提交了另一版本《还款计划表》，除载明每期应还款金额、剩余本金外，还载明每期应还款中的利息金额、本金金额、当年利率，此外在表格尾部还载明贷款本金6000000元，利息合计5702400元，本息合计11702400元，总利率为95.04%，年利率平均值为11.88%。经核算，前述各年利率系以当年应付息总和除以初始贷款本金6000000元算得，而11.88%系前述各年利率的算术平均值。

【案件焦点】

1. 贷款人应否明确披露实际利率；2. 如何履行披露义务；3. 未履行披露义务的法律后果为何。

【法院裁判要旨】

上海市普陀区人民法院经审理认为：《还款计划表》列明每一期还款的本息合计金额和剩余本金，亦由借款人签字确认，故不存在隐瞒利率的事实，判决驳回田某、周某的诉讼请求，准予甲信托公司补偿田某、周某200000元。宣判后，田某、周某提出上诉。

上海金融法院经审理认为：贷款机构负有明确披露贷款实际利率的义务，若以格式条款约定利率，还应采取合理方式提请借款人注意，并按照借款人的要求予以说明。若因贷款机关未明确披露导致借款人没有注意或理解借款合同的实际利率，则应视为双方未就“按照该实际利率计算利息”达成合意，贷款机构无权据此计收利息。此时，合同利率的确定应当依据合同解释原则，结合相关条款、行为的性质和目的、习惯以及诚信原则，采用一般理性人标准。贷款机构发放贷款前已经收取的还款应当从实际本金中扣除。

本案中，《还款计划表》仅载明每期还款本息额和剩余本金额，既未载明实际利率，也未载明利息总额或其计算方式。一般人若不具备会计或金融专业知识，难以通过短时阅读而自行发现实际利率与合同首部载明利率存在差别，亦难以自行验算该实际利率。因此《还款计划表》不足以揭示借款合同的实际利率。借款合同首部载明平均年利率为 11.88%，同时载明还款方式为分次还款。上述条款应当作为确定利息计算方式的主要依据，采用一般理性人的标准进行解释。借款人主张以 11.88%为利率，以剩余本金为基数计算利息，符合一般理性人的通常理解，也符合交易习惯和诚信原则，应予支持。实际放款前已经收取的还款应当从贷款本金中扣除。以此计算，甲信托公司多收取的利息合计 844578.54 元应予返还，同时还应向借款人赔偿相应利息损失。

上海金融法院因此改判甲信托公司向田某、周某返还多收取的利息 844578.54 元，并赔偿自提前还款日次日起至实际归还之日止按照中国人民银行公布的同期人民币存款利率计算的利息。

【法官后语】

利率是指一定时期内利息额与本金的比率。当本金和借款期限确定后，利率的高低直接决定利息的多少，从而反映借款人资金成本的高低。但实践中，由于利率标注和本息支付方式不同，标注利率相同的借款合同实际用资成本迥异，导致了名义利率与实际利率的差异。

贷款产品的提供者应当向借款人明确披露实际利率。首先，利率是借款合同的核心要素，关系到借款人在合同项下的根本利益。在将竞争机制引入贷款业务，贷款利率市场化的大背景下，如果将贷款视为商品，那么利率就是其价格，贷款人有义务如实披露利率，为其提供的贷款商品“明码标价”。其次，只有实际利率方能如实反映借款人的用资成本。利息是货币在一定时期内的使用费，因此贷款人只有实际将货币交由借款人使用方能获得利息，借款人只有实际获得货币才需支付利息。在本金因分次归还而逐渐减少的情况下，使用以初始本金为基数计算的利率必然低于实际利率，并不能反映借款人的实际用资成本。最后，明确披露实际利率是确保借款合同平等缔约，保护金融消费者权益的必然要求。实际利率是普通金融消费者所理解的利率，但利息计算具有专业性，不同的本息支付方式又增加了计算的复杂程度，缺乏会计或金融专业知识的普通民众难以具备计算实际利率的能力。实践中，一些贷款产品的提供者利用其与借款人在专业知识上的不对称，通过只展示较低的日利率或月利率，掩盖较高的年利率；只展示较低的名义利率，或每期支付的利息或费用，掩盖较高的实际利率；以服务费等名目收取砍头息等方式，给金融消费者带来“利率幻觉”。

借贷业务具有规模大、数量多的特点，实践中几乎所有的金融借款合同均为格式合同，大多数面向金融消费者的借款合同均采用利率格式条款。《中华人民共和国民法典》（以下简称《民法典》）第四百九十六条将格式条款提示说明的范围扩大到与对方有重大利害关系的条款。故以格式条款约定利率的，贷款人应采取合理方式提请借款人注意，并按照借款人的要求予以说明。该条还规定，提供格式条款的一方未履行提示或者说明义务，致使对方没有注意或者理解与其有重大利害关系的条款的，对方可以主张该条款不成为合同的内容。据此，若因贷款人对利率格式条款未予披露和明确说明的原因，致使借款人没有注意或者理解借款合同的实际利率，应当认为双方未就“按照该实际利率计算利息”达成合意，贷款人无权据此收取利息。需要注意的是，虽然本案发生在《民法典》出台之前，但根据《最高人民法院关于适用〈中华人民共和国民法典〉时间效力的若干规定》第九条的规定：“民法典施行前订立的合同，提供格式条款一方未履行提示或者说明义务，涉及格式条款效力认定的，适用民法典第四百九十六条的规定。”故《民法典》第四百九十六条对于其施行前订立的合同具有溯及适用效力。

《中国人民银行公告〔2021〕第3号》要求所有从事贷款业务的机构以明显的方式向借款人展示年化利率，明确年化利率应以对借款人收取的所有贷款成本与其实际占用的贷款本金的比例计算，并折算成年化形式。特别提到采用分期偿还本金方式的，应以每期还款后剩余本金计算实际占用的贷款本金。

编写人：上海金融法院　沈竹莺

004 对金融机构采用通道形式发放贷款行为的效力认定

——鹤壁某银行股份有限公司诉河南某科技发展有限公司金融借款合同案

【案件基本信息】

1. 裁判书字号

河南省高级人民法院（2019）豫民终801号民事判决书

2. 案由：金融借款合同纠纷

3. 当事人

原告（被上诉人）：鹤壁某银行股份有限公司（以下简称鹤壁某银行）

被告（上诉人）：河南某科技发展有限公司（以下简称某科技公司）

【基本案情】

河南某实业有限公司（以下简称某实业公司）系鹤壁某银行的股东，某科技公司系某实业公司的关联公司。经某实业公司、某科技公司与鹤壁某银行协商，鹤壁某银行同意向某科技公司发放贷款1.35亿元。由于某科技公司的注册资本只有1000万元，鹤壁某银行一次性向某科技公司发放高达1.35亿元的贷款不符合监管政策要求，经双方协商一致，采用通道形式发放贷款。

2017年12月，鹤壁某银行与安徽某银行股份有限公司（以下简称安徽某银行）签订《理财产品协议书》，约定鹤壁某银行认购安徽某银行1.35亿元的理财产品。鹤壁某银行指定安徽某银行与山西某银行股份有限公司（以下简称山西某银行）签订相关协议，并承诺完全承担相关协议签署导致的投资后果和风险。鹤壁某银行向山西某银行出具《承诺函》，承诺投资某科技公司资金信托项目。

2017年12月15日，某信托股份有限公司（以下简称某信托公司）与某科技公司签订《信托贷款合同》，约定某信托公司向某科技公司发放贷款1.35亿元。同年12月19日，山西某银行与某信托公司签订《资金信托合同》，约定山西某银行委托某信托公司向某科技公司发放贷款1.35亿元。

2017年12月19日，鹤壁某银行向安徽某银行转款1.35亿元，安徽某银行转款给山西某银行，山西某银行转款给某信托公司，某信托公司扣除1%（即135万元）的信托业保障基金后，将剩余的1.3365亿元转给某科技公司。

某科技公司收到该笔款项之后，当天转回某信托公司122880000元，用于偿还某科技公司的另一关联公司即某控股有限公司的旧贷；转回某信托公司10058450.8元，由某信托公司用于扣收利息。

由于某科技公司未依照《信托贷款合同》的约定还本付息，鹤壁某银行提起本案诉讼，请求判令某科技公司偿还贷款本息。

【案件焦点】

1.鹤壁某银行和某科技公司之间成立何种法律关系；2.该法律关系是否有效。

【法院裁判要旨】

河南省鹤壁市中级人民法院经审理认为：某信托公司与某科技公司系资金借贷双方，某信托公司将其对某科技公司的债权转让给鹤壁某银行，鹤壁某银行受让债权后有权以其自身名义提起本案诉讼，某科技公司应向鹤壁某银行偿还借款本金及利息。一审法院判决某科技公司向鹤壁某银行偿还 129379474.6 元及逾期利息。

某科技公司不服，提起上诉。

河南省高级人民法院经审理认为：本案的争议焦点是鹤壁某银行与某科技公司之间成立何种法律关系，以及该法律关系是否有效。《中华人民共和国民法总则》第一百四十六条规定："行为人与相对人以虚假的意思表示实施的民事法律行为无效。以虚假的意思表示隐藏的民事法律行为的效力，依照有关法律规定处理。"本案中，鹤壁某银行和某科技公司协商，由鹤壁某银行向某科技公司提供贷款，主要用于偿还某控股有限公司的旧贷。鹤壁某银行提供资金后，资金通过山西某银行、安徽某银行、某信托公司流向某科技公司。山西某银行、安徽某银行和某信托公司均为提供通道的金融机构，真实的权利义务发生在鹤壁某银行与某科技公司之间。案涉各通道方不承担相关风险，鹤壁某银行享有权利、承担风险。通道业务系各方主体以虚假的意思表示实施的法律行为，各方主体的真实意思是鹤壁某银行向某科技公司提供贷款，故鹤壁某银行与某科技公司之间成立金融借款合同关系。鹤壁某银行向某科技公司提供贷款的行为系以虚假的意思表示隐藏的民事法律行为，该民事法律行为并无无效的事由，故应认定为有效。

河南省高级人民法院判决：

一、撤销一审判决；

二、某科技公司于判决生效之日起十五日内向鹤壁某银行偿还 123591549.2 元，并支付利息（自 2017 年 12 月 19 日起至 2018 年 9 月 6 日止的利息按照日利率即年利率 7%/360 天的标准计算，某科技公司于2018年4月26日的还款121万元从中予以扣除；自2018年9月7日起至款项还清之日止的利息以未偿还本金为基数按照日利率即年利率14%/360天的标准计算）；

三、驳回鹤壁某银行的其他诉讼请求。

【法官后语】

本案最大的争议焦点是鹤壁某银行与某科技公司之间的金融借款合同关系是否有效。审理中存在两种意见：一种意见认为鹤壁某银行与某科技公司之间的金融借款合同关系无效；另一种意见认为有效。

关于第一种意见，认为金融借款合同关系无效。主要理由为：鹤壁某银行为了达到向不符合贷款条件的某科技公司发放贷款的目的，主导安排了复杂的交易模式，采用理财、信托通道形式向某科技公司发放贷款，掩盖了风险，规避了资金投向，鹤壁某银行的行为违法、违规。人民法院应当对鹤壁某银行行为的效力作出否定性评价，以警示金融机构，维护金融安全。

关于第二种意见，认为金融借款合同关系有效。主要理由为：最高人民法院发布的《全国法院民商事审判工作会议纪要》第九十三条规定："……《中国人民银行、某银行保险监督管理委员会、中国证券监督管理委员会、国家外汇管理局关于规范金融机构资产管理业务的指导意见》第22条在规定'金融机构不得为其他金融机构的资产管理产品提供规避投资范围、杠杆约束等监管要求的通道服务'的同时，也在第29条明确按照'新老划断'原则，将过渡期设置为截至2020年底，确保平稳过渡。在过渡期内，对通道业务中存在的利用信托通道掩盖风险，规避资金投向、资产分类、拨备计提和资本占用等监管规定，或者通过信托通道将表内资产虚假出表等信托业务，如果不存在其他无效事由，一方以信托目的违法违规为由请求确认无效的，人民法院不予支持……”根据该规定，山西某银行、安徽某银行、某信托公司为鹤壁某银行提供资金通道的行为违反了监管政策，本应依法以通道业务违反公共秩序为由认定鹤壁某银行与某科技公司之间的金融借款合同关系无效，但国家出于防范和化解金融风险的考虑，为了避免在防范和处置风险的过程中发生进一步的操作风险，保持金融体系的稳定，规定了期限截至2020年年底的过渡期（过渡期目前已经延长至2021年年底）。本案系在过渡期内产生的通道业务，且不存在其他合同无效事由，故不宜认定鹤壁某银行与某科技公司之间的金融借款合同关系无效。

编写人：河南省高级人民法院　黄爱玲

005 金融借款合同中约定贷款人违约责任过重处理分析

——甲银行股份有限公司佛山分行诉曾维某、陈嘉某金融借款合同案

【案件基本信息】

1. 裁判书字号

广东省佛山市顺德区人民法院（2020）粤0606民初16135号民事判决书

2. 案由：金融借款合同纠纷

3. 当事人

原告：甲银行股份有限公司佛山分行（以下简称甲银行）

被告：曾维某、陈嘉某

【基本案情】

1. 曾维某向甲银行提供结婚证复印件一份，曾维某、陈嘉某于2006年11月10日登记结婚。2017年6月2日，曾维某作为借款人，甲银行作为贷款人，双方签订了《个人信用贷款合同》原件一份，合同约定曾维某贷款金额61000元，贷款用途为旅游，贷款期限36个月，执行固定月利率1.53%，采取等额还款法进行还款；如任何一期未及时足额归还借款本息即视为逾期，从逾期之日起，对逾期金额按照合同约定的利率加50%计收罚息，对不能按期支付的利息按逾期罚息利率计算复利；如曾维某违约，甲银行有权要求曾维某提前归还已发放的全部贷款本金并结清利息，并承担甲银行实现债权所需费用，包括但不限于律师费、诉讼费等。2. 甲银行于2017年6月2日按约放款61000元，出具《个人贷款出账凭证》原件一份，并约定贷款期限36个月，自2017年6月2日起至2020年6月2日止，贷款月利率1.53%，还款方式为等额还款法，贷款用途为旅游。3. 曾维某没有按时履行偿还贷款本金及利息的义务，甲银行主张曾维某截至2020年2月24日，尚欠借款本金19365.1元、利息（含罚息）2273.67元、复利152.53元。4. 甲银行与广东安某律师事务所签订《委托诉讼/仲裁协议》原件一份，约定甲银行委托广东安某律师事务所代理本案诉讼，律师费8000元，未开具律师费发票。

甲银行遂诉诸法院，请求判令：1. 判令被告曾维某向原告偿还全部借款本息21791.3元［其中借款本金19365.1元、利息（含罚息）2273.67元、复利152.53元，利息（含罚息）、复利暂计至2020年2月24日］，以及自2020年2月25日起至全部本息实际清偿日止的利息（以尚欠借款本金为基数，按合同约定利率上浮50%为罚息利率计收罚息，对不能按时支付利息，按罚息利率计收复利）；2. 判令被告曾维某赔偿原告为实现债权而损失的本次一审律师费8000元；3. 判令被告陈嘉某对上述债务承担连带责任；4. 因本案所产生的全部费用（包括案件受理费、财产保全费、公告费等）由两被告承担。

【案件焦点】

1. 原告甲银行的各项诉请是否有合同依据；2. 原告甲银行主张的罚息、复利是否应该酌情予以调整，如应调整，调整标准为何；3. 原告甲银行主张的律师费是否应该予以调整。

【法院裁判要旨】

广东省佛山市顺德区人民法院经审理认为：

1. 金融借款合同中，对于违约责任的约定十分明确。由于贷款人融资风险较高，本案中甲银行与贷款人约定的贷款利率较高，达月利率1.53%，折合年利率18.36%，结合合同约定违约责任为从逾期之日起，对逾期金额按照合同约定的利率加50%计收罚息，对不能按期支付的利息按逾期罚息利率计算复利，罚息利率计得为年利率27.54%，罚息、复利利率显著过高加重贷款人的还款责任，虽然原告主张的违约责任有合同依据，但诉请被告承担显著过重的违约责任法院应依职权予以调整。因此本案中本院以原告诉请显著背离原告实际损失，酌情予以调整为以尚欠贷款本金为基数，利息、罚息、复利合计按年利率24%计算，超出部分的利息不予支持。

2. 对于贷款利率的上限调整，根据《最高人民法院关于新民间借贷司法解释适用范围问题的批复》第一条的规定："关于适用范围问题。经征求金融监管部门意见，由地方金融监管部门监管的小额贷款公司、融资担保公司、区域性股权市场、典当行、融资租赁公司、商业保理公司、地方资产管理公司等七类地方金融组织，属于经金融监管部门批准设立的金融机构，其因从事相关金融业务引发的纠纷，不适用新民间借贷司法解释。”举重以明轻，最高院的意见认为金融机构的利率不应受民间借贷司法解释的调整，因此应按照年利率24%设定上限，不应按照全国银行间同业拆借中心公布的贷款市场报价利率的四倍设定上限。

3. 对于部分律师费过高且未能证明已实际给付，根据查明实际情况为虚高，亦应予以调整。对于原告诉请律师费，由于被告拒不按期归还贷款已构成违约，且《个人信用贷款合同》明确约定原告实现债权的费用由被告承担，被告基于其违约行为能够合理预期律师费的产生，因此原告虽未开具律师费发票但该笔律师费的支出为必然需要支付的费用，本院酌情予以支持律师费3000元。一方面原告主张律师费过高且没有付款依据，另一方面应根据原告委派律师到庭参与诉讼的实际情况酌情予以支持律师费。

法院认为，原告甲银行与被告曾维某签订的《个人信用贷款合同》合法有效，被告曾维某应按照合同的约定履行还款付息义务。由于被告曾维某拒不按照合同约定还款付息，合同期限自被告曾维某逾期之日虽未届满，但原告有权要求被告曾维某提前归还已发放的全部贷款本金并结清利息，原告诉请被告曾维某清偿贷款本金19365.1元、利息（含罚息）2273.67元、复利152.53元（暂计至2020年2月24日），有事实与法律依据，法院予以支持；自2020年2月25日起至清偿之日止，由于利息、罚息、复利总计超过年利率24%，显著背离原告实际损失，本院酌情予以调整为以尚欠贷款本金19365.1元为基数，利息、罚息、复利合计按年利率24%计算，超出部分不予支持。对于原告诉请律师费，由于被告曾维某拒不按期归还贷款已构成违约，且《个人信用贷款合同》明确约定原告实现债权的费用由被告曾维某承担，被告曾维某基于其违约行为能够合理预期律师费的产生，因此原告虽未开具律师费发票但该笔律师费的支出为必然需要支付的费用，酌情予以支持律师费3000元。对于被告陈嘉某的责任，原告虽能提供两被告的结婚证复印件但未能提供两被告的婚姻关系证明予以佐证上述借款发生于两被告婚姻关系存续期间，亦未能举证证明上述借款用于两被告夫妻共同生活，应承担举证不利的法律后果，对于原告诉请被告陈嘉某对被告曾维某的债务承担连带清偿责任，没有事实与法律依据，不予支持。

综上，原告的诉请有事实与法律依据的部分，法院予以支持。依照《中华人民共和国合同法》第一百零七条、第二百零六条、第二百零七条，《中华人民共和国民事诉讼法》第六十四条第一款、第一百四十四条规定，判决如下：

一、被告曾维某应于本判决发生法律效力之日起七日内向原告甲银行清偿贷款本金19365.1元、利息（含罚息）2273.67元、复利152.53元（利息、罚息、复利暂计至2020年2月24日，自2020年2月25日起以贷款本金19365.1元为基数，利息、罚息、复利合计按照年利率24%计至被告曾维某清偿之日止）；

二、被告曾维某应于本判决发生法律效力之日起七日内向原告甲银行支付律师费3000元；

三、驳回原告甲银行的其他诉讼请求。

判决后，双方当事人均未上诉，本判决现已生效。

【法官后语】

1. 对于金融借款合同尚欠本金，由于为银行电脑系统自动计算得出，一般原、被告无争议。

2. 对于利息及罚息、复利，本案中原、被告约定执行固定月利率1.53%，采取等额还款法进行还款；如任何一期未及时足额归还借款本息即视为逾期，从逾期之日起，对逾期金额按照合同约定的利率加50%计收罚息，对不能按期支付的利息按逾期罚息利率计算复利。在目前的利率政策来看，利息按照固定月利率1.53%为年利率18.36%，已略超全国银行间同业拆借中心公布的贷款市场报价利率的四倍暂计年利率15.4%，因此现状为部分商业银行的部分借期贷款利率高于民间借贷贷款利率的上限。如贷款人逾期还款，根据违约责任的约定逾期利率上浮50%计算罚息，以不能按时归还的利息为基数按照罚息利率计算复利，罚息利率已达27.54%，虽无法律强制性规定金融借款合同利率利息的上限，但审理中一般酌情参照原民间借贷司法解释规定的24%设定利率上限，即逾期利息、罚息、复利、手续费、违约金等各项名义的违约责任（不包括律师费）合计按照年利率24%计算，超出部分不予支持，银行亦对该类判法通常无异议。另外，经请示中院，明确金融借款合同不是民间借贷，不予调整借款利息、罚息、复利等按全国银行间同业拆借中心公布的贷款市场报价利率的四倍为上限计算，即新的民间借贷司法解释生效后，不参照处理。另根据《最高人民法院关于新民间借贷司法解释适用范围问题的批复》（以下简称《批复》）第一条的规定："关于适用范围问题。经征求金融监管部门意见，由地方金融监管部门监管的小额贷款公司、融资担保公司、区域性股权市场、典当行、融资租赁公司、商业保理公司、地方资产管理公司等七类地方金融组织，属于经金融监管部门批准设立的金融机构，其因从事相关金融业务引发的纠纷，不适用新民间借贷司法解释。”举重以明轻，最高人民法院的意见认为金融机构的利率不应受民间借贷司法解释的调整，因此应按照年利率24%设定上限，不应按照全国银行间同业拆借中心公布的贷款市场报价利率的四倍设定上限。可见中院意见为基于最高人民法院的《批复》进行理解，具有权威性。①

3. 对于律师费，本案中银行能够出具与律师事务所签订的民事委托代理合同予以佐证律师费金额为8000元，但不能开具发票，不能形成完整证据链予以佐证律师费金额并已实际给付律师费。根据合同分析，由于贷款合同约定了律师费由违约方承担，贷款人基于其拒不还款的违约行为能够合理预期律师费的产生。根据实务分析，银行委托律师代理诉讼，能够促进诉讼程序的流转，律师费为进行诉讼维护银行方权益的必要费用，应予以支持；但根据部分案件银行方举证，银行聘请律师进行诉讼会进行招投标，因此常规大批量金融借款合同的律师代理费按件收取，律师代理费为300元/件至500元/件不等，另外执行完毕后会按照标的收取部分风险代理费用，所以一般银行实际给付律师费金额较低，按件收取的费用远低于广东省律师费指导标准，如银行未能举证已开具律师费发票、已转账

① 同时，最高人民法院印发《关于进一步加强金融审判工作的若干意见》的通知（以下简称《意见》）第2.2条规定：“严格依法规制高利贷，有效降低实体经济的融资成本。金融借款合同的借款人以贷款人同时主张的利息、复利、罚息、违约金和其他费用过高，显著背离实际损失为由，请求对总计超过年利率24%的部分予以调减的，应予支持，以有效降低实体经济的融资成本。”笔者认为，在《批复》明确相关金融业务引发的纠纷可以不适用的情况下，涉金融案件的利率标准可以继续适用《意见》中24%利率上限的相关规定。《中华人民共和国民法典》颁布之后，《批复》《意见》仍现行有效。

给付律师费，应按照实际情况予以酌情降低，否则会加重贷款人的还款责任，并给予银行方非正当的利益。

编写人：广东省佛山市顺德区人民法院 辜原

006 银行能否对借款人轻微的违约行为主张解除合同

——甲银行股份有限公司清远分行诉刘素某、唐炜某金融借款合同案

【案件基本信息】

1. 裁判书字号

广东省清远市中级人民法院（2020）粤18民终2809号民事判决书

2. 案由：金融借款合同纠纷

3. 当事人

原告（上诉人）：甲银行股份有限公司清远分行

被告（被上诉人）：刘素某、唐炜某

【基本案情】

2014年7月8日，甲银行股份有限公司清远分行作为贷款人，与作为借款人的刘素某、唐炜某签订《个人二手住房贷款合同》，约定：刘素某、唐炜某所购买的清远市新城三号区某大厦C座×梯××号房屋为借款人家庭成员名下实际拥有的第一套房产，借款人以该房屋作为抵押，向贷款人申请贷款37万元，贷款用途为支付该房屋购房款，贷款期限20年，贷款利率在贷款基准利率基础上

上浮20%，若借款人未按约定期限还款，就逾期部分，从逾期之日起在贷款利率水平上加收50%计收罚息，直至清偿本息为止。合同还约定，若借款人未按期归还贷款本息，甲银行股份有限公司清远分行可终止或解除合同，并宣布刘素某、唐炜某尚未偿还的贷款本息全部到期。

合同签订后，甲银行股份有限公司清远分行依约向刘素某、唐炜某发放了贷款，但刘素某、唐炜某从2019年2月起未能按时归还贷款本息，并连续逾期3期，甲银行股份有限公司清远分行遂诉至法院，要求解除与刘素某、唐炜某签订的《个人二手住房贷款合同》，提前收回全部贷款本息，并要求对刘素某、唐炜某提供抵押的清远市新城三号区某大厦C座×梯××号房屋就折价或拍卖、变卖的价款享有优先受偿权。刘素某、唐炜某在甲银行股份有限公司清远分行起诉后，已还清了所有的逾期贷款本息及罚息。

【案件焦点】

1. 刘素某、唐炜某是否已承担了违约责任；2.《个人二手住房贷款合同》应否解除并由甲银行股份有限公司清远分行提前收回贷款本息。

【法院裁判要旨】

广东省清远市清城区人民法院经审理认为：甲银行股份有限公司清远分行与刘素某、唐炜某签订的《个人二手住房贷款合同》合法有效。刘素某、唐炜某虽有连续逾期偿还贷款本息的情形，但事后已全部偿还了相应的逾期贷款，表明了刘素某、唐炜某有还本付息的意愿且已积极采取补救措施，甲银行股份有限公司清远分行亦在刘素某、唐炜某账户中扣除了相应的逾期罚息，即刘素某、唐炜某已为其逾期还款的违约行为承担了相应的违约责任。无证据显示刘素某、唐炜某存在丧失还款能力或有恶意不履行还款义务的状况，且清远市新城三号区某大厦C座×梯××号房屋属于刘素某、唐炜某重大生活资料，甲银行股份有限公司清远分行的权利应有适当的谦抑，在不影响甲银行股份有限公司清远分行合同目的实现及刘素某、唐炜某已承担违约责任的情形下，广东省清远市清城区人民法院依法判决驳回甲银行股份有限公司清远分行主张解除《个人二手住房贷款合同》及提前收回贷款本息的诉讼请求。

甲银行股份有限公司清远分行不服一审判决，提出上诉。广东省清远市中级人民法院经审理认为：虽然甲银行股份有限公司清远分行因刘素某、唐炜某逾期还贷而提起本案诉讼，请求解除《个人二手住房贷款合同》并提前收回贷款本息，但诉讼过程中，刘素某、唐炜某已经还清了《个人二手住房贷款合同》的到期贷款本息及罚息，对自己的违约行为采取了积极的补救措施，甲银行股份有限公司清远分行在一审、二审中亦对此予以确认，故在刘素某、唐炜某已经承担其逾期还款违约责任即支付罚息的情况下，一审法院判决驳回甲银行股份有限公司清远分行解除《个人二手住房贷款合同》并提前收回贷款本息的诉讼请求并无不当。

广东省清远市中级人民法院依照《中华人民共和国民事诉讼法》第一百七十条第一款第一项的规定，作出如下判决：

驳回上诉，维持原判。

【法官后语】

以房屋作抵押向银行贷款购买房屋已成为现阶段一种流行的购房方式，解决了购房人需要在短时间内筹集大量资金的困难，银行亦可以此收取利息，有利于促进实体经济的发展。按揭贷款期限往往少则几年，多则30年，借款人在贷款后的经济状况并非一成不变，由于疾病、短时资金周转困难等因素，可能会出现逾期还贷情况，而银行提供的贷款合同条款往往非常严苛，如在约定的合同解除条件成就时，银行不管借款人事后还清逾期贷款及支付罚息的行为，坚决要求解除合同并提前收回全部贷款，未免过于苛刻。

最高人民法院在2019年发布的《全国法院民商事审判工作会议纪要》第四十七条规定："合同约定的解除条件成就时，守约方以此为由请求解除合同的，人民法院应当审查违约方的违约程度是否显著轻微，是否影响守约方合同目的实现，根据诚实信用原则，确定合同应否解除。违约方的违约程度显著轻微，不影响守约方合同目的实现，守约方请求解除合同的，人民法院不予支持；反之，则依法予以支持。"

本案中，刘素某、唐炜某向甲银行股份有限公司清远分行申请的贷款期限长达20年，贷款所购买的清远市新城三号区某大厦C座×梯××号房屋是其家庭成员名下实际拥有的第一套房产，如银行一味追求解除合同，将使刘素某、唐炜某家庭陷入困境。银行进行按揭贷款是以收取利息为目的，通常贷款合同已约定房屋作为抵押物，银行完全具有收回贷款本息的保障，而且刘素某、唐炜某在违约后已积极采取补救措施并承担违约责任，虽然其违约行为符合合同约定的解除条件，但违约程度显著轻微，未影响甲银行股份有限公司清远分行合同目的的实现，不能一概认定为合同必然解除。

法律虽赋予守约方解除合同的权利，但守约方应全盘考虑订立合同的初衷和目的，如违约行为显著轻微并不影响合同目的的实现，守约方应谨慎考虑行使合同解除权，以共同维护经济秩序的良好发展。法院在审理该类案件时应全盘考虑，精准把握立法原意和司法政策，努力实现法律效果和社会效果的统一。

编写人：广东省清远市清城区人民法院　胡容容

007 抵押权人对抵押物在网络司法拍卖中竞拍人悔拍而被法院没收的保证金、拍卖款享有优先受偿权

——某银行莲都支行诉星某公司破产债权确认案

【案件基本信息】

1. 裁判书字号

浙江省丽水市中级人民法院（2019）浙11民终1589号民事判决书

2. 案由：破产债权确认纠纷

3. 当事人

原告（上诉人）：某银行莲都支行

被告（被上诉人）：星某公司

【基本案情】

原、被告双方因金融借款纠纷一案，原告于2014年诉至法院，经法院调解，双方达成调解协议，协议中对借款本金及利息、罚息、复利、还款期限、案涉其他被告的还款责任和债务范围、诉讼费用等内容进行了约定，同时，该调解协议第四项约定：原告对被告星某公司以其坐落于莲都区天宁工业区开发路××号房产

权及土地使用权享有拍卖、变卖等价款的优先受偿权。调解书生效后，被告未能履行协议内容，原告向法院申请强制执行，经评估：房屋建筑物及土地使用权评估价为11681540元、机器设备评估值为167340元（未抵押给原告），抵押资产占比为97.19%。2015年9月28日法院发布拍卖公告，对被告坐落于丽水市莲都区天宁工业区开发路××号内的厂房、土地及机器设备进行拍卖。法院共发布三次拍卖公告：第一次，竞买人久某公司以2150万元最高价拍得本次标的物，缴纳保证金100万元并支付300万元竞拍款，但逾期后未缴清剩余的拍卖款；第二次，法院重新发布拍卖公告，竞买人某云公司以2510万元拍得本次标的物，逾期未缴纳拍卖款，仅缴纳拍卖保证金100万元；第三次，法院再次发布公告，竞买人立某公司以1220万元拍得本次标的物。之后，法院作出执行裁定书，对因重新拍卖的价款低于原拍卖价款造成的差价1290万元，根据悔拍人在所有悔拍人补差金额之和中所占比例，确定应承担的补差金额，裁定：重新拍卖的价款低于原拍卖价款造成的差价1290万元，由原买受人久某公司补交人民币5404054.05元（扣除原缴纳的保证金100万元、拍卖款300万元，尚需补交人民币1404054.05元），原买受人某云公司补交人民币7495945.95元（扣除原缴纳的保证金100万元，尚需补交人民币6495945.95元）。

后因被告资产不足以清偿债务，法院裁定受理被告公司破产重整申请，并指定丽水佳信会计师事务所有限公司担任星某公司的破产重整管理人。原、被告对两次悔拍保证金及缴纳的部分拍卖款是否享有优先受偿权发生争议，诉至法院。

【案件焦点】

抵押权人是否对抵押物在拍卖过程中，因竞拍人悔拍而被法院没收的竞拍保证金、拍卖款享有优先受偿权。

【法院裁判要旨】

浙江省丽水市莲都区人民法院经审理认为：法院委托淘宝网司法拍卖网络平台，依法拍卖星某公司所有的坐落于丽水市莲都区天宁工业区开发路××号厂房土地及机器设备，久某公司及某云公司先后以高价拍得案涉标的物但又悔拍，最后立某公司以1220万元最高价拍得本次标的物。因同一财产拍卖出现多次悔拍情况，久某公司缴纳的保证金100万元及缴纳的300万元款项，某云公司交纳的保证金100万元，以上共计500万元。该款项既不是抵押房屋拍卖所得的价款，也不是法定孳息，仅仅是在处理抵押物过程中产生的，抵押权效力并不能及于在司法拍卖过程中因悔拍依法所没收的保证金及所缴纳的款项，故认定上述款项不属于拍卖款，应冲抵被执行人的债务以及与拍卖财产相关的被执行人债务。原告诉请的对上述款项享有97.19%优先受偿权没有法律依据，不予支持。

浙江省丽水市莲都区人民法院依照《中华人民共和国民事诉讼法》第六十四条、《最高人民法院关于人民法院网络司法拍卖若干问题的规定》第二十四条的规定，作出如下判决：

驳回原告某银行莲都支行的诉讼请求。

某银行莲都支行不服一审判决，提起上诉。浙江省丽水市中级人民法院经审理认为：案涉争议的500万元款项系网络司法拍卖过程中悔拍的竞拍人所交纳的保证金及拍卖款，且业已生效的执行裁定已将该款项用于抵充重新拍卖的价款低于原拍卖价款造成的差价，据此，原判仍认定该款项并不属于标的物拍卖款，不仅与前述生效法律文书确定的内容相冲突，也有违《最高人民法院关于人民法院网络司法拍卖若干问题的规定》第二十四条第一款“拍卖成交后买受人悔拍的，交纳的保证金不予退还，依次用于支付拍卖产生的费用损失、弥补重新拍卖价款低于原拍卖价款的差价、冲抵本案被执行人的债务以及与拍卖财产相关的被执行人的债务”之规定。另外，经查案涉争议的500万元款项所指的拍卖标的为被上诉人所有的坐落于丽水市莲都区天宁工业区开发路××号内的厂房、土地及机器设备，而根据业已生效的民事调解书确定的内容，上诉人仅对前述拍卖标的中的厂房、土地部分的拍卖、变卖等价款享有优先受偿权，故在前述拍卖标的因进行整体拍卖而无法对上诉人享有优先受偿权部分财产的拍卖款数额进行准确区分的情形下，可依照厂房、土地和机器设备的评估价值各占总评估价的权重比例，确定上诉人对案涉争议的500万元款项所享有的优先受偿权数额。

浙江省丽水市中级人民法院依照《中华人民共和国民事诉讼法》第一百七十条第一款第二项之规定，作出如下判决：

一、撤销丽水市莲都区人民法院（2018）浙1102民初7370号民事判决；

二、上诉人某银行莲都支行对被上诉人星某公司所有的坐落于丽水市莲都区天宁工业区开发路××号内的厂房、土地及机器设备在网络司法拍卖过程中悔拍的竞拍人所缴纳的保证金及拍卖款共计500万元中的485.95万元享有优先受偿权。

【法官后语】

本案一、二审法院均适用了《最高人民法院关于人民法院网络司法拍卖若干问题的规定》第二十四条[①]（以下简称《网拍规定》第二十四条），但对该规定却有不同的理解。在同样适用《网拍规定》第二十四条的情况下，对因悔拍被法院依法没收的保证金的处理，司法实务中有不同理解。

一种观点为，不属于优先受偿范围。该观点的主要依据是原《中华人民共和国物权法》[②] 中对担保物权含义的认定，认为担保物权是以直接支配特定财产的交换价值为内容，以确保债权实现为目的而设定的物权。结合到本案，弥补重新拍卖价款低于原拍卖价款的差价，并非为抵押物基于物权本身形成的价款，因此不属于抵押物的"价值"，即"价值"等于"价款"。

该观点认为，案涉保证金以及竞买款系基于竞买人的违约行为，也即悔拍行为而应承担的法律责任。根据原担保法和物权法的规定，担保物权的实现是以抵押物折价或者以拍卖、变卖该抵押物所得的价款受偿，而本案所涉的因悔拍而被没收的保证金及拍卖款并非系基于抵押物自身价值拍卖所得，应认定为悔拍人因违约而产生的违约之债，是一种违约金。故抵押权人能优先受偿的范围应是抵押物因自身价值拍卖所得价款，案涉 500 万元款项属于罚没款，不属于抵押权人优先受偿的价款范围。

另一种观点为，因法律拟定而优先受偿。根据《网拍规定》第

---

① 《最高人民法院关于人民法院网络司法拍卖若干问题的规定》第二十四条规定，拍卖成交后买受人悔拍的，交纳的保证金不予退还，依次用于支付拍卖产生的费用损失、弥补重新拍卖价款低于原拍卖价款的差价、冲抵本案被执行人的债务以及与拍卖财产相关的被执行人的债务。

② 对应《中华人民共和国民法典》第三百八十六条：担保物权人在债务人不履行到期债务或者发生当事人约定的实现担保物权的情形，依法享有就担保财产优先受偿的权利，但是法律另有规定的除外。

二十四条的规定，没收的保证金的处理顺序受法律拟定，为以下四个顺序：(1) 支付拍卖产生的费用损失；(2) 弥补重新拍卖价款低于原拍卖价款的差价；(3) 冲抵本案被执行人的债务；(4) 与拍卖财产相关的被执行人的债务。只有在冲抵前位顺序的费用损失或差价后仍有剩余的情况下，剩余部分才能顺延。本案中，因案涉网络司法拍卖并不发生成本费用，故案涉因悔拍而被法院没收的500万元款项，可直接用于弥补第二顺位的“因重新拍卖价款低于原拍卖价款的差价”。而本案因重新拍卖价款低于原拍卖价款造成的差价为1290万元，500万元不足以弥补重新拍卖价款低于原拍卖价款的差价，不应进入第三顺位用以冲抵被执行人的债务。而该款项若优先用于弥补拍卖价款的差价，实际上该款就属于拍卖价款的一部分。

即无论案涉争议的500万元款项的性质是罚没款还是拍卖款，均应按照上述规定的顺序进行支付。该观点即为二审判决的主要观点。

二审法院从本案事实的角度分析，一审法院作出的执行裁定书业已生效，亦已认定将该款项用于抵充重新拍卖的价款低于原拍卖价款造成的差价。在此情形下，一审认定该争议款项并不属于标的物拍卖款，并直接冲抵被执行人的债务以及与拍卖财产相关的被执行人债务，该认定明显存在错误，显然有悖于生效民事裁定之内容认定，也有违《网拍规定》第二十四条所规定的清偿顺序。因此，该款项属于抵押款被拍卖后的价款，抵押人享有优先受偿权。

案涉标的物进入执行拍卖程序，也应当具有物权的基本属性，仍是以实现债权人债权为目的，并且保证人因标的物上设的担保物权而享有优先受偿权。从有利于促进社会融资的角度，担保物权制度有利于社会融资活动的进行，案涉争议标的物会因拍卖当时的市场行情、标的物的自然损耗、社会经济发展、政策变化等情况发生价值的变化，也会因反复悔拍而产生负面信息影响价格降低。网络司法拍卖，主要目的是从时间、空间以及成本上为当事人提供最大便利，谋求最大价值，但悔拍行为会严重损害这一制度的设立目的，给网络司法拍卖带来巨大挑战。为降低这种风险，《网拍规定》第二十四条规定了悔拍的保证金的没收，并规定了偿还的先后顺序，保护了债权人担保物权的利益最大化，也为网络司法拍卖提供了健康土壤和有力的保障。

网络司法拍卖是执行体制改革的一项重要内容，它具有佣金低、成本低、成交率高、变现速度快、溢价率高等优势，解决了传统拍卖模式中存在的不少问题。但是，由于网拍的不确定性，也会出现流拍、悔拍等风险。悔拍行为不仅损害执行案件当事人的利益，还严重妨碍执行程序的顺利进行，损害司法权威。

《网拍规定》第二十四条对保证金规则作出了较大调整，明确规定保证金一律不予退还，该规定亦与一般民事合同中保证金所具有的订约和履约功能的理念相符，由此提高了买受人的悔拍成本，增加了悔拍后果的可预见性和可预期性，也充分体现了法院司法拍卖活动的严肃性和权威性。对于因悔拍没收的保证金的清偿顺序规定非常明确，因目前网络司法拍卖并不存在佣金的问题，故悔拍保证金除可用于支付拍卖产生的费用损失、弥补重新拍卖价款低于原拍卖价款的差价外，仍有剩余的，可依次冲抵本案被执行人的债务以及与拍卖财产相关的被执行人的债务，做到“专款专用”，即特定案件执行中因拍卖而产生的悔拍保证金，在支付拍卖费用及弥补差价后，可以视为该案件的执行款直接给付申请执行人，以保证债权的实现，客观上提高了执行工作的效率。

编写人：浙江省丽水市中级人民法院　吴黄影　林叶欣

008 保证人在受让其保证的债权后再行追偿的司法认定

——龙某公司诉多某建材等金融不良债权追偿案

【案件基本信息】

1. 裁判书字号

山东省淄博市中级人民法院（2019）鲁03民终286号民事判决书

2. 案由：金融不良债权追偿纠纷

3. 当事人

原告（被上诉人）：龙某公司

被告（上诉人）：多某建材

被告：奥某思特、孙某山、杨某莲

【基本案情】

2014年1月14日及10月15日，多某建材与某银行淄博支行签订流动资金借款合同两份，分别向某银行淄博支行借款500万元、925万元。2014年1月15日及10月16日，500万元和925万元分别转入多某建材账户。奥某思特于2013年9月27日与某银行淄博支行签订最高额保证合同，承诺对多某建材向某银行淄博支行在2013年9月27日至2016年9月26日在最高余额2000万元内的借款合同承担连带责任保证，保证期间为自主合同项下的借款期限届满之次日起两年。孙某山、杨某莲于2014年10月8日向某银行淄博支行出具担保书，承诺以其现有及将来取得的合法财产为多某建材在某银行淄博支行的信贷业务提供连带责任保证，保证期间为自主合同项下的信贷业务期限届满之次日起两年。2014 年 10 月 15 日，龙某公司与某银行淄博支行签订保证合同为上述贷款承担保证责任，保证期间为自主合同项下的信贷业务期限届满之次日起两年。多某建材第一笔贷款到期后拒不偿还本息并停付第二笔贷款利息。后某银行山东分行将上述两笔贷款的债权转让给长某公司，2015 年 7 月 3 日，某银行山东分行与长某公司通过报纸发布债权转让通知暨债务催收联合公告。2015 年 9 月 10 日，长某公司与高某公司通过报纸发布债权转让通知暨债务催收联合公告。长某公司又将该两笔债权转让给高某公司。龙某公司作为多某建材上述两笔贷款的连带责任保证人于 2015 年 10 月 8 日与高某公司签订债权转让协议取得了该两笔贷款的债权。受高某公司委托，龙某公司于 2015 年 10 月 12 日已将债权转让的事实书面通知多某建材，多某建材的实际控制人孙某超（孙某山、杨某莲之子）签字，并给奥某思特的法定代表人王某留置送达。某银行山东分行将上述两笔贷款的债权转让给长某公司，转让基准日（2015 年 4 月 30 日）本金为 14234377.12 元，利息为 189979.82 元。两份流动资金借款合同均明确约定借款人承担贷款人为实现本合同项下债权而产生的费用，包括但不限于律师费、评估费、拍卖费等。三次债权转让均约定：主债权及担保合同下的全部权利由受让方享有。龙某公司因主张权利未果诉至法院，形成本案诉讼。

【案件焦点】

保证人在受让其保证的债权后再行追偿应如何认定。

【法院裁判要旨】

山东省淄博市临淄区人民法院经审理认为：龙某公司经合法的债权转让取得债权，债权转让对四被告发生法律效力。龙某公司受让的债权除借款本息外，还包括律师费。本案不应参照《最高人民法院关于审理涉及金融不良债权转让案件工作座谈会纪要》，于龙某公司受让债权后停止计算利息。龙某公司受让的债权本金及利息，已扣除转让前多某建材支付的利息。龙某公司计算的本息及计算标准符合原金融借款合同约定。山东省淄博市临淄区人民法院依照《中华人民共和国合同法》第六十条、第八十条、第八十一条，《中华人民共和国民法通则》第一百三十四条第一款，《中华人民共和国担保法》第二十一条、第二十六条、第三十条、第三十一条，《中华人民共和国民事诉讼法》第六十四条、第一百四十四条之规定，判决：

一、多某建材支付龙某公司借款本金 14234377.12 元；

二、多某建材支付龙某公司利息损失（其中至 2015 年 6 月 21 日利息为 336861.24 元，2015 年 6 月 22 日至 2016 年 2 月 24 日两笔贷款利息为 803411.40 元，合计 1140272.64 元，自 2016 年 2 月 25 日起按每日罚息 3674 元计算至实际付清之日止）；

三、多某建材支付龙某公司律师费 230000 元；

四、奥某思特、孙某山、杨某莲对上述一至三项承担连带清偿责任。保证人承担保证责任后，有权向债务人追偿。

多某建材不服一审判决提起上诉。山东省淄博市中级人民法院经审理认为：鉴于龙某公司在涉案两笔借款中的身份不同，应予区分：（1）关于 925 万元借款问题。在该借款关系中，龙某公司是担保人之一。因此，龙某公司从高某公司“受让债权”的行为，实际应为保证人承担保证责任。依据《中华人民共和国担保法》（以下简称《担保法》）第三十一条和《最高人民法院关于适用〈中华人民共和国担保法〉若干问题的解释》（以下简称《担保法解释》）第三十八条第一款的规定，龙某公司有权向债务人追偿其实际清偿金额，也可以要求其他担保人清偿应当分担的份额。龙某公司以“债权受让人”身份提起诉讼，但该笔925万元借款实质上不属于其受让的“债权”，两者性质不同，且龙某公司未提交有效证据证明该925万元借款的实际清偿数额，故本案对该笔925万元借款问题不予处理，龙某公司可另行主张权利。（2）关于500万元借款问题。龙某公司受让债权合法有效，其诉求的借款本金应按照4984377.12元计算，多某建材应承担借款本金、利息以及经济损失，奥某思特、孙某山、杨某莲应对上述债务承担连带清偿责任。

鉴于本案仅处理部分债权，结合本案实际情况，酌定支持律师代理费10万元。关于2015年9月7日之后的利息问题，收取利息是金融机构享有的专项权利，高某公司、龙某公司作为非金融机构主张利息，没有法律依据，一审判决依据借款合同计算利息，确有不当，依法予以纠正。但多某建材在债务到期后拒不履行偿还债务义务，必然给债权人造成损失，应承担相应的赔偿责任。

山东省淄博市中级人民法院判决：

一、维持山东省淄博市临淄区人民法院（2017）鲁0305民初4657号民事判决第四项，即：“四、被告奥某思特、被告孙某山、被告杨某莲对上述一至三项承担连带清偿责任。保证人承担保证责任后，有权向债务人追偿”；

二、变更山东省淄博市临淄区人民法院（2017）鲁0305民初4657号民事判决第一、二、三项为“一、被告多某建材支付原告龙某公司借款本金4984377.12元及利息（以4984377.12元为基数，按照借款合同约定利率计算至2015年9月7日止），于本判决生效后十日内付清；二、被告多某建材赔偿原告龙某公司经济损失（以4984377.12元为基数，自2015年9月8日起按照中国人民银行同期同类贷款基准利率计算至实际付清之日止），与上述第一项同时付清；三、被告多某建材支付原告龙某公司律师费100000元，与上述第一项同时付清”；

三、驳回龙某公司的其他诉讼请求。

【法官后语】

本案涉及的债权债务本系银行贷款。实践中，银行对于其未收回的贷款往往会通过不良贷款剥离的方式，以债权转让的方式将该贷款转让给资产管理公司，资产管理公司在受让该贷款债权后通常会继续对外转让，新的受让人在受让该贷款债权后则会继续向借款人和保证人进行追偿。不过本案中出现的情况则另具特点，那就是涉案银行贷款债权在经过多重转让后，最后的受让人实际是该银行贷款的保证人。本案也正是该保证人在受让该银行贷款债权后又向借款人和其他保证人进行追偿的案件。只不过本案一、二审法院对于涉案贷款中925万元借款的性质在认定上存在不同认识。一审认定保证人即龙某公司通过债权转让从而在受让该925万元借款债权后成为该借款债权的新的债权人，其可以债权人的身份向借款人和其他保证人主张权利；二审则认为龙某公司在该925万元借款关系中本就是保证人之一，其从高某公司“受让债权”的行为实际应为保证人承担保证责任，该925万元借款实质上不属于其受让的“债权”，且其未提交有效证据证明该925万元借款的实际清偿数额，故对该笔925万元借款问题暂不予处理。从中不难看出，本案一、二审法院对该笔925万元借款的分歧在于，一审法院认为龙某公司通过债权转让已经成为该笔925万元借款的新的债权人，二审法院则认为龙某公司通过债权转让从高某公司受让该笔925万元借款的债权实际仍属于履行保证责任。

从保证担保和债权转让的法律规定来看，《中华人民共和国民法典》（以下简称《民法典》）第五百四十七条规定，债权人转让债权的，受让人取得与债权有关的从权利，但是该从权利专属于债权人自身的除外。受让人取得从权利不因该从权利未办理转移登记手续或者未转移占有而受到影响。而对于像本案中出现的这种情形，其实从债权债务的运行轨迹来看，涉案925万元贷款的初始债权人为银行，之后经过多次转让，高某公司成为该笔债权的债权人。龙某公司作为涉案925万元贷款的保证人，无论该债权如何转让，其作为该笔贷款的保证人依然应当在原保证担保范围内对受让人承担保证责任。也就是说，涉案925万元贷款的债权人在经过多次债权转让而成为高某公司后，龙某公司依法仍应对该925万元贷款向高某公司承担保证责任。若龙某公司将该925万元贷款的本息向高某公司实际清偿后，龙某公司与高某公司之间无论是按债权转让还是按履行保证责任来理解，其在法律上都会导致龙某公司对该925万元贷款的保证责任的消灭。只不过如果按债权转让来理解，如果债权人将其主债权转让给保证人，将使主债权与其保证债务归于同一人，该保证人的保证合同权利义务终止，但因其成了新的债权人，故其他担保人则成为该保证人即新债权人的担保人，此时该保证人即新债权人可以就全部债权向债务人追偿，也可以就全部债权要求其他担保人承担担保责任；如果按履行保证责任来理解，该保证人的保证合同权利义务同样终止，但其并非新的债权人，其在履行保证责任后只能根据《民法典》第五百四十七条的规定，有权向债务人追偿其实际清偿金额，也可以要求其他担保人清偿应当分担的份额。换句话说，无论是按债权转让来理解还是按履行保证责任来理解，保证人都可以就全部债务向债务人即借款人追偿，这一点并无实质不同，但在对其他担保人的追偿上则有所区别。在债权转让的情形下，该保证人因系新债权人，故其可就全部债务要求其他担保人承担保证责任；而在履行保证责任的情形下，该保证人则只能仍按保证人的身份向其他担保人主张清偿应当分担的份额。

需要注意的是，《民法典》实施后，《最高人民法院关于适用〈中华人民共和国民法典〉有关担保制度的解释》第十四条规定："同一债务有两个以上第三人提供担保，担保人受让债权的，人民法院应当认定该行为系承担担保责任。受让债权的担保人作为债权人请求其他担保人承担担保责任的，人民法院不予支持；该担保人请求其他担保人分担相应份额的，依照本解释第十三条的规定处理。"该解释第十三条规定："同一债务有两个以上第三人提供担保，担保人之间约定相互追偿及分担份额，承担了担保责任的担保人请求其他担保人按照约定分担份额的，人民法院应予支持；担保人之间约定承担连带共同担保，或者约定相互追偿但是未约定分担份额的，各担保人按照比例分担向债务人不能追偿的部分。同一债务有两个以上第三人提供担保，担保人之间未对相互追偿作出约定且未约定承担连带共同担保，但是各担保人在同一份合同书上签字、盖章或者按指印，承担了担保责任的担保人请求其他担保人按照比例分担向债务人不能追偿部分的，人民法院应予支持。除前两款规定的情形外，承担了担保责任的担保人请求其他担保人分担向债务人不能追偿部分的，人民法院不予支持。”由此可以看出，在担保人对外承担担保责任的范围内，其受让债权的行为产生的法律后果为：一是其自身担保责任的消灭；二是其所担保的主债务在债权受让的范围内消灭；三是根据担保人之间是否有追偿权，决定受让债权的担保人是否有权在其受让债权的范围内要求其他担保人分担相应的份额。无论是何种担保类型，担保人受让债权的行为与担保人承担担保责任均无不同，故司法解释将担保人受让债权的行为解释为承担担保责任。担保人受让债权后，其性质为承担担保责任，根据《民法典》第七百条的规定，担保人承担保证责任后享有向主债务人请求偿还的权利，即担保人的追偿权。

编写人：山东省淄博市中级人民法院　荣明潇

山东省淄博市临淄区人民法院　刘海红　高飞

009　保证无效保证期间对于债权人主张权利仍有拘束力

——某欣公司诉某县财政局等金融不良债权追偿案

【案件基本信息】

1. 裁判书字号

山东省高级人民法院（2020）鲁民终 780 号民事判决书

2. 案由：金融不良债权追偿纠纷

3. 当事人

原告（上诉人）：某欣公司

被告（被上诉人）：某县财政局、某办公司、某信公司

【基本案情】

2010年9月16日，省国托与某亦公司签订信托贷款合同，由某亦公司向省国托借款2000万元，借款期限三年，自2010年9月16日起至2013年9月15日止，借款年利率5.4%。同日，省国托与某信公司签订保证合同，由某信公司为该笔借款提供连带责任保证，保证期间自保证合同生效之日起至信托贷款到期后两年。同日，省国托向某亦公司发放借款2000万元。某县财政局向省国托出具《关于为某亦公司借款提供担保的函》（以下简称担保函），承诺某县财政局自愿为某亦公司合同项下的义务向省国托提供不可撤销的连带责任担保，保证期间自担保函盖章之日起生效，至信托贷款合同项下最后一笔贷款到期之日后两年止。2013年7月5日、2014年5月15日、2015年7月3日、2016年7月2日，省国托向某亦公司催收还款。2014年5月15日、2015年7月3日、2016年7月2日，省国托向某信公司催收还款。2016年12月30日，省国托将上述债权转让。2017年2月16日，省国托与受让债权人联合登报公告债权转让并催收，被催收人为某亦公司和某信公司。2017年2月17日，省国托通知某亦公司和某信公司债权转让。2017年3月1日，省国托通知某县财政局债权转让。2018年3月19日，受让债权人再度将上述债权转让给某欣公司。2018年4月20日，受让债权人和某欣公司通知某信公司、某县财政局债权转让并催收。某欣公司起诉要求某亦公司偿还借款本金2000万元及利息，某信公司承担连带清偿责任，某县财政局对某亦公司不能清偿的部分承担二分之一的赔偿责任。

【案件焦点】

某县财政局应否承担民事责任。

【法院裁判要旨】

山东省济南市中级人民法院经审理认为：某县财政局作为国家机关不得为保证人，故其向省国托出具的担保函依法无效，某县财政局应承担缔约过失责任。鉴于当事人基于合同无效所承担的缔约过失责任不应超过合同有效时的履行利益，故在担保函有效时债权人尚应在保证期间内向保证人主张权利，在担保函依法无效时担保函中约定的保证期间对于债权人主张权利依然具有拘束力。根据担保函的约定，保证期间至信托贷款合同到期之日后两年即2015年9月15日止。2017年3月1日，省国托通知某县财政局债权转让时已超过保证期间，某县财政局依法应予免除赔偿责任。在担保函无效的情况下，某县财政局的保证责任因缔约过失而转换为赔偿责任，其与另一保证人某信公司之间不是连带债务关系，不应适用《最高人民法院关于审理民事案件适用诉讼时效制度若干问题的规定》第十七条第二款关于“对于连带债务人中的一人发生诉讼时效中断效力的事由，应当认定对其他连带债务人也发生诉讼时效中断的效力”的规定。故对某信公司催收引起的诉讼时效中断的效力，不及于某县财政局。山东省济南市中级人民法院依照《中华人民共和国担保法》第八条、第十八条，《最高人民法院关于适用〈中华人民共和国担保法〉若干问题的解释》第三条规定，判决：某亦公司向某欣公司偿还借款本金2000万元及利息，某信公司承担连带清偿责任，驳回某欣公司对某县财政局的诉讼请求。

某欣公司不服一审判决，提起上诉。山东省高级人民法院同意一审法院裁判意见，判决：驳回上诉，维持原判。

【法官后语】

国家机关保证无效后，国家机关应予承担的民事责任依法由保证责任转换为缔约过失责任。保证无效，债权人未在约定的保证期间内向无效保证人主张权利的，无效保证人应当免除赔偿责任。其法理基础即缔约过失责任的赔偿范围不得超过信赖利益损失。缔约过失行为使当事人之间的缔约关系被破坏，其带来的损害是他人因信赖合同有效成立而遭受的损害，由于合同不成立或无效的结果所遭受的不利益即为信赖利益的损失。信赖利益不同于履行利益，信赖利益赔偿的目的是使当事人处于与没有合同一样的状态；而履行利益赔偿的结果，是让当事人的财产状况达到如同合同被完全履行一样的状态。信赖利益的赔偿范围不得超过履行利益。故在保证有效时债权人尚应在保证期间内向保证人主张权利，在保证依法无效时约定的保证期间对于债权人主张权利应依然具有拘束力。

有观点认为，在保证合同无效的情形下，债权人对无效保证合同中的保证人的权利，并非来自当事人之间的约定，而是来自法律的规定，在性质上不再是约定权利而属法定权利之一种。该权利形成于保证合同的无效，因此该权利的诉讼时效应从保证合同被确认为无效时起算。据此观点，如果认定债权人向无效保证人主张权利的期间，自法院或仲裁机构确认保证合同无效之日起算，则可能会造成在保证期间消灭后，债权人仍可向无效保证人主张赔偿责任。那么，在保证合同有效时，债权人的权利有可能由于保证期间的超过而归于消灭，但在保证合同无效时，债权人仍可向无效保证人主张赔偿责任，则会使债权人从无效保证合同获得的利益大于基于有效保证合同获得的利益，从而造成法律适用的不公平。

还有观点认为，保证期间是为保证责任所规定的期间限制，该种期间适用的前提是保证合同合法有效、保证人应依据合同约定承担保证责任。保证合同无效，保证期间即丧失了法律适用条件。合同履行期间届满之时，无论合同是否有效，债权人都已享有债权请求权，且该请求权已经具备了行使的条件，故保证人应在承担民事责任诉讼时效期间内承担民事责任。该观点虽然在一定程度上契合了债权人权利实现期限的预期，但据此观点，在约定保证期间或法定保证期间短于诉讼时效期间的情况下，亦有可能会造成在保证期间消灭后，债权人仍可向无效保证人主张赔偿责任。同上述分析，则使债权人从无效保证合同获得的利益大于基于有效保证合同获得的利益，造成法律适用的不公平。

连带债务涉他效力，是指在连带之债中，其中任一连带债权人或连带债务人的行为效力及于其他连带债权人或连带债务人。连带债务涉他效力的前提，是债务需为同一顺位的连带债务。在保证无效的情况下，国家机关的保证责任因缔约过失而转换为赔偿责任，其与其他连带保证人之间不再是连带债务关系，自然不存在连带债务的涉他效力，故对其他连带保证人催收引起的诉讼时效中断的效力，不及于国家机关。

《最高人民法院关于适用〈中华人民共和国民法典〉有关担保制度的解释》第三十三条针对保证合同无效、债权人未在约定的保证期间内向无效保证人主张权利的情形进行了明确规定，即“保证合同无效，债权人未在约定或者法定的保证期间内依法行使权利，保证人主张不承担赔偿责任的，人民法院应予支持”。本案当时的裁判亦契合了该司法解释的规定。

编写人：山东省济南市中级人民法院　孙潇

010 实现担保物权程序非一般诉讼程序的前置程序

——某银行大丰支行诉广某公司等金融借款合同案

【案件基本信息】

1. 裁判书字号

江苏省盐城市中级人民法院（2019）苏 09 民终 2988 号民事判决书

2. 案由：金融借款合同纠纷

3. 当事人

原告（被上诉人）：某银行大丰支行

被告（上诉人）：杨某 1　杨某 2　谭某荣

被告：广某公司　潘某香

【基本案情】

2012 年 7 月 4 日，被上诉人某银行大丰支行（贷款人）与被告广某公司（借款人暨抵押人）、上诉人杨某 1（保证人）、潘某香（保证人）、上诉人杨某 2（保证人）、上诉人谭某荣（保证人）签订《企业最高额抵押、保证借款合同》，约定：“……自 2012 年 7 月 4 日起至 2015 年 7 月 4 日止……向借款人发放最高限额贷款人民币不超过柒佰万元，7000000.00……担保方式为最高额抵押+保证担保……抵押人同意以位于大丰市开发区科技孵化园、房地产权证书（编号）为大丰房权证大中字第 2009××××号厂房，位于大丰市开发区科技孵化园房地产权属证书（编号）为大土（开）国用（2009）第 004 号土地的使用权作为抵押物……借款人不履行到期债务或发生合同中约定的实现担保物权的情形，贷款人在就该担保物实现债权前要求保证人承担全部债务的保证责任时，保证人不予抗辩……” 2012 年 8 月 7 日，被告广某公司根据合同约定办理最高额抵押权登记及土地他项权证。2012 年 8 月 7 日，被上诉人某银行大丰支行按约将 500 万元贷款发放至约定账户，被告广某公司向被上诉人某银行大丰支行出具借款借据一份，载明借款利率为 6.75‰，借款金额为 500 万元，到期日为 2015 年 7 月 4 日。2014 年 12 月 8 日，被告广某公司结算了 2014 年 9 月 20 日前的利息，后期利息未能按约偿还。2015 年 4 月 3 日，被上诉人某银行大丰支行向盐城市大丰区人民法院提起特别程序，申请实现担保物权。2015 年 4 月 23 日，大丰法院作出（2015）大商特字第 00004 号民事裁定。后经法院执行，将位于某科技孵化园 1 幢、2 幢房屋及位于某科技孵化园的土地使用权拍卖，获得拍卖款 5040000 元。2017 年 11 月 1 日，扣除各项款项后被告广某公司尚欠原告欠款本金 914809.95 元、利息 1832241.5 元。另查明，2017 年 4 月 17 日，被上诉人某银行大丰支行以挂号信方式分别向上诉人杨某 1、杨某 2、谭某荣及原审被告潘某香邮寄了《催收通知书》。其中，收信人为杨某 2 的因拒收退回，收信人为谭某荣的因地址不详退回。被上诉人某银行大丰支行提起本案诉讼的时间是 2018 年 8 月 7 日。

【案件焦点】

本案是否已过保证期间，保证人的保证责任已免除。

【法院裁判要旨】

江苏省盐城市大丰区人民法院经审理认为：首先，根据《中华人民共和国物权法》第一百七十六条的规定："被担保的债权既有物的担保又有人的担保的，债务人不履行到期债务或者发生当事人约定的实现担保物权的情形，债权人应当按照约定实现债权；没有约定或者约定不明确，债务人自己提供物的担保的，债权人应当先就该物的担保实现债权……"本案中，广某公司作为债务人为案涉债务提供了物的担保，因合同中未对实现债权的顺序进行约定，故根据法律规定，原告某银行大丰支行应当优先就广某公司提供的抵押物实现债权。原告某银行大丰支行在未知抵押物是否可以全部清偿案涉债务的情况下，根据法律规定的顺序行使债权人的权利，该行为是对自身拥有的诉权的合理使用，符合公平公正的原则。其次，根据《中华人民共和国担保法》第二十六条的规定："……在合同约定的保证期间和前款规定的保证期间，债权人未要求保证人承担保证责任的，保证人免除保证责任"可知，保证期间是指债权人要求保证人履行义务的期间，在此期间债权人需积极行使自身的权利，若债权人在保证期间怠于行使自身权利，即会导致保证人免责。本案中，债权人某银行大丰支行在保证期间内积极行使自身权利，且按照法律规定的顺序积极行使，不存在怠于行使权利的情形。最后，担保合同是主债务合同的从合同，无论是物的担保还是人的担保，都是担保合同的组成部分，它作为一个整体对案涉债权共同承担担保责任，所以债权人向担保合同中的任何一部分要求承担担保责任的行为，其效力应自然及于整个担保合同的其他部分。债权人某银行大丰支行根据法律规定的顺序首先申请实现担保物权的行为，其效力应及于其他保证人，应视为向其他保证人亦主张了债权。综上，原告某银行大丰支行于2015年4月3日向本院提起诉讼申请实现担保物权的行为，其效力及于其他保证人，故案涉债权并未过保证期间。

江苏省盐城市大丰区人民法院依照《中华人民共和国民法总则》第六条、第一百八十八条，《中华人民共和国合同法》第八条、第六十条、第一百零七条、第一百九十六条、第二百零五条、第二百零六条、第二百零七条，《中华人民共和国担保法》第十八条、第二十一条、第二十六条，《中华人民共和国物权法》第一百七十六条，《中华人民共和国民事诉讼法》第一百四十二条、第一百四十四条之规定，判决：

一、被告广某公司偿还原告某银行大丰支行借款本金 914809.95 元及利息 1832241.5 元，并承付借款本金 914809.95 自 2018 年 7 月 12 日起至实际给付之日止按月利率 10.125‰的利率计算的利息。于本判决生效后六十日内履行完毕；

二、被告杨某 1、杨某 2、潘某香、谭某荣对被告广某公司的上述给付义务承担连带清偿责任。

杨某 1、杨某 2、谭某荣不服原审判决，提起上诉。江苏省盐城市中级人民法院经审理认为：二审的争议焦点是上诉人杨某 1、杨某 2、谭某荣应否承担保证责任。《中华人民共和国担保法》第二十六条第二款规定：“在合同约定的保证期间和前款规定的保证期间，债权人未要求保证人承担保证责任的，保证人免除保证责任。”《最高人民法院关于适用〈中华人民共和国担保法〉若干问题的解释》（已失效）第三十一条规定：“保证期间不因任何事由发生中断、中止、延长的法律后果。”本案中，合同约定的保证期间为债务履行期限届满之日起二年；若发生法律、法规规定或合同约定的事项导致借款人在本合同项下的债务提前到期的，贷款人有权要求保证人提前履行保证责任，保证人保证期间自合同债务提前到期之日起二年。同时，合同约定借款人不履行到期债务或发生合同中约定的实现担保物权的情形，贷款人在就该担保物实现债权前要求保证人承担全部债务的保证责任时，保证人不予抗辩。该约定表明，被上诉人在实现担保物权前，有权要求保证人承担保证责任，也就是说，被上诉人要求保证人承担保证责任不以实现担保物权为前提。由此，本案的保证期间应从债务提前到期之日开始计算。被上诉人于2015年4月3日向大丰法院提起诉讼申请实现担保物权，债务提前到期。故本案的保证期间应当从2015年4月3日起至2017年4月2日止。上诉人虽于2017年4月17日向各保证人发送《催收通知书》，但已过保证期间。由此，根据上述规定，上诉人杨某1、杨某2、谭某荣及原审被告潘某香的保证责任免除。综上所述，一审法院认定本案债权未过保证期间，系适用法律错误，本院予以纠正。上诉人杨某1、杨某2、谭某荣的上诉理由成立，本院予以支持。

江苏省盐城市中级人民法院依照《中华人民共和国担保法》第二十六条、《最高人民法院关于适用〈中华人民共和国担保法〉若干问题的解释》（已失效）第三十一条和《中华人民共和国民事诉讼法》第一百七十条第一款第二项的规定，判决：

一、维持盐城市大丰区人民法院（2018）苏0982民初4197号民事判决第一项，即维持“被告广某公司偿还原告某银行大丰支行借款本金914809.95元及利息1832241.5元，并承付借款本金914809.95自2018年7月12日起至实际给付之日止按月利率10.125‰的利率计算的利息。于本判决生效后六十日内履行完毕”；

二、撤销盐城市大丰区人民法院（2018）苏0982民初4197号民事判决第二项，即撤销“被告杨某1、杨某2、潘某香、谭某荣对被告广某公司的上述给付义务承担连带清偿责任”；

三、驳回被上诉人某银行大丰支行其他诉讼请求。

【法官后语】

担保物权的实现是指债务人不履行到期债务，担保物权人经过法定程序，通过将担保标的物拍卖、变卖等方式，使其债权得到优先受偿的过程。在2012年修订《中华人民共和国民事诉讼法》之前，担保物权的实现需经一般诉讼程序实现，2012年修订《中华人民共和国民事诉讼法》时首次在特别程序一编中确定了实现担保物权特别程序，至此实现担保物权突破一般诉讼程序，可适用非诉程序得以实现。2015年出台的《最高人民法院关于适用〈中华人民共和国民事诉讼法〉的解释》对实现担保物权作了详细规定。

在既有物保又有人保的情况下，原告某银行在债权到期债务人无法偿还债务的情况下，首先选择了实现担保物权案件特别程序以实现债权，然而实现担保物权获得的拍卖款不能清偿全部债务后，再次选择一般程序要求债务人、保证人偿还剩余债务，但因其未能在保证期限内向保证人主张权利而导致保证人免除保证义务。

本案在处理过程中涉及一个问题：既有物保又有人保的情况下，当事人既可以选择实现担保物权案件这一特别程序，也可以选择一般程序要求义务人承担相关义务，该类案件的特别程序是否系一般诉讼程序的前置程序?

笔者认为，实现担保物权案件特别程序并非一般诉讼程序的前置程序。首先，法律未明确立法规定实现担保物权特别程序是一般程序的前置程序；其次，并不是所有案件都可以适用实现担保物权特别程序，只有符合条件的物权案件才可以选择适用实现担保物权特别程序，如果将实现担保物权特别程序认定为一般程序的前置程序，则会增加审核程序，浪费资源，其与特别程序节约司法成本，提高诉讼效率，方便当事人诉讼的设立目的背道而驰。特别程序仅赋予当事人一个选择权，当事人既可以选择实现担保物权案件特别程序，也可以选择担保物权案件一般诉讼程序。

编写人：江苏省盐城市大丰区人民法院　朱丹丹

011　农村信用社接受本社的股权作质押合同无效
——绵竹信用社诉泰某机械等金融借款合同案

【案件基本信息】

1. 裁判书字号

四川省绵竹市人民法院（2019）川0683民初649号民事判决书

2. 案由：金融借款合同纠纷

3. 当事人

原告：绵竹信用社

被告：泰某机械、游某龙、刘某琼、游某波、颜某芳

【基本案情】

2014年12月29日，被告泰某机械向绵竹信用社借款，被告游某龙、游某波、刘某琼，自愿对借款承担连带保证责任。2016年3月25日，被告泰某机械作为借款人、颜某芳作为出质人与绵竹信用社签订《权利质押合同》，合同约定被告颜某芳用其持有的在绵竹信用社的3480750股股权对被告泰某机械在绵竹信用社的上述债务提供质押担保等内容。合同签订后，被告颜某芳将股权证交付原告。后被告泰某机械未按借款合同约定按时偿还借款本息。原告分别于2015年12月30日、2016年2月25日、2018年7月20日向被告泰某机械、游某龙、游某波、刘某琼发放逾期贷款

催收通知书，被告泰某机械、游某龙、游某波、刘某琼均在通知书上签字或盖章。

另查明，在原告的同意下，被告颜某芳分两次将部分股权作价转让，用于偿还被告泰某机械的上述借款。同时查明，绵竹信用社属股份合作制、社区性地方金融机构，后经改组并于2018年3月5日更名为绵竹农商银行。绵竹信用社章程载明“本联社不得接受本联社股份作为质押权标的”。绵竹农商银行章程载明“本行不接受以本行股份作为质押标的”。

【案件焦点】

农村信用社接受本社股权作质押，质权是否设立。

【法院裁判要旨】

四川省绵竹市人民法院经审理认为：原告与被告泰某机械的借款合同关系合法有效。被告泰某机械应承担还款责任。原告曾在保证期间内向保证人游某龙、刘某琼、游某波主张权利，故保证人应承担连带清偿责任。

关于原告绵竹农商银行要求对被告颜某芳提供的质押物变现后的价款优先受偿的问题。《权利质押合同》约定颜某芳将其持有绵竹信用社的股权质押给绵竹信用社，对被告泰某机械在绵竹信用社的贷款承担质押担保责任，并将股权证交付原告，但未办理出质登记。本院认为，绵竹信用社属于农村合作金融机构，该联社章程旨在规范该联社的组织和行为，并根据《中华人民共和国银行业监督管理法》《中华人民共和国商业银行法》《中华人民共和国公司法》等有关法律、法规等制定。《中华人民共和国公司法》第一百四十二条第四款规定的“公司不得接受本公司的股票作为质押权的标的”及银监会《农村商业银行管理暂行规定》第二十一条、《农村合作银行管理暂行规定》第二十三条均明确规定，农村商业（合作）银行不得接受本行股份作为质押权标的。同时，根据当时适用的银监会制定的《县（市）农村信用合作联社监管工作意见》第二十四条规定："防范大额关联交易和内部关系人交易风险。督促统一法人社根据自身特点，参照《商业银行与内部人和股东关联交易管理办法》等制度制定大额关联交易和内部关系人交易的政策、程序……"及《商业银行与内部人和股东关联交易管理办法》第二十九条第二款规定："商业银行不得接受本行的股权作为质押提供授信。"依据上述规定，银行不得接受本行股份作为质押权标的，以此避免股东变相抽逃出资，保障银行稳健运行。换言之，原告接受以本联社的股权证设定权利质押，当债务人不能清偿贷款时，若原告以该股权受偿，实质上是一种变相的股份回购，必然导致注册资本减少，减弱了原告对外承担风险的能力，既损害原告自身的利益，也损害了债权人及其他股东的合法权益，是法律所禁止的行为，本案的《权利质押合同》应认定无效。故原告绵竹农商银行对被告颜某芳提供的股权不享有质权，对其要求对该股权变现后的价款优先受偿的诉讼请求，本院不予支持。

原告作为金融机构、被告颜某芳作为绵竹信用社的股权持有人，均应知晓绵竹信用社章程上关于"本联社不得接受本联社股份作为质押权标的"及前述法律、法规等的相关规定，故债权人、担保人对担保合同无效均存在过错，据此，担保人颜某芳应对债务人泰某机械不能清偿借款本息部分的二分之一向债权人绵竹农商银行承担赔偿责任。

四川省绵竹市人民法院依法判决如下：

一、被告泰某机械向原告偿还贷款本金2307882.50元及截至2018年9月20日的利息1213284.32元，并支付从2018年9月21日起至判决确定给付之日止的利息；

二、被告游某龙、刘某琼、游某波对被告泰某机械的上述债务承担连带清偿责任；

三、被告颜某芳对被告泰某机械就上述第一项债务不能清偿的部分向原告承担二分之一的赔偿责任；

四、驳回原告绵竹信用社的其他诉讼请求。

判决后，双方当事人均未上诉，本判决现已生效。

【法官后语】

本案审理的重点在于农村信用社接受本社的股权作质押，质权是否设立。因农村信用社性质的特殊性，针对此类纠纷，司法实践中的认定、处理结果不尽相同。也有观点认为，以信用社的股权作质押贷款，因未在法定部门办理出质登记，质押合同有效，质权未依法设立；有观点认为，因信用社的经济性质不属于公司制，不能在法定部门办理出质登记，只要质权人和出质人签订合法有效的质押合同，交付股权证，并在所持股的信用社办理出质支付登记备案，即视为已经完成质押登记手续，质权依法设立；还有观点认为，信用社的股金应适用动产质权的规定，只要订立书面质押合同，质权自权利凭证交付质权人时设立。

笔者认为，本案认定质权是否设立，首先需对质押合同的效力作出认定。关于合同效力的认定，应当以是否违反法律、行政法规的强制性规定作为评判标准。本案中，农村信用社作为金融机构，其接受本社的股权作质押，质押合同是否有效，需以规范金融机构行为的法律法规为认定依据。作为规范商业银行行为的《中华人民共和国商业银行法》《中华人民共和国银行业监督管理法》等法律未涉及商业银行股权质押，而仅在相关部门规章中有商业银行不得接受本行股票为质押权标的的相关规定。通常情况下，违反规章不影响合同效力，但该规章的内容涉及金融安全、市场秩序、国家宏观政策等公序良俗的，应当认定合同无效。本案以信用社接受本社的股权作质押违反了部门规章为前提，从维护金融安全角度进行分析，综合以下因素，认定质押合同无效，理由在于：

1. 根据《中华人民共和国银行业监督管理法》第二条第一款和第二款的规定，银监会为全国银行业金融机构的行业监管部门，其所制定的规章、规范性文件对全国银行业金融机构均具有约束力。银监会《农村合作银行管理暂行规定》第二十三条第二款规定，农村合作银行不得接受本行股份作为质押权标的，以及《农村商业银行管理暂行规定》第二十一条规定，农村商业银行不得接受本行股份作为质押权标的。上述规定均系部门规章，其法律依据和来源是《中华人民共和国公司法》第一百四十二条第四款的规定，公司不得接受本公司的股票作为质押权的标的。以此避免股东变相抽逃出资，保障银行稳健运行。

2. 农村信用合作社的经济性质是股份合作制，是特定经济形势下发展的一种集体经济组织，但作为金融机构，所进行的业务活动亦受银监会的监督和管理，办理存款、贷款和结算等业务及进行风险防控均参照调整商业银行的法律、法规和规范性文件执行。银监会《商业银行与内部人和股东关联交易管理办法》[①] 第二十九条第二款规定，商业银行不得接受本行的股权作为质押提供授信。《中国银监会关于加强商业银行股权质押管理的通知》第七条第一项亦规

---

① 自2004年5月1日起施行，现已废止。于2022年3月1日起施行的《银行保险机构关联交易管理办法》第二十九条沿用规定了“银行机构不得接受本行的股权作为质押提供授信”。

定，商业银行不得接受本行的股权作为质物。因此，农村信用合作社的股权质押亦不能违反行业监管部门对此类行为的禁止性规定，以免因质权人与其他商业银行的非本质区别而突破行业规定的限制，割裂此类行业规则的价值取向。

3. 信用社接受本社的股权作质押，当债务人不能清偿贷款时，若信用社以该股权受偿，实质上是一种变相的股份回购，必然导致注册资本减少，减弱信用社作为金融机构对外承担风险的能力，对金融安全造成影响，既损害金融机构自身的利益，也损害债权人及其他股东的合法权益，是法律所禁止的行为。

本案考虑到质权人及出质人对质押合同无效均存在过错，判决出质人应对债务人不能清偿借款本息部分的二分之一向质权人承担赔偿责任，该案的判决结果将有力督促经信用社改制后的农商银行对此前类似质押担保行为做好调整、防控，切实维护自身合法权益，也对规范信用社等金融机构今后的信贷行为有重要意义。

编写人：四川省绵竹市人民法院　范丽

012 第三人向债权人承诺代为偿还债务，未明确免除原债务人的清偿义务，债权人亦不认可债务已经转移，应认定构成债务加入

——揭东某行诉吴某标金融借款合同案

【案件基本信息】

1. 裁判书字号

广东省揭阳市中级人民法院（2019）粤52民终421号民事判

决书

2. 案由：金融借款合同纠纷

3. 当事人

原告（被上诉人）：揭东某行

被告（上诉人）：吴某标

【基本案情】

2014年1月23日，揭东某行与某阳新能源公司、吴某标、肖某光、肖某阳签订了《保证担保借款合同》，约定：贷款人（甲方）为揭东银行，借款人（乙方）为某阳新能源公司，保证人（丙方）为吴某标、肖某光、肖某阳；甲方同意向乙方发放以下贷款：借款类型为新增借款，借款用途为购锂电池，借款金额为600万元，借款期限自2014年1月23日起至2015年1月15日止，借款月利率为11.4‰（即年利率13.68%），还款方式为按月结息，期到还本；逾期利息从逾期之日起按原定利率加息30%计；丙方对乙方的债务承担连带保证责任。合同签订当日，揭东某行依约发放贷款600万元并支付至某阳新能源公司指定的银行账户。2016年8月30日，揭东某行与肖某浩签订了《保证担保合同》，合同约定，肖某浩自愿为上述《保证担保借款合同》所形成的债权作为债务人的保证人向揭东某行提供连带责任保证。借款期满后，因某阳新能源公司等均未履行还款义务，揭东某行起诉至法院。法院通过法院专递向吴某标住所地邮寄送达应诉材料，该法院专递由他人代为签收。2017年1月24日，揭东某行与肖某浩达成一份还款协议，肖某浩承诺某阳新能源公司向揭东某行的借款600万元及利息由其分期代为偿还。遂揭东某行向法院申请撤诉。后肖某浩没有按还款协议约定期限履行，故揭东某行起诉至法院，请求法院判令：1. 某阳新能源公司立即付还揭东某行借款本金600万元及其相应利息（自2014年1月23日起至2015年1月15日止，按年利率13.68%计；自2015年1月16日起至还清之日止，按原定利率加收30%即17.784%计）；2. 肖某阳、肖某光、吴某标、肖某浩对某阳新能源公司应承担的还款责任承担连带清偿责任；3. 本案一切诉讼费用由某阳新能源公司等承担。

【案件焦点】

肖某浩与揭东某行签订《保证担保合同》《还款协议》是否构成本案的债务转移。

【法院裁判要旨】

广东省揭阳市揭东区人民法院经审理认为：揭东某行撤诉后再次向法院提起诉讼，并未超过诉讼时效。因揭东某行第一次起诉时，作为揭东某行及当时的案件承办人并不必然知道吴某标因刑事犯罪在广州监狱服刑，该案承办人将应诉材料通过法院专递向吴某标住所地邮寄送达，应认定为揭东某行在保证期限内已向吴某标主张权利，要求其承担保证责任。在肖某浩订立还款协议后揭东某行撤诉，揭东某行并未表示放弃其他被告应承担的连带保证责任。最后，肖某浩与揭东某行订立还款协议，并不构成原债务的转移，在该还款协议未实际履行情况下，吴某标等其他连带责任保证人仍应按原保证合同约定承担连带保证责任。吴某标抗辩揭东某行未经其同意转让债务，其不再承担保证责任的主张，缺乏法律依据，不予支持。

广东省揭阳市揭东区人民法院依照《中华人民共和国担保法》第十八条、第二十一条第一款等规定，作出如下判决：

一、某阳新能源公司应于判决发生法律效力之日起七日内付还揭东某行借款600万元及其相应利息（自2014年1月23日起至2015年1月15日止，按年利率13.68%计算；自2015年1月16日起至还清之日止，按原定利率加收30%即年利率17.784%计算，已付还利息688560元应抵除）；

二、肖某阳、肖某光、吴某标、肖某浩对某阳新能源公司上述借款及利息承担连带保证责任。保证人承担保证责任后，有权向债务人追偿。

吴某标不服一审判决，提出上诉。

广东省揭阳市中级人民法院经审理认为：同意一审法院裁判意见，肖某浩与揭东某行签订还款协议的行为对于某阳新能源公司结欠揭东某行借款600万元及利息的债务构成了债务加入。吴某标上诉主张肖某浩与揭东某行签订《保证担保合同》《还款协议》已构成了本案的债务转移，理由不能成立，予以驳回。

广东省揭阳市中级人民法院依照《中华人民共和国民事诉讼法》第一百七十条第一款第一项规定，作出如下判决：

驳回上诉，维持原判。

【法官后语】

关于债务加入的问题，因在《全国法院民商事审判工作会议纪要》和民法典颁布之前，实务中对此类情形如何适用法律问题欠缺明确裁判依据。本案中，对肖某浩作出代为偿还的承诺行为性质如何认定，存在争议：一是认为肖某浩该承诺行为构成债务转移，肖某浩既然受让了涉案债务，逾期不履行而产生的清偿义务应由肖某浩承担。根据《中华人民共和国担保法》第二十三条[①]的规定，本案债务转让因未经保证人吴某标同意，故吴某标不再承担连带保证责任。二是认为肖某浩该承诺行为应该属于《中华人民共和国合同法》第六十五条[②]规定的第三人代为履行的情形，债务人、第三人、保证人仍应承担连带清偿责任。三是认为肖某浩该承诺行为构成了债务加入，保证人的保证责任不受影响，债务人、第三人、保证人仍应承担连带清偿责任。笔者倾向于第三种意见，理由是：

1. 本案不构成债务转移。债务转移，是指第三人取代原债务人，为原债务人承担全部债务，与主债务有关的从债务，除专属于原债务人自身的外，也随主债务移转给第三人承担，从而使原债务人脱离原债权债务关系的民事法律行为。构成债务转移的显著特征是应由债务人与第三人达成协议，经债权人同意，原债务人脱离债的关系，第三人取得债务人的法律地位，由第三人直接向债权人承担债务，若第三人事后不履行债务，债权人不得再请求原债务人承担债务，只能请求第三人承担债务。本案没有证据证明债权人同意债务转移给该第三人肖某浩或者明确表示债务人退出合同关系，债务人亦未提出其已退出合同关系的抗辩理由，故依法不构成债务转移。

---

① 相对应《中华人民共和国民法典》第六百九十七条，债权人未经保证人书面同意，允许债务人转移全部或者部分债务，保证人对未经其同意转移的债务不再承担保证责任，但是债权人和保证人另有约定的除外。

第三人加入债务的，保证人的保证责任不受影响。

② 相对应《中华人民共和国民法典》第五百二十三条，当事人约定由第三人向债权人履行债务，第三人不履行债务或者履行债务不符合约定的，债务人应当向债权人承担违约责任。下同。

2. 本案不属于《中华人民共和国合同法》第六十五条规定的第三人代为履行的情形。首先，主体方面，第三人代为履行成立于债务人与债权人之间，而本案是第三人与债权人之间达成协议，主体上明显不符合。其次，第三人不履行债务的，依法由债务人向债权人承担违约责任，但本案中，第三人并未提出不同意承担债务人对债权人的债务的抗辩，故不能认定为第三人代为履行。

3. 本案构成债务加入。理论上一般认为债务加入，又叫并存的债务承担，是指第三人加入债权债务关系，为原债务人承担一部分或者与原债务人共同承担债务的民事法律行为。从债务加入的概念可看出，构成债务加入的显著特征是原债务人没有脱离债的关系，对债权人的利益不会发生影响，故无须经过债权人的同意，对担保责任也不存在影响，债务人或第三人通知债权人即可发生效力。本案中，肖某浩与债权人揭东某行达成《还款协议》，承诺涉案债务由其分期代为偿还，但该协议并无明确表示免除原债务人的清偿义务，且债权人明确表示不认可债务已经转移，而债务人并无抗辩债务已转移，第三人亦未提出不同意承担债务人对债权人的债务的抗辩，故应认定第三人该“代为偿还款项”的承诺构成了债务加入，第三人应与债务人、连带责任保证人共同向债权人承担清偿义务。

《中华人民共和国民法典》已对债务加入作出了明确规定，第五百五十二条明确了债务加入的概念。本案的处理符合民法典的相关规定。

编写人：广东省揭阳市中级人民法院　林汉葵　郑宋玲

013 “借款人不能按时支付本息的，贷款人有权解除合同”的合同条款可否作为判定“合同约定解除条件”已成就的依据

——某银行柳州分行诉谭某行、温某某金融借款合同案

【案件基本信息】

1. 裁判书字号

广西壮族自治区柳州市柳北区人民法院（2019）桂0205民初4682号民事判决书

2. 案由：金融借款合同纠纷

3. 当事人

原告：某银行柳州分行

被告：谭某行、温某某

【基本案情】

2015年2月12日，某银行柳州分行与谭某行签订了《个人住房（商业用房）借款合同》（以下简称借款合同），约定借款人谭某行向某银行柳州分行借款250000元用于购买位于柳州市学院路某号的住房，借款期限240个月，同时约定了借款利率和逾期罚息利率，谭某行以其购买的上述房屋提供抵押担保。其中，借款合同第十六条约定“借款人不按本合同约定按时足额偿还借款本息或其他应付款项的即构成违约，某银行柳州分行有权解除合同，提前收回已发放贷款本息”。借款合同还约定诉讼费、律师费均由借款人承担。在办理了相关手续后，某银行柳州分行取得了预购商

品房抵押权预告登记证书。某银行柳州分行与温某某签订了《个人住房（商业用房）借款最高额保证合同》，约定温某某为上述借款提供连带责任保证，保证期间自单笔借款合同签订之日起至抵押人已办妥抵押财产的房地产权证等相关权属证书并将抵押财产的他项权利证书、抵押登记证明文件正本及其他权利证书交某银行柳州分行核对无误、收执之日止。2015年2月16日，某银行柳州分行向谭某行发放了贷款25万元，按照约定履行了自己的全部义务。谭某行从2019年2月起没有按照当期应还款额和还款时间进行还款，某银行柳州分行于2019年8月20日委托律师起诉至法院，要求解除贷款合同，要求谭某行偿还全部贷款本息、支付律师费10321元，要求对抵押房屋享有优先受偿权，并要求温某某承担连带清偿责任。

另查明，某银行柳州分行于立案时提交的打印日期为2019年7月31日的《某银行个人贷款对账单》载明截至2019年7月31日，谭某行拖欠当前到期的本金为1521.84元、拖欠当前到期的利息为1751.91元、拖欠当前到期的罚息为10.05元，合计3283.8元。

某银行柳州分行于开庭当日提交的打印日期为2019年10月23日的《某银行个人贷款对账单》载明截至2019年10月23日，谭某行拖欠当前到期的本金为771.85元、拖欠当前到期的利息为711.46元、拖欠当前到期的罚息为0元，合计1483.31元。某银行柳州分行于庭审中陈述立案后谭某行业已向其给付完毕了本案的案件受理费2364元，但某银行柳州分行仍然要求解除借款合同。

【案件焦点】

1. 借款人出现了未按约还款的情形，银行诉至法院要求解除合同，法院是否可将“借款人不能按时支付本息的，贷款人有权解除合同”的合同条款作为判定“合同约定解除条件”已成就的依据；2. 本案是否符合约定解除合同的情形；3. 若不符合约定解除合同的情形，是否符合法定解除合同的情形。

【法院裁判要旨】

广西壮族自治区柳州市柳北区人民法院经审理认为：对于某银行柳州分行在本案中诉请的要求解除借款合同，并要求谭某行清偿未到期的借款本息的诉讼请求不予支持。理由如下：（1）借款合同约定谭某行不按本合同约定按时足额偿还借款本息或其他应付款项的即构成违约，但是对于“不按本合同约定”“不能按时”还款期限的界定不明确，当事人可以作不同的解释。故不符合约定解除的情形；（2）应根据当事人履行合同的实际情况，是否导致合同无法继续履行或者合同目的无法实现来判断法定解除条件是否成就。从本案来看，谭某行在收到传票后，及时补交了部分款项，弥补了银行的部分损失，且拖欠当前到期的本金为771.85元、拖欠当前到期的利息为711.46元，拖欠的当期到期的金额数额较小，而且已向某银行柳州分行给付了案件受理费，谭某行系有继续履行合同的意愿。谭某行已办理了抵押权预告登记手续，对于银行的债权实现具有相应保障。从合同来看长达240个月的履行期限，谭某行目前的违约金额较小，某银行柳州分行的合同目的并非无法实现，本案还未达到法定解除条件。双方应继续履行借款合同。

谭某行借款后，没有按约定还款付息，出现了违约情形，其行为违反了诚实信用原则和合同约定，应承担向某银行柳州分行偿付拖欠的当前到期的本金771.85元、当前到期的利息711.46元，并承担因其违约给某银行柳州分行造成的律师费、诉讼费和保全费损失。但是对于某银行柳州分行诉请的律师费，由于法院在本案中并未支持某银行柳州分行解除合同及清偿未到期的借款本息的诉请，根据公平及诚实信用原则，在本案中，法院以某银行柳州分行于立案时提交的打印日期为 2019 年 7 月 31 日的《某银行个人贷款对账单》载明的截至 2019 年 7 月 31 日，谭某行拖欠当前到期的本金为 1521.84 元、利息 1751.91 元、罚息 10.05 元之和 3283.8 元作为本案律师费用的计算基数，根据《广西壮族自治区律师服务收费管理实施办法》及《广西壮族自治区律师服务收费标准》，酌情支持 1000 元。

之后，谭某行还应按约履行合同义务，按照还款时间（每月 16 日前）、每期还款金额按月归还每期的贷款本息，若之后谭某行出现的违约情形已达到了足以影响某银行柳州分行合同目的实现的程度，某银行柳州分行可依据法律规定再另行提出解除合同的诉请。

另外，由于涉案抵押房产并未办妥房屋他项权证，温某某应按合同约定对谭某行的借款承担连带责任保证。温某某承担了保证责任后，有权向谭某行追偿。

对于某银行柳州分行要求对涉案抵押房屋的处置价款享有优先受偿权的诉请，法院认为，某银行柳州分行办理的系预购商品房抵押权预告登记，而非正式的抵押登记手续。由《中华人民共和国物权法》第二十条第一款关于“当事人签订买卖房屋或者其他不动产物权的协议，为保障将来实现物权，按照约定可以向登记机构申请预告登记。预告登记后，未经预告登记的权利人同意，处分该不动产的，不发生物权效力”的规定可知，预告登记制度旨在保障将来债权的实现，某银行柳州分行据此享有当抵押登记条件成就或约定期限届满时对涉案抵押房屋办理抵押权登记的请求权，并可排他性地对抗他人针对抵押房屋的处分，但并非已对该房屋享有现实的抵押权。依照《中华人民共和国物权法》第一百八十七条关于“以本法第一百八十条第一款第一项至第三项规定的财产或者第五项规定的正在建造的建筑物抵押的，应当办理抵押登记。抵押权自登记时设立”的规定，本案抵押权并未设立。某银行柳州分行依据预购商品房抵押权预告登记，主张对抵押房屋拍卖、变卖所得享有优先受偿权，缺乏法律依据，法院不予支持。

广西壮族自治区柳州市柳北区人民法院依照《中华人民共和国合同法》第一百零七条、第二百零五条、第二百零六条、第二百零七条，《中华人民共和国物权法》第二十条第一款、第一百八十七条，《中华人民共和国担保法》第十八条、第二十一条、第三十一条，《最高人民法院关于民事诉讼证据的若干规定》第二条，《中华人民共和国民事诉讼法》第六十四条第一款、第一百四十四条之规定，作出如下判决：

一、谭某行于本判决生效之日起十日内向某银行柳州分行偿还截至 2019 年 10 月 23 日已到期的拖欠本金 771.85 元、拖欠利息 711.46 元；

二、谭某行于本判决生效之日起十日内偿付某银行柳州分行律师诉讼代理费 1000 元；

三、温某某对谭某行上述第一项、第二项债务承担连带清偿责任；温某某承担保证责任后，有权向谭某行追偿；

四、驳回某银行柳州分行的其他诉讼请求。

判决后，双方当事人均未上诉，本判决现已生效。

【法官后语】

本案的借款合同虽然约定了借款人未按时归还借款本息的、贷款人即有权解除合同，但社会大众对于自身“不能按时”还款到达何种程度银行才会要求解除合同的理解与银行一方的理解有所不同。为了顺利获得住房贷款，从而能够购买一套安身立命的住所才是借款人在签订借款合同时的主要目的。在签订借款合同时，银行处于强势地位。民众在签订借款合同时不会有“只要我一两期违约、银行就会起诉解除合同”的心理预期，同时在签订合同时银行工作人员也没有对借款人作出相应说明和解释，这就导致一般民众对其在拖欠银行多少期和多少金额的贷款后银行将会诉诸法律程序的心理预期与银行一方存在不同的理解。从这一方面来讲，借款合同中对“不能按时”还款的期限的界定不明确，一般民众可以作不同的解释。故不符合约定解除的情形。

本案是否符合法定解除合同的情形？判定合同是否达到法定解除条件，还需以《中华人民共和国民法典》第五百六十三条“有下列情形之一的，当事人可以解除合同：（一）因不可抗力致使不能实现合同目的；（二）在履行期限届满前，当事人一方明确表示或者以自己的行为表明不履行主要债务；（三）当事人一方迟延履行主要债务，经催告后在合理期限内仍未履行；（四）当事人一方迟延履行债务或者有其他违约行为致使不能实现合同目的；（五）法律规定的其他情形。以持续履行的债务为内容的不定期合同，当事人可以随时解除合同，但是应当在合理期限之前通知对方”的规定作为审查判断的标准、依据。具体到本案中，借款人谭某行虽然在合同履行期间出现了逾期还款情形，但在起诉后已偿还了大部分款项，以其行为表明其有继续履行合同的意愿，且谭某行的本案违约行为并未达到不能实现银行合同目的的程度，故承办法官认为本案也不符合法定解除合同的条件。

笔者建议，金融监管部门应监督银行完善住房借款格式合同中关于“可解除合同应达到的违约程度”的相关条款。避免出现借款人仅仅拖欠一期、两期款项就被银行起诉至法院，要求拍卖房屋、诉请大额律师费，从而损害一般民众利益的诉讼事件，既不利于调解，也不利于社会稳定。考虑到亲属患重病等需要筹款的时间，除借款人下落不明或已知借款人因违法犯罪被羁押、借款人财务状况明显恶化等明显没有还款能力的情形外，银行应待借款人逾期还款达六期后再诉至法院较为合理，应给予出现了一时困难的借款人相应的筹措还款的时间和机会。承办法官认为，银行所订立的“借款人不能按时支付本息的，贷款人有权解除合同”条款和违约三期内就起诉的情形也许太过苛刻，银行除收取利息外还应承担为社会和民众提供融资服务，维护社会大局稳定的社会责任。住房借款合同期限均较长，还款期通常为240期至360期。银行不应在借款人仅仅违约两三期时就起诉，安居乐业的房子动辄被拍卖及大额律师费带来的负担，既不利于社会稳定，也增加了执行的难度和压力。

此外，该案于2019年11月7日审结，该案宣判后，借款人谭某履行了生效判决规定的义务，双方均服判息诉，截至目前某银行柳州分行与谭某行签订的借款合同仍在继续履行过程中，某银行收取贷款利息的合同目的仍能持续实现。在此，需要提醒法官们注意的是，自2021年1月1日起施行的《最高人民法院关于适用〈中华人民共和国民法典〉有关担保制度的解释》第五十二条第一款规定：“当事人办理抵押预告登记后，预告登记权利人请求就抵押财产优先受偿，经审查存在尚未办理建筑物所有权首次登记、预告登记的财产与办理建筑物所有权首次登记时的财产不一致、抵押预告登记已经失效等情形，导致不具备办理抵押登记条件的，人民法院不予支持；经审查已经办理建筑物所有权首次登记，且不存在预告登记失效等情形的，人民法院应予支持，并应当认定抵押权自预告登记之日起设立。”即在办理2021年1月1日新受理的关于“已办理抵押预告登记”的抵押房产的案件审理过程中，法官还需要额外审查已办理抵押预告登记的抵押房产“是否已办理建筑物所有权首次登记，且不存在预告登记失效情形”，若2021年1月1日之后抵押房产已经办理了不动产首次登记且不存在预告抵押权失效的情况，则抵押权自预告登记之日起设立，在具备上述条件时债权人要求对抵押物实现抵押权则于法有据，法院应予以支持。

编写人：广西壮族自治区柳州市柳北区人民法院　黎鹂

014 被冒用身份进行线上质押贷款后的损失救济

——单某诉某银行朝阳支行金融借款合同案

【案件基本信息】

1. 裁判书字号

北京市第三中级人民法院（2019）京03民终16170号民事判决书

2. 案由：金融借款合同纠纷

3. 当事人

原告（被上诉人）：单某

被告（上诉人）：某银行朝阳支行

【基本案情】

单某在某银行朝阳支行处开立银行存款账户。2017年7月4日至2017年7月24日，单某分4笔在某银行朝阳支行处的自助柜员机上购买理财产品，共计137万元，期限为3个月不等。2017年9月23日，单某收到自称是检察院的工作人员电话，对方称要进行资金比对加密监管，否则其要冻结18个月的资金。其后单某点击了对方提供的资金比对网址，输入了银行卡号、网银的账号和密码、UKEY密码、插入了UKEY之后，告知了对方UKEY的编码，并点击了UKEY上的ok键，电脑就出现了黑屏。其后，单某收到信息，发现其名下有质押贷款109.6万元，该贷款发放后即被转账支取。后单某的4笔理财产品被冻结，在质押贷款到期后被某银行朝阳支行扣划共计1101034.4元。经过查询，单某得知系他人冒用其身份办理了线上理财产品质押贷款，其名下的理财产品到期后被扣划用于归还贷款本息。单某认为，该质押贷款并非自己的真实意思表示，其也从未办理理财产品质押贷款业务，该贷款自发放到被转账支取，单某毫不知情，故该笔质押贷款合同应属无效，某银行朝阳支行扣划单某的存款于法无据。故单某诉至法院，要求：一、请求判令三份《贷款借款合同》无效；二、判令某银行朝阳支行返还划扣存款1101034.4元并赔偿利息损失（以1101034.4元为基数，自2017年9月30日起至实际给付之日止，按照年利率6%的标准计算）。

某银行朝阳支行表示的三份《贷款借款合同》成立且合法有效，涉案三笔贷款的申请和发放均是通过单某身份要素的认证在网上办理，涉案电子银行身份要素由单某办理、保管和持有，办理过程中，单某提供了正确的银行密码、UKEY 证书、UKEY 证书的密码，因此某银行朝阳支行可以认为所有交易均为单某本人完成；三份合同到期之后，某银行朝阳支行依照合同约定有权从单某的账户中扣款用于清偿贷款。

【案件焦点】

1. 涉案三份《贷款借款合同》的效力如何；2. 单某是否有权要求某银行朝阳支行返还被扣划的存款并支付利息。

【法院裁判要旨】

北京市朝阳区人民法院经审理认为：关于本案案由。本案系在借款人向金融机构申请借款、金融机构发放贷款、贷款到期返还借款并支付利息的合同项下发生的争议，案由应当反映法律关系的性质，因此本案案由应为金融借款合同纠纷。

关于涉案三份《贷款借款合同》的效力。判定涉案《贷款借款合同》效力涉及以下几个问题：一是《贷款借款合同》是否为单某本人真实意思表示或授权他人所为；二是如上述合同并非单某本人或授权他人所进行的交易，能否认定为表见代理。

首先，根据现有证据可以认定涉案三份《贷款借款合同》项下借款的申请和发放可以认定并非单某本人或授权他人进行的交易。其次，在涉案贷款业务中，某银行朝阳支行所依据的确定借款人真实身份的措施在本案电信诈骗的情境下不充足，某银行朝阳支行在签订涉案《贷款借款合同》过程中及发放贷款过程中存在主观过错，某银行朝阳支行并非善意的相对人，因此签署涉案《贷款借款合同》的行为不构成表见代理。

根据相关法律规定，行为人没有代理权而以被代理人名义订立的合同，未经被代理人追认，对被代理人不发生效力，由行为人承担责任；但相对人有理由相信行为人有代理权的，该代理行为有效。单某以并非其真实意思表示为由要求确认涉案三份《贷款借款合同》无效，单某实际上为拒绝追认犯罪分子的相关行为，故涉案三份《贷款借款合同》对单某不发生法律效力，涉案三份《贷款借款合同》应属无效。

关于单某要求某银行朝阳支行返还被扣划的存款并支付利息的问题。根据法律规定，合同无效或者被撤销后，因该合同取得的财产，应当予以返还；有过错的一方应当赔偿对方因此所受到的损失，双方都有过错的，应当各自承担相应的责任。本案中，涉案三笔贷款到期后某银行朝阳支行自单某的账户中自动扣划了存款用于归还贷款本息，因涉案三份《贷款借款合同》已被确认无效，某银行朝阳支行应当返还扣划的款项。但因在涉案贷款的申请、发放以及放款后向犯罪分子转账过程中，单某主动向犯罪分子提供了包括取款密码在内的个人信息，某银行朝阳支行向单某发送涉案交易短信时单某并未及时查看通知并及时告知某银行朝阳支行进行止损，单某对于涉案《贷款借款合同》无效及某银行朝阳支行放款行为产生的损失存在过错。一审法院根据双方的过错程度，酌定双方各自承担50%的责任，对于单某主张的利息，因双方发生争议期间涉案《贷款借款合同》处于效力待定状态，双方责任分担尚未确定，因此对于单某主张的利息本院予以调整。

北京市朝阳区人民法院依照《中华人民共和国合同法》第四十八条第一款、第五十八条的规定，判决如下：

一、确认涉案三份《贷款借款合同》无效；

二、被告某银行朝阳支行返还单某存款550517.2元并赔偿利息损失（以550517.2元为基数，自2019年10月1日起至实际给付之日止，按照中国人民银行同期同类存款基准利率计算）；

三、驳回原告单某的其他诉讼请求。

某银行朝阳支行不服一审判决，提起上诉。北京市第三中级人民法院同意一审法院裁判意见，依照《中华人民共和国民事诉讼法》第一百七十条第一款第一项之规定，作出如下判决：

驳回上诉，维持原判。

【法官后语】

本案系购买了理财产品的银行储户被他人冒名进行线上理财产品质押贷款，后银行将储户到期的理财产品扣划用于归还贷款所引发的纠纷。

本案看似为一个普通的盗刷案件，表面看储户的理财产品被盗走的本质原因是储户向犯罪分子泄露了银行卡的信息，但是深层次的原因是银行在审核贷款申请时未能仔细、审慎地核实网络另一端未曾谋面的贷款申请人的真实身份，没有银行的放款行为，则不会产生后续的财产损失。本案中，单某能否要求银行返还被划扣款项，关键在于涉案《贷款借款合同》的效力认定。此时涉及两点重要的问题：（1）单某需要证明涉案申请贷款行为确实是犯罪分子所为，并非其本人真实意思表示或授权他人所为；（2）犯罪分子的行为不构成表见代理，换言之，银行在《贷款借款合同》签订过程中并未达到“善意相对人”的标准。

关于第一点，从庭审中单某的一系列陈述和现有证据可以看出：第一，公安机关对单某被诈骗一案已立案侦查，并已实际受理单某针对涉案借记卡内款项被骗的诉求；第二，涉案贷款发放环节，某银行朝阳支行提供的电话录音中的声音并非单某本人，且录音中多次出现信息核实错误或等待时间较长，有违常理；第三，从涉案贷款的申请、发放及发放后的转账交易均为同一天发生，且借款发放至单某账户后在短时间内、高频率地发生多笔转账交易，且交易收款方均为同一人，不符合常理。以上事实及证据符合高度盖然性的标准，可以认定涉案贷款的申请、发放及贷款到账后的转账行为并非单某本人所为或授权他人进行的交易。

关于第二点，银行是否构成表见代理的问题。表见代理的构成应当符合行为人无代理权，有使相对人相信行为人具有代理权的事实或理由，相对人善意无过失，行为人与相对人之间的民事行为具备民事行为的有效要件四项条件。虽然某银行朝阳支行在贷款申请环节验证了单某的某些身份要素信息，但其在贷款发放环节客服电话中对单某所验证的信息与此前验证的信息相同，并没有交叉验证额外信息，对单某在电话中明显的超时、输入错误等并未及时察觉。某银行朝阳支行在审核该笔贷款业务时所采取的确定借款人身份的措施并未考虑到当今社会中电信诈骗高发的情况，且涉案理财产品质押贷款业务可以线上自助办理、当天审核当天放款，并无缓冲期，其审核、放款的迅速性虽在某种程度上增加了借款人的便利，但也为犯罪分子提供了可乘之机，存在交易安全隐患。因此，从上述角度来看，在本案的特殊情境下，银行并未达到善意相对人的标准。

综合以上两点，涉案三份《贷款借款合同》因缺乏合同有效的要件而对单某不发生法律效力，应属无效。关于合同无效后的责任承担问题，根据双方的过错程度，一审法院判令单某和某银行朝阳支行各承担50%的损失。

本案具有一定的特殊性，即“线上质押贷款”交易，这种相较于传统线下面签贷款方式来说更加便捷，高效的金融服务，不仅增加了银行的资金流动效率，也为借款人提供了极大的便利。但是在银行提供服务时不仅应当追求服务的效率和便捷程度，更应当坚守交易的安全和保障储户的资金不受损失，这两种目标本身即带有一定的价值冲突属性。在电信诈骗高发的今天，从北京银监局针对单某的回复中也可以瞥见银行监管部门对于银行提供服务在安全性和便捷性中进行平衡的价值取向，笔者希望通过本案例能够给予银行一定的启示，完善金融产品流程设计，在创新服务模式时能够在更大程度上保障金融消费者的交易安全和资金安全。

编写人：北京市朝阳区人民法院　刘茹

015 当事人无特别约定时，金融机构主张按照行业惯例以到期日作为逾期利息起算日的，人民法院不应予以支持

——某支行诉倍某达公司金融借款合同案

【案件基本信息】

1. 裁判书字号

江苏省无锡市中级人民法院（2019）苏 02 民终 3661 号民事判决书

2. 案由：金融借款合同纠纷

3. 当事人

原告（被上诉人）：某支行

被告（上诉人）：倍某达公司

【基本案情】

某支行诉称，倍某达公司向其借款 40000000 元，借款期限自 2017 年 3 月 23 日起至 2018 年 3 月 22 日止，年利率为 6.003%，逾期利率为贷款利率再上浮 50%；截至 2018 年 6 月 20 日，倍某达公司结欠其借款本金 40000000 元及利息 1103621.13 元。孔某伟、戴某娟、徐某君为上述主合同项下全部债务分别在最高额 40000000 元范围内向其提供连带保证责任，倍某达公司以其名下房屋、国有土地使用权提供抵押担保。遂诉请倍某达公司归还结欠的借款及利息，并判令其对担保的土地、房屋享有优先受偿权，孔某伟、戴某娟、徐某君为上述债务承担连带清偿责任。

被告倍某达公司一审中认可某支行诉请的事实。

【案件焦点】

某支行主张自借款到期日当天起算逾期利息能否得到支持。

【法院裁判要旨】

江苏省江阴市人民法院经审理认为：

某支行诉称事实有最高额抵押担保借款合同、借款借据、抵押清单、房屋、土地他项权证、承诺书、利息清单等证据在卷证实，并得到倍某达公司、孔某伟、戴某娟、徐某君的认可，遂判决：一、倍某达公司应于判决发生法律效力之日起十日内归还某支行借款本金 40000000 元、利息 1103621.13 元，并支付自 2018 年 6 月 21 日起至实际给付之日止以本金 40000000 元为基数按年利率 6.003%上浮 50%计算的逾期利息；

二、对倍某达公司的上述债务及本案诉讼费，某支行有权对倍某达公司抵押的坐落于江阴市锡澄路××号的房屋、国有土地使用权

[房屋所有权证号：fqyl00035××、fqyl00165××、fqyl00035××，土地使用权证号：澄土国用（2008）第1162号] 以折价，或以拍卖、变卖的价款分别在抵押登记的债权数额15350000元、8960000元、23690000元、38560000元范围内优先受偿；

三、孔某伟、戴某娟、徐某君对倍某达公司的上述债务在最高限额40000000元范围内承担连带清偿责任。

一审判决后，倍某达公司认为一审认定的期内及逾期利息的起止时间，利率换算等均存在错误，上诉至江苏省无锡市中级人民法院请求改判其公司在原判基础上少承担利息31656.85元。

江苏省无锡市中级人民法院经审理认为：某支行诉请的逾期利息起算日期为2018年3月22日有误，在当事人无特别约定时，期间的计算方式应当按照法律规定。本案双方签订的借款合同约定借款到期日为2018年3月22日，但并未明确截止时间和停止还款业务的时间，根据民法总则的规定，应当以到期日的二十四时作为截止时间。过了该截止时间仍未归还的，才算作逾期。即逾期利息应当从2018年3月23日起算，而非3月22日。

某支行认为借款到期当日未付款则从当天计算逾期利息符合行业惯例。但是，行业惯例仅能在法律没有明确规定时适用，在法律明确规定了期间截止时间的确定方式的情形下不应适用行业惯例。且行业惯例不应当违反公平原则，从到期日当天计算利息实际上是某支行单方增加了倍某达公司违约成本，不符合公平原则。故对某支行的上述意见不予支持。

江苏省无锡市中级人民法院判决如下：

一、维持江阴市人民法院（2018）苏0281民初10803号民事判决第二项、第三项；

二、变更江阴市人民法院（2018）苏0281民初10803号民事判决第一项为："倍某达公司应于本判决发生法律效力之日起十日内归还某支行借款本金40000000元、利息1100286.13元，并支付自2018年6月21日起至实际给付之日止以本金40000000元为基数按年利率6.003%上浮50%计算的逾期利息"；

三、驳回某支行其他诉讼请求。

【法官后语】

本案涉及的逾期利息起算日期的问题，在金融借款中具有普遍性，某支行也称如到期日未还款从到期日当天计算逾期利息属于金融行业惯例。

逾期利息的起算日实际上涉及的是借款期间的截止时间问题，只有借款期间届满才算逾期，才能开始计算逾期利息。本案中，借款期间已明确自2017年3月23日起至2018年3月22日止，也即到期日为2018年3月22日。根据《中华人民共和国民法典》第二百零三条的规定："期间的最后一日是法定休假日的，以法定休假日结束的次日为期间的最后一日。期间的最后一日的截止时间为二十四时；有业务时间的，停止业务活动的时间为截止时间。"因双方并未明确约定到期日的截止时间以及停止接受还款业务活动的时间，故应当按照上述法律规定，确定2020年3月22日二十四时为借款期间截止时间，逾期利息应从该时间点起算。

根据《中华人民共和国民法典》第十条规定："处理民事纠纷，应当依照法律；法律没有规定的，可以适用习惯，但是不得违背公序良俗。"可见，适用行业惯例的前提是法律没有规定且不违背公序良俗。本案中，格式借款合同对于借款日期的截止时间未作特别约定和说明，在此前提下应当依照法律规定根据借款期间的截止时间来确定逾期利息起算点。某支行主张从借款到期日当天即起算逾期利息，并称属于行业惯例，但该种操作无论是否能被认为是行业惯例，也与法律对期间规定的基本含义不符，不应当援引作为逾期利息起算日期的依据。

某支行称按照行业惯例，到期日如还款项则不算利息，不还款项则从当天开始计算逾期利息，公平合理。但该种操作，并非实质上的权利义务对等。银行在还款当日不算利息是因借款当天计算了利息，按完整的一天24小时计算，借款当日收的利息超出了当日实际借款的时间，故往后延续，银行在还款当天不算利息，更符合借款人实际用款时间，未减少银行利息收益。因此，银行在未还款当日开始计算逾期利息，与银行在还款当日不收利息没有关联性。如果按照某支行所述的惯例自未还款当天开始计算逾期利息，实际上是超出合同约定，将借款人的实际违约时间提前，并单方增加借款人的违约成本，这不符合实际情况，也有违公平原则。

综上，逾期利息的起算点，如无特别约定的，应认定为借款到期日的次日。金融机构主张按照行业惯例以到期日作为逾期利息起算日的，因不符合法律规定期间的基本含义和公平原则，人民法院不应予以支持。

编写人：江苏省无锡市中级人民法院　潘华明　李佳

016 电子合同及签名的真实性认定

——某某振兴公司诉马某祥追偿权案

【案件基本信息】

1. 裁判书字号

北京市海淀区人民法院（2019）京0108民初39264号民事判决书

2. 案由：追偿权纠纷

3. 当事人

原告：某某振兴公司

被告：马某祥

【基本案情】

2017年12月26日，马某祥向某银行天津分行提交了贷款申请，并签订了《借款合同》，约定某银行天津分行向其提供借款18800元。2018年6月26日，某银行天津分行依约向马某祥发放了借款，马某祥未依约还款。2018年11月23日，某某振兴公司依据保证合同约定，向某银行天津分行履行了保证责任，代偿了马某祥所欠款项，但马某祥未偿还代偿款项，某某振兴公司诉至法院要求判令：（1）马某祥支付代偿借款本金18800元、利息463.55元；（2）马某祥支付逾期利息（自2018年11月23日起至实际清偿本息之日止，以19263.55元为基数，按照中国人民银行同期贷款利率计算）；（3）马某祥支付律师费800元；（4）马某祥承担本案诉讼费。诉讼中马某祥不承认其签署了《借款合同》，认为电子签名不是他本人签名。

【案件焦点】

当事人不认可电子合同及签名，法院如何认定其真实性、有效性。

【法院裁判要旨】

北京市海淀区人民法院经审理认为：马某祥与某银行天津分行签订的《借款合同》及某某振兴公司与某银行天津分行签订的保证合同，均系双方当事人的真实意思表示，未违反国家法律、法规效力性、强制性规定，合法有效。某银行天津分行依约发放了借款，马某祥作为借款人，理应按期还本付息。马某祥虽对借款一事不予认可，但其承认因个人原因退学，学校不退还其学费，故没有还款，印证了该笔借款由其本人使用的事实。某某振兴公司作为保证人在马某祥未按《借款合同》约定偿还借款本金及利息的情况下，按照保证合同约定履行保证责任，代马某祥偿还了在某银行天津分行的借款本金、利息，根据《中华人民共和国担保法》第三十一条规定“保证人承担保证责任后，有权向债务人追偿”，某某振兴公司在承担保证责任之时，即与马某祥形成了新的债权债务关系，马某祥应负有向某某振兴公司偿付代偿款项的义务。故本院对某某振兴公司要求马某祥支付代偿本金 18800 元及利息 463.55 元的诉讼请求予以支持。马某祥没有及时向某某振兴公司偿还代偿款项，给某某振兴公司造成了资金占用损失，因此，某某振兴公司行使追偿权的范围除包括其实际代偿的主债务本金、利息等外，还应当包括代偿款项的利息损失，故本院对某某振兴公司要求马某祥自其承担保证责任之日起，按照中国人民银行规定的贷款基准利率支付代偿款项利息的诉讼请求予以支持。某某振兴公司主张的律师费损失一节，缺乏合同依据，本院不予支持。

北京市海淀区人民法院依照《中华人民共和国合同法》第八条、第一百零七条,《中华人民共和国担保法》第三十一条的规定,判决如下:

一、马某祥于本判决生效后十日内向某某振兴公司偿还代偿借款本金18800元、利息463.55元并支付利息(以19263.55元为基数,自2018年11月23日起至本息付清之日止,按照中国人民银行同期同类贷款基准利率标准计算);

二、驳回某某振兴公司的其他诉讼请求。

判决后,双方当事人均未上诉,本判决现已生效。

【法官后语】

电子合同是基于网络服务平台通过应用程序进行线上申请、线上审批生成并签订的一种新型合同。近年来,因电子合同具有的便捷性、快捷性使其备受推崇,以此引发的电子合同纠纷也大量出现。相当多的合同当事人(被告)表示没有签署过涉案电子合同,理由为合同中的电子签章不是其本人的。本案中,被告虽对借款一事不予认可,但其承认因个人原因退学,学校不退还其学费,故没有还款,印证了该笔借款由其本人使用的事实,使法官形成了内心确信。但是,抛开本案的特殊情形,由于电子签名无法通过笔迹鉴定来确定其真实性,因此法院如何认定电子合同的真实性(同一性)、可靠性、完整性、准确性、有效性是审理该类合同纠纷的关键点,亦是就国家颁布电子签名法后电子签名在电子合同应用过程中出现的法律问题向公众予以充分释明的必然要求。

电子合同不同于传统纸质合同的显著特点表现在合同签订过程、存储介质、签名方式等方面。法院需要通过以下方面对电子合同进行严格审查。

一、严格审查电子合同的签署平台

因目前电子合同的签订大多基于手机APP[①]或者小程序等签署平台进行操作，就合同供应者而言，不仅需要审查其民事主体资格，更需要审查其提供的签订电子合同的APP软件名称或者其他应用小程序的开发是否获得计算机软件著作权登记证书或者专属使用的证明，以此来确保合同签署平台的可靠性。

二、严格审查电子合同的签署过程

传统纸质合同的签署过程主要通过确定合同文本记载的各项内容来还原合同双方签署的真实意思表示。但是，电子合同的签署网络和签署平台不再要求合同双方当事人必须处于同一时空，这就必然要求对电子合同的签署过程审查更为严苛。故进一步就需详细审查签署平台的签订流程，即电子合同生成的具体过程。针对签订合同的客户而言审查其是否通过本人手机操作，是否自愿将个人信息上传认证（姓名、电话、公民身份号码）以此判断签署电子合同时的真实意思表示。而针对电子合同提供者就需要详细阐明签署平台如何运行，证明双方在每一步流程中需要做何操作并达成了何种合意，而相应的流程可以通过其技术后台进行分解操作，还原合同签署过程的详细界面。

三、严格审查电子合同的真实性

电子合同的真实性审查较传统纸质合同特殊的原因在于依附的介质不同，其依附于网络平台存在的不稳定性就决定了电子合同被篡改的可能性非常大，而且篡改的痕迹很难被发现。故电子合同的真实性需要在其生成、存储、传递电子数据的可靠性，保持内容完

① APP是英文Application的简称，指智能手机的第三方应用程度，以下不再另作提示。

整性，用以鉴别发件人方法的可靠性方面进行审查。

事实上，一份电子合同最终签署成立并认定生效涉及的不单是合同双方当事人，还包括诸多第三方，如电子认证服务机构（CA），即为需要第三方认证的电子签名提供认证服务的机构，为电子签名的真实性和可靠性提供证明的活动，包括签名人身份的真实性认证、电子签名过程的可靠性认证和数据电文的完整性认证三个部分，涉及数据电文的生成、传递、接受、保存、提取、鉴定各环节。

就电子签名的真实性而言，一旦当事人在签署合同前书面授权或通过签署平台电子授权同意对其个人信息（通常包括姓名、手机号和公民身份号码）进行认证并通过认证，CA 机构向其颁发电子签名认证证书即数字证书后，该当事人就像在网络世界中获得了身份证一样具备了签署电子合同的能力，电子签名亦具有了专属性。

而电子合同存证、查验技术服务平台，亦能满足保证电子合同的原件形式要求。哈希值检验方法是特征值检验方法的一种，是一个能有效解决电子数据真实性保障问题的信息工具，其就像电子数据的“指纹”一样，不同的电子数据所对应的特征值也有所不同，故可通过对比同一电子数据前后两组特征值的方式来判断该数据在取得特征值的两个时点间是否存在更改。通过这一技术保证电子合同有效表现所载内容保证自最终形成时起内容完整未被篡改，在实操中，通过比对初始的哈希数据指纹是否一致可以鉴别电子合同是否为原始电子文件。

但是，目前我国还没有出台哈希值检验方法的程序规范，对于应何时进行哈希值检验，以及哪些电子合同中的数据应当进行哈希值检验等程序问题未作出具体明确的规定。

编写人：北京市海淀区人民法院　邢娅莉　范志云

017 “借新还旧”借款中夫妻共同债务的认定

——某银行诉袁某兵等金融借款案

【案件基本信息】

1. 裁判书字号

江苏省南京市中级人民法院（2019）苏01民终第9018号民事判决书

2. 案由：金融借款纠纷

3. 当事人

原告（上诉人）：某银行

被告（被上诉人）：袁某兵、韩某萍、邢某春

【基本案情】

2014年，袁某兵向某银行借款20万元，韩某萍出具配偶承诺函，承诺该笔借款由夫妻共同偿还，借期届满后因资金周转困难尚欠本金16万元未归还。2017年8月21日，某银行与袁某兵、邢某春签订《个人担保借款合同》一份，合同约定：袁某兵向某银行借款16万元用于借新还旧，邢某春提供连带保证担保，借期自2017年8月21日起至2018年8月20日止，但未要求韩某萍在借款合同上签字或再次出具配偶承诺函，也未询问其是否追认上述借款。合同签订当日，某银行按约发放了此笔借款。借款期限届满后，经某银行多次催要，袁某兵未按约归还借款本息，邢某春也未按约履行保证义务，引发纠纷。

另查明，袁某兵与韩某萍于2000年12月29日结婚，2018年11月19日离婚。

【案件焦点】

涉案债务是否应认定为袁某兵与韩某萍的夫妻共同债务。

【法院裁判要旨】

江苏省南京市高淳区人民法院经审理认为：原告某银行与被告袁某兵、邢某春签订的个人担保借款合同系各方当事人的真实意思表示，且未违反法律和行政法规强制性规定，合法有效。各方当事人均应按照合同约定全面履行自己的义务。被告袁某兵未按约定履行还本付息的义务，应负引起纠纷的责任。被告邢某春作为连带责任保证人，在被告袁某兵未履行合同义务的情况下，应按连带责任保证承担保证责任。被告韩某萍未在上述借款合同上签字，也未对上述借款出具配偶承诺函，原告未提供相应证据证明被告韩某萍知晓该笔借款或者该笔借款实际用于夫妻共同生活生产经营，故原告要求被告韩某萍承担还款责任的诉讼请求，本院不予支持。

江苏省南京市高淳区人民法院依照《中华人民共和国合同法》第六十条、第一百零七条、第二百零五条、第二百零七条，《中华人民共和国担保法》第十八条、第三十一条，《最高人民法院关于审理涉及夫妻债务纠纷案件适用法律有关问题的解释》第三条，《中华人民共和国民事诉讼法》第六十四条、第一百四十四条之规定，作出如下判决：

一、被告袁某兵应于本判决发生法律效力之日起十日内向原告某银行归还借款本金 160000 元及相应利息（其中至 2019 年 4 月 15 日，尚欠利息 11563. 13 元；自 2019 年 4 月 16 日起至实际给付之日止，按合同约定利率、逾期利率计算）；

二、被告邢某春对上述款项承担连带责任；

三、驳回原告某银行的其他诉讼请求。

某银行不服一审判决，提出上诉。江苏省南京市中级人民法院经审理认为：当事人对自己提出的诉讼请求所依据的事实或者反驳对方诉讼请求所依据的事实，应当提供证据加以证明。《最高人民法院关于审理涉及夫妻债务纠纷案件适用法律有关问题的解释》第三条规定，夫妻一方在婚姻存续期间以个人名义超出家庭日常生活所负的债务，债权人以属于夫妻共同债务为由主张权利的，人民法院不予支持，但债权人能够证明该债务用于夫妻共同生活、共同生产经营或者基于夫妻双方共同意思表示的除外。本案中，案涉贷款的借款人是袁某兵、韩某萍未在个人担保借款合同中作为共同借款人署名，并无共同借款的合意。案涉贷款是用于归还此前借款人袁某兵到期贷款，并非用于袁某兵、韩某萍的夫妻共同生活或者共同生产经营。从规范商业银行经营上分析，某银行如认为本案贷款属于夫妻共同债务，其在内部合规性审查时应完善贷款手续，要求韩某萍以共同借款人身份签订借款合同或者出具同意对贷款承担还款责任的其他有效文件，以避免此类纠纷。据此，某银行关于案涉贷款属于夫妻共同债务的主张证据不足，本院不予支持。

江苏省南京市中级人民法院依照《中华人民共和国民事诉讼法》第一百七十条第一款第一项规定判决：驳回上诉，维持原判。

【法官后语】

本案中，案涉借款用途为“借新还旧”，但案涉借款系出借人某银行与借款人袁某兵、担保人邢某春基于新的借款、担保的意思表示所形成的新的债权债务关系，从法律关系来看，本案借款与之前旧债属于两个法律关系。首先，案涉借款中，借款人袁某兵的配偶韩某萍并未作为共同借款人签字，也并未对案涉借款予以追认，故不能认定为具有共同借款的意思表示。其次，案涉借款从金额、借款用途看并非日常生活所需的债务，案涉借款系用于归还旧债，并非用于袁某兵、韩某萍的夫妻共同生活或者共同生产经营。故案涉借款不能认定为袁某兵、韩某萍的夫妻共同债务。

对于大额债务，债权人主张该债务属夫妻共同债务的，应承担举证证明责任，以此引导债权人在债务形成时尽到充分的谨慎注意义务。

本案中，某银行作为专门从事金融借款业务的商业银行，其风险防范的注意义务应高于一般的借贷行为债权人，其在发放借款时更应完善内部审查手续，避免此类纠纷的发生。案涉借款未认定为夫妻共同债务对于规范商业银行的业务行为具有一定的指导意义。

夫妻共同债务的认定在司法裁判中就是对债权人与债务人配偶一方利益加以衡量的问题。回归到借款行为本身，借款是一种民事行为，法院在裁判中应充分尊重当事人的意思自治，即借款合同主体根据自己的意志产生、变更、消灭债权债务关系。

本案中，某银行在袁某兵、韩某萍的夫妻共同债务到期后，未选择向债务人追偿债务，而是选择出借一笔新的借款给债务人袁某兵用于归还到期债务。至此，之前的债权债务关系已然消灭，一个新的债权债务关系形成。而新的借款中债权人未尽审查注意义务而产生的风险应由债权人承担。反之，如认定新债为夫妻共同债务，那么债权人与债务人以“借新还旧”方式多次展期债务，可能会增加债务人配偶的还款责任，不符合合同相对性原则，也不利于规范借贷行业行为。从衡量债权人与债务人一方配偶的利益来看，案涉借款不应认定为夫妻共同债务。

编写人：江苏省南京市高淳区人民法院　芮钢

018 金融借款中借款人配偶作为担保人的夫妻共同债务认定

——某诚公司诉陈某梅、秦某宾追偿权案

【案件基本信息】

1. 裁判书字号

江苏省南通市中级人民法院（2019）苏 06 民终 1794 号民事判决书

2. 案由：追偿权纠纷

3. 当事人

原告（被上诉人）：某诚公司

被告（上诉人）：秦某宾

被告：陈某梅

【基本案情】

2017 年 6 月 6 日，被告陈某梅作为借款人向某银行开发区支行借款 63 万元，借款期间一年。被告秦某宾与原告共同为该笔借款提供连带责任担保，保证期间为借款到期日起二年。借款到期后，被告陈某梅未能按约还款，某银行开发区支行遂向原告某诚公司送达催收通知书，要求其履行担保责任。2018 年 7 月 3 日，原告某诚公司向某银行开发区支行支付了借款本金 629946. 55 元以及逾期利息 1113. 53 元，合计 631059. 78 元。原告认为两被告系夫妻关系，该笔债务发生在夫妻关系存续期间，且两被告均在借款协议上签字，应当认定为夫妻共同债务。

【案件焦点】

原告主张的夫妻共同债务能否成立。

【法院裁判要旨】

江苏省如皋市人民法院经审理认为：提供担保的第三人承担担保责任后，有权向债务人追偿。本案中，原告某诚公司于 2018 年 7 月 3 日向某银行开发区支行支付了借款本金及利息合计 631059. 78 元，已经履行保证人的担保责任，现原告向借款人陈某梅主张该笔款项，本院予以支持。被告陈某梅与被告秦某宾系夫妻关系，该笔债务发生在夫妻关系存续期间，应承担共同还款责任。据此，如皋市人民法院判决被告陈某梅、秦某宾应于本判决发生法律效力之日起十日内向原告某诚公司支付代偿款本息 631059. 78 元。案件受理费 10148 元、保全费 3720 元，合计 13868 元，由陈某梅、秦某宾负担。

被告秦某宾不服提起上诉。江苏省南通市中级人民法院经审理认为：某诚公司已向某银行开发区支行承担了全部保证责任，其依法可以向主债务人陈某梅行使追偿权。案涉《个人担保借款合同》订立时，系属陈某梅与秦某宾的夫妻关系存续期间，某银行开发区支行对此亦属明知，其并未要求秦某宾以共同债务人的身份签订该合同，而是要求其作为担保人签字，且案涉款项用途系借新还旧，无法证明该款项用于夫妻共同生活、生产经营，故难以认定该笔借款为陈某梅与秦某宾的夫妻共同债务，秦某宾在本案中应承担担保人的相应责任。但由于陈某梅已死亡，秦某宾作为其继承人继承遗产，秦某宾应当在继承陈某梅遗产的范围内对案涉债务承担清偿责任；某诚公司与秦某宾均系案涉借款的连带责任保证人，未有证据证明其对责任比例进行了约定，故应平均分担。江苏省南通市中级人民法院作出如下判决：

一、撤销如皋市人民法院（2018）苏0682民初6823号民事判决；

二、秦某宾在继承陈某梅遗产的实际价值范围内，向某诚公司支付代偿款本息631059.78元；

三、对于第二项未能完全清偿的部分，秦某宾对某诚公司承担50%的还款责任。

以上第二项、第三项义务，应当在本判决发生法律效力之日起十五日内履行完毕。

【法官后语】

本案两被告系夫妻关系，配偶一方作为借款人，另一方作为担保人，应当根据夫妻共同债务认定的情形，结合相关事实和举证责任分配，进行综合判断。根据案件审理时有效的《最高人民法院关于审理涉及夫妻共同债务纠纷案件适用法律有关问题的解释》（以下简称《夫妻债务司法解释》）[①]相关规定以及《中华人民共和国民法典》第一千零六十四条的规定，认定为夫妻共同债务的有以下三种情形：一是为夫妻共同意思表示所负债务；二是为家庭日常生活需要所负债务；三是为夫妻共同生活、共同经营所负债务。本案中，案涉借款数额高达63万元，超出家庭日常生活需要；两被告均辩称借款系第三人实际所用，原告对此不予否认，则借款用途亦不属于夫妻共同生活或者共同经营；由此，认定是否属于夫妻共同债务，需从是否为夫妻共同意思表示着手。

---

① 已被废止，失效依据为《最高人民法院关于废止部分司法解释及相关规范性文件的决定》（2020年12月29日发布）。

一、“共债共签”的立法目的

《夫妻债务司法解释》以及《中华人民共和国民法典》第一千零六十四条强调夫妻共同债务形成时的“共债共签”原则，即夫妻双方共同签字或者夫妻一方事后追认等共同意思表示所负的债务。从立法意图可知，夫妻共同债务形成的前提应当是对债务的明知，在明知的基础上进而作出了“共同负债”的意思表示。本案中，妻子作为借款人，丈夫则作为担保人，丈夫对该笔债务确属明知，但在明知的基础上所签署的担保人“签名”，能否认定为“共同负债”的意思表示，则要进一步确定“共同负债”的意思表示是仅适用明示的认可，还是可适用默示的推定。

二、“共同负债”的默示途径

默示是指根据当事人的某种行为按照逻辑推理或者生活习惯推断出的内在意思表示，因此在默示中，行为人的内在意思表示不明确，尤其在行为人不作为的默示中，为保护行为人的合法权益不被随意地“推定”，各国法律都对此作出了严格的限定，对于“共同负债”的意思表示，如果适用默示的推定，则要看有无相关的法律规定或者当事人的约定。从现有夫妻共同债务的法律规定来看，并无适用默示的条款，故而除非当事人之间对此有约定，否则不应适用默示予以推定。

三、“共同负债”的证明标准

《夫妻债务司法解释》及《中华人民共和国民法典》第一千零六十四条明确“夫妻双方共同意思表示”的举证责任在于债权人，结合上述分析，债权人需对明示的“共同负债”或者适用默示的约定进行举证，虽然婚姻关系具有人身依附性和财产混同性，但仍应当达到高度盖然性的证明标准。本案中，双方当事人并无关于适用默示的约定，作为担保人的丈夫对夫妻共同债务既不认可也不追认，在此情况下，在无其他证据证明存在“共同负债”的明确意思表示之下，则应当由承担举证责任的追偿权人承担举证不能的不利法律后果，由此仅能认定配偶一方承担担保责任。这一判决结果，契合了《夫妻债务司法解释》及《中华人民共和国民法典》第一千零六十四条所规定的大额债权债务实行共债共签的价值导向，也有利于强化社会公众的市场风险意识。

编写人：江苏省如皋市人民法院　张昌凤　张鑫

019 金融机构收取抵押贷款的逾期本息后，无权主张提前收贷

——某银行诉罗某平、陈某梅金融借款合同案

【案件基本信息】

1. 裁判书字号

四川省江安县人民法院（2019）川1523民初1827号民事判决书

2. 案由：金融借款合同纠纷

3. 当事人

原告：某银行

被告：罗某平、陈某梅

【基本案情】

2015年9月24日，罗某平、陈某梅因购买房屋在某银行办理按揭贷款，双方签订《个人购房借款/担保合同》，借款金额为19.9万元，以商品房（成交价为28.5万元）作为抵押，贷款期限为15

年。合同约定“借款人连续三个月或累计六次未足额偿还贷款本息的”贷款人有权宣布未偿还的借款立即到期，要求借款人立即清偿未偿还款项以及所产生的利息、罚息及其他费用并解除合同。合同签订后，某银行向罗某平、陈某梅提供了借款本金 19.9 万元，罗某平、陈某梅也按合同约定逐月偿还借款本息。2017 年 12 月 25 日，案涉商品房（房屋总价 28.5 万元）办理了抵押登记，权利人为某银行。2018 年 10 月，罗某平、陈某梅开始逾期偿还借款，截至 2019 年 7 月 28 日拖欠借款本金 171677.52 元、利息 7963.41 元。某银行遂诉至法院，提出诉讼请求：一、罗某平、陈某梅偿还借款本金 171677.52 元及利息；二、对抵押房屋进行折价或拍卖、变卖所得的价款享有优先受偿权。

审理中，某银行陈述截至开庭时罗某平、陈某梅已还清拖欠金额，还剩 159279.41 元借款本金未偿还。

罗某平、陈某梅经传票传唤未到庭参加诉讼，本案依法缺席审理。

【案件焦点】

借款人偿清拖欠本息后，贷款人是否仍有权主张提前收回本息、解除合同。

【法院裁判要旨】

四川省江安县人民法院经审理认为：虽然罗某平、陈某梅未按合同约定偿还借款本息的行为已构成违约，但在开庭前罗某平、陈某梅已偿还拖欠金额，按合同约定履行了还款义务。某银行已接受罗某平、陈某梅偿还的本息，应视为对罗某平、陈某梅履约行为的认可。因罗某平、陈某梅拖欠利息的情形已经消除，其合同约定提前收回借款本金的条件已消失，某银行请求按合同约定宣布全部借款立即到期的请求不能成立。依照《中华人民共和国民法总则》第七条“民事主体从事民事活动，应当遵循诚信原则，秉持诚实，恪守承诺”之规定，双方均应遵循诚信原则履行各自的义务，维护交易安全。合同约定借款期限为15年，罗某平、陈某梅应按合同约定履行还本付息的义务。某银行既未提出解除合同的诉讼请求，也未提供充足的证据证明其主张，应承担不利的法律后果。

四川省江安县人民法院《中华人民共和国民法总则》第七条，《中华人民共和国民事诉讼法》第六十四条第一款、第一百四十四条，《最高人民法院关于适用〈中华人民共和国民事诉讼法〉的解释》第九十条、第九十一条之规定，作出如下判决：

驳回某银行的诉讼请求。

判决后，双方当事人均未上诉，本判决现已生效。

【法官后语】

提前收贷条款有利于保障金融债权安全，但机械适用可能导致利益失衡，因此有必要予以规制，以维护交易安全。

金融机构为防范、控制风险，通常在合同中对提前收贷（又称金融借款加速到期）进行约定，以保障金融债权安全。商品房按揭贷款以商品房作为抵押物，在借款合同签订时因商品房未取得所有权而无法办理抵押登记，金融机构通常要求房地产开发企业在办理抵押登记前为借款提供连带担保责任；在商品房取得所有权后，便可根据合同约定办理抵押登记。本案案涉房屋在合同签订两年后便办理了抵押权登记，具有了物权的效力。

提前收贷条款系格式条款，在对条款理解发生争议时，应作出不利于提供格式条款一方的解释。提前收贷条款在金融机构尽到提示、告知义务的情况下依法成立，对合同双方具有约束力。依照合同约定，在借款连续数月违约不偿还借款本息的情况下，作为贷款人的银行具有合同解除的权利。本案借款人已主动偿还拖欠的本息，贷款人收取还款后未持异议的情况下，约定的合同解除条件已消失，不满足合同约定的解除条件。

从合同目的分析，金融借款银行作为贷款方以收取利息为其主要营业收入来源，只要借款人按合同约定履行支付本息的义务，银行的合同目的就得以实现。就本案而言，在开庭前借款人已支付逾期借款本息，且未再拖欠，贷款人的利息收入得以实现。以房产作为抵押，贷款人享有的抵押权不为保障利息收入而设，重在对借款本金收回提供保障。本案案涉房屋系商品房，其市场价值远高于未偿还的借款本金，对贷款人债权起到保护作用。提前收贷应在借款人严重违约或严重危及金融债权安全的情形下适用，而不能任由金融机构恣意滥用，造成两败俱伤。一方面，贷款人丧失在合同期限内收取利息的权利，减少预期收益，于己不利；另一方面，抵押商品房的变现，通过法院强制执行程序必然减损房屋的变现价值，特别是装修的价值不能足额体现，借款人房屋被处理后再购房又会因房价上涨多支付费用，于借款人不利。本案借款人拖欠借款本息的行为已消除，贷款人债权得到保护，不会影响贷款人合同目的的实现，故应本着诚实信用的原则确定合同继续履行，以维护交易安全，平等保护借贷双方的利益。

综上，对适用提前收贷条款导致损人不利己、浪费资源的情形应认定构成权利滥用，应对其作出否定性评价。因此本着民法的公平价值取向和商法的效率价值取向综合衡量，从合同目的进行利益分析平衡，对提前行使收贷权作出恰当的司法判断，以维护金融债权安全和社会经济秩序稳定。

编写人：四川省江安县人民法院　刘作强

020 以他人名义套取金融借款与非法吸收公众存款罪的界定

——富源信用社诉石某稳等金融借款合同案

【案件基本信息】

1. 裁判书字号

云南省曲靖市中级人民法院（2018）云03民终871号民事判决书

2. 案由：金融借款合同纠纷

3. 当事人

原告（被上诉人）：富源信用社

被告（上诉人）：石某花、杨某荣、杨某岗、杨某娟、杨某萍

被告：石某稳

【基本案情】

富源信用社向云南省富源县人民法院提出诉讼请求：1. 判令石某稳偿还其借款本金180万元，利息、罚息、复利514369.44元（截至2017年5月21日），本息合计：2314369.44元，2017年5月22日之后的利息、罚息按合同约定计算至贷款清偿完毕之日；2. 判令对杨某义、石某花抵押的房屋折价或者拍卖、变卖所得价款享有优先受偿权；3. 本案的诉讼费、律师费由被告承担。

2015年3月30日，石某稳与富源信用社签订了一份《个人借

款合同》，借款金额为180万元，借期为12个月，月利率为9.975‰，按月结息，到期还本、利随本清，对逾期借款自逾期之日起按合同利率加收50%的利率计收罚息，并对未支付的利息按照合同利率加收50%的利率计收复利。贷款人为实现债权和相关权利而发生的费用由借款人承担。同日，杨某义、石某花与富源信用社签订了《抵押合同》约定杨某义、石某花用位于县城××街房产证号为：房权证富建房字第×××号、第×××号、第×××号、第×××号的房屋作抵押，且向富源县住房和城乡建设局办理了抵押登记，取得他项权证书（房他证富建房字第×××号），借款到期后，石某稳未还本付息，富源信用社遂诉至法院，请求法院支持其诉请。另查明，2017年4月杨某义逝世，后追加杨某义的继承人杨某荣、杨某岗、杨某娟、杨某萍作为本案的被告。

石某稳对富源信用社主张的借款事实、借款数额、利息、罚息、复利没有异议，但认为自己没有实际使用到这笔钱，实际用款人系其婶婶高某，用于富源××酒店有限公司的投资，现高某因涉嫌非法吸收公众存款罪被公安机关羁押，也无力偿还借款。

石某花对借款和提供担保的事实没有异议，但认为自己在签订抵押合同时，不知合同具体约定，当时只是在银行工作人员的指引下签字、按印，担保合同的签订受到了欺骗。担保合同应该认定为无效，自己不承担担保责任。

石某花、杨某荣、杨某岗、杨某娟、杨某萍的共同委托诉讼代理人认为：1. 应该驳回富源信用社对石某花、杨某荣、杨某岗、杨某娟、杨某萍的诉讼请求，本案的抵押合同无效；2. 富源信用社的第三项诉讼请求不当，抵押的房屋土地性质属于集体土地，不可以设定抵押权；3. 杨某义、石某花在签订抵押合同的时候，富源信用社提供的是格式条款，没有尽到提醒义务，杨某义、石某花对合同内容等不知情，富源信用社具有欺骗性；4. 因实际用款人系高某，并不是石某稳，故借款合同应当认定无效。

【案件焦点】

实际用款人因非法吸收公众存款罪被判处有期徒刑，该非法吸收公众存款犯罪行为是否导致本案借款合同无效。

【法院裁判要旨】

云南省曲靖市富源县人民法院经审理认为：富源信用社与石某稳签订的借款合同，不违反法律、行政法规的强制性规定，合法有效。石某稳应按照合同约定按时履行还本付息义务，现未能按照合同约定还本付息，应承担相应的违约责任。富源信用社与石某花、杨某义签订的抵押担保合同，不违反法律、行政法规的强制性规定，合法有效。杨某义死亡后，其产生的权利义务应由其继承人在继承范围内承担。富源信用社要求石某稳偿还借款本金、利息、罚息、复利的诉讼请求有相应的事实基础和法律依据，应予以支持。因石某稳没有履行完毕还本付息义务，富源信用社对杨某义、石某花提供的抵押房产的处置享有优先受偿权。关于律师费用，因双方在《个人借款合同》第十二条、《抵押合同》第二条中已有约定，应予以支持。

云南省曲靖市富源县人民法院依照《中华人民共和国合同法》第一百九十六条、第二百零五条、第二百零七条，《中华人民共和国担保法》第三十三条、第三十四条、第四十一条、第四十六条、第五十三条的规定，作出如下判决：

一、由石某稳于本判决生效之日起十五日内向富源信用社偿还借款本金 1800000.00 元，利息、罚息、复利 514369.44 元（截至 2017 年 5 月 21 日），本息合计：2314369.44 元，2017 年 5 月 22 日之后的利息、罚息按合同约定计算至贷款清偿完毕之日；

二、富源信用社对抵押房产杨某义、石某花名下位于县城××街（房产证号为：房权证富建房字第×××号、第×××号、第×××号、第×××号）的房屋折价或者拍卖、变卖所得的价款享有优先受偿权；

三、律师费 30947.00 元由石某稳、石某花、杨某荣、杨某岗、杨某娟、杨某萍共同承担。

石某花、杨某荣、杨某岗、杨某娟、杨某萍不服一审判决，提出上诉。云南省曲靖市中级人民法院经审理认为：根据《中华人民共和国合同法》第八条的规定："依法成立的合同，对当事人具有法律约束力。当事人应当按照约定履行自己的义务……"富源信用社与石某稳签订的借款合同，合法有效。合同签订后，富源信用社依约履行了发放贷款的义务，石某稳应按照合同约定按时履行还本付息的义务。关于富源信用社的诉讼主体资格，农村信用合作联社属于金融机构，根据某银行监督管理委员会的相关规定，县一级农村信用合作联社具有法人资格，对外承担民事权利义务，各分社只是下设机构，只有营业执照，没有独立的财产，县一级农村信用合作联社代表下设的各分社进行诉讼，承担相应的权利和义务，故石某花、杨某荣、杨某岗、杨某娟、杨某萍主张富源信用社中安分社应作为诉讼主体的意见不能成立。杨某义、石某花与富源信用社签订的《抵押合同》有二人的签名与捺印，双方在签订合同时系完全民事行为能力人，依据生活常识也能够知道其行为会产生的法律后果，应视为对《个人借款合同》《抵押合同》的内容是知晓的，且石某花、杨某荣、杨某岗、杨某娟、杨某萍也没有证据证明富源信用社中安分社没有履行相应的告知义务或行欺骗之事实。此外，涉案抵押的房屋是依附于集体土地之上的，该土地的性质决定了集体所有的土地不得对外流转，但是我国法律并不禁止在本村集体经济组织成员间的自由转让。所以，该抵押合同的内容并未违反我国法律、行政法规的强制性规定，合同合法有效，应当据此作为认定《抵押合同》双方当事人权利义务的依据，在石某稳不能清偿债务的情况下，富源信用社有权要求享有对抵押房屋折价或拍卖、变卖所得价款的优先受偿权。

云南省曲靖市中级人民法院依照《中华人民共和国民事诉讼法》第一百七十条第一款第一项规定，作出如下判决：

驳回上诉，维持原判。

【法官后语】

本案实际用款人高某以其侄子石某稳的名义向富源信用社贷款，并用石某花及其配偶杨某义（已故）的房屋提供抵押，同时实际用款人高某因犯非法吸收公众存款罪被判处有期徒刑，该非法吸收公众存款犯罪行为并不必然导致本案借款合同无效，《中华人民共和国民法典》第一百四十三条规定："具备下列条件的民事法律行为有效：（一）行为人具有相应的民事行为能力；（二）意思表示真实；（三）不违反法律、行政法规的强制性规定，不违背公序良俗。"本案中石某稳签订借款合同的意思表示真实，不违反法律、行政法规的强制性规定，不违背公序良俗，该借款合同合法有效，根据合同的相对性，签订合同的借款人及抵押人仍需承担相应的民事责任。

一、以他人名义套取金融借款与非法吸收公众存款罪具有相同的社会危害性

本案实际用款人高某以其侄子石某稳的名义于2015年3月30

日向富源信用社贷款，贷款期限一年，并用石某花及其配偶杨某义（已故）的房屋提供抵押。2016年9月29日实际用款人高某因犯非法吸收公众存款罪被公安机关立案侦查，云南省富源县人民法院于2018年1月19日作出（2017）云0325刑初196号刑事判决书，认定高某犯非法吸收公众存款罪，判处有期徒刑六年。富源信用社于2017年6月22日向法院起诉，要求借款合同的签订人石某稳承担还款责任，并用抵押物优先清偿。该案发生于实际用款人高某被羁押期间，该笔贷款系高某以其侄子石某稳的名义所贷，高某与石某稳之间并未签订借款协议，办理贷款的手续均由高某一人操作，仅在信用社签字时让石某稳执笔签名，高某的行为存在主观故意，变相套取银行借款，扰乱金融秩序，具有严重的社会危害性。

金融借款合同属于借款合同的一种，是指办理贷款业务的金融机构作为贷款人一方，向借款人提供贷款，借款人到期返还借款并支付利息的合同。金融借款合同为要式合同，合同具有相对性，石某稳在借款合同上签字，应当承担相应的风险，由此发生的法律后果应由其本人承担。《中华人民共和国民法典》第一百四十六条第一款规定："行为人与相对人以虚假的意思表示实施的民事法律行为无效。"石某稳在借款合同上签字是其真实意思表示，其应承担相应的法律后果。

高某在向富源信用社贷款期间又向社会公众大量借款，并支付高额利息，扰乱金融秩序，构成了非法吸收公众存款罪，受害人数多达383人，涉案金额高达14836.4483万元。因高某与本案有密切联系，涉及高某的民间借贷纠纷、金融借款合同纠纷及其他民事纠纷在富源县人民法院共有52件，在富源辖区产生了重大影响，因此借本案例分析非法吸收公众存款罪的刑民交叉问题。

二、合法的民间借贷行为和非法吸收公众存款罪的区分

民间借贷是指公民之间、公民与法人之间、公民与其他组织之间的借贷。只要双方当事人意思表示真实即可认定有效，因借贷产生的抵押相应有效，但利率不得超过人民银行规定的相关利率，民间借贷分为民间个人借贷活动和公民与金融企业之间的借贷活动。民间个人借贷活动必须严格遵守国家法律、行政法规的有关规定，遵循自愿互助、诚实信用原则。狭义的民间借贷是指公民之间依照约定进行货币或其他有价证券借贷的一种民事法律行为。

《中华人民共和国刑法》第一百七十六条所规定的非法吸收公众存款罪是指违反国家金融管理法规非法吸收公众存款或变相吸收公众存款，扰乱金融秩序的行为。《最高人民法院关于审理非法集资刑事案件具体应用法律若干问题的解释》第一条规定，违反国家金融管理法律规定，向社会公众（包括单位和个人）吸收资金的行为，同时具备下列四个条件的，除刑法另有规定的以外，应当认定为刑法第一百七十六条规定的“非法吸收公众存款或者变相吸收公众存款”：(1) 未经有关部门依法批准或者借用合法经营的形式吸收资金；(2) 通过媒体、推介会、传单、手机短信等途径向社会公开宣传；(3) 承诺在一定期限内以货币、实物、股权等方式还本付息或者给付回报；(4) 向社会公众即社会不特定对象吸收资金。未向社会公开宣传，在亲友或者单位内部针对特定对象吸收资金的，不属于非法吸收或者变相吸收公众存款。

合法的借贷与非法吸收公众存款在日常生活中往往会出现界限模糊的情况，实则二者之间存在诸多差别：

一是借贷范围不同，合法的借贷针对的是少数人或者是特定的对象；而非法吸收公众存款借贷对象存在广延性，亦即借贷的范围

为具有不特定性，面对不特定的社会公众。

二是利率的高低不同，合法的借贷利率一般较低，且是在法律规定的限额之内，根据2021年1月1日起施行的《最高人民法院关于审理民间借贷案件适用法律若干问题的规定》第二十五条规定："出借人请求借款人按照合同约定利率支付利息的，人民法院应予支持，但是双方约定的利率超过合同成立时一年期贷款市场报价利率四倍的除外。前款所称'一年期贷款市场报价利率'，是指中国人民银行授权全国银行间同业拆借中心自2019年8月20日起每月发布的一年期贷款市场报价利率。"而非法吸收公众存款的利率一般超过了法律规定的利率最高限额。

三是两者的行为目的不同，民间借贷行为的指向性比较明确，往往是用于生产经营等特定的急需资金的目的，而非法吸收公众存款的行为人通过非法手段吸取公众资金至其"金融机构"后，其目的虽是通过货币运营等金融手段获取利润，但资金使用方向并不明确。

三、以他人名义向金融机构套取贷款是否构成非法吸收公众存款罪

非法吸收公众存款罪的客体是国家金融管理制度，犯罪所指向的对象是公众存款。所谓公众存款是指存款人是不特定的群体，如果存款人只是少数个人或者是特定的，不能认为是公众存款。

本案中实际用款人高某借用他人名义向银行贷款，作为银行而言是特定的金融机构，且签订借款合同、办理抵押手续均合法，虽高某主观上存在故意规避法律责任的嫌疑，但从民事合同的构成上来分析，其行为是一个合法的民事法律行为，故该行为不构成非法吸收公众存款罪。

编写人：云南省曲靖市富源县人民法院　周纬

021 应收账款质权人对应收账款真实性负有审查义务

——某银行阳逻支行诉长某公司等金融借款合同案

【案件基本信息】

1. 裁判书字号

湖北省武汉市中级人民法院（2019）鄂01民终12410号民事判决书

2. 案由：金融借款合同纠纷

3. 当事人

原告（上诉人）：某银行阳逻支行

被告（被上诉人）：长某公司、新某公司

被告：刘某国、伍某、肖某

【基本案情】

2015年12月3日，某银行阳逻支行与长某公司签订了《流动资金借款合同》，约定长某公司向某银行阳逻支行借款2000万元，借款期限12个月，年利率8%，按月结息，利随本清。同年12月15日，某银行阳逻支行提供2000万元贷款给长某公司。刘某国、伍某、肖某为前述借款合同提供连带保证责任，另伍某、肖某以其私有房地产和在长某公司享有的股权提供抵押担保，并办理了相应登记。2016年11月24日，长某公司向某银行阳逻支行申请展期还款，同日，某银行阳逻支行与长某公司、伍某、肖某签订《贷款展期协议书》，展期至2017年11月26日。

2016年11月25日，长某公司与新某公司共同向某银行阳逻支行出具《应收账款确认书》，确认长某公司已经按2015年8月

26日签订的《建材销售合同》约定向新某公司履行了销售责任，且经新某公司验收合格，根据《建材销售合同》的约定，销售款中人民币3920万元作为赊销中的应收账款应于2017年11月30日前由新某公司支付给长某公司，新某公司同意长某公司将应收账款质押给某银行阳逻支行。同日，某银行阳逻支行与新某公司、长某公司就该应收账款质押事宜签订《三方协议书》。2016年11月25日，某银行阳逻支行与长某公司签订《应收账款质押合同》，约定为前述借款合同提供最高不超过2000万元的担保，质押财产为长某公司与新某公司签订的《建材销售合同》自2015年8月26日起至2017年11月26日止长某公司对新某公司发生的全部应收账款，金额为3920万元。2016年12月14日，某银行阳逻支行办理了应收账款质押登记，质押财产为长某公司与新某公司签订的用于智某公司的融科智某一期二标段施工工程的建材销售合同所产生的应收账款，应收账款金额为3920万元，账款到期日为2017年11月30日。另查明，长某公司与新某公司2015年8月26日签订的《建材销售合同》并未实际履行，长某公司并未向新某公司供应建材，新某公司也并不差欠长某公司应收账款。

截至2019年1月14日，长某公司差欠借款本金19997928.6元及利息2453080.64元未付。

【案件焦点】

1. 应收账款质权人某银行阳逻支行办理贷款时对应收账款真实性的审查是形式审查还是实质审查；2. 应收账款债务人新某公司在《三方协议书》《建材销售合同》《应收账款确认书》上加盖印章的行为的法律后果。

【法院裁判要旨】

湖北省武汉市新洲区人民法院经审理认为：本案系金融借款合同纠纷。长某公司未按借款合同约定还本付息，应承担还本付息的民事责任。伍某、肖某、刘某国自愿为借款合同提供连带责任保证，某银行阳逻支行在保证期间内主张保证人承担保证责任，三人应在保证担保的范围内对长某公司的债务承担连带责任。伍某、肖某提供名下房屋、股权作抵押、质押，且办理相应登记，故该抵押权、质押权设立，某银行阳逻支行对抵押房屋和质押股权在担保范围内享有优先受偿权。

某银行阳逻支行与长某公司签订《应收账款质押合同》时，审查了长某公司与新某公司签订的《建材销售合同》《应收账款确认书》，并与长某公司和新某公司签订了《三方协议书》，某银行阳逻支行尽到了审慎的审查义务，某银行阳逻支行与长某公司签订了《应收账款质押合同》并办理了登记，该质押合同有效，应收账款质押权设立。庭审中查明，案涉质押登记的应收账款虚假，因质押的应收账款虚假，导致《应收账款质押合同》不能实际履行，故对某银行阳逻支行主张对应收账款享有优先受偿权不予支持。

湖北省武汉市新洲区人民法院依照《中华人民共和国合同法》第一百九十八条、第二百零四条、第二百零五条、第二百零六条、第二百零七条，《中华人民共和国担保法》第四十一条，《中华人民共和国物权法》第一百九十五条，《中华人民共和国民事诉讼法》第一百一十九条、第一百四十二条之规定，作出如下判决：

一、长某公司于本判决生效之日起十日内向某银行阳逻支行偿还贷款本金 19997928.6 元及利息、罚息；

二、如长某公司未按期履行上述第一项义务，则依法拍卖或变卖伍某、肖某所有的位于建始县高坪镇高店子社区的14套房地产，所得价款由某银行阳逻支行优先受偿，但某银行阳逻支行对伍某、肖某优先受偿的范围不超过借款本金19997928.6元及其利息、罚息；

三、如长某公司未按期履行上述第一项义务，则依法拍卖或变卖伍某、肖某对长某公司享有的股权，所得价款由某银行阳逻支行优先受偿，但某银行阳逻支行对伍某、肖某优先受偿的范围不超过借款本金19997928.6元及其利息、罚息；

四、伍某、肖某、刘某国对上述借款本金和利息、罚息承担连带清偿责任。

某银行阳逻支行不服一审判决，提出上诉，要求确认该行对长某公司质押的该公司对新某公司应收账款享有优先受偿权。湖北省武汉市中级人民法院经审理认为：根据《中华人民共和国物权法》第二百二十八条规定："以应收账款出质的，当事人应当订立书面合同。质权自信贷征信机构办理出质登记时设立。"应收账款属于权利质押，质权应以应收账款存在为前提，在应收账款债务人就应收账款的真实性提出抗辩时，质权人应对应收账款进一步举证，人民法院亦应运用证据规则对应收账款是否存在进行审查。本案中，质权人某银行阳逻支行在应收账款债务人新某公司对应收账款真实性予以抗辩时，提交了新某公司向其出具的《应收账款确认书》、新某公司与长某公司签订的《建材销售合同》《三方协议书》等证据。在一审辩论终结后及二审程序中，某银行阳逻支行还补充提交了长某公司2013~2015年《长某公司审计报告》，该报告系由长某公司委托，并由第三方独立审计机构作出，审计报告证实长某公司2013年至2015年期间对新某公司均有债权，科目为货款或材料款，截至

2015 年 12 月 31 日的债权金额为 33552199. 55 元。结合新某公司在一审中提交的某标通知书、《建筑工程施工合同》、《工程结算单》、《使用印章登记表》等证据，能够证实长某公司与新某公司存在业务往来，应收账款的基础合同及对应的工程施工项目客观存在。某银行阳逻支行作为质权人已就案涉应收账款实际发生完成了举证义务。此外，新某公司在《应收账款确认书》中对《建材销售合同》的签订时间、标的物、金额、货物交付、验收情况及欠付的应收账款均予确认，明确表示对上述事实及应收账款的数额和付款日无异议，同意长某公司将应收账款质押给某银行阳逻支行。本院认为，结合本案事实及当事人提交的证据，新某公司在本案审理期间否认应收账款的理由不成立，对其抗辩意见不予支持。

综上所述，某银行阳逻支行对案涉应收账款质押尽到了审慎审查义务，在案涉《应收账款质押合同》生效并办理质押登记后，质权已经依法设立。因案涉《应收账款质押合同》约定，担保的主债权余额最高不超过 2000 万元，故某银行阳逻支行对该应收账款的优先受偿权应以 2000 万元最高债权限额为限。

湖北省武汉市中级人民法院依照《中华人民共和国民事诉讼法》第一百七十条第一款第二项的规定，判决如下：

一、维持湖北省武汉市新洲区人民法院（2019）鄂 0117 民初 376 号民事判决第一项、第二项、第三项、第四项；

二、撤销湖北省武汉市新洲区人民法院（2019）鄂 0117 民初 376 号民事判决第五项；

三、如长某公司未按期履行湖北省武汉市新洲区人民法院（2019）鄂 0117 民初 376 号民事判决第一项义务，则某银行阳逻支行对长某公司质押的新某公司欠付的应收账款在 2000 万元范围内享有优先受偿权；

四、驳回某银行阳逻支行的其他诉讼请求。

【法官后语】

《最高人民法院关于适用〈中华人民共和国民法典〉有关担保制度的解释》第六十一条第一款、第二款规定："以现有的应收账款出质，应收账款债务人向质权人确认应收账款的真实性后，又以应收账款不存在或者已经消灭为由主张不承担责任的，人民法院不予支持。以现有的应收账款出质，应收账款债务人未确认应收账款的真实性，质权人以应收账款债务人为被告，请求就应收账款优先受偿，能够举证证明办理出质登记时应收账款真实存在的，人民法院应予支持；质权人不能举证证明办理出质登记时应收账款真实存在，仅以已经办理出质登记为由，请求就应收账款优先受偿的，人民法院不予支持。"应收账款作为一项合同权利，以应收账款出质的权利质权必须以用作质押登记的应收账款存在为前提，在应收账款债务人就应收账款的真实性提出抗辩时，质权人应对应收账款进一步举证，人民法院亦应运用证据规则对应收账款是否存在进行审查，但应收账款债务人如已向质权人确认应收账款的真实性，则免除质权人对应收账款真实性所负举证责任。本案中，质权是否设立，某银行阳逻支行是否对质押的应收账款享有优先受偿权有赖于某银行阳逻支行对产生应收账款的基础法律关系的真实性是否尽到了合理审慎的审查义务。根据银监会《商业银行保理业务管理暂行办法》第十四条规定："商业银行受理保理融资业务时，应当严格审核卖方和/或买方的资信、经营及财务状况，分析拟做保理融资的应收账款情况，包括是否出质、转让以及账龄结构等，合理判断买方的付款意愿、付款能力以及卖方的回购能力，审查买卖合同等资料的真实性与合法性。对因提供服务、承接工程或其他非销售商品原因所产生的应收账款，或买卖双方为关联企业的应收账款，应当从严审查交易背景真实性和定价的合理性。”第十五条规定：“商业银行应当对客户和交易等相关情况进行有效的尽职调查，重点对交易对手、交易商品及贸易习惯等内容进行审核，并通过审核单据原件或银行认可的电子贸易信息等方式，确认相关交易行为真实合理存在，避免客户通过虚开发票或伪造贸易合同、物流、回款等手段恶意骗取融资。”因此，某银行阳逻支行作为质权人在审查应收账款真实性的过程中应当对应收账款的真实性进行实质审查，而不只是对书面材料进行形式审查。

某银行阳逻支行二审中补充提交了长某公司2013~2015年审计报告，审计报告证实长某公司2013年至2015年期间对新某公司均有债权，科目为货款或材料款，截至2015年12月31日的债权金额为33552199.55元。结合新某公司在一审中提交的某标通知书、《建筑工程施工合同》、《工程结算单》、《使用印章登记表》等证据，能够证实长某公司与新某公司存在业务往来，应收账款的基础合同及对应的工程施工项目客观存在。此外，某银行阳逻支行作为质权人，对应收账款的真实性进行审查并不意味着必须对应收账款的每一个环节都进行审查。新某公司在《应收账款确认书》中对《建材销售合同》的签订时间、标的物、金额、货物交付、验收情况及欠付的应收账款均予确认，明确表示对上述事实及应收账款的数额和付款日无异议，同意长某公司将应收账款质押给某银行阳逻支行。新某公司作为付款义务人向应收账款质权人某银行阳逻支行明确作出存在应收账款的承诺，此时新某公司不得以应收账款出质人与其之间不存在真实交易关系作为不履行付款义务的理由，且本案中没有证据表明某银行阳逻支行在设立应收账款质押权时非善意，即某银行阳逻支行主观上不存在过错，故应收账款质押有效设立，某银行阳逻支行对应收账款享有优先受偿权。

编写人：湖北省武汉市新洲区人民法院　梅婷

022 债权人在保证人重整结束后主张债权时的权利限制

——某银行股份有限公司常州市分行诉许某晶、某某置业公司金融借款合同案

【案件基本信息】

1. 裁判书字号

江苏省常州市钟楼区人民法院（2018）苏0404民初1797号民事判决书

2. 案由：金融借款合同纠纷

3. 当事人

原告：某银行股份有限公司常州市分行（以下简称某银行常州市分行）

被告：某某置业公司

【基本案情】

2015年6月2日，许某晶（借款人）、某某置业公司（保证人）与某银行常州市分行（贷款人）签订《个人购房/购车借款及担保合同》一份，约定许某晶向贷款人借款84万元，用于购买

房屋，贷款期限为360个月；借款人以按月等额本金还款方式偿还贷款本息。某某置业公司向贷款人提供阶段性连带责任保证，至房屋正式办理抵押登记手续时免除保证责任。借款人连续三个月或累计六次未按时足额偿还贷款本息等违约情形发生时，贷款人有权宣布贷款提前到期，要求借款人提前清偿全部或部分贷款本息及相关费用，并有权要求保证人承担保证责任。

另查明，2015年7月31日，常州某建设开发有限公司以某某置业公司不能清偿到期债务，具备重整能力为由向常州市新北区人民法院申请重整，法院经审查于2015年8月14日依法裁定某某置业公司进行重整；于2016年7月15日裁定批准某某置业公司重整计划；终止某某置业公司重整程序；后于2017年7月14日裁定重整计划执行完毕。另重整计划中对普通债权的清偿方案为：对债权中5万元（含5万元）以下部分100%现金受偿，超过5万元的部分，即一次性以5%的比例现金受偿。

截至2015年8月14日某某置业公司被依法裁定进行重整时，许某晶贷款尚未产生逾期利息，但在某某置业公司重整期间，许某晶贷款发生逾期（截至2017年8月24日，贷款已逾期七次），《个人购房/购车借款及担保合同》中所载房屋至今亦未办理抵押登记手续。某银行常州市分行明知某某置业公司破产事实，未进行债权申报，亦未要求某某置业公司承担担保责任。

【案件焦点】

债权人在保证人破产重整期间怠于申报债权，重整计划执行完毕后，保证人是否还应承担保证责任。

【法院裁判要旨】

江苏省常州市钟楼区人民法院经审理认为：某银行常州市分行与许某晶、某某置业公司签订的《个人购房/购车借款及担保合同》系各方当事人真实意思表示，且符合法律规定，依法成立。某银行常州市分行按约向许某晶发放了贷款，许某晶未按约履行还款义务，构成违约。因此，某银行常州市分行有权向许某晶主张偿还欠款本息及实现债权而支出的费用。

另，某某置业公司为许某晶贷款所形成的债务提供阶段性连带责任保证，但因案涉房屋正式抵押登记手续至今未办理，故某某置业公司的保证责任不能免除；因某某置业公司于 2015 年 8 月 14 日进行重整至 2017 年 7 月 14 日重整计划执行完毕，在该期间某银行常州市分行怠于进行债权申报，根据《中华人民共和国企业破产法》第九十二条第一款、第二款规定："经人民法院裁定批准的重整计划，对债务人和全体债权人均有约束力。债权人未依照本法规定申报债权的，在重整计划执行期间不得行使权利；在重整计划执行完毕后，可以按照重整计划规定的同类债权的清偿条件行使权利。"故根据重整计划，本案中某银行常州市分行所主张的债权系普通债权，某某置业公司所应承担的担保责任范围应根据被告许某晶的欠款金额进行确定。另根据《中华人民共和国企业破产法》第四十六条第二款规定："附利息的债权自破产申请受理时起停止计息。"因截至 2015 年 8 月 14 日某某置业公司被依法裁定进行重整时，尚未产生逾期利息，因此，某某置业公司仅对许某晶现尚欠本金部分按照重整计划清偿条件向某银行常州市分行承担担保责任。基于此，某某置业公司承担担保责任范围应为 85766.672 元。某某置业公司承担担保责任后，有权向债务人许某晶追偿。

江苏省常州市钟楼区人民法院依照《中华人民共和国合同法》第四十四条、第六十条第一款、第二百零五条、第二百零六条、第二百零七条,《中华人民共和国担保法》第十八条、第二十一条、第三十一条及《中华人民共和国企业破产法》第四十六条第二款、第九十二条之规定,作出如下判决:

一、许某晶于本判决生效之日起十日内归还某银行常州市分行贷款本金 765333.44 元,利息、罚息 26654.03 元(暂算至 2018 年 11 月 15 日),合计 791987.47 元。自 2018 年 11 月 16 日起至全部本息还清之日止的利息、罚息按合同约定利率继续计算;

二、许某晶于本判决生效之日起十日内支付某银行常州市分行为实现债权而支出的律师代理费 53000 元;

三、某某置业公司对上述第一项所列债务中本金部分在 85766.672 元范围内向某银行常州市分行承担连带清偿责任。某某置业公司承担保证责任后,有权向许某晶追偿;

四、驳回某银行常州市分行其他诉讼请求。

判决后,双方当事人均未上诉,本判决现已生效。

【法官后语】

破产重整制度是我国企业破产法建立的一项新制度,旨在使经营发生严重困难的企业通过法定的强制破产保护,在重整期间免受保全和执行措施,与债权人就债务问题进行协商,豁免或延期支付部分债务,从而获得重生机会。而重整计划是为维持债务人的继续营业,谋求债务人的再生并清理债权债务关系为内容的协议。根据《中华人民共和国企业破产法》第九十二条第一款规定:“经人民法院裁定批准的重整计划,对债务人和全体债权人均有约束力。”重整计划经过法院批准之后，即会产生法律文件所具有的一系列法律效果，比如对债权人、债务人等各利害关系人的约束力，对其他司法程序的拘束力等。

债权申报是破产制度中的重要程序，依照《中华人民共和国企业破产法》第九十二条第二款的规定，债权人未按规定申报债权的，不得依《中华人民共和国企业破产法》规定的程序行使权利。此规定是因为债权人的很多权利，比如表决权等，都是按照依法申报并确认的债权额来行使的，如果未依法申报的债权人参加破产程序，势必会造成程序上的混乱。对于未申报的债权人，由于重整计划没有对其债权作出规定和安排，如果允许其在重整计划批准后行使权利，则会造成重整计划因为出现新的债权而无法按计划行使，也会造成对其他依法申报债权的债权人利益的损害，从而造成清偿不公的现象。因此，为了避免这一情况的出现，未依照规定申报债权的债权人不得在重整计划执行期间行使权利。

本案中，某某置业公司作为保证人在破产受理时，虽然案涉主债务尚未到期，根据《中华人民共和国企业破产法》第四十六条及《最高人民法院关于适用〈中华人民共和国企业破产法〉若干问题的规定（三）》第四条的规定，保证债权在保证人破产受理时视为到期，某银行常州市分行可向管理人及时进行债权申报，主张权利。然而，某银行常州市分行作为债权人，怠于债权申报，而是在重整计划执行完毕后另行起诉，基于某某置业公司为权利完整的法人主体，要求其承担全部保证责任，势必会造成对其他依法申报债权的债权人利益的损害，从而造成清偿不公的现象。因此，某银行常州市分行亦必须受到重整计划的约束，某某置业公司只需按照重整计划清偿方案向某银行常州市分行承担担保责任。另，保证人之清偿责任系基于担保之义务，保证人在向债权人进行破产分配后，有向债务人行使追偿的权利，追偿所得还要列入破产财产进行分配。

编写人：江苏省常州市钟楼区人民法院　胡传朋

023　借款人构成犯罪，借款合同、保证合同并不当然无效

——某县交通建设投资有限公司诉廖某胜等追偿权案

【案件基本信息】

1. 裁判书字号

湖南省常德市某县人民法院（2018）湘0726民初34号民事判决书

2. 案由：追偿权纠纷

3. 当事人

原告：某县交通建设投资有限公司（以下简称交投公司）

被告：廖某胜、彭某微、孙某均、张某娟、某银行股份有限公司（以下简称某银行）、湖南省醴陵市某达建设工程有限公司（以下简称某达公司）

【基本案情】

廖某胜系某县太柳公路工程建设项目部总负责人，某达公司授权委托其代表该公司全权处理该项目建设与回购期间和该项目有关的所有事项，委托期限至该项目回购款结算清楚且与该项目有关的所有遗留事项处理完毕之日止。因该项目缺乏资金，廖某胜遂向某银行申请贷款，因太柳工程项目部不具备法人资格，不能

作为贷款主体，该项目分段承包人亦不同意以自身名义帮廖某胜贷款，廖某胜便与孙某均合谋后，由孙某均以太柳公路分段承包人的身份向某银行贷款。2015 年 8 月 14 日，孙某均、张某娟向某银行贷款 500 万元，该贷款由某鑫公司、廖某胜、彭某微提供担保，交投公司为某鑫公司提供反担保。2017 年 8 月 4 日，石门县人民法院（2017）湘 0726 刑初 81 号刑事判决书认定：廖某胜、孙某均因虚构事实，以欺骗手段取得银行贷款，具有严重情节，其行为已构成骗取贷款罪，该判决现已生效。因孙某均、张某娟未按期偿还借款本息，某银行提前收回贷款，某鑫公司按约向某银行承担了保证责任。某鑫公司承担保证责任后，向孙某均、张某娟、廖某胜、彭某微、交投公司追偿，经法院判决［（2017）湘 0702 民初 1504 号］并执行，扣划了交投公司名下存款 593 万元。交投公司因追偿未果，故诉至法院。

【案件焦点】

廖某胜、孙某均借款行为构成犯罪，案涉借款合同、保证合同的效力应如何认定。

【法院裁判要旨】

湖南省常德市石门县人民法院经审理认为：合同效力的认定应依据《中华人民共和国合同法》第五十二条的规定进行认定，符合该规定合同无效情形之一的，才能认定合同无效。《中华人民共和国合同法》第五十二条明确规定："有下列情形之一的，合同无效：（一）一方以欺诈、胁迫的手段订立合同，损害国家利益；（二）恶意串通，损害国家、集体或者第三人利益；（三）以合法形式掩盖非法目的；（四）损害社会公共利益；（五）违反法律、行政法规的强制性规定。"

且参照《最高人民法院关于审理民间借贷案件适用法律若干问题的规定》第十二条之规定，借款人的借贷行为涉嫌犯罪或者已经生效的判决认定构成犯罪，民间借贷合同并不当然无效。案涉借款合同虽系金融借款合同，亦可以此作为参考。本案中，廖某胜、孙某均虚构事实骗取银行贷款，构成贷款诈骗罪，已为刑事判决所确认，但刑事判决本身否定评价的对象是采取虚假手段取得银行贷款的行为，而在此过程中订立的借款合同的效力并非刑事判决的评价对象。案涉借款合同的内容本身并不违反法律、行政法规的强制性规定，故此种情形不属于合同无效的情形。本案贷款人某银行并未参与廖某胜等人的犯罪行为，系受欺诈的一方，廖某胜等人的欺诈行为损害的是合同相对方即某银行的利益，根据《中华人民共和国合同法》第五十四条第二款之规定，“一方以欺诈、胁迫的手段或者乘人之危，使对方在违背真实意思的情况下订立的合同，受损害方有权请求人民法院或者仲裁机构变更或者撤销”。本案的受损害方某银行并未主张合同撤销或变更，故案涉借款合同仍处于有效状态，相关从合同即保证合同的效力亦不因廖某胜、孙某均等人构成犯罪而受到影响。因此，本案借款合同、保证合同均为有效，交投公司承担反担保责任后，有权在承担反担保责任的范围内向债务人孙某均、张某娟追偿。廖某胜以欺骗手段取得案涉贷款，在共同犯罪中系主犯，系案涉贷款的实际用款人，且廖某胜、彭某微自愿对孙某均、张某娟所负债务承担共同偿还责任，故孙某均、张某娟、廖某胜、彭某微应当对案涉交投公司代偿款承担共同清偿责任。据此，湖南省常德市石门县人民法院判决支持了交投公司的前两项损失请求。但某银行作为贷款人在本案中并无过错，并履行了贷款人的合理审查义务，交投公司要求某银行承担补充责任没有事实和法律依据，故对交投公司的该项诉讼请求不予支持。湖南省常德市石门县人民法院依照《中华人民共和国民法总则》第一百六十二条，《中华人民共和国担保法》第四条、第三十一条，《中华人民共和国民事诉讼法》第六十四条之规定，判决：

一、被告廖某胜、彭某微、孙某均、张某娟于本判决生效后五日内向原告交投公司返还代偿款5930826.7元，并自2018年1月2日起按中国人民银行同期贷款基准利率支付利息至债务清偿之日止；

二、被告某达公司在原告交投公司欠付其某县太柳公路工程项目工程款范围内对前述代偿款5930826.7元承担连带清偿责任；

三、驳回原告交投公司其他诉讼请求。

判决后，双方当事人均未上诉，本判决现已生效。

【法官后语】

本案是一起典型的因借款人构成犯罪，导致相关借款合同、保证合同效力产生争议的案件，审理此类案件的焦点在于对合同效力的认定。在审判实践中，合同的效力问题是所有涉合同纠纷案件的关键，是审理此类案件的首要考虑因素，对案件当事人如何主张权利以及其主张能否得到支持有重要影响。因此，无论当事人对合同效力是否提出异议，承办法官均应当首先对合同的效力作出认定。现阶段人们的法律意识逐步提高，各式合同多种多样，对合同效力的认定本就不易，而当合同当事人的行为涉嫌犯罪或者已经被生效判决认定构成犯罪时，更给合同效力的认定增加了难度。

《中华人民共和国合同法》第五十二条虽然规定了合同无效的五种情形（《中华人民共和国民法典》关于合同效力的规定为第一百四十四条、第一百四十六条第二款、第一百五十三条第一款及第二款、第一百五十四条），但对个案合同效力进行认定时，就需要对该五种情形一一进行剖析。具体到本案中，本案借款人虽有欺诈行为，但并未损害国家利益（《中华人民共和国民法典》施行后，损害国家利益的情形可依据第一百五十三条第二款违背公序良俗确认无效）。我们认为《中华人民共和国合同法》第五十二条规定的国家利益一般理解为国家政治利益、经济利益和安全利益等，并不包括国有企业、国有控股公司、国有参股公司的利益。再者，关于违反法律、行政法规的强制性规定，此处的法律、行政法规的强制性规定应当是命令性或禁止性规范，本案合同双方在签订合同时其内容及体现的法律关系并未违反法律强制规定与效力规范。廖某胜等在订立合同时的违法行为侵犯的是合同相对方即某银行的意思表示真实或自由，不能因此绝对否定合同的效力，而应当根据《中华人民共和国合同法》第五十四条（现为《中华人民共和国民法典》第一百四十八条）赋予合同相对方撤销合同的选择权。单就涉嫌或构成诈骗犯罪的借款合同而言，此类合同中存在有所牵连但截然不同的两个行为，即诈骗行为和合同行为，其中诈骗行为是单方行为，合同行为是双方行为。廖某胜等虽构成犯罪，但生效刑事判决本身否定评价的对象是廖某胜等采取虚假手段取得银行贷款的诈骗行为，合同效力的认定所要评价的是该合同行为是否是双方当事人真实意思表示一致的结果，是否应赋予该行为以私法上的效力。因此，在合同一方涉嫌犯罪或构成犯罪时，该合同并非当然无效，其效力的认定仍应当根据《中华人民共和国合同法》第五十二条之规定来进行具体分析，并不当然认定合同无效。

编写人：湖南省常德市石门县人民法院　向军

024 预购商品房仅办理抵押预告登记的，预告登记权利人对该商品房不享有优先受偿权

——甲银行信宜支行诉白某沂、信宜市东某房地产有限公司金融借款合同案

【案件基本信息】

1. 裁判书字号

广东省茂名市信宜市人民法院（2018）粤 0983 民初 216 号民事判决书

2. 案由：金融借款合同纠纷

3. 当事人

原告：甲银行信宜支行（以下简称甲行信宜支行）

被告：白某沂、信宜市东某房地产有限公司（以下简称东某公司）

【基本案情】

2013 年 10 月 10 日，东某公司与甲行信宜支行签订《楼宇抵押贷款合作协议》，约定了甲行信宜支行为东某公司开发的“东某新城”的购房人提供相关的贷款业务，而东某公司对甲行信宜支行向购房人发放的住房贷款提供不可撤销的连带责任保证等内容。

白某沂向东某公司购买东某新城第×幢 1705 房，并且白某沂采取按揭贷款的方式向甲行信宜支行贷款 350000 元，以支付给东某公司作为该 1705 房的部分购房款。为此白某沂与甲行信宜支行

于2014年3月27日签订了《个人住房（商业用房）借款合同》，并且双方在该借款合同中约定了白某沂提供其名下的东某新城第×幢1705房为本案该笔贷款提供抵押担保。由于签订上述《个人住房（商业用房）借款合同》时，东某新城第×幢1705房尚未办理房地产权证，为此甲行信宜支行与白某沂于2014年4月9日到职能部门为上述东某新城第×幢1705房办理了预购商品房抵押预告登记手续，并领取了广东省房地产预告登记证明。2014年5月6日，甲行信宜支行向白某沂发放贷款350000元，并按约定将该350000元划入白某沂指定的东某公司在甲行信宜支行的账户。此外，因另案黄某诉罗某升、白某沂民间借贷纠纷一案，广东省信宜市人民法院于2017年1月9日根据罗某升的申请对登记在白某沂名下的位于信宜市区粤桂路东某新城第×幢1705房在40000元价值范围内进行查封。2018年1月24日，广东省信宜市人民法院以被执行人已履行完毕民事判决书确定的义务为由，解除了对上述1705房的查封。信宜市不动产登记中心于2018年2月9日出具的查询结果显示，上述1705房于2017年11月15日被广东省茂南区人民法院轮候查封、于2018年1月3日被广东省信宜市人民法院轮候查封。涉案的东某新城第×幢1705房于2017年9月29日取得了不动产权证，权利人为白某沂。甲行信宜支行曾于2017年11月1日将相关材料提交给信宜市不动产登记中心，要求为上述1705房办理抵押登记手续。据甲行信宜支行称由于该1705房已被查封，所以导致该1705房无法办理抵押登记手续。由于白某沂借款后未能按时还本付息给甲行信宜支行致双方产生纠纷，甲行信宜支行起诉至法院。

【案件焦点】

1. 白某沂提供其名下东某新城第×幢1705房为本案该笔贷款提供抵押担保的效力如何；2. 甲行信宜支行对处置该1705房的价款是否享有优先受偿权。

【法院裁判要旨】

广东省茂名市信宜市人民法院经审理认为：因甲行信宜支行与白某沂签订的《个人住房（商业用房）借款合同》中约定了白某沂提供其名下的东某新城第×幢1705房为本案该笔贷款提供抵押担保。因此，甲行信宜支行与白某沂就上述1705房签订的抵押担保条款是合法有效的。但由于签订该借款合同时该1705房尚未取得产权登记证书，所以对该1705房仅进行了抵押预告登记，而未办理抵押登记手续。根据《中华人民共和国物权法》第二十条规定："当事人签订买卖房屋或者其他不动产物权的协议，为保障将来实现物权，按照约定可以向登记机构申请预告登记。预告登记后，未经预告登记的权利人同意，处分该不动产的，不发生物权效力。预告登记后，债权消灭或者自能够进行不动产登记之日起三个月内未申请登记的，预告登记失败。"预购商品房抵押预告登记仅是将来发生抵押权变动的请求权，该请求权具有排他效力，即未经预告登记权利人同意而处分该预购商品房的，不产生物权效力，但该抵押预告登记并不等同于抵押登记，因而所产生的法律效果也是不一样的。再根据《中华人民共和国物权法》第一百八十条"债务人或者第三人有权处分的下列财产可以抵押：（一）建筑物和其他土地附着物……"及第一百八十七条"以本法第一百八十条第一款第一项至第三项规定的财产或者第五项规定的正在建造的建筑物抵押的，应当办理抵押登记。抵押权自登记时设立”。至目前为止，在涉案1705房尚未办理抵押登记（即抵押权尚未设立）的情况下，甲行信宜支行要求对依法处置涉案的1705房的价款享有优先受偿权于法无据，法院不予支持。

广东省茂名市信宜市人民法院依照《中华人民共和国合同法》第九十三条、第一百九十六条、第二百零五条、第二百零六条、第二百零七条，《中华人民共和国担保法》第十八条、第二十一条，《中华人民共和国物权法》第二十条、第一百八十七条，《中华人民共和国民事诉讼法》第六十四条第一款，《最高人民法院关于适用〈中华人民共和国民事诉讼法〉的解释》第九十条之规定，判决如下：

一、解除原告甲行信宜支行与被告白某沂于2014年3月27日签订的《个人住房（商业用房）借款合同》；

二、限被告白某沂在本判决发生法律效力后十五日内偿还尚欠的借款本金300616.73元及利息（计至2017年11月23日止尚欠的利息为6614.27元，此后利息按《个人住房（商业用房）借款合同》中约定的计息标准另计至还清贷款本息之日止）给原告甲行信宜支行；

三、被告东某公司对上述第二项的判决义务承担连带清偿责任；

四、驳回原告甲行信宜支行其他诉讼请求。

判决后，双方当事人均未上诉，本判决现已生效。

【法官后语】

近年来，随着房地产市场的大规模发展，预购商品房的销售也在不断攀升。在商品房预售过程中，购房人基本上都采取银行按揭贷款的方式向开发商支付大部分的购房款，并且因为办理银行按揭贷款时，商品房未取得房地产权证的情形较为常见，在此情形下，银行与购房人也只能对商品房办理抵押预告登记，而不能直接办理抵押登记。实践中从办理商品房的抵押预告登记，再到办理商品房的抵押登记需要经历一段较为漫长的时间，在此期间，如果因购房人的原因导致商品房被法院查封，又或者购房人不配合办理抵押登记的，对于抵押预告登记的效力如何，司法实践中存在较大争议。从保护银行债权，更好地维护市场交易安全角度考虑，一种观点认为，如果不是因为预告登记权利人自身原因，导致案涉商品房在取得房地产权证后无法办理抵押登记的，应赋予预告登记权利人对商品房处置价款的优先受偿权，这更有利于保障房地产交易的安全及各方当事人利益。另一种观点则认为，抵押权是法定，只要商品房未办理抵押登记的，债权人就不享有优先受偿权。笔者同意第二种观点，理由为根据《中华人民共和国物权法》第二十条的规定，抵押预告登记的目的是保障将来物权的实现，排斥第三人对房产行使权利，即未经预告登记权利人同意而处分该预购商品房的，不产生物权效力，但该抵押预告登记并不等同于抵押登记。因此，对于已办理抵押预告登记的房产，预告登记权利人要取得该房产的抵押权，还应当在抵押人领取房地产权属证书后，重新办理房地产抵押登记。同时提醒广大的金融机构在发放预购商品房的按揭贷款过程中，若存在只能办理商品房预告抵押登记而未能办理抵押登记情形的，为了降低风险，还应当考虑采取其他的担保方式作为补充。《中华人民共和国民法典》施行后，预告登记的适用范围得到了极大的扩张，包括抵押权、居住权在内的各类涉及不动产物权的协议均可设立预告登记。而《最高人民法院关于适用〈中华人民共和国民法典〉有关担保制度的解释》第五十二条为符合法定条件的抵押预告登记权利人确立了优先受偿权，并且明确抵押权自预告登记之日起即设立，但权利人享有优先受偿权应具备三个要件：1. 已经办理建筑物所有权首次登记；2. 预告登记的财产与建筑物所有权首次登记的财产一致；3. 抵押预告登记未失效。就本案而言，如果甲行信宜支行能够举证证明涉案预告登记符合上述三个要件，那么甲行信宜支行对依法处置涉案的1705房的价款享有优先受偿权。

编写人：广东省茂名市信宜市人民法院　彭秋香

025 银行无法提供其保管的保证文书可作对其不利的推定

——某农村商业银行股份有限公司诉薛某弟等金融借款合同案

【案件基本信息】

1. 裁判书字号

浙江省温州市瑞安市人民法院（2018）浙0381民初12073号民事判决书

2. 案由：金融借款合同纠纷

3. 当事人

原告：某农村商业银行股份有限公司（以下简称某农商行）

被告：吴某火、林某娜、薛某弟、吴某华、林某松

【基本案情】

2016年4月22日，吴某火与某农商行签订循环借款合同，约定借款额度为30万元，使用期限为2016年4月22日至2018年4月21日，并就利率作了约定。

2017年4月8日至2017年4月11日，吴某火依上述循环借款

合同陆续向某农商行借款32万元（其间同时在借金额最高为30万元），约定还款期限均为2018年4月21日，还款期限届满，吴某火未归还本金30万元及部分期内利息。

2017年4月6日，吴某火向某农商行借款，双方签订借款合同，约定借款20万元，并就借款期限、利率等作了约定。同日，某农商行依上述借款合同向吴某火发放贷款20万元。后吴某火仅陆续支付部分期内利息。还款期限届满，吴某火未按约归还本金20万元及部分期内利息7308元。

某农商行基于上述借款向吴某火主张返本付息，并以薛某弟、吴某华出具的担保书、保证承诺函为据，要求其承担保证责任。

另查明，薛某弟于2015年曾为吴某火向某农商行的借款提供保证。法院依薛某弟的申请向某农商行调取薛某弟于2015年出具的为吴某火提供担保的相关文书，某农商行以相关贷款已经清偿而材料无法找到为由未能提供。

【案件焦点】

薛某弟、吴某华分别署名的担保书、保证承诺函的出具时间及担保意思表示该如何认定。

【法院裁判要旨】

浙江省温州市瑞安市人民法院经审理认为：该担保书、保证承诺函应认定为薛某弟、吴某华于2015年所出具且内容为空白。首先，薛某弟已提供证据证明其曾于2015年向某农商行出具过担保文书的事实，而某农商行作为金融机构，对当事人向其出具的信贷资料负有一定的保管义务，2015年距该案的诉讼并不久远，在缺乏正当理由的情况下，某农商行未能提供薛某弟于2015年所出具的担保文书，并不符合常理。依《最高人民法院关于民事诉讼证据的若干规定》第七十五条之规定："有证据证明一方当事人持有证据无正当理由拒不提供，如果对方当事人主张该证据的内容不利于证据持有人，可以推定该主张成立。"应推定薛某弟所主张的事实成立，即担保书系2015年出具。其次，保证承诺函的格式内容能反映出该文书系保证人之配偶所出具，且与保证人担保文书的出具时间应一致或相近，该保证承诺函的出具时间宜认定系2015年出具。最后，该两份文书的填空均系某农商行工作人员所书写且所填部分内容（落款时间）与事实并不相符，可见填空内容并非薛某弟、吴某华的真实意思表示。故某农商行主张薛某弟、吴某华承担保证责任，缺乏事实依据，不予支持。

浙江省温州市瑞安市人民法院依照《最高人民法院关于民事诉讼证据的若干规定》第七十五条，《中华人民共和国民事诉讼法》第六十四条第一款之规定，判决如下：

一、吴某火、林某娜于本判决生效之日起十日内偿还某农商行《个人借款合同》项下借款本金20万元、期内利息7308元、逾期利息（以20万元为基数从2018年4月6日起按月利率9.7875‰计算至实际履行之日止）；

二、吴某火、林某娜于本判决生效之日起十日内偿还某农商行《个人循环借款合同》项下借款本金30万元、期内利息20169.11元、逾期利息（以30万元为基数从2018年4月22日起按月利率14.249998‰计算至实际履行之日止）；

三、吴某火、林某娜逾期不履行还款义务，某农商行有权以登记于吴某火名下的房产折价或者拍卖、变卖所得价款优先受偿，但包括上述第一项、第二项债务在内，某农商行对《最高额抵押合同》

项下所有主债务享有优先受偿的总额以45万元为限；

四、林某松对上述第一项、第二项债务承担连带清偿责任，但包括上述债务在内，林某松对其签署的《担保书》项下所有债务承担连带偿还责任的总额以55万元为限；林某松在承担保证责任后，有权向吴某火、林某娜追偿；

五、驳回某农商行的其他诉讼请求。

判决后，双方当事人均未上诉，本判决现已生效。

【法官后语】

本案的难点在于当保证人薛某弟、吴某华对保证文书中由银行工作人员所手写的落款时间及内容存有异议，并就该文书系其另行向银行出具提供了初步证据，而银行无法进一步提供证据予以反驳时，确定由谁承担举证不能的后果。笔者认为：

一、持有保证文书一方所填写的内容，尚无法“一锤定音”

双方当事人的陈述一致反映，该担保书、保证承诺函中，除落款签名系薛某弟、吴某华所亲笔书写外，其他内容均由银行的工作人员所书写。虽银行坚称内容均为“落款日期”当日填写，但因该保证文书由银行这一债权人所持有，保证文书上也无法反映出所填写的内容已由保证人确认，故该保证文书中所填写内容的证明力较一般书证而言有所偏低。

二、银行保存有近期的信贷资料具有高度可能性

《中华人民共和国商业银行法》第五十一条规定：“商业银行应当按照国家有关规定保存财务会计报表、业务合同以及其他资料。”该法虽未直接规定银行对合同等信贷资料的保管年限，但已然能确定银行就信贷资料负有一定的保管义务。

本案中薛某弟已证明其于2015年曾向银行出具保证文书，该日期与银行提起诉讼的日期仅相差3年多，以档案保管的期限来看，参照《中国人民银行会计档案保管期限》中关于“会计凭证”的15年保管期限、“对账回单”的5年保管期限，均尚未超过保管期限。在实践当中，银行也多以需要归档为由申请取回在庭审中所出示的合同原件，可见银行对信贷资料有着较为系统、完善的档案保管制度。故在本案中，银行对薛某弟于2015年向其出具的保证文书负有保管义务，该保证文书仍由银行持有具有高度可能性。

三、由银行进一步举证，更有效率，也更加公正

提高诉讼效率和降低诉讼成本是实现司法正义的重要价值目标之一。以诉讼成本而论，在薛某弟已经提供证据证明银行持有之前的保证文书的情况下，银行欲否认薛某弟的该项抗辩所需要的证明成本是极低的，而薛某弟欲证明保证承诺函的真实出具时间所需要的证明成本是巨大的，甚至受限于现阶段的鉴定技术。

客观意义上的证明责任并不考虑当事人获取证据的成本高低、获取证据的难易程度及与有关证据的远近距离，不利于实现公平与正义，采用推定的方式对当事人在行为意义上的证明责任进行适度调整更能彰显司法公正。《最高人民法院关于民事诉讼证据的若干规定》第七十五条也对此进行了明确规定：“有证据证明一方当事人持有证据无正当理由拒不提供，如果对方当事人主张该证据的内容不利于证据持有人，可以推定该主张成立。”在本案中，薛某弟提供的证据虽不足以直接证明保证文书系2015年出具，但其已经对银行所持有的保证文书的来源进行了初步证明，与银行所主张的保证文书系2016年所出具，形成了实质性对抗，银行若无法进一步提供证据，即提供薛某弟于2015年向其出具的保证文书予以反驳，或进一

步提供证据印证涉案保证文书的出具时间，则应依上述规定，作对其不利的推定，认定薛某弟的抗辩成立，即涉案担保书、保证承诺函与本案并无关联。

编写人：浙江省温州市瑞安市人民法院　林杰　陈也峰

026　保证人在主债务履行期限届满前死亡的保证责任认定
——某农村商业银行股份有限公司诉陈某双等金融借款合同案

【案件基本信息】

1. 裁判书字号

浙江省温州市瑞安市人民法院（2018）浙0381民初11447号民事判决书

2. 案由：金融借款合同纠纷

3. 当事人

原告：某农村商业银行股份有限公司（以下简称某农商行）

被告：陈某双、王某飞、林某红、陈某冲、郑某莲、陈某怡

【基本案情】

2016年2月17日，某农商行按约向陈某双发放贷款20万元，借款到期日为2018年2月15日，王某飞与陈某青分别为上述借款本息在最高融资限额22万元的范围内提供连带责任保证。保证人陈某青于2017年12月30日死亡，其法定继承人为陈某冲、郑某莲、林某红、陈某怡。借款到期后，陈某双未能按约偿还借款本息，某农商行起诉至法院。

【案件焦点】

保证人在主债务履行期限届满前死亡的，其继承人是否需要在继承遗产的范围内对债权人承担连带保证责任。

【法院裁判要旨】

浙江省温州市瑞安市人民法院经审理认为：在保证法律关系中，保证义务是债权人和保证人通过订立保证合同为保证人设置的民事义务，其内容是保证人将来可能的债务负担。保证责任则是债务人到期未清偿债务，依照约定或法律的规定，保证人所承担的民事责任。当保证义务转化为保证责任后，保证人才需要承担保证之债，故保证人的遗产是否应用来承担保证责任，关键在于保证人死亡之时保证责任是否已经产生，本案中陈某青于 2017 年 12 月 30 日死亡，借款尚未到期，借款人陈某双亦在正常付息过程中，债务是否能够得到清偿并不确定，其保证义务尚未转化为保证责任就因其死亡而消失，故陈某冲、郑某莲、林某红、陈某怡无须在其继承保证人陈某青的遗产范围内承担连带保证责任，故判决如下：

一、被告陈某双于本判决生效之日起十五日内偿还原告某农商行《个人循环借款合同》项下的贷款本金 179849. 73 元及逾期利息（截至 2018 年 8 月 1 日止的逾期利息 3565. 70 元及以本金 179849. 73 元为基数从 2018 年 8 月 2 日起按月利率 13. 953124‰计算至实际履行完毕之日止）；

二、被告王某飞对第一项判决确定的债务承担连带保证责任，但包括上述债务在内，被告王某飞对其出具的《保证函》项下的主债务承担保证责任最高额以 22 万元为限；被告王某飞承担保证责任后，有权向被告陈某双追偿；

三、驳回原告某农商行的其他诉讼请求。

判决后，双方当事人均未上诉，本判决现已生效。

【法官后语】

经办人认为保证人在主债务履行期限届满前死亡的，保证义务灭失，其继承人无须在继承遗产的范围内对债权人承担连带保证责任，主要基于以下两点理由考虑：

一、保证义务有别于保证责任

保证义务是债权人和保证人通过订立保证合同为保证人设置的民事义务，该义务内容是保证人将来可能的债务负担，该义务亦有可能基于主债务人的自动履约导致灭失，不会产生必然的债权债务关系。保证义务在保证合同生效时便已产生。而保证责任则是债务人到期未清偿债务，依照约定或法律的规定，由保证人承担的一种民事责任，保证责任是债权人在保证期间内向保证人主张承担保证责任时产生。保证义务是保证责任产生的前提条件，而保证责任是保证义务法律关系显性发生时的责任承担，只有当保证义务转化为保证责任后，保证人才需承担保证之债，该债务才成为债权债务关系明确的确定之债，保证人应当以其自身拥有的财产对主债务承担保证责任，若保证人在该期间内死亡，则其继承人应当在继承遗产的范围内对主债务承担连带保证责任。但若保证人在主债务履行期限届满前死亡，保证义务尚未转化为保证责任，保证人无须承担保证责任，其继承人自然亦无须在继承遗产的范围内对主债务承担连带保证责任。

二、保证合同具有较强的人身依附性

担保合同根据是否提供具体财产担保而区分为人的担保和物的担保。人的担保，即保证合同是基于特定当事人的身份关系，在个人信用基础之上订立的，并非单纯的财产性质的合同，也并非一般债权债务关系的合同，而是具有一定人身依附性的合同。在社会法律关系中，债权人更多的是基于保证人的社会地位、身份、人格等因素给予的信赖而与之订立相关的保证合同，其依赖的不仅仅是保证人的代偿能力，很大程度上是基于对保证人人格和身份的依赖，属于信用保证。一旦保证人死亡，保证人特定的人格和身份属性即消失，其依附于人身属性的信用亦随之消失，债务担保的人身基础亦不存在，故而保证义务随保证人的死亡而自然终止。而以物作保的担保合同是以特定财产为主债务提供担保，担保人死亡与否，均不影响担保责任的认定，担保人生前签署的保证合同对其继承人在继承该财产时仍具有约束力。

综上，本案中，保证人陈某青在本案所涉借款履行期限届满前已死亡，其保证义务自然灭失，保证责任并未产生，故其继承人陈某冲、郑某莲、林某红、陈某怡无须在其继承保证人陈某青的遗产范围内承担连带保证责任。

编写人：浙江省温州市瑞安市人民法院　董跃绵

027　如何确定提前收回贷款的日期

——某市农村信用合作联社诉兰某宏等金融借款合同案

【案件基本信息】

1. 裁判书字号

福建省福鼎市人民法院（2018）闽 0982 民初 819 号民事判决书

2. 案由：金融借款合同纠纷

3. 当事人

原告：某市农村信用合作联社

被告：兰某宏、叶某安、沈某霞

【基本案情】

2017年7月14日，某市农村信用合作联社与兰某宏订立了《借款合同》，约定某市农村信用合作联社向兰某宏提供50000元贷款，借款期限自2017年7月14日起至2022年7月13日止；借款月利率为8.4‰；结息方式为按月结息，结息日为每月的20日；借款采用等额本息还款法还款；若贷款逾期，自逾期之日起按借款执行利率加收50%逾期贷款罚息；借款人欠息，欠息部分按逾期贷款罚息利率计收利息；若借款人在本合同项下任何一笔贷款本金或利息逾期10日（含）以上，贷款人有权宣布贷款提前到期并收回；借款人违约，应承担贷款人为实现债权所支付的一切费用（包括但不限于诉讼费、仲裁费、律师服务费、律师代理费、财产保全费、差旅费、执行费、拍卖费等）。同日，某市农村信用合作联社与叶某安、沈某霞签订《保证合同》，明确叶某安、沈某霞对兰某宏的上述借款承担连带担保责任，被担保的主债权本金金额为50000元，主合同债务履行期限自2017年7月14日起至2022年7月13日止。担保范围包括本合同项下主债权本金、利息、逾期利息、违约金、损害赔偿金、实现债权的一切费用及其他应付费用（包括但不限于诉讼费、仲裁费、财产保全费、律师费、差旅费、执行费、评估费、拍卖费等），同时约定保证期间为本合同债务履行期限届满起二年。如债权人按主合同约定宣布主合同项下债务提前到期，保证期间为债权人确定的债务提前到期之日起二年。2017 年 7 月 14 日，某市农村信用合作联社按照合同约定向兰某宏发放了 50000 元借款，并填写借款借据，约定月利率为 8.4‰，借款用途为开服装店，还款方式为等额本息。2017 年 10 月起，兰某宏未能按约足额偿还借款利息，之后的本金 50000 元及利息均未偿还。某市农村信用合作联社经多次催讨未果，于 2018 年 3 月 13 日诉至本院。

【案件焦点】

如何确定提前收回贷款的日期。

【法院裁判要旨】

福建省宁德市福鼎市人民法院经审理认为：某市农村信用合作联社与兰某宏之间的《借款合同》合法有效，事实清楚，证据充分，兰某宏应按约清偿本息，履行还款义务。某市农村信用合作联社按合同约定将借款发放给兰某宏，兰某宏未按合同约定按月足额归还借款本息，该行为已构成违约，某市农村信用合作联社有权根据合同约定提前收贷；由于某市农村信用合作联社在起诉前未提前通知兰某宏收回未到期贷款的具体时间，可将某市农村信用合作联社起诉之日确定为提前收回未到期贷款的时间。某市农村信用合作联社起诉时尚未到期的贷款，因某市农村信用合作联社的提前收贷主张而转化为到期贷款。某市农村信用合作联社要求兰某宏归还未到期贷款本金，支付结欠的利息、逾期利息、复息并赔偿支付某市农村信用合作联社为实现债权而支出的律师代理费损失的主张，符合法律规定。叶某安、沈某霞作为保证人，对该笔借款的本金、利息、逾期利息、复息及某市农村信用合作联社为实现债权而支出的律师代理费用承担连带保证责任。某市农村信用合作联社有权在保证期间即自债务履行期限届满起或债务提前到期之日起二年内要求叶某安、沈某霞承担连带保证责任，某市农村信用合作联社的诉讼请求，本院予以支持。

福建省福鼎市人民法院依照《中华人民共和国民法总则》第一百一十八条、第一百七十六条，《中华人民共和国合同法》第二百零五条、第二百零六条、第二百零七条，《中华人民共和国担保法》第十八条、第二十一条第一款、第三十一条，《最高人民法院关于适用〈中华人民共和国担保法〉若干问题的解释》第四十二条，《中华人民共和国民事诉讼法》第一百四十四条的规定，作出如下判决：

一、被告兰某宏应于本判决生效之日起十日内偿还原告某市农村信用合作联社借款本金 50000 元，利息 2106. 92 元（截至 2018 年 3 月 20 日）及逾期利息（以借款本金 50000 元为基数，自 2018 年 3 月 21 日起至借款还清之日止，按月利率 12. 6‰计算）、复息（以结欠的利息 2106. 92 元为基数，自 2018 年 3 月 21 日起至借款还清之日止，按月利率 12. 6‰计算）；并赔偿支付原告某市农村信用合作联社支出的律师代理费损失 3000 元；

二、被告叶某安、沈某霞对上述第一项履行义务承担连带偿还责任；

三、被告叶某安、沈某霞履行第一项还款义务后，有权对被告兰某宏行使追偿权。

判决后，双方当事人均未上诉，本判决现已生效。

【法官后语】

提前收回贷款是在债务人发生影响信贷安全的因素时，金融机构宣布贷款提前到期，要求债务人提前归还贷款本息的救济方式。在银行借款合同中，借款期限是一个非常重要的商业和法律条款，它不仅仅是借款人承担还款义务的起点，同时也是借款人在履行时限方面有权对抗金融机构的依据。从这个意义上讲，金融机构要求提前收回贷款需要打破借款合同正在履行的当前状况。相应地，金融机构就必须提出符合合同约定或法律规定的特别事由。在借款合同中，这种事由一般被归入违约事件加以规定。在借款合同或诉讼中金融机构要求提前收回贷款所针对的违约事件，基本可以作如下分类：1. 违反陈述和保证。即借款人在借款合同订立之前对与借贷有关的事实所作的陈述和保证不真实，包括借款人在法律、财务、商务等状况方面的说明。2. 不履行还本付息义务。还款付息是借款人在借款合同项下的根本性义务，借款人不按期履行还款付息的行为严重破坏了银行的预期，属于根本性违约。3. 违反合同约定的其他义务。即借款人在借款合同履行期间违反根据合同其应承担还款付息之外的其他合同义务。4. 违反其他合同，影响本合同履行。即借款人未履行与同一银行或其他银行或其他合同相对人之间订立的合同项下债务，可能会影响本合同正常履行的。5. 债务人涉讼，影响本合同债权人利益。6. 借款人经营能力或清偿能力受限。7. 财务状况恶化。8. 股东发生变动。在一些借款合同中，会规定借款人控制股东发生变动时银行的提前收回贷款权利。9. 借款人或担保人涉嫌犯罪（单位或法定代表人）。10. 逃避监管，构成违法事由。11. 担保物贬值且未追加担保。本案中债务人不履行还本付息义务才导致了金融机构提前收回贷款。那么该如何确定金融机构提前收回贷款的时间。在实践中有两种方式，一种是向债务人发出“提前收回贷款通知书”或“督促履行债务函”等书面通知书以宣告贷款提前到期，要求债务人提前履行债务。在这种情况中一般债务人收到书面通知之日为提前收回贷款之日。另一种是向法院提起诉讼。以法院收到金融机构的起诉状的时间作为提前收回贷款的时间。本案中的某市农村信用合作联社在起诉前未提前以书面的方式通知兰某宏收回未到期贷款的具体时间，所以在本案中可将某市农村信用合作联社起诉之日确定为提前收回未到期贷款的时间。

编写人：福建省福鼎市人民法院　魏凌霜

028 应收账款质押案件中债务人确认债务后又“反悔”情形的处理

——某银行股份有限公司济宁分行诉山东雨某塑胶科技有限公司、山东海某电力器材有限公司金融借款合同案

【案件基本信息】

1. 裁判书字号

山东省济宁市中级人民法院（2017）鲁08民终5230号民事判决书

2. 案由：金融借款合同纠纷

3. 当事人

原告（被上诉人）：某银行股份有限公司济宁分行（以下简称某银行济宁分行）

被告（被上诉人）：山东雨某塑胶科技有限公司（以下简称雨某公司）

被告（上诉人）：山东海某电力器材有限公司（以下简称海某公司）

【基本案情】

2015 年 1 月 15 日，某银行济宁分行与借款人刘某签订《某银行个人经营借款合同》，合同约定某银行济宁分行向借款人刘某贷款 200 万元，贷款期限自 2015 年 1 月 15 日起至 2016 年 1 月 15 日止，同时对贷款利率、还款方式、违约责任及某银行济宁分行实现债权的费用承担等做了约定。2015 年 1 月 15 日，某银行济宁分行与雨某公司签订《应收账款质押合同》，约定雨某公司以其享有的对海某公司应收账款（债权）3060042 元为某银行济宁分行上述全部债权及实现债权的费用等提供质押担保，同时签订了《应收账款质押登记协议》，并在中国人民银行征信中心办理了动产权属统一登记。海某公司向某银行济宁分行出具《应收账款回款付款通知书》（回执），同意并承诺将《应收账款回款付款通知书》所列账款按时足额付至指定账户，否则，将赔偿由此给某银行济宁分行造成的损失。上述合同签订后，某银行济宁分行按合同约定向刘某发放贷款 200 万元。贷款到期后，借款人刘某未按合同约定偿还借款本息，已构成违约，雨某公司未将质押款项清偿某银行济宁分行债权、海某公司也未将质押款项付至某银行济宁分行指定银行账户。某银行济宁分行向法院提起诉讼。

【案件焦点】

作为应收账款质押中的债务人，海某公司在已经盖章确定债务的情况下，能否再以其他理由对抗债权人行使权利。

【法院裁判要旨】

山东省济宁市任城区人民法院经审理认为：某银行济宁分行与雨某公司之间的质押合同合法有效，且海某公司也书面承诺将合同中涉及的质押款项按时足额付至某银行济宁分行指定账户，否则赔偿由此给某银行济宁分行造成的损失。现海某公司未按其承诺将款项付至指定账户，已构成违约。另因某银行济宁分行与刘某的债权债务已经法院生效判决确认，某银行济宁分行无权亦无实际意义要求海某公司将全部质押款项支付至合同指定账户，但海某公司应在质押款项限额内对某银行济宁分行的损失即本案某银行济宁分行所主张的借款本金、罚息承担付款责任。依照《中华人民共和国民法通则》第五条、第一百零六条第一款、第一百一十一条，《中华人民共和国合同法》第六十条第一款、第一百零七条，《中华人民共和国物权法》第二百二十八条，《中华人民共和国民事诉讼法》第一百四十四条之规定，判决：

海某公司于本判决生效之日起十日内偿还某银行济宁分行借款本金 1997239.50 元及至 2017 年 6 月 13 日的罚息 312226 元，以及自 2017 年 6 月 14 日起至借款实际清偿之日止的罚息（按某银行济宁分行与刘某签订的借款合同约定利率计算）。

海某公司不服一审判决，提起上诉：

山东省济宁市中级人民法院经审理认为：某银行济宁分行对雨某公司质押的应收账款依法享有质押权，海某公司应当向某银行济宁分行承担付款或者赔偿责任。主要理由如下：第一，某银行济宁分行于 2015 年 1 月 15 日与雨某公司签订了《应收账款质押合同》及《应收账款质押登记协议》，并向应收账款的债务人海某公司送达了《应收账款回款付款通知书》，确认了应收账款的金额、付款时间等信息，同时在中国人民银行征信中心办理了动产权属统一登记，质权自登记时设立，某银行济宁分行依法享有对此应收账款的质权。第二，某银行济宁分行在办理涉案应收账款质押时，不仅对应收账款的真实性进行了形式审核（如购销合同、发票），同时向应收账款的债务人海某公司送达了《应收账款回款付款通知书》以实际确认，海某公司在回执中盖章，同意并承诺将《应收账款付款通知书》所列账款按时足额付至某银行济宁分行指定账户……如违反上述内容，将赔偿由此给某银行济宁分行造成的损失。海某公司的上述承诺不仅是对其与雨某公司之间存在已产生或将产生真实有效的应收账款的确认，亦是对该应收账款不存在权利瑕疵和权利负担的承诺和确认，故海某公司应当按照相关约定和承诺履行义务，对于其与雨某公司之间因履行购销合同产生的纠纷，可另案诉讼解决，不应以此作为拒不履行付款或赔偿义务的理由。第三，涉案应收账款质押权于 2015 年 1 月 14 日在中国人民银行征信中心办理了出质登记，该登记具备一定公示效力，在登记后至一审立案前两年多的时间内，海某公司未对该应收账款质押登记向登记机构或某银行济宁分行提出过异议。同时，海某公司发现产品出现质量问题，同时向雨某公司送达了《关于中止购销合同的通知函》，但在一审诉讼程序过程中，海某公司均未出庭或以其他方式提出过抗辩，应当视为自愿放弃相关的举证、质证、抗辩等诉讼权利。综上所述，海某公司的上诉请求不能成立，但根据相关合同约定和承诺，海某公司向某银行济宁分行赔偿损失的范围不应超过应收账款的总额，原审判决对此没有明确限定，应当予以纠正。

综上，依照《中华人民共和国民事诉讼法》第一百七十条第一款第二项之规定，判决如下：

变更山东省济宁市任城区人民法院（2017）鲁 0811 民初 4459 号判决为：上诉人海某公司于本判决生效之日起十日内，在 3060042 元的范围内向某银行济宁分行支付损失本金 1997239.50 元及利息、罚息（按照被上诉人某银行济宁分行与刘某签订的借款合同约定的利率，暂计算至2017年6月13日为312226元，之后的罚息计算至借款实际清偿之日）。

【法官后语】

以应收账款质押进行融资是供应链金融融资业务中一种较为常见、风险又较高的品种，该类业务在我国发展迅速，但在立法层面却对可能出现的各种违约情况缺少较为详备的规制。在审理该类案件时，经常容易出现债务人确认债务后又“反悔”的情形，即应收账款的债务人在银行出具的核对债务真实性（包含数额）的手续上盖章确认，但事后在诉讼中又以产品质量问题、抵扣问题、开具税票问题，或不存在真实交易等理由拒不履行偿还债务的义务。在处理该类问题时，部分学者或法官认为，应当重新探究应收账款的真实性和真实数额，而不能仅以签字确认的数额作为履行义务的基础。本案中，法院认为某银行济宁分行不仅对应收账款的真实性进行了形式审核并作出质登记，还向应收账款债务人海某公司送达了《应收账款回款付款通知书》以求实际确认，债务人海某公司在《应收账款回款付款通知书》中盖章承诺付款行为，不仅是对其与交易对手雨某公司之间存在已经产生或将要产生的真实有效的应收账款的确认，亦是对该应收账款不存在权利瑕疵和权利负担的承诺和确认，故海某公司应当按照相关约定和承诺履行义务，对于其与雨某公司之间因履行购销合同产生的纠纷，可另案诉讼解决。这样，既保证了作为债权人的银行在履行了形式审查义务之后产生的合法信赖利益能够得到有效保护，又为买卖合同双方之间可能存在的交易纠纷保留了诉权，但该诉权的行使却不应在应收账款回收中成为权利的障碍。该案涉及的应收账款质押合同和以应收账款转让为核心特点的保理合同存在很多近似特征，该案的处理思路与《中华人民共和国民法典》新增加的有关保理合同篇章（尤其是第七百六十三条、第七百六十五条）之立法精神是一致的，对于规范应收账款质押交易秩序，纠偏矫正行业乱象具有一定的指导意义。

编写人：山东省济宁市中级人民法院　董浩

029　夫妻一方冒用另一方名义共同向银行借款不应认定为夫妻共同债务

——某竹海农村商业银行股份有限公司诉雷某生、周某丽金融借款合同案

【案件基本信息】

1. 裁判书字号

四川省宜宾市长宁县人民法院（2018）川 1524 民初 1458 号民事判决书

2. 案由：金融借款合同纠纷

3. 当事人

原告：某竹海农村商业银行股份有限公司（以下简称竹海支行）

被告：雷某生、周某丽

【基本案情】

雷某生、周某丽因业务周转于 2015 年 7 月 14 日向竹海支行申请借款。经协商一致，竹海支行于 2015 年 7 月 14 日与雷某生、

周某丽签订《农户小额信用借款合同》，并于当日向雷某生、周某丽发放贷款50000元，贷款用途为业务周转，贷款执行月利率7‰，期限24个月，到期日为2017年7月13日。但是，雷某生、周某丽自2016年5月21日起拖欠利息，自2017年7月13日起拖欠本金，未履行按时归还本息义务，截至2018年7月9日仍拖欠贷款本金50000元、利息9027.41元，并经多次催收无果。周某丽与雷某生于2014年上半年开始闹离婚，并分居生活，双方于2016年2月25日在四川省宜宾市长宁县民政局登记离婚。

开庭过程中，周某丽对贷款提出异议，称没有在竹海支行处贷过款，竹海支行出示的借款合同上的签字和手印不是自己签的和盖的，后经核实，发放贷款时，周某丽确实未到场，借款申请书和借款合同上的字也非其本人所签。

【案件焦点】

1. 夫妻一方冒用另一方名义共同向银行借款不应认定为夫妻共同债务；2. 夫妻一方在婚姻关系存续期间以个人名义所欠债务超出家庭日常生活需要算不算夫妻共同债务。

【法院裁判要旨】

四川省宜宾市长宁县人民法院经审理认为：依法成立的合同受法律保护。本案中，雷某生向竹海支行借款的事实客观存在，故雷某生就应按照借款合同约定履行还本付息的义务。因此，对竹海支行要求雷某生偿还贷款本金及利息、罚息的主张，予以支持。虽然贷款发生在雷某生与周某丽的婚姻关系存续期间，但贷款发生时，二人的婚姻已经出现裂痕，且周某丽对贷款毫不知情，竹海支行在诉讼中也没有提供该债务系用于雷某生、周某丽夫妻共同生活、共同生产经营的相关证据，因此，对竹海支行要求周某丽共同承担还款义务的主张，不予支持。

四川省宜宾市长宁县人民法院依照《中华人民共和国合同法》第八条、第二百零五条、第二百零六条、第二百零七条，《最高人民法院关于审理涉及夫妻债务纠纷案件适用法律有关问题的解释》第三条，《中华人民共和国民事诉讼法》第六十四条第一款、第一百四十四条和《最高人民法院关于民事诉讼证据的若干规定》第二条之规定，作出如下判决：

一、雷某生于本判决生效后十日内偿还竹海支行借款本金50000元及利息、罚息（利息、罚息按借款合同约定的计算方法进行计算）。若未按本判决确定的给付之日给付本金，上述利息计算至本金付清之日止；

二、驳回竹海支行的其他诉讼请求。

判决后，双方当事人均未上诉，本判决现已生效。

【法官后语】

随着市场经济的快速发展，特别是私营企业、个体企业的增加，夫妻财产内容发生了极大的变化，夫妻债务问题愈加复杂，夫妻中的一方伪造债务或者与第三人串通伪造虚假债务，或者非法举债的情况屡见不鲜。夫妻关系中没有举债的一方，也就是对“以一方名义所欠债务”毫不知情的一方“被负债”的情况不断出现，非举债配偶一方的合法权益受到了严重侵害。

本案中，竹海支行向法院起诉雷某生、周某丽偿还夫妻共同借款，但在开庭中周某丽表示并没有在竹海支行处贷过款，借款合同上的签字和手印不是自己签的和盖的，自己对借款事实不知情，雷某生借款的时候正是夫妻关系不和之时。竹海支行申请对借款合同上周某丽的手印与签字进行鉴定，在鉴定期间，竹海支行经过再三核实，确定发放贷款时，周某丽未到场，借款申请书和借款合同上的字也非其本人所签，并撤销了鉴定。后竹海支行提出，虽然手印和签字不是周某丽本人所为，但是借款时用的身份证复印件是周某丽本人的，并且雷某生借款时，其与周某丽的婚姻还在存续期间，所以就算是夫妻一方以个人名义借款也算是夫妻共同借款。

根据《最高人民法院关于审理涉及夫妻债务纠纷案件适用法律有关问题的解释》第三条“夫妻一方在婚姻关系存续期间以个人名义超出家庭日常生活需要所负的债务，债权人以属于夫妻共同债务为由主张权利的，人民法院不予支持，但债权人能够证明该债务用于夫妻共同生活、共同生产经营或者基于夫妻双方共同意思表示的除外”的规定，本案中，可以看出借款并不属于夫妻双方共同意思表示。当夫妻一方以个人名义对外所负的债务，尤其是数额较大的债务，超出了家庭日常生活所需的范畴时，认定该债务是否属于夫妻共同债务的标准，是债权人能否证明债务用于夫妻共同生活或者共同生产经营。而在婚姻关系存续期间以个人名义超出家庭日常生活需要所负的债务，人民法院不予支持。本案中竹海支行没有提供该债务系用于雷某生、周某丽夫妻共同生活、共同生产经营的相关证据，因此，对竹海支行要求周某丽共同承担还款义务的主张，不应得到支持。

编写人：四川省宜宾市长宁县人民法院　周勇

030 自然人受让金融不良债权后能否向非国有企业债务人主张利息

——侯某旭诉淄博某某果菜开发总公司等金融借款合同案

【案件基本信息】

1. 裁判书字号

山东省淄博市临淄区人民法院（2018）鲁0305民初1110号民事判决书

2. 案由：金融借款合同纠纷

3. 当事人

原告：侯某旭

被告：淄博某某果菜开发总公司（以下简称某某果菜公司）、淄博某元化工有限公司（以下简称某元公司）、淄博市临淄区皇城镇人民政府（以下简称皇城镇政府）

【基本案情】

某某果菜公司于1995年6月12日与甲银行山东信托投资公司（以下简称甲行）签订担保贷款合同一份和担保协议书一份，借款金额10万元，借款期限自1995年6月12日起至1995年9月11日止，利率为月息10.98‰，逾期加收罚息，保证人为某元公司。借款到期后，借款人于1996年9月20日偿还借款7320元，余款92680元未按约定归还借款本息，保证人也未按约定履行保证义务。

2000年3月25日甲行淄博市临淄区支行将债权转让给中国长

某资产管理公司（以下简称长某公司）济南办事处，借款人某某果菜公司、担保人某元公司均在债权转移确认通知书回执上予以盖章。2002年3月12日、2004年3月1日长某公司在山东法制报上对该债权进行催收公告。长某公司于2005年3月1日，将债权转让给济南德某联合经贸发展有限公司（以下简称德某公司），并于2005年3月9日在《经济导报》上刊登长某公司济南办事处转让债权公告、德某公司受让债权公告。2006年12月28日、2008年11月1日、2010年10月10日、2012年9月24日、2014年9月1日，德某公司分别用国内特快专递邮件的形式对某某果菜公司进行催收。该邮寄单除2006年12月28日由郑某胜签收外，其余邮单均被退回。2006年12月28日、2008年11月1日、2010年10月10日、2012年9月24日、2014年9月1日，德某公司分别用国内特快专递邮件的形式对某元公司进行催收。邮单均被退回。2007年1月19日、2008年11月22日，德某公司向某元公司进行公证送达催收函。2008年12月16日、2010年10月26日，长某公司、德某公司在《山东法制报》上发布债权转让及催收公告。2012年9月26日、2014年9月4日，德某公司在山东法制报上发布催收公告。2014年12月3日，德某公司与侯某旭签订债权转让协议，将该债权转让给侯某旭。2014年12月8日，德某公司与侯某旭通过邮寄的方式通知某某果菜公司、某元公司，但邮单均被退回。2014年12月11日，德某公司和侯某旭在《山东法制报》上刊登债权转让、受让及催收公告。

某某果菜公司系镇办集体企业，根据淄博市计划委员会1994年4月11日的批复设立，注册资本512万元，资金来源为银行借款和地方筹资。隶属临淄区皇城镇经贸委领导。某某果菜公司因未按规定参加企业年检，于1998年12月1日被吊销营业执照。某元公司也因未按规定参加企业年检，于2004年10月13日被吊销营业执照。临淄区皇城镇经贸委系被告皇城镇政府下属单位。皇城镇政府没有对某某果菜公司进行清算。

【案件焦点】

本案是否应参照适用《最高人民法院关于审理涉及金融不良债权转让案件工作座谈会纪要》规定于侯某旭受让债权后停止计算利息。

【法院裁判要旨】

山东省淄博市临淄区人民法院经审理认为：侯某旭经合法的债权转让取得债权，债权转让和催收债务对某某果菜公司、某元公司发生法律效力，且未超过诉讼时效。侯某旭以诉讼方式向皇城镇政府主张权利，主体适格，亦未超过诉讼时效。皇城镇政府不应承担因怠于履行对某某果菜公司清算义务的连带清偿责任。侯某旭主张的借款本金92680元和自1995年6月12日起至2005年3月1日止的利息，按照中国人民银行同期贷款利率分段计算，法院予以支持，2005年3月1日后的利息法院不予支持。

山东省淄博市临淄区人民法院依照《中华人民共和国民法通则》第一百三十四条第一款，《中华人民共和国合同法》第六十条、第七十九条、第八十条、第八十一条、第二百零五条、第二百零六条、第二百零七条，《中华人民共和国担保法》第十八条、第二十一条、第三十一条，《最高人民法院关于适用〈中华人民共和国担保法〉若干问题的解释》第三十四条第二款，《最高人民法院关于审理涉及金融资产管理公司收购、管理、处置国有银行不良贷款形成的资产的案件适用法律若干问题的规定》第六条、第十条，《中华人民共和国民事诉讼法》第六十四条、第一百四十四条，《最高人民法院关于审理民事案件适用诉讼时效制度若干问题的规定》第十条第一款第四项之规定，判决如下：

一、某某果菜公司支付侯某旭借款本金 92680 元及利息损失 76697 元（以 92680 元为基数，自 1995 年 6 月 12 日起至 2005 年 3 月 1 日止按照中国人民银行同期贷款利率分段计算），于本判决生效后十日内付清；

二、某元公司对上述款项承担连带清偿责任，保证人承担保证责任后，有权向债务人追偿；

三、驳回侯某旭的其他诉讼请求。

判决后，双方当事人均未上诉，本判决现已生效。

【法官后语】

对于自然人受让金融不良债权后能否向非国有企业债务人主张利息，笔者认为，应从以下两方面考虑：

第一，确定民事法律行为有效，应当以民事主体具有相应的民事行为能力、意思表示真实和不违反法律、行政法规强制性规定以及不违背公序良俗为条件。《中华人民共和国合同法》第七十九条①规定："债权人可以将合同的权利全部或者部分转让给第三人，但有下列情形之一的除外：（一）根据合同性质不得转让；（二）按照当

① 该条现为《中华人民共和国民法典》第五百四十五条："债权人可以将债权的全部或者部分转让给第三人，但是有下列情形之一的除外：（一）根据债权性质不得转让；（二）按照当事人约定不得转让；（三）依照法律规定不得转让。当事人约定非金钱债权不得转让的，不得对抗善意第三人。当事人约定金钱债权不得转让的，不得对抗第三人。"

事人约定不得转让；（三）依照法律规定不得转让。”第八十条①规定：“债权人转让权利的，应当通知债务人。未经通知，该转让对债务人不发生效力。债权人转让权利的通知不得撤销，但经受让人同意的除外。”就本案而言，金融不良债权的转让没有上述法律的禁止性规定情形，据此，债权人依法可以转让，受让人也可以通过受让取得债权及相关权利。侯某旭受让债权合法有效。

第二，《最高人民法院关于审理涉及金融不良债权转让案件工作座谈会纪要》（法发〔2009〕19号，以下简称《海南会议纪要》）第九条“关于受让人收取利息的问题”规定：“受让人向国有企业债务人主张不良债权受让日之后发生的利息的，人民法院不予支持……”第十二条“关于《纪要》的适用范围”规定：“不良债权转让包括金融资产管理公司政策性和商业性不良债权的转让。政策性不良债权是指1999年至2000年华融、长城、东方和信某四家金融资产管理公司在国家统一安排下通过再贷款或者财政担保的商业票据形式支付收购成本从中国银行、中国某银行、甲银行、某银行以及国家开发银行收购的不良债权；商业性不良债权是指2004年至2005年上述四家金融资产管理公司在政府主管部门主导下从交通银行、中国银行、甲银行和某银行收购的不良债权”。最高人民法院（2009）民二他字第21号关于《如何理解法发〔2009〕19号若干问题的请示》的答复中载明，涉及非国有企业债务人的金融不良债权转让纠纷案件，亦应参照适用《海南会议纪要》的规定。但是，需

---

① 该条现为《中华人民共和国民法典》第五百四十六条：“债权人转让债权，未通知债务人的，该转让对债务人不发生效力。债权转让的通知不得撤销，但是经受让人同意的除外。”

要明确的是,《海南会议纪要》是对特定范围内的金融不良债权转让案件确立了特殊的处置规则,对金融不良债权的转让时间及转让主体均有明确限定,应当严格按照其适用范围的规定适用。如果将《海南会议纪要》适用范围以外的一般金融不良债权转让案件一律参照适用《海南会议纪要》精神,既没有明确的法律及司法文件依据,也与依法平等保护各类民事主体财产权益的司法精神相悖。同时,鉴于一般金融不良债权转让中,最初的债权受让人往往是国有资产管理公司,如一律适用《海南会议纪要》止付利息,不仅不利于防止国有资产流失,而且损害合法受让人的利益。本案中,案涉金融不良债权最初转让发生于2000年3月25日,从甲行山东省分行转让给长某公司;该债权第二次转让发生于2005年3月1日,由长某公司转让给德某公司;债权第三次转让发生于2014年12月3日,由德某公司转让给侯某旭。可见,债权最初的转让时间与转让主体,均与《海南会议纪要》第十二条的规定相符,也即《海南会议纪要》适用范围内的不良债权,因此,应该适用《海南会议纪要》关于自受让日后停止计付利息的规定。《海南会议纪要》第十二条规定的受让人是指非金融资产管理公司法人、自然人。本案中德某公司作为该规定的受让人,根据《海南会议纪要》第九条规定,其享有对原债务人主张不良债权受让日之前发生的利息的权利,对不良债权受让日之后发生的利息,人民法院不予支持。因此,侯某旭基于受让德某公司的债权,不应包括2005年3月1日以后的利息。对侯某旭主张2005年3月1日以后的利息法院不予支持。本案中某某果菜公司、某元公司均为非国有企业债务人,应依法承担金融不良债权转让给受让人德某公司之前的利息。

编写人:山东省淄博市临淄区人民法院　刘海红　高飞

031 一般金融不良债权转让中，受让人向非国有企业债务人主张不良债权受让日之后发生的利息的，人民法院应予支持

——嘉兴某某一号投资合伙企业诉常州钟某房地产开发有限公司金融不良债权追偿案

【案件基本信息】

1. 裁判书字号

江苏省南京市中级人民法院（2017）苏01民初642号民事判决书

2. 案由：金融不良债权追偿纠纷

3. 当事人

原告：嘉兴某某一号投资合伙企业（以下简称嘉兴某某合伙企业）

被告：常州钟某房地产开发有限公司（以下简称常州钟某公司）

【基本案情】

2013年5月30日，甲银行股份有限公司南京分行（以下简称甲银行南京分行）与常州钟某公司签订《综合授信额度合同》《最高额抵押担保合同》以及《应收账款最高额质押担保合同》。基于上述综合授信合同以及最高额抵押、质押合同，甲银行南京分行对常州钟某公司分两次授信。2013年5月30日，甲银行南京分行与常州钟某公司签订《固定资产贷款合同》，该合同约定：贷款本金人民币3000万元，贷款期限10年。2013年8月6日，甲银行南京分行与常州钟某公司签订《固定资产贷款合同》，该合同

约定：贷款本金人民币9000万元，贷款期限10年。贷款发放后，常州钟某公司仅归还了贷款本金950万元，其余还本付息义务均未履行。

2015年12月29日，甲银行南京分行与中国华某资产管理股份有限公司江苏省分公司（以下简称华某公司江苏分公司）通过签订《债权转让协议》将常州钟某公司欠甲银行南京分行的不良贷款本金11050万元及相应利息、费用转让给华某公司江苏分公司，且履行了通知义务。2016年10月28日，华某公司江苏分公司与嘉兴某某合伙企业通过签订《单户债权转让协议》将常州钟某公司欠华某公司江苏分公司不良贷款本金11050万元及相应利息、费用转让给嘉兴某某合伙企业，且履行了通知义务。

2017年4月5日，嘉兴某某合伙企业与江苏某信诉讼保全担保有限公司签订《诉讼财产保全委托担保合同》，约定嘉兴某某合伙企业请求江苏某信诉讼保全担保有限公司为本案诉讼保全提供担保。

【案件焦点】

1. 嘉兴某某合伙企业要求常州钟某公司支付自2015年12月1日起到本息全部付清时止的罚息是否应当予以支持；2. 嘉兴某某合伙企业要求常州钟某公司负担诉讼保全担保服务费157462元，是否有法律及合同依据。

【法院裁判要旨】

江苏省南京市中级人民法院经审理认为：甲银行南京分行与常州钟某公司签订的《综合授信额度合同》《最高额抵押担保合同》《固定资产贷款合同》系双方当事人真实意思表示，不违反法律、行政法规的强制性规定，合法有效。甲银行南京分行分两次向常州钟某公司发放12000万元贷款后，常州钟某公司仅归还本金950万元，故常州钟某公司应当承担偿还欠付本金11050万元及利息的还款责任。

依据《中华人民共和国合同法》的相关规定，案涉债权作为普通金融债权，不存在法律规定、当事人约定或基于合同性质不得转让的情形，经当事人协商一致，可以转让全部或部分债权。故嘉兴某某合伙企业基于《债权转让协议》《单户债权转让协议》依法取得了案涉债权，有权向常州钟某公司主张受让的债权。

依据《中华人民共和国合同法》第八十一条、《最高人民法院关于审理涉及金融资产管理公司收购、管理、处置国有银行不良贷款形成的资产的案件适用法律若干问题的规定》第七条的规定，债务人逾期归还贷款，原借款合同约定的利息计算方式不违反法律法规规定的，该约定有效。故华某公司江苏分公司有权按照原《综合授信额度合同》《固定资产贷款合同》的约定，按照年利率15%的标准计收罚息。嘉兴某某合伙企业受让的债权中应当包含贷款利息，且甲银行南京分行要求常州钟某公司支付年利率15%的罚息，实质上系依据合同约定收取的逾期利息，该计收逾期利息的权利不具有人身专有属性，常州钟某公司的违约行为理应受到法律追究。因此，法院对常州钟某公司的该项抗辩意见不予采纳，对嘉兴某某合伙企业要求常州钟某公司支付按15%标准计算，自2015年12月1日起至本息全部付清时止罚息的诉讼请求，予以支持。

甲银行南京分行与常州钟某公司在《综合授信额度合同》中明确约定了违约方应当承担“实现债权的费用”，华某公司江苏分公司、嘉兴某某合伙企业在受让主债权时，亦同时受让了该从权利。

基于常州钟某公司长期拖欠借款的违约行为，嘉兴某某合伙企业在受让债权后向法院提起诉讼主张权利。根据《中华人民共和国民事诉讼法》第一百条第二款关于“人民法院采取保全措施，可以责令申请人提供担保，申请人不提供担保的，裁定驳回申请”的规定，案涉诉讼保全担保服务费系嘉兴某某合伙企业为实现债权支出的合理必要费用，属债权人的损失部分，常州钟某公司的抗辩意见不能成立，法院对嘉兴某某合伙企业的该项诉讼请求亦予以支持。

江苏省南京市中级人民法院依照《中华人民共和国合同法》第八条、第四十四条、第二百零七条，《中华人民共和国担保法》第三十三条、第四十一条、第四十六条，《最高人民法院关于审理涉及金融资产管理公司收购、管理、处置国有银行不良贷款形成的资产的案件适用法律若干问题的规定》第七条、第九条的规定，作出如下判决：

一、常州钟某公司于本判决生效之日起十日内，向嘉兴某某合伙企业偿还本金110500000元并支付罚息（自2015年12月1日起至实际清偿之日止，以110500000元为基数，按照年利率15%的标准计算）；

二、常州钟某公司于本判决生效之日起十日内，向嘉兴某某合伙企业支付诉讼保全担保服务费157462元；

三、对上述第一项及第二项债务，嘉兴某某合伙企业有权在《最高额抵押担保合同》约定的担保范围内对江苏省常州市和平国际商业街的房屋折价或者以拍卖、变卖该财产的价款优先受偿。

判决后，双方当事人均未上诉，本判决现已生效。

【法官后语】

该案是金融不良资产处置中的典型案件，因涉及的诉讼标的金额巨大，因此利息债权在这类案件中往往成为争议的焦点。金融不良资产处置案件兼具有法律性和政策性，在适用合同法的一般规则的同时，最高人民法院在不同历史时期往往会出台相应的政策性文件，对该类案件的审理予以指导。为对特殊历史时期的金融不良债权的处置进行安排及防止国有资产的流失，2009 年最高人民法院出台了《最高人民法院关于审理涉及金融不良债权转让案件工作座谈会纪要》(以下简称《纪要》)。其第九条规定“……受让人向国有企业债务人主张不良债权受让日之后发生的利息的，人民法院不予支持”就具有明显的政策性，与一般的债权受让的法律规则有所区别。

本案判决明确严格按照《纪要》适用范围的规定适用，即《纪要》是对特定范围内的金融不良债权转让案件确立了特殊的处置规则，对金融不良债权的转让时间及转让主体均有明确规定，应当严格按照其适用范围的规定适用；如一律适用《纪要》止付利息，不仅不利于防止国有资产流失，而且损害合法受让人的利益。当前不良资产市场已经市场化，银监会发布的数据显示，截至 2017 年第一季度末，商业银行不良贷款率达到 1.74%，不良贷款余额已逾万亿元。不良资产投资市场正迎来一个新的黄金发展机遇期。随着不良资产市场化程度不断加深，参与主体范围的日益扩大，不良资产市场受到投资者更为广泛的关注。2017 年政府工作报告将不良资产排在了四大金融风险的首位，充分体现了政府对不良资产处置的重视。本案判决使投资主体受让《纪要》明确的金融不良债权的转让时间及转让主体之外的金融债权之后可以继续计算一般债务利息和迟延履行利息，保证了不良资产可以按照市场化的方式处置，有利于不良资产行业的正常运转，对于金融不良资产及相关领域具有重大指导性意义。

编写人：江苏省南京市中级人民法院　黄伟峰

032　名义借款人与实际借款人不一致时应由谁承担还款责任

——某农村商业银行股份有限公司孤山支行诉郝某开等金融借款合同案

【案件基本信息】

1. 裁判书字号

陕西省榆林市府谷县人民法院（2018）陕0822民初576号民事判决书

2. 案由：金融借款合同纠纷

3. 当事人

原告：某农村商业银行股份有限公司孤山支行（以下简称孤山农商行）

被告：郝某开、苏某莲、刘某星

【基本案情】

2013年1月15日，郝某开、苏某莲向孤山农商行申请借款30万元，刘某星自愿为借款提供担保。同日，孤山农商行与郝某开、苏某莲签订《个人借款合同》，并与刘某星签订《保证担保合同》。《个人借款合同》约定：借款金额30万元人民币，借款用途为买烟酒，借款期限自2013年1月15日起至2014年1月14日止，利息按固定利率执行，月利率为10.8‰，采用按季结息、到期一次性归还借款的还款方式。如借款到期不能按时归还，自逾期次日起计收罚息，罚息利率为本合同执行利率上浮50%。《保证担保合同》约定：保证责任为连带责任保证，保证期间为借款到期之日起两年，保证范围为借款合同项下的全部借款本息及诉讼费用。2013年1月17日，孤山农商行向郝某开发放了30万元的借款。借款到期后经孤山农商行多次催要，郝某开、苏某莲均没有履行还款义务，刘某星也没有按约履行担保责任。

【案件焦点】

名义借款人与实际借款人不一致时，应该由谁承担还款责任。

【法院裁判要旨】

陕西省榆林市府谷县人民法院经审理认为：孤山农商行与郝某开、苏某莲签订的《个人借款合同》及与刘某星之间签订的《保证担保合同》系合同双方当事人真实意思表示，内容合法有效，双方有关借款利息及逾期利息的约定并不违反国家有关限制借款利率的规定，应予保护。孤山农商行已按合同约定将借款30万元转入郝某开的账户，孤山农商行提供借款的义务已履行完毕，现郝某开欠孤山农商行借款本金30万元及利息、罚息未还，故对孤山农商行要求郝某开偿还借款本金30万元及利息、罚息的诉讼请求，法院予以支持。苏某莲在借款合同上以共同借款人的名义签字捺印，且该借款发生在与郝某开夫妻关系存续期间，应与郝某开共同承担清偿责任。郝某开、苏某莲提出借款是帮刘某星所借，自己没有实际领取贷款并使用，该款应由刘某星偿还，但郝某开、苏某莲未提供证据反驳孤山农商行提供的证据，依据合同相对性原则，该借款合同仅在孤山农商行与郝某开、苏某莲之间产生约束力，至于郝某开、苏某莲允许他人使用借款属另一法律关系，不属于本案审理范围，郝某开、苏某莲的该抗辩理由法院不予采信。刘某星为借款提供连带责任保证，且在保证期间内，应对上述借款承担连带责任。据此，依照《中华人民共和国合同法》第八条、第六十条、第一百零七条、第一百九十六条、第二百零五条、第二百零六条、第二百零七条，《中华人民共和国担保法》第十八条、第二十一条、第三十一条之规定，判决如下：

一、郝某开、苏某莲于本判决生效之日起十日内偿还孤山农商行借款本金 30 万元并支付相应利息（利息自 2013 年 1 月 15 日起至 2014 年 1 月 14 日止，按月利率 10.8‰计算，利息从 2014 年 1 月 15 日起至还清之日止按月利率 10.8‰上浮 50%计算）；

二、刘某星对上述债务负连带偿还责任，刘某星承担保证责任后，有权向郝某开、苏某莲追偿。

判决后，双方当事人均未上诉，本判决现已生效。

【法官后语】

随着经济社会的快速发展，实际借款人往往需要资金而因为各种原因无法借款，尤其是向金融机构借款。而此时实际借款人就会找到符合贷款条件的名义借款人，利用其具备贷款条件来向金融机构贷款，并将贷款实际交由其使用即“借名借款”。一旦当贷款不能按约归还，金融机构就会将名义借款人起诉，而此时名义借款人往往以其不是实际借款人为由进行抗辩。“借名借款”在现实中大量存在，而“借名”的原因和形式也多种多样，有借自己亲人的名义，也有借自己朋友的名义，但无论何种原因和形式，贷款往往由实际借款人进行了使用，而与金融机构签订书面《借款合同》的确是名义借款人。金融机构往往以实际签订《借款合同》的名义借款人作为被告要求偿还借款。那么，当实际借款人和名义借款人不一致时，究竟应该由谁来承担还款责任。

一般情况下，应该由名义借款人承担还款责任。根据合同相对性原则，由签订《借款合同》的名义借款人承担还款责任符合法律的一般规定。《中华人民共和国合同法》第八条①实际是确立了合同相对性原则在合同法上的地位。根据《中华人民共和国合同法》第八条规定，依法成立的合同，对当事人具有法律约束力。当事人应当按照约定履行自己的义务，不得擅自变更或者解除合同。依法成立的合同，受法律保护。合同的相对性原则，是指合同的效力范围仅限于合同当事人之间，合同当事人一方只能向合同的另一方当事人基于合同提出请求，而不能向与其无合同关系的第三人提出合同上的请求权。同时，因合同而产生的违约责任只能在合同当事人之间发生，合同关系以外的第三人不能基于该合同而承担违约责任。金融机构与名义借款人之间签订的《借款合同》系合同双方当事人真实意思表示，内容合法有效，应当得到法律的保护，金融机构据此请求名义借款人偿还借款本利符合法律规定，该诉讼请求应予支持。

实际借款人在何种情况下承担还款责任。实际借款人和名义借款人之间实际上是一种委托代理关系，前者为委托人，后者为受托人。合同相对性原则的突破，其中之一就是根据《中华人民共和国

① 对应条文为《中华人民共和国民法典》第四百六十五条。

合同法》第四百零二条、第四百零三条的规定[①]。《中华人民共和国合同法》第四百零二条规定，受托人以自己的名义，在委托人的授权范围内与第三人订立的合同，第三人在订立合同时知道受托人与委托人之间的代理关系的，该合同直接约束委托人和第三人。第四百零三条规定，受托人以自己的名义与第三人订立合同时，第三人不知道受托人与委托人之间的代理关系的，受托人因委托人的原因对第三人不履行义务，受托人应当向第三人披露委托人，第三人因此可以选择受托人或者委托人作为相对人主张其权利。所以，如果金融机构在订立合同时知晓实际借款人或名义借款人披露委托人并明确选择向实际借款人主张其权利，则应由实际借款人承担还款责任。但因为“借名借款”的主要原因是实际借款人不符合贷款条件，所以这样往往违反金融机构的内部规定或有关规定。

编写人：陕西省榆林市府谷县人民法院　刘海平

---

① 对应条文为《中华人民共和国民法典》第九百二十五条、第九百二十六条。《中华人民共和国民法典》第九百二十五条规定，受托人以自己的名义，在委托人的授权范围内与第三人订立的合同，第三人在订立合同时知道受托人与委托人之间的代理关系的，该合同直接约束委托人和第三人；但是，有确切证据证明该合同只约束受托人和第三人的除外。第九百二十六条规定，受托人以自己的名义与第三人订立合同时，第三人不知道受托人与委托人之间的代理关系的，受托人因委托人的原因对第三人不履行义务，受托人应当向第三人披露委托人，第三人因此可以选择受托人或者委托人作为相对人主张其权利。

033 假按揭中行为人的伪装行为之无效不能对抗善意第三人

——甲银行常州分行诉金某某等金融借款合同案

【案件基本信息】

1. 裁判书字号

江苏省常州市中级人民法院（2017）苏04民终3746号民事判决书

2. 案由：金融借款合同纠纷

3. 当事人

原告（上诉人、反诉被告）：甲银行常州分行

被告（上诉人、反诉原告）：金某某、居某某

被告（被上诉人、反诉被告）：常州凯某房地产有限公司（以下简称凯某公司）

【基本案情】

2013年金某某、居某某（买受人）与凯某公司（出卖人）签订《商品房买卖合同》一份，约定买受人购买商品房一套，双方约定购房总价款为1663471元、首付款为583471元，剩余房款108万元买受人以贷款方式付款。

后金某某、居某某（借款人）、凯某公司（保证人）与甲银行常州分行（贷款人）签订《个人住房（商业用房）借款合同》一份，约定金某某、居某某向甲银行常州分行借款108万元用于购买前述房屋，借款期限108个月；借款人未按约足额偿还借款本

息的，构成违约，贷款人有权宣布贷款立即到期，要求借款人立即清偿借款本息及其为实现债权而发生的全部费用；凯某公司对前述债务提供连带责任保证。合同签订后，甲银行常州分行按约向借款人指定的凯某公司账户发放贷款108万元。此后，凯某公司通过金某某开立的还款账户按月向贷款人归还贷款本息直至2015年9月，同月，凯某公司与金某某注销了备案的《商品房买卖合同》。后金某某自行向贷款人归还到期贷款本息55017.34元。

2016年7月1日，常州市钟楼区人民法院裁定受理了吴某申请凯某公司破产清算一案，现案涉房屋登记在张某名下。截至2016年7月1日，甲银行常州分行尚有借款本金886684.52元、利息23799.78元，罚息1381.37元未收回。

另查明，2016年10月18日，凯某公司管理人向金某某、居某某送达了债权审查意见通知书，对金某某、居某某申报的购房债权不予确认，同时管理人解除了金某某、居某某与凯某公司签订的《商品房买卖合同》。

此外，金某某、居某某及凯某公司庭审中共同确认：《商品房买卖合同》约定的首付款并未实际支付，凯某公司系借用了金某某、居某某名义进行贷款融资。截至2018年8月10日，金某某、居某某尚结欠借款本金877518.91元、利息94160.24元、罚息36120.16元，现甲银行常州分行起诉要求金某某、居某某共同承担还款责任，凯某公司承担担保责任。金某某、居某某反诉请求解除《商品房买卖合同》和《个人住房（商业用房）借款合同》，并要求凯某公司返还其垫付房款。

【案件焦点】

1.《商品房买卖合同》《个人住房（商业用房）借款合同》的效力问题；2. 金某某、居某某及凯某公司承担何种责任。

【法院裁判要旨】

江苏省常州市钟楼区人民法院经审理认为：金某某、居某某与凯某公司签订《商品房买卖合同》的目的是便于凯某公司融资，套取银行资金，属于以合法形式掩盖非法目的，应认定《商品房买卖合同》为无效合同；又因凯某公司与金某某、居某某骗取贷款的行为直接导致银行资金外流，系扰乱了国家金融管理秩序，应认定《个人住房（商业用房）借款合同》为无效合同。

合同无效后，凯某公司应返还金某某、居某某垫付款项；因无证据证明甲银行常州分行在贷款审批发放中存在过错，应推定为无过错方，凯某公司应返还甲银行常州分行未收回本金；根据过错大小，酌定金某某、居某某对未收回本息及贷款人实现债权费用承担20%的赔偿责任。因凯某公司进入破产程序，其利息负担部分计算至破产申请受理之日。

江苏省常州市钟楼区人民法院依照《中华人民共和国合同法》第五十二条第一项及第三项、第五十八条，《中华人民共和国企业破产法》第四十六条之规定，作出如下判决：

一、确认凯某公司返还甲银行常州分行贷款本金 886684.52 元，金某某、居某某对凯某公司不能返还部分向甲银行常州分行承担20%的赔偿责任；

二、截至 2016 年 7 月 1 日甲银行常州分行的利息损失为 25181.15 元，为本案支出的律师费为 54200 元，合计 79381.15 元。该款由凯某公司向甲银行常州分行赔偿 63504.92 元，由金某某、居某某于本判决生效之日起十五日内向甲银行常州分行赔偿 15876.23 元；

三、金某某、居某某于本判决生效之日起十五日内赔偿甲银行常州分行自 2016 年 7 月 2 日起至款项付清之日止按照《个人住房（商业用房）借款合同》约定计算的利息（含逾期利息）总额的 20%；

四、确认凯某公司返还金某某、居某某款项 55017.14 元；

五、驳回甲银行常州分行的其他诉讼请求；

六、驳回金某某、居某某的其他诉讼请求。

甲银行常州分行、金某某、居某某不服一审判决，提起上诉。

江苏省常州市中级人民法院经审理认为：凯某公司与金某某、居某某故意作出虚伪表示，相互通谋，通过签订《商品房买卖合同》来为凯某公司融资，应认定《商品房买卖合同》为无效合同，金某某、居某某有权要求凯某公司返还垫资款项。甲银行常州分行作为善意第三人，凯某公司与金某某等不能以其签订《商品房买卖合同》行为的无效对抗金某某等与甲银行常州分行所签订借款合同的行为的效力，故应认定《个人住房（商业用房）借款合同》为有效合同，原告主张于法有据，应予以支持。

江苏省常州市中级人民法院依照《中华人民共和国合同法》第五十二条、第五十八条，《中华人民共和国民法总则》第一百四十六条，《中华人民共和国企业破产法》第四十六条等规定，作出如下判决：

一、撤销常州市钟楼区人民法院（2017）苏 0404 民初 298 号民事判决；

二、金某某、居某某应于本判决生效之日起十五日内向甲银行常州分行归还借款本金 877518.91 元，并支付利息 94160.24 元、罚息36120.16元（暂算至2018年8月10日，自2018年8月11日起至款项还清之日止的利息按合同约定计算）及律师费54200元；

三、确认凯某公司对金某某、居某某的上述债务在借款本金877518.91元、利息25181.15元、律师费54200元的范围内承担连带清偿责任；

四、确认凯某公司返还金某某、居某某款项55017.14元；

五、驳回甲银行常州分行的其他诉讼请求；

六、驳回金某某、居某某的其他反诉请求。

【法官后语】

近年来，诸多投机性开发商为解决融资问题，所引发的“假按揭”现象层出不穷，削弱了宏观调控的有效性，扰乱了金融和房地产市场秩序，并催生出大量诉讼。而“假按揭”案件审理的关键在于对名义购房人与开发商之间，及名义购房人、开发商与银行之间的民事法律行为进行准确的法律评价，才能有效地维护合法利益。

《中华人民共和国民法典》第一百四十六条规定的虚假表示，系指行为人与相对人进行通谋，对外作出虚假的意思表示，并以此而实施的法律行为。该行为通常须具备四个要件：具有意思表示、表示行为与真实意愿不一、表意人与相对人的虚伪故意、行为人与相对人的通谋实施。而《中华人民共和国民法典》第一百五十四条规定的“恶意串通，损害他人合法权益”行为中的恶意串通，不仅包括虚伪表示，还包括双方通谋而为与效果意思相同的表示，且以侵害国家、集体或者第三人利益为无效的必需要件。因此，二者之间无论从适用范围上，还是立法目的上，都有重大区别。

申言之，民事法律行为的成立要件包含主体、意思表示和内容三方面，其中意思表示是核心要素。民事法律行为的效力状态是对已成立的民事法律行为价值判断的结果，即通过对其成立要件进行法律价值的评判，确认各成立要件是否为有效要件，进而判断民事法律行为的效力形态。就本案“假按揭”中购房人与开发商之间通谋虚伪行为而言，虽然主体适格，但并无真实购房意愿，双方实为套取银行资金而为之，导致意思表示要件的无效。因此，对“假按揭”中签订购房合同行为的评价，适用《中华人民共和国民法典》第一百四十六条关于“行为人与相对人以虚假的意思表示实施的民事法律行为无效”的规定更为准确。

案涉购房合同与借款合同，从内容来看虽密不可分，但两份合同之间并非主从合同关系，两份合同均存在独立的意思表示，而为相对独立的法律关系。因此，购房合同的无效并不必然导致借款合同的无效，还应分析贷款人在借款发放中的主观意图，是否系善意第三人。民法中“善意”系指不知道伪装行为，对“善意”的认定以法律推定为主要方式，即伪装行为的行为人和相对人不能证明第三人系“明知”或“应知”，就应推定第三人为善意第三人。本案中，开发商和名义购房人均未能提供证据证明将“假按揭”的情况已告知银行，或者银行已知道或应当知道“假按揭”情况，在此情形下，银行应被推定为善意第三人。故而开发商与名义购房人伪装行为的无效，不能对抗名义购房人与银行之间签订借款合同的效力。

编写人：江苏省常州市钟楼区人民法院　胡传朋

034 共同还款承诺书的效力及权利主体

——某农村商业银行股份有限公司诉江苏中某市政公路工程有限公司等金融借款合同案

【案件基本信息】

1. 裁判书字号

江苏省镇江市中级人民法院（2018）苏11民终2232号民事判决书

2. 案由：金融借款合同纠纷

3. 当事人

原告（被上诉人）：某农村商业银行股份有限公司（以下简称农商行）

被告（上诉人）：金某

被告：江苏中某市政公路工程有限公司（以下简称中某公司）、钱某民、田某凯、田某宇、管某兰、镇江德良建材有限公司（以下简称某良公司）、丁某君、镇江某世燃料贸易有限公司（以下简称某世公司）、钱某霞、江苏省某东商贸有限公司（以下简称某东公司）、严某、江苏某德建设有限公司（以下简称某德公司）、严某东、镇江伟益混凝土有限公司（以下简称某益公司）、王某顺、王某贵、江苏某恒建设工程有限公司（以下简称某恒公司）、张某、李某、镇江市某利达物资贸易有限公司（以下简称某利达公司）、张某燕、镇江市某润建设工程有限公司（以下简称某润公司）、付某平、丁某、李某国、镇江市某科建筑工程有限公司（以下简称某科公司）

【基本案情】

农商行京口支行（以下简称京口支行）系农商行分支机构。2015年5月8日，京口支行与中某公司签订《流动资金循环借款合同》一份，约定：京口支行向中某公司提供贷款额度500万元；循环借款期限自合同生效之日起至2016年4月20日止，该期间仅指借款发放时间，每笔贷款的种类、金额、期限、用途、支付和还款方式等以借款借据为准；按月结息，结息日为每月20日；利率以借款借据利率为准。

同日，京口支行与某科公司签订《最高额保证合同》一份，约定：某科公司为主合同借款人自2015年5月8日起至2016年4月20日止，在贷款人处办理约定的各类业务所实际形成的主债务最高余额提供500万元最高额连带责任保证担保。

同日，京口支行向中某公司发放贷款500万元，到期日2016年3月10日，年利率8.9%。贷款到期后，中某公司未能按约还本。截至2016年10月28日，中某公司尚积欠借款本金500万元、逾期利息208902.87元。

2015年4月27日，钱某民、田某凯、田某宇、李某、金某向京口支行出具了共同还款承诺书；2015年5月8日，某益公司、王某顺、李某国向京口支行出具了共同还款承诺书；2016年7月21日，钱某民、田某凯、田某宇、管某兰、某良公司、丁某君、某世公司、钱某霞、某益公司、王某贵、某恒公司、张某、李某、某润公司、付某平、丁某向农商行出具了共同还款承诺书；2016年7月25日，某东公司、严某、某德公司、严某东向农商行出具了共同还款承诺书；2016年8月22日，某利达公司、张某燕向农商行出具了共同还款承诺书。

上述共同还款承诺书均载明“对中某公司在贵行的所有贷款本息及实现债权的费用（含律师费），自愿作为共同债务人承担共同还款责任，并向贵行做出如下承诺……三、一旦债务人未按合同约定履行还款义务，我们即无条件按贵行要求履行偿还义务，直至所有债务及实现债权的所有费用全部清偿为止……本承诺自承诺人签字或盖章之日起生效，至债务人在你行的所有债务全部清偿完毕之日失效，未经贵行同意本承诺不得撤消”等内容。

【案件焦点】

1. 共同还款人是否应对共同还款承诺书出具之后发生的债务承担还款责任；2. 上级银行能否依据向其分支机构出具的共同还款承诺书主张权利。

【法院裁判要旨】

江苏省镇江市京口区人民法院经审理认为：京口支行与中某公司所签借款合同；京口支行与某科公司所签保证合同；向京口支行所作的共同还款承诺书均系双方真实意思表示，不违反法律、法规强制性规定，应为合法、有效合同，各方均应全面履行合同义务。京口支行按约发放贷款后，中某公司未能按约还本，已构成违约，农商行作为法人有权提起诉讼，并要求中某公司按约偿还所欠分支机构借款本金500万元及支付逾期利息。某科公司自愿提供最高额连带责任保证，应在最高额范围内承担相应的保证责任，但其承担保证责任后，依法对中某公司享有追偿权。钱某民、田某凯、田某宇、李某、金某、李某国、某益公司、王某顺自愿承诺清偿中某公司所负京口支行的债务，构成债务加入，应承担共同还款责任。关于农商行主张的其他被告共同还款责任，因所涉共同还款承诺书载明受诺主体为农商行，而农商行与分支机构京口支行均领取营业执照、经营许可证，并可独立开展相应的金融业务，且京口支行与农商行先后向中某公司发放过贷款，故二者作为出借人，在金融借款合同签订及履行的地位上是独立、平等的，并不能相互代替，结合金融机构一般会在发放贷款前签订相关担保合同的惯例，该承诺书所涉债务仅能认定为由农商行作为合同主体出借的债务，而本案所涉债务合同出借主体为京口支行，故该主张理据不足，不予支持。

江苏省镇江市京口区人民法院依照《中华人民共和国合同法》第一百九十六条、第二百零五条、第二百零六条、第二百零七条，《中华人民共和国担保法》第六条、第十八条、第二十一条、第三十一条，《中华人民共和国民事诉讼法》第六十四条、第一百四十四条之规定，做出如下判决：

一、中某公司、钱某民、田某凯、田某宇、李某、金某、李某国、某益公司、王某顺应于本判决发生法律效力之日起十日内向农商行支付借款本金 500 万元，截至 2016 年 10 月 28 日逾期利息为 208902.87 元，此后逾期利息按合同约定利率计算至实际清偿之日止；

二、被告某科公司对上述给付义务承担连带清偿责任，且在承担保证责任后，有权向中某公司追偿；

三、驳回农商行其他诉讼请求。

金某不服一审判决，提出上诉。

江苏省镇江市中级人民法院经审理认为：民事法律行为可以基于双方或者多方的意思表示一致成立，也可以基于单方的意思表示成立。金某出具的共同还款承诺书系单方意思表示，且依照该承诺书载明的生效条件，该承诺书自金某签字之日起生效。金某认为其不应对该承诺书出具之后中某公司的债务承担责任，既不符合该承诺书的意思表示，亦缺乏法律依据，法院不予采纳。

江苏省镇江市中级人民法院依照《中华人民共和国民事诉讼法》第一百七十条第一款第一项之规定，判决如下：

驳回上诉，维持原判。

【法官后语】

司法实践中，大量的金融借款案件会出现非主债务人向债权人出具共同还款承诺书，承诺对债务人的债务承担共同还款责任。区别于保证人，共同还款人承担的是共同还款责任，而非连带责任，亦不享有一般保证人享有的先诉抗辩权。且共同还款人在承担还款责任后，其追偿权的行使也不同于保证人，理论通说认为共同还款人只可向主债务人追偿。同样，共同还款人亦区别于债务加入，理论上，债务加入要求所加入的债务明确、具体，而共同还款人可对未来一段时间发生的债务承诺承担共同还款责任。综上可知，共同还款承诺书系当事人意思自治的体现，且不违反法律、行政法规的强制性效力性规定，合法有效，共同还款人不得以出具共同还款承诺书时债务未实际发生对抗债权人。

在认可共同还款承诺书法律效力的同时，应注意共同还款承诺书载明的主体债权人。尤其在银行作为诉讼主体的情况下，银行与其分支机构之间的实体法律关系要尤为注意。一般情况下，上级银行可代为行使其分支机构的诉讼权利，但这只是诉讼主体资格的确认。在处理实体法律关系时应注意，领取了营业执照及经营许可证，可独立开展金融业务的银行分支机构，在共同还款承诺书签订及履行的地位上是独立、平等的，并不能相互代替。应当严格审查共同还款承诺书载明的权利主体，共同还款人向银行分支机构出具的共同还款承诺书不能成为上级银行主张权利的依据，反之亦然。

编写人：江苏省镇江市京口区人民法院　何洋

035　金融借款合同中复利的计算

——某农村商业银行股份有限公司东城支行诉东营恒某木业有限公司等金融借款合同案

【案件基本信息】

1. 裁判书字号

山东省东营市东营经济技术开发区人民法院（2018）鲁0591民初2054号民事判决书

2. 案由：金融借款合同纠纷

3. 当事人

原告：某农村商业银行股份有限公司东城支行（以下简称某农商行东城支行）

被告：东营恒某木业有限公司（以下简称恒某公司）、王某泉、王某东、东营某海石油科技有限责任公司（以下简称某海公司）

【基本案情】

2017年12月25日，某农商行东城支行与恒某公司签订《流动资金借款合同》，约定了借款金额、借款用途、借款期限、借期内利率、还款方式、逾期利息与复利。2017年12月25日，某农商行东城支行向恒某公司发放贷款2800万元，后恒某公司未向某农商行东城支行偿还过借款本金、利息以及其他相关费用。2017年12月25日，某农商行东城支行与王某泉、王某东、某海公司签订《保证合同》，约定对上述《流动资金借款合同》提供连带责任保证，同时约定了保证范围、保证期间以及债权人要求保证人履行保证责任的情形。王某泉、王某东、某海公司在《保证合同》第十条载明，本担保人知悉，本合同项下贷款用于归还恒某公司于2018年6月21日到期的2800万元贷款。

【案件焦点】

1. 如何确定金融借款合同纠纷中的复利的计算范围，即什么情形下应当支持当事人的复利请求，若支持应当如何计算；2. 金融借款合同纠纷中复利的相关法律依据。

【法院裁判要旨】

山东省东营市东营经济技术开发区人民法院经审理认为：某农商行东城支行与恒某公司签订的《流动资金借款合同》，与王某泉、王某东、某海公司签订的《保证合同》，均系双方当事人真实意思表示，不违反法律法规的强制性规定，均合法有效。因恒某公司未按时偿还借款本息是造成本案纠纷的原因，现要求恒某公司偿还相应借款本金、利息符合法律规定，法院予以支持。对某农商行东城支行主张的复利，因其合同中无复利可以再计算复利的约定，且恒某公司不认可，法院对某农商行东城支行主张的复利中符合合同规定的部分予以支持，无约定的重复计算的部分不予支持。王某泉、王某东、某海公司系涉案《流动资金借款合同》的连带责任保证人，且三保证人知悉涉案28000000元借款用途属于借新还旧，现某农商行东城支行要求王某泉、王某东、某海公司对涉案借款本金、利息等费用承担连带责任保证，符合法律规定，法院予以支持，王某泉、王某东、某海公司履行保证责任后有权向恒某公司追偿。对某农商行东城支行诉讼请求中主张的实现债权的费用因无具体请求数额，法院不予支持。恒某公司、王某泉、王某东、某海公司经法院合法传唤无正当理由未到庭参加诉讼，视为放弃相应诉讼的权利。

山东省东营市东营经济技术开发区人民法院依照《中华人民共和国合同法》第一百零七条、第二百零五条、第二百零六条、第二百零七条，《中华人民共和国担保法》第十八条、第三十一条，《最高人民法院关于适用〈中华人民共和国担保法〉若干问题的解释》第三十九条第一款，《最高人民法院关于民事诉讼证据的若干规定》第二条，《中华人民共和国民事诉讼法》第六十四条第一款、第一百四十四条的规定，判决如下：

一、恒某公司于本判决生效之日起十日内偿还某农商行东城支行借款本金 28000000 元；

二、恒某公司于本判决生效之日起十日内偿还某农商行东城支行自 2017 年 12 月 25 日至 2018 年 6 月 21 日借款期限内的利息（计算方式：以借款本金 28000000 元为基数，按年利率 4.35%计算）；

三、恒某公司于本判决生效之日起十日内偿还某农商行东城支行借款期限内应付利息的复利（计算方式：分别以借期内每月 20 日结息日欠付的利息为基数，按年利率 4.35%计算至 2018 年 6 月 21 日）；

四、恒某公司于本判决生效之日起十日内偿还某农商行东城支行自 2018 年 6 月 22 日开始计算的逾期利息与复利（计算方式：逾期利息以借款本金 28000000 元为基数，按年利率 6.525%计算至实际清偿之日止；复利以借期内应付未付利息总额为基数，按年利率

6.525%计算至实际清偿之日止)；

五、被告王某泉、王某东、某海公司对上述第一项、第二项、第三项、第四项内容承担连带责任保证，三被告承担保证责任后，有权向恒某公司追偿；

六、驳回某农商行东城支行的其他诉讼请求。

判决后，双方当事人均未上诉，本判决现已生效。

【法官后语】

随着经济社会的不断发展，新的资本要素融合变革，新的经济形态不断涌现，涉及借贷纠纷的案件呈现出剧烈增长的态势，金融借款合同纠纷与民间借贷纠纷的案件尤为突出，通俗一点讲，其核心内容也就是还本付息，偿还本金无可厚非，但在付息问题的界定上，即如何计算复利存有较大的争议，甚至民间借贷纠纷与金融借款合同纠纷中存在截然不同的两种计算方式：民间借贷相关司法解释中的复利是以累计的尚未清偿的利息作为本金另行计息，俗称“利滚利”，而金融借款合同涉及的复利具有违约金的性质，并不具有惩罚性质。

一方面，复利作为一种规制工具，能有效保护金融市场的稳定、投资风险与收益的相对平衡。因为金融机构在将资金贷出后承担着坏账呆账的风险，也丧失了这期间将利息回收作为本金继续盈利的可能性。另一方面，目前关于复利的法律依据主要存在于中国人民银行发布的《人民币利率管理规定》，其中第二十条第二款规定：对贷款期内不能按期支付的利息按合同利率按季或按月计收复利，贷款逾期后改按罚息利率计收复利。银行作为借款方出具复利明细时，工作人员往往并不清楚复利的实际计算方式，无法给出翔实的计算过程。

司法实践中的金融借款合同，一般金融机构作为借款合同复利明细的计算及提供方，在诉讼过程中具备天然的优势，而法院作为居中裁判者，应当分情况讨论、谨慎审查。

首先，金融借款合同中罚息与借期内复利并行不悖，罚息与复利的起算基数不同，罚息是以尚未偿还的本金为基数，而复利则是以未清偿的利息为基数，两者是对借款未能及时还本付息的一种保护机制，是对债务人计收的违约金；其次，对于罚息是否能计收复利，持否定态度，因为罚息再计收复利，是对利息计取违约金后的再一次惩罚，且有关复利的规定主要体现在中国人民银行的部门规章中，更要从严审核，以保障金融市场的稳定、和谐；再次，金融借款合同中逾期利息以及罚息复利的部分属于加重对方责任的条款，对该种类型的格式条款应当单独作出标识，提醒双方注意，同时应当充分尊重双方当事人的意思自治，看双方是否对复利的计算方式有过明确的约定；最后，对金融借款合同纠纷中双方提供的证据，特别是金融机构提供的计算明细，应当让其提供详细的计算过程及合同依据和法律依据。

回归到对本案的剖析中，某农商行东城支行与恒某公司签订的《流动资金借款合同》明确约定了借款的偿还方式，特别是利息包括借期内利息、逾期利息，某农商行东城支行要求恒某公司偿还借款本金、利息符合法律规定，应予以支持，但关于复利的部分，合同中并没有对罚息再收取复利的约定，恒某公司对该部分复利也不认可，因此对某农商行东城支行诉讼请求中超出合同约定的部分不予认可。

编写人：山东省东营市东营经济技术开发区人民法院　郑云　鲍蕾

036 主债权诉讼时效届满后重新起算的，原抵押权能否得到法院支持

——江西某商业银行股份有限公司诉李某雷等金融借款合同案

【案件基本信息】

1. 裁判书字号

江西省上饶市铅山县人民法院（2017）赣1124民初552号民事判决书

2. 案由：金融借款合同纠纷

3. 当事人

原告：江西某商业银行股份有限公司（以下简称某农商银行）

被告：李某雷、汪某平、汪某凤

【基本案情】

2006年5月26日，李某雷向某农商银行申请贷款560000元。同年5月30日，双方签订《短期借款合同》，合同第二条约定："借款金额为人民币伍拾陆万元整"；第四条约定："本合同项下的借款期限为壹年，自2006年5月30日起至2007年5月30日止。"同日，汪某平、汪某凤（二者系夫妻）出具担保承诺书，同意以其所有的一套私有房产为该笔贷款提供抵押担保，汪某平、汪某凤与某农商银行签订了《抵押合同》，并于5月31日办理了房屋他项权证。2006年6月1日，某农商银行将560000元借款发放至李某雷的账户，月利率为9.2625‰。对该笔贷款，某农商银

行分别于2013年3月13日、2015年3月2日、2016年11月24日、2017年2月28日向李某雷进行了催收，李某雷在贷款催收通知书借款人一栏签名确认。然而，李某雷虽同意还款，却无力履行还款义务，2017年4月19日，某农商银行遂将李某雷、汪某平、汪某凤起诉至法院。某农商银行、李某雷到庭参加了诉讼，但汪某平、汪某凤经传票传唤无正当理由未到庭，亦未提供书面答辩意见。

【案件焦点】

主债权诉讼时效期间届满后重新起算的，原抵押权能否得到法院保护。

【法院裁判要旨】

江西省上饶市铅山县人民法院经审理认为：李某雷向某农商银行借款，有双方签订的短期借款合同、江西省农村信用社借款凭证为凭，关于借款及还款时间、数额等内容的约定不违反法律、行政法规的强制性规定，应属合法有效，对李某雷向某农商银行借款人民币560000元的事实，法院予以确认；庭审中，某农商银行陈述李某雷共归还了借款本金70000元及相应利息，构成自认，法院对该事实予以确认；现该借款已到期，李某雷应按照约定全面履行自己的义务，故对某农商银行要求李某雷归还借款本金490000元及利息783873元的诉讼请求，法院予以支持；关于某农商银行为实现债权而支出的费用，因其并未提出具体的数额，亦未举证证明，故法院不予支持；李某雷该笔借款的到期日为2007年5月30日，诉讼时效期间计算至2009年5月29日，《中华人民共和国物权法》第二百零二条规定：“抵押权人应当在主债权诉讼时效期间行使抵押权；未行使的，人民法院不予保护。”某农商银行未在主债权的诉讼时效期间内行使抵押权，故对其要求汪某平、汪某凤承担抵押担保责任的诉讼请求，法院不予支持。

江西省上饶市铅山县人民法院依照《中华人民共和国合同法》第六十条、第一百九十八条、第二百零五条、第二百零六条，《中华人民共和国物权法》第二百零二条，《最高人民法院关于民事诉讼证据的若干规定》第七十四条，《中华人民共和国民事诉讼法》第一百四十四条之规定，判决如下：

一、李某雷归还某农商银行借款本金 490000 元及利息 783837 元（利息计算至 2017 年 3 月 20 日止，其后的利息按合同约定计算至判决生效之日）；

二、驳回某农商银行的其他诉讼请求。

判决后，双方当事人均未上诉，本判决现已生效。

【法官后语】

《中华人民共和国物权法》第二百零二条（现《中华人民共和国民法典》第四百一十九条）规定：“抵押权人应当在主债权诉讼时效期间行使抵押权；未行使的，人民法院不予保护。”该条规定的“诉讼时效期间”应严格限定为原始的诉讼时效期间，不包括债务人单方面确认债务引起的重新计算的诉讼时效期间，在后者情形下抵押权人主张抵押权的不应得到支持。

首先，诉讼时效期间届满，抵押权即消灭。本案借款债权的诉讼时效期间为 2007 年 5 月 31 日至 2009 年 5 月 30 日。诉讼时效期间届满后，原债权债务关系就丧失了法律的强制保护，尽管这种情形债务人自愿履行法律也予以承认，但毕竟丧失了法律的强制保护，即在诉讼法上丧失了胜诉权。这种情形下，作为主债权担保的抵押权，也就在事实上失去了存在的目的，所谓“皮之不存，毛将焉附”就是这个道理。即使事后主债权诉讼时效期间由于债务人自愿确认得以重新起算，也并不导致之前的抵押权重新恢复法律效力。

其次，债务人重新确认债务的，不能增加抵押人的责任。本案中，李某雷与某农商银行订立的贷款合同，已经确定最后还款期限为2007年5月30日，从而确定了银行向汪某平、汪某凤行使抵押权的期间为2007年5月31日至2009年5月30日。后来李某雷在贷款通知书中签字，导致该债权债务重新确认，诉讼时效重新起算，属于主债务合同权利义务关系的重大变更，如果银行按照重新确认后主债权的诉讼时效期间行使抵押权，实际上等于延长了银行行使抵押权的期限，也延长了汪某平、汪某凤承担抵押担保责任的期限，加重了抵押人的责任。自始至终，抵押人汪某平、汪某凤并未参与李某雷与某农商银行之间的重新确认，也不知晓这一情况，事后也没有同意继续承担抵押担保责任的意思表示，因此，李某雷与某农商银行之间重新确认债权债务的效力不能当然及于汪某平、汪某凤，抵押权的保护期限不能重新起算。

最后，严格限定抵押权行使期限，有利于维护交易安全稳定。如果主债权诉讼时效重新起算后，自动允许抵押权的保护期也随之重新起算，那么就有违立法的本意。《中华人民共和国物权法》第二百零二条（现《中华人民共和国民法典》第四百一十九条）关于抵押权行使期间的规定，目的就是督促权利人及时行使权利，提高经济活动的效率，充分发挥抵押财产的经济效用，维护交易安全，避免出现财产关系长期不稳定的状态。如果多年之后，主债权诉讼时效重新起算，抵押权的保护期限也可以重新起算的话，那么安全稳定的市场交易秩序也就无从维系。

综上，无论是从立法规定的原意，还是从民法的基本原理考虑，均不应支持某农商银行要求实现抵押权的诉讼请求。

编写人：江西省高级人民法院　章光园

江西省上饶市中级人民法院　陈子娟

037　金融机构贷款内控风险不影响保证人责任承担

——某农村商业银行股份有限公司明珠支行诉宜兴某燃能源有限公司等金融借款合同案

【案件基本信息】

1. 裁判书字号

江苏省无锡市中级人民法院（2017）苏02民终1568号民事判决书

2. 案由：金融借款合同纠纷

3. 当事人

原告（被上诉人）：某农村商业银行股份有限公司明珠支行（以下简称农商行明珠支行）

被告：宜兴某燃能源有限公司（以下简称宜兴某燃公司）、江苏晓某建设工程有限公司（以下简称晓某公司）、金坛某燃能源有限公司（以下简称金坛某燃公司）、江苏公某能源投资有限公司（以下简称公某公司）、沈某良、吴某英、陆某华

被告（上诉人）：湖州汇某石化有限公司（以下简称汇某公司）

【基本案情】

2014年8月7日，农商行明珠支行与宜兴某燃公司签订流动资金循环借款合同一份，约定由农商行明珠支行自2014年8月7日起至2016年8月7日止向宜兴某燃公司提供最高余额不超过600万元的贷款，同时约定了借款利息、违约责任等内容。

此后，农商行明珠支行与晓某公司、金坛某燃公司、汇某公司、沈某良、吴某英、公某公司、陆某华签订最高额保证合同，约定晓某公司、金坛某燃公司、汇某公司、沈某良、吴某英、公某公司、陆某华自愿为宜兴某燃公司债务在最高余额600万元范围内提供最高额连带责任保证担保，同时约定了保证范围及保证期间等内容。农商行明珠支行依约向宜兴某燃公司发放贷款600万元后，宜兴某燃公司未按约还本付息，各保证人亦未履行保证义务。据此，农商行明珠支行诉至法院，要求判令宜兴某燃公司立即偿还借款本金600万元并支付期内欠息、逾期罚息、期内欠息之复利、律师费用；各保证人对宜兴某燃公司的上述债务承担连带保证责任。

被告汇某公司、晓某公司、沈某良、吴某英等在案件审理中辩称：一、农商行明珠支行在贷款过程中未对宜兴某燃公司财务状况和偿债能力进行尽职调查，没有按照《贷款通则》及《商业银行授信工作指引》相关规定操作，存在重大过错；二、他公司对担保事实无异议，但不能免除农商行明珠支行未尽职调查产生严重后果的责任；三、农商行明珠支行在发放贷款过程中未认真履行义务，应承担不利后果。综上，他公司无须对本案所涉债务承担保证责任，要求依法驳回农商行明珠支行的全部诉讼请求。

【案件焦点】

金融机构贷款审查监管义务的履行是否影响保证人保证责任的承担。

【法院裁判要旨】

江苏省宜兴市人民法院经审理认为：本案中所涉借款合同、最高额保证合同均合法有效。汇某公司、晓某公司、沈某良、吴某英的风险和损失并非农商行明珠支行未履行审查和监管义务所致，而是保证人的固有、天然风险。《贷款通则》及《商业银行授信工作指引》等相关规定并未规定商业银行违反贷款中严格审查义务的民事责任，上述规定均为银行内部规定，且均是从商业银行风险控制角度加以规范，属管理性规范，银行即使违反相关规定，亦不影响银行与宜兴某燃公司之间信贷行为的效力和本案所涉最高额保证合同的效力。正是由于汇某公司、晓某公司、沈某良、吴某英等为宜兴某燃公司借款提供了最高额连带责任保证担保，大大降低了宜兴某燃公司因经营财务状况不佳而导致的信贷风险程度，才使农商行明珠支行同意为宜兴某燃公司提供贷款支持。农商行明珠支行贷款审查监管义务的履行并不影响保证人保证责任的承担，汇某公司、晓某公司、沈某良、吴某英的抗辩意见于法无据，不予采信。据此判决：宜兴某燃公司归还相应本息及律师费；晓某公司、金坛某燃公司、汇某公司、公某公司、沈某良、吴某英、陆某华对宜兴某燃公司的上述第一项、第二项债务承担连带保证责任。

汇某公司不服一审判决，提出上诉。无锡市中级人民法院经审理后认为：商业银行法规定银行应对借款人的借款用途、偿还能力、还款方式等情况进行严格审查，实行审贷分离、分级审批的制度，但这是对银行风险的控制规范，属管理性规定，《贷款通则》系中国人民银行颁布的用于规范贷款行为的准则，属于银行内部规定，上述规定并不影响民事合同效力的认定。本案所涉借款合同、最高额保证合同系当事人真实意思表示，且不违反法律法规的强制性规定，因此应为合法有效合同。

江苏省无锡市中级人民法院依照《中华人民共和国民事诉讼法》第一百七十条第一款第一项之规定，判决如下：

驳回上诉，维持原判决。

【法官后语】

近年来，在金融借款合同纠纷案件审理中，保证人常以借款人经营状况不佳，而金融机构仍向其发放贷款，未尽审查及事后监管义务为由，主张其不需承担保证责任。该问题属于扩大化适用保证人免责事由，与担保制度设立初衷不符。

一、保证人责任的免除应具备法定情形

担保合同是一种以保障债权人实现债权为目的的单务合同，其合同订立的双方是债权人和保证人，债务人是否如约履行主合同义务是保证人是否承担保证责任的关键，故保证人存在天然的、固有的偿债风险。在担保法律关系中，保证人应是基于对债务人利益的考虑及债务人履约能力的信任而向债权人作出承诺，而不应依赖于债权人对债务人清偿能力的管控。民法典及相关司法解释中对于合同无效及保证人免责条款均有明确规定，根据法律规定，保证人减轻责任或免责情形主要包括主合同无效、主合同内容变更、主合同当事人双方或第三方共同所实施的行为不适、超过保证期限、超过诉讼时效、借新还旧未告知保证人等情形，借贷双方的行为必须违反强制性效力性规定才得以减轻或免除保证人的责任。

二、金融机构的风险内控管理与保证人责任承担并无对应关系

针对金融机构是否需对贷款风险进行监管这一问题。司法机关进行民事审判工作与行政机关金融监管之间存在本质差异，金融监管的目标着眼于整体，注重过程监管、行为监管，重点在于预防和化解金融风险。而民事审判重在纠纷解决并通过纠纷解决引导行为人的行为。在金融机构已与保证人订立保证合同的情况下，不认定担保人地位，不令其承担担保责任，不仅不利于债权人利益的保护，也不利于维护市场诚信。具体而言，《商业银行授信工作尽职指引》等法律规定并未规定商业银行违法严格审查义务的民事责任，仅为风险防控的金融行政封闭性管理性规定，与保证人依照保证合同约定负担的保证义务并无对应关系，不影响民事合同效力的认定。况且，金融机构的内部监管仅是债权人对贷款风险进行防范和控制的手段，如其未能履行该义务，则导致其贷款不能收回的风险加大，使自身处于不利状态，但并不影响债务人的利益，也不超出保证人承担责任的预期，故前述担保人的抗辩意见与担保制度的目的与特点不符。

三、防范系统性金融风险的相关建议对策

当前，受经济大环境影响，我国部分地区企业贷款审批要求提高，部分企业为了获得贷款，提供众多保证人提供担保，明确上述观点，有利于各担保人理性担保，也有利于社会经济的发展及金融秩序的稳定，防范互联互保等金融风险的积聚扩大。与此同时，金融机构也需要调整贷款发放思路，严格贷款审查与发放程序，着重审验借款人主体资格、资信能力、贷款用途，抵押资产的现实价值及流动价值，保证人的主体资格和实质保证能力。加强信贷管理和

风险控制体系建设，严格贷后管理，强化信贷资金流向及用途的合规性监督，了解借款人经营状况，密切关注债权运行中出现的各类问题，切实防范金融风险。建立严格的关联企业信息披露制度，推行贷款资金专户管理制度，防止企业通过多头开户、多头借款、多头互保等形式套取银行资金。规范银行内部操作流程，相关合同文本应明确具体，合法合理，并加强对借款人、担保人的释明义务，而非一味增加保证人人数，从而防止矛盾和隐患的产生。

编写人：江苏省宜兴市人民法院　陈豪　孟钰洁

038　回购协议约定不明时的效力

——某华银行股份有限公司杭州萧山支行诉杭州园某建筑工程机械有限公司等金融借款合同案

【案件基本信息】

1. 裁判书字号

浙江省杭州市中级人民法院（2017）浙 01 民终 4788 号民事裁定书

2. 案由：金融借款合同纠纷

3. 当事人

原告（被上诉人）：某华银行股份有限公司杭州萧山支行（以下简称某华银行）

被告（上诉人）：杭州园某建筑工程机械有限公司（以下简称园某公司）、嘉兴海某工程建设有限公司（以卜简称海某公司）、李某一、李某二

【基本案情】

2016年1月8日，某华银行与园某公司、海某公司、李某一、李某二签订了编号为20169××××借00026号的《流动资金借款合同》；借款本金：200万元；借款期限：2016年1月8日至2016年12月15日；借款利率：年利率7.2%；罚息利率：借款利率上浮50%；还款付息方式：按月结息，结息日为每月20日；到期一次性偿还本金；2016年1月11日，原告发放借款200万元。被告园某公司于2016年12月22日返还借款63.98元，2017年2月14日返还借款2500.58元，2017年3月29日返还借款6000元；已结清至2017年1月20日的利息和罚息，之后于2017年3月28日支付罚息3万元。

2015年12月25日，某华银行与李某一、李某二签订《最高额保证合同》，合同约定：李某一、李某二为某华银行与园某公司在2015年12月25日至2017年12月15日连续发生的债权，在最高主债权限额250万元范围内提供连带责任保证，当园某公司未按合同约定履行其债务时，无论某华银行对主合同项下的债权是否拥有其他担保（包括但不限于保证、抵押、质押等担保方式），某华银行均有权直接要求李某一、李某二在其保证范围内承担保证责任。2016年1月8日，原告与被告园某公司签订了《最高额抵押合同》，合同约定：园某公司以其所有的28台机器设备（塔吊起重机）为其自2016年1月8日起至2017年12月15日止连续发生的债权，在最高主债权限额6995200元范围内提供抵押担保，双方并于2016年1月11日在工商部门办理了抵押登记。

2016年1月8日，某华银行与被告园某公司、海某公司、案外人某市建筑设备租赁商会签订《抵押物四方回购协议》，约定：

园某公司未按合同约定按期向某华银行偿还贷款本息的，海某公司无条件回购园某公司抵于某华银行的机器设备；园某公司同意在借款期间，若未按合同约定偿还贷款利息或到期未偿还本金的，所抵押的机器设备由海某公司回购，回购所得用于清偿此次贷款本金、利息及相关费用，不足部分由园某公司补足，多余部分退还园某公司；若园某公司未按合同约定按期偿还贷款本息的，某华银行有权提前终止合同，提前收回贷款本息，该机器设备由海某公司回购；一旦某华银行发现海某公司在园某公司的借款期限内丧失回购能力，某市建筑设备租赁商会有义务也有责任为某华银行重新选定第二回购方。

【案件焦点】

回购协议在约定不明时的效力认定。

【法院裁判要旨】

浙江省杭州市萧山区人民法院经审理认为：案涉《流动资金借款合同》《最高额保证合同》《最高额抵押合同》合法有效，对各方具有法律约束力。被告园某公司、李某一、李某二未按合同约定履行各自义务，依法应承担相应民事责任。《抵押物四方回购协议》约定园某公司未按合同约定偿还贷款本息时，园某公司抵押的机器设备由海某公司回购，但无证据显示海某公司为该批机器设备的出卖人，故协议约定的回购实为收购；该协议还约定，在海某公司丧失收购能力时由某市建筑设备租赁商会重新选定收购方，对海某公司为此是否需要承担民事责任未作出约定；协议的四方当事人就机器设备的收购金额、收购方式等也未作出约定。因此，原告要求海某公司履行收购义务的诉讼请求不够明确，且双方就收购事宜产生的纠纷与本案不属于同一法律关系，故该院在本案中不予支持。

杭州市萧山区人民法院依照《中华人民共和国合同法》第一百零七条、第二百零六条、第二百零七条，《中华人民共和国担保法》第十二条、第十八条、第二十一条、第三十一条，《中华人民共和国物权法》第一百九十五条、第二百零三条、第二百零七条和《中华人民共和国民事诉讼法》第一百四十四条之规定，判决如下：

一、园某公司于本判决生效之日起十日内返还某华银行借款1991435.44元，支付该借款计算至2017年3月28日止的罚息10166.45元，及自2017年3月29日起至实际履行日止按年利率10.80%计算的罚息；

二、李某一、李某二对上述付款义务承担连带责任；

三、某华银行对园某公司所有的28台塔吊起重机［抵押登记编号：杭拱工商抵登字（2016）第2号］，经折价或者以拍卖、变卖方式变价后所得的价款，在上述第一项确定的债权范围内优先受偿；

四、李某一、李某二在承担保证责任后，有权就其已承担责任部分向园某公司追偿；

五、驳回某华银行的其他诉讼请求。

园某公司持原审起诉意见提起上诉。在审理过程中，园某公司于2017年11月21日提出撤诉申请。杭州市中级人民法院裁定如下：

准许上诉人园某公司撤回上诉。一审判决自本裁定书送达之日起发生法律效力。

【法官后语】

“回购”并非法律上的概念，字面理解即将动产或不动产买回。

结合本案从回购行为的性质分析来看，其应当界定为海某公司承担保证责任的一种形式，同时也是银行实现债权的方式。只有在银行依法实现抵押权时，海某公司才回购抵押设备，付清贷款。这也是为了在对抵押财产依法拍卖变卖时，避免流拍或所拍卖价格不足以清偿贷款，海某公司才负有回购的义务。在回购款不足以清偿贷款情况下，还要继续承担保证义务。而海某公司在履行保证回购责任之后取代所取得的只是抵押权人的法律地位，即享有代位追偿权。

本案回购协议中虽约定园某公司抵押的设备由海某公司回购，其丧失收购能力时由某市建筑设备租赁商会重新选定收购方。但未约定收购金额、方式，也并未约定海某公司事后未进行收购所需要承担的民事责任。因此，某华银行要求海某公司履行收购义务的诉讼请求不明确。且某华银行与海某公司之间的收购法律关系与本案并不属于同一法律关系，在本案中不宜处理。

编写人：浙江省杭州市萧山区人民法院　贾菁菁

039 金融机构贷款交付义务应作实质审查擅自汇款又擅自扣划应认定为未交付

——某农村商业银行股份有限公司诉闻某涛、闻某国金融借款案

【案件基本信息】

1. 裁判书字号

江苏省宿迁市中级人民法院（2016）苏13民终字第2505号民

事判决书

2. 案由：金融借款纠纷

3. 当事人

原告（上诉人）：某农村商业银行股份有限公司（以下简称某银行）

被告（被上诉人）：闻某涛

被告：闻某国

【基本案情】

2008年4月30日，闻某涛向江苏某农村合作银行陈集支行（贷款人，以下简称陈集支行）出具《联保小组成员借款申请书》，借款用途为养鸡，申请借款金额为5万元。同日，陈集支行向闻某涛发出借款借据一份，金额5万元，用途为养鸡，月利率10.71‰，借款借据背面载明贷款发放方式为转账至账号3213242301161000658×××，闻某涛在借款借据正面、背面均签字确认。借款借据背面载明的银行账户3213242301161000658×××于2008年4月30日开立，户名闻某涛，开立存款凭据上存款人签字显示为“×同庆”。该账户于2008年4月30日下午分别入账2万元、5万元，随后又分两笔以3万元、4万元转出，闻某涛并未从该账户取款。

【案件焦点】

1. 闻某涛与某银行之间是否存在5万元的借款合同关系；2. 如果存在，该借款是否已经实际交付，闻某涛是否应当归还案涉借款。

【法院裁判要旨】

江苏省宿迁市宿城区人民法院认为：陈集支行与闻某涛之间的

借款合同依法成立且合法有效，对当事人均具有拘束力。陈集支行现划转至某银行，债权由某银行享有，某银行提起诉讼，符合法律规定。闻某涛作为借款人应当依约承担相应的还款责任。双方之间关于利息的约定不违反法律规定，应予支持，某银行主张逾期利息按照年利率10.71‰的1.3倍计算，但并未提供证据，不予支持。某银行要求闻某军承担保证责任，但未提供证据，不予支持。

江苏省宿迁市宿城区人民法院依照《中华人民共和国合同法》第一百九十六条、第二百零六条，《中华人民共和国民事诉讼法》第一百四十二条、第一百四十四条规定，判决如下：

一、闻某涛于判决生效之日起十日内偿还某银行借款本金5万元及利息（自2008年4月30日起按月利率10.71‰计算至实际给付之日止）；

二、驳回某银行其他诉讼请求。

闻某涛不服，提起上诉，请求撤销一审判决，相关费用由某银行负担。

江苏省宿迁市中级人民法院归纳本案二审的争议焦点是：闻某涛与某银行之间是否存在5万元的借款合同关系，如果存在，该借款款项有无实际交付，闻某涛应否归还借款。

江苏省宿迁市中级人民法院经审理认为：

首先，闻某涛与某银行之间存在案涉5万元借款合同关系。理由为：闻某涛对于《联保小组成员借款申请书》和借款借据的签字的真实性均予以认可，并自认在陈集支行办理过多次借款，因此，双方存在借款合意，并成立借款合同关系。虽然闻某涛主张其从未办理过案涉5万元借款，但这与其在案涉借款申请书和借款借据上签字的事实不符，与其自认的多次向银行申请借款，并多次签字办理了借款手续自相矛盾，对其主张，法院不予采信。闻某涛与某银行之间成立的金融借款合同合法有效，双方均应自觉履行合同义务。

其次，某银行并未完成向闻某涛交付案涉 5 万元借款的义务。根据法院查明的案件事实，借款借据载明的双方确认本案借款交付的方式为汇入闻某涛指定的银行账户，某银行向该银行账户汇入 5 万元后，未经闻某涛同意，当即将该款项擅自扣划，不应视为其履行了案涉借款的交付义务。理由为：其一，在贷款人与借款人未作特殊约定的情况下，贷款人应将借款现实地交付给借款人，使借款款项处于借款人的直接占有和实际控制之下。尤其需要提出的是，某银行作为银行业金融机构相对于借款人具有优势地位和控制客户银行账户资金的能力，因此，在认定银行是否向借款人实际交付借款上，不能简单地以款项“到达借款人账户”即认定其完成了交付义务，还应当结合双方对款项交付的认知和对款项的实际控制等情况，综合认定银行是否完成了交付借款的义务。本案所借款项看似“到达借款人账户”，而实际上某银行在向案涉账户打款后，又单方扣划，打款、扣划几乎同步完成，系某银行利用其对账户的管控之便，在闻某涛不知情的情况下，单方对资金往来手续进行操作。案涉资金仅仅在账户上“走过场”，即被某银行擅自扣划，闻某涛自始未能实现对所借款项的占有、控制。从某银行打款、扣划的整个行为过程分析，其主观上没有将借款实际交给借款人按约定用途使用的意愿，客观上亦未将借款实际交给借款人实际占有、控制，应当认定为其未交付案涉 5 万元借款。其二，某银行提出的其将本案借款用于偿还闻某涛的旧贷，并未挪作他用，不影响本案借款合同成立和款项交付认定的主张，不能成立。首先，本案借款申请书和借款借据载明的借款用途均为养鸡，并非某银行主张的“新贷还旧贷”。其次，某银行并无证据证明其与闻某涛之间形成了“新贷还旧贷”的合意。最后，某银行转入和扣划案涉借款并未告知闻某涛，事先未经过其同意，事后未得到其追认，其擅自截留案涉借款用于偿还“旧贷”，与约定的借款用途不符，双方亦无“新贷还旧贷”之合意，其主张不能成立。综上，虽然双方借款合同合法有效，但某银行并未将案涉借款实际交付闻某涛，某银行无权向闻某涛索要借款。至于某银行与闻某涛之间的案外借款，其可另行提起诉讼，不在本案的审理范围之内。一审判决认定事实错误，导致实体处理错误，依法应予纠正。

江苏省宿迁市中级人民法院依照《中华人民共和国民事诉讼法》第一百七十条第一款第二项的规定，判决如下：

一、撤销宿迁市宿城区人民法院（2016）苏1302民初字第3025号民事判决；

二、驳回某银行的诉讼请求。

【法官后语】

本案系金融机构作为贷款人一方向借款人发放贷款的金融借款合同。根据原《中华人民共和国合同法》第一百九十六条和第二百一十条、现《中华人民共和国民法典》第六百六十七条和第六百七十九条规定，与民间借贷合同不同，金融借款合同具有诺成性，在合同的成立、生效并无特别约定时，一经签订，合同即成立并生效，不需以贷款人交付贷款作为要件。本案中，案涉5万元借款是某银行向闻某涛真实出借的借款，还是某银行擅自操作制造的“新贷还旧贷”，已无法查清。而根据已查明的案件事实，闻某涛与某银行签订了相关借款申请书和借款借据，因此在闻某涛认可其签字属实的情况下，能够认定案涉金融借款合同系双方真实意思表示，依法成立并生效，双方当事人均应当依约履行合同义务。

金融机构作为贷款人，所负的主要合同义务在于依约交付借款，这是整个合同进入实际履行的开始。自然人之间借款交付方式多种多样，而金融借款合同中借款的交付往往约定为由金融机构直接将借款转账至借款人在贷款人处开立的银行账户，合同手续完善，资金流向清晰。通常情况下，因金融机构行业规范完善，法律素养较高，具备相当程度上的规范性和完善性，鲜有当事人对于借款是否交付存在争议。一旦借款人否认收到所借款项，法院在审查金融借款是否实际交付时，应当考量金融机构在金融借款合同履行中的优势地位和控制能力，对于贷款的发放程序、贷款的发放是否到位，审慎查明，严格认定。

本案系银行擅自操纵借款人银行账户，转账汇入借款未通知借款人，又未经借款人许可擅自划走借款，案涉借款在借款人账户上走过场的行为表面上系按照双方约定完成了款项“到达借款人账户”的借款交付义务，但客观上，借款人自始未能实现对借款的占有、控制，主观上，银行并无实际交付借款的意愿，借款人亦无占有借款的认知，不能认定银行已经实际交付借款。

编写人：江苏省宿迁市中级人民法院　刘爱萍

040 冒名合同的效力认定

——某银行股份有限公司北京分行诉钟某英、梁某明金融借款合同案

【案件基本信息】

1. 裁判书字号

北京市第二中级人民法院（2016）京02民终字第9743号民事判决书

2. 案由：金融借款合同纠纷

3. 当事人

原告（上诉人）：某银行股份有限公司北京分行（以下简称某银行）

被告（被上诉人）：梁某明

被告：钟某英

【基本案情】

2014年5月22日，某银行与钟某英签订《授信合同》，约定某银行为钟某英提供授信额度90万元，授信期限为1年，自2014年5月22日起至2015年5月22日止。授信合同上共同还款人处签有“梁某明”字样。同日，某银行与“梁某明”签订《最高额抵押合同》，约定梁某明以其位于北京经济技术开发区贵园南里丁区6号楼6层2单元×××号房屋为上述债务设定抵押担保，并对担保范围和限额等相关事项进行了约定。该合同及其附件《抵押财产清单》中的抵押人处均签有“梁某明”字样。2014年5月29日，

上述抵押房产办理了抵押登记。2014 年 6 月 11 日，某银行与钟某英签订《借款合同》，约定钟某英向某银行申请消贷易额度 90 万元用于家庭消费，并对借款期限及利率等进行了约定。共同还款人处亦有“梁某明”的签字字样。

经鉴定，上述三份合同中“梁某明”的签字均非梁某明本人所书写。同时钟某英在庭前也述称，该签字均是其找人冒用梁某明的名义所签。上述合同订立时，梁某明与钟某英系夫妻关系，双方于 2014 年 12 月 26 日离婚。

2014 年 6 月 12 日，钟某英使用消贷易额度一次性刷卡消费了 90 万元。梁某明与钟某英分别述称该笔款项用于偿还了钟某英所欠的赌债。

钟某英偿还了 2014 年 12 月 10 日前的全部到期本息，其后未予足额偿还到期本息，截至 2016 年 5 月 16 日，其尚欠某银行本金 870808. 35 元，利息 95063. 52 元、罚息和复利共计 8516. 25 元。

此外，梁某明述称，其在 2014 年丢失了身份证并进行了补办，其向法院提交的身份证有效期为 2014 年 4 月 13 日至 2034 年 4 月 13 日。某银行认可办理抵押贷款事项时，自称梁某明的个人提交的身份证并非梁某明此次庭审所提交的身份证件，其使用的身份证件有效期为 2013 年 2 月 18 日到 2033 年 2 月 18 日。梁某明称上述身份证件即为其丢失的身份证。

【案件焦点】

1. 夫妻一方冒用另一方名义签订的共同借款合同对被冒名一方是否有拘束力；2. 该冒名合同项下的借款债务能否认定为夫妻共同债务。

【法院裁判要旨】

北京市西城区人民法院经审理认为：《授信合同》《借款合同》中关于某银行与钟某英之间设立的以借款合同关系为内容的主要条款（不包括设定抵押的条款）未违反法律、行政法规的强制性规定，合法有效，对双方当事人具有约束力。某银行依约放款后，钟某英还款出现逾期，某银行有权宣布借款提前到期并要求钟某英偿还全部本息并支付罚息、复利，承担因实现债权而发生的律师费。因此某银行要求钟某英清偿剩余全部借款本息及罚息、复利，并承担律师费的诉讼请求，法院予以支持。

根据鉴定结果并结合钟某英的陈述，法院认定《授信合同》《最高额抵押合同》《借款合同》均系他人持梁某明的身份证、冒用梁某明的名义与某银行签订。该冒用行为人并未获得梁某明的委托授权，且梁某明亦未对其行为予以追认，故梁某明对《授信合同》《借款合同》不承担民事责任，以其作为抵押人所订立的《最高额抵押合同》无效。

在上述合同签订前，梁某明已经挂失并领取了新的身份证件，而冒用人使用的则是梁某明丢失的身份证件。同时法院注意到，冒用人使用的身份证件系2013年2月签发生效，这一时间距离涉案合同订立的时间并不久，身份证件照片应当能够较为准确地反映梁某明的样貌特征，而某银行未能仔细审查比对持证人样貌，即与其签订合同，故某银行关于已经尽到合理注意义务、善意信赖行为人即为梁某明本人的意见，法院不予采信。

综上，某银行无权要求梁某明作为共同还款人承担还款责任，亦不享有对梁某明名下房屋的抵押权，其要求就抵押房产拍卖、变卖所得价款优先受偿的诉讼请求，法院亦不予支持。

某银行主张虽然梁某明对于成为借款合同关系的共同还款人不具有真实的意思表示，但该笔贷款发生在钟某英与梁某明夫妻关系存续期间，应当认定为共同债务。法院对此的意见为：本案所涉及合同从形式上并非仅以钟某英个人名义所签订，而是钟某英以本人作为受信人（借款人），另指使他人冒用梁某明名义作为共同还款人所签订，这种冒名行为正证明了梁某明本人并无共同举债之合意；此外，借款款项系通过钟某英个人名下的银行卡一次性进行了90万元的刷卡消费，亦不符合家庭一般消费的通常情形，且钟某英自认其款项用于偿还赌债，在某银行未举证证明梁某明客观上分享了所负债务带来的利益的情况下，法院认为钟某英签订《授信合同》《借款合同》所负债务并非夫妻共同债务，故某银行要求梁某明对钟某英债务承担共同还款责任的诉讼请求，法院不予支持。

北京市西城区人民法院依据《中华人民共和国合同法》第一百零七条、第二百零五条、第二百零六条、第二百零七条，《中华人民共和国民事诉讼法》第一百四十四条之规定，判决如下：

一、被告钟某英于本判决生效后十日内偿还原告某银行截至2016年5月16日的剩余贷款本金870808.35元以及利息95063.52元、罚息和复利8516.25元，并支付自2016年5月17日起至实际清偿之日止的利息、罚息、复利（按编号为91091407000××的《个人消贷易额度及支用借款合同》约定的标准计算）；

二、被告钟某英于本判决生效后十日内支付原告某银行律师服务费8800元；

三、驳回原告某银行的其他诉讼请求。

某银行上诉。北京市第二中级人民法院审理认为：《中华人民共和国物权法》第一百零六条第一款规定："无处分权人将不动产或者动产转让给受让人的，所有权人有权追回；除法律另有规定外，符合下列情形的，受让人取得该不动产或者动产的所有权：（一）受让人受让该不动产或者动产时是善意的；（二）以合理的价格转让；（三）转让的不动产或者动产依照法律规定应当登记的已经登记，不需要登记的已经交付给受让人。”第三款规定：“当事人善意取得其他物权的，参照前两款规定。”《最高人民法院关于适用〈中华人民共和国物权法〉若干问题的解释（一）》第十五条第一款规定：“受让人受让不动产或者动产时，不知道转让人无处分权，且无重大过失的，应当认定受让人为善意。”因此，善意取得适用的首要条件为受让人善意，认定善意的标准之一为无重大过失。本案中，虽然某银行在签约时采取了核对证件原件、对贷款申请人和抵押人进行拍照等方式，但某银行未认真核实抵押人的身份，未发现抵押人并非梁某明本人这一关键问题。因此，某银行在履行贷款审查义务时存在重大过失，并非善意第三人，某银行主张其善意取得涉案抵押权不能成立。

依照《中华人民共和国婚姻法》第四十一条“离婚时，原为夫妻共同生活所负的债务，应当共同偿还”的规定，夫妻共同偿还的债务应为夫妻共同生活所负的债务。《最高人民法院关于适用〈中华人民共和国婚姻法〉若干问题的解释（二）》第二十四条规定了推定夫妻共同债务的原则，但这一规定适用的前提条件是当事人双方均无法证明该笔债务是否用于债务人夫妻共同生活。本案现有证据可以认定涉案贷款未用于梁某明和钟某英的共同生活。首先，梁某明在二审诉讼中提交了钟某英的刑事判决书，足以证明钟某英有赌博的恶习。而现有证据不能证明梁某明对此明知且放任，也不能证明梁某明从中受益。其次，虽然本案在《借款合同》中约定的借款用途为家庭消费，但某银行未提交证据证明在贷款审查阶段要求钟某英提交家庭消费的相关证明材料。最后，从本案贷款90万元发放当日即全部转入个体户李某华账户来看，也不能推定该笔贷款用于梁某明和钟某英的共同生活。综合上述分析，涉案贷款未用于夫妻共同生活，故偿还本案借款应是钟某英的个人债务。综上所述，某银行的上诉请求不能成立，应予驳回；一审判决认定事实清楚，适用法律正确，应予维持。

北京市第二中级人民法院依照《中华人民共和国民事诉讼法》第一百七十条第一款第一项之规定，判决如下：

驳回上诉，维持原判。

【法官后语】

本案中所涉的三份合同均为冒名合同，且均是夫妻中的一方找他人冒用另一方名义与相对人签订的合同。现有法律中，尚未对冒名合同的效力作出直接的规定，那么司法实践中应当如何认定其效力呢？

首先，应当对这种冒名行为再进行一个区分。当合同的相对人不在意与其签订合同的另一方是何人时，合同在行为人与相对人之间成立并生效。此时行为人虽冒用他人之名，但相对人并不在乎缔约的另一方是谁，且缔约人是否是被冒名人也并不影响该合同的正常履行，那么此时这个合同在行为人与相对人之间成立并生效，由行为人承受合同之约束，而对于仅作为名称代号而从未参与到合同中的被冒名人本人不发生任何效力。当相对人要求缔约人就是被冒名人时，或者说缔约人只有是被冒名人时合同才能正常履行时，在行为人与相对人之间不能产生合同效力。此时相对人仅是想建立其与某特定人的合同关系，其缔约的意思表示也是针对特定人发出的。此时冒名人的地位类似于无权代理人，那么合同对于被冒名人是否发生约束力，实践中也比照无权代理之规定进行判断。根据合同法规定，经被代理人追认或足以构成表见代理时的代理行为有效，否则无权代理的行为对被代理人不发生效力。因此，在冒名合同中，若被冒名人对冒名人的缔约行为进行了追认或该冒名行为足以构成合同相对人的善意信赖时，那么被冒名人应当受到合同的约束，反之则对被冒名人不发生法律效力。

本案中，“梁某明”签订的三个冒名合同的效力并不相同。因此需要对被冒名人无追认且该行为不足以引起相对人的善意信赖时所签订的合同效力作进一步说明。合同的一方为单一主体，该主体被冒名，合同自始不发生法律效力。本案中某银行与“梁某明”签订的《最高额抵押合同》即是该种情况。合同的一方为多个主体，其中部分主体被冒名，而其他主体的意思表示为真实时，该合同有效，但对于被冒名主体不产生法律效力。本案中的《授信合同》《借款合同》均为此种情形，合同的一方当事人（授信申请人、借款人）在形式上为钟某英与梁某明二人，其中钟某英的签字是其本人所为，那么对于该合同项下其与某银行所确立的权利义务我们应当认定其为知晓并自愿签署，因此不应否定该部分合同之效力，双方应当受其约束行使权利和履行义务。而对于共同借款人的梁某明而言，其签字是被冒名所为，且本人在签字前并无授权该冒名人，也未在合同签订后进行任何的追认，因此我们不能认为其愿意受到该合同中权利义务之约束，故该合同中对于梁某明的约定条款应当是不发生效力的。因而在对这两份合同的效力进行认定时，不能因冒名行为而将合同的效力全盘否定。

编写人：北京市西城区人民法院　刘玥彤

041 保证金质押权的行使应有指向性

——某银行股份有限公司吴江分行诉吴江市协某建筑工程有限公司等金融借款合同案

【案件基本信息】

1. 裁判书字号

江苏省苏州市中级人民法院（2015）苏中商终字第01106号民事判决书

2. 案由：金融借款合同纠纷

3. 当事人

原告（上诉人）：某银行股份有限公司吴江分行（以下简称某行吴江分行）

被告（被上诉人）：吴江市协某建筑工程有限公司（以下简称协某公司）、戴某林、陈某、苏州鼎某担保投资有限公司（以下简称鼎某公司）

【基本案情】

2013年6月14日，某行吴江分行与戴某林、陈某签订《最高额保证合同》一份，约定戴某林、陈某为某行吴江分行与协某公司在2013年6月14日至2015年6月13日期间签订的全部主合同项下的债务提供最高额连带责任保证担保，担保的最高债权额为550万元。

2014年6月3日，某行吴江分行与协某公司签订《小企业流动资金借款合同》一份，约定由协某公司向某行吴江分行借款500

万元。同日，鼎某公司与某行吴江分行签订《保证合同》一份，同意为协某公司基于上述《小企业流动资金借款合同》发生的债务提供连带责任保证担保。当日，某行吴江分行向协某公司发放贷款 500 万元。贷款发放后，协某公司未按约归还借款利息，仅结清了截至 2014 年 11 月 20 日的利息。借款到期后，协某公司未能按约归还借款本金，戴某林、陈某、鼎某公司也未再履行还款义务。

2013 年 8 月 8 日，鼎某公司与某行苏州分行签订《授信担保合作协议》一份，约定鼎某公司愿意为被授信人向某行苏州分行（包括分支机构）提供保证担保，保证担保额度为 15000 万元，期限自 2013 年 8 月 8 日至 2013 年 12 月 24 日，鼎某公司应按照某行苏州分行（包括分支机构）对单个被授信人授信金额的 10% 向交行苏州分行（包括分支机构）缴存保证金，并签订保证金合同。任一被授信人未偿还其在主合同项下的到期债务时，某行苏州分行（包括分支机构）有权直接扣收保证金及利息。为担保协某公司与某行吴江分行签订的上述《小企业流动资金借款合同》项下债务的履行，2014 年 6 月 3 日，鼎某公司与某行吴江分行签订《保证金合同》一份，约定鼎某公司自愿以其存款 50 万元提供保证金质押担保，计息方式为按单位定期存款利率计息。同日，鼎某公司依约将 50 万元存入保证金账户。该笔保证金被某行吴江分行于 2014 年 11 月 4 日直接扣划，用于代偿案外人（同系鼎某公司提供保证担保）在某行吴江分行的借款。

【案件焦点】

某行吴江分行是否有权将案涉的 50 万元保证金直接扣划用于清偿鼎某公司的其他担保债务。

【法院裁判要旨】

江苏省苏州市吴江区人民法院经审理认为：根据某行吴江分行与鼎某公司签订的授信担保合作协议，鼎某公司需按授信金额10%的比例向某行苏州分行（包括分支机构）缴存保证金，并签订保证金合同。而依据某行吴江分行与鼎某公司签订的保证金合同的约定，本案中鼎某公司向某行吴江分行交付的50万元保证金，系本案所涉小企业流动资金借款合同项下的特定质物，在出质人提出异议且质押担保合同关系未解除的情形下，某行吴江分行主张将本案中的50万元及利息用于清偿鼎某公司担保的其他债务，显然背离了鼎某公司交纳该笔保证金的初衷，亦有违诚信原则，故法院对某行吴江分行主张将该笔保证金已用于清偿其他担保债务的意见不采纳。此笔款项在性质上属于质权标的物，某行吴江分行在实现本案所涉债权时依法享有优先受偿权，该款理应在本案中予以处理。

江苏省苏州市吴江区人民法院依照《中华人民共和国合同法》第六条、第一百零七条、第二百零五条、第二百零六条、第二百零七条，《中华人民共和国担保法》第六条、第十八条、第二十一条、第三十一条，《最高人民法院关于适用〈中华人民共和国担保法〉若干问题的解释》第八十五条的规定，判决：

一、协某公司应归还某行吴江分行借款本金4999205元，并偿付相应的利息、罚息（含复利），以上款项合计扣除50万元及相应利息（自2014年6月3日起按定期存款利率计算）后，由协某公司于本判决生效之日起十日内履行；

二、协某公司应于本判决生效之日起十日内赔偿某行吴江分行律师费损失113306元；

三、戴某林、陈某、鼎某公司对协某公司的上述第一、二项债务承担连带清偿责任。保证人履行保证责任后有权向债务人追偿。

江苏省苏州中级人民法院经审理认为：为担保本案所涉《开立银行承兑汇票合同》的履行，某行吴江分行与鼎某公司签订了《保证金合同》，鼎某公司并按约向开立在某行吴江分行的保证金账户存入保证金50万元，依据《最高人民法院关于适用〈中华人民共和国担保法〉若干问题的解释》第八十五条的规定“债务人或者第三人将其金钱以特户、封金、保证金等形式特定化后，移交债权人占有作为债权的担保，债务人不履行债务时，债权人可以以该金钱优先受偿”，故某行吴江分行依法取得了鼎某公司50万元保证金的质权。

虽然某行吴江分行认为依据鼎某公司与某行苏州分行签订的《授信担保合作协议》的约定，在任一被授信人未偿还其在主合同项下的到期债务时，其有权直接扣收保证金及利息，但是某行吴江分行在扣划本案所涉50万元保证金时并未告知鼎某公司，其在扣划时也未区分扣划款项具体系来源于针对哪个被授信人的保证金，在扣划之后某行吴江分行向鼎某公司出具的代偿证明本身也无法看出代偿款项中包含了本案所涉的50万元保证金。故在鼎某公司就本案所涉《开立银行承兑汇票合同》所交纳的50万元保证金已特定化为本案主合同项下的质权标的物，本案所涉保证金质押合同亦未解除，且在鼎某公司明确表示不同意本案所涉50万元保证金代偿其他债务的情形下，某行吴江分行认为该笔保证金已用于清偿其他担保债务的主张不能成立，原审法院据此认定该50万元保证金应在本案中予以处理并无不当。

江苏省苏州市中级人民法院依照《中华人民共和国民事诉讼法》第一百七十条第一款第一项的规定，判决：

驳回上诉，维持原判。

【法官后语】

《最高人民法院关于适用〈中华人民共和国民法典〉有关担保制度的解释》第七十条规定的保证金担保制度，是一种非典型担保，基本沿用原《最高人民法院关于适用〈中华人民共和国担保法〉若干问题的解释》第八十五条的规定。保证金质押必须保证保证金账户中的资金被严格封存，在贷款清偿前任何人都不得随意动用保证金账户中的资金。如果银行可以随意动用该保证金去清偿其他非该保证金担保的债务，保证金质押就无法起到其原有的担保作用，也就失去了其存在的意义。在本案中，某行吴江分行在扣划本案所涉50万元保证金时并未告知鼎某公司，也未区分扣划款项具体系来源于针对哪个被授信人的保证金，在扣划之后某行吴江分行向鼎某公司出具的代偿证明本身也无法看出代偿款项中是否包含了本案所涉的50万元保证金。在鼎某公司就本案所涉借款合同所交纳的50万元保证金已特定化为本案主合同项下的质权标的物，本案所涉保证金质押合同亦未解除，且在鼎某公司明确表示不同意本案所涉50万元保证金代偿其他债务的情形下，某行吴江分行不能随意将该50万元保证金用于清偿其他债务。

除了保证金质押本身的性质，某行吴江分行随意动用保证金的行为也违背了诚信原则。《中华人民共和国民法典》第七条规定，民事主体从事民事活动，应当遵循诚信原则，秉承诚实，恪守承诺。诚信原则作为商法的基本原则，要求所有的社会主体在各项经济活动中应当以善意为出发点，以公平效益为目的，恪守信用、勤勉践约。与民法相比，商法中的诚信原则更强调对信赖利益的保护。只有商事主体遵循诚实信用原则进行商事交易，才能使商事活动不因欺诈盛行而受到阻碍，从而破坏商品经济的有序发展。

某行吴江分行作为金融机构，对该笔保证金的性质及用途应当有充分的了解，特定保证金系为特定债务而设定的质物担保，作为权利人的银行应遵循诚实信用原则行使质权，将其用于特定债务的偿还。而银行将该特定保证金用于案外人债务的偿还，显然违背双方合同约定，置诚实信用原则于不顾。银行作为专业金融机构，面向社会公众提供金融服务，显然应比普通公民具备更高的诚实信用认知度和契约精神。若银行不遵守诚实信用原则，其社会危害性远比个人不遵守诚实信用原则要大得多。因此，对于银行违背诚实信用原则，随意处置特定保证金的行为应予纠正。

编写人：江苏省苏州市吴江区人民法院　张勇　孟桢

042　提前收贷条款的解释

——某银行股份有限公司北京中关村支行诉曹伦某金融借款合同案

【案件基本信息】

1. 裁判书字号

北京市第一中级人民法院（2015）一中民（商）终字第1840号民事判决书

2. 案由：金融借款合同纠纷

3. 当事人

原告（上诉人）：某银行股份有限公司北京中关村支行（以下简称某银行中关村支行）

被告（被上诉人）：曹伦某

【基本案情】

2010年1月18日，某银行中关村支行与曹伦某、永某房地产（集团）有限公司签订《个人房屋抵押借款合同》，曹伦某因购房向某银行中关村支行借款522万元，自2010年1月18日起至2027年1月18日止，贷款利率为年利率4.455%；合同项下的贷款本息归还方式为等额本息还款法，按月还本付息；曹伦某自愿以其贷款所购之房产即北京市海淀区某房屋向某银行中关村支行提供抵押，作为本合同项下贷款的担保。同时，合同违约责任部分约定：如有下列情形之一的，某银行中关村支行有权停止发放贷款，宣布本合同项下已发放的贷款提前到期，提前收回贷款本息，并有权处分抵押财产和/或要求保证人承担连带保证责任："……曹伦某被宣告失踪、丧失民事行为能力、被刑事羁押……；曹伦某财务状况发生重大变化，或其不动产、物业或财产等受到查封、冻结或扣押、没收等影响或威胁，而该影响或威胁在发生后三十天内仍不能圆满解除，或抵押房产全部或部分灭失或毁损、价值明显减少而未获及时补救，某银行中关村支行认为曹伦某履行本合同项下义务的能力已受到影响的……"合同签订后，某银行中关村支行于当日向曹伦某指定账户放款522万元。合同履行过程中，曹伦某因涉嫌刑事犯罪于2014年1月24日被逮捕，现羁押于北京市第一看守所。

庭审中，某银行中关村支行认可前述借款合同所载明之抵押房产已办妥抵押登记，且曹伦某至本案开庭之日均依约正常还款。某银行中关村支行要求曹伦某提前还款的原因为曹伦某涉嫌刑事犯罪被羁押，同时，曹伦某的公司被查封，经营的酒店被产权方收回。

【案件焦点】

某银行中关村支行是否有权提前收回其发放给曹伦某的贷款。

【法院裁判要旨】

北京市海淀区法院经审理认为：某银行中关村支行与曹伦某、永某房地产（集团）有限公司签订的《个人房屋抵押借款合同》系各方当事人的真实意思表示，合法有效，合同当事人应严格遵守并履行合同规定的义务。借款合同约定某银行中关村支行在曹伦某被刑事监禁的情况下有权提前收回贷款本息。对于何谓刑事监禁，某银行中关村支行认为只要被采取刑事措施、限制人身自由就构成监禁，而曹伦某则主张只有对经过法院定罪的罪犯所采取的监狱拘禁措施才构成监禁。首先，曹伦某自 2014 年 1 月被逮捕至本案开庭之日均依约正常还款，在此情况下，仅因其被羁押，某银行中关村支行即有权提前收回全部贷款，显然对曹伦某是不公平的；其次，案涉借款合同系由某银行中关村支行拟定的格式合同，故在对合同条款存在多种解释的情况下，理应作出不利于提供格式条款一方的解释。据此，法院采信曹伦某的主张；第二，某银行中关村支行主张曹伦某的公司被查封，经营的酒店被产权方收回，故其有权依据借款合同的约定提前收回全部贷款，但某银行中关村支行就其主张并未提交证据证明，同时，也没有证据显示曹伦某名下不动产、物业或财产等受到查封、冻结或扣押、没收，故某银行中关村支行的该项主张亦不能成立。

北京市海淀区人民法院判决：某银行中关村支行主张的提前收回全部贷款本息的条件尚未成就，故其要求曹伦某提前归还全部贷款本金 3134434.8 元及至全部清偿之日止的利息、罚息的诉讼请求，缺乏事实及法律依据，不予支持。

某银行中关村支行持原审起诉意见提起上诉。北京市第一中级人民法院经审理认为：《个人房屋抵押借款合同》系某银行中关村支行为了重复使用而预先拟定，并在订立合同时未与借款人充分协商而订立的格式合同，该合同关于某银行中关村支行有权宣布贷款提前到期的约定，属于格式条款。对于贷款人提前收回贷款情形，某银行中关村支行与曹伦某存在不同理解。一审法院依据上述法律规定，作出不利于提供格式条款一方的解释，认定曹伦某不属于合同约定被提前收回贷款的情形，有事实及法律依据。而事实上，曹伦某一直按期偿还《个人房屋抵押借款合同》项下贷款，未出现逾期还款等违约情形，某银行中关村支行亦不能提供有效证据证明曹伦某的财产状况发生了哪些重大变化足以影响借款合同的实际履行。某银行中关村支行关于一审判决认定事实错误、适用法律错误，曹伦某应提前偿还全部贷款的上诉意见不予支持。

北京市第一中级人民法院依照《中华人民共和国民事诉讼法》第一百七十条第一款第一项之规定，判决：驳回上诉，维持原判。

【法官后语】

本案争议焦点为银行是否有权提前收回其发放的贷款，涉及对格式条款的理解。当格式条款的内容不具体、不清楚、不明确，当事人对条款的理解出现了分歧，从而发生争执，即发生格式条款的解释。格式条款的解释是指根据一定的事实，遵循有关的原则，对格式条款的内容和含义作出说明。根据法律规定，对格式条款的理解发生争议的，应当作出不利于提供格式条款一方的解释。格式条款与非格式条款不一致的，应当采用非格式条款。该条规定采取了对条款提供者作出不利解释的态度。由于格式条款系一方当事人制作而非双方协商订立，条款的订立人会采取有利于自己的模糊文字以损害对方权益，且多数情况下格式合同的订立者为强势一方，如将不合理的解释强加于对方，将不利于保护弱势当事人的合法权益。

具体到本案《个人房屋抵押借款合同》系格式合同，其中违约责任部分约定“如借款人被刑事监禁，某银行中关村支行有权宣布借款合同项下已发放的贷款提前到期”。关于何谓“刑事监禁”，双方当事人持不同意见。由于该合同系银行单方制定，对“刑事监禁”一词的含义并未进行明确说明和释义，结合本案中曹伦某虽因涉嫌刑事犯罪被限制人身自由，但其仍按时归还借款，未发生逾期还款等违约情形，且抵押房屋未受到查封，虽曹伦某经营的公司产权被收回但不足以影响其还款能力，银行的债权也并未受到任何影响，故应当对“刑事监禁”一词作出对制定方不利的解释，认定曹伦某未出现违约情形，无须提前清偿全部贷款。

编写人：北京市海淀区人民法院　郝游

043 银行保兑仓业务主体法律责任的司法认定

——某银行股份有限公司上海分行诉上海某御实业有限公司等金融借款合同案

【案件基本信息】

1. 裁判书字号

上海市第二中级人民法院（2013）沪二中民六（商）终字第

187号民事判决书

2. 案由：金融借款合同纠纷

3. 当事人

原告：某银行股份有限公司上海分行（以下简称某银行）

被告：上海某御实业有限公司（以下简称某御公司）、上海宝某工贸有限公司（以下简称宝某工贸公司）、谢某全

【基本案情】

2012年6月8日，某银行与某御公司（经销商）、宝某工贸公司（供货商）签订了《三方合作协议》。协议约定，某御公司按《购销合同》向某银行申请开列以宝某工贸公司为收款人、某银行为承兑银行的承兑汇票，作为《购销合同》的订货付款和/或结算货款，申请开立的银行承兑汇票风险敞口金额不超过人民币4000万元（以下币种均同）。某御公司所购货物存放在宝某工贸公司指定的仓库，某银行委托宝某工贸公司承担监管、发货等一切仓储责任。某御公司应于银行承兑汇票到期日前一个工作日将应付票款足额交存于某银行指定账户。如银行承兑汇票到期当日，某御公司未及时足额交存票款，某银行在对外垫款后有权就对外垫付的款项按每日万分之五的利率收取利息。如某御公司未在约定期限内补足票款，某银行可以出具货物销售通知书，宝某工贸公司收到销售通知书后应协助某银行在银行承兑汇票到期日之前对某御公司未能按期赎回的货物进行销售调剂直至销售完毕为止，并承担差额退款责任。宝某工贸公司未按本协议的规定履行发货义务的，应在给某银行造成损失的范围内和某御公司一起向某银行承担连带还款责任。

同年6月，某银行和某御公司签订了《最高债权额合同》，约定某银行给予某御公司最高债权额度4000万元。某银行和谢某全签订了《最高额保证合同》，约定谢某全对上述《最高债权额合同》中确定的某御公司对某银行的债务提供连带责任保证。

同年7月，某银行与某御公司签订《银行承兑协议》，约定某御公司申请某银行为其开具出票人为某御公司、收款人为宝某工贸公司，出票金额总计为1500万元的银行承兑汇票。某御公司支付某银行保证金作为担保。

同年7月4日，宝某工贸公司与某御公司签订了《购销合同》二份，约定，某御公司向宝某工贸公司购买钢材7639.375吨；交货仓库为永驻库；结算方式为款到发货。同年7月31日，宝某工贸公司告知某银行，其公司实际收到某银行开具给某御公司银行承兑汇票3000万元。某御公司所需钢材7639.375吨已代为采购完成并入永驻库监管。

2013年1月4日，因某御公司未能按照约定备足到期应付票款，某银行垫付票款10429762.50元。2013年1月5日，宝某工贸公司致函某银行：某御公司、某驻公司、肖某坚等因出具虚假仓单、重复质押、重复买卖等行为，导致某驻公司的仓库现场被多家债权人封堵和被法院查封，某驻公司内货物目前无法提取。

原告某银行诉称：2012年6月，原告与某御公司、宝某工贸公司、谢某全分别签订《最高债权额合同》《三方合作协议》《最高额保证合同》《银行承兑协议》，约定：某御公司向原告申请金额1500万元的银行承兑汇票，期限为6个月，收款人为宝某工贸公司，用途为某御公司向宝某工贸公司购买货物。货物由宝某工贸公司负责监管，某御公司提货需付清等值的货款给某银行，并出示某银行开具的提货通知；宝某工贸公司承诺，在承兑汇票到期前，对某御公司未能赎回的货物进行销售调剂直至销售完毕为止，并承担差额退款的责任；被告谢某全对被告某御公司在最高债权额内承担连带清偿责任，同时约定自原告垫款当日至清偿日止，按日万分之五计息。承兑汇票期限到后，某御公司未能按协议筹集资金还款，宝某工贸公司、谢某全也未履行合同义务，原告垫款人民币10429762.50元。据此，原告诉至法院，请求判令某御公司支付垫付票款10429762.50元、逾期利息（以人民币10429762.50元为基数，按每日万分之五计算）以及律师代理费30万元；宝某工贸公司、谢某全对某御公司的上述欠款承担连带清偿责任。

被告宝某工贸公司辩称，其已将某御公司所需货物采购完毕入宝某工贸公司指定仓库永驻库，但货物因某御公司的原因，被司法查封，导致无法发货，其公司无过错，该风险应由原告承担，故宝某工贸公司不应承担责任。

被告某御公司、谢某全对原告的诉请没有异议。

【案件焦点】

保兑仓业务中经销商和供货商的责任承担问题。

【法院裁判要旨】

上海市黄浦区人民法院认为：各方当事人签订的协议均合法有效，原告为《银行承兑协议》项下承兑汇票实际垫付10429762.50元。某御公司已构成违约，应按合同约定向原告支付垫付票款、逾期利息及律师费等。被告谢某全应按约对某御公司的付款义务承担连带责任保证。

某御公司购买的钢材，已按约放置于宝某工贸公司指定的永驻库，宝某工贸公司应承担监管、发货等一切仓储责任。宝某工贸公司未按协议的规定履行发货义务，其理应依约在给原告造成的损失范围内和被告某御公司一起向原告承担连带还款责任。黄浦区人民法院支持了原告的所有诉讼请求。

宝某工贸公司不服，提起上诉，上海市第二中级人民法院判决维持原判。

【法官后语】

司法实践中出现的保兑仓业务案件，大多均为金融机构未能收回票款之后向保兑仓业务其余两方主体追偿的案件，因此对于保兑仓业务中经销商及供应商的责任承担应是分析重点。

本案中某银行、某御公司、宝某工贸公司三方主体，通过一系列合同，完成了保兑仓业务流程。在三个相应阶段中存在至少三种法律关系：第一阶段产生的是货物供应商与经销商间的买卖合同法律关系；第二阶段产生的是经销商与银行间的融资合同关系；第三阶段产生的是供应商与银行间的担保关系以及仓储管理关系，即供应商对银行就提货与汇票间差额承担担保付款责任，并对发货违约承担责任。

一、关于经销商的责任

对于金融机构而言，经销商即是货物买方，其主要义务是在申请金融机构开列汇票时，支付相应的保证金，并承诺归还票款，否则将承担相应的违约责任。从各方协议内容来看，某银行本质上是通过开列承兑汇票的方式为某御公司购入钢材提供资金支持，但同时为控制风险而要求某御公司缴纳保证金，并控制货物。本案中，某御公司未按约支付票款，某银行垫款后即成为债权人，某御公司理应按照合同约定向某银行支付垫款及利息，并赔偿某银行为本案支付的律师费。所以，原告某银行针对某御公司的诉请合法有据，应予支持。

二、关于供货商的责任

根据三方之间的约定，宝某工贸公司作为保兑仓的供应商一方，在享有获取承兑汇票票款的同时，应承担货物仓储管理，尤其是根据合同约定的不同情形，按照某银行发货通知书的指示进行发货的义务，如果某御公司不能按期支付票款，宝某工贸公司还应该就货物销售额与票款差额承担退款责任，这也是金融机构开展保兑仓业务的主要保障因素，因为供应商一般实力较经销商雄厚，在控制货物的同时，又有供应商的差额退款担保，银行的风险大大降低。

宝某工贸公司作为供应商，既不能以已经收取了票据，与银行之间系票据关系，不应该退还差额款项为由进行抗辩；也不能以监管、发货等环节出现损失系因他人造成而拒绝承担赔偿相应损失的责任。否则会导致三方之间的风险负担不均衡，有违该业务设置始初之意。宝某工贸公司理应依约在给某银行造成的损失范围内（包括原告为被告某御公司垫款本金、产生的利息及支付的律师费）和被告某御公司一起向原告承担连带还款责任。

编写人：上海市黄浦区人民法院　施浩　张娜娜

二、储蓄存款合同纠纷

044 储蓄存款人有妥善保管身份证、存单和相应密码以确保存款安全的义务

——金某萍诉某银行咸丰支行储蓄存款合同案

【案件基本信息】

1. 裁判书字号

湖北省恩施土家族苗族自治州咸丰县人民法院（2020）鄂2826民初1640号民事判决书

2. 案由：储蓄存款合同纠纷

3. 当事人

原告：金某萍

被告：某银行咸丰支行

【基本案情】

2020年5月2日，金某萍在某银行咸丰支行办理了20万元的3年+1天的“多××”储蓄存款。2020年5月13日，金某萍的儿媳王某英持金某萍的身份证、银行存折及银行卡到某银行咸丰支行凭密码将金某萍的20万元定期存款转入金某萍的银行卡账户后进行了支取。金某萍于2020年7月27日发现其存款被王某英取走后向公安机关报案，经公安机关侦查讯问，王某英承认是金某萍在平时生活中向王某英告知了其微信密码和银行存款密码，王某英于2020年5月13日盗取金某萍的身份证、银行存折及银行卡

到某银行咸丰支行将金某萍的20万元“多××”储蓄存款转到金某萍的某银行银行卡账户，然后通过自动取款机取款及微信支付等方式进行了支取。

【案件焦点】

金某萍的存款被盗取的损失应由谁承担。

【法院裁判要旨】

湖北省恩施土家族苗族自治州咸丰县人民法院经审理认为：金某萍在某银行咸丰支行开立账户办理“多××”储蓄存款，双方之间形成的储蓄存款合同合法有效。双方均应依约行使权利、履行义务。金某萍作为储蓄存款合同一方当事人有妥善保管身份证、存折和在该存折上设置不为他人所知密码以确保存款安全的义务。金某萍在平时生活中将其存折密码告知其儿媳王某英，并将身份证、银行存折、银行卡放置在一起，王某英作为金某萍的家庭成员，取得金某萍的身份证、银行存折、银行卡到某银行咸丰支行以代理人身份凭密码办理了相关业务，金某萍未尽到妥善保管其身份证、存折及密码的义务。某银行咸丰支行的工作人员在王某英持有其本人身份证及金某萍的身份证和银行存折，并知晓密码的情况下，办理了金某萍定期存款转活期的业务，某银行咸丰支行办理相关业务并不违反相关规定。金某萍要求某银行咸丰支行返还定期存款20万元的诉讼请求，无法律依据，本院不予支持。

湖北省恩施土家族苗族自治州咸丰县人民法院依照《最高人民法院关于适用〈中华人民共和国民事诉讼法〉的解释》第九十条之规定，作出如下判决：

驳回金某萍的诉讼请求。

判决后，双方当事人均未上诉，本判决现已生效。

【法官后语】

金某萍作为存款人在某银行咸丰支行开立账户办理“多××”储蓄存款，双方即形成储蓄存款合同关系。该储蓄存款合同是双方当事人真实意思的表示，其内容不违反国家法律和行政法规强制性规定，合同有效。双方应当依照约定全面履行各自义务。保护储蓄存款安全不但是一种约定义务，也是双方的法定义务，双方均应依约行使权利、履行义务。《储蓄管理条例》第二十九条规定：“未到期的定期储蓄存款，储户提前支取的，必须持存单和存款人的身份证明办理；代储户支取的，代支取人还必须持其身份证明。”《中国人民银行关于执行〈储蓄管理条例〉的若干规定》第三十四条规定：“储户未到期的定期储蓄存款，必须持存单和本人居民身份证明（居民身份证、户口薄、军人证，外籍储户凭护照、居住证—下同）办理。代他人支取未到期定期存款的，代支取人还必须出具其居民身份证明。办理提前支取手续，出具其他身份证明无效，特殊情况的处理，可由储蓄机构业务主管部门自定。”第三十五条规定：“储蓄机构对于储户要求提前支取定期存款，在具备上述第三十四条条件下，验证存单开户人姓名与证件姓名一致后，即可支付该笔未到期定期存款。”商业银行办理个人储蓄存款业务，应当遵循存款自愿、取款自由、存款有息、为存款人保密的原则，保障存款人的合法权益不受任何单位和个人的侵犯。储户作为银行存折（存单）及密码的唯一持有人，应当妥善保管银行存折（存单）及密码，按照约定对银行存折（存单）信息保密，不使银行存折（存单）脱离控制而被他人获取；在使用银行存折（存单）过程中应当采取妥当措施避免银行存折（存单）密码泄露。银行存折（存单）及密码共同使用才能取款、消费。

金某萍作为储蓄存款合同一方当事人有妥善保管身份证、银行存折（存单）和在该银行存折（存单）上设置不为他人所知的密码以确保存款安全的义务。私人密码具有私有性、唯一性、秘密性的特点。取款密码由储户自行设置，银行存折（存单）也由储户保管，密码和银行存折（存单）是取款必备的要素，否则无法在银行完成取款业务。《中华人民共和国侵权责任法》第六条第一款规定："行为人因过错侵害他人民事权益，应当承担侵权责任。"本案中，金某萍在平时生活中将其存折密码告知其儿媳，并将身份证、银行存折、银行卡放置在一起，王某英作为金某萍的儿媳，取得了金某萍的身份证和银行存折。王某英在支取金某萍的存款时，出示了金某萍的身份证和银行存折及王某英本人的身份证件，王某英以金某萍的受委托人身份在某银行咸丰支行对存款进行提前支取，某银行咸丰支行依据相关法律法规的规定、按照取款自由的原则，应王某英的要求，对相应存款进行了提前支取的操作，某银行咸丰支行没有过错，故某银行咸丰支行对金某萍的存款被王某英支取造成的损失不应承担责任。金某萍未能妥善保管自己的身份证和银行存折，并且将自己设置的银行存折密码告诉给王某英，导致王某英取得金某萍的身份证和银行存折后，凭密码对金某萍的存款进行了支取，故金某萍应对其存款被盗取的损失自行承担责任。

《中华人民共和国民法典》第一千一百六十五条第一款规定："行为人因过错侵害他人民事权益造成损害的，应当承担侵权责任。"该规定与《中华人民共和国侵权责任法》第六条第一款的规定一致。

编写人：湖北省恩施土家族苗族自治州咸丰县人民法院　朱登武

045 一方债权诉讼时效届满后能否行使抵销权

——刘某庭诉某银行南城支行储蓄存款合同案

【案件基本信息】

1. 裁判书字号

浙江省丽水市中级人民法院（2019）浙11民终983号民事判决书

2. 案由：储蓄存款合同纠纷

3. 当事人

原告（被上诉人）：刘某庭

被告（上诉人）：某银行南城支行

【基本案情】

1998年，刘某庭以丽周村法定代表人的名义向丽水市某镇农村合作基金会两次申请贷款共计人民币30000元。但签订合同时，借款人记载为刘某庭。借款到期后，刘某庭未还本付息。随着时间的推移，丽水市某镇农村合作基金会先后变更为丽水市城关农村信用合作社、某1银行城东支行、某2银行紫金支行。对于前述刘某庭的两笔借款，银行未在诉讼时效期间内主张权利。

2009年11月30日，刘某庭在某银行南城支行办理了活期一本通存折（账号：10100506978××××），可正常办理业务。2018年7月22日，刘某庭取款35000元，此后，账户中款项被冻结。刘某庭与某银行南城支行交涉后，银行除冻结36000元款项外，同意让刘某庭支取余款。某银行南城支行表示，冻结该笔款项系行使法定抵销权，收偿刘某庭的借款本息。刘某庭认为，某银行南城支行的行为侵害了其合法权益，故起诉至法院，请求法院判令某银行南城支行立即支付其账号为10100506978××××中的存款36045元及利息。

【案件焦点】

某银行南城支行是否有权行使抵销权。

【法院裁判要旨】

浙江省丽水市莲都区人民法院经审理认为：刘某庭在某银行南城支行开立活期一本通存折账户，双方之间形成储蓄存款合同关系。根据相关法律规定，商业银行办理个人储蓄存款业务，应当遵循存款自愿、取款自由、存款有息、为存款人保密的原则。对个人储蓄存款，商业银行不得随意冻结、扣划。某银行南城支行的行为严重侵害了刘某庭的合法权益，故刘某庭诉请要求支付存款36045元，有事实和法律依据，应予支持。刘某庭同时诉请从2018年7月27日起按年利率6%支付利息。根据查明的事实，其账户里所剩的36045.54元款项已包含利息，对该诉请不予支持。庭审中，某银行南城支行抗辩双方互负到期债务，其可依法行使抵销权，且不受诉讼时效限制。根据某1银行成立变更批复，丽水市某镇农村合作基金会最终权利、义务的继受主体并非某银行南城支行，故其无权对刘某庭行使抵销权。另外，根据法律规定，债权人拥有的债权已丧失胜诉权，系自然债权，人民法院不予保护。若债权人以超过诉讼时效的债权行使抵销权，无异于强迫债务人履行自然之债，会损害债务人的利益。

浙江省丽水市莲都区人民法院依照《中华人民共和国民法通则》第一百零六条、《中华人民共和国合同法》第一百零七条、《中华人民共和国商业银行法》第二十九条之规定，作出如下判决：

一、被告某银行南城支行于本判决生效之日起十日内归还原告刘某庭在被告处开立的账号为10100506978××××活期一本通存折中的存款36045元；

二、驳回原告刘某庭的其他诉讼请求。

某银行南城支行不服一审判决，提出上诉。浙江省丽水市中级人民法院经审理认为：某银行南城支行不是其主张抵销权之债权的继受主体。刘某庭作为某镇丽周村的相关负责人向丽水市某镇农村合作基金会借款，与其在某银行南城支行的存款，分属不同主体，债务性质也不能相互消灭。双方债务均已到期属于法定抵销权形成的积极条件，该条件不仅要求双方债务已届至履行期，同时还要求双方债务各自从履行期限届至诉讼时效期间届满的时间段，应当存在重合部分，在上述时间段的重合部分，双方债权均处于没有时效等抗辩的可履行状态，即视“双方债务均已到期”之条件即为成就，即使此后抵销权行使之时主动债权已经超过诉讼时效，亦不影响该条件成立。某银行南城支行主张的抵销权未能有效成立，却以抵销权的有效成立来主张不受诉讼时效限制的观点，无事实与法律依据。

浙江省丽水市中级人民法院依据《中华人民共和国民事诉讼法》第一百七十条第一款第一项之规定，作出如下判决：

驳回上诉，维持原判。

【法官后语】

本案中，双方的争议焦点是某银行南城支行能否行使其所称的抵销权。关于某银行南城支行是否享有因刘某庭向丽水市某镇农村合作基金会借款所形成的债权，一、二审法院已详细阐述，此处不再赘述。案涉抵销权能否行使的另一要点为，在一方债权已过诉讼时效的情况下，是否能够行使抵销权。民法典第五百六十八条规定，当事人互负债务，该债务的标的物种类、品质相同的，任何一方均可以将自己的债务与对方的债务抵销，但依照法律规定或者按照合同性质不得抵销的除外。当事人主张抵销的，应当通知对方。通知自到达对方时生效。抵销不得附条件或者附期限。但对于一方债务超过诉讼时效，其还是否可以行使抵销权，法律并未明确规定。民事案件当事人要求人民法院保护其民事权利应在诉讼时效内进行，诉讼时效期间届满的，义务人可以提出不履行义务的抗辩。本案中，某银行称，虽然其确实未在诉讼时效期限内向刘某庭主张因其借款而形成的债权，但其此后实现该项债权也并非通过诉讼手段，而是基于抵销权的行使，并没有法律条款明确规定诉讼时效可以对抗抵销权，故其依法行使抵销权的行为应受保护。对于超过诉讼时效的债权，人民法院不予保护，然而，若该抵销权可以成立，那此类案件当事人可以规避诉讼时效，而债务人却丧失了其享有的抗辩权。另外，被告欲行使的法定抵销权，该项作为整个法律体系的一部分，适用时结合民事诉讼时效相关制度也更为合理。

编写人：浙江省丽水市莲都区人民法院　江海燕

046 将 K 宝[①]交由他人使用过程中银行卡内资金被转移，银行是否需要承担赔偿责任

——孙某元诉甲银行股份有限公司溧阳市支行储蓄存款合同案

【案件基本信息】

1. 裁判书字号

江苏省常州市中级人民法院（2017）苏 04 民终 2380 号民事判决书

2. 案由：储蓄存款合同纠纷

3. 当事人

原告（上诉人）：孙某元

被告（被上诉人）：甲银行股份有限公司溧阳市支行（以下简称甲行溧阳支行）

【基本案情】

2010 年 6 月 18 日，孙某元在甲行溧阳支行申请办理借记卡一张。2015 年 11 月 9 日，孙某元对前述账户申请启用了网上银行（二代 K 宝绑定），申请书附《电子银行业务章程 ABC（2014）4022》《电子银行个人客户服务协议 ABC（2014）4023》《个人网上银行客户安全提示书》。孙某元在申请材料上签字确认本人已阅知协议内容，同时，孙某元在《个人网上银行客户安全提示书》上

① 指该银行提供的用于存放客户证书及私钥的物理介质。

签字确认。

2016年9月4日13时52分至15时15分，孙某元的前述账户银行发生20笔交易，客户交易记录详细信息显示该20笔合计金额70908元均在互联网上通过二代K宝认证交易，商户名称为中国银某股份有限公司上海分公司，二级商户名称为联动优某电子商务有限公司，收款户名为中国银某股份有限公司上海分公司。联动优某电子商务有限公司于2016年12月21日向本院提供协查说明函，称其公司系支付机构，本案所涉20笔总计金额70908元已经结算至上海某航物联网有限公司，孙某元使用的支付方式为B2C网银支付。上海某航物联网有限公司于2017年2月8日向本院提供情况说明，称其公司系支付机构，本案所涉20笔交易总计金额70908元的最终商户为深圳市某尚耀科技有限公司。

2016年10月25日，武某娟（系孙某元儿媳）在甲行溧阳支行书写材料一份，载明："……9月4日下午3点左右，我在公司办公室外带小孩玩，老板（孙某元）从他办公室出来找到我，问我有没有买东西或者转账，我说没有呀，转账的东西（K宝）在我家里没带在身上……K宝一直以来都是在我手里保管的，密码、K宝码只有我和老板知道，其他人不知道，其间K宝老板办回来后就交给我保管的，一直都没出现过问题……"孙某元在该材料上注明"情况和我儿媳武某娟所写一致，孙某元"。

孙某元陈述，2016年9月4日13时52分，其所有某银行借记卡被转支电子商务支付20笔合计金额为70908元。其在接到短信提示后，于2016年9月4日15时26分35秒、27分20秒拨打某银行客服电话95599口头挂失，于同日13时35分13秒拨打110

电话报警，后于2016年9月5日10时到溧阳市公安局杨庄派出所报警，该所经初步审查后未予刑事立案。

关于K宝的操作方法，孙某元及甲行溧阳支行均认可每一笔网银交易必须通过按“ok”键这一物理按钮才能最终完成。

【案件焦点】

通过第三方支付平台导致孙某元所持银行卡资金被转移后，甲行溧阳支行是否需承担赔偿责任。

【法院裁判要旨】

江苏省溧阳市人民法院经审理认为：储蓄存款合同中，储户与银行机构关系的内容就是双方在储蓄存款合同中所享有的权利以及所承担的义务，在储户和银行机构之间建立起真实的存储关系后，双方应按照合同的约定享有权利及承担义务，如任何一方没有履行自己的全部或者部分合同义务，则构成违约，应当承担相应的违约赔偿责任。本案中，甲行溧阳支行对银行卡的安全使用已尽到义务，在银行卡绑定第三方支付平台的情况下，发卡行均是向第三人履行合同义务，第三方支付平台的账号和支付密码由持卡人自行设置和保管，发卡行按指令支付款项的行为不应认定为合同履行错误。相反，孙某元在银行明确告知妥善保管密码和K宝的前提下仍将密码告知他人并由他人实际使用K宝。因此，持卡人孙某元存在保管不当、泄露密码的过错，对于孙某元要求甲行溧阳支行赔偿其活期存款70908元及相应利息，没有事实和法律依据。

江苏省溧阳市人民法院依照《中华人民共和国合同法》第六十条第一款、第一百零七条，《中华人民共和国民事诉讼法》第六十四条第一款的规定，作出如下判决：

驳回孙某元的诉讼请求。

一审宣判后，孙某元提起上诉。江苏省常州市中级人民法院认为甲行溧阳支行无须承担赔偿责任，理由如下：首先，本案中，孙某元所持甲行卡资金被转移均是通过网银交易，有别于传统的伪卡交易，故不应适用伪卡交易的相关法律规定。其次，根据二代 K 宝的使用流程，甲行溧阳支行已在业务关联时进行了相关信息验证，确保孙某元身份真实可靠，且在交易完成后向孙某元发送交易提示短信，故已全面履行了审核与通知义务。最后，孙某元未尽审慎保管义务，交由他人掌控二代 K 宝和密码，且在接受提示短信后存在疏忽，未能及时采取挂失措施导致损失的进一步扩大，故存在一定过错。综上，一审判决认定事实清楚，适用法律正确，应予维持。

江苏省常州市中级人民法院依照《中华人民共和国民事诉讼法》第一百七十条第一款第一项之规定，作出如下判决：

驳回上诉，维持原判。

【法官后语】

本案认定甲行溧阳支行无须承担赔偿责任主要基于如下理由：

首先，根据法院向联动优某电子商务有限公司及上海某航物联网有限公司的调查显示，2016 年 9 月 4 日 13 时 52 分至 15 时 15 分，孙某元 622841041020963××××甲行卡发生的 20 笔交易全部系网络支付。换言之，并不存在银行卡被他人以复制卡（或伪卡）方式盗取，由于银行的自动取款系统不能辨别真伪卡等因银行自身存在安全漏洞造成持卡人损失的情形。

其次，根据孙某元在庭审过程中的陈述，其办理网银后将密码告知了自己的儿媳妇武某娟，且将二代 K 宝交由武某娟保管，一直由武某娟进行转账等交易行为。本案诉争的20笔交易发生时，K宝在孙某元家中，而孙某元和武某娟当时都在公司上班，K宝并不在原告本人的掌控范围内。也就是说，对于《个人网上银行客户安全提示书》中“保护好自己的K宝和密码，K宝使用完毕后应及时从电脑上取回”的要求，孙某元并未做到。

再次，在甲行卡发生交易的当日13时52分至15时15分，某银行根据孙某元申请办卡时预留的电话号码发送了交易提示短信，孙某元在庭审过程中陈述当时手机调成震动模式放在办公室充电，因为自己在书写材料故没有理会。一个小时有余的时间内，20条短信，孙某元没有及时查看，对于及时挂失防止损失扩大来说，其本人存在一定过错。

最后，在孙某元申请启用网上银行（二代K宝绑定）时，甲行溧阳支行已就如何正确使用网银、如何保护自己的密码和K宝安全等相关事宜进行了明确告知，孙某元对此也签名表示阅读和知晓。

根据《最高人民法院关于审理银行卡民事纠纷案件若干问题的规定》第七条第三款之规定，“持卡人对银行卡、密码、验证码等身份识别信息、交易验证信息未尽妥善保管义务具有过错，发卡行主张持卡人承担相应责任的，人民法院应予支持”，本案中，在持卡人即原告张某元在开通网络支付业务功能时，发卡行即被告甲行溧阳支行已履行告知持卡人银行卡具有相关网络支付功能的义务，而持卡人在实际使用过程中，未对相关身份识别信息、交易验证信息尽到妥善保管义务，故其存在过错，应当承担相应责任。

编写人：江苏省溧阳市人民法院　蒋园圆

047 手机被植入木马病毒导致资金损失，银行是否担责

——徐某君诉某银行股份有限公司兴化支行储蓄存款合同案

【案件基本信息】

1. 裁判书字号

江苏省泰州市中级人民法院（2017）苏12民终2285号民事判决书

2. 案由：储蓄存款合同纠纷

3. 当事人

原告（上诉人）：徐某君

被告（被上诉人）：某银行股份有限公司兴化支行（以下简称某行兴化支行）

【基本案情】

2009年12月7日，徐某君在某行兴化支行开立尾号为××××的理财金账户。2014年12月16日，徐某君通过网上银行开通该银行卡工行e支付，并给该卡绑定尾号为××××的手机号码。工银e支付是工商银行针对小额在线付款提供的一种便捷支付产品。付款时，只要输入预留手机接收到的短信验证码，无须U盾、电子银行密码器即可轻松完成付款。工银e支付具有月累计消费限额。徐某君的银行卡网上消费模式有两种：一种为无支付限额的，使用U盾支付；另一种为工银e支付，单笔最高为5000元，每月最高为40000元。2016年1月27日，徐某君发现2016年1月18日该

银行卡多笔交易非本人所为，遂向公安机关报警，并在某行兴化支行查询得知，其尾号××××的银行卡内资金被消费了 7 笔共计 27498 元。其中第一笔 5000 元为网上银行 B2C[①] 业务，由工银 e 支付，款项转到中国某动电子商务有限公司；第二笔 1999 元为线上 POS[②] 消费，款项转到中国网某技术有限公司；第三笔 499 元为快钱支付，款项转到快某支付清算信息有限公司；其余四笔每笔 5000 元均为线上 POS 消费，款项均转到苏某易购。徐某君陈述本人没有收到工银信使发送的短信提示。但某行兴化支行提供的工银信使记录表明，徐某君上述七笔消费均有短信提醒。

根据公安机关的调查，犯罪嫌疑人何某安等人获取到公民信息、木马病毒后，将带有木马病毒链接的短信发送给被害人，被害人点击链接后手机被植入木马病毒，何某安等人通过植入的木马病毒窃取到被害人银行卡、身份证号、手机号码等信息后将材料发给黄某令（中间商）等人，黄某令等人再发给陈某翔等人，陈某翔等人再通过苏某门店扫码支付等通道用被害人的信息以及拦截到的支付宝验证码完成支付，盗刷被害人的银行卡。2016 年 1 月 18 日，徐某君的尾号为××××的银行卡签约快某支付，当天通过快某支付消费 499 元。同日，犯罪嫌疑人陈某翔（化名林超）等人使用以徐某君名义注册的易付宝在苏某易购网站订购苹果 6S 手机 4 部，并使用易付宝进行扫码支付共计 20000 元。

---

① B2C 指电子商务中企业对消费者的交易方式。以下不再另作提示。

② POS 指销售点终端机，供银行卡持卡人刷卡消费使用。以下不再另作提示。

【案件焦点】

某行兴化支行对徐某君尾号为××××的理财金账户中 27498 元失盗是否存在过错，是否应当对徐某君账户资金损失承担责任。

【法院裁判要旨】

江苏省兴化市人民法院经审理认为：徐某君与某行兴化支行之间的储蓄存款合同合法有效，双方亦无争议，本院予以确认。徐某君开通网上银行和工行 e 支付后，不借助银行柜台、ATM[①] 柜员机、POS 机或其他交易媒介，仅通过互联网、手机网站及其他终端电子交易平台就可以从事转账、汇款、手机支付等相关银行业务与商品交易。2016 年 1 月 18 日，徐某君银行账户的七笔资金交易均通过互联网进行，分别通过网上银行、B2C 交易、线上 POS、快某支付平台进行交易，仅在 e 支付、易付宝、快某支付等有关客户端输入银行卡信息、交易密码或银行预留手机接收到的验证码就可以完成支付。而交易密码及手机接收到的验证码应当由徐某君本人掌握和控制，2016 年 1 月 18 日，徐某君未收到工银信使发送的验证码及短信提示，应当是其身份证、银行卡、手机号码等信息及支付验证码在当天已经为犯罪嫌疑人陈某翔等人掌握和控制，而徐某君没有证据证明某行兴化支行不履行合同义务或者履行合同义务时不符合约定，故某行兴化支行对徐某君账户资金损失不应承担赔偿责任。徐某君的诉请，难以支持。

江苏省兴化市人民法院依照《中华人民共和国合同法》第六十条，《中华人民共和国民事诉讼法》第六十四条、第一百四十二条，《最高人民法院关于民事诉讼证据的若干规定》第二条的规定，判决如下：

---

① 指自动柜员机。以下不再另作提示。

驳回原告徐某君要求被告某行兴化支行赔偿徐某君存款损失27498元及利息（自2016年1月18日起至实际给付之日止，按年息6%计算）、律师代理费等所有诉讼请求。

徐某君持原审起诉意见提起上诉。江苏省泰州市中级人民法院经审理认为：徐某君现没有证据证明某行兴化支行不履行合同义务或者履行合同义务时不符合约定，故某行兴化支行在提供电子银行服务时并无违反电子银行个人客户服务协议的行为。徐某君认为某行兴化支行电子银行交易环境缺乏安全应承担赔偿责任的上诉理由缺乏事实和法律依据，不予采纳。

江苏省泰州市中级人民法院依照《中华人民共和国民事诉讼法》第一百七十条第一款第一项，判决如下：

驳回上诉，维持原判。

【法官后语】

国内大部分银行对于银行卡的使用主体以及银行卡密码的使用原则基本规定一致，均约定银行卡仅限本人使用，不得出借出租；所有通过银行卡密码进行的交易均视为本人操作。本案银行卡合约中即约定“经密码或验证要素校验通过，交易（含预授权交易）即视为甲方本人所为并由甲方承担交易款项”。

在银行卡纠纷的司法实践中，银行均以“通过密码操作即为本人操作”作为免责的抗辩理由，认为凭借密码交易而不需要识别交易者真实身份是现代电子化交易的核心要求。在当前的银行卡交易模式下，银行很难甚至不可能准确识别每一笔形式交易者的真实身份，只能设计物理介质的银行卡和存储意识的密码作为保障资金安全的双保险。持卡人负有妥善保管银行卡和密码的义务，对于他人凭借银行卡和密码进行交易，银行拟制为持卡人本人交易或合法授权的交易并无不当。审判实践中，“密码交易视为本人交易”的格式条款也有例外适用的情形。因不法分子利用在银行ATM机盗装的设备窃取密码和卡信息制作克隆卡导致资金损失，不适用“密码交易视为本人交易”规则。在此情形下，用户已经履行了妥善保管银行卡和密码的义务，由于银行未能提供必要安全、保密的业务办理环境导致资金损失，应当由银行承担相应的责任。

大多数的银行卡纠纷中，对于银行卡密码被盗取银行均存在不履约或履约不符合规定的情形。例如，在银行网点门口安装读卡器窃取储户信息，在自助银行门禁系统安装盗码器，利用ATM机盗取储户信息在本案中等银行未能为储户提供安全、保密的业务办理环境，属于未尽安全防范义务的情形，对于储户资金的损失银行应承担相应的责任。具体到本案中，不法分子通过在用户手机植入木马病毒，盗取用户银行卡、身份证号码、手机号码等信息，拦截短信验证码在互联网实现银行卡盗刷。本案银行卡交易密码被盗取是由于用户点击了不法分子发送的带有木马病毒的链接，银行按照合约依法履行了安全保障义务，发送交易验证码，故对用户银行卡内资金损失不应承担赔偿责任。

《最高人民法院关于审理银行卡民事纠纷案件若干问题的规定》自2021年5月25日起施行，该规定回应了社会关切，对银行卡盗刷责任作出了明确规定。第七条是对持卡人与发卡行两者责任的基本规定，第八条、第九条是对网络盗刷的特别规定。在责任认定方面，根据民法典第五百七十七条、第五百九十一条至第五百九十三条的规定，分别适用无过错归责原则以及有过错、减损义务的规定。概括而言，在借记卡被盗刷情形下，持卡人可以基于借记卡合同法律关系请求发卡行支付被盗刷存款本息并赔偿损失。依据民法典第五百七十七条适用无过错归责原则的，要求发卡行不履行合同义务或者履行合同义务不符合约定，本案发卡行在提供电子银行服务时并无违反电子银行个人客户服务协议的行为，已尽账户安全保障义务，故无须承担赔偿责任。

编写人：江苏省兴化市人民法院　唐昌国　丁军生

048　未经持卡人书面确认，银行不得为持卡人开通自助转账类业务

——陈某坤诉某银行股份有限公司成都蜀汉支行储蓄存款合同案

【案件基本信息】

1. 裁判书字号

四川省成都市中级人民法院（2017）川01民终13238号民事判决书

2. 案由：储蓄存款合同纠纷

3. 当事人

原告（被上诉人）：陈某坤

被告（上诉人）：某银行股份有限公司成都蜀汉支行（以下简称某行蜀汉支行）

【基本案情】

2017年3月22日，陈某坤在某行蜀汉支行办理了卡号为622262053000957××××磁条IC借记卡一张，预留联系电话为13671110×××。某行蜀汉支行提交的业务信息单显示，陈某坤持有的622262053000957××××磁条IC借记卡于2017年3月22日12时

43分通过个人网银注册流程自助开通了手机银行和网上银行功能，手机银行和网上银行的日累计限额、单笔限额均为50000元。2017年3月24日9时49分5秒，陈某坤通过其某银行账户将380000元转入上述新办的某行蜀汉支行借记卡账户。此后，根据某行蜀汉支行交易流水及回执单显示，陈某坤的案涉某行蜀汉支行借记卡账户于2017年3月24日10时50分36秒通过个人网银向案外人陈某伟6214834270850××××账户转账50000元；于10时57分50秒通过手机银行向陈某伟6214834270850××××账户转账50000元；于2017年3月25日0时39分26秒通过个人网银向案外人叶某青6217920171638××××账户转账50000元；于0时42分37秒通过手机银行向叶某青6217920171638××××账户转账50000元；于2017年3月26日0时18分通过个人网银向案外人李某臣6217906000011529××××账户转账50000元；于2017年3月26日通过手机银行转出50000元；于2017年3月27日0时5分14秒通过个人网银向案外人宋某军6215592609002772××××账户转账50000元；于0时12分1秒通过手机银行向宋某军6215592609002772××××账户转账29952元。至此，陈某坤案涉某行蜀汉支行借记卡账户余额为0元。

2017年3月29日，陈某坤到某行蜀汉支行查询账户余额，发现账户余额为0元后随即向成都市公安局金牛区分局黄忠刑警中队报案。成都市公安局金牛区分局黄忠刑警中队向陈某坤出具《受案回执》一份，载明陈某坤被电信诈骗一案已受理。

诉讼中，陈某坤陈述以下事实：“在某行蜀汉支行开户前我曾接到一个自称是检察长的电话，对方称我涉嫌洗黑钱的国家二级秘案，有个涉案人员与我有关，因考虑到我的钱都是血汗钱，从来没用过，我存了二十年，我要让他赶快还我一个清白。他让我配合他把我的资金清理干净。他说我在某行蜀汉支行没有业务，让我在某行蜀汉支行去开一个干净的卡。我到某行蜀汉支行办卡当天，银行柜员问我带手机没有，我说没有带，但是我将给我打电话的那个人的电话号码写在手心，我就告诉银行柜员办卡时预留的是这个111的手机号，是打电话那个人让我留他的手机号的。办卡后，对方还打电话来问我钱转没有，我没有告诉他，我说不知道什么时候转，我把我的银行卡号告诉了对方，但是没有告诉对方我的密码。”

某行蜀汉支行陈述以下事实：陈某坤在银行办卡当日确实没有在柜台办理开通网上银行和手机银行的业务，根据银行业务信息单显示，陈某坤银行卡的网上银行和手机银行业务都是通过网上自助方式开通。某行蜀汉支行网上银行和手机银行的开通有两种方式，一种是柜台开通，柜台开通是需要客户本人持本人身份证、银行卡、手机到柜台上开办的，开办的时候同时发送验证码，柜台开通的限额更大一些，如购买U盾限额会更大。另外一种是如果客户在我们系统中留存的信息是完整的，如手机号码和身份证号码是完整的，那么客户可以通过PC方式自助在网上进行开通，开通的时候需要提供客户卡号、身份证、登录取款密码、客户在系统预留的手机号码，如果点了确认开通后，手机会收到验证码，验证码输入正确后就可以自己开通了，这样开通的限额是单笔5万元，每日累计限额是5万元，我们出示的证据上限额就是5万元。但是这两种开通方式都是基于客户要提供他的密码进行核实，自助渠道都是要通过手机收取验证码核实才能开通的。

【案件焦点】

在陈某坤的银行存款被犯罪分子通过电信诈骗方式转走的这一事实中，某行蜀汉支行是否存在未尽到安全防范提示义务的违约行为。

【法院裁判要旨】

四川省成都市金牛区人民法院经审理认为：本案中，陈某坤在办理银行卡当日已明确告知银行柜员未携带本人手机，因陈某坤年近70岁，老年人是近年来电信诈骗的高危受害人群，而预留手机号码作为自助开通手机银行和网上银行功能的关键要件之一，其重要性等同于交易密码，但对陈某坤这样的非金融专业人士的老年人而言，如果银行不进行明示告知预留手机号的重要性，其可能并不知晓预留手机号码的重要性。现有证据无法根据某银行提交的证据来证实案涉银行卡在开通手机银行、网上银行时其尽到了核实输入的信息与陈某坤预留信息一致的义务。2009年4月27日，中国人民银行、某银行业监督管理委员会、公安部、国家工商总局联合发布《关于加强银行卡安全管理预防和打击银行卡犯罪的通知》（以下简称《通知》），《通知》第六条规定，严格自助转账业务的处理，未经持卡人主动申请并书面确认，发卡机构不得为持卡人开通电话转账、ATM转账、网上银行转账等自助转账类业务；为持卡人开通自助转账业务时，要向持卡人充分提示开通有关业务的风险，并要对持卡人进行更为严格的真实身份核查，确保实名开户，未履行职责，产生资金风险的，要依法承担责任。持卡人开通网上银行转账的，应采用数字证书、电子签名等安全认证方式，单笔转账金额不应超过1千元，每日累计转账金额不得超过5千元。案涉银行卡被犯罪分子自助开通手机银行、网上银行，而在开通手机银行、网上银行这一过程中，并无陈某坤的书面确认，故某银行在自助开通手机银行、网上银行这一业务中，未严格按照《通知》的规定对持卡人进行更为严格的真实身份核查。而案涉银行卡在开通手机银行、网上银行后，被犯罪分子连续四天通过手机银行和网上银行的方式转走账户存款，且大部分交易发生在凌晨时分，除最后一笔金额外，其余金额均为手机银行和网上银行的单日最高限额5万元，其特征已经高度符合电信诈骗的特征。犯罪分子正是利用了某银行的监管漏洞完成了犯罪行为。因此，某银行在陈某坤被电信诈骗的这一过程中存在未尽到严格的安全防范提示义务以及在案涉银行卡自助开通手机银行、网上银行这一行为中未尽到严格、谨慎地审查义务的违约行为。

陈某坤作为案涉银行卡的持卡人和存款的所有人，仅凭犯罪分子的电话陈述，就轻信犯罪分子编造的谎言，轻易在办理银行卡时向银行提供了犯罪分子的电话作为自己银行卡的预留联系电话，并在取得银行卡后将银行卡号告知犯罪分子，结合本案实际情况，法院酌情确定由某银行承担80%的责任，陈某坤自行承担20%的责任。

某行蜀汉支行不服一审判决提起上诉。四川省成都市中级人民法院经审理认为：本案二审争议的焦点为某行蜀汉支行应否向陈某坤赔偿损失。第一，办理银行卡业务时预留的手机号码，对于此后自助开通手机银行和网上银行功能尤为重要，某行蜀汉支行在为陈某坤办理业务时明知其未携带手机仍为其办理银行卡，在办理过程中未认真向陈某坤确认该手机号是否为陈某坤所有，也未向陈某坤提示预留手机号码的重要性，未尽到应有的风险防范提示业务。如其上诉所称，因陈某坤未携带手机工作人员只能为其开通银行卡的基本服务功能，那么作为对开通网上银行、手机银行等功能银行系统更应设限，在自助开通上述功能特别是转账功能时加大身份识别力度。第二，银行卡大力发展的同时，风险管理形势也日益复杂，特别是电子银行业务的风险管理及防控更为重要，作为金融机构更应加强风险防控意识。《电子银行业务管理办法》第三十九条规定："金融机构应当与客户签订电子银行服务协议或合同，明确双方的权利与义务。在电子银行服务协议中，金融机构应向客户充分揭示利用电子银行进行交易可能面临的风险，金融机构已经采取的风险控制措施和客户应采取的风险控制措施，以及相关风险的责任承担。"《通知》第六条规定："严格自助转账业务的处理。未经持卡人主动申请并书面确认，发卡机构不得为持卡人开通电话转账、ATM 转账、网上银行转账等自助转账类业务；为持卡人开通自助转账业务时，要向持卡人充分提示开通有关业务的风险，并要对持卡人进行更为严格的真实身份核查，确保实名开户；未履行职责，产生资金风险的，要依法承担责任。持卡人开通电话、ATM 转账的，每日每卡转出金额不得超过 5 万元人民币。持卡人开通网上银行转账的，应采用数字证书、电子签名等安全认证方式，否则单笔转账金额不应超过 1 千元人民币，每日累计转账金额不得超过 5 千元人民币……"从上述规定可知对网上银行及手机银行的开通应有严格的限制，在自助开通陈某坤所持银行卡的网上银行和手机银行时，某行蜀汉支行并未举证证明其采用了数字证书、电子签名等安全认证方式，不能证明严格按照《通知》的规定对持卡人进行了更为严格的真实身份核查以及对转账金额进行限制，其在陈某坤的存款被诈骗过程中存在较大过错，一审法院综合案件情况判决由其承担 80%的责任并无不当。某行蜀汉支行的上诉请求不能成立，应予驳回；一审认定事实清楚，适用法律正确，程序合法，应予维持。

四川省成都市中级人民法院依照《中华人民共和国民事诉讼法》

第一百七十条第一款第一项之规定，判决如下：

驳回上诉，维持原判。

【法官后语】

人民法院受理的针对银行卡被盗刷的民事案件日益增多，尤其是针对老年人的电信诈骗手段越发复杂。2009年4月27日，中国人民银行、某银行业监督管理委员会、公安部、国家工商总局联合发布了《通知》，《通知》中明确要求发卡行保护持卡人信息安全，完善对交易信息的动态监测，实现对持卡人信息的风险防控，《通知》第六条还明确规定，严格自助转账业务的处理，未经持卡人主动申请并书面确认，发卡机构不得为持卡人开通电话转账、网上银行转账等自助转账类业务，为持卡人开通自助转账业务时，要向持卡人充分提示开通有关业务的风险，并要对持卡人进行更为严格的真实身份核查，确保实名开户，未履行职责，产生资金风险的，要依法承担责任。2021年5月25日施行的《最高人民法院关于审理银行卡民事纠纷案件若干问题的规定》第九条第一款规定，发卡行在与持卡人订立银行卡合同或者新增网络支付业务时，未完全告知某一网络支付业务持卡人身份识别方式、交易验证方式、交易规则等足以影响持卡人决定是否使用该功能的内容，致使持卡人没有全面准确理解该功能，持卡人以其未与发卡行就相关网络支付条款达成合意为由请求不承担因使用该功能而导致网络盗刷责任的，人民法院应予支持，但持卡人对于网络盗刷具有过错的，应当承担相应过错责任。从上述规定可知，不论是金融监管部门，还是司法解释层面，在对银行卡开通网络支付功能方面，均赋予了发卡行更高的安全注意义务，即网络支付功能的开通必须经持卡人书面同意并完全告知这一网络支付功能的身份识别方式、交易验证方式、交易规则，否则持卡人有权请求不承担因使用该功能而导致的网络盗刷责任。

本案中，犯罪分子正是利用了某银行开通自助转账类业务的漏洞，在未经持卡人书面确认的情况下为案涉银行卡开通了手机银行、网上银行的自助转账业务，导致持卡人银行账户存款被犯罪分子全部转走，因此，银行应当依法承担责任。当然，持卡人和存款的所有人对银行卡的资金安全、银行卡的卡号及密码等重要信息同样负有谨慎的保管义务，如果轻易在办理银行卡时向银行提供犯罪分子的电话作为自己银行卡的预留电话，自身亦存在疏忽大意的过错，同样要对存款的损失承担一定责任。

编写人：四川省成都市金牛区人民法院　郭雅丽

049 个人银行预留的信息变更后，银行应否就储户账户不明支出承担责任

——程某诉某银行股份有限公司昆明潘家湾支行储蓄存款合同案

【案件基本信息】

1. 裁判书字号

云南省昆明市中级人民法院（2016）云01民终2737号民事判决书

2. 案由：储蓄存款合同纠纷

3. 当事人

原告（上诉人）：程某

被告（被上诉人）：某银行股份有限公司昆明潘家湾支行（以下简称某银行）

【基本案情】

程某持有卡号为6228848086830206××××的某银行借记卡，2015年6月21日因结息转入111.01元，当时余额为67334.25元。其后于2015年8月24日至2015年8月31日，该账户发生12笔存入业务共计880981.17元及85笔支出业务共计948314.85元，上述业务均通过网上银行及第三方支付操作办理，其中在发生多笔转出业务后，于2015年8月25日至2015年8月31日通过网上银行分7笔存入142105元。截至2015年9月1日，该账户余额为人民币0.5元。另查明，程某持有的卡号为62284505660174××××的某银行借记卡，于2015年9月24日通过网上银行分4笔支出371元。程某所持有的上述两张银行借记卡均办理了网上银行及手机银行业务。

程某与某银行协商处理上述事件未果后，向法院起诉，请求判令：一、某银行向程某返还存款776381.41元及利息（利息自2015年8月24日起按中国人民银行同期存款利率计至某银行付清款项之日止）；二、某银行承担本案诉讼费。

【案件焦点】

1. 如何认定程某对于其账户的控制支配能力及待证事实发生的盖然性；2. 程某的账户是否被盗刷；3. 某银行在履行其与程某的储蓄存款合同中是否存在过错。

【法院裁判要旨】

云南省昆明市五华区人民法院经审理认为：程某在某银行办理了卡号为6228848086830206××××及卡号为622845056601744××××的借记卡两张，故程某与某银行建立了储蓄合同关系。根据《中华人民共和国民事诉讼法》第六十四条第一款的规定：当事人对自己提出的主张，有责任提供证据。《最高人民法院关于民事诉讼证据的若干规定》第二条规定：当事人对自己提出的诉讼请求所依据的事实或者反驳对方诉讼请求所依据的事实有责任提供证据加以证明。没有证据或者证据不足以证明当事人的事实主张的，由负有举证责任的当事人承担不利后果。原审法院认为，依据法律规定，程某主张银行系统存在安全隐患或其他损害程某账户资金安全的行为导致其损失的，应该由程某举证证明，本案中程某没有证据证明程某账款上的款项是被盗用的，也无证据证明某银行存在过错或违反操作规程的情况，而且程某所持银行借记卡6228848086830206××××在此期间仍有多笔存入业务，且转入金额较大，如果账户存在盗取，也不可能有存入业务，存入也与常理违背。程某所诉无事实及法律依据，予以驳回。

云南省昆明市五华区人民法院依据《中华人民共和国民事诉讼法》第六十四条、第一百一十八条之规定，判决如下：

驳回程某的诉讼请求。

程某提起上诉。云南省昆明市中级人民法院经审理认为：依据《中华人民共和国商业银行法》第六条“商业银行应当保障存款人的合法权益不受任何单位和个人的侵犯”之规定，商业银行对持卡人存款具有安全保障义务。该安全保障义务包括对交易机具、交易场所的安全管理，以及对包括银行卡在内的各项软硬件设施及时更新升级，以最大限度地防范持卡人资金交易安全漏洞。程某与某银行之间存在储蓄存款合同关系，某银行应保障程某账户内资金的安全。程某账户消费以及程某未能及时发现账户资金变化的原因是2015年8月21日某银行嵩明黄龙支行在经系统将客户资料自动上传授权中心进行远程授权审核后对程某的银行预留电话号码变更为13430291×××。对于某银行提交的2015年8月21日客户资料登记、变更表；个人结算账户申请书；银行卡存款凭条。程某认为上述证据中的“程某”的签字并不是其本人亲笔签名，并已经申请司法鉴定，经法庭释明，某银行未能在指定的期限内提交上述证据的原件用于鉴定，某银行应当就此承担举证不能的法律后果，二审法院认定2015年8月21日申请办理开户变更程某账户的不是程某本人。某银行在授权变更程某账户银行预留电话号码和信息的行为存在过错。由于银行预留电话号码的变更，导致程某本人对其账户资金情况不能及时知悉，自2015年8月21日之后就对其账户失去控制。自2015年8月24日起至2015年8月31日止，程某的借记卡6228848086830206××××发生的银行支付交易中，交易时间多发生在凌晨。交易的省市涉及浙江、深圳、云南、上海，多次出现极短时间内跨省市交易的情形，不可能系程某本人持真卡进行的交易。银行对持卡人资金负有安全保障义务，无论持卡人账户资金以何种形式对外发生支出，银行均应进行审核，在确保系持卡人或持卡人授权的情况下，方能支付。由于某银行在未确认是程某本人的情形下，授权将程某银行预留电话号码变更，导致程某账户资金变动时不能及时知悉并失去对账户的控制，某银行不能举证证明其已对涉案的程某账户资金支付尽到应有的安全保障，其应对程某账户资金的不明支出承担责任，原审法院对此认定错误，二审法院予以纠正，程某的上诉主张有事实及法律依据，予以支持。某银行抗辩本案程某银行卡不存在盗刷的主张与本案查清的事实相悖，不予支持。

关于程某提出的按中国人民银行同期贷款利率支付利息的诉讼主张，因程某的诉争存款账户为活期存款账户，其资金在该账户中的收益仅为活期存款利息，其主张按同期存款利率支付符合法律规定，按中国人民银行活期存款利率予以支持，即支持程某主张的以776010.41元为本金，自2015年8月24日起至款项实际清偿之日止，按照中国人民银行同期存款利率计算的利息；以及以371元为本金，自2015年9月24日起至款项实际清偿之日止，按照中国人民银行同期存款利率计算的利息。

云南省昆明市中级人民法院依照《中华人民共和国合同法》第六条、第六十条，《中华人民共和国民事诉讼法》第六十四条第一款、第一百七十条第一款第二项，《最高人民法院关于适用〈中华人民共和国民事诉讼法〉的解释》第九十条、第九十一条第一款之规定，判决如下：

一、撤销昆明市五华区人民法院（2015）五法民三初字第2269号民事判决；

二、由某银行于本判决生效之日起十日内赔偿程某存款损失776381.41元，并支付以776010.41元为本金，自2015年8月24日起至款项实际付清之日止，按中国人民银行活期存款利率计算的利息，以及以371元为本金，自2015年9月24日起至款项实际付清之日止，按中国人民银行活期存款利率计算的利息。

【法官后语】

本案一审过程中，程某虽举证了其账户存款存在减少的事实，但是未能举证证明其对存款账户已经失控，并不能及时知悉账户情况，一审法院将上述举证责任分配给程某，导致程某举证不力，未能证明本案中存在其银行卡账户被盗刷的情形。二审中，经过法院对当事人进行待证事实的释明以及重新分配举证责任，查清了银行在对程某银行预留个人信息（最重要的是账户绑定的手机号码）变更审查中存在过错，银行在未确认是程某本人操作的情形下，授权将程某银行预留电话号码变更，导致程某对其银行账户失去控制，以及在账户资金变动时不能及时知悉，认定了本案中存在程某银行卡被盗刷的情形，故银行在本案中存在过错，银行对程某账户资金支付亦未尽到应有的安全保障义务，其应对程某账户资金的不明支出（支出中包含伪卡交易和非伪卡交易）承担责任。

一般而言，具备下列情况之一的，可以认定存在伪卡交易：1. 行为人并非持卡人本人，且存在安装测录装置盗取银行卡信息、密码等行为的；2. 交易银行卡的样式、颜色、标记等与真实的银行卡差异较大的；3. 涉案银行卡账户短时间内在异地交易，有证据或者依据常理推断持卡人未在该时该地交易的（可以根据经验法则，结合交易行为地与持卡人处所的距离、交易时间和报案时间、持卡人身份、持卡人的陈述等情况，综合考量后，对是否存在伪卡交易作出认定）；4. 签购单等交易单据上的签名与银行卡上记载的持卡人签名明显不一致的；5. 其他能够证明伪卡交易的情形的。简言之，认定原则为持卡人“人在当地、卡在身、交易在异地”。

在伪卡交易诉讼中，由于持卡人所持银行卡的性质不同，涉及的诉讼主体亦有区别。当持卡人持银行卡系借记卡时诉讼主体由持卡人、发卡行、收单行构成。鉴于持卡人与发卡行之间的储蓄合同关系，持卡人的主合同义务系将其存款存储于发卡行；发卡行的主合同义务则是到期还本付息。伪卡交易引发的银行卡纠纷案件，涉及发卡行、收单行、持卡人、特约商户、制作伪卡进行交易的犯罪分子等多方主体，法律关系复杂。各方主体应依法依约履行相应义务：发卡行负有按约给付存款本息、保障持卡人用卡安全等义务；收单行负有保障持卡人用卡安全的义务；持卡人负有妥善保管银行卡及密码的义务；特约商户负有审核持卡人真实身份和银行卡真伪的义务。任何一方违反义务，均应承担相应责任。关于责任承担问题，持卡人基于银行卡合同法律关系起诉发卡行，发卡行因第三人制作伪卡构成违约的，应当向持卡人承担违约责任。发卡行承担责任后，有权向第三人主张权利。

在伪卡交易认定中，持卡人需就交易性质系伪卡交易进行初步证明，如其持有的银行卡并未脱离其控制、诉争款项非其本人支取或消费。在审判实践中，持卡人一般无须就密码泄露非本人责任进行举证，原因在于交易密码泄露原因难以举证，同时如果存在持卡人故意泄露密码情形则涉及刑事上的共同犯罪，发卡行可在刑事案件中得以救济。当持卡人持有贷记卡时涉及的诉讼主体较为复杂，在诉讼实践中多以发卡行起诉持卡人还款的形式出现。此类案件中，持卡人如抗辩交易非其本人操作，则应当追加签约商户及收单行为第三人或共同被告。持卡人支持其抗辩主张的举证责任与上述借记卡交易一致；收单行及签约商户应就其已尽形式审查义务举证（如银行卡签名与回单签名的一致性）。总之，在伪卡交易纠纷案件中，持卡人作为合同相对弱势一方，在举证责任分配上只需完成初步举证即可。

发卡行、收单行、特约商户应提交由其持有的案涉刷卡行为发生时的对账单、签购单、监控录像等证据材料。无正当理由拒不提供的，应承担不利法律后果。

编写人：云南省昆明市中级人民法院　古维贤

050 银行卡电子支付（非物理卡）交易盗刷类案件中的责任认定

——张某三诉某银行股份有限公司上海市静安支行储蓄存款合同案

【案件基本信息】

1. 裁判书字号

上海市静安区人民法院（2015）静民四（商）初字第2916号民事判决书

2. 案由：储蓄存款合同纠纷

3. 当事人

原告：张某三

被告：某银行股份有限公司上海市静安支行

【基本案情】

原告在被告处办理银行卡尾号为8243的借记卡（磁条卡）一张。2005年11月1日，原告办理个人电子银行注册，开通网上银行与电话银行服务。《某银行电子银行个人客户服务协议》第二条第二款第五项约定“甲方应按照机密的原则设置和保管密码……由于密码泄露造成的后果由甲方承担。……”第三条第一款第五项约定“乙方根据甲方的电子银行业务指令办理业务，对所有使用甲方在乙方设定的身份认证信息（包括账户账号、卡号、客户编号、电话或手机号码、客户名称、终端设备信息等），并按照甲方在乙方设定的身份认证方式（包括密码、客户证书、动态口令等）通过身份验证的操作均视为甲方所为”；第三条第二款第四项约定“乙方负责向甲方提供电子银行业务咨询服务，并在乙方网站公布功能介绍、热点解答、交易规则等内容”。

2015 年 2 月 19 日 19：20 时许，原告收到手机短信，得知其网上银行个人信息正被修改。原告立即查看，发现该卡交易有异常，即拨打客服电话查询。同年 2 月 25 日，原告至上海市公安局杨浦分局报案；3 月 4 日，原告办理原卡升级更换；3 月 16 日，警方刑事立案。经查询，该借记卡在 2015 年 2 月 6 日至 2 月 19 日（14 天），每天通过电话银行多次以“一体”缴费方式进行手机充值，每天多笔交易总额 500 元、14 天共计 7000 元；涉案缴费手机主叫手机号 7 个、充值手机号 16 个。原告认为被取现的 7000 元均为伪卡盗刷，被告未尽到保障资金安全义务致原告受损，应当予以赔偿，故起诉请求判令：一、被告赔偿 7000 元及利息损失（自 2015 年 2 月 6 日起按中国人民银行同期活期存款利率计算至实际支付日止）；二、诉讼费由被告承担。

被告认为，电话银行充值系根据银行卡号和密码操作，被告无过错，不同意诉讼请求。对原告提供的证据无异议。

原告表示银行卡平时用于提现，没有消费过，也不清楚被告所述的“一体”交易方式。被告表示“一体”交易属银行提供的中间业务平台服务，服务范围包括通过网银、手机和电话进行缴费。

【案件焦点】

1. 涉案交易是否可以视为原告所为；2. 涉案交易是否因原告未妥善保管卡号及密码造成信息泄露所致。

【法院裁判要旨】

上海市静安区人民法院经审理认为：本案争议焦点为：一、涉案交易是否可以视为原告所为；二、涉案交易是否因原告未妥善保管卡号及密码造成信息泄露所致。

原告主张涉案交易非其所为，并在发现异常后即与被告沟通，向公安部门报案；被告辩称涉案交易属“一体”交易，系原告开通的电话银行提供的中间业务，根据电话银行业务流程，卡号及密码相一致的交易即视为原告本人进行的交易。经查，《某银行电子银行个人客户服务协议》第三条第一款第五项约定：被告根据原告的电子银行业务指令办理业务，对所有使用原告在被告设定的身份认证信息（包括账户账号、卡号、客户编号、电话或手机号码、客户名称、终端设备信息等），并按照原告在被告设定的身份认证方式（包括密码、客户证书、动态口令等）通过身份验证的操作均视为原告所为。法院认为，在电子支付的情形下，不应仅以卡号和密码相一致判断交易系持卡人所为，该条款概括地免除了被告对非因原告过失所致信息泄露造成损失的安全保障义务，不当加重了原告责任，系格式条款，对原告无约束力。并且，被告未举证其向原告就电子银行服务“一体”交易规则进行告知，亦未提供涉案一系列交易的具体商户和交易明细。因此，在没有其他证据相佐证的情况下，涉案交易不能视为原告所为。被告的该点抗辩意见，法院不予采纳。

原告主张尽管其曾开通电话银行业务，但未使用过电话银行业务，涉案银行卡仅用于取现，未进行刷卡消费，其在银行卡卡号和密码的保管过程中并无过错。被告抗辩称原告对卡号和密码保管不慎，导致信息泄露，应自行承担相应损失。法院认为，涉案的自2015年2月6日至2月19日的多笔手机充值业务一系列交易有违一般交易习惯，原告主张该些交易非其所为，并已举证证明因该些交易造成其所持银行卡金额损失的相关事实。被告主张该系列交易即使不是原告所为，也系原告过失泄露密码所致。对于该主张，被告应承担举证责任。被告未进行相应举证，应承担举证不能的不利后果。对被告该点抗辩意见，法院亦不予采纳。

综上所述，涉案交易有违一般交易习惯，被告不得仅因电话银行业务操作中卡号与密码相一致而免除其对原告银行卡账户资金的安全保障义务，被告亦未能证明原告未尽卡号或密码妥善保管义务。现原告银行卡账户通过电话银行多次向他人付款，被告未能保障账户资金的安全，应向原告承担违约责任。因此，原告要求被告赔偿7000元和利息损失的请求，合法有据，应予支持。

上海市静安区人民法院依照《中华人民共和国合同法》第四十条、第六十条、第一百零七条，《中华人民共和国民事诉讼法》第六十四条第一款，《中华人民共和国商业银行法》第六条，《最高人民法院关于适用〈中华人民共和国合同法〉若干问题的解释（二）》第十条的规定，判决如下：

被告某银行股份有限公司上海市静安支行应于本判决生效之日起十日内赔偿原告张某三人民币7000元及自2015年2月19日起至实际履行日止的利息损失（以人民币7000元为本金，按同期中国人民银行颁布的活期存款利率计算）。

判决后，双方当事人均未上诉，本判决现已生效。

【法官后语】

本案储蓄合同纠纷涉及一起通过电话银行进行电子支付盗刷银行卡的案件，与一般使用物理卡盗刷不同的是，涉案交易不涉及银行卡的实物使用。本案法官从条款设置、举证责任进行分析，结合交易习惯审查在电子支付环境下，银行是否尽到了安全保障义务，为电子支付平台交易行为引发的银行卡盗刷类案件提供了审理思路。

本案涉及的“一体”交易方式系银行提供的中间业务平台服务，包括通过网上银行、手机和电话进行缴费。承办法官认为，本案涉案交易在短短13日内使用8个主叫号码多次通过电话银行向16个手机号进行话费充值，在交易类型、持续时间、涉案手机的使用上均不符合一般日常使用习惯，不能仅凭卡号和密码相一致的单一标准判断交易系持卡人所为；另外，银行关于指令操作的约定概括地免除了持卡人对非因本人过失所致信息泄露造成损失的安全保障义务，片面加重了持卡人的责任，不当转移损失风险，系格式条款；银行未举证证明其已经遵循格式条款的告知规则，难以认定银行对持卡人就电子银行服务“一体”交易规则进行了告知，对于涉案一系列交易的具体商户和交易明细亦未提供证据进行佐证。据此，银行与持卡人之间关于电子银行业务指令交易的约定对持卡人无约束力，不能证明涉案交易系原告所为。从举证责任的角度分析，原告已经证明了损失发生的基本事实和金额，银行对于原告存在过失的主张未能证明，应承担不利后果。

涉案银行卡交易不涉及实体卡，银行关于电子支付通过设定指令操作的格式条款概括地免除了银行方对非因持卡人过失所致信息泄露造成损失的安全保障义务，对持卡人无约束力。并且，涉案交易有违一般交易习惯，银行未举证证明持卡人对卡号和密码保管不慎导致涉案交易的发生，应承担不利后果。

编写人：上海市静安区人民法院　严亚璐　皮妍蓉

051 银行卡盗刷案件中扩大损失的责任承担
——顾某明诉某银行股份有限公司上海静安支行储蓄存款合同案

【案件基本信息】

1. 裁判书字号

上海市第二中级人民法院（2016）沪02民终字第949号民事判决书

2. 案由：储蓄存款合同纠纷

3. 当事人

原告（被上诉人）：顾某明

被告（上诉人）：某银行股份有限公司上海静安支行

【基本案情】

原告在被告处申请办理卡号为6228450038008328×××的借记卡一张。2014年4月9日原告收到该卡手机短信取现提醒，遂于4月10日凌晨拨打95599银行电话查询交易情况、提出交易异议。接待人员建议原告先行挂失，原告表示不会电话挂失的操作才打电话人工服务，不同意挂失。同年4月10日15时许，涉案银行卡又发生类似取现；4月11日下午，原告到被告处交涉；4月14日报警。后经银行查询，原告涉案银行卡在我国台湾地区通过ATM机被提取现金：2014年4月9日22时许6笔计9962.79元、手续费171.64元，4月10日15时许3笔计9992.90元、手续费135.93元（合计20263.26元）。该期间原告在中国大陆境内。之后，原告重新办理银行卡。因与被告交涉未果，原告遂诉讼来院，请求判令被告赔偿人民币（以下币种相同）50000元，包括被盗刷的钱款及利息损失等。

被告对原告银行卡在我国台湾地区被盗刷的事实无异议，金额为20263.26元（2014年4月9日10134.43元、4月10日10128.83元，以上金额均为台币结算人民币），均为ATM机取款。原告在知道有异常交易向银行电话查询后，未采取银行建议及时挂失，造成第二天（2014年4月10日）的扩大损失，对此扩大损失不应由被告承担。

【案件焦点】

发生银行卡盗刷后，银行已经作出止损建议，持卡人未采纳导致扩大损失的情况下，银行承担何种责任。

【法院裁判要旨】

上海市静安区人民法院经审理认为：原告系德意志联邦共和国籍公民。原告以储蓄存款合同纠纷提起诉讼，该合同的订立、履行均在中华人民共和国境内。根据《中华人民共和国涉外民事关系法律适用法》规定，本案纠纷的处理适用与该合同有最密切联系的法律即中国法律。

原告与被告之间因申领银行卡所建立的储蓄存款合同法律关系，依法成立，合法有效，双方当事人均应恪守履行。银行卡系被告设计制作并交付原告，原告应当按照约定妥善保管和使用银行卡及密码，被告应当按照约定支付存款本息，并保障银行卡交易的安全。被告在凭卡支付存款的过程中，负有识别银行卡真伪的义务。本案中，从交易发生时间、地点，以及原告向被告交涉、报案等事实，可以证明原告本人不在交易现场，并且当时银行卡由原告保管，并未存在人卡分离的情况。系争的境外取款 20263.26 元应为利用伪卡盗刷的犯罪行为所引起，被告未能识别伪卡而向他人支付存款，并从原告账户中扣款的行为，未能保障原告资金的安全，违反合同约定，理应赔偿原告的损失。

对于被告抗辩原告未及时采取适当措施造成第二天（4 月 10 日）的被盗刷有过错，原告不得就扩大的损失要求赔偿。为防范交易风险，原告有妥善保管银行卡及卡内数据信息的义务，被告作为发卡行及相关技术设备和操作平台的提供者，相对原告而言更有能力控制风险、预防损失。被告接到原告的异议后向其提示风险并建议及时挂失，但原告未接受建议。被告知晓原告不接受建议后也未采取进一步风险控制措施。对此双方均有过错，由此造成的损失双方应予分担。根据过错，被告赔偿原告 4 月 10 日支付款损失 5064.42 元。

综上，被告应赔偿原告 15198.85 元及利息损失，利息标准可按中国人民银行活期存款利率计算。

上海市静安区人民法院依照《中华人民共和国合同法》第六十条第一款、第一百零七条、第一百一十九条第一款，《中华人民共和国商业银行法》第六条，《中华人民共和国涉外民事关系法律适用法》第四十一条的规定，判决如下：

被告某银行股份有限公司上海静安支行应于本判决生效之日起十日内赔偿原告顾某明人民币 15198.85 元及自 2014 年 4 月 10 日起至实际履行日止的利息损失（以人民币 15198.85 元为本金，按同期中国人民银行颁布的活期存款利率计算）。

宣判后，被告提出上诉。上海市第二中级人民法院判决：

驳回上诉，维持原判。

【法官后语】

本案涉及外籍公民在境内银行办理的银行卡被境外使用伪卡盗刷引发的纠纷，争议焦点在于在银行已经尽到提示义务建议持卡人及时挂失的情况下，持卡人未予采纳，导致再次盗刷的扩大损失由谁承担以及如何承担。法官从过错责任的角度进行分析，为同类案件的审理提供了新的审理思路，值得借鉴。

首先，对于涉外案件法律适用问题，持卡人作为原告向法院提起储蓄存款合同纠纷诉讼，而涉案合同的签订地点和履行地点均在中华人民共和国境内，根据《中华人民共和国涉外民事关系法律适用法》规定，本案纠纷的处理适用与该合同有最密切联系的法律即中国法律。

其次，根据合同约定，银行作为储蓄服务提供方，银行卡的设计、制作、交付使用等均由被告进行操作，被告银行依约支付存款本息，并保障银行卡交易安全，由此，被告银行在进行凭卡支付的交易过程中，负有识别银行卡真伪的义务。原告接受银行提供的储蓄存款服务，亦应当按照约定妥善保管和使用银行卡及密码。本案审理中发现，从两次盗刷发生的时间、地点，以及事后原告向被告交涉、报案等事实，可以证明原告本人不在交易现场，并且当时银行卡由原告保管，并未存在人卡分离的情况。法官认为系争的境外取款应为利用伪卡盗刷的犯罪行为所引起，交易过程中被告未能识别伪卡而向他人支付存款，并从原告账户中扣款的行为，未能保障原告资金的安全，未尽安全保障义务，违反合同约定，应该承担赔偿责任。

最后，针对双方争议较大的二次盗刷扩大损失的责任承担。法官认为，为防范交易风险，原告有妥善保管银行卡及卡内数据信息的义务，被告作为发卡行及相关技术设备和操作平台的提供者，相对于原告而言更有能力控制风险、预防损失。被告银行在首次接到原告对交易提出的异议后，通过人工服务平台向其提示风险并建议及时挂失，但银行保障交易安全的义务并不仅限于提示和建议。在原告未接受建议，且被告知晓原告不接受建议后，银行并未作进一步风险控制措施，不能因此免除银行方的赔偿责任。另外，原告在被银行提示应及时挂失银行卡防止风险进一步扩大时，亦未及时采取止损措施，对此双方均有过错，由此造成的损失双方应予分担。

编写人：上海市静安区人民法院　严亚璐　皮妍蓉

052　储户应与银行共担银行卡信息和密码泄露风险

——雷某根诉甲银行股份有限公司安福县支行储蓄存款合同案

【案件基本信息】

1. 裁判书字号

江西省吉安市中级人民法院（2016）赣08民终字第993号民事判决书

2. 案由：储蓄存款合同纠纷

3. 当事人

原告（被上诉人）：雷某根

被告（上诉人）：甲银行股份有限公司安福县支行（以下简称甲行安福支行）

【基本案情】

2012 年 6 月 21 日，被告甲行安福支行向原告发放了一张银行卡，卡号为：6228482311325096×××。2015 年 11 月 28 日，原告在该卡上的存款金额为 42880. 71 元。2015 年 11 月 29 日 23 时 56 分至 2015 年 11 月 30 日 0 时 20 分，原告连续收到手机短信，提示该银行卡被提取现金 40000 元，加上手续费 214 元，账户资金共减少 40214 元。2015 年 11 月 30 日 0 时 22 分，原告电话联系被告工作人员申请挂失；0 时 37 分，原告拨打 110 向公安机关报案；1 时 1 分，原告至被告营业部 ATM 机上确认该银行卡是否已被挂失时，银行卡被吞。后经公安机关侦查，该银行卡上的 40214 元是被人在江西省上饶市鄱阳县邮政银行的 ATM 机及乙银行的 ATM 机上取现，取款人采用了伪装手段，无法辨认。原告多次与被告协商赔偿之事，未果，遂诉至法院。

【案件焦点】

储户是否应对伪卡盗取中涉案银行卡信息和密码泄露与银行共担风险承担违约责任。

【法院裁判要旨】

江西省吉安市安福县人民法院经审理认为：原告雷某根与被告甲行安福支行所形成的储蓄存款合同关系，合法有效。根据《中华人民共和国商业银行法》第六条规定："商业银行应当保障存款人的合法权益不受任何单位和个人的侵犯。"第二十九条第一款规定："商业银行办理个人储蓄存款业务，应当遵循存款自愿、取款自由、存款有息、为存款人保密的原则。"依据上述法律规定，银行对储户存款具有安全保障义务，其中包括对储户信息安全保障义务，即银行首先要对所发的银行卡本身的安全性予以保障，防止储户信息、密码等信息数据被轻易盗用；其次银行应保证其服务场所、系统设备安全使用。因此，被告为原告提供借记卡服务，理应确保该银行卡内的数据信息不被非法窃取并加以使用。银行卡是储户和银行之间储蓄合同的有效凭证，银行作为储蓄凭证的发证机构，也是经营存贷款业务的金融企业，应当掌握银行卡的制作技术和加密技术，具备识别真伪的技术能力和硬件设施，故应当承担对银行卡真伪的实质审查义务。

本案中原告的真实借记卡在江西省吉安市安福县，却被他人利用伪卡在江西省上饶市鄱阳县盗刷取现，说明被告提供的银行卡存在被复制的安全隐患以及交易系统无法识别伪卡的技术缺陷，故被告应当承担由此造成的损失。被告辩称，借记卡章程约定的“……凡密码相符的借记卡交易均视为持卡人本人的合法交易……”本案原告借记卡取款行为是正常的银行取款交易。即使本案原告存款是被犯罪分子支取的，也是由原告未妥善保管好自己的借记卡信息及密码导致的，应当由原告承担违约责任。法院认为，借记章程的该项约定适用的前提应是取款人持真实银行卡的情况下，凡密码相符的交易均可视为持卡人本人的合法交易。但本案中，取款人是使用伪卡进行取款，并非使用真实的银行卡，且被告无证据证明原告与取款人间存在串通的违法犯罪行为，故被告不能据此免除自己的违约责任。

对于被告提出的“先刑后民”的问题，法院认为，本案系原告与被告基于储蓄存款合同而产生的经济纠纷，与案外人涉嫌的刑事犯罪不属于同一法律关系。本案的处理也不以相关刑事案件的处理结果为前提，虽然公安机关在受理了原告的报案后至今尚未结案，但这并不能排除被告应当依据双方的储蓄存款合同对储户尽到保障其银行卡内资金安全的合同义务。

江西省吉安市安福县人民法院依照《中华人民共和国合同法》第六十条、第一百零七条、第一百二十一条,《中华人民共和国商业银行法》第六条、第二十九条第一款,《最高人民法院关于适用〈中华人民共和国民事诉讼法〉的解释》第九十条之规定,判决:

被告甲行安福支行应于本判决发生法律效力之日起三日内赔偿原告雷某根存款损失40214元及利息(以40214元为基数,自2015年11月30日起按照年利率0.3%计算至实际赔偿之日)。

甲行安福支行上诉。江西省吉安市中级人民法院经审理认为,本案的争议焦点为:上诉人甲行安福支行应否对被上诉人雷某根借记卡内被盗取的存款40214元及其存款利息承担全部赔偿责任?被上诉人雷某根在上诉人甲行安福支行开立账户并办理××借记卡,使用该卡存、取款,双方之间依法成立储蓄存款合同关系,对于账户内资金的安全均应承担相应责任。在正常的取款交易中,银行卡的真实性和密码的唯一性是交易能够完成的缺一不可的两个条件。由于密码系由储户设定,故储户应负妥善保管密码并保证密码不被泄露的义务。银行作为国家批准经营存、贷款业务的专业金融机构,负有按约给付存款本息、保障客户存款安全的义务。被上诉人雷某根在收到手机短信提醒,发现账户内资金发生异常交易后即拨打甲银行股份有限公司95599客服电话挂失,随后拨打110电话报警,手机通话记录显示其拨打上述电话时在吉安市范围内,案涉银行卡在被上诉人雷某根到上诉人甲行安福支行的ATM机上确认是否已挂失时被吞,足以证明银行卡内存款被取走时被上诉人雷某根在江西省吉安市安福县境内,也未将案涉银行卡交给他人使用。涉案账户虽然开通了网上银行,但经公安机关立案侦查后已查明系他人采用伪装手段，在江西省上饶市鄱阳县邮政银行的ATM机及乙银行的ATM机上取现，因此可以排除诉争交易系被上诉人雷某根通过网上银行交易的可能。依据经验法则及民事证据高度盖然性规则，可认定被上诉人雷某根的案涉借记卡内存款是被不法分子使用伪卡进行盗取。在双方均无证据证明对方在案涉借记卡信息和密码泄露方面存在过错的情况下，鉴于案涉借记卡由被上诉人雷某根持有，借记卡密码也由被上诉人雷某根设定和保管，故被上诉人雷某根应该在借记卡信息或密码泄露方面承担一定责任。上诉人甲行安福支行作为发卡行，系案涉借记卡的信息技术、用卡平台的提供者，其有义务向持卡人提供具有较高防伪技术的借记卡，正确识别真伪银行卡，防止发生伪卡盗刷，维护储户的合法权益。案涉借记卡被复制，说明上诉人甲行安福支行提供的银行卡防伪技术不足以防范不法分子制作伪卡；伪卡能够在ATM机上成功取款，说明该自助终端未能识别伪卡。因此，相对普通持卡人的雷某根而言，上诉人甲行安福支行对案涉借记卡被伪造并成功盗取卡内存款应承担更大的责任。本案不具有中止诉讼的法定情形，故法院对上诉人甲行安福支行要求中止审理的主张不予支持。综上所述，上诉人甲行安福支行的上诉请求部分成立，法院依法予以改判。

江西省吉安市中级人民法院依照《中华人民共和国民事诉讼法》第一百七十条第一款第二项规定，判决如下：

变更江西省吉安市安福县人民法院（2015）安民二初字第508号民事判决为：被告甲行安福支行应于收到本判决之日起三日内赔偿原告雷某根存款损失40214元中的80%即32171.2元及其利息（以32171.2元为基数，自2015年11月30日起按照年利率0.3%计算至实际赔偿之日）。

【法官后语】

在双方均无证据证明对方在案涉借记卡信息和密码泄露方面存在过错的情况下，从举证责任角度去分配损失给任何一方都是有失偏颇的。

储户是银行卡的持有使用人和密码设定、保管人，银行卡的使用过程也由其掌控，将银行卡密码泄露的举证责任全部分配给银行，要求银行举证证明密码是由储户过错泄露的方能减免责任，等于设立了银行对储户使用银行卡及保管密码的全过程进行监控的客观上难以完成的义务，于银行而言明显不公。

同样，因为银行卡技术存在先天的漏洞，银行泄露密码或被黑客攻击获取密码并非完全不可能，事实上银行内部人员从后台盗取数据的情况确有发生过，在这样的现实背景下，将保管银行卡信息和密码义务全部设定给储户，也明显有失公允。此时，从风险与责任相适应的角度出发，引入公平原则适用违约责任条款进行损失分担才是最佳选择。即银行卡的便利性是有益于银行和储户双方的，该便利性所带来的信息安全风险须由银行与储户共同防范，储户作为银行卡的使用者，在其享受便捷交易的同时，应当默认银行卡交易存在固有的客观风险，与银行共担便捷交易背后的信息安全风险。即银行基于其不能识别伪卡有违存款安全保障基本义务应当首先承担主要损失60%的责任，剩余的40%次要责任即银行卡信息和密码泄露责任，在双方均无证据证明对方在案涉银行卡信息和密码泄露方面存在过错的情况下，应由银行与储户共同分担该责任。《中华人民共和国民法典》第五百七十七条也明确规定："当事人一方不履行合同义务或者履行合同义务不符合约定的，应当承担继续履行、采取补救措施或者赔偿损失等违约责任。"即银行卡和密码共同构成一个完整的储户身份，银行作为银行借记卡的发卡行及相关技术、设备和操作平台的提供者，理应承担伪卡的识别义务，持卡人则应对银行卡密码有谨慎保护的义务。因而，未识别出伪卡的银行卡盗取，银行应因其具有识别伪卡的承担储蓄合同根本性违约责任，持卡人作为负有银行卡密码谨慎保管的义务人也理应承担违约责任。

编写人：江西省吉安市中级人民法院　彭璇

053　银行卡纠纷的归责原则

——吕亚某诉某银行股份有限公司厦门美仁宫支行储蓄存款合同案

【案件基本信息】

1. 裁判书字号

福建省厦门市中级人民法院（2013）厦民终字第2948号民事判决书

2. 案由：储蓄存款合同纠纷

3. 当事人

原告（被上诉人）：吕亚某

被告（上诉人）：某银行股份有限公司厦门美仁宫支行（以下简称某行美仁宫支行）

【基本案情】

吕亚某在某行美仁宫支行处办理了一张某银行厦门市分行牡丹借记卡（卡号：622202410001744××××），双方建立了银行储蓄存款关系。2013 年 6 月 8 日 3 时 40 分许吕亚某借记卡上存款被人在异地跨行取走 5 笔款，合计 12520 元。吕亚某接到短息通知后，于 2013 年 6 月 8 日 4 时 1 分，向厦门市公安局梧村派出所报警。吕亚某认为某行美仁宫支行负有不可推卸的保证储户资金安全的责任，应当赔偿吕亚某损失，遂诉至法院。请求判令某行美仁宫支行承担吕亚某的损失 12520 元及利息 17 元，并赔偿精神损失及误工费 1000 元。

【案件焦点】

吕亚某是否妥善保管密码，是否存在过错，银行是否承担责任。

【法院裁判要旨】

福建省厦门市思明区人民法院经审理认为：吕亚某、某行美仁宫支行的储蓄存款合同关系真实、合法、有效。在储蓄合同中，吕亚某有义务妥善保管自己的银行卡和密码，而某行美仁宫支行则有义务保护储户的存款安全，根据“谁主张，谁举证”的原则，吕亚某作为储户对于损失的存在及其已对储蓄卡和密码尽到妥善保管义务负有举证责任，与此同时，某行美仁宫支行就负有证明存款是被合法正当提取的义务，否则应当承担举证不能的不利后果。根据本案查证的事实，2013 年 6 月 8 日 3 时 40 分，讼争卡被人在异地跨行取走 5 笔款，合计 12520 元，吕亚某于同日 4 时 1 分报警。上述事实可以证明吕亚某在银行卡未丢失的情况下，其卡内款项被异地取款，则吕亚某对已尽妥善保管银行卡的举证责任已经完成。某行美仁宫支行未能举证讼争存款是被合法正当提取的，应当承担举证不能的法律后果，可以认定吕亚某的存款是被他人盗取。某行美仁宫支行是经国家批准专业经营存、贷款业务的大型金融机构，负有维护储户存款安全的职责，其有条件、有机会也有能力防范犯罪分子利用 ATM 等自助银行设备实施犯罪，以维护金融管理秩序和企业正常运转，确保储户的存款安全。吕亚某请求被告赔偿经济损失的诉讼请求，符合法律规定，应予支持。但是，吕亚某主张精神损失及误工费的诉讼请求，缺乏事实及法律依据，不予支持。

福建省厦门市中级人民法院认为：吕亚某和某行美仁宫支行之间的储蓄存款合同合法有效。吕亚某作为持卡人，有妥善合理使用银行卡的义务。某行美仁宫支行作为发卡行，有保障储户存款和交易安全的义务。本案中，讼争银行卡被异地取款，持卡人吕亚某收到取款告知短信后即向厦门警方报案，足以证实吕亚某并非银行卡实际使用人及讼争银行卡被盗用相关事实。某行美仁宫支行未尽到保护储户存款及交易安全的义务，导致吕亚某讼争银行卡内的资金损失 12520 元，吕亚某主张的利息损失亦在其实际损失范围之内，某行美仁宫支行对此应承担相应赔偿责任。综上，某行美仁宫支行的上诉请求缺乏事实及法律依据，不予支持。原审判决正确，应予以维持。

【法官后语】

本案中，银行无法证实持卡人存在过错而被判决承担责任。

一、明确以严格责任为基础的归责原则

银行卡纠纷属于双方之间的金融服务合同纠纷，保障存款安全是金融机构应尽的合同义务及法定义务。我国法律采纳的系严格责任原则。据此，持卡人只须证明银行违约情势的存在。但是，如果持卡人没有尽到对银行卡的合理使用和妥善保管义务（如将卡交由他人使用或泄露密码等），则法院应认定持卡人也存在违反金融服务合同的行为，并应根据相关规定，视持卡人的过错程度而相应地减轻银行的责任。

二、明确界定举证责任分配

持卡人应首先对使用人并非自己这一基础事实承担举证责任。该举证标准在审判实务中一般应掌握：如果持卡人能够通过调取监控录像、鉴定笔迹签名或其他方式（如在伪卡类型的案件中，持卡人在发现盗刷行为后的第一时间立刻持涉案银行卡办理相关业务或报案等）证明存在盗刷事实，则应视为已达到对使用人并非自己及其存款被盗取、银行存在违约情势的证明标准。本案中，吕亚某的银行卡存款被异地盗取，其通过立即向公安机关报案这一行为，已足以证实其本人并非存款被盗取时的使用人这一基础事实。

其次，由银行对持卡人是否具有违约过错承担举证责任。银行主张持卡人存在违约过错情形，应对此承担积极事实的举证责任。银行应提供证据证实持卡人不当保管或使用银行卡，如泄露银行密码、将银行卡交付他人使用等不当保管使用行为，或持卡人未及时采取减损措施，如被盗未及时挂失、发现被盗刷盗取未及时通知银行等。本案中，某行美仁宫支行二审主张银行卡被盗取就可推定吕亚某存在泄露密码的违约事实的观点明显无法成立。如银行无法证实持卡人的过错情形，即使银行举证证明自身已经善尽安全保障义务，但基于严格责任原则，仍需承担全部赔偿责任。

三、该类案件中一般不适用“先刑后民”的裁判规则

在银行卡盗用纠纷中，由于盗用行为可能涉及刑事犯罪，公安机关可能已经开始立案侦查。审判实践中有一种主流观点认为：在刑事案件没有最终结案之前，持卡人向银行进行民事索赔的程序必

须中止，必须等待刑事案件的结果。因为刑事案件没有结果，民事案件责任难以确定。我们认为，这种“先刑后民”的观点混淆了“刑民竞合”与“刑民牵连”的区别。“先刑后民”的适用前提是“刑民竞合”，即刑事法律关系与民事法律关系中的主体具有同一性，犯罪嫌疑人既是刑事法律关系中的犯罪主体也是民事法律关系的主体。但在银行卡盗刷案件中，刑事法律关系的主体是犯罪嫌疑人，而民事法律关系的主体则为持卡人和银行，这不属于“刑民竞合”，而是“刑民牵连”：即刑事法律关系和民事法律关系在事实上相牵连。所以，该类案件中一般不适用“先刑后民”的裁判规则。唯一可能的例外在于：银行怀疑持卡人主导或参与了盗卡行为并报案，公安机关以持卡人为犯罪嫌疑人立案。只有在这种例外情形中，才会出现“刑民竞合”，才应该适用“先刑后民”的裁判规则。

编写人：福建省厦门市中级人民法院　张超

054 银行收取储户打印账单费用的司法审查

——王某诉某银行（中国）有限公司北京亚运村支行储蓄存款合同案

【案件基本信息】

1. 裁判书字号

北京市第二中级人民法院（2013）二中民终字第04835号民事判决书

2. 案由：储蓄存款合同纠纷

3. 当事人

原告（上诉人）：王某

被告（被上诉人）：某银行（中国）有限公司北京亚运村支行（以下简称某银行亚运村支行）

【基本案情】

2007 年 11 月 23 日，王某到某银行昆仑支行申请开立××睿智理财账户，在《客户确认书》上签名，确认收到并接受《服务条款》《某集团隐私保护》《业务费率表》。

2011 年 10 月 10 日，王某致电客服热线，以对账单丢失为由，询问重印其从开户到当时的每个月纸质对账单如何收费。客服人员答每份收费 100 元，从 2007 年 11 月底到当时共 48 个月。王某还询问是否大约需要 5000 元以及如何支付等。10 月 24 日，王某到某银行亚运村支行申请打印该期间的对账单。当晚，某银行昆仑支行行长致电王某，表示得知王某申请账单打印，感觉费用高，愿意帮助王某处理。王某在通话中表示贷款要用，打印对账单盖章就行。行长三次表示愿意帮王某申请减免，王某分别表示“没事没事，该收多少钱收多少钱，按你们的走”；“我觉得没必要吧，你们就按你们的走”；“没事没事，到时候等你免的时候再说吧”。10 月 25 日，王某再次到某银行亚运村支行营业厅，缴纳 4200 元后领取了 2007 年 11 月至 2011 年 10 月共 47 个月的对账单 94 页。某银行亚运村支行在对账单上加盖了公章，并向王某出具了 4200 元收据。

2012 年 3 月 7 日，某银行亚运村支行对王某的账户进行了 3 次操作，前两次各打入 4200 元，交易描述分别注明“退款”“月对账单服务费退款”，最后一次扣除4200元，交易描述注明“取消退款”。同日，花旗上海总行的员工致电王某，王某告知与律师联系。

次日，王某申请证据保全。公证处监督王某操作，登录银行公司网页，查询“费用与利率”中的服务费率得知，××睿智理财账户申请纸质对账单的客户，对账单一个月以内免费，超过一个月100元/份；申请电子对账单的客户，网上银行电子对账单免费，首次索取12个月内的纸质对账单免费。王某支付公证费1030元，并取得公证书及发票。

王某起诉认为：某银行亚运村支行账单收费没有法律和合同依据；格式条款对消费者作出的不合理规定应属无效；王某打印的是普通对账单而非单独定制的对账单，不应当收费；无据收费并占用半年，应付相关利息和为本次诉讼支付的公证费用；消费者有知情权和公平交易权，王某有精神损害。故请求某银行亚运村支行当面并登报赔礼道歉，返还对账单费用4200元，支付利息500元，给付公证费1030元。

某银行亚运村支行辩称：提供对账单副本的服务可以按照市场调节价收费；收费依据《业务费率表》（2011年7月版）已向上海银监局报告，并以书面形式在营业厅公开摆放，同时上传至官方网站；一次性重印过去4年的对账单，属于常规寄送之外的、消费者单独定制的特定对账单服务，不符合免除收费的情形；王某已明知且确认接受收费标准；某银行亚运村支行已向王某退还重印对账单服务费，故不同意王某的诉讼请求。

审理中另查明，2011年7月1日起生效的《业务费率表》上列明：××睿智理财账户申请纸质对账单一个月以内免费；超过一个月，100 元/份；申请电子对账单网上银行对账单免费，首次索取 12 个月内（含）的纸质对账单免费；银行有权不经预先通知随时调整和修改费率表的收费、起存金额和条款。2012 年 4 月 1 日起，某银行中国公司实施新的《业务费率表》（2012 年 4 月版），其中××睿智理财账户 12 个月内的纸质综合月结对账单免费，12 个月以上每份每月 30 元，最高收取 300 元。

××睿智曾于 2012 年 3 月 16 日、21 日、22 日向上海银监局网传报送关于服务收费情况、收费价格的报告。前者载明：目前每个月免费向客户提供一份纸质月结对账单，除此之外，如果客户来网点要求提供额外的月结对账单，一个月以内的免费，超过一个月的，贵宾理财客户收取 50 元/份，睿智理财客户收取 100 元/份。公证处就此出具了保全公证书。

诉讼中，北京银监局按银监会要求函复法院：商业银行服务价格分别实行政府指导价和市场调节价，商业银行制定服务价格应按照《商业银行服务价格管理暂行办法》报备；经了解，2011 年 3 月 16 日某银行中国公司通过金融机构信息专网（非银监会 0A）系统，向上海监管局报送了关于某银行中国公司服务收费情况的报告；此外该行于 2011 年 6 月 9 日向银监会上海监管局寄送了 2011 年 7 月版的收费标准。

【案件焦点】

银行向储户收取打印纸质对账单费用，是否合法。

【法院裁判要旨】

北京市朝阳区人民法院认为：王某开户时签署《客户确认书》，

确认收到并接受《服务条款》和《业务费率表》，服务收费问题已有约定。涉案账单与应按月寄送的免费账单无关，依约属收费范围。账单跨越47个月不全部属于《商业银行服务价格管理暂行办法》等文件规定的免费范围，非明文规定免费的服务属市场调节价范畴。合同期内，某银行中国公司对服务收费进行调整，应当遵循合同法的基本规则和行业管理的具体要求，本着公平原则，区分服务类型及职能属性，充分考量客户的承受能力及银行自身发展需求。本案中，收费标准已报备，但47个月94页账单收费4200元与相关文件规定不完全相符，没有相应证据佐证其合理性，以普通公众的通常判断，明显超出该项服务的具体工本费用支出，不具有合理性，确有失公允，应予调整。某银行亚运村支行采取两次入款、一次退款的操作使款项到位，且未以适当的方式正式通知王某，有所不妥，但不足以否定其已退款的事实。某银行昆仑支行行长曾主动询问是否需要商议价格，而王某一再拒绝，以致在付费后再行起诉解决，相应利息、公证费损失有自行扩大的成分，现有证据不足以证明王某受精神损害。

北京市朝阳区人民法院依照《中华人民共和国合同法》第六条、第三十九条第一款、第六十条之规定，判决：

驳回王某的诉讼请求。

王某不服一审法院的民事判决，提出上诉。

北京市第二中级人民法院认为：无论2011年10月10日王某致电客服热线还是10月24日晚某银行昆仑支行行长致电王某，对于收费事宜王某均未提出异议。某银行中国公司已就王某打印涉案对账单时所适用的2011年7月版服务收费标准履行了相关的报备手续。某银行亚运村支行就王某打印47个月对账单收取服务费用，符合约定，并无不当。

北京市第二中级人民法院认为王某的上诉理由不成立，对其上诉请求予以驳回。认为一审判决认定事实清楚，适用法律正确，应予维持。依照《中华人民共和国民事诉讼法》第一百七十条第一款第一项之规定，判决如下：

驳回上诉，维持原判。

【法官后语】

本案二审维持原判，但两审法院在银行收费合法性的认定上是有区别的。

2011年3月9日，银监会、中国人民银行、国家发展和改革委员会发布的《关于银行业金融机构免除部分服务收费的通知》具有政府指导价性质。依该规定，从2011年7月1日起，银行业金融机构免除人民币个人账户以纸质方式提供本行当月、12个月内对账单的收费，但部分金融消费者单独定制的特定对账单除外。本案中付费的47个月账单与逐月寄送的账单从内容上和形式上看差别仅在于是否加盖出具单位的公章，能否界定为特定账单，一审、二审均没有作出认定。根据一审意见，涉案账单跨越47个月不全部属于文件规定的免费范围，非明文要求免费的服务属市场调节价范畴。对市场调节价范围内的服务定价进行合法性审查，应从两个方面展开。程序方面，商业银行自定后在执行前应向银监会报告，并在相关营业场所公告。不报告、未公告或晚公告或公告方式不规范，由监管机构予以行业查处，对金融客户而言，不必然导致不适用。实体内容方面，应以合同法有关格式条款的规定、公平原则，以及《商业银行服务价格管理暂行办法》有关定价规则判断。涉案账单的收费情况与上述文件的规定不完全相符（该免的没免）。接受备案的监管部门未提出不同意见，并不影响对该收费标准是否公平合理的民事考量。另外，格式条款本已不够公平，银行就其费用标准的合理性应承担举证责任。银行没有相应证据佐证打印 47 个月 94 页账单的具体成本支出，无论从普通公众的通常判断，还是从计算机系统管理、打印复印、窗口服务人员工时工费等相应专业角度核算，收费 4200 元均明显超出该项服务的具体工本支出。不具合理性、有失公允的自定价当然不具有合法性。因本案银行实际已将收取的不合理费用退还客户，所以法院仅表明了收费不合理应予调整的态度，没有论及如何调整。假设没有已退款的事实，这一问题就无法回避。此时，如银行能够就其实际成本支出进行举证，可以按照证据证明的金额认定。如果银行不能举证或证据不足证实以致真伪不明或数额不确定、不准确，则法官要行使自由裁量权，以行业的通常标准或相关专业的考量方法去衡量各方利益，进而作出相对合理的判断。

二审认为银行收费符合约定。从理由看，一方面，客户事前联系没有提异议；另一方面，跟约定相符，且约定标准已备案。究其一，事前电话联系，不是提出收费标准的要约，也不是征求客户对其收费的意见，在当时的情境下，客户仍然是被动的，没有决定性选择权。机会不对等，未提异议不等于基于真实意思表示达成新的合意。究其二，收费标准备案并不意味其合规。还是应当按照相关法律、法规的规定进行审查。

编写人：北京市朝阳区人民法院　李有光

三、银行卡纠纷

（一）借记卡纠纷

055 可疑交易下发卡行违反保障账户内资金安全义务的认定

——周某萍诉甲银行中南路支行借记卡案

【案件基本信息】

1. 裁判书字号

北京市第一中级人民法院（2020）京 01 民终 5448 号民事判决书

2. 案由：借记卡纠纷

3. 当事人

原告（被上诉人）：周某萍

被告（上诉人）：甲银行中南路支行

【基本案情】

2011 年 12 月 13 日，经原告申请，被告为原告开通银行借记卡账户，并向原告发放了相应借记卡。其后，原告分别于 2014 年 8 月 19 日、2016 年 4 月 7 日、2017 年 7 月 2 日向被告申请挂失及补发新卡。2017 年 8 月 10 日 16 时 47 分至 18 时 14 分之间，涉案银行卡账户发生了 283 笔交易，交易金额均为 1000 元（总计 283000 元），交易方式均为发生在境外的第三方快捷支付，交易的对方账号均一致。诉讼中，原告称前述283笔交易均为他人盗刷。前述交易发生后，该银行卡除利息存入外未发生过交易。2017年8月16日，原告将涉案银行卡永久挂失成功。2017年9月4日，原告拨打电话报警并前往北京市公安局海淀分局田村派出所反映情况。2017年11月27日，原告将该银行卡剩余款项取出，并将该银行卡销户。

诉讼中，双方当事人均确认涉案银行卡开通了短信提醒服务，原告称其未收到被告关于涉案交易的短信通知；被告对此不予认可，但未向法院提交相反证据。

原告认为被告未能妥善保管原告交付的货币资金，应承担赔偿责任。故原告诉至法院，要求：1. 判令被告支付原告存款本金283000元及利息损失1000元，暂共计284000元（按照中国人民银行同期存款利率自2017年8月10日起计算至付清之日止，暂计算至2018年11月1日）；2. 判令被告承担本案全部诉讼费用。

【案件焦点】

被告作为发卡行是否适当履行了保障储户账户内资金安全的义务。

【法院裁判要旨】

北京市海淀区人民法院经审理认为：原告在被告申请开立银行账户，被告受理该申请后，为原告开立涉案账户，双方成立合法有效的储蓄合同关系，该合同关系为双方真实意思表示，亦未违反相关法律法规的强制性规定，应属有效。被告作为原告涉案账户的开户行，负有保障原告账户内资金安全、不被盗用的义务。

《中国银监会、中国人民银行关于加强商业银行与第三方支付机构合作业务管理的通知》(银监发〔2014〕10号)第十条规定:“商业银行应就大额支付、可疑支付及时通知客户。对开通短信或其他方式即时通知功能的客户,应就每一笔支付交易即时通知客户。通知信息中包含但不限于第三方支付机构名称、交易金额、交易时间等”;第十四条规定:“商业银行应将与第三方支付机构的合作业务纳入全行业务运营风险监测系统的监控范围,对其中的商户和客户在本行的账户资金活动情况进行实时监控,达到风险标准的应组织核查。特别是对其中大额、异常的资金收付应做到逐笔监测、认真核查、及时预警、及时控制”;第十五条规定:“商业银行应对客户通过第三方支付机构进行的交易建立自动化的交易监控机制和风险监控模型,及时发现和处置异常行为、套现或欺诈事件。”据此,在储户使用第三方支付机构进行交易,尤其在进行大额、可疑交易时,商业银行的相应通知、审慎义务等亦为其保障储户账户内资金安全义务的重要内容。

本案中,涉案283笔交易均为发生在境外的交易,且自第一笔交易发生至最后一笔交易结束之间的时间间隔不足90分钟,交易金额均为1000元,交易的对方账户亦相同,与日常消费模式不符,明显为异常、可疑交易。同时,原告称其未收到被告关于涉案283笔交易的通知,被告虽对此不予认可,但其在认可涉案银行卡已开通短信提醒服务的情况下,未就原告的前述主张向一审法院提交相反证据,在此情况下,应当认定被告未适当履行其通知、审慎义务。综上所述,被告作为原告涉案银行卡账户的开户行,其银行交易系统未能准确识别该异常交易,在前述交易发生时以及交易发生后,均未对前述交易进行风险识别,亦未就前述交易向原告发送提醒通知或进行核实,未适当履行其保证储户资金安全的合同义务,应对原告的资金损失承担违约责任。故原告要求被告赔偿其账户资金损失283000元及相应利息损失（利息损失按照中国人民银行同期同类活期存款基准利率，自2017年8月10日起计算至实际付清之日止）的诉讼请求，具有事实及法律依据，一审法院予以支持。

北京市海淀区人民法院依照《中华人民共和国合同法》第五条、第八条、第一百零七条，《中华人民共和国民事诉讼法》第六十四条第一款，《最高人民法院关于民事诉讼证据的若干规定》第五条第二款，作出如下判决：

甲银行中南路支行于本判决生效之日起十日内向周某萍支付283000元及相应利息损失（利息损失按照中国人民银行同期同类活期存款基准利率，自2017年8月10日起计算至实际付清之日止）。

被告不服一审判决，提起上诉。北京市第一中级人民法院同意一审法院裁判意见，依照《中华人民共和国民事诉讼法》第一百七十条第一款第一项之规定，判决如下：

驳回上诉，维持原判。

【法官后语】

保障储户资金安全、不被盗用是银行卡开户行作为储蓄合同当事人的义务。银行卡盗刷案件审理的争议焦点为银行是否适当履行了保障储户资金安全义务。

在有卡交易中，是否存在伪卡是查明事实的关键。在争议交易发生前后的短时间内，一旦出现持卡人在其他位置使用银行卡进行交易，再结合交易发生的时间间隔及空间距离，通常可认定是否存在伪卡。

随着支付宝、微信等第三方支付平台越来越普及，商业银行与第三方支付机构的业务合作也越来越紧密，通过支付宝等网上第三方支付平台进行的银行账户交易均为无卡交易。无卡交易背景下不存在伪卡盗刷的情形，此时，认定银行是否适当履行义务主要在于审查银行是否做到了相应的审慎、通知义务。《中国银监会、中国人民银行关于加强商业银行与第三方支付机构合作业务管理的通知》（银监发〔2014〕10号）明确了商业银行的审慎、通知义务。具体可参照该通知第十条、第十四条、第十五条之规定。

本案中，涉案283笔交易均为发生在境外的交易，且全部交易发生的时间前后不足90分钟，每笔交易金额均为1000元，交易的对方账户亦相同，与日常消费模式不符，明显为异常、可疑交易。该银行卡开通了短信提醒，而甲银行中南路支行作为专业的商业银行，未提供相应证据证明其就涉案交易进行了通知，因此，应当认定甲银行中南路支行未适当履行其通知、审慎义务。

本案的裁判思路，与最高人民法院于2021年5月24日发布的《最高人民法院关于审理银行卡民事纠纷案件若干问题的规定》的主旨、理念也是一致的。另外，应当注意的是，交易是否为他人盗刷与银行是否适当履行了保护客户资金安全的义务不能等同。在我们审理的另一案件中，案涉交易亦为无卡交易，但在案证据表明，持卡人曾收到诈骗短信，并点击了短信中的链接，将收到的验证码输入该链接。因此，在该案中，虽然相应交易为他人盗刷，但不能因此认定银行没有适当履行保障储户资金安全的义务。

编写人：北京市海淀区人民法院　刘雨

056 发卡行保障储户账户内资金安全义务的合理限度

——闫丽某诉某银行股份有限公司北京新兴支行借记卡案

【案件基本信息】

1. 裁判书字号

北京市海淀区人民法院（2019）京0108民初57594号民事判决书

2. 案由：借记卡纠纷

3. 当事人

原告：闫丽某

被告：某银行股份有限公司北京新兴支行

【基本案情】

原告系卡号为×××的某银行银行卡持有人，该银行卡的开户行为被告。2019年7月15日18时7分至18时10分之间，涉案银行卡发生三笔支出，金额分别为24667.41元、24667.41元、500元，交易摘要分别为银联二维码支付-Flu Bangkok ×××、银联二维码支付-Flu Bangkok ×××、银联二维码支付-晨某超市。诉讼中，双方当事人均确认前述交易系因涉案银行卡绑定了银联云闪付APP后，通过银联二维码支付。

诉讼中，原告称前述三笔交易均非其本人操作，系他人盗刷。2019年7月16日，原告对涉案银行卡进行挂失处理。诉讼中，被告称原告在涉案交易发生的次日才进行挂失，证明原告最初不认为银行卡被盗刷；原告称其在涉案交易发生的次日才发现涉案交易的发生。

诉讼中，原告确认其在2019年7月15日，涉案交易发生前，收到号码×××发送的一条短信，其上称："闫丽某！您身份证号×××实名新注册另一微信，如非本人操作，请紧急前往冻结：t.cn/AiWW××××【微信安全中心】。"收到短信后，原告点击了前述链接，输入了姓名、银行卡号、身份证号、银行预留手机号。其后，原告收到了中国银联发送的验证码，收到验证码后，原告根据前述短信中冻结账户的提醒输入了验证码。原告称该验证码显示的只是绑卡操作，并没有提示其他操作。

诉讼中，经法院询问，原告确认其已知晓前述短信为诈骗短信。原告主张即便原告在此过程中自身存在过失，仍不能免除被告的注意义务，被告对涉案交易的发生亦存在过失。原告称其在前述短信的链接中没有输入银行卡交易密码，也没有收到银行的任何通知，以原告的金融知识无法意识到存在安全隐患，银行在涉案交易过程中没有设置任何来自银行的安全认证，某银行也没有向原告发送任何短信提示，其安全保障措施存在漏洞；被告没有针对无卡支付存在的交易风险及通知方式向原告尽到提示义务；被告没有告知原告由银联代银行审查的情况，原告无法意识到银联短信与银行的关系，更无法意识到回复银联验证码行为的意义。被告不同意原告的前述主张，称第三方支付在进行消费的时候都只输入第三方支付软件的密码，无须输入在银行预留的密码，接收验证码的手机号都是在银行预留的号码；绑定银行卡的行为等于授权第三方软件有权根据其指令直接进行划款，被告进行了验证，手机号码确实是原告预留在银行的，被告根据付款指令进行操作，没有任何过错。

诉讼中，被告提交了其银行系统个人客户综合信息查询页面截屏打印件，其上显示，涉案银行卡于2019年7月15日进行了无卡支付签约。经法院询问，被告确认该无卡支付签约系通过银联云闪付APP客户端开通。

原告认为被告未能妥善保管原告交付的货币资金，应承担赔偿责任。故原告诉至法院，要求：1. 判令被告赔偿原告损失49834.82元；2. 诉讼费由被告承担。

【案件焦点】

被告作为发卡行是否适当履行了保障储户账户内资金安全的义务。

【法院裁判要旨】

北京市海淀区人民法院经审理认为：原告在被告处申请开立相关银行账户，被告为原告开立相关账户，双方成立合法有效的储蓄合同关系，该合同关系为双方真实意思表示，亦未违反相关法律法规的强制性规定，应属有效。

当事人对自己提出的主张，有责任提供证据。关于原告所称被告在涉案交易中存在过错，导致原告储蓄存款损失的主张，该院认为，银行的安全保障注意义务亦不能超出合理限度。本案中，原告确认在涉案交易发生前，原告根据其收到的声称为微信安全中心的短信提示，点击短信中记载的链接，输入了其姓名、身份证号以及银行卡号、银行预留手机号码，并在收到中国银联发送的验证码后，在明知其上显示的系绑定银行卡操作的验证码的情况下，将该验证码输入至前述链接中。因此，根据本案现有证据和当事人陈述，能够确认是原告的前述行为直接导致了其重要个人信息，尤其是验证码的泄露，且其所泄露的个人信息足以使中国银联与被告核实并确认银行卡绑定申请、签约的相关信息，并将涉案银行卡绑定至银联云闪付 APP，进而导致涉案交易的发生。故应认定本案所涉交易的发生系原告自身行为所致。在此情况下，原告仍要求被告能够准确识别涉案交易为异常，明显超出安全保障注意义务的合理范围。综上所述，原告因其自身原因导致损失后，要求被告承担赔偿责任的主张，缺乏法律基础，故该院不予支持。

北京市海淀区人民法院依照《中华人民共和国民事诉讼法》第六十四条第一款之规定，作出如下判决：

驳回闫丽某的全部诉讼请求。

判决后，双方当事人均未上诉，本判决现已生效。

【法官后语】

保障储户资金安全、不被盗用是银行卡开户行作为储蓄合同当事人的义务。银行卡盗刷案件审理的争议焦点为银行是否适当履行了保障储户资金安全义务。

在无卡交易的场景下，银行无须审查银行卡的真伪，只需审查银行卡号与密码、验证码是否一致。本案中，原告被他人诱导，在他人给出的链接上输入了姓名、银行卡号、身份证号、银行预留手机号，在其银行预留手机号收到验证码后，在该链接上输入了验证码，致使其银行卡成功绑定云闪付 APP 并进行了无卡支付签约，进而导致其银行卡内资金被盗。在此情况下，应当认定银行已经尽到了安全保障义务，不应对原告的银行账户内资金损失承担赔偿责任。

在无卡交易中，审查开户行是否尽到安全保障义务主要应从以下三个方面进行综合判断：

1. 交易是否通过正常交易渠道进行。例如，在我们审理的另一无卡支付盗刷案件中，该案的涉案交易系通过手机银行进行，但原告用其手机登录手机银行后，其上并不显示涉案交易发生时有手机银行登录记录。被告未对该事实提出合理解释并提交相关证据。在此情况下，可以认定涉案交易并非通过正常交易渠道进行，被告未尽到安全保障义务。

2. 银行是否履行了适当的提示、通知义务。《中国银监会、中国人民银行关于加强商业银行与第三方支付机构合作业务管理的通知》（银监发〔2014〕10 号）第十条规定："商业银行应就大额支付、可疑支付及时通知客户。对开通短信或其他方式即时通知功能的客户，应就每一笔支付交易即时通知客户。通知信息中包含但不限于第三方支付机构名称、交易金额、交易时间等"；第十四条规定："商业银行应将与第三方支付机构的合作业务纳入全行业务运营风险监测系统的监控范围，对其中的商户和客户在本行的账户资金活动情况进行实时监控，达到风险标准的应组织核查。特别是对其中大额、异常的资金收付应做到逐笔监测、认真核查、及时预警、及时控制"；第十五条规定："商业银行应对客户通过第三方支付机构进行的交易建立自动化的交易监控机制和风险监控模型，及时发现和处置异常行为、套现或欺诈事件。"据此，在储户使用第三方支付机构进行交易，尤其在进行大额、可疑交易时，商业银行的相应通知、审慎义务等为其保障储户账户内资金安全义务的重要内容。

3. 原告在相关交易中是否存在过错。例如，本案中，原告自行将其银行卡号、预留手机号、验证码输入至其收到的他人发送的链接中，对相关交易的发生存在过错，且该过错直接导致了涉案交易的发生。

编写人：北京市海淀区人民法院　刘雨

057　伪卡交易情形下持卡人过错的认定及责任负担

——高雪某诉甲银行股份有限公司北京羊坊店支行借记卡案

【案件基本信息】

1. 裁判书字号

北京市第一中级人民法院（2020）京 01 民终 5251 号民事判决书

2. 案由：借记卡纠纷

3. 当事人

原告（上诉人）：高雪某

被告（被上诉人）：甲银行股份有限公司北京羊坊店支行（以下简称甲银行羊坊店支行）

【基本案情】

2008 年 9 月 9 日，高雪某在甲银行羊坊店支行填写个人卡开户申请表开立个人银行结算账户并申领××借记卡一张，卡片主体颜色为绿色。该申请表载明，申请人在签署栏签字则表示其同意遵守《甲银行××借记卡章程》及《甲银行个人银行结算账户管理协议》的相关规定。经查，《甲银行××借记卡章程》载明，××借记卡按照发行对象分为单位卡和个人卡。个人卡账户的资金以其持有的现金存入或以其工资性款项，属于个人合法的劳务报酬、投资回报等收入转账存入。持卡人应妥善保管××借记卡及密码并及时更换××借记卡密码，防止泄露；凡密码相符的××借记卡交易均视为持卡人本人或本人授权的合法交易。

2018年2月8日12：09至12：10之间，上述借记卡共发生三笔消费交易，金额分别为99800元、99800元、32907元，总金额为232507元；交易对方分别为×联公司、金×商贸、×联公司；交易方式均为POS机刷卡。经询，双方当事人均认可上述交易均发生在北京，亦认可交易完成的通常条件为使用真实卡片并输入正确密码。

庭审中，高雪某称上述交易系伪卡盗刷交易，交易发生时真卡在其本人身边，其本人与其配偶郭某某及其他家人正在乙餐厅用餐，收到资金变动提醒短信后，其立即进行了电话挂失，因在旅行途中，其与家人沿途开车到甲银行麻章支行办理解挂手续，打印对账单，次日与郭某某乘飞机返回羊坊店派出所报案。经询，甲银行羊坊店支行明确表示在甲银行全国任一网点均可办理借记卡解除口头挂失业务，但需要持卡人本人凭借银行卡原件、客户有效身份证件及正确的银行卡密码办理。经核实，2018年2月8日11：47，高雪某在位于广东省阳江市的乙餐厅消费33元；同日14：54，高雪某在甲银行麻章支行就本案诉争银行卡办理了解除口头挂失业务并打印了个人明细对账单；次日，高雪某就上述资金变动情况向羊坊店派出所报案，羊坊店派出所向高雪某出具受案回执及立案告知书，告知对高雪某银行卡被盗刷案立案侦查。

诉讼中，为核实本案相关事实，本院依职权向公安机关调取高雪某被信用卡诈骗案相关刑事卷宗材料，包括受案回执、立案决定书、讯问笔录、询问笔录、工作说明等内容，高雪某及甲银行羊坊店支行对本院调查取证结果均无异议。经核实，高雪某于2018年2月9日14时向羊坊店派出所报案称，其于2018年2月8日12时左右发现其名下上述银行卡内232507元资金被盗刷。2018年8月22日，羊坊店派出所传唤犯罪嫌疑人陈某某到案。关于本案盗刷情况，陈某某供述称，2017年年底，陈某某办理卡某公司提供的POS机终端一台，该终端使用的商户名称为“金×商贸”。2018年2月8日，一名男子持一张深红色银行卡及相应密码，要求陈某某为其套现，陈某某通过POS机刷卡三次，套现金额为230000余元，其收取该男子5700余元手续费后，将余款220000余元交给该男子。刑事案件办理过程中，公安机关要求陈某某对郭某某的照片进行辨认，经辨认，陈某某无法从照片组中辨认出郭某某，故公安机关无法认定找陈某某套现的男子为郭某某。经本院与公安机关核实，高雪某未在刑事案件中得到赔偿。

2018年7月20日，卡某公司服务商亿某公司向甲银行羊坊店支行出具调查报告一份，该调查报告载明，上述诉争交易的交易对方均为金×商贸，从该POS机交易明细涉及的银行卡类型、交易特点，判断该POS机不是用于盗刷银行卡的作案工具，是持卡人进行的恶意拒付。甲银行羊坊店支行据此认为本案可能存在恶意串通的道德风险。对此，高雪某不予认可。

关于诉争银行卡的使用情况，诉讼中，高雪某称其系朗某公司财务人员，因公司资金需要通过该卡进行周转，故其在资金变动异常后修改密码继续使用本案诉争银行卡。高雪某同时认可该卡用于朗某公司员工报销费用的发放，由于报销费用数额不大，通常都是从公司基本户转到该卡中，再由高雪某转账给相应员工。

诉讼中，高雪某称其因本案诉争银行卡被盗刷，与郭某某共同返回北京报案，产生交通费用7490元，该费用应由甲银行羊坊店支行承担，并提供相应航空运输电子客票行程单予以佐证。对此，甲银行羊坊店支行不予认可，认为高雪某该项诉讼主张缺乏合同依据。

另查，本案诉争交易总金额为232507元，但高雪某明确表示其仅主张232500元及相应利息损失。经询，双方均认可涉案交易发生时卡内资金处于活期存款状态。

【案件焦点】

1. 诉争交易是否构成伪卡交易；2. 持卡人对伪卡交易的发生是否存在过错。

【法院裁判要旨】

北京市海淀区人民法院经审理认为：高雪某向甲银行羊坊店支行申领借记卡并使用，双方之间成立银行卡服务合同关系，该合同关系系双方当事人的真实意思表示，亦不违反法律、行政法规的强制性规定，应属合法有效。甲银行羊坊店支行作为发卡行负有保障高雪某银行卡内资金安全的义务。本案中，诉争交易完成的条件为使用真实卡片并输入正确密码。依据本院向公安机关调取的高雪某被信用卡诈骗案的刑事卷宗材料及本院查明的其他事实。首先，争议交易系一名男子持一张深红色银行卡及相应密码通过POS机刷卡完成，而本案诉争银行卡为绿色，据此可以认定争议交易并非通过真实卡片完成；其次，争议交易发生在 2018 年 2 月 8 日 12：09 至 12：10 之间，交易地点为北京，而交易发生当日 14：54，高雪某在位于广东省的甲银行麻章支行就诉争银行卡办理了解除口头挂失业务并打印了个人明细对账单，甲银行羊坊店支行亦认可办理该业务需要持卡人本人凭借银行卡原件、客户有效身份证件及正确的银行卡密码，从空间和时间距离的常识判断，高雪某不可能在不满三小时的情况下实现北京及广东之间的往返，因此，高雪某关于交易发生期间真卡在其本人身边、其未到过交易地点的诉讼主张，具有合理性；最后，亿某公司并非公安机关或司法鉴定机构，其出具的调查报告并不具有权威性，不足以说明高雪某或其配偶郭某某参与了诉争交易的实施过程，公安机关亦明确表示无法认定刷卡人系郭某某，甲银行羊坊店支行关于本案可能存在恶意串通的道德风险的辩称理由，不足以采信。基于上述理由，本院对于高雪某关于本案争议交易系伪造银行卡交易行为并非高雪某本人授权交易的诉讼主张予以采信，甲银行羊坊店支行关于依据现有证据无法认定本案系伪卡盗刷行为的相关辩称理由，缺乏有效证据支撑，法院不予采信。在诉争交易构成伪卡交易的情形下，不应因卡号及密码相符即视为高雪某本人交易。甲银行羊坊店支行在交易发生时未能识别出伪卡，存在未尽到安全保障义务的违约行为，应当承担相应的违约责任，赔付给高雪某造成的相应损失。

至于甲银行羊坊店支行应承担的违约责任的比例，法院认为，依据《中华人民共和国商业银行法》及《银行卡业务管理办法》等法律规范的规定，在个人向商业银行申领借记卡而形成的银行卡服务合同法律关系中，发卡行的主要义务即为“保障存款人的合法权益不受任何单位和个人的侵犯”的安全保障义务，具体而言，发卡行应当采取适当措施升级和修复银行卡本身存在的安全隐患，保障其支付系统能够及时准确地识别银行卡真伪从而对通过伪卡实施的交易合理拒付，对于持卡人账户资金变动尤其是异常资金变动及时予以提醒等。而持卡人的主要义务则包括保证账户内资金为其个人合法收入，相应卡片由其本人使用，并应做到妥善保管卡片和密码。具体到本案中，诉争银行卡系磁条卡，客观上存在信息易被复制的安全隐患，甲银行羊坊店支行未采取适当措施及时升级和修复，同时在诉争交易发生时亦未及时准确识别出伪卡，明显违反了上述安全保障义务。高雪某作为持卡人，对于银行卡的保管和使用未能尽到合理的安全注意义务，在明知所持银行卡为个人卡的情况下，仍然利用该卡为朗某公司资金周转提供渠道，并通过该卡完成公司员工报销资金的发放，该行为不仅违反了有关银行卡使用的行政管理制度，亦加大了银行卡信息及密码泄露的风险，故其对此次银行卡被他人盗刷亦有过错。当事人双方都违反合同的，应当各自承担相应的责任。本案中，总体而言，甲银行羊坊店支行作为银行卡业务的推出方，理应承担比持卡人更为谨慎的防范盗刷义务，甲银行羊坊店支行的上述违约行为，是造成高雪某资金被盗刷的主要原因，应负主要过错责任。法院综合衡量双方履约过程中的过错程度，酌定甲银行羊坊店支行就高雪某的资金损失承担80%的赔偿责任，高雪某本人承担20%的责任，因此，法院对高雪某要求甲银行羊坊店支行赔偿盗刷损失186000元及相应利息损失的诉讼请求，予以支持，超出部分应由其自行承担，法院不予支持。至于利息的具体计算标准，由于双方均认可涉案交易发生时卡内资金处于活期存款状态，因此，高雪某要求按照中国人民银行贷款基准利率标准计算利息的诉讼请求，缺乏合同及法律依据，本院依法予以调整。

高雪某要求甲银行羊坊店支行赔偿交通费损失 7490 元的诉讼请求，法院认为，高雪某与甲银行羊坊店支行在申领本案诉争银行卡时并未就该部分损失的负担进行明确约定，且该损失显然已经超出甲银行羊坊店支行在与高雪某订立银行卡服务合同时应当预见到的因违反合同可能造成的损失范围，故高雪某的该项诉讼请求，法院不予支持。

甲银行羊坊店支行关于本案应当移交公安机关的相关辩称理由，法院认为，本案系银行卡纠纷，高雪某与甲银行羊坊店支行之间系银行卡服务合同关系，与刑事案件分属不同的法律关系。涉案银行卡纠纷本身不涉及犯罪，也没有证据证明高雪某是相应刑事案件的共同犯罪人，高雪某亦未通过刑事案件实际受偿，因此，刑事案件是否立案及是否侦破并不影响甲银行羊坊店支行民事责任的承担，故甲银行羊坊店支行的该项辩称理由，法院亦不予采信。

综上，北京市海淀区人民法院依据《中华人民共和国商业银行法》第六条，《中华人民共和国合同法》第一百一十三条、第一百二十条、第一百二十一条，《最高人民法院关于在审理经济纠纷案件中涉及经济犯罪嫌疑若干问题的规定》第十条，《中华人民共和国民事诉讼法》第六十四条第一款，《最高人民法院关于适用〈中华人民共和国民事诉讼法〉的解释》第九十条之规定，判决：

一、甲银行羊坊店支行于本判决生效之日起十日内赔偿高雪某存款损失 186000 元及相应利息损失（利息以 186000 元为基数，按照中国人民银行活期存款利率标准，自 2019 年 2 月 9 日起计算至实际给付之日止）；

二、驳回高雪某的其他诉讼请求。

高雪某不服一审判决，提起上诉。北京市第一中级人民法院同意一审法院裁判意见，依据《中华人民共和国民事诉讼法》第一百七十条第一款第一项之规定，判决：

驳回上诉，维持原判。

【法官后语】

发卡行和持卡人因借记卡的申领和使用而成立银行卡服务合同关系。在该法律关系中，发卡行的主要义务为“保障存款人的合法权益不受任何单位和个人的侵犯”的安全保障义务，具体而言，发卡行应当采取适当措施升级和修复银行卡本身存在的安全隐患，保障其支付系统能够及时准确地识别银行卡真伪从而对通过伪卡实施的交易合理拒付，对于持卡人账户资金变动尤其是异常资金变动及时予以提醒等。而持卡人的主要义务则包括保证账户内资金为其个人合法收入，相应卡片由其本人使用，并应做到妥善保管卡片和密码。

因伪卡交易引发的银行卡纠纷案件中，如果能够认定伪卡交易的事实存在，作为发卡行在交易发生时未能识别出伪卡，存在未尽到安全保障义务的违约行为，持卡人有权请求发卡行依照借记卡合同的约定，向其支付本金和利息。

对于具体违约责任的负担问题，通常情况下遵循违约责任的一般归责原则，但如发卡行举证证明持卡人对借记卡伪卡盗刷具有过错，则可主张在持卡人的过错范围内减轻或者免除发卡行责任。通常情况下，判断持卡人是否存在过错，主要应结合持卡人是否妥善保管银行卡卡片、卡片信息、密码等方面审查持卡人对于银行卡的保管和使用是否尽到合理的安全注意义务。在司法实践中，持卡人擅自出借、出租银行卡给他人使用，随意将银行卡密码告知他人，对于普通社会人能够判断的钓鱼网站未能识别致使卡片信息被盗取等情况，均属于持卡人未尽到安全注意义务的行为，需要承担相应的过错责任。本案中，持卡人在明知所持银行卡为个人卡的情况下，仍然利用该卡为其所在公司的资金周转提供渠道，并通过该卡完成公司员工报销资金的发放，该行为属于《人民币银行结算账户管理办法》规定的出租、出借银行结算账户的行为，一方面扰乱了行政监管部门对单位银行结算账户的统一监管，另一方面也加大了个人银行卡信息及密码泄露的风险。据此，法院依法认定其对于银行卡的保管和使用未能尽到合理的安全注意义务，对伪卡交易的发生亦有过错。但总体而言，发卡行作为银行卡业务的推出方，理应承担比持卡人更为谨慎的防范盗刷义务，发卡行未尽到安全保障义务是持卡人资金被盗刷的主要原因，应负主要过错责任。因此，法院综合衡量双方履约过程中的过错程度，酌定发卡行承担80%的赔偿责任，持卡人承担20%的责任。本案的裁判思路，与最高人民法院2021年《最高人民法院关于审理银行卡民事纠纷案件若干问题的规定》第七条，亦具有一致性。

《银行卡业务管理办法》第二十八条第三款规定："银行卡及其帐户只限发卡银行批准的持卡人本人使用，不得出租和转借。"但在现实生活中，出于人情交往和牟取利益的初衷，持卡人出租、出借甚至出售银行结算账户的行为并不鲜见。如果出租、出借银行卡的行为一旦被司法机关认定，持卡人除了在伪卡交易发生时无法依据银行卡服务合同的约定全额获得赔偿，还有可能承担多种法律责任，情节严重时会涉嫌犯罪。

首先，根据《人民币银行结算账户管理办法》《中国人民银行关于加强支付结算管理防范电信网络新型违法犯罪有关事项的通知》的相关规定，非经营性存款人有出租、出借银行结算账户行为的，将面临处以警告并处以1000元罚款的行政处罚后果；银行机构经设区的市级及以上公安机关认定的出租、出借、出售、购买银行账户（含银行卡）的单位和个人，5年内暂停其银行账户非柜面业务，并不得为其新开立账户。此外，持卡人的违规行为会被记入个人征信记录并向社会公布，对个人贷款、求职就业等方面都会产生严重的负面影响。其次，根据《最高人民法院关于适用〈中华人民共和国民事诉讼法〉的解释》及《最高人民法院关于出借银行账户的当事人是否承担民事责任问题的批复》的规定，出租、出借的银行卡发生债务纠纷时，出借单位和借用人将成为共同被告，在对出借行为查明属实的情况下，人民法院除应当依法收缴出借账户的非法所得并可以按照有关规定处以罚款外，还应区别不同情况追究出借人相应的民事责任。最后，出租、出借、出售的银行卡如果被犯罪分子用来从事诈骗、逃税、逃避债务、套取现金、非法集资、经济诈骗、赌球、洗钱等非法活动，根据《中华人民共和国刑法》第一百七十七条及第一百九十一条的规定，作为持卡人无论是否知情，都有可能构成刑事犯罪，面临承担刑事责任的问题。

编写人：北京市海淀区人民法院　陈聪慧

058 伪卡盗刷损失按当事人过错程度确定承担比例

——阮家某诉甲银行股份有限公司珠海人民西路支行借记卡案

【案件基本信息】

1. 裁判书字号

广东省珠海市中级人民法院（2020）粤04民终2447号民事判决书

2. 案由：借记卡纠纷

3. 当事人

原告（上诉人、被上诉人）：阮家某

被告（被上诉人、上诉人）：甲银行股份有限公司珠海人民西路支行

【基本案情】

原告在被告处申办了一张卡号为××××××的借记卡（以下简称案涉借记卡），并开通短信通知服务，绑定预留的手机号码为×××。

2019年10月17日至19日，案涉借记卡账户发生了7笔POS机刷卡交易，交易地点均在美国，消费金额共计350428.67元，其中前3笔交易发生在2019年10月17日3时19分35秒至27分23秒期间，交易金额共计163216.29元；后4笔交易发生在2019年10月19日8时3分33秒至25分50秒期间，交易金额共计187212.38元。

被告举证证明以上交易发生后其已通过系统及时向原告×××的手机号码就每笔交易分别进行了关于美元消费以及人民币变动情

况的信息通知。原告当庭承认收到被告以上交易通知短信，但主张是在19日早上才看到短信，并举证证明涉案交易发生期间原告本人在国内，且17日下午从北京乘坐高铁前往上海，18日晚上从上海乘坐飞机回珠海，19日9时1分到珠海市公安局梅华派出所报案，19日13时6分持案涉借记卡在甲银行股份有限公司珠海前山支行柜台存取款，接着又到被告ATM机进行存取款。案涉借记卡账户在2019年10月17日至19日仅发生以上交易。

被告提交的《甲银行股份有限公司××借记卡章程》（2017年版）第十七条约定：发卡银行在发现持卡人的××借记卡存在被他人冒用、盗用和伪卡交易等使用风险时，有权暂时对该卡进行止付，持卡人发现上述情况的，应立即向发卡银行核实并采取挂失等措施防止损失扩大。

原告诉称在整个被盗刷过程中，被告存在明显过错，应当承担原告损失的赔偿责任，并请求被告赔偿其案涉交易全部损失金额350428.67元及支付相应利息。被告抗辩主张本案公安机关尚未破案，无法认定案涉交易属于盗刷，并主张原告用卡不规范导致密码泄露才遭受涉案损失，且原告在收到短信通知后应当知晓其案涉借记卡账户在境外消费，并未在合理期限内对涉案的银行卡进行密码修改或挂失等，导致借记卡连续被盗刷，存在过错，而被告在履行义务的过程中不存在过错，不应当承担对原告的赔偿责任。

【案件焦点】

1. 伪卡盗刷交易的认定；2. 如何确定合同双方对伪卡盗刷的损失赔偿责任承担的比例。

【法院裁判要旨】

广东省珠海市香洲区人民法院经审理认为：涉案交易均是发生在美国的持卡交易，此期间原告本人在国内，并在最后一笔涉案交易发生后及时到珠海的派出所报案以及到柜台、ATM机持卡进行存取款操作。据此，足以排除涉案交易是原告本人或授权他人持案涉借记卡所为的可能，可认定涉案交易属伪卡盗刷。

原、被告之间成立有效的储蓄存款合同关系，双方应全面履行合同义务。被告作为发卡行，未能对持卡人银行卡及卡内资金交易尽到审慎审核、安全保障义务，以致银行卡能被伪造、复制和作为被告代理方的联网终端未能识别伪卡而成功交易，存在明显过错。被告未能举证证明原告对交易密码泄露存在过错，应承担举证不能的法律后果。对于10月17日发生的3笔交易损失共163216.29元，被告未能证明原告对该损失存有过错，应承担全部赔偿责任。而对于10月19日发生的4笔交易损失共187212.38元，因该4笔交易的发生离前3笔交易的发生相隔两天多的时间，原告在此期间有充分时间注意到银行发送的多笔账户交易及资金变动信息提醒，其疏于注意且没有采取措施防止损失扩大，存在一定过错。但仅凭收到短信提醒亦不足以认定原告知道或应当知道涉案借记卡被盗刷的事实，被告以此主张该4笔交易损失应全部由原告承担的理由不成立。综合双方的过错责任及权衡双方利益，酌情确定原告应对19日的交易损失自行承担40%的责任。

广东省珠海市香洲区人民法院判决：

一、被告甲银行股份有限公司珠海人民西路支行于本判决发生法律效力之日起十日内，向原告阮家某赔偿借记卡资金损失275543.72元；

二、被告甲银行股份有限公司珠海人民西路支行于本判决发生法律效力之日起十日内，向原告阮家某偿付自 2019 年 10 月 19 日起至本息付清之日止，以本金 275543.72 元为基数，按中国人民银行同期活期存款利率计算的利息；

三、驳回原告阮家某的其他诉讼请求。

宣判后，原、被告均提出上诉。广东省珠海市中级人民法院经审理判决：驳回上诉，维持原判。

【法官后语】

金融产品在当今社会中扮演着越来越重要的角色，借记卡作为金融产品的重要载体，其在为金融消费者的生活提供便利的同时，也衍生出各种法律纠纷，其中伪卡盗刷尤为突出。伪卡盗刷损失的赔偿责任如何确定问题既是关乎广大金融消费者切身利益的问题，也是法治社会建设中亟待解决的问题。

就伪卡盗刷交易所涉当事人双方权利义务而言，从法律规定来说，根据《中华人民共和国商业银行法》第六条的规定，银行负有保障持卡人卡内资金安全的法定义务；从合同相对性来说，银行负有保障持卡人卡内资金安全的合同义务。同样，持卡人对借记卡亦负有妥善保管义务。伪卡盗刷交易的发生，即说明银行所发放的借记卡能被伪造、复制，并且伪卡能被识别、使用，银行未能对持卡人卡内资金履行好安全保障义务，必然存在过错。根据公平原则，也要审查持卡人对造成伪卡盗刷的事实是否存在过错。按照证据规则的规定，证明持卡人对借记卡是否使用不当或有泄露密码的行为的举证责任应由银行来承担。若银行未能举证证明，则应认定持卡人在借记卡使用和密码泄露方面不存在过错。故本案对前三笔交易的损失判由银行来承担。但本案存在二次损失问题，在现有证据未能证明持卡人没有采取措施是主观故意所致的情况下，仍应甄别处理，本案通过查明的事实来分析双方的过错程度和权衡双方的权益，最后判决扩大部分的损失由银行承担60%的责任，持卡人承担40%的责任。根据类案检索结果，类似案件很多法官会直接将涉案全部损失判由银行承担，或是将扩大部分的损失全部判由持卡人自行承担。作为裁判者，在坚持依法办案、遵循统一裁判尺度的同时，也要正视案件的特性，并将民事活动原则和立法精神融会贯通来处理案件，这才是公正司法的应有之义。对于类似案件的裁判思路不应仅片面依据《中华人民共和国民法典》第五百九十一条第一款“当事人一方违约后，对方应当采取适当措施防止损失的扩大；没有采取适当措施致使损失扩大的，不得就扩大的损失请求赔偿。”或《最高人民法院关于审理银行卡民事纠纷案件若干问题的规定》第七条“发生伪卡盗刷交易或者网络盗刷交易，借记卡持卡人基于借记卡合同法律关系请求发卡行支付被盗刷存款本息并赔偿损失的，人民法院依法予以支持。发生伪卡盗刷交易或者网络盗刷交易，信用卡持卡人基于信用卡合同法律关系请求发卡行返还扣划的透支款本息、违约金并赔偿损失的，人民法院依法予以支持；发卡行请求信用卡持卡人偿还透支款本息、违约金等的，人民法院不予支持。前两款情形，持卡人对银行卡、密码、验证码等身份识别信息、交易验证信息未尽妥善保管义务具有过错，发卡行主张持卡人承担相应责任的，人民法院应予支持。持卡人未及时采取过失等措施防止损失扩大，发卡行主张持卡人自行承担扩大损失责任的，人民法院应予支持”的规定来审处支持与不支持的问题，更要根据《中华人民共和国民法典》第五百九十二条“当事人都违反合同的，应当各自承担相应的责任。当事人一方违约造成对方损失，对方对损失的发生有过错的，可以减少相应的损失赔偿额”的规定来分析该如何支持的问题。只有对以上法律及解释的综合应用才能真正体现法律的宗旨，才能更好地贯彻新时代司法理念。综上，对于伪卡盗刷类案件所涉交易损失赔偿问题，总体裁判规则应按当事人过错程度确定损失赔偿责任。审理思路为，首先，确定银行必然存在过错；其次，审查银行能否举证证明持卡人在借记卡使用和密码保护方面存在过错；再次，审查涉案交易是否存在扩大部分的损失，如有，则需进一步分析双方当事人对扩大的损失部分是否存在过错；最后，再根据双方过错大小和权衡双方利益以确定损失赔偿如何分配。

希望通过本案例，能为伪卡盗刷交易的损失问题明确审理方向和裁判思路，能为银行在借记卡安全技术的提升及持卡人在借记卡的使用过程中如何更好履行各自义务以防范伪卡盗刷交易的发生和出现伪卡盗刷交易时该如何维权提供指引，以共建更加公平稳定的法治金融秩序。

编写人：广东省珠海市香洲区人民法院　庞彩霞

059　银行卡盗刷案件中的举证责任分配标准

——刘某诉某银行借记卡案

【案件基本信息】

1. 裁判书字号

北京市第二中级人民法院（2019）京02民终11130号民事判决书

2. 案由：借记卡纠纷

3. 当事人

原告（被上诉人）：刘某

被告（上诉人）：某银行

【基本案情】

刘某持某银行借记卡，2017 年 8 月 18 日 10 时 43 分发生消费 50 元。刘某随后致电某银行客服电话核实 50 元的消费情况，并办理临时挂失手续，于当天携带银行卡和身份证前往某银行网点办理换卡手续。上述 50 元消费为话费充值业务。在充值过程中，操作人通过拨打 10086，在自动语音提示下，选择银行卡充值菜单，然后输入银行卡号、身份证号码、密码等，实现对手机的充值。在一审庭审过程中，一审法院与被充值手机号机主库某亮取得联系，经核实，库某亮与刘某并不认识，也没有使用拨打 10086 电话的方式进行充值，亦不记得 2017 年 8 月 18 日当天是否进行过充值。

刘某请求法院判令某银行返还上述非本人操作的 50 元消费，并赔付利息损失（从 2017 年 8 月 18 日起到实际支付之日止按活期存款利率计算）。某银行辩称，诉争交易是通过第三人某付通公司的支付平台进行话费充值，需要验证持卡人的卡号、密码、身份证等信息，才能进行交易，持卡人须妥善保管借记卡卡片和密码，因卡片保管不善和密码泄露所造成的全部损失由持卡人承担。某付通公司对交易过程进行陈述称，该手机号码拨打 10086，用户选择银行卡对该号码进行充值，输入卡号、身份证号、密码核对无误后才能进行充值，在充值前，该银行卡不需要在某付通公司平台进行任何绑定等操作，某付通公司的数据和银联关联，某付通公司是通过数据传输的方式交给银联核实。

【案件焦点】

涉案50元话费充值消费是否应当被认定为盗刷行为。

【法院裁判要旨】

北京市西城区人民法院经审理认为：根据法律和某银行借记卡章程的规定，某银行应及时、准确地办理存款人的资金收付业务，并有义务保障存款人的合法权益不受任何单位和个人的侵犯，确保存款人账户内资金的交易安全。根据本案现有查明的事实，刘某在收到50元的消费短信提醒后，及时与某银行取得联系，并对银行卡及时挂失并换发新卡，防止损失进一步扩大，尽到了一个持卡人应有的注意义务。对于50元的消费事实，经某付通公司、被充值手机号机主的谈话笔录，一审法院进一步确定刘某在此次50元话费充值的操作过程中并不存在操作的动机和可能性。

结合刘某在发现银行卡出现余额变动后的具体操作等综合表现，一审法院按照高度盖然性的证明标准，认定涉案的50元消费为银行卡内资金的盗刷行为。在其所发行银行卡被消费，导致持卡人因此遭受经济损失的情况下，某银行应就此承担违约赔偿责任。现刘某要求某银行赔偿盗刷损失50元及由此产生利息的诉讼请求，于法有据。

关于某银行抗辩持卡人须妥善保管借记卡卡片和密码，因卡片保管不善和密码泄露所造成的全部损失由持卡人承担一节，因某银行未能举证证明刘某对涉案借记卡、密码存在保管不善的过失，故对此抗辩，不予采信。

北京市西城区人民法院根据《中华人民共和国合同法》第六十条、第一百零七条，《中华人民共和国商业银行法》第六条、第三十三条，《中华人民共和国民事诉讼法》第六十四条第一款之规定，作出如下判决：

一、某银行于判决生效之日起十日内给付刘某 50 元，及相应的利息（利息以 50 元为基数，从 2017 年 8 月 18 日起到实际支付之日止按中国人民银行同期活期存款利率计算）；

二、驳回刘某的其他诉讼请求。

某银行不服一审判决，提出上诉。北京市第二中级人民法院经审理认为：根据《最高人民法院关于民事诉讼证据的若干规定》第二条之规定，当事人对自己提出的诉讼请求所依据的事实或者反驳对方诉讼请求所依据的事实有责任提供证据加以证明。没有证据或证据不足以证明当事人的事实主张的，由负有举证责任的当事人承担不利后果。根据查明的事实，刘某在收到 50 元的消费短信提醒后，及时与某银行取得联系，及时挂失银行卡，结合一审法院对被充值手机机主核实的情况，以及案涉刷卡的金额等因素，一审法院认定刘某并不存在操作的动机，并无不妥。某银行对此不予认可，但并未能提供充分的证据证明刘某对涉案借记卡、密码存在保管不善的情形，故不予支持。

北京市第二中级人民法院依照《中华人民共和国民事诉讼法》第一百七十条第一款第一项规定，作出如下判决：

驳回上诉，维持原判。

【法官后语】

银行卡盗刷是指不法分子通过不法手段获取持卡人的银行卡密码等信息，从而窃取持卡人银行卡资金的违法或犯罪行为。主要表现为持卡人在未有泄露自身银行卡信息的情况下，资金被完全陌生的第三方消费、提现、转账等。近年来，银行卡盗刷行为由不法分子在ATM机上加装侧录器读取银行卡的信息，在密码键盘上方安装针孔摄像头记录密码等低技术含量的手段，转向更为高级的移动支付盗刷，形式更加隐蔽，侦破难度增大。在盗刷案件中，限于自身知识、技术等客观条件，加之上述盗刷行为隐蔽性、高科技性等特征，持卡人往往无法提供直接证据证明盗刷行为，因此法院妥善处理盗刷类金融案件，明确双方的举证责任分配，不仅能更好地保护持卡人的合法权益，也会对金融业的良性发展提供法律和制度保障，对维护整体金融安全意义重大。

根据《最高人民法院关于民事诉讼证据的若干规定》第二条之规定，当事人对自己提出的诉讼请求所依据的事实或者反驳对方诉讼请求所依据的事实有责任提供证据加以证明。没有证据或证据不足以证明当事人的事实主张的，由负有举证责任的当事人承担不利后果。对上述法条作出文义解释，如持卡人主张银行卡被盗刷，则应当承担证明盗刷事实的举证责任，否则将承担不利后果。根据现有证据，盗刷事实的认定采取了高度盖然性的证明标准，根据持卡人在银行卡被盗刷后的表现综合认定是否盗刷，而金融机构如主张为非盗刷，则应当承担持卡人未能妥善保管银行卡信息的证明责任，从表面看似乎减轻了持卡人的证明责任，有违上述司法解释之规定，实则是根据法律内在逻辑和盗刷案件特殊性而确立的合理的举证责任分配标准。

原因有二：其一，法官在处理盗刷案件时，无不遵循着两个演绎推理中的大前提，这两个前提是生活经验，是常识，亦是现实情况。第一个前提是，虽然偶尔有盗刷案件的发生，但相对于大量的银行卡支付业务，盗刷毕竟属于极少数极端案件，这就意味着我国银行结算系统总体上是安全可控的。如没有这个大前提，盗刷案件普遍发生，无处不在，按照高度盖然性的证明标准将举证责任分配给持卡人，则明显不合理。第二个前提是，一个正常理性的持卡人在银行卡被盗刷后的正常反应，应当是第一时间采取诸如挂失银行卡、前往公安机关报案等措施，避免损失的扩大，并积极挽回已经发生的损失。法院不能苛责持卡人直接证明盗刷行为的存在，根据持卡人被盗刷后的表现综合判断是否是盗刷更为合理。其二，银行作为专业的金融机构，更容易收集银行卡支付的相关证据材料，在银行卡规则的制定和解释方面相比持卡人具有天然的优势地位，作为参与商事活动的主体，虽然在法律上的地位平等，但法院必须考虑上述因素，将举证责任作此分配也是公平原则的具体表现。

编写人：北京市西城区人民法院　高毅航

060　借记卡盗刷民事法律问题

——谢某诉某银行借记卡案

【案件基本信息】

1. 裁判书字号

黑龙江省哈尔滨市南岗区人民法院（2019）黑 0103 民初 3024 号民事判决书

2. 案由：借记卡纠纷

3. 当事人

原告：谢某

被告：某银行

【基本案情】

谢某于2008年9月29日在某银行处开户办理银联理财白金卡，该卡被授权用于境外消费，2018年4月8日谢某在三亚收到6条短信提示，内容为谢某的银行卡被非授权用于境外消费，当时银行卡在谢某自己身上，谢某意识到银行卡被非授权使用，马上电话挂失该银行卡，次日，谢某去三亚银行进行了书面报案，得知自己银行卡被非授权支付金额总计5607.05美元，合计人民币36445元，谢某在2018年4月9日向三亚市公安局吉阳分局报案，至今此案未破，谢某将钱款存入某银行处，双方形成合同关系，某银行对谢某存款具有安全保障的法定义务和负有全面履行存款合同的义务，谢某并不存在丢失银行卡和泄露密码的过错，因此某银行应当对谢某的银行卡被盗刷承担赔偿责任，故起诉至法院。

【案件焦点】

1. 对于争议账户中存款损失某银行是否存在过错；2. 谢某是否存在未妥善保管或使用银行卡，对此造成的损失是否应承担相应后果。

【法院裁判要旨】

黑龙江省哈尔滨市南岗区人民法院经审理认为：本案是谢某借记卡被盗刷引起的纠纷，借记卡是金融支付工具，是双方当事人储蓄合同的外在载体，直接证明双方当事人之间的储蓄合同关系成立，某银行即负有保障谢某作为储蓄人的合法权益，不受任何单位和个人侵犯的义务。从涉案借记卡被境外消费及谢某整个报案经过可以认定谢某主张的借记卡在国外被盗刷的事实。关于某银行辩称谢某借记卡被盗刷可能因谢某自身原因泄露密码所致的问题，如需进行刷卡消费，需有借记卡和掌握密码二个条件缺一不可，谢某持有的借记卡系某银行向谢某发行的金融支付工具，某银行应保障谢某持有的借记卡的唯一性及不可复制性，即使谢某因自身原因泄露了密码，如不持有借记卡，不会导致其借记卡被盗刷，上述事实可以认定谢某持有的借记卡未脱离谢某控制，可以认定谢某的借记卡被盗刷要么系因谢某持有的借记卡被复制，要么系因某银行给谢某发行的该卡不具有唯一性，某银行对此未尽到应负有的保障义务，同时，某银行对其主张的谢某因自身原因泄露密码这一事实未举证证明，应承担举证不能的不利法律后果。谢某持有的借记卡被盗刷系因某银行没有尽到保障谢某作为储蓄人的合法权益的义务，应由某银行承担违约责任，对谢某的借记卡被盗刷的金额人民币 36445 元应由某银行依法予以赔偿。

黑龙江省哈尔滨市南岗区人民法院依照《中华人民共和国合同法》第八条、第六十条、第一百零七条之规定，判决如下：

被告某银行于本判决生效后十日内赔偿原告谢某人民币 36445 元。

判决后，双方当事人均未上诉，本判决现已生效。

【法官后语】

借记卡境内外盗刷事件频发，与之相关的法律问题因此成为各界关注的焦点。在借记卡盗刷案件的审理过程中应注意以下几点：第一，银行虽然是保护储户安全的一方，但储户应对存在他人利用伪卡盗刷的事实提供证据加以证明，没有证据或不足以证明他人利用伪卡盗刷的事实，应由储户承担举证不能的不利后果。第二，如果储户能证明案发时真卡由其持有，且储户不能在短时间内往返于己方所在地和盗刷地之间，银行未提出足以反驳的证据的，如案发后不久储户的银行卡到己方所在地银行存款或取款，并保留凭条和短信通知，或到己方所在地或被盗刷所在地公安机关报案时出示银行卡，证明案发时自己持有真卡，且自己不可能在案发时到存取款或报案时往返于自己所在地和盗刷地之间的，法院应认定盗刷事实的存在，由银行承担赔偿责任。第三，储户证明系被盗刷后，如果银行主张银行卡被盗刷系储户泄露密码所致，应该对主张提交证据予以证实，否则，承担举证不能的不利后果。第四，该类案件中银行一般会提出“先刑后民”的抗辩，但储户要求追究的是银行在履行储蓄存款合同过程中的违约责任，存款被盗刷的刑事案件是否被定罪，不影响该类民事案件裁判结果，且根据《最高人民法院关于在审理经济纠纷案件中涉及经济犯罪嫌疑若干问题的规定》第一条、第十条规定，此类民事案件可以独立于民事案件受理和审理，故该类案件无须中止审理。

防患于未然，当事人银行卡应开通信息提醒服务，以便及时了解资金动向，发现被盗，马上采取以下行动：第一，发现资金异常，立即办理临时挂失。第二，不能及时挂失的情况下，应找最近的银行在最短的时间使用自己办理的银行卡进行存取款操作，打印相关凭证。已经及时办理挂失的持卡人应迅速到附近的 ATM 机操作银行卡，由于此前已经办理挂失，ATM 机将进行吞卡处理。以证明该银行卡在被盗刷时真卡在当事人手中。第三，进行完上述操作后应立即向公安机关报案，领取相应的回执，这样在银行主张权利时才有据可查。

2021 年 5 月 25 日，为正确审理银行卡民事纠纷案件，保护当事人的合法权益，根据《中华人民共和国民法典》《中华人民共和国民事诉讼法》等规定，结合司法实践，我国正式施行《最高人民法院关于审理银行卡民事纠纷案件若干问题的规定》（以下简称《规定》），《规定》明确了银行卡发生盗刷交易时，持卡人及发卡行、非银行支付机构举证责任的具体划分，并列举了当事人举示证明材料的具体内容，细化了银行卡民事纠纷案件审理的具体要求，对遏制银行卡盗刷交易，维护金融秩序的稳定具有极大的积极影响。此外，在时间效力上，《规定》第十六条规定："本规定施行后尚未终审的案件，适用本规定。本规定施行前已经终审，当事人申请再审或者按照审判监督程序决定再审的案件，不适用本规定。"

编写人：黑龙江省哈尔滨市南岗区人民法院　付鑫蕊

061 免密支付方式下银行卡盗刷案件的责任承担认定

——热某特诉甲银行广州执信路支行借记卡案

【案件基本信息】

1. 裁判书字号

广东省广州市越秀区人民法院（2018）粤 0104 民初 28266 号民事判决书

2. 案由：借记卡纠纷

3. 当事人

原告：热某特

被告：甲银行广州执信路支行（以下简称甲行执信路支行）

【基本案情】

热某特在甲行执信路支行处申领涉案银行卡，2018 年 7 月 13 日深夜至 7 月 14 日凌晨，热某特在银行预留的手机号码收到短信，提示涉案银行卡在境外消费六笔，共计 15985.69 美元。热某特于 14 日凌晨以电话形式向甲银行挂失涉案银行卡，于 14 日上午前往建行东某支行申请止付涉案交易，于 14 日下午向派出所报案。热某特表示涉案六笔交易均非其本人所为，故诉至法院要求甲行执信路支行赔偿其损失。甲行执信路支行辩称涉案交易不能认定为伪卡交易，且不排除有热某特将银行卡交予他人消费的可能，若为伪卡交易，热某特作为持卡人应对其未妥善保管支付密码导致的损失承责等。

从热某特提交的手机短信记录、银行卡消费记录及甲行执信路支行提交的通用机打凭证、银行卡客户交易明细清单、消费底单等证据可知，涉案六笔“POS 机消费”交易均发生在英国伦敦，六笔交易按照交易时汇率计算合计人民币 105315.32 元。热某特的出入境记录显示，其在交易发生时身处中国境内。此外，热某特在向银行申请止付及向派出所报案时均出示了银行卡原件。热某特指出涉案银行卡在境外通过“VISA”卡[①]方式消费不需要输入密码，并将其致电甲银行客服电话确认的通话录像提交给法院。

【案件焦点】

1. 涉案银行卡是在免密支付方式下被盗刷的，免密支付方式下银行卡被盗刷造成的损失，责任承担应当如何分配；2. 涉案银行卡

① VISA 是一个信用卡品牌，以下不再另作提示。

的约定付款方式为预授权付款，在授权刷卡消费与实际扣款成功之间存在 48 小时的时间差，该时间段内热某特与甲行执信路支行的行为与法院认定损失责任承担的关系。

【法院裁判要旨】

广东省广州市越秀区人民法院经审理认为：本案六笔“POS 机消费”交易发生在英国伦敦，交易发生时热某特身处中国境内，故可认定涉案款项交易非热某特所为。热某特在银行卡被盗刷当天上午即到银行使用涉案银行卡办理挂失业务，亦不存在热某特将涉案卡片交与他人在伦敦消费的可能性。因此，法院认定热某特的理财卡被境外不法分子非法复制并使用，涉案六笔“POS 机消费”系他人盗刷。六笔交易授权消费金额按照交易时汇率计算，折合人民币 105315.32 元。

本案主要争议焦点在于甲行执信路支行对热某特存款损失承担责任的认定：一方面，热某特经甲行执信路支行审核批准领取涉案理财卡，双方成立储蓄存款合同关系，甲行执信路支行有义务确保热某特账户内资金安全。涉案银行卡在境外通过“VISA”卡消费不需要密码，防止银行卡不被非法复制是保障热某特账户资金安全的唯一举措，如果发生盗刷交易，责任全在甲行执信路支行。另一方面，涉案交易从授权消费到扣款成功之间存在 48 小时的时间差，热某特在发现交易异常后及时向银行挂失并申请止付，而甲行执信路支行作为服务提供方及“VISA”卡合作方，在上述时段内未能采取有效措施停止支付，甲行执信路支行应对热某特的损失承担责任。综上，热某特账户损失人民币 105315.32 元，是因为银行卡被他人非法复制及使用导致，且甲行执信路支行在涉案交易发生后未能采取有效措施停止支付，故甲行执信路支行应承担全部责任，向热某特赔偿全部损失。广东省广州市越秀区人民法院依照《中华人民共和国合同法》第八条、第六十条第一款、第一百零七条之规定，作出如下判决：

一、在本判决发生法律效力之日起十日内，被告甲行执信路支行向原告热某特赔偿人民币 105315.32 元；

二、驳回原告热某特的其他诉讼请求。

判决后，双方当事人均未上诉，本判决现已生效。

【法官后语】

本案纠纷的起因为热某特在甲行执信路支行处申领的银行卡在境外以“VISA”卡消费方式被盗刷，笔者认为该案件中主要有以下两个审理关键点：

一、免密支付方式下银行卡被盗刷造成的损失，责任应当如何分配

根据《最高人民法院关于审理银行卡民事纠纷案件若干问题的规定》第六条规定，人民法院应当全面审查当事人提交的证据，结合银行卡交易行为地与真卡所在地距离、持卡人是否进行了基础交易、交易时间和报警时间、持卡人用卡习惯、银行卡被盗刷的次数及频率、交易系统、技术和设备是否具有安全性等事实，综合判断是否存在伪卡盗刷交易或者网络盗刷交易。具体到本案中，涉案六笔交易均发生在英国伦敦，而据热某特的出入境记录显示，交易发生时其身处中国境内，结合涉案交易发生当天热某特持真卡向银行申请止付并向派出所报案，可认定涉案交易为伪卡盗刷交易。

本案特殊之处在于涉案银行卡是在免密支付方式下被盗刷的。

在一般的线下POS机刷卡消费中，消费成功需要满足持有真实银行卡及输入正确密码两个条件。对应前述两个条件，银行与储户负有各自的义务：银行作为专业的金融机构，应确保其向储户发行的银行卡不能被非法复制和使用；储户作为支付密码的设定者与保管者，应妥善保管密码，确保密码不被非法窃取。根据《最高人民法院关于审理银行卡民事纠纷案件若干问题的规定》第七条第三款规定，发生伪卡盗刷交易，持卡人对银行卡、密码、验证码等身份识别信息、交易验证信息未尽妥善保管义务具有过错，发卡行主张持卡人承担相应责任的，人民法院应予支持。在传统的设密支付方式下，银行卡若发生盗刷，法院一般会考量银行及储户各自的过失程度，结合储户是否妥善保管密码、是否为伪卡交易等情况，按一定比例确定银行及储户的承责范围。由于银行卡的交易密码是由储户自己设置，通过加密后传输、保存，具有唯一性和保密性，因此，在通过正确输入密码盗刷成功的案件中，银行主张储户承担相应责任的，法院普遍认定储户对密码泄露有过错，应对盗刷造成的损失承担次要责任。而在免密支付方式下，储户不再负有妥善保管密码、防止密码被窃取的责任，保障账户资金安全的唯一举措为确保银行卡不被非法复制。银行应保证其发行卡片具有足够高的安全性能，并能对伪卡交易进行有效识别。因此，免密支付方式下发生伪卡盗刷交易，在储户无其他明显过错的情况下，银行应对盗刷造成的损失承担全部责任。

二、预授权付款的银行卡被盗刷后储户与银行的行为和损失责任分配的关系

预授权是指持卡人在特约单位消费，消费与结算不在同一时间完成，特约单位通过“POS”机预先向发卡机构索要授权的行为。预授权付款的银行卡被盗刷后，在授权刷卡消费与实际扣款成功之

间往往存在一定的时间差，该时间段内被盗刷的款项处于预授权冻结状态，若储户与银行及时采取措施，极大可能可以避免损失的实际发生。在具体案件的审理中，储户与银行在该时间段有无积极采取应对措施，有无尽到合同义务等情况亦会对损失责任的最终认定有所影响。

具体到本案中，涉案银行卡通过“VISA”卡消费方式被盗刷，在授权刷卡消费与实际扣款成功之间存在48小时的时间差。热某特在涉案银行卡被盗刷的当天上午即向银行申请挂失该卡并要求止付涉案交易，热某特作为储户已尽到自身的注意义务。而甲行执信路支行作为专业的金融机构及服务提供方，在接到热某特的挂失及止付申请后，并未采取有效止付措施防止热某特损失实际发生。此外，甲行执信路支行作为“VISA”组织的合作方，亦未及时联系“VISA”组织核实涉案银行卡的交易情况。热某特损失的实际发生与甲行执信路支行的不作为有着直接关系，这也是法院判决甲行执信路支行对热某特的损失承担全部责任的重要原因之一。

编写人：广东省广州市越秀区人民法院　谢梦莹

062　商业银行身份识别及安全保障义务的责任认定

——赵某章诉甲银行北京八角北里支行银行卡案

【案件基本信息】

1. 裁判书字号

北京市石景山区人民法院（2017）京0107民初12073号民事判决书

2. 案由：银行卡纠纷

3. 当事人

原告：赵某章

被告：甲银行北京八角北里支行（以下简称甲行八角支行）

【基本案情】

2016年9月29日，赵某章在甲行八角支行申办了尾号为8606的建行储蓄卡。

2016年10月14日至10月20日，尾号为8606的涉案银行卡与深圳市财付通科技有限公司（即通常所指微信，以下简称财付通）发生多笔消费交易。

2016年10月31日，北京市石景山看守所向赵某章出具的看守所在押人员私人物品存据显示，物品名称中含有尾号为8606的涉案银行卡、OPPO牌手机等。

2016年11月11日至11月15日，涉案银行卡与财付通再次发生38笔消费交易，合计金额49959.04元。

2016年11月22日、24日，甲行八角支行四次向赵某章在银行预留的手机号码发送短信，内容均为：您尾号8606的账户，已开通支付宝（中国）网络技术有限公司（以下简称支付宝）快捷支付，开通后交易扣款将由商户发起，请妥善保管短信验证码等重要信息［建设银行］。

2016年11月22日至11月26日，涉案银行卡与支付宝发生38笔消费交易，分别为：2016年11月22日18笔、2016年11月23日9笔、2016年11月24日8笔、2016年11月26日3笔，合计金额30480.02元。

2016年12月6日，北京市公安局石景山分局作出行政处罚决定书，对赵某章行政拘留14日（2016年12月6日至2016年12月20日）。2016年12月20日，赵某章被解除拘留。

2016年12月24日，赵某章向北京市公安局石景山分局报案称银行卡被盗刷。后北京市公安局石景山分局作出立案决定，但至本案结案时未作出处理结果。

2017年4月，赵某章提起本案诉讼，称其2016年10月31日至2016年12月20日被羁押于北京市石景山看守所，涉案银行卡在2016年11月11日至11月26日通过财付通、支付宝方式发生的前述76笔消费（财付通、支付宝各发生38笔）共计80439.06元，并非其本人行为，系银行卡被盗刷，要求甲行八角支行承担责任。

【案件焦点】

甲行八角支行对赵某章的存款损失是否存在过错，是否应当承担相应的赔偿责任。

【法院裁判要旨】

北京市石景山区人民法院经审理认为：赵某章在甲行八角支行处开立了储蓄账户，双方据此建立了合同关系，该合同关系系双方当事人的真实意思表示，不违反法律、行政法规的强制性规定，应属合法有效。争议款项全部系通过微信（财付通）、支付宝关联涉案银行卡完成资金转账，不同于伪卡交易，不涉及自助设备（ATM）、移动消费终端（POS机）等固定机具，使用中甲行八角支行是否存在违反服务协议划转涉案资金的行为。

涉案款项中与微信（财付通）发生的交易部分，赵某章在诉讼过程中认可其有自行开通微信支付功能并进行了2万余元转账操作的行为，虽然赵某章陈述转账后即注销了微信（财付通）支付功能，但未就此提供证据证明，且与法院的调查取证结果并不相符。故法院认定在开通此项服务时，甲行八角支行已向赵某章尽到了交易风险说明的义务，且交易流程合规，赵某章应按照甲行八角支行的提示谨慎使用该项服务。开通微信支付功能后，由赵某章成功转账支付的行为可知，微信转账支付的密码、验证信息及支付流程赵某章知悉并掌握，争议款项的顺利支付完成亦以输入正确的密码、验证信息等为前提，而赵某章负有妥善保管相关信息的义务。在网络交易情形下，赵某章通过微信实现支付功能时，无须提供银行卡实体卡，也无须甲行八角支行的物理介质进行支付，与赵某章当时是否持有微信所绑定的涉案银行卡无关，即赵某章是否被限制人身自由、涉案银行卡是否被有关机关扣押，与赵某章的微信是否发生支付交易不具有必然联系。根据赵某章提供的现有证据，不能证明甲行八角支行在赵某章开通微信支付时及后期通过微信消费时操作流程中存在过错，或甲行八角支行有其他损害赵某章资金交易安全的行为。故对于赵某章要求甲行八角支行赔偿通过微信消费的款项损失49959.04元并支付利息的请求，法院不予支持。

涉案款项中通过支付宝交易的部分，赵某章对涉案银行卡开通支付宝功能及通过支付宝发生的38笔消费不予认可。根据甲行八角支行提供的现有证据，尾号为8606的涉案银行卡在与支付宝建立业务关联时，甲行八角支行仅向持卡人预留的手机号码发送了内容为“您尾号8606的账户，已开通支付宝（中国）网络技术有限公司快捷支付，开通后交易扣款将由商户发起，请妥善保管短信验证码等重要信息［建设银行］”的信息，没有发送验证信息进行验证。因此，法院认定甲行八角支行在涉案银行卡与第三方（支付宝）建立业务关联过程中有不合规之处，存在过错。故对赵某章要求甲行八角支行赔偿2016年11月22日至2016年11月26日以支付宝消费方式产生的存款损失26980元（已扣除支付宝赔付的3500.02元）并支付利息的请求，法院予以支持。因此，法院对甲行八角支行所持该项抗辩意见，不予采信。

依照《中华人民共和国合同法》第八条、第一百零七条，《中华人民共和国商业银行法》第六条，《中华人民共和国民事诉讼法》第六十四条第一款之规定，判决如下：

一、甲行八角支行于本判决生效之日起十日内返还赵某章26980元并支付利息（自2017年1月1日起至实际付清之日止，按中国人民银行活期存款利率计算）；

二、驳回赵某章其他诉讼请求。

判决后，双方当事人均未上诉，本判决现已生效。

【法官后语】

线上交易盗刷在审判实践中一直存在较多难点。随着网络经济的发展，诸多支付平台迅速崛起，为电子商务的发展注入了加速剂，但也带来了诸多的法律风险。例如，持卡人将银行卡绑定在第三方支付平台上，若款项在不知情的情况下被转走，责任究竟由谁承担。

实践中，持卡人在将银行卡与第三方平台进行绑定时，需要通过输入银行卡号、手机号、银行发送的动态验证码等步骤完成操作。根据《中国银监会、中国人民银行关于加强商业银行与第三方支付机构合作业务管理的通知》的有关规定，客户银行账户在与第三方支付机构首次建立业务关联时，应经双重认证。[①] 要求对不具备双（多）因素认证条件的客户，其任何账户不得与第三方支付机构建立业务关联。因此，第三方平台支付功能开通时，发卡行对用户身份识别义务的履行情况对持卡人账户资金交易安全及账户损失的责任划分与界定起着尤为重要的作用。

本案中，持卡人在商业银行办理了借记卡，诉争款项均系通过第三方支付平台财付通、支付宝转出，即使用第三方平台的账户及密码进行款项的支付。争议焦点在于商业银行对持卡人账户内的资金损失是否存在过错，是否应当承担相应的赔偿责任。对此，应重点审查商业银行在第三方支付平台的开通及资金转移和支付环节是否完全尽到身份识别义务和安全保障义务，即审查持卡人初次将借记卡绑定在第三方支付平台时，商业银行是否对客户预留的多项信息的一致性等进行核验，确保客户身份真实可靠。在之后的交易中则无须再次核验，只需按指令付款。本案涉及的财付通支付平台，持卡人自认开通并通过财付通进行交易，说明系持卡人本人将银行卡与第三方平台绑定，商业银行已经履行了客户身份核验义务。第三方平台的账号及密码由持卡人自行保管，在此后的消费中商业银行只需进行账户资金变动的提醒，故对于通过财付通账号损失的金额，商业银行无须承担责任。但在涉案银行卡与支付宝平台建立业务关联时，商业银行仅发送了一条功能开通成功的通知，没有进行身份的核验，在未能确保客户身份真实可靠的情况下，进行了银行

---

① 《中国银监会、中国人民银行关于加强商业银行与第三方支付机构合作业务管理的通知》第三条规定，客户银行账户与第三方支付机构首次建立业务关联时，应经双重认证，即客户在通过第三方支付机构认证同时，还需通过商业银行的客户身份鉴别。账户所在银行应通过物理网点、电子渠道或其他有效方式直接验证客户身份，明确双方权利与义务。

卡与第三方平台支付宝的绑定，故法院认定商业银行在银行卡与支付宝平台关联过程中有不合规之处，存在过错，应该对持卡人账户内的资金损失承担赔偿责任。

另外，在法院审理的多数案件中，能够就银行卡被盗刷这一事实予以佐证的，是赵某章的报警记录，但报警记录并不能作为认定盗刷事实的确定依据。除赵某章的报警记录外，还需结合持卡人当时的行为状态、所处地理位置、线上操作的 IP 地址①、异常的交易记录等综合考量。具体到本案中，法院结合赵某章的报警记录，对赵某章当时所处位置及行动自由程度予以综合考量。

编写人：北京市石景山区人民法院　孙玥　史立新

063 网络盗刷案件中，持卡人未尽合理注意义务应承担部分资金损失

——李某诉某银行股份有限公司、某银行股份有限公司北京朝外大街支行借记卡案

【案件基本信息】

1. 裁判书字号

北京市朝阳区人民法院朝民（商）初字第 55939 号民事判决书

2. 案由：借记卡纠纷

3. 当事人

原告：李某

① 网际协议地址。因特网使用 IP 地址作为主机的标志。

被告：某银行股份有限公司（以下简称某行）、某银行股份有限公司北京朝外大街支行（以下简称朝外大街支行）

【基本案情】

李某向朝外大街支行申请开立借记卡一张，并申请开通了该卡的网上个人银行（大众版）/手机银行服务。网上个人银行（大众版）/手机银行签约服务条款载明：客户申请开通后凭账号、密码、手机号码和手机短信动态验证码进行转账汇款交易时，客户对交易指令及由此产生的结果承担一切经济和法律上的责任。

2015年7月25日，李某收到银行发送的短信一条，内容为“您的银行卡积分已满可兑换1288元现金礼包，请及时登录wap.××××.cc进行兑换，逾期积分清零。[某银行]”。李某点击了短信上显示的链接网址，在弹出的网站上输入了银行卡卡号等相关信息，并点击获取验证码。李某点击三次，均未收到验证码，遂拨打某行客服电话询问，某行客服回复称银行目前没有这个积分兑换活动。李某称某行客服未作钱款存在风险的提示，李某本人在通话后亦未对账户实施防范措施。

2015年7月25日15：34：18至2015年7月26日11：19：05，李某的某行储蓄卡发生21笔支出，总计支出金额为121091元。其间，某行系统向李某预留手机号发送短信17条，内容为支付验证码和账户资金交易情况。上述短信中，没有对冒充某行客服电话发送虚假信息予以风险提示的短信内容。李某称可能因为被伪基站干扰，当天未收到银行发送的上述短信。

2015年7月26日晚上，李某给朋友转账时发现被盗刷，进行口头挂失并到附近的东湖派出所报案。当天23：24：26，李某按照警方要求持被盗刷银行卡在ATM机上进行存取操作，以证明持有银行卡。公安机关于次日出具受案回执。某行将通过“银联无卡自助消费CUNP”方式转出的11笔共计4992元追回并返还给李某，剩余盗刷款项朝外大街支行表示需要通过公安机关追回。

庭审中，某行称本案中的盗刷卡是因为李某点击了伪基站发送的钓鱼网站，该网站（wap.××××.cc）不是某行官方网站域名，李某在钓鱼网站上输入了自己的上述信息后，由犯罪嫌疑人拦截了银行发送的验证码后在网络平台上进行转账。

【案件焦点】

1. 李某是否必须等待公安机关侦破案件后再向犯罪人求偿；2. 涉案交易是否为李某授权交易；3. 朝外大街支行、某行是否需承担违约赔偿责任。

【法院裁判要旨】

北京市朝阳区人民法院经审理认为：本案非授权交易的行为人涉嫌犯罪，而犯罪嫌疑人并非本案诉讼的参与人，犯罪事实与本案事实并非同一事实和同一法律关系；李某基于借记卡合同关系主张某行、朝外大街支行赔偿损失，可根据民事诉讼的证明责任分配和证明标准完成事实的认定，无须以刑事案件的处理结果为依据。故李某无须等待公安机关侦破案件后再向犯罪人求偿。

犯罪分子利用技术手段，假冒某行短信，骗得李某的银行卡号、密码等信息，并窃取了银行系统发送的手机验证码。按照一般民事案件的高度可能性的证明标准，可以认定涉案交易并非李某的授权交易。某行、朝外大街支行主张签约服务条款约定凡凭密码进行的交易均视为李某本人交易，该条款属于格式免责条款，加重了李某的责任、排除了李某主要权利，某行、朝外大街支行不能以该条款之约定主张免责。

银行保障持卡人资金安全的义务涵盖有形场所的物理安全控制，运营设施、业务处理系统和相关数据存储的安全性，网络通信系统的安全性。银行应当在办理网上支付业务中尽到审慎审核义务，对风险的存在以及防范尽到告知义务；发现钓鱼网站应当及时告知持卡人，并及时采取合理措施防范风险。现无证据证明，朝外大街支行就钓鱼网站相关风险向李某进行了提醒告知或者积极采取防范措施，故本案中朝外大街支行未尽到安全保障义务，应当对李某的损失承担赔偿责任。

李某作为持卡人在保管银行卡信息及审查交易页面真实性方面未尽到足够的注意义务。李某点开的钓鱼网站与某行官方网站域名存在显著差异，其未经辨别即行点开。即使在发觉异常、得知没有积分兑换活动后仍未采取积极防范措施保护资金安全，导致损失进一步扩大。李某作为完全行为能力人，对自己的借记卡卡号、密码等信息未尽到合理的保管义务，应在其违约范围内承担部分责任。

综上，依照《中华人民共和国商业银行法》第六条，《中华人民共和国合同法》第八条、第四十条、第六十条、第一百二十条、第一百二十一条，《中华人民共和国民事诉讼法》第六十四条第一款之规定，判决如下：

一、被告某行、朝外大街支行于本判决生效之日起十日内赔偿原告李某损失 58049.5 元；

二、驳回原告李某的其他诉讼请求。

判决后，双方当事人均未上诉，本判决现已生效。

【法官后语】

随着电子支付的普及，网络盗刷的责任分担成为审判工作中的重点和难点。银行不能借助实体介质判断交易的真伪，但把交易验证码泄露的风险全部分配给储户，加重了储户的责任，应为无效条款。但在犯罪手段高超的现代社会，如果把损失风险都分配给银行，而不考虑不特定个人对自己的资金、信息安全进行主动保护的必要性，则持卡人没有了主动保护权利的积极性，对银行显失公平。法院判决具有社会示范效果，引导持卡人作为金融消费者对自己的信息安全尽到谨慎注意义务，也是裁判文书应追求的示范效果之一。

因此，本案的审判思路如下：在持卡人完成初步举证责任证明交易为非本人授权交易后，首先审查银行是否尽到足够的安全保障与风险提示义务，如果义务履行有瑕疵，银行应当承担相应责任；其次审查持卡人是否尽到合理注意义务及损失减损义务，如果持卡人未尽到此等义务，则持卡人也应承担相应责任。

第一，审查银行是否尽到足够的安全保障义务和风险提示义务。安全保障义务的重点在于提供安全的交易环境，这个环境不局限于物理营业场所的安全，还包括网络信息传递途径的安全。银行的客服电话是提供服务的重要途径和载体，银行应当采取积极有效的安全措施避免客服电话被犯罪分子冒用。本案中，银行没有提供安全的网络通信系统，应对损失的发生承担部分责任。对于风险提示义务，银行采用官方客服电话号码联系持卡人、通知交易验证码等相关信息，应明知持卡人会基于对官方客服电话的信赖为一定行为；例如，在电话挂失的时候，银行客服会要求持卡人提供个人信息。因此，银行至少应该做到三点：一是对电子支付模式较传统支付模式而言可能产生的风险进行着重提示；二是在钓鱼网站频现的背景下，主动以短信形式告知持卡人相关风险；三是在持卡人产生初步怀疑并电话询问的时候，银行应提醒持卡人及时采取挂失银行卡、冻结账户等防范措施。本案中银行风险提示义务履行不完全，应当对持卡人的损失承担相应赔偿责任。

第二，审查持卡人是否尽到合理注意义务和损失减损义务。关于合理注意义务，李某应谨慎保管个人身份信息、账户密码、交易验证码，并且注意交易环境的安全性。在钓鱼网站域名与某银行域名明显不同的情况下，持卡人由于疏忽大意未加注意，仍在不安全的网站随意输入个人信息，应当认为是没有尽到合理注意义务，应对盗刷产生的损失承担部分责任。关于损失减损，相关法律规定：当事人一方违约后，对方应当采取适当措施防止损失的扩大。在某行已告知银行目前没有积分兑换活动的前提下，李某仍未对账户采取防护措施（如及时挂失银行卡或冻结账户），从而导致盗刷金额的增加，故应对损失的扩大承担责任。

综上，双方各自违反了部分义务，法院酌定双方各自对损失承担50%的责任。此类案件中，法院应对持卡人和银行的义务分别进行审查，对持卡人和银行的行为分别进行规制，从而达至公平原则和社会示范效果的统一。

编写人：北京市朝阳区人民法院　刘奇琦　陈曦

064 银行卡被盗刷，银行应否担责

——方某诉某银行股份有限公司柳州柳邕支行借记卡案

【案件基本信息】

1. 裁判书字号

广西壮族自治区柳州市中级人民法院（2017）桂02民终3293

号民事判决书

2. 案由：借记卡纠纷

3. 当事人

原告（被上诉人）：方某

被告（上诉人）：某银行股份有限公司柳州柳邕支行（以下简称某银行柳邕支行）

【基本案情】

2007 年 3 月 2 日，方某到某银行柳邕支行处申请开办了尾号为××××的借记卡，并开通了该卡的短信提示业务，约定支取方式为凭密支取，方某对该卡设置了密码。2016 年 12 月 6 日，方某到某银行柳州南站支行通过柜面交易的方式向其上述借记卡内存入了 20000 元。2016 年 12 月 7 日凌晨，方某尾号为××××的手机号码接到某银行 95559 发送的 6 条短信提示其上述借记卡内的存款被在他行自助设备境外取现了三次并被扣取了因异地取款发生的相应手续费，以上支出合计 10022.49 元。当晚，方某用其所持有的上述借记卡在其持有的“广西柳州市爱某尔酒吧” POS 机上刷付了 9000 元，之后方某亦在当天凌晨到某银行的自助 ATM 机插卡操作查询其上述借记卡的存款信息，但其后该借记卡在当天的 2 时 1 分 46 秒被自助 ATM 机吞了卡。2016 年 12 月 7 日上午，方某到某银行柳州南站支行查询打印了其上述借记卡在 2016 年 12 月 6 日至 2016 年 12 月 7 日的存款支取流水明细单。2016 年 12 月 7 日中午，方某以其上述借记卡被盗刷为由向柳州市公安机关进行了报案，之后柳州市公安局柳石派出所对该报案进行了立案受理，现该案件尚无侦查结果。方某以被告未尽到对其存款的安全保障责任致使其遭受经济损失为由诉至法院，请求法院判令：某银行柳邕支行支付其借记卡存款损失10022.49元。

【案件焦点】

1. 方某主张其借记卡内的存款被盗刷的事实是否成立；2. 方某、某银行柳邕支行在本案中是否存在过错，如何确定其举证责任。

【法院裁判要旨】

广西壮族自治区柳州市柳南区人民法院经审理认为：方某自愿到某银行柳邕支行处申请开户办理借记卡业务，某银行柳邕支行予以受理并向方某签发了借记卡，故其双方成立储蓄合同关系，受法律保护，某银行柳邕支行作为发卡银行应当保证其所签发借记卡的唯一性和安全性，其对于签发卡内的储户存款具有安全保障的义务。经查，方某的借记卡内的存款在2016年12月7日凌晨被他人在他行自助设备境外取现了三次，该被支取的款项合计10022.49元，而方某之后在当晚用其上述借记卡在其持有的“广西柳州市爱某尔酒吧”POS机上刷付了9000元，并且其后亦在当天的凌晨到某银行的自助ATM机插卡操作查询了该张借记卡内的存款信息而该借记卡在当天凌晨被自助ATM机吞了卡，方某后在当天上午到某银行柳州南站支行查询打印了其借记卡的存款支取流水明细单，且其亦在当天的中午到柳州市公安机关进行了报案，由此，以上事实可以形成证据链证实方某上述借记卡在事发当天的凌晨由方某持有，并且方某在当天亦应当在境内而并未出境，因此方某在本案中主张其上述借记卡被案外他人使用伪造的银行卡在境外进行涉案交易的事实具有高度盖然性，在某银行柳邕支行没有举证证明涉案交易是方某授意他人在境外操作的情况下，对方某该主张的事实应予采信。方某上述借记卡被案外他人使用伪造的银行卡盗刷说明某银行柳邕支行向方某提供的银行卡易被提取信息且该银行卡的防伪技术不足以防范不法分子制作伪卡，由于某银行柳邕支行并未能举证证明方某对其借记卡的信息和密码泄露具有过错，应由某银行柳邕支行承担举证不能之不利后果，由此某银行柳邕支行应对其提供的银行卡存在的安全缺陷所导致方某遭受的经济损失承担违约责任。方某诉请某银行柳邕支行向其赔偿借记卡存款损失 10022.49 元于法有据，予以支持。

广西壮族自治区柳州市柳南区人民法院依照《中华人民共和国合同法》第六十条第二款、第一百零七条之规定，作出如下判决：

某银行柳州柳邕支行向方某赔偿借记卡存款损失 10022.49 元。

某银行柳州柳邕支行不服一审判决，提出上诉。广西壮族自治区柳州市中级人民法院同意一审法院的裁判意见。

广西壮族自治区柳州市中级人民法院依照《中华人民共和国民事诉讼法》第一百七十条第一款第一项之规定，作出如下判决：

驳回上诉，维持原判。

【法官后语】

近年来，因银行卡被盗刷的案件时有发生，本案系该类案件的代表性案例之一。在审判实务中，对该类案件的处理通常有三种裁判思路：第一种思路是判决持卡人承担100%的资金损失责任；第二种思路是判决发卡行承担100%的资金损失责任；第三种思路是按照过错比例判决持卡人、发卡行分担资金损失责任。以上裁判思路均重在对持卡人或者发卡行具有过错的认定，但由于规定的举证责任主体不同，故其认定的责任主体也不同。因此，如何确定举证责任关系到该类案件责任主体的最终认定问题。

根据自2021年5月25日起施行的《最高人民法院关于审理银行卡民事纠纷案件若干问题的规定》（法释〔2021〕10号）第四条规定："持卡人主张争议交易为伪卡盗刷交易或者网络盗刷交易的，可以提供生效法律文书、银行卡交易时真卡所在地、交易行为地、账户交易明细、交易通知、报警记录、挂失记录等证据材料进行证明。发卡行、非银行支付机构主张争议交易为持卡人本人交易或者其授权交易的，应当承担举证责任。发卡行、非银行支付机构可以提供交易单据、对账单、监控录像、交易身份识别信息、交易验证信息等证据材料进行证明"；第七条规定："发生伪卡盗刷交易或者网络盗刷交易，借记卡持卡人基于借记卡合同法律关系请求发卡行支付被盗刷存款本息并赔偿损失的，人民法院依法予以支持。发生伪卡盗刷交易或者网络盗刷交易，信用卡持卡人基于信用卡合同法律关系请求发卡行返还扣划的透支款本息、违约金并赔偿损失的，人民法院依法予以支持；发卡行请求信用卡持卡人偿还透支款本息、违约金等的，人民法院不予支持。前两款情形，持卡人对银行卡、密码、验证码等身份识别信息、交易验证信息未尽妥善保管义务具有过错，发卡行主张持卡人承担相应责任的，人民法院应予支持。持卡人未及时采取挂失等措施防止损失扩大，发卡行主张持卡人自行承担扩大损失责任的，人民法院应予支持。"以上规定具体明确了持卡人与发卡行各自应当承担的举证责任，即对于持卡人而言，其应对银行卡内的存款是否被盗刷的事实承担举证责任，其可以通过提供生效法律文书、银行卡交易时真卡所在地、交易行为地、账户交易明细、交易通知、报警记录、挂失记录等证据材料进行证明，若持卡人举证不足以证实被盗刷事实的发生，则发卡行不承担资金损失责任；而对于发卡行而言，其应对持卡人对银行卡、密码、验证码等身份识别信息、交易验证信息泄露是否具有过错承担举证责任，若发卡行能举证证明持卡人具有过错的，则发卡行不承担资金损失责任，若发卡行不能举证或者举证不能证实持卡人具有过错的，则发卡行应对被盗刷事实实际发生所造成的资金损失承担责任。

为防范银行卡被盗刷案件的发生，笔者建议：居民消费者首先要做好自身的防范措施，避免将自己银行卡的信息和密码泄露给他人，平时应尽量避免在非正规的商铺刷卡消费，尤其避免使用POS机套现，输入密码时要遮挡按键，尽量不在公共网吧和使用公共WIFI[①]时输入银行卡信息或使用网上支付功能，电子支付载体要安装必要的杀毒软件和网银安全控件；若发现银行卡被盗刷应当首先拨打银行服务电话进行银行卡挂失以避免损失扩大，而后迅速到距离最近的银行交易网点或者ATM机进行查询或者现金存取操作以证明所涉银行卡在案发时就在身边，为日后维权留存证据，之后要及时到公安机关进行报案。另外对于银行而言，在平时也应主动优化银行内部信息科技系统，做好ATM机、网上银行等设备或者APP的安全防范措施，同时要对金融操作系统严加监控，定期检查，以保障其安全使用，让不法分子没有可乘之机。

编写人：广西壮族自治区柳州市柳南区人民法院　阮锋

① 一种短距离高速无线数据传输技术，主要用于无线上网。

065 盗刷事实无法查明时应由发卡行承担举证责任

——牌某平诉某银行股份有限公司北京京石支行借记卡案

【案件基本信息】

1. 裁判书字号

北京市第二中级人民法院（2017）京02民终11935号民事判决书

2. 案由：借记卡纠纷

3. 当事人

原告（被上诉人）：牌某平

被告（上诉人）：某银行股份有限公司北京京石支行（以下简称甲行京石支行）

【基本案情】

牌某平于2009年7月在甲行京石支行开办借记卡一张。2015年10月26日17时26分左右，牌某平收到某银行的短信提示，通知该银行卡在该时间段内消费19600元。收到短信后，为证明涉案银行卡与其本人并未分离，该消费行为系银行卡被盗刷，牌某平于当日18时47分许到北京超市发羊坊店持卡进行POS机刷卡消费。2015年10月27日，牌某平到北京市丰台区公安分局西局派出所报警。

根据甲行京石支行提供的交易查询结果，涉案交易的受理机构为某联商务有限公司，系通过ATM机的一般转账转出，将19600元转至了户名为张某阳的账户中。牌某平表示其并不认识张某阳，也从未进行过上述转账交易。

关于交易发生的具体情况，甲行京石支行表示尚未查清 ATM 机的设置地点；西局派出所表示，涉案交易的具体地点暂无法确定，亦未调取到交易的视频资料，案件目前尚未告破；某联商务有限公司表示涉案交易的 ATM 机系其下属公司北京数字某府井科技有限公司所属，经与该公司核实，该公司回复情况如下："因交易发生终端是统一发放给商户的，且该终端早已撤机，与商户早已解除合作，故无法提供具体交易地点与相关视频。"

现牌某平诉至法院，请求判令甲行京石支行赔偿因盗刷产生的经济损失 19600 元，并要求判令甲行京石支行支付同期存款利息。

【案件焦点】

盗刷行为无法查明的举证责任分配。

【法院裁判要旨】

北京市丰台区人民法院经审理认为：银行掌握并控制着储户登记资料、资金存储、数据交换、加密算法、交易设备、交易监控等一切信息及技术。相对于普通储户来讲，银行在储蓄合同及交易过程中都占有积极和主导的地位，从银行卡或者交易系统安全性方面的举证能力来讲，银行的举证能力较强。银行为专业金融机构，应当提供交易地点等与交易相关的准确信息，在该地点无法确定的情况下，银行应对此承担责任。牌某平作为储户，在涉案交易发生后的一小时左右持卡进行交易，证明人卡未分离，在本案中已经做出了合理的说明，在此前提下，应当由银行对牌某平有过错承担举证责任。而根据甲行京石支行的举证情况，其未能证明涉案交易系牌某平本人持卡操作或牌某平存在遗失卡片或泄露密码等过错行为，应推定为涉案交易系他人持伪卡操作。作为专业机构，银行未能保证其发放的借记卡具有可识别性和唯一性，已构成违约，应对此承担违约责任。

北京市丰台区人民法院依照《中华人民共和国合同法》第一百零七条、《中华人民共和国商业银行法》第六条的规定，判决如下：

甲行京石支行于本判决生效之日起十日内赔偿牌某平存款19600元及利息（以19600元为基数，自2015年10月27日起计算到实际给付之日止，按照中国人民银行同期存款利率计算）。

甲行京石支行不服一审判决，提出上诉。北京市第二中级人民法院经审理认为：甲行京石支行作为发卡银行，负有保障持卡人用卡安全的义务。涉案ATM机虽非甲行京石支行布放，但甲行京石支行允许其发行的银行卡在该设备上联网通用，即有义务向持卡人提供银行卡交易的具体信息。甲行京石支行未能提供诉争交易发生的位置信息，亦未能提供ATM机监控视频用于核查诉争交易过程，一审法院认定本案交易系伪卡交易，合理有据。故对于甲行京石支行的上诉主张不予采信。

北京市第二中级人民法院依照《中华人民共和国民事诉讼法》第一百七十条第一款第一项之规定，作出如下判决：

驳回上诉，维持原判。

【法官后语】

银行卡盗刷，是指在未经持卡人授权的情况下，他人擅自使用银行卡信息导致持卡人账户资金减少或者信用透支额度增加的交易。

在银行卡合同关系中，发卡行作为银行卡业务的推出方、银行卡服务的提供者和银行卡的所有权人，在储蓄合同及交易过程中都占有积极和主导的地位，同时有义务向持卡人提供安全的用卡环境

（如确保各网点及ATM机监控录像系统运行正常）和网上支付系统（如银行网络平台无病毒、网络安全系统正常），保障银行卡信息不易复制，确保伪造的银行卡能够被识别并无法使用，操作严格按照银行卡业务流程进行，在账户发生变动时及时向持卡人提示，在得到持卡人关于银行卡被盗刷的通知时应及时采取挂失止付、封存监控录像及相关盗刷凭证等措施。持卡人作为银行卡及密码的保管者和使用者，应当负有妥善保管并谨慎使用银行卡和密码的义务，在账户信息发生变动时，应认真核对发卡行发送的变动信息，并及时向银行通知盗刷情况。对于盗刷行为的发生，发卡行的违约行为一般包括未提供安全的用卡环境或网上支付系统导致银行卡信息或密码泄露，未能保障银行卡信息不易复制以及未能识别伪卡，未按银行卡业务流程进行操作，未保障事发时监控录像系统正常运行等；持卡人的违约行为一般指未妥善保管银行卡和密码导致银行卡信息或密码泄露。

盗刷事件发生时，持卡人应当提供证据证明其银行卡账户变动情况，并提供真卡、用卡记录、报警记录或挂失记录等证据，证明涉案交易发生时持卡人及真卡均不在交易现场，发卡行应当提供对账单、签购单或监控录像等证据证明涉案交易系真卡交易或持卡人授权交易的事实主张。持卡人在接到发卡行有关账户变动的通知后，因没有及时将账户变动情况通知发卡行、报警或挂失，最终导致无法查明涉案交易是否存在伪卡交易事实的，持卡人应承担举证不能的不利后果。发卡行在接到持卡人关于账户信息异常变动的通知后，未能提供交易凭证、监控视频还原盗刷发生时的场景，从而证明交易系真卡交易或持卡人授权交易的，发卡行应承担举证不能的不利后果。本案中，持卡人牌某平在发现账户信息异常变动后，及时持卡进行消费证明人卡未分离，并于次日向公安机关报案，已采取持卡人在发现银行卡异常交易后可能采取的合理措施。甲行京石支行作为发卡银行，负有保障持卡人用卡安全的义务，其既未能提供诉争交易发生的位置信息，亦未能提供ATM机监控视频用于核查诉争交易过程，应承担举证不能的不利后果，法院认定本案交易系伪卡交易合理有据。

编写人：北京市丰台区人民法院　吕慧敏　曹蕾

066　银行卡被盗刷后如何证明系伪卡交易

——张某东诉甲银行昆明北门街支行银行卡案

【案件基本信息】

1. 裁判书字号

云南省昆明市中级人民法院（2017）01民终7088号民事判决书

2. 案由：银行卡纠纷

3. 当事人

原告（上诉人）：张某东

被告（被上诉人）：甲银行昆明北门街支行

【基本案情】

张某东持有在甲银行昆明北门街支行处办理的卡号为434062386029××××的甲银行VISA理财白金卡借记卡一张，2016年11月8日至2017年2月9日张某东前往美国期间，该银行卡于2016年11月21日至11月27日，在美国境内产生人民币购汇交易33笔，其中31笔的交易金额共为295209.87元，张某东认为该31笔交易系伪卡交易，但张某东于2016年11月27日才对银行卡进行了挂失。在此之前，张某东一直在使用该银行卡。张某东在回国后于2月24日向公安机关进行了报案，昆明市五华区人民法院根据被告申请，向昆明市公安局五华分局翠湖路派出所调取了一份关于张某东报案的《询问笔录》，从其在公安机关询问笔录陈述的内容看，张某东于2016年11月24日就已经收到银行卡消费短信提示内容，并且经向该派出所了解，公安机关并未对此立案侦查。

【案件焦点】

诉争的31笔银行卡交易是否属于伪卡使用情况。

【法院裁判要旨】

云南省昆明市五华区人民法院经审理认为：张某东在甲银行昆明北门街支行处办理了借记卡，双方已经形成储蓄存款合同关系，现张某东诉请甲银行昆明北门街支行对其损失进行赔偿，应当对所依据的事实提供证据加以证明。张某东主张其所持有的卡号为434062386029××××的甲银行VISA借记卡在境外有31笔金额共为295209.87元的刷卡消费属于伪卡交易，则原告应对涉案的借记卡在发生伪卡交易时，银行卡仍由其本人持有承担举证责任。张某东所提交的证据如交易明细、消费商户/网点谷歌地图截图及美国谷歌地图截图，均无法证明涉案银行卡在发生伪卡交易时，仍由张某东本人持有，在原、被告双方所提交的银行卡交易明细中，也无法看出在同一时间段在不同地点出现两张或两张以上相同信息的涉案银行卡发生交易的情形。根据张某东在公安机关所作的询问笔录中的陈述及被告所提交的原告无异议的银行卡事故查询清单显示，在2016年11月24日张某东就已收到银行卡刷卡消费的短信提示，但张某东于2016年11月27日才对银行卡进行挂失，并于2017年2月9日回国后，直到2月24日才向公安机关进行报案，张某东的上述行为显然不符合常理，存在疑点，故张某东因不能证明本案诉争的31笔银行卡的刷卡消费系伪卡交易，应承担举证不能的不利后果。

云南省昆明市五华区人民法院依照《最高人民法院关于适用〈中华人民共和国民事诉讼法〉若干问题的解释》第九十条，《中华人民共和国合同法》第八条、第六十条及《中华人民共和国民事诉讼法》第六十四条第一款、第一百一十八条之规定，判决如下：

驳回原告张某东的诉讼请求。

原告张某东持原审起诉意见提起上诉。云南省昆明市中级人民法院经审理认为：《中华人民共和国民事诉讼法》第六十四条第一款规定："当事人对自己提出的主张，有责任提供证据。"本案中上诉人张某东主张其借记卡发生伪卡交易，对此其应该承担举证责任。即上诉人张某东应当举证证实其主张的31笔交易系在银行卡及交易密码由其本人持有的情况下，被他人利用非法制作的卡片使用产生，而从本案查明的案件事实来看，该银行卡发生境外交易时，上诉人张某东本人亦身处境外，其并无证据证实该交易系伪卡交易，且从其在公安机关询问笔录陈述的内容来看，早在2016年11月24日其就已经收到银行卡消费短信提示内容，但其仍然在继续使用卡片，并未及时采取安全防范措施，故在其无证据证实本案存在伪卡交易的情况下，其主张要求被上诉人承担赔偿责任的上诉观点不能成立；就上诉人张某东提出被上诉人未尽到签名审查义务应承担款项赔偿责任的观点，本案所涉银行卡为借记卡，其不同于信用卡，其消费、取现所使用的款项均为该借记卡所对应的储蓄存款账户内实际存入的钱款，而非银行所提供的信贷借款，只要输入的密码与预先留存的密码一致，则进行的交易即为本人所为，本案所涉交易均为凭密交易，故上诉人张某东认为银行未尽签字审查义务应承担赔偿责任的观点因无合同依据而不能成立。张某东的上诉主张不能成立，依法予以驳回。

云南省昆明市中级人民法院依照《中华人民共和国民事诉讼法》第一百七十条第一款第一项及第一百一十八条之规定，判决如下：

驳回上诉，维持原判。

【法官后语】

实践中，一旦发生银行卡被盗刷的情况，需以“谁主张，谁举证”的举证原则来证明自己的银行卡系被盗刷的事实。根据常识，同一张银行卡是不可能在同一时间段在不同的地点进行操作的。一般情况下，当发现银行卡被盗刷后，应尽快到附近的银行或者ATM机上用自己手上的银行卡进行查询或者进行少量存取款的交易，并保留好交易凭证，以证明自己的银行卡并未离身，系由自己亲自在保管，或者立即打电话给银行进行挂失止付，并同时向公安机关报案并出示银行卡原件。当事人在发现自己的银行卡被盗刷后，应及时采取安全防范措施，并尽快固定证据，予以证明被盗刷的银行卡系由自己亲自在保管，且并未离开自身保管的范畴，这样才能够在将来的诉讼中，使法院相信存在伪卡交易的情况。

本案中，因张某东认为自己的银行卡被盗刷后，并未采取及时有效的手段予以证明被盗刷的事实，并且还在持续使用该银行卡，故无法证实本案存在伪卡交易的情况，而导致其诉讼请求被驳回。本案所涉银行卡为借记卡，其不同于信用卡，借记卡的消费、取现所使用的款项均为该借记卡所对应的储蓄存款账户内实际存入的钱款，而非银行所提供的信贷借款，所以借记卡只要输入的密码与预先留存的密码一致，即可视为本人进行的交易。本案所涉交易均为凭密交易，原告认为银行未尽签字审查义务的观点因无合同依据不能成立。

编写人：云南省昆明市五华区人民法院 贾军 王诚

067 伪卡交易中举证责任的分配

——陶某诉甲银行北京展览路支行借记卡案

【案件基本信息】

1. 裁判书字号

北京市第二中级人民法院（2017）京 02 民终 8525 号民事判决书

2. 案由：借记卡纠纷

3. 当事人

原告（被上诉人）：陶某

被告（上诉人）：甲银行北京展览路支行（以下简称甲行展览路支行）

【基本案情】

陶某在甲行展览路支行开立卡号为×的借记卡。该借记卡分别于 2017 年 1 月 6 日 7 时 24 分、2017 年 1 月 6 日 12 时 24 分、2017 年 1 月 6 日 12 时 25 分、2017 年 1 月 6 日 12 时 33 分、2017 年 1 月 6 日 12 时 57 分在境外消费 19600 美元、500 美元、500 美元、496.99 美元、2 美元，交易方式系 POS 刷卡交易，交易发生地为美国。2017 年 1 月 1 日至 2017 年 1 月 7 日，陶某于加拿大 8 次拨打 1095533 并通过客服挂失银行卡，最早拨打时间为当地时间 2017 年 1 月 5 日 23 时 50 分 17 秒，最晚拨打时间为当地时间 2017 年 1 月 6 日 20 时 21 分 11 秒。

2017 年 1 月 6 日，陶某致电北京市公安局西城分局展览路派出所报案。2017 年 1 月 12 日，北京市公安局西城分局展览路派出所出具京公西（展）受案字（2017）000003 号受案回执。陶某认为甲行展览路支行未尽到保障资金安全义务致使其受损，故诉至法院，请求判令甲行展览路支行赔偿陶某存款损失 146576.79 元及利息损失。

【案件焦点】

1. 诉争交易是否构成伪卡交易；2. 发卡行是否应当承担违约责任。

【法院裁判要旨】

北京市西城区人民法院经审理认为：甲行展览路支行为陶某办理借记卡，双方之间形成借记卡服务合同法律关系。关于伪卡交易的认定：诉争交易发生地为美国，交易发生时陶某在加拿大。陶某在发现银行卡资金被他人支取后，及时与建设银行客服沟通并办理挂失，及时向公安机关报案，已尽到诉争交易系伪卡交易的初步举证责任，而甲行展览路支行未能提交反证证明陶某授权他人进行了诉争交易。据此，结合交易发生的时间、地点，比照陶某及所持有的借记卡所在地等时间、空间等常识判断，可以认定诉争交易系伪卡交易。发卡行是否应当承担违约责任？伪卡交易的条件包括发卡行未能防范卡片复制和伪卡使用，亦包括银行卡信息和密码因泄露而被伪卡使用人窃取。发卡行作为储蓄服务提供者，具备或应当具备识别真伪储蓄卡的技术能力和硬件设施，故应当承担伪卡识别义务，如发卡行主张减免其对持卡人的违约责任，应当举证证明银行卡信息或密码泄露系因持卡人未能妥善保管银行卡或密码所致，而甲行展览路支行未能提供相应证据，故其主张银行没有责任的答辩意见不能成立。

北京市西城区人民法院依照《中华人民共和国合同法》第六十条、第一百零七条，《中华人民共和国民事诉讼法》第六十四条第一款，《最高人民法院关于民事诉讼证据的若干规定》第二条，《中华人民共和国涉外民事关系法律适用法》第四十一条，《最高人民法院关于适用〈中华人民共和国涉外民事关系法律适用法〉若干问题的解释（一）》第一条第一项之规定，判决如下：

一、被告甲行展览路支行于本判决生效之日起十日内赔偿原告陶某储蓄存款损失人民币 146576. 79 元；

二、被告甲行展览路支行赔偿原告陶某存款利息损失（以人民币 146576. 79 元为基数，按照中国人民银行同期存款利率的标准，自 2017 年 1 月 7 日起计算至实际支付之日止）。

甲行展览路支行不服一审判决，提出上诉。北京市第二中级人民法院经审理认为：关于伪卡交易的认定。根据陶某在交易发生后于加拿大拨打甲银行客服电话的通话记录，认定陶某不在交易发生地。中国人民银行发布的《中国人民银行关于信用卡业务有关事项的通知》要求，持卡人提出伪卡交易和账户盗用等非本人授权交易时，发卡机构应及时引导持卡人留存证据。甲银行客服人员在接到陶某有关银行卡盗刷的报告后，并未核实涉案借记卡的位置，亦未引导其留存借记卡位置的证据。据此，对陶某所称其一直持有涉案借记卡这一符合常理的陈述予以采信。陶某发现诉争交易后，立即致电银行客服说明情况并报警，甲行展览路支行并未提供证据证明上述交易是陶某本人或授权他人持涉案借记卡进行。可以认定诉争交易系伪卡交易。关于违约责任承担一节，二审法院同意一审法院的裁判意见。

北京市第二中级人民法院依照《中华人民共和国民事诉讼法》第一百七十条第一款第一项之规定，判决如下：

驳回上诉，维持原判。

【法官后语】

本案为涉伪卡交易的典型案件，诉辩双方对于诉争交易是否构成伪卡交易、银行应否承担违约责任以及相关举证责任分配问题存在争议。

1. 关于伪卡交易的认定及举证责任分配。本案中，法院认定诉争交易系伪卡交易所依据的事实为：持卡人本人不在诉争交易发生地、持卡人一直持有涉案借记卡、诉争交易非持卡人本人或授权他人实施。根据民事诉讼“谁主张，谁举证”的证明责任分配原则，当事人对自己提出的主张应当提供证据加以证明。首先，持卡人提出涉案交易系“伪卡交易”，其举证证明了本人不在涉案交易发生地，在发现涉案交易后立即致电银行客服说明情况并报警，尽到了初步举证责任。而发卡银行未能就其主张提交反证证明陶某本人或授权他人进行了诉争交易。其次，对于持卡人是否一直持有涉案借记卡一节，双方均未提交证据加以证明。在双方均举证不能的情况下，二审法院综合考量双方的缔约能力和缔约地位，结合《中国人民银行关于信用卡业务有关事项的通知》的要求，合理确定了举证责任。该通知要求，在涉伪卡交易时，发卡机构负有及时引导持卡人留存证据的义务。本案中，建设银行客服在接到持卡人有关银行卡盗刷的报告后，未核实涉案借记卡的位置，亦未引导持卡人留存借记卡位置的证据，银行一方作为储蓄合同服务方未尽到应负的义务，应当承担相应的责任。

综上，由持卡人承担初步、适当的举证责任，再由银行进行反证的举证责任分配方式，既体现了民事诉讼举证责任分配的基本原则，也兼顾了实质公平。

2. 关于违约责任认定与举证责任分配。银行卡信息和密码泄露仅是盗刷发生的原因之一，发卡行作为银行卡业务的推出方，应当保障银行卡不易被复制且能够识别伪造的银行卡，防止他人利用获取的银行卡信息和密码制作伪卡并实施盗刷行为。在发卡行未能全面履行其防范盗刷义务的情况下，若提出减免其违约责任的主张，应当举证证明银行卡信息或密码泄露系因持卡人保管不当所致。本案中，发卡行未能提供相应证明，故其关于不应向陶某承担违约责任的主张不能成立。

涉伪卡交易案中，当事人通常对交易用卡真伪、违约责任承担的问题产生争议。法官应当综合考量当事人的缔约地位、缔约能力、主观过错等因素，合理分配举证责任，既要遵循举证责任分配原则，也要兼顾实质公平，避免由其中一方当事人承担过重或不可能完成的举证责任。透过该案，应当引起重视的是持卡人和银行均应提高防范伪卡交易风险的能力，银行方面应当加强防伪技术的开发、积极引导持卡人留存证据；持卡人方面应当提升保护密码信息和留存证据的意识。

编写人：北京市西城区人民法院　杨惠惠

068 持卡人因过错导致借记卡资金被转走的责任承担

——丁某锋诉某银行股份有限公司南通通州支行借记卡案

【案件基本信息】

1. 裁判书字号

江苏省南通市中级人民法院（2015）通中商终字第00161号民事判决书

2. 案由：借记卡纠纷

3. 当事人

原告（上诉人、被上诉人）：丁某锋

被告（被上诉人、上诉人）：某银行股份有限公司南通通州支行

【基本案情】

2014年4月18日，原告丁某锋向被告通州交行申请“太平洋个人借记卡”业务，并领取卡号尾号为7×××的借记卡。原告丁某锋在填写“太平洋个人借记卡综合申请书”时，在申请书中联系电话手机号码、短信密码手机号码、银信通业务手机号码栏均留有他人手机号码18257151×××，原告丁某锋亦在申请书声明及签署栏内签名。某银行太平洋个人借记卡领用合约第四条约定：太平洋卡备用金账户设有密码，密码包括交易密码和查询密码，乙方（主卡申领人）和丙方（附属卡申领人）应妥善保管太平洋卡、密码和预留手机号码，因卡片、手机号码保管不善或密码泄露而造成的所有损失，甲方（某银行）不承担责任。2014年4月，原告丁某锋在被告通州交行向尾号7×××借记卡内分三次共存入现金360000元。2014年5月3日，原告丁某锋取款时发现卡内

没有资金，被告通州交行提供的尾号7×××借记卡交易清单证明，尾号7×××借记卡开通了支付宝的快捷支付、财付通快捷支付和苏宁易购快捷支付，从2014年4月24日至5月3日，尾号7×××借记卡内资金均通过快捷支付交易，至2014年5月3日卡内余额仅0.2元。为此，原告丁某锋在与被告通州交行交涉未果后，遂向公安部门报案，后无果。

【案件焦点】

被告通州交行是否应当承担赔偿责任。

【法院裁判要旨】

江苏省南通市通州区人民法院经审理认为：原告丁某锋向被告通州交行申领借记卡，并对被告通州交行提供的“太平洋个人借记卡领用合约”予以确认，双方合同关系成立有效。借记卡领用合约明确约定，备用金账户设有密码（包括交易密码和查询密码），亦即原告丁某锋向被告通州交行申请“太平洋个人借记卡”业务时双方已约定，无论是交易还是查询都必须通过私人密码的设置和运用进入系统从而完成交易或查询行为。从某银行与支付宝的合作内容及业务流程可以看出，开通快捷支付只需要在支付宝快捷支付页面提供银行客户的姓名、身份证号码、银行卡号以及银行预留手机号，即可绑定相应银行卡，完成快捷开通，后期支付均无须经过原有银行卡的支付密码验证，只需在支付页面上输入支付宝密码或银行卡信息即可完成资金交易。被告通州交行的行为，明显违反借记卡领用合约第四条有关密码验证的约定。通州交行在与第三方合作时擅自改变对原告丁某锋的密码身份鉴别模式，是原告借记卡内资金损失的主要原因。原告丁某锋在填写“太平洋个人借记卡综合申请书”

时，在申请书中联系电话手机号码、短信密码手机号码、银信通业务手机号码栏均留有他人手机号码，违反了借记卡领用合约的约定，为他人盗取卡内资金创造了条件，其违约行为与其借记卡内资金损失亦具有法律上的因果关系。据此，法院认定被告通州交行对原告丁某锋的损失承担70%的责任，原告丁某锋对其损失承担30%的责任。

江苏省南通市通州区人民法院依照《中华人民共和国民法通则》第一百零六条（《中华人民共和国民法典》第五百七十七条、第一千一百六十五条、第一千一百六十六条）及《中华人民共和国合同法》第一百零七条（《中华人民共和国民法典》第五百七十七条）、第一百二十条（《中华人民共和国民法典》第五百九十二条）之规定，判决如下：

一、被告某银行股份有限公司南通通州支行于本判决发生法律效力之日起十日内向原告丁某锋赔偿损失人民币251999.86元及251999.86元的利息（自2014年5月4日起至生效判决确定的给付之日止，按中国人民银行同期同类存款利率的1.3倍计算）；

二、驳回原告丁某锋的其他诉讼请求。

丁某锋、交行通州支行均不服一审判决，提起上诉。江苏省南通市中级人民法院经审理认为：案涉借记卡卡内资金被转走系丁某锋自己过错所致，交行通州支行无责。理由如下：首先，丁某锋在申请案涉借记卡时填写申请书，并在申请书声明及签署栏内签字。依据借记卡领用合约的约定，太平洋卡备用金账户设有密码，密码包括交易密码和查询密码，乙方（主卡申领人）和丙方（附属卡申领人）应妥善保管太平洋卡、密码和预留手机号码，因卡片、手机号码保管不善或密码泄露而造成的所有损失，甲方（某银行）不承担责任，而丁某锋预留他人手机号码 18257151×××并开通电子渠道服务，以该手机号码作为短信密码认证工具，而开通电子渠道服务是支付宝绑定银行卡的前提条件。其次，支付宝绑定银行卡以开通快捷支付方式，需进行身份和身份证号码验证，并需提供真实的卡号。账户 18257151×××要绑定案涉借记卡开通快捷支付，需丁某锋的真实名字和身份信息以及案涉借记卡的卡号相互验证，丁某锋自称未向其他人透露其名字和身份信息以及卡号，显然与常理不符。再次，虽然通州交行与丁某锋签订借记卡领用合约中约定在交易和查询时需要使用密码，但丁某锋在网上与某银行股份有限公司、支付宝（中国）网络技术有限公司签订《某银行有限公司支付宝快捷支付业务开通协议》时，已同意以支付宝传送至某银行的户名、卡号、手机号码和手机动态密码作为确认客户身份、为客户开通支付宝快捷支付业务的唯一凭证，同意并授权某银行按照支付宝的交易指令从客户指定的借记卡账户中支付相应款项，该协议系对原领用合约的变更，丁某锋已明确放弃在支付宝快捷支付时使用原交易密码的权利。最后，交行通州支行已按约就借记卡账户交易动态及明细向手机号 18257151×××发送短信，尽到了及时通知的义务。综上，丁某锋作为完全民事行为能力人，应当具备对个人信息的保护意识，其申领银行借记卡时预留他人电话号码，导致他人能够使用支付宝绑定借记卡并变更借记卡的密码支付方式，是卡内资金流出的直接原因；交行通州支行按支付宝付款指示进行付款，其行为未违反法律规定和相关交易规则，其在丁某锋存款被盗过程中不存在过错。

江苏省南通市中级人民法院根据《中华人民共和国民事诉讼法》第一百七十条第一款第二项之规定，判决如下：

一、撤销南通市通州区人民法院（2014）通商初字第01128号民事判决；

二、驳回丁某锋的诉讼请求。

【法官后语】

近年来，随着银行卡在民商事交易中的广泛使用，因信用卡透支交易、银行卡被盗刷等行为引发的银行卡纠纷案件大幅增加。特别是随着网络支付、手机移动支付的兴起，手机动态密码验证的方式增加了无卡交易状态下的安全性，但无卡交易引发的银行账户资金被盗等新类型案件仍时有发生，并进入诉讼程序。

审理无卡交易引发的银行卡纠纷案件，首先需确定密码交易视为本人交易行为条款的效力问题。我国《银行卡业务管理办法》第三十九条规定："发卡银行依据密码等电子信息为持卡人办理的存取款、转账结算等各类交易所产生的电子信息记录，均为该项交易的有效凭据……"根据上述规定，在持卡人设置有交易密码的情形下，只要是密码相符的交易，均应视为本人交易。在申办银行卡时，发卡行的银行卡章程、领用合约等格式条款或法律文件中规定，"银行卡仅限本人使用""凡密码相符的交易均视为本人（合法）交易"。上述格式条款的约定，符合安全、快捷的市场交易需求，不违反法律的强制性规定。因此，密码交易视为本人交易行为条款应当有效。

本案原告借记卡内资金被转走，实系其在开户时预留了他人的手机号码并开通电子渠道服务所致，原告泄露自己的身份、身份证号码和借记卡卡号，也是其资金被转移的不可缺少的条件，原告的过错明显。被告按约就借记卡账户交易动态及明细向原告预留手机号发送了短信，尽到了及时通知的义务，其行为未违反法律规定和相关交易规则，不存在过错。故相关损失应由原告自行承担。

于2021年5月25日起施行的《最高人民法院关于审理银行卡民事纠纷案件若干问题的规定》第七条规定："发生伪卡盗刷交易或者网络盗刷交易，借记卡持卡人基于借记卡合同法律关系请求发卡行支付被盗刷存款本息并赔偿损失的，人民法院依法予以支持。发生伪卡盗刷交易或者网络盗刷交易，信用卡持卡人基于信用卡合同法律关系请求发卡行返还扣划的透支款本息、违约金并赔偿损失的，人民法院依法予以支持；发卡行请求信用卡持卡人偿还透支款本息、违约金等的，人民法院不予支持。前两款情形，持卡人对银行卡、密码、验证码等身份识别信息、交易验证信息未尽妥善保管义务具有过错，发卡行主张持卡人承担相应责任的，人民法院应予支持……"该条同样赋予持卡人对银行卡、密码、验证码等身份识别信息、交易验证信息的妥善保管义务，如因持卡人对银行卡、密码、验证码等身份识别信息、交易验证信息未尽妥善保管义务具有过错，则持卡人应当承担相应的责任。本案判决与新的司法解释精神亦相吻合。

编写人：江苏省南通市通州区人民法院　金永南

069　无卡取现资金被盗发卡行的责任

——刘某堂诉某银行股份有限公司北京华威路支行借记卡案

【案件基本信息】

1. 裁判书字号

北京市第三中级人民法院（2016）京03民终字第9687号民事判决书

2. 案由：借记卡纠纷

3. 当事人

原告（上诉人）：刘某堂

被告（被上诉人）：某银行股份有限公司北京华威路支行

【基本案情】

2007年6月25日，刘某堂在某银行股份有限公司北京华威路支行（以下简称某行华威路支行）申请开立交银理财账户，领取某银行理财卡，卡号为6222600910021003×××。2011年11月10日，刘某堂为该卡开通网上银行短信密码用户转账汇款业务、手机银行转账汇款业务、自助银行转账汇款业务，签约手机号为13601168×××。同日，刘某堂与某行华威路支行签署《某银行股份有限公司个人电子银行服务协议》，约定：某行华威路支行向刘某堂提供电子银行业务服务内容以某银行门户网站、自助银行、网上银行网页当时发布的《某银行股份有限公司个人电子银行交易规则》（以下简称《交易规则》）为准。《交易规则》第三条“交易功能”写明：电子银行为客户提供的交易功能包括个人网银、手机银行、电话银行、自助银行，其中手机银行包括手机充值、商旅助手、无卡生活等，并未对“无卡生活”等项目的具体内容作任何解释说明。

2015年1月27日13时29分25秒，有人使用电话号码13601168×××拨打某银行客服电话95559，预约无卡取现。同日，刘某堂尾号3×××的银行卡账户在江西省赣州市某小区ATM机上被取款3次，取款人并非刘某堂本人。取款人在陆续输入正确的预约手机号码、预约验证码和交易密码后，分三次取款。取款后，账户余额63.31元。

2015年1月28日15时48分42秒，刘某堂在青岛用号码为13601168×××的手机拨打某银行客服电话95559进行挂失。当日15时56分33秒，上述手机号码拨打了北京地区报警电话110。2015年2月2日，刘某堂前往潘家园派出所报案。2015年3月21日，北京市公安局朝阳分局向刘某堂出具立案告知书，告知其被信用卡诈骗一案立为刑事案件开展侦查。目前该刑事案件尚在审理中。

某银行于2015年1月31日对无卡取现预约功能进行优化，增加短信密码验证流程。

【案件焦点】

某行华威路支行与刘某堂对银行卡资金被盗取之责任认定及对损失的承担比例。

【法院裁判要旨】

北京市朝阳区人民法院经审理认为：一方面，交行推出的无卡取现业务在不需持有银行卡的情况下就能在ATM机进行取款操作，足以使持卡人资金损失的风险增大。但交行既未对“无卡生活”以及所包含的“无卡取现”功能做出明确解释说明，又未向刘某堂提示风险，直接开通了该项业务，存在过错。另一方面，电话预约无卡取款业务过程中所需银行卡卡号、查询密码、交易密码等信息只能由刘某堂保管，故刘某堂应对密码泄露承担过错责任。综上，案涉损失由某行华威路支行承担70%的赔偿责任，其余30%的损失由刘某堂自行承担。

北京市朝阳区人民法院依照《中华人民共和国商业银行法》第

六条，《中华人民共和国合同法》第六十条第二款、第一百零七条，《中华人民共和国消费者权益保护法》第二十八条之规定，作出如下判决：

一、被告某行华威路支行于本判决生效后十日内赔偿原告刘某堂存款本金 8301.3 元及利息损失（以 8301.3 元为基数，自 2015 年 1 月 27 日起至实际给付之日止，按照中国人民银行同期活期存款利率标准计算）；

二、驳回原告刘某堂的其他诉讼请求。

刘某堂上诉称：撤销一审判决，改判某行华威路支行赔偿存款 11859 元并承担利息，赔偿交通费 760 元，一、二审诉讼费由某行华威路支行承担。

北京市第三中级人民法院经审理认为：银行作为无卡取现这项新兴业务的开通机构及相关技术设备提供者，应对客户卡内的资金安全承担保障义务。当罪犯识破银行技术手段导致存款被盗，除非能够证明客户存在重大过错，否则应由银行对此产生的损失承担赔偿责任。本案中，某行华威路支行对该项无卡取现业务在识别可能出现的手机卡伪号、密码泄露等方面并未提供更为严密的安全保障措施，而在刘某堂资金被盗取后的五日内，某行华威路支行即增加了短信动态密码验证功能，针对无卡取现可能存在的不法活动采取了相应措施。可以认定某行华威路支行，在该项业务的设计和风险防范上并未尽到安全保障的义务。虽然双方在借记卡管理协议中约定持卡人应妥善保管密码，因密码泄露而造成的风险及损失由持卡人本人承担。但双方该项约定，应当是指在银行为持卡人提供了必要的安全、保密条件的情况下，由于持卡人自己的过失使密码失密造成的风险和损失，持卡人本人应自行承担。如果不能证明持卡人具有明显过错，银行无权单方增加储户的责任。

北京市第三中级人民法院依照《中华人民共和国合同法》第六十条、第一百零七条，《中华人民共和国民事诉讼法》第一百七十条第一款第二项之规定，判决如下：

一、撤销北京市朝阳区人民法院（2015）朝民（商）初字第11567号民事判决；

二、某行华威路支行于本判决生效后十日内赔偿刘某堂存款本金18859元及利息损失（以18859元为基数，自2015年1月27日起至实际给付之日止，按照中国人民银行同期活期存款利率标准计算）；

三、驳回刘某堂的其他诉讼请求。

【法官后语】

作为一项新兴业务，无卡交易逐渐增多，在此交易过程中导致资金被盗产生的纠纷已经出现，犯罪嫌疑人本应作为第一责任人承担责任，但司法实务中，由于其下落不明，难以向其主张权利，持卡人往往以发卡行作为被告提起借记卡纠纷之诉，请求给付被盗款项损失。如何在个人与银行之间做出责任认定，目前的法律规定比较原则，本案是集中反映法院裁判思路的一例典型案件。

从危险来源于责任人的角度考虑，责任人有义务管理、控制危险，如果因为危险源的存在造成了受害者的损害，则不应由受害者举证证明责任人具有过错，只要举证证明其损害与危险源具有因果关系即可。在发生银行卡资金被盗取的情况后，只要持卡人能够举证证明发生损失，且该损失的发生是由于犯罪嫌疑人识破银行技术手段盗取，即完成了初步的举证责任，应认定银行未尽到安全保障和风险防范的义务。这也是基于目前银行卡技术发展整体水平有限性的考虑，有必要倒逼银行加快技术更新进程，提高风险防范能力。

本案中，某行华威路支行对该项无卡取现业务在技术保障上与其他传统业务基本上没有区别，在识别可能出现的手机卡伪号、密码泄露等方面并未提供更为严密的安全保障措施。而在刘某堂资金被盗取后的五日内，某行华威路支行即增加了短信动态密码验证功能，针对无卡取现可能存在的不法活动采取了相应措施。由此可以认定，在该项业务的设计和风险防范上，某行华威路支行存在严重漏洞，未尽到安全保障的义务。虽然刘某堂存在泄露涉密信息的可能性，但其是否泄露密码仅是对事实概率的判断，并不能以此作为最终承担责任比例的依据。具体到本案中，虽然某行华威路支行主张在事实上不能排除刘某堂泄露密码的可能性，但法院以接近真实的高度盖然性作为证明标准，结合现有证据和案件具体情节进行分析，可以确认刘某堂并未违反妥善保管密码义务。因此，二审法院予以改判。

编写人：北京市第三中级人民法院　杨夏

070　手机银行短信验证码转账中盗刷行为的责任承担

——李某诉某银行股份有限公司北京首体支行借记卡案

【案件基本信息】

1. 裁判书字号

北京市第一中级人民法院（2016）京 01 民终字第 3072 号民事判决书

2. 案由：借记卡纠纷

3. 当事人

原告（上诉人）：李某

被告（被上诉人）：某银行股份有限公司北京首体支行（以下简称首体支行）

【基本案情】

2004年3月25日，李某在首体支行开立了卡号为4100621055060×××的银行卡，类型为借记卡，凭密码交易。2015年6月15日23时42分，李某收到某银行客服号码发送的10条手机短信，内容为转账验证码。23时44分，李某拨打客服电话，客服告知李某目前账户正常，但鉴于账户余额较多，建议李某进行密码修改或者将资金转到其他卡中。李某实际未按建议操作。23时57分39秒，李某的银行卡发生了一笔49500元的交易。次日凌晨0时0分5秒、0时2分20秒、0时3分36秒、0时4分46秒，李某的银行卡发生了四笔5万元的交易。上述五笔交易的交易对手均为章某丹，交易方式为手机银行短信验证码转账。2015年6月16日，李某的信用卡诈骗案被麦子店派出所受理。诉讼中，首体支行称如果使用手机银行对外进行转账，需要卡号、查询密码、交易密码、短信验证码输入一致。短信验证码发送时有相应的风险提示。李某对此表示认可。

【案件焦点】

银行对手机银行短信验证码转账中的盗刷是否应承担责任。

【法院裁判要旨】

北京市海淀区人民法院经审理认为：李某与首体支行之间构成储蓄存款合同关系，该合同关系反映了双方真实意思表示，应确认有效。争议五笔交易的类型为手机银行对外转账，不同于“伪卡”交易，不涉及借助固定机具以及实体的银行卡完成交易。依据李某所述，争议银行卡的手机银行以及短信验证码对外转账功能系其本人开通，争议银行卡的交易密码、查询密码系其本人设定。某银行手机银行对外转账，需要银行卡卡号、查询密码、交易密码、短信验证码，上述信息正确即可完成转账。争议交易发生时，李某收到了相关短信验证码，依据现有证据无法确认首体支行存在泄露该银行卡卡号、密码和短信验证码的行为。在李某与某银行客服人员通话过程中，李某未采取口头挂失的措施，在客服人员建议下，也未修改交易密码。综上，依据现有证据无法确认首体支行对于争议交易的发生存在过错。李某没有采取相应措施以有效地降低或阻止争议交易的发生，据此，李某要求赔偿存款损失、利息损失的诉讼请求，缺乏依据，该院对此不予支持。

北京市海淀区人民法院依据《中华人民共和国合同法》第八条，《最高人民法院关于适用〈中华人民共和国民事诉讼法〉的解释》第九十条之规定，作出如下判决：

驳回李某的全部诉讼请求。

李某不服提起上诉。北京市第一中级人民法院经审理认为：本案的争议焦点为，银行对手机银行短信验证码转账中的盗刷是否应承担责任。首先，关于本案的争议交易能否认定为盗刷的问题。手机银行短信验证码转账不同于伪卡交易，手机银行系可移动的手机所装载的软件，可实现多部手机、多地点、多人次交易操作。现李某没有其他确实证据指向争议交易系犯罪分子盗刷，公安机关亦未就本案争议交易系犯罪行为作出最终认定，故根据现有证据，无法认定本案争议交易为盗刷交易。其次，如果本案争议交易为盗刷，银行是否应一概承担责任的问题。在伪卡交易中，银行 ATM 机或刷卡 POS 机未能辨别非真实的银行卡，此时银行的过错是肯定的。而本案中，手机银行短信验证码转账，银行接收的并无实体物件，仅有卡号、查询密码、交易密码、短信验证码等电子信息，在电子信息均核实无误的情况下，银行接受并完成该笔交易，电子信息的非实体性质决定了银行无法判断上述信息的实质真实性，此时，即使存在盗刷行为，亦无法认定银行的违约责任。最后，关于本案中，李某指出的首体支行存在的违约行为的问题。第一，李某认为首体支行未在第一笔争议交易发生后短信通知李某，扩大了李某的损失。但李某未能举证证明其在争议交易发生时已经开通了涉案借记卡的余额变动短信通知业务，故无法认定首体支行此处存在过错。第二，李某认为某银行强制将李某的每日转账上限从 5 万元调整到 20 万元，扩大了李某的损失。某银行将手机银行转账上限调整为 20 万元是对业务的整体性调整，李某可自行调低转账上限，故不存在银行强制将李某转账上限限定为 20 万元的事实，且银行对手机银行转账上限的调整与李某的损失亦不存在直接关联性。第三，李某主张争议交易使用的手机银行版本及 IP 地址均与其常用的不一致，法院认为，手机银行作为一款软件，本就可以多部手机，多地点登录，李某并未与银行约定其手机银行登录必须固定版本及 IP 地址，故依据李某的该项主张，无法认定银行的过错。第四，李某认为某银行作为专业机构，应当认识到问题的严重性，但客服电话仅对李某进行建议，存在过错。就此法院认为，某银行客服电话已经告知李某可能存在的风险并提出建议，客服电话不可能强制要求客户进行某项操作，法院对李某的该项主张不予采信。第五，李某主张某银行手机银行系统存在漏洞，密码仅个人和银行知晓，银行存在泄露嫌疑。法院认为，手机银行系统是否存在漏洞虽是专业性问题，但无法要求银行来证明其系统不存在漏洞这一否定性命题，仍应由李某就其该项主张承担举证责任，因李某未能举证证明，应承担举证不能的法律后果。

北京市第一中级人民法院依据《中华人民共和国民事诉讼法》第一百七十条第一款第一项之规定，作出如下判决：

驳回上诉，维持原判。

【法官后语】

本案系银行卡通过手机银行被盗刷后，持卡人要求发卡行承担违约赔偿责任的典型案例。司法实践中应考虑以下两点问题。

一是如何认定手机银行被盗刷的事实。银行承担违约赔偿责任的前提条件是持卡人在并非本人实际操作的情况下丢失了银行卡中的款项，现有大量的银行卡被盗刷案件中，盗刷的情况仅限于实体伪卡进行 ATM 机或者 POS 机交易，法院审理中一般通过交易发生地、银行卡持有人所在地及银行卡持有人在争议交易发生后出具银行卡的时间来推定伪卡交易的发生。手机银行交易系通过数据电文传输完成，由于技术性的限制，法院无法单纯从持卡人的主张来判断是否存在盗刷的情况，故应严格要求持卡人对于盗刷事实的举证责任。

二是对于网上银行的盗刷交易，如何认定发卡行存在违约行为。首先，应要求发卡行就其在与持卡人签订开通手机银行、网上银行业务的合同时履行了告知义务和风险提示义务承担举证责任。若发卡行擅自开通相应业务或未尽告知义务，发卡行应就持卡人的损失承担相应比例的赔偿责任。本案中，李某系自愿开通手机银行业务，在争议交易发生前，其本人多次使用过手机银行对外转账，故应当认定李某对手机银行的交易方式和风险是明知的，发卡行对此不存在过错。

其次，法院对银行网上交易系统安全性的举证责任的分配，应当在发卡行和持卡人之间动态掌握。应当由发卡行证明其在争议交易中的验证方式已经达到当前保障网上交易安全的通常标准。需要注意的是，司法审理中，不能机械判断银行的交易系统是否安全，而应根据争议交易同时期的网络安全标准来判断发卡行是否存在违约行为。本案中，银行与李某均认可，李某如需通过手机银行对外转账，需要卡号、查询密码、交易密码、短信验证码均核对无误才能进行，上述四组数据电文均由李某个人保存或设置，四组数据电文的保障方式已经达到了争议交易发生时网上银行交易的通常安全标准，故此时银行举证责任完成。在此基础上，李某如主张银行的网上银行系统存在漏洞，应由李某承担相应的举证责任。

最后，银行网络系统接收数据电文的同时是否有义务核实数据电文的实际发出人为持卡人，是目前技术条件下网上银行盗刷现象发生后发卡行是否应当承担违约责任的关键问题。根据《中华人民共和国电子签名法》第九条规定，在数据电文传输的条件下，发卡行只对数据电文是否与预留数据相符承担验证义务，要求其就数据电文背后的实际发出人进行核实，超出了合同义务的范畴，亦不符合手机银行和网上银行便利交易的设置初衷。本案中，银行批准争议交易符合电子签名法的规定，故本案中一、二审法院均判决驳回了李某的诉讼请求。

编写人：北京市第一中级人民法院　王晴

071 盗刷卡人被追究刑事责任，发卡行仍应承担民事赔偿责任

——黄某胜诉某银行股份有限公司北京朝阳支行借记卡案

【案件基本信息】

1. 裁判书字号

北京市第三中级人民法院（2016）京03民终字第10599号民事判决书

2. 案由：借记卡纠纷

3. 当事人

原告（被上诉人）：黄某胜

被告（上诉人）：某银行股份有限公司北京朝阳支行（以下简称甲行朝阳支行）

【基本案情】

2012年12月4日，黄某胜在甲行朝阳支行填写个人账户业务申请书，申请开立个人结算账户，甲行朝阳支行受理后为黄某胜开立了账号为6228490010018328×××的银行卡，未开通短信提醒业务。

2014年8月17日13时7分，上述银行卡发生一笔56.6万元的消费，消费地点为谭惠莲服装店，POS机在某银行东莞虎门支行申领。黄某胜于2014年8月16日从北京飞往烟台，8月18日自烟台飞往天津，次日从天津坐火车到北京。

2014年8月19日，黄某胜到北京市公安局朝阳分局报案，称

银行借记卡被盗刷。广东省深圳市宝安区公安局将犯罪嫌疑人黄某江、冉某辉、管某顺等12人抓获。经公安机关侦查，认定黄某江、冉某辉、管某顺等利用伪卡在一台广东东莞虎门镇龙泉商场一楼B座103谭惠莲的POS机（某银行申领）上盗刷了黄某胜56.6万元。黄某江、冉某辉、管某顺等供述称，从网上购买了卡信息，制作了伪卡，找到POS机将钱刷出，然后再转账提款。公诉机关公诉后，广东省深圳市宝安区人民法院作出刑事判决书，判决被告承担刑事责任的同时，责令被告人黄某江、冉某辉、管某顺等12人赔偿被害人被盗刷的金额，其中有本案黄某胜的56.6万元。

【案件焦点】

黄某胜的银行卡被犯罪分子复制盗刷，在犯罪分子已经服法的情况下，发卡行是否应该承担银行卡被盗刷的赔偿责任。

【法院裁判要旨】

北京市朝阳区人民法院经审理认为：黄某胜向甲行朝阳支行申请开立账户，甲行朝阳支行同意为黄某胜办理上述业务，双方之间建立了储蓄存款合同关系，该合同关系系双方当事人的真实意思表示，亦不违反法律、行政法律的强制性规定，应属合法有效。

《中华人民共和国商业银行法》第六条规定："商业银行应当保障存款人的合法权益不受任何单位和个人的侵犯。"《中华人民共和国合同法》第六十条第二款规定："当事人应当遵循诚实信用原则，根据合同的性质、目的和交易习惯履行通知、协助、保密等义务。"在黄某胜与甲行朝阳支行之间存在真实有效的储蓄存款合同关系的情况下，甲行朝阳支行应保障储户的存款安全，其中包括对储户信息安全保障义务，即银行首先要对所发的银行卡本身的安全性予以保障，防止储户信息、密码等信息数据被轻易盗用，其次银行应保证其服务场所、系统设备安全适用。

甲行朝阳支行之所以必须履行上述合同义务，首先是基于合同交易方式电子化的要求，通过银行提供的机器，只要输入了储户的信息和密码，机器就视作储户本人在进行交易，即使该信息和密码是盗取的也无从识别，因此银行对储户资金支付安全的保障义务就应当相应扩张至对储户信息和密码的保障；其次是从收益和风险相一致的要求看，电子化交易下，银行避免了对取款人身份的书面审查，但从经济上获取收益，因此对潜在的风险及危险的发生负有防范和制止义务；最后是银行作为经营者对自己的服务设施、设备的性能和服务场所的安全情况比储户具有更多的了解，也具有更加强大的力量和更为专业的知识，更能预见可能发生的危险和损害，更有可能采取必要的措施防止危险的发生。

黄某胜持有的作为储蓄合同凭证的真借记卡并没有进行取款和转账操作，而是犯罪嫌疑人利用伪造复制的卡片，在广东省进行了操作，由此表明该借记卡不具有唯一的可识别性，从一个侧面证明了银行卡系统存在一定的安全隐患，主要是指银行卡背面的磁条信息容易被复制的安全隐患。故法院认为甲行朝阳支行在合同履行过程中存在未尽到安全保障的违约行为。

根据我国合同法对违约责任所规定的严格责任原则，不论违约的当事人主观上有无过错，只要不是依照合同约定或者法律规定可以免责的事由，就必须承担违约责任。故甲行朝阳支行应当赔付黄某胜因此而造成的损失。黄某胜要求甲行朝阳支行赔付 56.6 万元和利息的诉讼请求，有事实依据，应当予以支持。刑事判决书已经判决犯罪分子向黄某胜退赔，在该刑事判决书的执行过程中黄某胜不得领取执行案款，在本判决生效后向犯罪分子追偿的权益应让渡给甲行朝阳支行，黄某胜不能双重受偿。

北京市朝阳区人民法院依照《中华人民共和国合同法》第六十条第二款、第一百零七条之规定，判决如下：

被告甲行朝阳支行于本判决生效之日起十日内赔偿原告黄某胜存款损失 566000 元及利息（自 2014 年 8 月 17 日起至实际赔偿之日止，按中国人民银行同期定期存款利率的标准计算）。

甲行朝阳支行提起上诉。北京市第三中级人民法院经审理认为：黄某胜与甲行朝阳支行之间的储蓄存款合同系真实有效合同，根据合同约定和法律规定，甲行朝阳支行有义务保障储户信息安全，保障存款人的合法权益不受侵犯，保障存款人账户内资金的交易安全。甲行朝阳支行作为借记卡的发行机构，掌握或应当掌握银行卡的制作技术和加密技术，具备识别真伪的技术能力和硬件设施，应当承担对银行卡真伪的实质审查义务。经审查，黄某胜所持借记卡被犯罪嫌疑人伪造复制进行异地盗刷，因此，在甲行朝阳支行所发行的银行卡被伪造，而其设备无法识别伪卡导致持卡人黄某胜因此遭受经济损失的情况下，甲行朝阳支行应就此承担违约赔偿责任。一审判决支持黄某胜要求甲行朝阳支行赔偿 56.6 万元及相应利息的诉讼请求，于法有据，法院予以确认。就利息利率的选择，法院认为，黄某胜由于借记卡被盗刷后长期不能获得赔偿，造成其无法支配资金，其主张对方甲行朝阳支行赔偿利息损失，一审法院判决按中国人民银行同期定期存款利率标准计算并无不当。

北京市第三中级人民法院依照《中华人民共和国民事诉讼法》

第一百七十条第一款第一项规定，判决如下：

驳回上诉，维持原判。

【法官后语】

在能够证明银行卡被伪造，刷卡人使用伪卡刷卡的情况下，储户起诉银行要求赔偿的案件大多数以银行承担不同程度赔偿责任的方式结案，实务界对此已经达成了大多数意见。但是在犯罪分子被抓获的情况下，也就是在侵权人确定的情况下，银行是否需要继续承担责任，实务界存在争议。一种意见认为，在此情况下因储户已经在刑事案件的受害人名单中，刑事案件已经确定犯罪分子向受害人退赔，故不应判决银行赔偿储户的损失，否则有可能造成双重受偿。另一种意见认为，银行向储户赔偿损失的基础在于其未能履行安全保障义务，与是否抓获复制伪卡人无关，银行应该基于合同向储户承担赔偿责任。

笔者同意第二种意见。银行作为储蓄合同的一方，在存在真实有效的储蓄存款合同关系的情况下，银行应保障储户的存款安全，其中包括对储户信息安全保障义务，即银行首先要对所发的银行卡本身的安全性予以保障，防止储户信息、密码等信息数据被轻易盗用，引申为银行应保证其服务场所、系统设备安全适用。储户的银行卡被犯罪分子复制盗刷，说明银行未尽安保义务，应该依据双方的合同承担违约赔偿责任。银行基于合同关系承担赔偿责任，与犯罪分子是否被擒获无关。银行承担赔偿责任后，取得向犯罪分子追偿的权利，储户不能据此双重受偿。

编写人：北京市朝阳区人民法院　崔立斌

072 借记卡被他人异地盗刷，银行应承担赔偿责任

——王某梅诉某银行股份有限公司北京大兴支行借记卡案

【案件基本信息】

1. 裁判书字号

北京市第二中级人民法院（2016）京02民终字第1729号民事判决书

2. 案由：借记卡纠纷

3. 当事人

原告（被上诉人）：王某梅

被告（上诉人）：某银行股份有限公司北京大兴支行（以下简称某行大兴支行）

【基本案情】

1999年，王某梅在某行大兴支行处办理了活期储蓄存折一份。2005年8月，王某梅在某行大兴支行处办理了一张××灵通卡，并与活期储蓄存折绑定。某行大兴支行提供的《某银行××灵通卡章程》规定："第五条，凡使用密码进行的交易，发卡银行均视为持卡人本人所为。依据密码等电子信息办理的各类结算交易所产生的电子信息记录均为该项交易的有效凭据。"王某梅没有办理余额变动提醒业务。

2015年1月20日18时，王某梅的银行卡账户在山西省阳泉市平定县东大街×××号的某银行的ATM机上被跨行取款6次，共取款16000元，扣除手续费92元。

2015年2月10日，王某梅到工行丽园支行办理取款业务时，称其发现银行卡被异地取款16000元，王某梅立刻向银行柜台工作人员报案并挂失。随后，王某梅向大兴公安局报案。

大兴公安局调取了涉案ATM机录像资料。录像显示，2015年1月20日18时10分至15分，一戴口罩男子前往ATM机输入密码取款，但未能清晰显示银行卡的卡面信息。王某梅称其不认识录像中的取款人。

王某梅称银行卡一直在其身上，没有借给过别人，也没告诉别人密码。

王某梅的诉讼请求为：某行大兴支行赔偿存款本金16000元及存款利息。

【案件焦点】

1. 关于王某梅与某行大兴支行的法律关系及双方权利义务如何认定；2. 关于真伪卡的举证责任如何分配；3. 能否认定王某梅存在恶意串通；4. 能否认定王某梅泄露密码；5. 本案是否适用“先刑后民”。

【法院裁判要旨】

北京市大兴区人民法院经审理认为：原、被告之间形成借记卡服务合同法律关系。王某梅应当妥善保管和使用银行卡、存折及密码。某行大兴支行有义务保障储户的存款安全。某行大兴支行辩称，根据《某银行××灵通卡章程》的规定，王某梅未能举证证明涉案银行卡系伪卡，根据电子信息记录，涉案的支取行为系使用真卡交易。法院认为，该条款系格式条款，某行大兴支行并未充分举证证明其尽到了提示和说明义务，也免除了其责任、加重了对方责任，该条款不能免除银行对使用真卡的举证责任。虽然王某梅未能举证证明该支取行为系使用伪卡，但举证不能并非其个人原因导致，银行卡没有余额变动提醒致使原告王某梅未能及时获知他人刷卡情况，而由于录像拍摄卡面信息不清晰导致法院亦无法查明是否使用真卡，原告王某梅并无相应的举证能力。某行大兴支行未提交充分证据证明该支取系王某梅授意他人支取，不能排除法院对恶意串通事实的合理怀疑。现王某梅账户资金减少，某行大兴支行未举证证明其存在免责事由，也未进一步举证证明其履行了安全保障义务，应当承担违约责任。储户应承担妥善保管银行卡和密码的义务，但密码系王某梅泄露的事实，某行大兴支行未提交相应证据佐证，故法院对王某梅泄露密码的事实不予采信。某行大兴支行称本案应当移送公安机关处理，虽然公安机关现已对王某梅银行卡被盗刷一事立案侦查，但本案借记卡纠纷本身不涉及犯罪，与“存款可能被盗取”的刑事案件属于两个不同的法律关系，本案审理亦不需要以刑事案件的审理结果为依据，故本案应当继续审理。综上，法院对于王某梅要求某行大兴支行支付16000元及利息的诉讼请求，予以支持。

北京市大兴区人民法院依据《中华人民共和国合同法》第六十条、第一百零七条之规定，判决如下：

某行大兴支行于本判决生效之日起十日内给付王某梅存款本金16000元及存款利息（以16000元为基数，自2015年1月21日起至实际给付之日止，按照中国人民银行同期存款利率计算）。

某行大兴支行持原审答辩意见上诉。北京市第二中级人民法院经审理认为：某行大兴支行未能提供相反证据推翻王某梅的陈述意见，亦未能举证证明王某梅存在与他人恶意串通的事实，故法院对恶意串通主张不予采信。王某梅解释称，由于其没有开通涉案银行卡的余额变动提醒业务，故未能及时发现其银行卡内的资金变动情况，该解释有合理性。王某梅在得知其银行卡内的资金数额异常后，当即办理挂失并报案。王某梅已经尽到了一名持卡人的合理谨慎的注意义务。银行在履行合同和交易过程中均处于优势地位，就银行卡及交易系统的安全性问题也具有更强的举证能力。某行大兴支行应对其自身无过错，已经履行了保障储户银行卡及密码安全的义务承担举证责任。综上，某行大兴支行的上诉理由均不成立，法院对其上诉请求予以驳回。一审判决认定事实清楚，适用法律正确，应予维持。

北京市第二中级人民法院依照《中华人民共和国民事诉讼法》第一百七十条第一款第一项之规定，判决如下：

驳回上诉，维持原判。

【法官后语】

本案主要争议焦点涉及消费者和银行之间的责任认定及举证责任分配。

第一，关于真伪卡的举证责任分配。王某梅采取一系列措施，已经尽到了一名持卡人的合理谨慎的注意义务。银行作为经营者，比持卡人具有更强的风险防范和损失分散能力，且从收益和风险相一致的要求看，电子化交易下，银行避免了对取款人身份的书面审查，从经济上获取收益，对潜在的风险及危险的发生也应当负有防范和制止义务。因此，银行未能举证证明支取行为系真卡，应当承担举证不利的后果。

第二，关于恶意串通，应当由银行进行举证。现某行大兴支行并未提交充分证据证明该支取系王某梅授意他人支取，不能排除法院对恶意串通事实的合理怀疑。

第三，关于泄露密码的责任认定。王某梅是否存在泄露密码的情况，本案判决将举证责任分配给了被告，理由如下：一是密码泄露仅仅是盗刷发生的可能原因之一，本案还存在使用伪卡的情形，银行应比持卡人承担更重的防范盗刷的责任，在银行疏于防范的情况下，不应轻易减轻银行保障银行卡安全的责任；二是银行与盗刷人的交易行为原则上对持卡人不产生法律效力，银行仍应向持卡人承担银行卡服务合同的合同责任，银行以双方违约为由主张应予减轻其责任的，应当举证证明持卡人存在泄露银行卡信息、密码等违约行为；三是银行卡信息和密码泄露的原因也可能存在于银行、ATM 机或特约商户方面，实践中也确实存在由于发卡行对 ATM 机使用环境维护不力、特约商户对工作人员或刷卡环境管理不善，甚至黑客攻击等原因导致的密码泄露或者银行卡磁条信息泄露。

编写人：北京市大兴区人民法院　蒋怡琴

073　银行卡被复制及盗取案件中银行过错的认定

——侯某诉某银行股份有限公司灌云云海支行、某银行股份有限公司灌云支行银行卡案

【案件基本信息】

1. 裁判书字号

江苏省连云港市中级人民法院（2016）苏 07 民终字第 2933 号民事判决书

2. 案由：银行卡纠纷

3. 当事人

原告（被上诉人）：侯某

被告（上诉人）：某银行股份有限公司灌云云海支行（以下简称云海支行）

被告：某银行股份有限公司灌云支行

【基本案情】

2015年9月21日16时28分至16时29分之间，原告在被告云海支行处办理的卡号为6013826108003148×××的长某借记卡，在长沙市天心区解放西路420号通过ATM现金取现方式被取款4笔，金额分别为3000元、3000元、3000元、2800元，共计11800元。原告接到手机短信提示后，遂拨打某银行客服电话95566口头挂失。原告于2015年9月21日18时27分持上述借记卡在编号为44550917的ATM机上取款100元。原告当日向沛县公安局正阳派出所报警。

正阳派出所于2015年9月22日出具接警证明，内容为：2015年9月21日18时21分，沛县公安局正阳派出所接侯某口头报警称其银行卡被盗刷。民警经调查，侯某的某银行银行卡（卡号为：6013826108003148×××）在2015年9月21日16时30分许被人跨省跨行通过ATM机取现盗刷11800元，其报警时出示该银行卡及某银行交易凭条，自述该银行卡密码未泄露。值班民警对该警情登记后移交相关部门处理。

原告于2015年9月20日16时25分入住徐州沛县汉城路锦江之星酒店，2015年9月21日9时5分离店。

【案件焦点】

在原告银行卡被复制及被盗取的过程中被告方是否存在错误并承担赔偿责任。

【法院裁判要旨】

江苏省连云港市灌云县人民法院经审理认为：侯某在云海支行办理了借记卡，双方之间建立起储蓄存款合同关系。云海支行负有保障原告存款资金安全的义务，其应提供安全的资金环境和安全的计算机处理系统，包括借记卡应具有唯一的可识别性等。借记卡在各银行皆可办理查询、取款、转账等业务，系基于在银联系统平台上各银行之间形成实际相互委托关系而产生，受托方办理受托事务产生的权利义务应由委托方承受。本案中，取款行为系通过湖南省长沙市天心区解放西路某 ATM 机实施，故该取款行为所致法律后果应由委托方即被告云海支行予以承担。原告的借记卡在湖南取款时间是 2015 年 9 月 21 日 16 时 28 分至 16 时 29 分之间，而原告于同日 18 时 21 分许在徐州沛县当地派出所报警，并于同日 18 时 27 分持真实借记卡在徐州沛县取款，故从时间上来看，可以认定系他人持伪卡在湖南取款。云海支行发行的借记卡在 ATM 机上不能识别真伪，系其防范措施不当，存在安全隐患所致。云海支行辩称即便银行系统有过错，也应当由总行承担责任，根据合同相对性原则，法院对该辩称不予采信。综上，云海支行未尽到相应安全保障义务，其给原告造成的损失，应予赔偿，故对原告要求被告赔偿损失 11800 元并支付相应利息的诉讼请求，法院予以支持。

江苏省连云港市灌云县人民法院依照《中华人民共和国合同法》第六十条，《中华人民共和国商业银行法》第六条之规定，作出如下判决：

一、被告云海支行于本判决生效之日起十日内给付原告侯某人民币 11800 元并支付相应利息（以 11800 元为本金，按中国人民银行同期存款利率从 2015 年 9 月 21 日起计算至实际给付之日止）；

二、驳回原告的其他诉讼请求。

云海支行不服一审判决，上诉称：请求二审法院撤销一审判决、依法改判，并判令由被上诉人侯某承担本案全部诉讼费用。理由如下：一、一审判决认定事实错误。1. 被上诉人侯某是银行卡持有人，管理不当致使银行卡信息外泄，其中银行卡密码只有被申请人知晓，申请人处并无可显示的具体内容记载，因此银行卡内存款被人盗取，是被申请人管理不当造成的。2. 被复制的银行卡在工商银行的自动取款机上使用，导致盗取的发生。工商银行设备上存在无法识别真、假银行卡的漏洞，相关责任应当由工商银行承担，不应当由上诉人承担。3. 在银行卡被复制及盗取存款的过程中，侵犯被申请人财产权益的是刑事案件的犯罪嫌疑人，因此应当由犯罪嫌疑人承担赔偿责任。4. 上诉人在银行卡的管理上并无过错，不应当承担任何责任。二、一审判决适用法律错误。根据《最高人民法院关于民事诉讼证据的若干规定》第二条第一款当事人对自己提出的诉讼请求所依据的事实或者反驳对方诉讼请求所依据的事实有责任提供证据加以证明。一审庭审过程中，被申请人无任何证据证明申请人在银行卡被复制及被盗取的过程中存在错误，因此，一审法院在无证据的情况下做出的由上诉人承担赔偿责任的判决是错误的。

被上诉人侯某辩称：原审判决认定事实清楚，适用法律正确，上诉人的上诉理由显与事实不符。请求二审法院依法驳回上诉，维持原判。

江苏省连云港市中级人民法院经二审审理，确认了一审法院认定的事实和证据。连云港市中级人民法院经审理认为：侯某在云海支行办理了借记卡，双方形成储蓄存款合同关系。云海支行有义务保障储户的合法权益不受侵犯。侯某的借记卡于2015年9月21日16时28分至16时29分之间，在长沙市天心区解放西路ATM机上被取现金4笔，结合侯某于同日18时21分许在徐州沛县当地派出所报警，并于同日18时27分持真实借记卡在徐州沛县取款的事实，可以认定系他人持伪卡在湖南取款。ATM机是银行向储户提供的自助交易设备，银行作为设备的提供者，应当知悉设备存在的潜在风险，并对此承担防范和制止的义务，故在储户因ATM机未能识别伪卡而产生损失的情况下，银行应当承担赔偿责任。云海支行并无充分证据证明侯某对其持有的借记卡没有妥善保管或合理使用，因此其主张侯某没有尽到妥善管理借记卡和密码义务所产生的损失应自行承担的意见缺乏事实和法律依据，故云海支行就此应承担举证不能的法律后果。

关于云海支行认为本案应当由犯罪嫌疑人承担赔偿责任的上诉理由，虽然公安机关已对侯某银行卡被盗刷一事立案侦查，但并不影响侯某依据其与云海支行之间形成的储蓄存款合同关系，通过民事诉讼向云海支行主张权利，云海支行基于本案向侯某实际赔付的事实，可代位取得侯某在刑事案件中获得赔偿的等额部分，故原判决云海支行向侯某承担赔偿责任并无不妥。综上，云海支行的上诉理由均不能成立，法院不予支持。原判决云海支行向侯某承担赔偿责任并无不妥。

江苏省连云港市中级人民法院依照《中华人民共和国民事诉讼法》第一百七十条第一款第一项之规定，判决如下：

驳回上诉，维持原判。

【法官后语】

银行对持卡用户在持卡交易时应负有安全保障义务，这是基于诚实信用、获益风险、危险控制三个方面对银行提出的要求。银行是事关客户的人身、财产安全的行业，本着诚实信用分配正义的原则，需要承担更多的义务。法谚“获得利益的人负担风险”，谁在获利活动中得到利益，谁就应负该活动所发生的赔偿责任，根据这一原理，银行经营者在对客户提供服务时，要为每一位客户尽安全保障义务。对于保障安全的注意义务，银行应当高于客户，银行经营者更能预见可能发生的危险和损害，从而更有可能采取必要的措施，排除潜在的危险，防止损害发生或减轻损害，因此要求银行尽到安全保障义务。

本案中发生的银行卡被盗刷的情况并非个案，一方面是因为银行卡业务的迅速扩张，银行后台管理难以迅速跟进导致留下安全隐患；另一方面也与持卡人安全防范意识不足有关，在现有的技术环境下，如果并无相关证据证明持卡人对银行卡、密码、验证码等身份识别信息、交易验证信息没有尽到谨慎保管义务，那么盗刷之后的赔偿责任应由银行承担。虽然银行对防止盗刷也有技术难题，但相较于普通持卡人，银行作为合同相对方，对安全系统进行升级管理的义务应由其自身承担。

2021 年 5 月 25 日起施行的《最高人民法院关于审理银行卡民事纠纷案件若干问题的规定》第七条第一款至第三款规定：“发生伪卡盗刷交易或者网络盗刷交易，借记卡持卡人基于借记卡合同法律关系请求发卡行支付被盗刷存款本息并赔偿损失的，人民法院依法予以支持。……持卡人对银行卡、密码、验证码等身份识别信息、交易验证信息未尽妥善保管义务具有过错，发卡行主张持卡人承担相应责任的，人民法院应予支持。”

在此提醒大家，如果发生伪卡盗刷交易或者网络盗刷交易情况，要第一时间通过报警、挂失、就近刷卡消费等方式收集证据材料，法院会全面审查当事人提交的证据，结合银行卡交易行为地与真卡所在地距离、持卡人是否进行了基础交易、交易时间和报警时间、持卡人用卡习惯、银行卡被盗刷的次数及频率、交易系统、技术和设备是否具有安全性等事实，综合判断是否存在伪卡盗刷交易或者网络盗刷交易。

编写人：江苏省连云港市灌云县人民法院　孙静　于金珍

074 伪卡交易案件中，持卡人、发卡行以及特约商户间的责任承担

——张某艺诉某银行股份有限公司茂名校前支行、东莞市石排某福珠宝行借记卡案

【案件基本信息】

1. 裁判书字号

广东省茂名市中级人民法院（2015）茂中法民二终字第3号民事判决书

2. 案由：借记卡纠纷

3. 当事人

原告（被上诉人）：张某艺

被告（上诉人）：某银行股份有限公司茂名校前支行（以下简称甲行校前支行）

被告（被上诉人）：东莞市石排某福珠宝行（以下简称某福珠宝行）

【基本案情】

张某艺在甲行校前支行办理了卡号为A的借记卡，2013年10月16日10时3分，张某艺收到短信通知其本案借记卡通过POS机支出679999元，张某艺随即前往甲行校前支行反映情况，在甲行校前支行的工作人员的见证下，用本案借记卡在柜员机内取款200元，后报警，茂名市公安局茂南分局经济犯罪侦查大队已立案侦查。张某艺认为其借记卡内款项系被盗刷，甲行校前支行未能尽到保护张某艺借记卡安全使用及卡内资金安全的责任，诉至法院，请求甲行校前支行赔偿其损失679999元及相应利息。

庭审中，张某艺提供本案借记卡的明细对账单显示，本案借记卡的上述679999元的消费发生在某福珠宝行。

2014年4月3日，茂名市公安局茂南分局经济犯罪侦查大队出具《案件说明》一份，主要内容为“2013年10月16日12时许，报案受害人张某艺到我队报称其所持的中国某银行借记卡（持卡人：张某艺，卡号：A）于2013年10月16日10时许在东莞市石排镇被他人盗刷了679999元人民币。2013年10月18日，茂南分局经济犯罪侦查大队根据前期侦查情况，对张某艺信用卡诈骗案立案进行侦查。2013年11月16日，我队在电白县抓获本案的犯罪嫌疑人邵某强、杨某仁，犯罪嫌疑人邵某强、杨某仁于2013年11月16日被我局刑事拘留，12月20日被执行逮捕，2014年2月19日被移送至茂南区人民检察院审查起诉。现邵某强、杨某仁羁押在茂名市第一看守所”。

在诉讼过程中，甲行校前支行向一审法院申请追加某福珠宝行为本案被告，张某艺认为本案为违约之诉，请求甲行校前支行承担违约责任，对某福珠宝行无诉求。

【案件焦点】

张某艺对所持有的由甲行校前支行发放的借记卡已设置了密码，该卡内资金被他人使用复制克隆的伪卡在某福珠宝行消费，由此而造成张某艺的损失，张某艺、甲行校前支行、某福珠宝行三方对此该如何承担责任。

【法院裁判要旨】

广东省茂名市茂南区人民法院经审理认为：张某艺与甲行校前支行之间成立了合法有效的储蓄存款合同关系，双方应当按照约定全面履行自己的义务，甲行校前支行应对张某艺的存款安全负责。张某艺在其存款被盗刷时，本案的借记卡由张某艺随身携带，张某艺在甲行校前支行的工作人员的见证下，用本案借记卡在柜员机内取款200元，本案交易的借记卡并非张某艺使用及甲行校前支行发放的借记卡，而是他人窃取张某艺的借记卡信息并用此信息复制克隆的伪卡。银行作为经营存、贷款等业务的专业金融机构，负有保管储户资金安全和交易安全保障的义务，应该采取技术手段防范银行卡被复制和伪造。甲行校前支行未能尽到保管储户资金安全和交易安全保障义务，应对张某艺账户内的存款损失承担违约赔偿责任。在银行卡消费交易中，只有持有真卡的交易者使用密码办理的各类交易才能视为客户本人的行为，持伪卡进行的交易，即使输入的密码正确，也不能视为客户本人所为。本案交易的借记卡是伪卡，甲行校前支行主张张某艺未尽到妥善保管银行卡及其密码的义务，但其对该主张未能举证予以证明，应承担举证不能的责任。根据民事诉讼“不告不理”的原则，对于某福珠宝行是否需承担赔偿责任的问题，法院在本案中不予处理。

广东省茂名市茂南区人民法院依照《中华人民共和国合同法》第六十条、第一百零七条、第一百二十二条，《中华人民共和国商业银行法》第六条，《中华人民共和国民事诉讼法》第六十四条第一款之规定，判决：

一、限甲行校前支行在本判决发生法律效力之日起十日内赔偿存款损失 679999 元给张某艺；

二、限甲行校前支行在本判决发生法律效力之日起十日内支付存款 679999 元的利息（利息按中国人民银行活期存款利率，从 2013 年 10 月 16 日起计至付清款项时止）给张某艺。

广东省茂名市中级人民法院经审理认为：张某艺与甲行校前支行之间形成了储蓄存款合同关系，银行应对张某艺借记卡内的资金负有安全保障义务。张某艺所持有的借记卡内的资金被盗刷，甲行校前支行未能尽到保障储户资金及交易安全义务，显然存在违约事实，其应承担违约的民事责任。张某艺依据双方的储蓄存款合同关系主张甲行校前支行承担违约责任并请求赔偿存款损失及相应利息，有事实和法律依据，应予支持。甲行校前支行认为，张某艺对银行卡的信息及密码保管不善，存在过错，造成的损失应由其承担相应的责任。对该主张，法院认为，首先，本案没有证据证明张某艺存在故意泄露银行卡信息及密码或与他人合谋侵犯银行财产的行为。其次，银行卡设定的交易密码，是针对真卡交易这一事实。虽然密码是由张某艺设定并保管使用，但由于涉案交易的银行存款不是用真实的银行卡交易，而伪卡交易是法律禁止的行为，银行作为专业金融机构，应该采取技术手段防范伪卡进入交易程序，而不应将伪卡交易账目记入真卡账户侵犯储户合法权益。因此，关于“凡密码相符的交易均视为持卡人本人或本人授权的合法交易”的约定不适用本案情形。甲行校前支行上述主张依据不足，不予采纳。甲行校前支行认为，某福珠宝行对持伪卡消费者未履行伪卡鉴别、身份识别、签名核实等义务，某福珠宝行应承担相应的责任。对该主张，法院认为，本案是张某艺基于与甲行校前支行形成的储蓄存款合同关系而主张甲行校前支行承担违约责任的违约之诉，且张某艺在诉讼中明确表示对某福珠宝行无诉求，原审法院对某福珠宝行是否需承担赔偿责任在本案中不作审理并无不当。根据《中华人民共和国合同法》第一百二十一条“当事人一方因第三人的原因造成违约的，应当向对方承担违约责任。当事人一方和第三人之间的纠纷，依照法律规定或者按照约定解决”的规定，作为发卡行的甲行校前支行与作为特约商户的某福珠宝行之间的纠纷，当事人可另寻法律途径解决。甲行校前支行上述主张依据不足，不予采纳。

广东省茂名市中级人民法院依照《中华人民共和国民事诉讼法》第一百七十条第一款第一项之规定，判决：

驳回上诉，维持原判。

【法官后语】

对于发生借记卡盗刷持卡人主张发卡行赔偿的案件，《最高人民法院关于审理银行卡民事纠纷案件若干问题的规定》第七条第一款“发生伪卡盗刷交易或者网络盗刷交易，借记卡持卡人基于借记卡合同法律关系请求发卡行支付被盗刷存款本息并赔偿损失的，人民法院依法予以支持”明确规定了持卡人有权请求发卡行支付被盗刷存款本息并赔偿损失。该条第三款“持卡人对银行卡、密码、验证码等身份识别信息、交易验证信息未尽妥善保管义务具有过错，发卡行主张持卡人承担相应责任的，人民法院应予支持”同时规定了持卡人对于银行卡、密码等信息负有妥善保管义务，如果因持卡人自身过错导致相关信息泄露被他人使用伪卡盗刷，持卡人应自行承担相应责任。但需要注意的是，根据举证责任的分配规则，应当由发卡行对“持卡人对相关信息未尽妥善保管义务具有过错”的事实承担举证证明责任，发卡行未能举证证明的，应依法承担全部责任。

具体到本案，一、二审均认为张某艺在甲行校前支行处办理了银行借记卡并将相应款项存入到借记卡账户内，双方形成了储蓄存款合同关系，双方应当按照约定全面履行自己的义务，甲行校前支行应对张某艺的卡内资金安全和交易安全负责。甲行校前支行未能尽到安全保障义务，导致张某艺卡内存款被他人使用复制克隆的伪卡盗刷，甲行校前支行应对张某艺卡内存款及相应利息损失承担违约赔偿责任。

虽然张某艺对涉案的银行卡设置了密码，但甲行校前支行未能举证证明张某艺用卡过程中存在不规范使用银行卡和密码的情形，因此甲行校前支行以张某艺对银行卡的信息及密码保管不善为由主张应由张某艺本人对自身的损失承担责任缺乏依据，不应支持。至于作为特约商户的某福珠宝行的责任承担问题，由于张某艺已明确表示对某福珠宝行无诉求，故对某福珠宝行是否需承担赔偿责任在本案中不作审理。据此，一、二审均认为对于张某艺卡内存款及相应利息的损失，应由甲行校前支行负责赔偿。

编写人：广东省茂名市中级人民法院　庞巧文

075 伪卡盗刷案中持卡人以外各方责任的承担

——某银行股份有限公司深圳分行诉深圳市金某珠宝首饰有限公司等借记卡案

【案件基本信息】

1. 裁判书字号

广东省深圳市中级人民法院（2015）深中法商终字第1347号民事判决书

2. 案由：借记卡纠纷

3. 当事人

原告（被上诉人）：某银行股份有限公司深圳分行（以下简称某银行深圳分行）

被告（上诉人）：深圳市金某珠宝首饰有限公司（以下简称金某珠宝公司）

被告（被上诉人）：某省农村信用社联合社（以下简称省农联社）、陆丰市农村信用合作联社（以下简称陆丰农联社）

【基本案情】

金某珠宝公司是某银行深圳分行的特约商户。某银行深圳分行与省农联社、陆丰农联社均为中国银联网络的成员。邓某在陆丰农联社办理了一张借记卡，2012年7月30日16时12分、16时15分，案涉卡在金某珠宝公司发生两笔借记卡交易，金额分别为214630元、1931670元，合计2146300元。当天，持卡人邓某得知交易信息后即向公安机关报案，之后又向陆丰市人民法院提起诉讼，要求陆丰农联社向其支付2146300元。2012年11月26日，该院（2012）汕陆法民二初字第13号判决书（已生效）认定：陆丰农联社接受了非法复制的银行卡进行交易，未尽谨慎审查义务，应对银行卡款项被盗消费负主要的过错责任，邓某应为其未能妥善保管密码，导致卡中款项被盗承担相应的过错责任；该院判决陆丰农联社承担被盗损失的70%，即1502410元，邓某自负损失的30%。

陆丰农联社赔偿后，通过其上级省农联社与某银行深圳分行协商要求某银行深圳分行承担资金损失不成，遂向中国银联提出争议裁判申请。中国银联依各成员承诺遵守的《银联卡业务运作规章》、各项规则及管理办法裁判某银行深圳分行承担涉案交易1931670元中的损失1352169元及争议申请费1000元、评审费2000元；承担涉案交易214630元中的损失150241元，及争议申请费1000元、评审费2000元。某银行深圳分行合计承担1502410元损失及争议申请费2000元、评审费4000元。后某银行深圳分行向中国银联提出申诉被驳回。

涉案交易刷卡过程监控录像显示，金某珠宝公司人员在刷卡过程中未将签购单与银行卡放在一起比对核实签购单中打印的账号字段是否与银行卡卡号位数相符且未屏蔽交易账号字段与银行卡卡号对应部分是否相符，签名是否与银行卡背面预留签名相符。生效的（2013）汕尾中法刑二初字第11号刑事判决书认定，2012年7月30日15时许，刘某军持赖某杰伪造及提供的户主为邓某的陆丰农联社银联卡到金某珠宝公司购买黄金刷卡2146300元。刘某军持一张白色借记卡进行刷卡，金某珠宝公司业务员核对其签名与送货单签名一致，要求刘某军出示身份证核准信息，但刘某军称没有带，所以没有对身份证进行核准。

某银行深圳分行认为涉案交易所造成的1512410元损失不应由某银行深圳分行承担，而应由有过错的省农联社、陆丰农联社、金某珠宝公司共同承担。某银行深圳分行遂提起本案诉讼，请求法院判令：1. 省农联社、陆丰农联社、金某珠宝公司共同赔偿某银行深圳分行损失1512410元；2. 省农联社、陆丰农联社、金某珠宝公司承担本案全部诉讼费用。

【案件焦点】

1. 中国银联对其内部成员之间的裁决结果如何认定；2. 在伪造银行卡进行交易产生的纠纷中，就发卡行承担的责任，发卡行、收单行和特约商户等交易各方如何承担。

【法院裁判要旨】

深圳市福田区人民法院经审理认为：某银行深圳分行与省农联社、陆丰农联社均为中国银联网络的成员机构，承诺遵守中国银联颁布的《银联卡业务运作规章》、各项规则及管理办法。故《银联卡业务运作规章》可视为某银行深圳分行与省农联社、陆丰农联社之间的约定。中国银联根据《银联卡业务运作规章》裁定某银行深圳分行代金某珠宝公司承担交易损失责任，即被盗金额的70%，1502410元，省农联社及陆丰农联社不承担损失赔偿责任。对于中国银联依据其成员之间约定进行的上述裁决，法院予以尊重。对于某银行深圳分行对金某珠宝公司追偿的问题，特约商户处于持卡人发起银行卡消费的重要环节，银行卡真伪的初步辨别，可疑持卡人身份的核实，单据信息与卡、持卡人信息的核对等重要工作，均在该环节完成，其在银行卡交易中应当有比普通人更高的注意、辨别和审核义务。金某珠宝公司应当承担违规操作给某银行深圳分行造成的损失。但某银行深圳分行作为收单行，对特约商户的培训、监督、风险防范管理等未尽到应尽的职责，故应相应减轻金某珠宝公司因违规操作造成损失应承担的责任。

深圳市福田区人民法院依照《中华人民共和国合同法》第一百零七条等法律规定，判决：某银行深圳分行与金某珠宝公司按5∶5的比例承担损失。

金某珠宝公司不服一审判决，提起上诉。

广东省深圳市中级人民法院经审理认为：本案是因犯罪分子伪造借记卡并使用而导致的借记卡纠纷，属于银行卡交易关系。金某珠宝公司作为特约商户，处于持卡人发起银行卡消费的重要环节，银行卡真伪的初步辨别、可疑持卡人身份的核实、单据信息与卡、持卡人信息的核对等重要工作，均在该环节完成。特约商户在银行卡交易中应当有比普通人更高的注意、辨别和审核义务。涉案交易刷卡过程监控录像显示：金某珠宝公司收银员在POS机上刷完卡后，未等待签购单打印出来，就立即将卡交还持卡人，未将签购单与银行卡放在一起比对核实账号字段、卡号、预留签名、卡片有效期等信息。原审法院认为收银员在签购单打印出来后，要核对的内容包括交易金额、银行卡卡号位数、未屏蔽交易账号字段与银行卡卡号对应部分、持卡人签名等要素是否相符，在短短几秒钟内且在银行卡不在手中与签购单一起比对的情况下，难以做到准确核对，符合生活经验法则，法院予以认同，认定金某珠宝公司未能忠实履行审单义务。此外，金某珠宝公司代理人在诉讼中陈述，在实际操作过程中，如果出现持卡人刷卡时明显异常（系统拒绝、出现提示性的乱码）或持卡人明显慌张、其神态与行为明显不符这两种情况，金某珠宝公司会主动核查客户的身份证，除此以外，金某珠宝公司不清楚其他要核实顾客身份证的情况。根据金某珠宝公司工作人员在公安机关的调查笔录，在案涉交易发生时，其工作人员已经要求犯罪分子出示身份证并影印。对于本案案涉交易中，金某珠宝公司在交易当时要求核验犯罪分子身份证的原因，金某珠宝公司代理人又称不清楚。从上述陈述，不难得出在犯罪分子使用伪卡消费时，已经发生了足以引起金某珠宝公司警觉的事项，但金某珠宝公司未能进一步对持卡人进行身份核实。此外，根据金某珠宝公司在“兴业通”自助结算终端业务签约申请书的承诺，以及《特约商户服务协议书》的约定，由于金某珠宝公司有不仔细核对签名及银行卡有效期等违规操作行为，不仅要自行承担己方损失，还要承担因此给某银行深圳分行造成的损失或风险，故原审法院按50%的比例要求金某珠宝公司承担某银行深圳分行不服中国银联裁决而发生的费用，有事实和合同依据，法院予以认同。原审法院判决金某珠宝公司承担整体损失中70%部分的50%，并按50%的比例承担某银行深圳分行负担的裁决费用，已经充分考虑了某银行深圳分行等的过错，并相应减轻了金某珠宝公司因违规操作造成损失应承担的责任，该损失负担比例没有超过金某珠宝公司应当承担的责任范围，基本与其过错程度相适当，对于其要求某银行深圳分行、省农联社、陆丰农联社分担该50%部分损失的上诉请求，法院不予支持。

至于金某珠宝公司上诉提及的省农联社、陆丰农联社也应当分担案涉损失的问题。首先，对于金某珠宝公司承担案涉损失以外的50%的责任在某银行深圳分行和发卡行省农联社、陆丰农联社之间如何划分，与金某珠宝公司没有利害关系。其次，原审法院认为另外50%的责任在发卡行省农联社、陆丰农联社和收单行某银行深圳分行两者之间如何分配，已经通过中国银联的内部裁决机制，依两者之间共同签署的《银联卡业务运作规章》等文件解决，某银行深圳分行虽然不服原审判决并提出上诉，但其未在法定期间内交纳上诉费，其上诉法院已按自动撤回上诉处理，故应当认为某银行深圳分行已经接受了原审法院关于其与发卡行省农联社、陆丰农联社的责任划分。因此，根据《中华人民共和国民事诉讼法》第十三条规定的权利处分原则和《最高人民法院关于适用〈中华人民共和国民事诉讼法〉的解释》第三百二十三条规定的二审审理的范围原则，某银行深圳分行与发卡行省农联社、陆丰农联社的责任划分不在本案二审的审理范围，法院不作审理。

金某珠宝公司在上诉中还提出，发卡行和收单行作为共同利益体，在银行卡的运作流程中仅享受利益、不承担风险，义务与权利不平衡，其作为特约商户应当少承担或不承担损失的问题。法院经审理认为，在银行卡的运作流程中，发卡行和收单行为特约商户、持卡人提供了更加便利高效的服务，因而向特约商户和持卡人收取一定的服务费用。特约商户则可以向持卡人顾客提供刷卡消费的渠道，特约商户和持卡人顾客在享受刷卡消费的便利、避免大额现金交易带来的风险的同时，应付出一定的成本。此外，特约商户还可以此便利增加与同类企业的竞争力。各方是互利互赢的关系。更何况，是否加入该体系，亦是作为特约商户的金某珠宝公司的自由选择。故对其该项抗辩，法院亦不予采信。金某珠宝公司上诉请求的理由均不能成立，法院不予支持。原审法院认定事实清楚，适用法律正确，应予维持。

广东省深圳市中级人民法院依照《中华人民共和国民事诉讼法》

第十三条第二款、第一百七十条第一款第一项、第一百七十五条，《最高人民法院关于适用〈中华人民共和国民事诉讼法〉的解释》第三百二十三条之规定，判决：

驳回上诉，维持原判。

【法官后语】

银行卡交易关系涉及持卡人、发卡行、收单行和特约商户等多方关系，必然要求交易各方均应根据各自在交易关系中的地位和作用，承担相应的交易安全保障义务。银行卡交易关系中各方主体的主要义务有：持卡人负有按时还款、妥善保管和正确使用银行卡和密码信息义务；发卡行负有依约付款和交易安全保障义务对持卡人信息的保密等义务；特约商户负有签单审查的义务，这是受发卡行、收单行的委托履行的受托人的义务，事实上也是一种交易安全保障义务；收单行要履行自助结算终端安装、巡检、对特约商户人员进行培训和防范风险等的服务工作等义务。如果任意一方或几方违反了法定或约定的义务，就要承担相应的责任。最高人民法院2021年5月25日发布的《最高人民法院关于审理银行卡民事纠纷案件若干问题的规定》第十一条第三款规定“发卡行承担责任后，可以依法主张存在过错的收单行或者特约商户承担相应责任”，明确了发卡行可以向收单行或者特约商户主张过错责任，但就收单行和特约商户的责任问题，未予单独明确。实际上，双方基于银行卡交易关系订有合约，发生争议后，按合约约定处理争议解决即可。本案一审裁判也是按合同法律关系进行处理，二审裁判予以认同。本案还涉及发卡行省农联社、陆丰农联社和收单行某银行深圳分行两者的责任划分。他们既是中国银联网络的成员机构，也是平等的民事主体，对于两者之间的分歧，他们既可以选择通过中国银联的内部裁决解决，也可以通过诉讼或仲裁等方式解决。但无论通过何种方式解决，因其均为中国银联网络的成员机构，均承诺遵守中国银联颁布的《银联卡业务运作规章》、各项规则及管理办法，故《银联卡业务运作规章》可视为某银行深圳分行与省农联社、陆丰农联社之间的约定。在该约定不违反法律法规强制性规定的情况下，人民法院和仲裁机构依法亦应当予以尊重。一、二审裁判对此问题的处理，实际上也是尊重了发卡行与收单行之间共同遵守的约定。

本案发生在前述司法解释发布前，可视为司法实践中对于伪卡盗刷案中持卡人以外各方责任承担问题的一个积极探索。

编写人：广东省深圳市中级人民法院　陈国华

076 银行短信提示不具有对银行卡盗刷后损失扩大的免责效力

——岳书某诉某银行股份有限公司河南油田五一路支行借记卡案

【案件基本信息】

1. 裁判书字号

河南省南阳市中级人民法院（2014）南民一终字第01058号民事判决书

2. 案由：借记卡纠纷

3. 当事人

原告（被上诉人）：岳书某

被告（上诉人）：某银行股份有限公司河南油田五一路支行（以下简称五一路支行）

【基本案情】

岳书某系河南油田金某石油科技有限公司财务主管。2009年4月10日，岳书某与五一路支行签订由五一路支行向岳书某提供理财金账户借记卡产品的金融理财类合同，岳书某在实际使用该卡过程中，曾将该卡的密码告诉过其妻和所在公司的会计陆某、出纳王某等六人。2013年6月2日19时40分左右，岳书某发现其遗忘在家中的手机上，有某银行通过客服电话向其手机发出的该借记卡当日的支出、消费的多个提示短信，短信显示：2013年6月2日15时36分27秒至19时32分03秒止，通过ATM方式取款6次，转账3次，合计62131.50元，通过POS机方式消费4次，合计424583元，两项共计486714.50元；当日余款520968.54元。岳书某当即到附近的ATM机上核查，发现密码也被篡改后，通过客服电话方式挂失了该卡。当日21时08分，岳书某持卡向南阳市公安局官庄工区分局对该卡被盗刷情况予以报案。2013年6月4日、5日，南阳市公安局官庄工区分局派出侦察人员到事发地河北省石家庄市调查，已调查的档案材料印证：存在他人伪造了另一张与622208171400007××××号近似的借记卡，2013年6月2日，他人利用伪造的该借记卡在石家庄市通过ATM机、POS机实施了骗取岳书某的622208171400007××××号卡内486714.50元的行为。目前，该银行卡诈骗案尚未侦察终结。2014年3月19日，岳书某向南阳市宛城区人民法院提起诉讼，认为原被告之间存在存款合同关系，被告对原告卡内资金、信息负有安全保障义务，在被告发给原告的银联卡仍由原告持有的情况下，被告的设备却无法识别犯罪分子所伪造的假卡，致使原告卡内资金被窃取。鉴于原告并未实际支取、消费被盗资金，请求法院判令五一路支行依据《中华人民共和国商业银行法》的相关规定，向原告支付被盗款项及利息。

【案件焦点】

银行卡被盗刷后，银行及时发送短信提醒，而银行卡客户未及时进行挂失导致损失扩大的部分，银行是否免责。

【法院裁判要旨】

河南省南阳市中级人民法院经审理认为：五一路支行为岳书某开立借记卡账户，提供金融理财服务，双方形成合同关系，五一路支行在保障储户取款交易中，负有审查对应账户借记卡真实性和谨慎支出款项的义务，但岳书某的账户于2013年6月2日所支出的486714.50元，并非从五一路支行所提供给岳书某的借记卡中支出的，而是他人通过伪造的借记卡实现了与五一路支行提供的借记卡相同的支出款项效果，五一路支行应当对交易时审查过错所造成岳书某款项被骗取向岳书某承担赔偿责任；五一路支行方提出岳书某存在泄露密码的抗辩意见，未出示证明岳书某存在向伪造借记卡骗取资金者泄露密码的证据，所主张的密码泄露免责的格式条款，五一路支行方并无证据证明已向岳书某进行了合理提示及说明，违反了《中华人民共和国合同法》第三十九条规定的格式免责条款的提示、说明义务，故该免责条款对岳书某不发生约束力；五一路支行方提出经银行短信提示后岳书某未采取合理措施避免损失扩大的抗辩，该短信提示，从五一路支行方作为金融理财服务提供者，岳书某作为消费者的服务关系来看，依据《中华人民共和国合同法》第六十条和《中华人民共和国消费者权益保护法》第八条的规定，五一路支行应当负有向岳书某履行通知和保障岳书某知情权的义务，若五一路支行方据此免责，就会产生要求岳书某必须经常地、时刻地关注手机性能和短信情况，进而会导致因享受该服务而引起心理不安及生活不便，该免责不具有正当性。但是，该短信提示也有督促岳书某核对相关交易，并以此采取相应措施的合理要求。在事发前，岳书某曾将借记卡借给包括其妻子在内的六人使用，其密码更换并不及时，该行为也的确增大了密码外泄他人的可能，岳书某对借记卡的管理使用未尽到谨慎注意义务，应承担相应的责任。综上，五一路支行的行为违反了对岳书某借记卡账户款项的法定安全保障义务，是该事件发生的主要原因，应负该款项损失80%比例的赔偿责任，岳书某在使用借记卡期间，未尽到相应的谨慎注意义务，是该事件发生的次要原因，应自担该款项损失20%比例的责任。

河南省南阳市宛城区人民法院判决如下：

一、本判决生效后十日内，五一路支行向岳书某赔偿389371.60元；

二、驳回岳书某的其他诉讼请求。

五一路支行不服一审判决，提出上诉，河南省南阳市中级人民法院经审理判决：

驳回上诉，维持原判。

【法官后语】

银行短信提醒仅是一种提示性、告知性举措，是银行附加服务的一种义务，并不能因此附加对银行卡客户的责任和对自己的责任免除，因此其发送短信行为不构成对扩大损失的责任免除，仍应依法承担责任。

第一，银行短信提示服务并没有附加客户对盗刷银行卡及时挂失的义务。银行卡密码泄露被盗刷与银行卡有没有开通短信业务是不同的法律关系。在确定银行卡被盗刷银行是否承担责任的问题上，主要考虑银行是否充分保障客户的存款安全、提供安全的交易设备和技术平台、为客户的信息保密等。而银行作为金融理财服务提供者，开通短信提醒义务，目的是为客户提供便利服务，向客户履行账户变动通知和保障其知情权，这既符合《中华人民共和国合同法》第六十条（已废止，现行对应规范为《中华人民共和国民法典》第五百零九条）当事人应当按照约定全面履行自己的义务和《中华人民共和国消费者权益保护法》第八条要求对消费者服务的内容，更存在附加服务所订立新的服务合同特征，双方一旦达成合意开通短信提醒，不管银行是否收费，银行即有义务将账户余额变动信息及银行业务活动信息及时发送至客户，使其了解相关金融服务内容，其提示内容虽然可能客观上有助于客户发现银行卡是否被盗刷，但其主要目的还是为客户提供金融信息服务，这一合同目的不可能导出客户在收到短信时必须即刻止损的责任义务。但反之，如果开通短信提醒后，在银行卡盗刷时银行未及时发送短信，其过错则是明显的，会加大银行对损失扩大部分的担责力度。

第二，从消费者的实际情况看，如果苛求在开通短信服务后就必须有止损义务也违反了社会常识，加大了双方之间责任义务的不平衡。从信息接收方的角度看，消费者可能因诸多情况没有及时查看到手机短信，没有及时赶到相关网点或电话挂失，按照一般的生活经验，不会有人在发现银行卡被盗刷后不及时采取措施，出现长时间未挂失时一般可以认定为未及时发现手机短信。如本案中当事人就是将手机遗忘在家中以至于未能及时发现短信提醒。因此，如果苛求其注意义务，就会产生要求消费者必须经常地、时刻地关注手机性能和短信情况，进而会导致因享受该服务而引起心理不安及生活不便，该免责不具有正当性。从信息发送方的角度看，银行在现代信息化管理过程中其发送信息并不增加额外的运行成本，也没有扩大其责任、义务的范围，如果仅因为计算机系统的自动发送就将责任转嫁明显具有不合理性。

第三，如果银行在开通短信提醒通知的服务合同中附加了收到提示短信后不立即挂失止损应自担责任的条款，其是否有效也要根据该条款是否经过明确说明和提示来进行判定。因为即便有该条款，也属于加大对方责任、免除己方主要责任的单方格式条款，需要认真审查，如果银行没有通过明确说明或提示的方式告知客户，则该条款依然不生效，银行依然不能依此对扩大的损失免责。

现行的《最高人民法院关于审理银行卡民事纠纷案件若干问题的规定》（以下简称《银行卡规定》）对银行卡伪卡盗刷交易责任的认定处理进行了较为详细的规定，具体适用过程中需要注意以下三个方面：1. 虽然《银行卡规定》只调整银行卡民事纠纷案件，但在同一主体之间，因相同的事实分别违反了民商事、刑事法律的规定，对于这类民刑交叉案件应当分别受理和审理，如果银行卡民事纠纷案件必须以银行卡刑事案件审理结果为依据，在符合《中华人民共和国民事诉讼法》规定的情况下，该民事案件应中止审理。2. 实践中发卡行在与持卡人订立银行卡合同时，作为经营者，应当通过信息技术等方式来加强借记卡风险防范，提升借记卡使用的安全保障和监督管控力度，确保持卡人卡内账户资金的安全。持卡人在使用银行卡时也应当对银行卡、密码、交易验证码等身份识别信息尽到妥善保管的义务。3. 该规定第七条至第十二条分别对不同主体之间因银行卡盗刷发生纠纷的责任进行了规定，但在银行卡盗刷案件中的最终责任人应当为实施盗刷的行为人，持卡人可以依法要求发卡行、非银行支付机构等承担责任，上述主体承担责任后均享有要求盗刷的行为人承担侵权责任的权利，同时，第十三条也规定了持卡人不得重复受偿，其所获赔偿数额不应超过因银行卡被盗刷所致损失总额。

编写人：河南省南阳市中级人民法院　肖新征

077　银行在办理挂失业务中的注意义务

——张文某诉某农村合作银行乌牛支行借记卡案

【案件基本信息】

1. 裁判书字号

浙江省温州市中级人民法院（2012）浙温商终字第1311号民事判决书

2. 案由：借记卡纠纷

3. 当事人

原告（被上诉人）：张文某

被告（上诉人）：某农村合作银行乌牛支行（以下简称乌牛农合行）

【基本案情】

张文某系乌牛农合行借记卡的储户。2012年4月17日8时15分左右，张文某在永嘉县乌牛车站等车期间，被他人骗去了该借记卡和密码。原告意识到自己被骗后，与其妻于8时33分许赶到乌牛农合行的营业场所，向大堂保安陈述银行卡被骗以及要求办理挂失手续。张文某于8时42分许将身份证原件和申请挂失的材料递给柜台人员，但未告知借记卡和密码同时被骗的情况。在原告等待期间，原告妻子询问大堂保安是否可以报警，保安提示可以报警。8时46分10秒许，原告妻子叫原告去公安机关报案，原告当即离开被告的营业场所。原告离开时并未与柜台人员打招呼，其妻子接替了原告的位置，柜台人员遂不予办理挂失手续。当日8时52分至9时21分期间，原告的借记卡被人取走现金20000元及消费24000元。张文某认为被告工作人员操作不当，办事拖拉，导致挂失手续迟迟未能办妥，其间没有提示原告可先电话挂失。乌牛农合行认为张文某未告知柜台人员银行卡和密码被诈骗，仅递交了书面挂失申请书，柜台人员遂按正常挂失程序帮其办理挂失业务，而张文某的损失系其被诈骗而将自己的银行卡和密码交给他人所造成。

【案件焦点】

银行未能及时为储户办理挂失手续，是否应赔偿储户经济损失。

【法院裁判要旨】

浙江省温州市永嘉县人民法院认为：张文某与乌牛农合行建立了储蓄合同关系。张文某将借记卡交给他人，并向其吐露借记卡密码，最终导致借记卡里的款项被他人取走，张文某对此存在明显过错，应承担一定的责任。张文某意识到自己的借记卡及密码被骗后，及时携带身份证到乌牛农合行的营业场所申请挂失，但乌牛农合行没有立即为张文某办理挂失手续，以致其借记卡上的存款被他人取现和消费，乌牛农合行工作人员的行为与张文某的损失之间存在一定的因果关系，综合张文某及乌牛农合行工作人员在整个事件中所起的作用，且根据本案的实际，对原告的损失，以张文某自负20%，乌牛农合行承担80%的责任为宜。依照《中华人民共和国合同法》第六十条第二款，《中华人民共和国民法通则》第七十五条、第一百零六条第一款、第一百三十一条，判决：

一、被告乌牛农合行于判决生效之日起十日内赔偿原告张文某经济损失35200元；

二、驳回原告张文某的其他诉讼请求。

乌牛农合行不服一审判决，提起上诉，温州市中级人民法院经审理认为：持卡人在持卡过程中对借记卡管理不当所存在的过错，应当承担合理挂失期限届满前卡内资金损失，而挂失合理期限之后卡内的资金损失应当由挂失过程中存在过错的责任方承担。乌牛农合行自认本案的挂失业务已经进行到窗口柜员复印了张文某身份证，准备在电脑中录入挂失信息与客户身份信息阶段，应当认定乌牛农合行的柜员已经认可了张文某的身份及其填写的挂失申请表，乌牛农合行应当迅速通过银行计算机系统为张文某办理挂失手续，但乌牛农合行却没有让柜员优先为张文某办理挂失业务，而让其在窗口排队，并且，柜员在办理挂失手续时从中还穿插了办理相邻窗口的其他业务，因此，乌牛农合行工作人员的上述行为存在拖延办理挂失手续的过错。因乌牛农合行自认只要张文某没有中途离开，挂失业务便可顺利办结，卡内资金的提取就能被有效地阻断，因此，本案借记卡内的资金损失发生在挂失合理期限之后，而本案张文某将借记卡交给他人，并向其吐露借记卡密码，该过错与本案借记卡内的资金损失不存在因果关系，不应当承担赔偿责任。原审以张文某存在持卡过错为由，认定其承担20%卡内资金损失的理由不当，应当予以指正。依据本案张文某申请挂失的时间、挂失手续的自然进度，以及卡内资金被提取的时间，乌牛农合行在挂失过程中的拖延挂失和中止挂失的行为，张文某中途离开对挂失的不利影响等因素，原审判决乌牛农合行对张文某卡内的资金承担80%的赔偿责任尚属合理，故予以确认。浙江省温州市中级人民法院依照《中华人民共和国民事诉讼法》第一百七十条第一款第一项，判决：驳回上诉，维持原判。

【法官后语】

银行作为专业的金融服务机构，在提供金融服务过程中应承担更严格的注意义务和附随义务。

一、二审法院的审理思路总体上是一致的，即侧重于审查银行在处理挂失业务期间的行为是否符合金融服务合同的性质、目的和交易习惯。持卡人张文某发现其银行卡内的存款存在危险后，及时向银行申请挂失。一审认定银行工作人员受理挂失申请后未及时办理挂失手续，以致其借记卡上的款项被他人取现和消费，银行工作人员的过错行为与张文某的损失之间存在一定的因果关系，并综合本案的具体情况认定银行对张文某的损失承担80%的赔偿责任。二审法院一是结合挂失业务性质和目的来审查银行应履行的义务，认为银行应根据挂失业务的性质将其作为优先于其他普通业务的紧急业务，并尽可能快速地办理以保障借记卡内资金安全；二是将挂失期间分为挂失合理期限届满前及之后两个阶段，认为持卡人基于对借记卡管理不当所存在的过错应当承担合理挂失期限届满前卡内资金损失，而挂失合理期限之后卡内的资金损失应当由挂失过程中存在过错的责任方承担。因乌牛农合行在挂失过程中存在拖延挂失、中止挂失的行为，结合张文某申请挂失的时间、挂失手续的自然进度，认定银行不及时履行挂失业务导致挂失所用时间超过合理期限，致使卡内资金被提取，银行存在主要过错，而张文某中途离开也对挂失期限延长产生一定影响，二审法院结合挂失业务的性质及挂失合理期限进行分析说理并确定责任承担，比从侵权责任的责任构成来确定银行的责任更具有说服力。

编写人：浙江省温州市中级人民法院　何士锋

078　关于银行卡被掉包后损失的认定

——周美某诉某银行股份有限公司东莞长安沙头支行借记卡案

【案件基本信息】

1. 裁判书字号

广东省东莞市中级人民法院（2012）东中法民二终字第354号民事判决书

2. 案由：借记卡纠纷

3. 当事人

原告（上诉人、被上诉人）：周美某

被告（被上诉人、上诉人）：某银行股份有限公司东莞长安沙头支行（以下简称某行沙头支行）

【基本案情】

2010年5月7日，周美某在某行沙头支行处办理了一张中国某银行××借记卡。申请办理借记卡时周美某在开户资料上签名，确认已经了解并同意遵守《中国某银行××借记卡章程》（以下简称《章程》）及相关协议规定。

2011年10月23日18时40分，周美某持其借记卡在位于东莞市长安镇沙头社区珠冈路中国某银行自助柜员机上取现1000元，取现后卡内余额为116036.62元。在周美某取现1000元后，该借记卡被两名陌生男子调换。

周美某主张：在发现借记卡被调包后，因为并未携带手机，亦不记得卡号或某行沙头支行的服务电话，故回家找身份证进行报警。回家后，其丈夫廖某洪拨打了110进行报警。廖某洪及周美某分别通过手机拨打某行沙头支行的挂失号码进行挂失，但由于周美某忘记借记卡的卡号，仅能转接到人工服务进行挂失。从2011年10月23日18时55分16秒开始经多次拨打某行沙头支行的服务电话，人工服务均一直未能接通，导致周美某无法进行挂失，直至当日20时08分11秒才通过周美某的姐姐在广州进行挂失并生效。

某行沙头支行提供的账户查询资料显示，在挂失成功前，周美某借记卡内的款项于2010年10月23日18时40分周美某取现完毕至18时45分05秒被取现6次合计18000元；18时55分07秒被消费80000元；19时17分51秒被取现1000元，手续费4元；19时34分49秒被消费16661.10元，合计115661.1元。沙头派出所于2011年11月25日出具证明，称于2011年10月23日20时接周美某报警，称被人以“掉包”方式调换银行卡。

周美某认为某行沙头支行没有做好安全保护措施，使其借记卡被调换，且在挂失时电话银行出现故障，造成案涉借记卡被以取现及消费的方式盗走115661.1元，遂诉至法院，请求判令：某行沙头支行赔偿周美某银行存款损失115661.1元；某行沙头支行承担本案的诉讼费用。

【案件焦点】

周美某借记卡中款项被盗的责任是否应由某行沙头支行承担。

【法院裁判要旨】

一审法院经审理认为，根据公安机关调取的录像资料及周美某的陈述显示，周美某借记卡款项被盗系因为犯罪嫌疑人以掉包的形式以假卡换取周美某的真卡所导致。根据《中华人民共和国商业银行法》的规定，某行沙头支行负有对储户的信息安全保障的义务。该安全保障义务不仅是指对储户提供个人信息的保密，也包括为到银行办理交易的储户提供必要的安全、保密的环境。自助柜员机为某行沙头支行设置并提供给储户进行电子化交易的场所，某行沙头支行亦应对自助柜员机进行日常维护和管理，为办理自助交易的储户提供必要的安全、保密环境。从某行沙头支行提供的安全防范设施合格证来看，某行沙头支行的安全防范设施建设符合国家有关法律法规的规定，已履行基本的安全防范义务。而自助柜员机属于银行提供给储户办理业务的开放式电子自助设备，有别于银行内部的交易柜台，对于保安配备方面并无强制性要求，犯罪分子在自助柜员机处伺机作案，不属于银行所能预见和控制的范围之内，某行沙头支行对犯罪行为发生而导致周美某的损失并无过错。而周美某在取卡时没有辨别是否为自己持有的借记卡真卡即将假卡取走，将真卡留在自助柜员机中，让犯罪分子得以利用调换的借记卡真卡进行取款和刷卡消费，造成相应损失的原因在于周美某自身。在借记卡及密码被盗取后至周美某拨打挂失电话之前，犯罪分子凭真卡和密码取款 18000 元及消费 80000 元，根据《章程》的约定，某行沙头支行对该损失的造成不存在过错及违约行为。因此，在周美某拨打挂失电话前，犯罪分子换取周美某的借记卡真卡而造成周美某合计98000元的存款损失，不应由某行沙头支行承担。

周美某在2010年10月23日借记卡被调换后于18时55分16秒便开始拨打某行沙头支行电话银行的服务号码95599，但一直未能转入人工服务进行正常挂失，导致其借记卡在拨打挂失电话后的19时17分51秒被取现1000元，手续费4元；19时34分49秒被消费16661.10元，发生了合计17665.10元的损失，该部分损失系由于某行沙头支行未能提供正常的电话银行人工挂失服务，导致周美某的借记卡在被调换后无法及时挂失，减少损失而造成。某行沙头支行的行为构成违约，应对周美某拨打挂失电话无效后的相应损失承担赔偿责任。

周美某、某行沙头支行不服一审判决，提出上诉，广东省东莞市中级人民法院对一审判决予以维持。

【法官后语】

从银行卡交易流程来看，其不同于传统的面对面交易，银行的ATM机借助联网系统，通过识别银行卡和密码对持卡人身份进行确定，因此银行卡和密码是确认持卡人身份的必备和关键条件。密码及卡片均由持卡人占有、使用，银行并不知晓密码亦不持有卡片，因此，持卡人负有妥善保管其卡片与密码的责任。银行外面的柜员机不同于银行的柜台，其安全保障措施不可能达到与银行柜台同等的标准，此时，持卡人负有更多一些的注意义务。

银行负有对储户的信息安全保障的义务。该安全保障义务不仅是指对储户提供个人信息的保密，也包括为到银行办理交易的储户提供必要的安全、保密环境。自助柜员机系银行设置并提供给储户进行电子化交易的场所，银行亦应对自助柜员机进行日常维护和管理，为办理自助交易的储户提供必要的安全、保密环境。同时，在持卡人发现其银行卡异常进行挂失时，银行负有提供便捷通畅的挂失渠道的义务，银行应保证各种挂失措施路径的通畅与便利，包括电话银行线路通信畅通，以便储户能及时办理挂失手续止损。对于因银行挂失渠道不畅通而造成的损失，银行应承担相应的责任。本案中，周美某从2011年10月23日18时55分16秒开始多次拨打某行沙头支行的服务电话95599，人工服务均一直未能接通，导致周美某无法进行挂失，直至当日20时08分11秒才通过周美某的姐姐在广州进行挂失并生效。因此从周美某开始拨打某行沙头支行的挂失电话时起至有效挂失期间的损失，皆因银行挂失渠道不畅通导致，因此本案认定银行承担上述期间储户的损失。

值得注意的是，随着社会的发展，网络交易的普及，产生了更多的用卡纠纷问题。对此，最高人民法院于2019年12月2日公布了《最高人民法院关于审理银行卡民事纠纷案件若干问题的规定》，对持卡人、发卡行及收单行、特约商户等主体之间就银行卡的使用产生的纠纷进行了进一步的规范，对包括持卡人、发卡行、非银行支付机构等各方主体的银行卡交易行为提出了新的要求和注意义务。

编写人：广东省东莞市中级人民法院　田永健

（二）信用卡纠纷

079 信用卡违约金未经协商不予支持

——紫某信用社诉林某辉信用卡案

【案件基本信息】

1. 裁判书字号

福建省泉州市中级人民法院（2020）闽05民终560号民事判决书

2. 案由：信用卡纠纷

3. 当事人：

原告（上诉人）：紫某信用社

被告（被上诉人）：林某辉

【基本案情】

林某辉于2013年2月16日向紫某信用社申请办理福万通贷记卡，额度30000元，双方签订《福建省农村信用社（农合行 农商行）福万通贷记卡申请表》（附《福建省农村信用社（农合行 农商行）福万通贷记卡（个人卡）领用合约》），约定：滞纳金按最低还款额未还部分的5%收取，最低5元等。紫某信用社经审核后发放福万通贷记卡（卡号622802002218××××）给林某辉，信用额度为20000元，还款方式为全额还款。2016年11月10日，福建省农村信用社联合社以网上公告形式对《福万通IC贷记卡收费标准》等收费标准中的项目“滞纳金”自2017年1月1日起调整为“违约金”。林某辉使用该卡进行交易，未按约定还款，至2019年9月20日，林某辉结欠紫某信用社信用卡透支本金19487.72元及利息2258.12元。紫某信用社主张，林某辉填写的《信用卡申请表》约定“各项收费如有变动，以最新规定为准”；《福建省农村信用社联合社福万通普惠金融卡章程》约定：“福建省农村信用社联合社根据业务发展需要，有权依据有关规定对本章程进行修订，在相关营业场所公告，持卡人未提出疑义的，视同接受，无需另行通知。”紫某信用社于2016年11月11日通过福建省农村信用合作联社官网进行公告，公告内容明确把信用卡中的“滞纳金”调整为“违约金”，“违约金”收取为最低还款额未偿还部分的5%。变更公告及修改后的章程对包括林某辉在内的持卡人具有法律效力，根据变更公告及修改后的章程约定，自2017年1月1日起，持卡人不再向发卡人支付滞纳金，但需支付违约金。

【案件焦点】

紫某信用社有关信用卡违约金的主张能否得到支持。

【法院裁判要旨】

福建省惠安县人民法院经审理认为：紫某信用社与林某辉之间签订的《福建省农村信用社（农合行 农商行）福万通贷记卡申请表》（附《福建省农村信用社（农合行 农商行）福万通贷记卡（个人卡）领用合约》），主体合格，意思表示真实，并未违反法律法规的强制性规定，应认定有效。林某辉未能依约偿还使用信用卡透支所欠的款项，已构成违约，应承担相应的民事责任。紫某信用社请求林某辉偿还信用卡透支本金19487.72元及相应的利息，符合法律规定和双方约定，应予支持。紫某信用社主张其已经通过公告方式通知林某辉将滞纳金变更为违约金，其与林某辉签订信用卡合同时已提示“收费变动以最新规定为准”，且章程中明确约定章程的修订以公告的形式通知，持卡人如无异议视为接受。根据《中国人民银行关于信用卡业务有关事项的通知》第三条的规定：“关于违约金和服务费问题：取消信用卡滞纳金，对于持卡人违约逾期未还款的行为，发卡机构应与持卡人通过协议约定是否收取违约金，以及相关收取方式和标准。”紫某信用社仅是通过公告的形式告知将滞纳金变更为违约金，并没有就信用卡违约金是否收取以及收取具体违约金标准与林某辉进行协商，违反了前述规定。紫某信用社主张依据合同约定可以采用公告的方式将滞纳金变更为违约金，并有权要求林某辉支付信用卡违约金，缺乏法律依据，不予支持。判决如下：

一、林某辉应在判决生效之日起五日内偿还紫某信用社信用卡透支本金 19487.72 元及利息（计至 2019 年 9 月 20 日的利息为 2258.12 元，自 2019 年 9 月 21 日起至还清款项之日止按《福建省农村信用社（农合行 农商行）福万通贷记卡（个人卡）领用合约》的约定计付）；

二、驳回紫某信用社的其他诉讼请求。

紫某信用社不服一审判决，提出上诉。福建省泉州市中级人民法院经审理判决：

驳回上诉，维持原判。

【法官后语】

2016 年 4 月 15 日，中国人民银行发布《中国人民银行关于信用卡业务有关事项的通知》，该通知第三条规定，取消信用卡滞纳金，对于持卡人违约逾期未还款的行为，发卡机构应与持卡人通过协议约定是否收取违约金，以及相关收取方式和标准。该通知于2017年1月1日起施行。实践中，部分发卡机构对于之前信用卡合同约定的滞纳金，并没有根据前述通知的规定，与持卡人就违约金是否收取以及收取的方式、标准进行协商，而是通过发卡机构的网站或其他方式进行公告的形式，直接将滞纳金变更为违约金，并在信用卡相关合同中约定发卡机构有权根据业务发展或监管的需要，变更收费项目和标准等。本案便是典型的情况，该种情况下，金融机构有关信用卡违约金的主张不应得到支持：

首先，从法律性质看，“滞纳金”改为“违约金”是对信用卡合同的变更，根据《中华人民共和国合同法》第七十七条（该条文内容体现在《中华人民共和国民法典》第五百四十三条），合同变更应经过合同当事人协商一致。紫某信用社就信用卡收费项目、标准变更发布公告是单方法律行为，并没有与信用卡持卡人协商一致，与前述法律规定相悖，也与《中国人民银行关于信用卡业务有关事项的通知》所规定的“协议约定”不符；

其次，从信用卡合约条款性质及效力看，信用卡合约是为了重复使用而预先拟定，并在订立合同时未与持卡人协商的格式合同，根据《中华人民共和国合同法》第四十条（该条文内容体现在《中华人民共和国民法典》第四百九十七条）的规定，本案有关“各项收费如有变动，以最新规定为准”“福建省农村信用社联合社根据业务发展需要，有权依据有关规定对本章程进行修订，在相关营业场所公告，持卡人未提出疑义的，视同接受，无需另行通知”的约定，赋予紫某信用社对信用卡合同进行单方变更的权利，剥夺了持卡人就合同变更进行协商的权利，该格式条款无效。2021年5月25日施行的《最高人民法院关于审理银行卡民事纠纷案件若干问题的规定》第二条，再次重申公平原则，强调发卡机构的提示和说明义务，避免利用其优势地位，拟定不利于持卡人、保证人的格式合同条款，保护信用卡交易相对方的知情权和公平交易权。

最后，从《中国人民银行关于信用卡业务有关事项的通知》的用意来看，“滞纳金”带有行政管理的色彩，而信用卡合同属于民事法律关系，发卡机构和持卡人系平等法律主体，因此将“滞纳金”改为“违约金”可以去行政化，信用卡合同的平等、协商的属性。如果发卡机构可以仅凭一个公告就对信用卡合同内容进行变更，就与前述用意背道而驰。

综上，发卡机构和持卡人是平等的民事主体，双方就信用卡违约金的金额、标准的确定应经双方平等协商确定，金融机构作为信用卡合约中的强势一方，应尊重平等协商的民法精神，不能利用其作为金融机构的专业身份以及格式条款拟定方的有利地位，作出有损持卡人的约定，损害民商事交易的公平公正性。

编写人：福建省泉州市中级人民法院　陈琼

080　植物人的诉权保障

——甲银行股份有限公司柳州立新支行诉牛某信用卡案

【案件基本信息】

1. 裁判书字号

广西壮族自治区柳州市城中区人民法院（2020）桂0202民初2918号民事判决书

2. 案由：信用卡纠纷

3. 当事人

原告：甲银行股份有限公司柳州立新支行

被告：牛某

【基本案情】

被告牛某于2018年1月2日在原告处开立金×贷记卡账户，该客户从2018年2月25日开始透支消费，但透支款项到期后，部分未按期归还。原告称，截至2020年3月31日，被告拖欠信用卡透支人民币本金12294.62元、利息1877.12元、逾期还款违约金782.31元，共计14954.05元。

另查明，2007年12月24日，牛某与肖某登记结婚，案发至今处于婚姻存续期间。2019年4月13日，被告牛某突发意识障碍进入医院治疗，诊断为：1. 脑干出血破入脑室；2. 梗阻性脑积水；3. 肺部感染；4. 呼吸衰竭；5. 休克；6. 高血压3级很高危。被告代理人称牛某至今一直昏迷不醒。原告提供的交易明细显示被告从2018年2月25日启用金×贷记卡至突发疾病日期间均未产生利息、违约金，2019年5月10日开始产生逾期还款违约金。

被告法定代理人辩称，被告的病情是突发情况，之前的还款是正常的，未出现拖欠情况。因为意外才会逾期，请求免除被告的利息和违约金。

【案件焦点】

利息及违约金是否可以减免。

【法院裁判要旨】

广西壮族自治区柳州市城中区人民法院经审理认为：被告使用金×信用卡后未能按时偿还，原告要求被告偿还信用卡透支本金12294.62元合法有据，予以支持。关于利息和违约金问题，根据《中华人民共和国合同法》第一百一十七条的规定："因不可抗力不能履行合同的，根据不可抗力的影响，部分或者全部免除责任，但法律另有规定的除外。当事人迟延履行后发生不可抗力的，不能免除责任。本法所称不可抗力，是指不能预见、不能避免并不能克服的客观情况。"本案中，被告突发疾病休克属于不可抗力，其发病前未迟延履行合同义务，休克后长期昏迷不醒导致未按时偿还透支款项产生利息、违约金，原告因此受到资金占用的利息损失。双方对损失发生均无过错，基于公平原则，酌情免除被告部分责任，被告应自逾期还款之日即2019年5月10日起按照年利率6%支付资金占用期间的利息至实际清偿之日止。

广西壮族自治区柳州市城中区人民法院依照《中华人民共和国合同法》第一百一十七条、第一百九十六条之规定，作出判决如下：

被告牛某向原告甲银行股份有限公司柳州立新支行偿还原告信用卡透支本金12294.62元及利息（利息按照年利率6%，从2019年5月10日起计至实际清偿之日止）。

判决后，双方当事人均未上诉，本判决现已生效。

【法官后语】

本案审理中主要面临两大难题：一是程序方面，当事人一方为植物人如何开展诉讼活动；二是实体方面，有何法律依据减免违约责任。

本案被告牛某的父亲收到应诉材料后提交医院病历大病审批表，称被告牛某突发意识障碍后一直昏迷不醒，已成植物人无法参加庭审，其近亲属亦不愿参与诉讼，双方当事人均未向法院申请认定牛某为无民事行为能力人，案件一度陷入僵局。立法中没有明确具体的规定，司法实践中也较少见，争议较大，使案件的处理较有难度。

一、植物人是否系无民事行为能力人

如何顺利开展诉讼活动？笔者认为应首先审查牛某的病情，在法律上对其行为能力定性，再考虑是否确定监护人开展诉讼。关于植物人的民事行为能力问题，是否先经过特别程序确定其民事行为能力及监护人，还是按照现有法律直接确定监护人？关于无民事行为能力人，根据《中华人民共和国民法总则》第二十条、第二十一条①的规定，一类是不满八周岁的未成年人，另一类为不能辨认自己行为的成年人。法律仅规定了无民事行为能力人的特征，未明确列举哪类人，对于特别程序案外的无民事行为能力当事人案件如何进行诉讼的程序亦无明确规定。对于未经法院认定为无民事行为能力人的成年人，一种观点持形式审查标准，认为民事行为能力状态没有经过法院的司法裁判确认，则不能认定自然人在履行合同等行为时欠缺民事行为能力，且民事行为能力的认定不具有溯及力；另一种观点支持进行个案审查，认为可以在未经过司法特别程序认定的情况下对当事人缔结合同时的民事行为能力进行个案判断，主张行为人无民事行为能力的当事人应当负担证明责任。审判实践中会存在类同本案的情形，合同一方当事人是植物人，其近亲属或其他利害关系人等均不愿向法院申请认定当事人无民事行为能力，法院亦

---

① 对应《中华人民共和国民法典》第二十条、第二十一条。

不能依职权主动提起特别程序诉讼进行认定。如一味要求先必经特别程序，案件将一直中止陷入僵局，与高效、便民解决纠纷的原则相违背，即便当事人亲属最后同意先提起特别程序，也会造成当事人的诉累。同时，在未成年人侵权案件中，父母作为未成年人子女的法定监护人，可直接追加其父母为法定代理人，此种做法在司法实践中是普遍的。因此，笔者赞同第二种观点，不经特别程序，采用个案审查，可以及时有效地保护当事人的合法权益，保障案件诉讼活动顺利开展。人民法院可以根据公民年龄、所患疾病，是否具有正常人从事民事交往活动所必需的智商和心理状态等特征判断其是否属无民事行为能力。具体来说，人民法院首先应当根据司法鉴定来认定该公民是否不能辨认自己的行为或者不能完全辨认自己的行为。如果没有医学鉴定，也可以参照医院的诊断证明书来认定。在不具备鉴定诊断的情况下，可以参照经验法则认定。本案双方当事人未申请司法鉴定，牛某家属向本院提交医院病历大病审批表，双方对该证据均无异议。同时，参照公众认知，持续性植物状态即“植物人”一般是指患者由于脑机能受损，无任何意识活动，缺乏知觉、思维、情感以及无目的运动的症状。无民事行为能力人的本质特征在于“不能辨认自己的行为”。被告牛某的持续植物状态符合我国无民事行为能力人的本质特征与立法本意，因此，接下来应考虑确定监护人参加诉讼来保障牛某的权利。

二、如何确定法定代理人

《中华人民共和国民法总则》第二十八条①规定：“无民事行为能力或者限制民事行为能力的成年人，由下列有监护能力的人按顺

① 对应《中华人民共和国民法典》第二十八条。

序担任监护人：（一）配偶；（二）父母、子女；（三）其他近亲属；（四）其他愿意担任监护人的个人或者组织，但是须经被监护人住所地的居民委员会、村民委员会或者民政部门同意。”该条款在《中华人民共和国民法通则》规定的基础上，增加了具有监护资格的人“按顺序”担任监护人，为本案确定监护人作出了有效指引。《中华人民共和国婚姻法》第二十条①规定：“夫妻有相互扶养的义务……”夫妻共同生活，具有相互的扶养义务，对共同的财产享有支配权，具有良好的感情基础，由配偶担任监护人有利于保护被监护人的人身、财产及其他合法权益。《中华人民共和国民法总则》第二十三条②规定：“无民事行为能力人、限制民事行为能力人的监护人是其法定代理人。”该条款明确了无民事行为能力人的监护人为其法定代理人。回归本案，前述认定了被告为无民事行为能力人，找到其监护人即可顺利开展诉讼。本院通过被告父亲了解到其婚姻家庭情况，后通知被告配偶应诉，但其配偶起初态度比较抗拒，不愿面对法庭。通过多次沟通，最终被告配偶答应作为法定代理人参与本案诉讼，并出庭为被告进行了辩护。

三、是否属于不可抗力

对于法定代理人提出的因意外逾期还款，请求免除被告的利息和违约金的抗辩，其所称的意外在法律上如何定性，抗辩是否成立？

从《中华人民共和国合同法》到《中华人民共和国民法总则》，再到《中华人民共和国民法典》，上述法律均没有区分不可抗力和意

① 对应《中华人民共和国民法典》第一千零五十九条。

② 对应《中华人民共和国民法典》第二十三条。

外事件，只将不可抗力作为法定事由加以规定，未规定意外事件。合同法中，不可抗力是规定在违约责任一章中唯一的法定免责事由。《中华人民共和国合同法》第一百一十七条规定：“因不可抗力不能履行合同的，根据不可抗力的影响，部分或者全部免除责任，但法律另有规定的除外。当事人迟延履行后发生不可抗力的，不能免除责任。本法所称不可抗力，是指不能预见、不能避免并不能克服的客观情况。”《中华人民共和国民法典》第五百九十条规定：“当事人一方因不可抗力不能履行合同的，根据不可抗力的影响，部分或者全部免除责任，但是法律另有规定的除外。因不可抗力不能履行合同的，应当及时通知对方，以减轻可能给对方造成的损失，并应当在合理期限内提供证明。当事人迟延履行后发生不可抗力的，不免除其违约责任。”《最高人民法院关于适用〈中华人民共和国担保法〉若干问题的解释》第一百二十二条规定：“因不可抗力、意外事件致使主合同不能履行的，不适用定金罚则。”该司法解释将意外事件作为定金责任的免责事由，虽已废止，但内容与《中华人民共和国民法典》不冲突，符合民法典第五百八十七条规定精神，可以继续沿袭其审判思路审理相关案件。即意外事件如果符合法律规定的不可抗力标准也应适用有关不可抗力的规定，一方面是考虑到现实情况，另一方面亦不违背法条的规定。本案被告突发意识障碍入院治疗，一直昏迷不醒，对于突发无意识的植物状态是其本人及家属不能预见、难以避免并不能克服的客观情况，因此，被告的病情可以适用法律关于不可抗力的规定。

四、是否适用公平原则

当事人对于不可抗力所导致的损害在主观上是不能预见、不能避免并不能克服的，由于主观上不存在过错，无过错即无责任。因不可抗力违约，违约人虽可免除违约责任，但并不能免除不可抗力的风险责任。当事人订立合同，是为了互利共赢，实现各自的期待利益，只有通过共同履行合同，双方才可能实际拥有这种利益。因此，当事人双方在履行合同过程中应视为一个整体，共同追求利益。在该过程中因不可抗力而遭受的损失应视为共同损失，共同风险责任自然应由双方当事人共同承担。《中华人民共和国民法总则》第六条①规定："民事主体从事民事活动，应当遵循公平原则，合理确定各方的权利和义务。"公平原则作为我国民法的一项基本原则，其作用就是在当事人之间合理地分配权利、义务，实现双方关系上的利益均衡。当事人对损害的发生都无过错，但不能适用无过错责任要求赔偿，如果不赔偿损失又显失公平的情况下，根据当事人的经济状况及其他实际情况，适当减免责任。本案被告持有信用卡后，在发病前按时履行合同义务，突发疾病为植物人后未按时还款，原告因此受到资金占用期间利息损失。双方的合同约定逾期利息自银行记账日起按照透支本金的每日万分之五计算，即年利率18.25%；被告在到期还款日前未能偿还最低还款额的，除须支付欠款利息外，还需支付当期违约金，违约金按照最低还款额的5%计算。如按合同约定承担违约责任，势必加重被告牛某的经济负担。出于人道主义关怀，综合考虑被告病情、合同履行情况及双方无过错、损失等情况，基于公平原则，本院免除了被告全部违约金，并降低利息利率标准，酌情按照年利率6%支付资金占用期间的利息。案件宣判后，双方均服从判决，未提起上诉。

2021年5月25日施行的《最高人民法院关于审理银行卡民事纠

---

① 对应《中华人民共和国民法典》第六条。

纷案件若干问题的规定》（以下简称《银行卡规定》）第二条第二款规定“人民法院应当综合考虑国家有关金融监管规定、未还款的数额及期限、当事人过错程度、发卡行的实际损失等因素，根据公平原则和诚信原则予以衡量，并作出裁决”。本案综合考量了合同实际履行情况、过错、损失方面，该裁判认定完全符合《银行卡规定》对公平原则的衡量标准。

综上，在程序方面，本文对植物人如何顺利参加诉讼进行了充分论证，根据病历及公众认知程度等情况，未经法律特别程序，采用个案审查方式，将植物人视为无民事行为能力人，对法条未列举的无民事行为能力人起到补充法律作用；让有监护能力的人按顺序担任监护人，并积极要求监护人作为法定代理人参与庭审活动，及时有效地维护了当事人的合法权益，保障案件诉讼活动顺利开展。同时，在实体方面，现行法将不可抗力作为法定事由加以规定，对意外事件没有明确规定，本案被告突发意识障碍后持续性植物状态的意外情况符合不可抗力认定标准，本案准确依据不可抗力的法条，弥补了意外事件的法律适用问题；综合考虑人道主义、有无过错、损失等多方面因素，用公平原则衡量，有效减轻植物人家庭经济负担，全面平衡了违约方与损失方的利益，取得了良好社会效果。本案具有一定的新颖性、创新性，具有借鉴意义。

编写人：广西壮族自治区柳州市城中区人民法院　许兰珍

081 个人信用卡“套现”行为不属于夫妻共同债务

——某银行秀屿支行诉范某琴信用卡案

【案件基本信息】

1. 裁判书字号

福建省莆田市秀屿区人民法院（2019）闽0305民再1号民事判决书

2. 案由：信用卡纠纷

3. 当事人

原告（再审被申请人）：某银行秀屿支行

被告（再审申请人）：范某琴

【基本案情】

2009年3月25日，陈某向某银行秀屿支行申请了信用卡一张，双方经书面合同对贷款利息、复利，免息期，最低还款额、年费、各项手续费、工本费、滞纳金、超限费等作了约定。2009年8月13日，某银行秀屿支行后向陈某发放信用卡。2012年2月14日，陈某、范某琴登记结婚，2012年3月7日至2014年11月9日，陈某共计消费本金79496.63元。2014年11月10日，陈某、范某琴达成离婚协议，于当日离婚。自2015年9月20日，陈某对上述债务违约，截至2017年4月12日，尚欠某银行秀屿支行本金62475.9元、利息20523.88元、滞纳金3731.73元、分期付款手续费1976.58元。某银行秀屿支行认为上述债务发生在陈某与范某琴夫妻关系存续期间，因此范某琴应共同偿还欠款，遂诉至法院要求二人共同承担还款责任。因两被告未到庭，法院于 2017 年 7 月 19 日作出一审判决，认定上述债务属夫妻共同债务，判决由陈某、范某琴共同承担还款责任。后莆田市秀屿区人民检察院认为本案的送达程序中存在瑕疵，提出再审检察建议，经法院审判委员会讨论于 2019 年 1 月决定再审。

案件进入再审程序后，范某琴主张陈某刷信用卡透支与其无关，陈某刷取的费用依交易习惯判断属于套现，不属于购买商品，也并非用于家庭共同经营及开支。办卡时陈某还未与其结婚，对该信用卡其并不知情。范某琴还指出陈某平时不在家，亦未经营正规的事业，并有赌博陋习，套现可能系用于赌博。范某琴认为陈某违法使用信用卡，银行亦有监管的义务。现陈某无力偿还信用卡的透支款项及其利息、滞纳金更与自己无关。本案通过检察院启动再审，其属于第一次参加诉讼，应适用 2018 年 1 月 18 日新生效的司法解释对夫妻共同债务进行认定。

某银行秀屿支行再审时辩称，陈某使用信用卡交易基本用于家庭日常的消费开支，属于一般性的支出且金额不大。陈某与范某琴之间相互联系较为密切，范某琴对银行起诉的内容应是知悉的。原审时律师调取的《离婚协议书》上的地址亦是范某琴身份证上的地址，原审并未剥夺范某琴的辩论权利。对夫妻债务认定问题的新司法解释是 2018 年 1 月 18 日开始施行的，而陈某与范某琴于 2017 年发生的夫妻共同债务，不应适用该解释，原审判决是正确的。

【案件焦点】

1. 有关夫妻共同债务问题新旧司法解释的适用；2. 婚内“套现”式刷卡消费所产生的债务是否属于夫妻共同债务。

【法院裁判要旨】

福建省莆田市秀屿区人民法院原审经审理认为：陈某尚欠某银行秀屿支行截至2017年4月12日的信用卡透支本金62475.9元、利息20523.88元、滞纳金3731.73元、分期付款手续费1976.58元，事实清楚，证据充分，符合法律规定及双方约定，可以认定。欠款本金均发生在陈某与范某琴夫妻关系存续期间，陈某、范某琴虽在离婚协议中明确约定双方在婚姻关系存续期间产生的债务均由陈某负责，但陈某、范某琴并未提供证据证明某银行秀屿支行知晓该约定，范某琴应当承担其与陈某在夫妻关系存续期间的债务。某银行秀屿支行要求范某琴对上述债务承担共同还款责任，于法有据，予以支持。陈某、范某琴未作书面答辩，亦未到庭参加诉讼。

福建省莆田市秀屿区人民法院依照《最高人民法院关于适用〈中华人民共和国婚姻法〉若干问题的解释（二）》第二十四条规定，作出如下判决：

陈某、范某琴应在本判决生效之日起五日内支付给某银行秀屿支行截至2017年4月12日的信用卡欠款本金62475.9元及利息20523.88元、滞纳金3731.73元、分期付款手续费1976.58元，并自2017年4月13日起按合同约定的方法继续计算利息、滞纳金至偿清之日止。

范某琴不服一审生效判决，经福建省莆田市秀屿区人民检察院提出再审检察建议，法院审判委员会决定再审。陈某未作书面答辩，亦未到庭参加诉讼。

福建省莆田市秀屿区人民法院经再审审理，确认原审认定的事实和证据，但对讼争信用卡债务是否属于陈某、范某琴夫妻共同债务的认定与原审不一致。再审认为，本案中对于夫妻一方以个人名义所负债务是否为夫妻共同债务，应当考量所负债务是否用于夫妻共同生活，包括用于为维持共同生活需要而产生的家庭日常生活开支或者用于为共同生活目的而从事的共同生产、经营活动。虽然本案信用卡主要债务发生于陈某与范某琴婚姻关系存续期间，但该信用卡系陈某个人在婚前申领，也系陈某在使用，陈某在婚前已有大额刷取信用卡的情形，其中5000元至45000元区间的消费达26笔，且多为同一天还款、消费，在婚姻关系存续期间刷取的信用卡费用中刷取大额费用次数多、消费品类范围相对固定且累计数额较大，其中单笔在1000元以上的消费总额达51万余元，1万元以上的大额消费品类主要集中在家具、地板、原木、工艺术品、瓷砖、建材、防盗门、二手车、茶叶、广告等，且多出现在同一天还款、消费的情况，如2012年3月7日在艺源古典家具跨行消费38800元、转账还款39800元，2012年4月7日在龙仙阁仿古家具跨行消费39000元、转账还款39000元。上述刷卡消费方式、数额显然与一般家庭的日常生活开支情况不符，属于陈某以个人名义所欠的超出家庭日常生活需要的债务，事后亦未得到范某琴的追认，不属于夫妻共同意思表示所负的债务，因此而产生的信用卡债务，不宜认定为夫妻共同债务，原审判决范某琴对本案信用卡债务承担共同还款责任不当，应当予以纠正。根据中国人民银行相关规定，滞纳金应调整为违约金。

经法院审判委员会讨论决定，福建省莆田市秀屿区人民法院依照《中华人民共和国合同法》第一百零七条、第二百零六条、第二百零七条，《中华人民共和国婚姻法》第四十一条，《中华人民共和国民事诉讼法》第一百四十四条、第二百零七条，《最高人民法院关于适用〈中华人民共和国民事诉讼法〉的解释》第九十条、第四百零七条的规定，判决如下：

一、撤销本院作出的（2017）闽0305民初2646号民事判决；

二、陈某应在本判决生效之日起五日内支付给某银行秀屿支行截至2017年4月12日的信用卡欠款本金62475.9元及利息20523.88元、违约金3731.73元、分期付款手续费1976.58元，并自2017年4月13日起按合同约定的方法继续计算利息、违约金至偿清之日止（利息、违约金折合年利率24%为限）；

三、驳回某银行秀屿支行对范某琴的诉讼请求。

【法官后语】

原《中华人民共和国婚姻法》第四十一条规定，原为夫妻共同生活所负的债务，应当共同偿还，界定了夫妻共同债务认定的一般规则。反言之，若不属于夫妻共同债务的，则可以不用共同偿还，他方无代偿义务。《最高人民法院关于审理涉及夫妻债务纠纷案件适用法律有关问题的解释》（法释〔2018〕2号）第四条规定：本解释自2018年1月18日起施行。本解释施行后，最高人民法院此前作出的相关司法解释与本解释相抵触的，以本解释为准。故本案应按最新的司法解释要求审理。《中华人民共和国民法典》延续了婚姻法第四十一条的规定，并在吸收的上述司法解释内容基础上，积极回应社会关切，新增第一千零六十四条，明确了“共债共签”的基本原则，兼顾维护交易安全与婚姻家庭稳定，成为民法典婚姻家庭编最大的亮点，为解决实践中争议较大的夫妻债务问题提供了明确的法律依据。陈某在婚前就已申领大额信用卡，其在婚后使用该信用卡“消费”的情形与实践中的“套现”行为并无二致，由此产生的债务自然无法归就于夫妻共同债务。

1. 从银行方面来看，其审批审核信用时，仅凭陈某个人提交的信用申报信息来作出是否发卡的判断，发卡时陈某尚未结婚，无论婚内婚外，银行也未收到范某琴作出债务加入的意思表示。生活关系密切不足以代表经济关系密切，更遑论以此推断范某琴从陈某的“套现”行为中受益；男女结婚后不能否定夫妻双方的独立人格和独立民事主体地位，银行仅根据陈某与范某琴登记结婚来主张债权，突破了合同法合同相对性原则，要求范某琴共同承担陈某在婚姻关系存续期间的信用卡债务依据不足。

2. 从陈某方面来看，根据账单记录，其“消费”行为十分反常，并且具有一定的隐蔽性，即时性，“人没有办法知道自己不知道的东西”，范某琴无法准确知悉信用卡债务具有高度盖然性，在知情权无法得到保障的情况下，自然无法行使同意权和决定权。本案审理时，陈某已与范某琴离婚，其未作出其所负债务为夫妻共同债务的辩解，在一定程度上也证明该债务不属于夫妻共同债务。陈某经传票传唤无正当理由拒不到庭参加诉讼，视为放弃相应的诉讼权利。

3. 从银行提供的账单分析，陈某的“消费”行为既不符合银行对信用卡消费的一般规定，内容上亦超越一般家事代理权的范畴，范某琴的相关辩解意见合法有据，法院根据全案证据认定陈某的“消费”行为不属于家庭日常消费行为，是合理的。

4. 个人与家庭的责任存在互相交织的情况，但利益共享、责任共担与相亲相爱、互相扶助并没有本质上的矛盾，荣辱与共、同舟共济贯穿于婚姻关系的缔结、维系与结束。商法中的一些重要原则向婚姻生活领域延伸，如合同的相对性原则在夫妻共同债务类案件中被形象地解读为“共债共签”，朴素的理解就是“我没签字的债务，为什么要我还”，从债务形成源头上尽可能杜绝夫妻一方“被负债”现象发生。将物权法的基本原则平移到婚姻生活领域可以理解为：没有得到授权是没有权利去动别人的奶酪的，即使是配偶之间。婚姻关系中的夫妻双方不仅是生活共同体，也是经济共同体，平衡夫妻之间、债权人与夫妻之间的权利义务是司法实践中需要解决的重大课题，但在共同之外，给未举债的一方提供一种切割风险、开始新生活的法治保障，则是司法实践中一项有益的探索，起到了积极作用。

编写人：福建省莆田市秀屿区人民法院　何小明

082 银行以公告方式将信用卡滞纳金变更为违约金，若原信用卡合同约定合同经银行修改并公布后生效，则对违约金应予支持

——某银行金牛支行诉周某刚信用卡案

【案件基本信息】

1. 裁判书字号

四川省成都市金牛区人民法院（2019）川0106民初8116号民事判决书

2. 案由：信用卡纠纷

3. 当事人

原告：某银行金牛支行

被告：周某刚

【基本案情】

2013年6月14日，周某刚向某银行金牛支行提交《××信用卡（个人卡）申请表》申请办理××信用卡，周某刚签字确认其“已

阅读全部申请材料，已充分了解并清楚知晓信用卡产品的相关信息，愿意遵守领用合同（协议）的各项规则”。某银行金牛支行同意周某刚的申请，向周某刚发放××信用卡一张，卡号为622808116477××××。《××信用卡（个人卡）领用合约》约定：持卡人未能于到期还款日（含）前足额偿还全部到期应还款项的，不享受免息待遇，所有交易金额将自记账日起按规定计收利息，对还款不足最低还款额的差额部分，还应按月支付滞纳金；持卡人可以选择全额还款或最低还款方式，持卡人以最低还款方式还款的，可于当期到期还款日（含）前将不低于最低还款额的款项偿还本行，选择最低还款额方式后所有交易不享受免息还款期待遇，所有交易金额将自记账日起按规定利率计收利息；持卡人未能于到期还款日（含）前足额偿还最低还款额时，除应支付前述利息外，还应按月支付滞纳金，并承担其他违约责任；透支利息按日利率0.5‰计算、滞纳金按最低还款额未还部分5%收取，每笔最低人民币1元；持卡人同意，章程及本合约修改、收费项目或标准变化、利率调整等，一经银行修改和正式公布（包括但不限于网站公告、营业网点公告、对账单、信函、电话银行、电子邮件、服务热线等方式），即为有效，无需另行通知持卡人，并对双方均有约束力，如有需要，银行将在公告前报经有关监管部门核准及备案。

某银行于2016年在官方网站发布公告，公布了新的××信用卡章程，章程第十五条规定，持卡人可选择全额还款或最低额还款方式，持卡人选择全额还款方式还款时，可享受免息还款期优惠，但持卡人在到期还款日（含当日）前未全额还款的不享受免息还款期优惠，对还款不足最低还款额的差额部分须按规定向发卡机构支付违约金。持卡人选择最低额还款方式还款时，不享受免息还款期的优惠，对还款不足最低还款额的差额部分须按规定向发卡机构支付违约金。新章程规定违约金相关条款自2017年1月1日起施行。关于信用卡违约金的标准为最低还款额未还部分的5%/次收取，每笔最低10元。新章程还对分期手续费进行了规定。

周某刚在使用信用卡过程中未按约还款，截至2017年1月1日欠付本金6592.61元，利息112.07元，费用3408.27元。诉讼过程中，某银行金牛支行明确表示，本案中其主张的费用即逾期还款的违约金。

【案件焦点】

银行等金融机构通过官方网站公示、网点张贴公告等方式单方面将原信用卡合同中的滞纳金变更为违约金，对于银行诉至法院主张的违约金是否应当支持。

【法院裁判要旨】

四川省成都市金牛区人民法院经审理认为：信用卡申请表、领用合约是发卡银行向持卡人提供的明确双方权责的契约型文件，被告周某刚在办理信用卡时承诺遵守领用合约，故《领用合约》对双方具有约束力，双方均应当按约全面适当履行。周某刚申领信用卡后进行透支，未按约还款构成违约，应当承担违约责任。故对原告主张的欠付本金、利息予以支持。原、被告此前在信用卡领用合约中对滞纳金进行了约定，滞纳金实质为持卡人逾期还款应承担的违约责任，故周某刚对逾期还款需承担的违约责任知晓并接受。《中国人民银行关于信用卡业务有关事项的通知》第三条规定："取消信用卡滞纳金，对于持卡人违约逾期未还款的行为，发卡机构应与持卡人通过协议约定是否收取违约金，以及相关收取方式和标准。发卡机构向持卡人提供超过授信额度用卡服务的，不得收取超限费。发卡机构向持卡人收取的违约金和年费、取现手续费、货币兑换费等服务费用不得计收利息。”原告某银行金牛支行在网站发布信用卡新章程，确定了违约金的计算标准，符合《××信用卡（个人卡）领用合约》和《中国人民银行关于信用卡业务有关事项的通知》规定，且关于还款违约金的标准并未超过此前的滞纳金标准，未加重被告责任，故对于某银行金牛支行主张的违约金，予以支持。但该利息、违约金的计算应当以总额不超过年利率24%为限①。某银行金牛支行主张的利息、违约金明显超过了年利率24%标准，按照年利率24%计算2017年1月1日至2019年6月13日的利息、违约金为3924.8元，截至2019年6月13日的利息、违约金共计4036.87元，对超过此金额的其余费用不予支持。

四川省成都市金牛区人民法院依照《中华人民共和国合同法》第八条、第一百零七条、第一百九十六条、第二百零六条、第二百零七条，《中华人民共和国民事诉讼法》第六十四条第一款、第一百四十四条之规定，判决如下：

一、周某刚于本判决生效之日起十日内向某银行金牛支行偿还截至2019年6月13日的信用卡逾期本金6592.61元，利息、违约金

① 2021年1月1日起施行的《最高人民法院关于审理民间借贷案件适用法律若干问题的规定》以中国人民银行授权全国银行间同业拆借中心公布的贷款市场报价利率（LPR）的4倍取代了原司法解释中24%及36%的利率上限标准；虽然信用卡纠纷不完成等同于民间借贷纠纷，但利率标准可以参考适用该司法解释；本案因受理于2021年1月1日之前，故利率上限仍适用了24%的标准。

共计4036.87元。2019年6月14日起至实际清偿之日止的利息、违约金按《××信用卡（个人卡）领用合约》《成都农商银行××信用卡章程》的约定计算，上述利息、违约金计算的总额以不超过年利率24%为限；

二、驳回某银行金牛支行的其他诉讼请求。

判决后，双方当事人均未上诉，本判决现已生效。

【法官后语】

长期以来，我国绝大部分银行在其信用卡合约中均对持卡人逾期还款收取滞纳金进行了约定，《中国人民银行关于信用卡业务有关事项的通知》出台后，取消了信用卡滞纳金，但允许收取逾期还款违约金。各金融机构为保障持卡人逾期时自身利益不受损害，纷纷以官网公告、网点发布公示等方式，将其信用卡格式合同中滞纳金的约定变更为违约金。当前，通过官方网站发布公告变更合同已成为各大银行普遍的操作，变更内容涉及利息计算方式、还款期限等多个方面，变更合同也从信用卡合约扩展至金融借款合同。

司法实践中，有观点认为，合同应当是双方的合意，一方不得任意更改合同，并且对滞纳金、利息、罚息、复利计算方式的变更属于对合同主要因素的变更，更应经合同双方明确意思表示一致，银行在官方、网点的公告系其单方面意思表示，其对合同的变更并不能当然及于作为合同相对方的持卡人；并且人民银行已明确禁止收取滞纳金，银行将滞纳金变更为违约金有以合法形式掩盖非法目的之嫌，故银行单方面公示变更合同的行为应属无效，应当仍按照原合同约定确定双方权利义务。

判定银行以公示方式变更合同效力的关键点在于原信用卡合同

中是否约定合同条款经银行修改公布即变更生效。若无约定，则应当认定为银行单方面擅自变更合同，其变更行为应属无效，仍应按照原合同条款确定双方权利义务。若原合同中有约定，则银行变更合同的行为应属有效，应当按照变更后的合同确定双方权利义务。其合理性主要体现在以下几方面：

持卡人签字表示认可银行有公告变更合同的权利。原合同经持卡人签字确认，持卡人对合同条款应当是知晓并认可的，原合同中约定合同条款经银行修改公布即变更生效，赋予了银行公示变更滞纳金的权利。

变滞纳金为违约金未加重持卡人负担。持卡人在签署原合同时，本身存在逾期收取滞纳金，现将滞纳金变更为违约金，计算方式并未改变，持卡人的违约责任并未因此加重，也未超出持卡人办理信用卡时对违约后果的预期。

人民银行未禁止收取违约金。虽然中国人民银行禁止收取滞纳金，但允许收取逾期违约金，银行将滞纳金变更为违约金并不违反法律法规的规定，因此认为银行的行为有以合法形式掩盖非法目的之嫌不免言之过重。

所有费用应以不超过 LPR[①] 的四倍为限。在司法实践中，银行等金融机构在要求支付违约金的同时，往往还主张逾期利息、复利、手续费等。《最高人民法院关于审理银行卡民事纠纷案件若干问题的规定》第二条第二款明确规定“发卡人请求持卡人按照信用卡合同的约定给付透支利息、复利、违约金等，或者给付分期付款手续费、利息、违约金等，持卡人以发卡行主张的总额过高为由请求予以适

① LPR（贷款基础利率）一般指贷款市场报价利率，以下不再另作提示。

当减少的，人民法院应当综合考虑国家有关金融监管规定、未还款的数额及期限、当事人过错程度、发卡行的实际损失等因素，根据公平原则和诚信原则予以衡量，并作出裁决”，因此，法院在裁判时不能机械地依照信用卡合同的约定，要根据案件实际情况，对违约金、逾期利息等作出综合调整，以确保持卡人承担的为违约金，逾期利息与其实际违约情况、银行的实际损失相适应。上述所有费用应当以不超过LPR的四倍为限，超过部分则不予支持。

编写人：四川省成都市金牛区人民法院　周廉书　樊婧轩

083　冒名网上银行贷款后银行的责任认定

——徐某诉某银行北京分行信用卡合同案

【案件基本信息】

1. 裁判书字号

北京市第二中级人民法院（2019）京02民终12901号民事判决书

2. 案由：信用卡合同纠纷

3. 当事人

原告（上诉人）：徐某

被告（被上诉人）：某银行北京分行

【基本案情】

原告徐某于2007年10月在被告某银行北京分行开办某银行信用卡，并签署领卡确认函、预留手机号。2012年11月20日，徐某涉案信用卡曾办理财智金六期分期业务。

2016 年 6 月 30 日，徐某用该信用卡通过手机银行办理财智金业务。当日，某银行北京分行向徐某预留手机号发送短信“尊敬的客户：您申请的 RMB72000.00，分 12 期财智金已获批，其中 44795.72 元占用您的信用卡片额度……”和“您尾号 0277 的信用卡本次财智金申请交易的金额为 72000 元，验证码为 147224（谨防诈骗，切勿转发或告知他人）”，并将 72000 元款项下发至徐某名下某银行借记卡，进账后即被划走（徐某手机 APP 进行操作的流水清单显示 IP 地址的归属地是海南省海口市）。徐某认为上述财智金业务非本人办理，称 2016 年 3 月 30 日上午，其手机卡突然没有信号，无法使用，且因在外地出差（提供出差车票证明）无法补卡，并第一时间将上述情况告知某银行北京分行。经查，徐某曾于2016 年4 月1 日 17：46：53 在中国某动北京营业厅办理上述银行预留手机号的补卡业务。2016 年4 月8 日，北京市公安局东城分局向徐某出具京公东经受案字［2016］000206 号受案回执。截至二审法庭辩论终结前，该案件尚未侦破，仍在侦查中。

徐某认为某银行北京分行在没有向其本人核实是否是真实意愿的情况下办理该笔贷款，该贷款合同不成立；银行的监管失察、审查不利对其造成巨大损失和精神压力，应当予以赔偿。某银行北京分行认为徐某应当按照协议约定履行义务，妥善保管交易密码、验证码，任何通过密码发生的交易或者指令，均视为持卡人本人操作，应当由本人承担相应的后果损失。且尚无法确定原告信用卡是否被盗刷，即便如此，也属于其与电话运营商、储蓄卡银行和盗窃人之间的纠纷，不影响某银行北京分行与徐某之间债权债务关系的认定。

【案件焦点】

犯罪嫌疑人登录被害人信用卡网银办理贷款后，提款至其借记卡，并将钱划走，信用卡银行是否应当承担赔偿责任。

【法院裁判要旨】

北京市东城区人民法院经审理认为：依法成立且不存在法律所规定无效事由的合同，合法有效，对双方当事人均具有法律约束力。本案原告信用卡账户中财智金贷款合同通过手机银行办理，被告向原告预留手机号发送了审核成功短信及短信验证码，该笔交易通过短信验证码验证通过，该业务通过验证码验证的行为应视为原告本人对缔约作出的意思表示，被告将该笔款项成功发放至原告徐某本人的某银行借记卡中，该交易过程完整，并无明显瑕疵，且原告曾办理过财智金业务，对该业务流程应予以知晓，故认定上述贷款合同成立并生效。在双方交易过程中，原告72000元款项并未被盗，犯罪嫌疑人是从原告名下某银行借记卡中盗取财产，故相应责任不应由被告某银行北京分行承担。原告的相关损失可在刑事案件侦破后，向犯罪嫌疑人另行主张。原告未在还款期限内偿还欠款，被告基于贷款合同向原告催收款项并无不妥。故判决驳回原告徐某的全部诉讼请求。

北京市第二中级人民法院经审理查明的事实与一审法院查明的事实一致。认定某银行北京分行与徐某之间建立了贷款合同关系，某银行北京分行亦履行了向徐某发放72000元贷款的合同义务。徐某名下的借记卡收到了某银行北京分行发放的贷款，就应当依约履行偿还贷款的合同义务。另外，涉案财智金业务属于信用卡所附带的贷款业务，并非普通的银行贷款业务，该财智金业务系通过徐某的手机银行所办理。徐某所称的犯罪嫌疑人实施犯罪行为是在海南省海口市使用手机登录其账户盗取该 72000 元，是从徐某名下某银行借记卡中盗取，故相应责任不应由依约发放贷款的某银行北京分行承担。判决：驳回上诉，维持原判。

【法官后语】

行为性质的认定与网上银行贷款流程中责任的分配是本案的审查重点：

一、行为性质的认定

本案的处理中首先需要明确，原告徐某与被告某银行北京分行之间是民事债权债务关系，裁判重点是判断双方的信用卡贷款合同是否成立。原告某银行借记卡被盗属于刑事案件，徐某与某银行间的责任承担问题与本案无关。

二、冒名普通线下贷款与冒名网上银行贷款责任认定的区别

合同法规定，依法成立且不存在法律所规定的无效事由的合同，合法有效，对双方当事人均具有法律约束力。例如，(2015) 海民初字第 44883 号①案例，行为人冒名前往银行柜台进行普通贷款，由于合同上不是贷款人本人签名，法院认定贷款合同不成立。但本案的冒名行为是通过网上银行实施的，审判焦点随之发生改变。通过本案也可以看出，不同贷款方式的不同审批程序直接影响了贷款合同的成立与否。

(一) 格式合同能否适用

信用卡合同文本是发卡银行与金融消费者之间信息披露的主桥

---

① 具体参见中国裁判文书网，https：//wenshu. court. gov. cn/website/wenshu/181107ANFZ0BXSK4/index. html? docId=arQ0BuCRnZ/+J/iFqPe/EZQkDB+8K+0yDDSKRSbIoSBJUXPUzDeFsPUKq3u+IEo4xrhYIUL6n/HlIb6F6BMZlyN05NRB6QgWvb77MR4zDn7TzadjHHe2STL1i4WHVRuN，最后访问时间：2023 年 3 月 20 日。

梁，但其作为中文法律文本的一类，法律术语的频繁使用降低了可读性，增加了阅读难度，因此在审理时对其效力的认定应格外谨慎。本案的财智金业务是通过网上银行线上办理的，面对格式合同时有可能只是快速勾选“已读”选项。但案发前，原告本人曾阅读、确认并勾画了《财智金产品服务协议》，并自行申办该项业务，故认定其已通过实际行动认可并履约，对于其对格式合同的相关意见不予采纳。

（二）验证码的验证通过是否可视为符合本人意愿

随着手机 APP 功能的不断丰富，短信验证码、人脸识别技术的应用领域不断扩大，其效力的认定亦须加以确认。本案中，在程序流程符合规程的前提下，被告向原告在银行预留的手机号发送了审批短信及验证码，原告予以回复，即可以视为贷款行为符合原告真实意愿，由原告本人承担对手机号等个人信息保管不利的责任。

（三）银行是否对被冒名人的名誉权造成侵犯

在（2017）豫 1723 民初 1942 号①案例中，行为人冒用他人名义贷款，被冒名人发现后与银行交涉，银行拒不删除不良记录，构成对被冒名人名誉权侵犯的，银行应对被冒名人造成的损失承担赔偿责任。但本案中，由于已经认定银行前期发放贷款流程属于符合规程约定的操作，并无过错瑕疵，原告未在还款期限内还款，故被告基于贷款合同向原告催收款项的行为并无不妥，无须承担侵权责任。故对此情形的认定还需个案分析。对于所谓相同的案件，不可能得到完全相同的处理。与其期待对所谓相同的案件作出相同的处理，不如追求对个案

① 具体参见中国裁判文书网，https：//wenshu. court. gov. cn/website/wenshu/181107ANFZ0BXSK4/index. html？ docId = 81uw4q6F26f8sZoNei3fDN8u43zUkh/XhMs3hSe6zLPkxKIHB/RZzfUKq3u+IEo4xrhYIUL6n/HlIb6F6BMZlyN05NRB6QgWvb77MR4zDn6w957q7zQVGO+n+F+db/2I，最后访问时间：2023 年 3 月 20 日。

处理的妥当性。因此，对案件作出裁决时，应将更多的焦点放在如何实现裁决结果的正义上，将个案的特殊情况予以充分考虑。

编写人：北京市东城区人民法院　吴董超　冯晓光

084　银行应采取合理措施向盲人履行格式条款的说明义务
——李某鹏诉某银行信用卡案

【案件基本信息】

1. 裁判书字号

江苏省南京市中级人民法院（2019）苏01民终4641号民事判决书

2. 案由：信用卡纠纷

3. 当事人

原告（上诉人）：李某鹏

被告（被上诉人）：某银行

【基本案情】

2018年8月，李某鹏通过电话向某银行申领信用卡，9月收到了信用卡。9月18日，李某鹏到某银行办理信用卡激活手续，某银行以李某鹏是一级视力障碍残疾人无法签字和阅读风险提示为由，拒绝为李某鹏办理信用卡激活手续。9月19日，某银行在未以任何形式通知李某鹏，也未说明任何理由的情况下将李某鹏办理的涉案信用卡冻结。李某鹏认为，《中华人民共和国残疾人保障法》第三条规定："残疾人在政治、经济、文化、社会和家庭生活等方面享有同其他公民平等的权利。残疾人的公民权利和人格尊严受法律保护。禁止基于残疾的歧视。禁止侮辱、侵害残疾人。禁止通过大众传播媒介或者其他方式贬低损害残疾人人格。”《中国银监会办公厅关于银行业金融机构加强残疾人客户金融服务工作的通知》（银监办发〔2012〕144号）第二条规定：“银行业金融机构应当牢固树立公平对待金融消费者的观念，总行（总公司）应当统一建立健全为残疾人客户提供金融服务的管理制度和业务流程。”中国银行业协会2012年5月21日发布的《关于进一步完善残障人士银行服务的自律要求》（银协发〔2012〕35号）第五条规定，会员银行应在确保残障人士享受与其他顾客平等权利基础上，充分考虑各类残障人士需求，尽可能提供便捷的人性化服务。有书写障碍的残障人士办理开户、存款、挂失及贷款等业务时，可以使用按手印并加盖本人图章的方式代替签名。某银行的行为构成了对李某鹏基于视力残障的直接歧视，严重违反了上述法律法规，侵犯了李某鹏的人格权，给李某鹏造成巨大的精神损害。故请求判令某银行解除涉案信用卡的冻结，为李某鹏办理信用卡激活手续，并赔偿李某鹏精神损失费2万元。

某银行辩称，李某鹏是一名视障人士，某银行通过信用卡的申请审批程序后，因李某鹏无法现场亲自书写相关信息及确认签名，某银行未为原告办理信用卡激活手续，某银行的行为是遵循商业银行业务监督管理办法的规定，绝非针对特殊群体的歧视，该规定适用的是所有至某银行申请信用卡的人员。某银行没有主观过错，行为也不具有违法性。某银行业协会发布的关于进一步完善视障人士的服务的通知，使用的是“充分考虑”“尽可能”“可以”字样，而银监会发布的商业银行业务监督管理办法使用的文字表述是“应当”和“必须”，因此在银监会的该管理办法中明确规定申请人亲自书写和签名，某银行必须遵守这个规定。李某鹏提到了部分变通的方法，其合规性和可操作性被告不予评价，但某银行没有采用李某鹏提及的上述变通方法，是基于某银行有权设定严格规范化的信用卡开卡审查标准，应该受到合同自由原则的保障，不构成对李某鹏的歧视和侵犯人格权。李某鹏的举证，可以证实某银行的工作人员在整个过程中未使用侮辱歧视性的语言，李某鹏也未提供证据证明因某银行没有为其办理信用卡激活手续给其造成的实际损失，因此李某鹏的主张没有事实和法律依据。

法院经审理查明，李某鹏系视力残障人士，残疾等级为视力（盲）一级，无法正常阅读和抄录。2018 年 8 月，李某鹏通过电话向某银行申领信用卡，如实告知职业、身份信息等，某银行审核后向李某鹏寄送了信用卡。2018 年 9 月 18 日，李某鹏至某银行营业厅办理信用卡激活手续。某银行认为，中国银行业监督管理委员会发布的《商业银行信用卡业务监督管理办法》第三十七条第三款规定，申请人确认栏应当载明以下语句，并要求客户抄录后签名：“本人已阅读全部申请材料，充分了解并清楚知晓该信用卡产品的相关信息，愿意遵守领用合同（协议）的各项规则。”第四十九条规定：“发卡银行应当建立信用卡激活操作规程，激活前应当对信用卡持卡人身份信息进行核对。不得激活领用合同（协议）未经申请人签名确认、未经激活程序确认持卡人身份的信用卡。”李某鹏不能按照该上述规定的要求抄录相关内容，且无法在电子屏上签字确认，不符合中国银行业监督管理委员会关于信用卡开卡、激活的规定，拒绝激活该卡。李某鹏认为，某银行该行为构成了对李某鹏基于视力障碍的歧视，侵犯了李某鹏的人格权，给李某鹏精神上造成了很大的损害，故李某鹏诉至法院要求判令某银行协助激活信用卡，并赔偿精神损失费。二审庭审中，李某鹏撤回了要求赔偿精神损失费的诉讼请求。

【案件焦点】

客户因视力残疾不能签字，银行能否以此为由拒绝为客户办理信用卡。

【法院裁判要旨】

江苏省南京市玄武区人民法院经审理认为：公民合法的民事权益受法律保护。本案系一般侵权纠纷，根据相关法律规定一般侵权案件适用过错责任原则，需同时具备行为、过错、损害事实和因果关系才构成一般侵权责任。本案中，李某鹏作为一名视力残障人士，无法正常阅读与抄录，其在通过某银行信用卡的网上申请审批程序后，因本人无法现场亲自抄写相关确认信息及签名，某银行拒绝为其办理信用卡激活手续。某银行的行为遵循《商业银行信用卡业务监督管理办法》的相关规定，并非针对特殊群体的歧视，不具有主观过错，其行为不具有违法性。与此同时，信用卡具备银行授信额度和透支功能，商业银行作为金融服务机构，为了保障信用安全和客户交易安全，有权自行审慎处理、严格审批。

李某鹏提供的录音显示，某银行的工作人员在受理李某鹏的信用卡激活业务申请过程中并无侮辱性、歧视性的言行。李某鹏亦未证明某银行拒绝为其激活信用卡给其造成了实际损失。李某鹏主张某银行侵犯其人格权，没有事实和法律依据，李某鹏的诉请，一审法院不予支持。

江苏省南京市玄武区人民法院依照《中华人民共和国民法通则》第五条之规定判决：驳回李某鹏的诉讼请求。

李某鹏不服，提起上诉。江苏省南京市中级人民法院经审理认为：信用卡是一种消费信贷银行卡，由发卡机构根据持卡人的申请，对持卡人的信用进行审核，为持卡人的信用卡核定一定的信用额度，持卡人可在该信用额度内欠账消费或提取现金。本案中，李某鹏通过电话向某银行提交申领信用卡的申请，某银行审核后予以批准，并向李某鹏发放了信用卡，表明双方当事人已就领用信用卡达成合意，该信用卡合约对双方当事人均发生法律效力。李某鹏收到信用卡后，至某银行办理激活手续时，某银行以李某鹏无法抄写申请材料中明确要求抄写的内容，违反了《商业银行信用卡业务监督管理办法》规定为由，未协助李某鹏激活信用卡。对此，二审法院认定，(1)《商业银行信用卡业务监督管理办法》第四十九条规定，发卡银行应当建立信用卡激活操作规程，激活前应当对信用卡持卡人身份信息进行核对。不得激活领用合同（协议）未经申请人签名确认、未经激活程序确认持卡人身份的信用卡。从该规定可以看出，激活的目的是审核持卡人的身份信息，确保系持卡人本人激活信用卡进行使用，信息卡激活为合同附随义务，依据诚实信用原则，某银行向李某鹏审批、发放了信用卡，即应按李某鹏本人的申请，协助激活信用卡。(2)某银行认为《商业银行信用卡业务监督管理办法》第三十七规定，发卡银行印制的信用卡申请材料文本应当至少包含以下要素：①申请人信息：编号、申请人姓名、有效身份证件名称、证件号码、单位名称、单位地址、住宅地址、账单寄送地址、联系电话、联系人姓名、联系人电话、联系人验证信息、其他验证信息等；②合同信息：领用合同（协议）、信用卡章程、重要提示、合同信息变更的通知方式等；③费用信息：主要收费项目和收费水平、收费信息查询渠道、收费信息变更的通知方式等；④其他信息：申请人已持有的信用卡及其授信额度、申请人声明、申请人确认栏和签名栏、发卡银行服务电话和银行网站、投诉渠道等。“重要提示”应当在信用卡申请材料中以醒目方式列示，至少包括申请信用卡的基本条件、所需基本申请资料、计结息规则、年费/滞纳金/超限费收取方式、阅读领用合同（协议）并签字的提示、申请人信息的安全保密提示、非法使用信用卡行为相关的法律责任和处理措施的提示、其他对申请人信用和权利义务有重大影响的内容等信息。申请人确认栏应当载明以下语句，并要求客户抄录后签名：“本人已阅读全部申请材料，充分了解并清楚知晓该信用卡产品的相关信息，愿意遵守领用合同（协议）的各项规则。”某银行认为李某鹏本人无法阅读及签名，据此未配合李某鹏激活信用卡。二审法院认为，首先，李某鹏系视力残障人士，其无法阅读、签名系受制其身体残疾所致，系身体不能为，而非意思不作为。其次，该条款系信用卡审核、发放前要求李某鹏愿意受信用卡领用合同约束的意思表示，而本案中信用卡已发放给李某鹏，双方已达成信用卡领用合约，某银行以此为由拒绝为李某鹏激活信用卡于法无据。最后，信用卡领用合约为格式条款合同，某银行要求李某鹏抄录内容后签名确认的目的是达成向李某鹏尽到格式条款的明确说明义务。本案中李某鹏系视力残障人士，抄录、签名显然不能为，某银行应采取其他措施向李某鹏履行明确说明义务，而非采取简单的方式予以拒绝，不考虑李某鹏视力残障的特殊情况，某银行拒绝协助李某鹏激活信用卡存在不当。

江苏省南京市中级人民法院依照《商业银行信用卡业务监督管理办法》第三十七条、第四十九条，《中华人民共和国民法总则》

第七条，《中华人民共和国民事诉讼法》第一百七十条第一款第二项规定，判决：

一、撤销江苏省南京市玄武区人民法院（2018）苏0102民初9616号民事判决；

二、某银行于十日内协助李某鹏激活信用卡；

三、驳回李某鹏的其他诉讼请求。

【法官后语】

本案中的李某鹏为视力残障人士，虽然无法看见，但是完全具备相应的行为能力，是金融消费者的特殊群体，除完全享有普通金融消费者的权利外，还应根据视力残障群体的特殊性，享有一定程度的特殊保护。因此，银监会、银行业协会曾专门发文，要求各金融机构平等对待残障客户，健全为残障客户提供金融服务的环境和业务流程，充分考虑残障人士的需求，尽可能更加便捷地提供人性化的服务。

一、《商业银行信用卡业务监督管理办法》第三十七条第三款已不能适应视力残障人士对金融消费的正常需求

信用卡是指由商业银行或者其他金融机构发行的具有消费支付、信用贷款、转账结算、存取现金等全部功能或者部分功能的电子支付卡，就是银行提供给用户的一种先消费后还款的小额信贷支付工具。金融消费者向银行申领信用卡时，银行通常会对申领者的信用、收入等资信情况进行审查，分别给予不同的信贷额度，并与申领者签订信用卡申领合约。由于信用卡申领合约系格式条款合同，按《中华人民共和国民法典》第四百九十六条第二款的规定，采用格式条款订立合同的，提供格式条款的一方应当遵循公平原则确定当事人之间的权利和义务，并采取合理的方式提示对方注意免除或者减

轻其责任等与对方有重大利害关系的条款，按照对方的要求，对该条款予以说明。提供格式条款的一方未履行提示或者说明义务，致使对方没有注意或者理解与其有重大利害关系的条款的，对方可以主张该条款不成为合同的内容。即银行与申领者在签订信用卡信用合约时，银行应对申领者尽到说明义务。

《商业银行信用卡业务监督管理办法》第三十七条第三款规定，申请人确认栏应当载明以下语句，并要求客户抄录后签名：“本人已阅读全部申请材料，充分了解并清楚知晓该信用卡产品的相关信息，愿意遵守领用合同（协议）的各项规则。”该条款规定要求申领者抄录及签名，即为商业银行向申领者履行格式条款的说明义务。

上述《商业银行信用卡业务监督管理办法》于2011年1月13日施行，该管理办法的发布与施行与当时的社会发展相吻合。当时电子商务、电子支付尚处研发阶段，还未进入实用阶段，信用卡的使用还处传统刷卡使用方式，即刷卡消费后需持卡人输入密码或签名，而盲人因无法完成上述操作，故盲人没有使用信用卡的实际需求。但随着互联网信息技术的快速发展，电子支付成为人们消费支付的主要方式，给人们的生活、工作等带来极大的便利。消费者只要将信用卡绑定支付宝、微信等具有支付功能的智能手机软件系统，设置支付方式即可使用信用卡。因此，随着科学技术的快速发展，过去对信用卡无任何需求的盲人也产生了实际的需求，但《商业银行信用卡业务监督管理办法》第三十七条第三款规定需申领者抄录内容及签名的规定限制了盲人领用信用卡的可能。

此前，各地陆续发生盲人申领信用卡遭拒的情况，银行均会以盲人使用信用卡存在风险为由予以拒绝，而并非盲人的信用、收入等资信存在问题。盲人既然申领就表明其有使用信用卡的需求，并解决了实际使用的问题，事实上现有的智能手机已为盲人设计了专门的软件系统。例如，苹果手机自带名为“旁白”的软件，盲人使用该软件可完成大部分智能手机的操作，其他手机加装类似软件也可达成上述功能。故《商业银行信用卡业务监督管理办法》第三十七条第三款的规定阻碍了盲人对信用卡的需求，已滞后于社会的发展需要。

此外，类似的格式条款合同，如保险合同，投保人与保险人签订保险合同时，保险人也会要求投保人抄写相关内容及签名，存在与《商业银行信用卡业务监督管理办法》第三十七条第三款规定相类似的情况，也未考虑到盲人的实际需求。如机动车保险，目前对于盲人而言无任何实际意义，但随着无人驾驶科技的发展，在不久的将来盲人也会拥有及使用无人驾驶机动车，随之也将产生盲人投保等现象。

二、落实残疾人保障的法律规范，采取合理措施保障残障人士的合法权益

视力残疾与听力残疾、肢体残疾的显著区别在于盲人无法阅读正常的纸质文件，无法签名，故盲人对外民事行为能力受限，对其生活、工作等带来诸多不便。法律法规、规章及银行业均制定了保障残疾人的规范，应切实落实上述规范，保障残疾人的合法权益。

在法律层面上，我国制定了《中华人民共和国残疾人保障法》，其中第三条第一款规定，残疾人在政治、经济、文化、社会和家庭生活等方面享有同其他公民平等的权利。第四条规定，国家采取辅助方法和扶持措施，对残疾人给予特别扶助，减轻或者消除残疾影响和外界障碍，保障残疾人权利的实现。第五十二条第一款规定，国家和社会应当采取措施，逐步完善无障碍设施，推进信息交流无障碍，为残疾人平等参与社会生活创造无障碍环境。第五十五条规定，公共服务机构和公共场所应当创造条件，为残疾人提供语音和

文字提示、手语、盲文等信息交流服务，并提供优先服务和辅助性服务。该法律明确规定应为残疾人提供特殊保障与服务，让残疾人平等享有公民的基本权利及社会保障。

2012 年 5 月 8 日中国银监会办公厅发布《关于银行业金融机构加强残疾人客户金融服务工作的通知》（银监办发〔2012〕144 号），该通知第二条规定，银行业金融机构应当牢固树立公平对待金融消费者的观念，总行（总公司）应当统一建立健全为残疾人客户提供金融服务的管理制度和业务流程。在制定内部管理制度和业务流程、风险控制、提供金融产品和服务、新设营业网点等方面，应当针对残疾人客户的特殊情况和实际需求做出统筹考虑，充分尊重和保障残疾人客户公平获得银行业金融服务的合法权利。第四条规定，银行业金融机构应当在有效控制风险和确保残疾人客户人身财产安全和隐私安全的前提下，不断完善营业场所、自助机具设备、网站和服务热线等方面的无障碍设施建设和改造，更好地适应残疾人客户日常金融服务需求。2014 年 2 月 17 日中国银行业协会发布《关于进一步完善残障人士银行服务的自律要求》，其中第一条规定，会员银行应认真贯彻落实国家关于残疾人事业发展和无障碍环境建设的相关法律、法规、规划及规定，致力满足残障人士对银行金融服务的需求，制定并实施银行无障碍环境建设和改造规划，增强扶残助残意识，提升对残障人士服务保障能力，进一步展现银行业无障碍服务的良好形象，切实为包括残障人士在内的特殊客户群体提供便利。第四条规定，会员银行应在产品和服务的设计开发与销售等环节，积极进行产品创新和服务创新，推行无障碍信息和通信技术系统，满足残障人士日益增长的金融服务需求。第五条中对于书写、听力等有障碍的残障人士办理业务时，应根据残障情况提供针对性的服务。

在行业内也制定有相关规范，按上述规范基本可满足残障人士对金融服务的需求。

《商业银行信用卡业务监督管理办法》第三十七条第三款系针对格式条款合同的明确说明义务，而要求申领人抄写相关内容及签名，但对于视力残疾人士显然无法达成此目的。目前各银行通常均有双录系统，视力残疾人士申领信用卡时，银行按要求审核申领者的信用资信后，完全可以使用双录系统当面向视力残疾的申领人履行格式条款的解释与说明义务，将该双录内容作为履行说明义务的凭证予以保存。对于签名也可采取代人代签、本人按指印的方式予以达成，保障残障人士平等享受金融服务的权利。

编写人：江苏省南京市中级人民法院　罗正华

085 发卡机构按照与持卡人的约定以网站公告通知信用卡收费项目等的变更对双方具有约束力

——某银行股份有限公司宜兴支行诉胡某飞信用卡案

【案件基本信息】

1. 裁判书字号

江苏省无锡市宜兴市人民法院（2017）苏 0282 民初 8771 号民事判决书

2. 案由：信用卡纠纷

3. 当事人

原告：某银行股份有限公司宜兴支行（以下简称某银行）

被告：胡某飞

【基本案情】

2010年2月25日，胡某飞向某银行申领信用卡一张，根据某银行提供的某银行信用卡领用合约记载：申请人在到期还款日前偿还信用卡账户内全部欠款的，无须支付透支利息；在到期还款日前未全数偿还全部欠款的，按本合约及某银行规定支付透支利息及相关费用，利息由交易记账日起以实际欠款金额及实际欠款天数正常计息；申请人在到期还款日之前未能偿还最低还款额的，除支付透支利息外，还应按最低还款额未还款部分的5%支付滞纳金；信用卡透支按月计收复利，日利率为万分之五；申请人未按时还款，某银行有权通过司法途径等方式向申请人催收欠款，申请人应赔偿某银行因催收而产生的相关损失（包括但不限于律师费、公告费等）。某银行有权根据法律规定和监管规定及业务发展实际对本合约及某银行股份有限公司信用卡章程、使用手册或使用指南、收费项目、收费标准、利率、产品服务等进行修改、变化和调整，并将提前公告通知申请人，上述修改、变化和调整后的条款对双方均有约束力。若申请人有异议，有权选择办理信用卡销户手续，申请人未办理信用卡销户手续的，视为同意接受上述修改、变化和调整。双方同意，本合约所称的公告均指某银行通过其营业网点、客服电话、官方网站等对外发布公告。

2016年9月27日，某银行在其网站发布《关于对部分信用卡服务项目进行调整的公告》，调整信用卡服务收费中的滞纳金名称为还款违约金，收费标准不变，并从2017年1月1日起执行。胡某飞在使用前述信用卡过程中未按约还款。根据某银行提供的欠款明细单反映，截至2017年9月14日，胡某飞共拖欠某银行本金

39916.9 元、逾期利息 7248.66 元、滞纳金和还款违约金 7832.03 元。后胡某飞于 2017 年 11 月 21 日归还本金 500 元。

某银行据此主张胡某飞归还欠款本息、违约金、滞纳金 54997.59 元并承担律师费等。

【案件焦点】

某银行按照与胡某飞的约定以网站公告通知信用卡收费项目等的变更对胡某飞是否发生法律效力。

【法院裁判要旨】

江苏省无锡市宜兴市人民法院经审理认为：胡某飞向某银行申领信用卡，应严格按照信用卡领用合约的约定内容使用信用卡。纠纷的引起是胡某飞未及时归还透支款本息所致，责任在胡某飞。胡某飞所欠信用卡透支本息应予归还，并应按约支付逾期还款复利及滞纳金、违约金等。因胡某飞已于 2017 年 11 月 21 日归还欠款本金 500 元，故该款应在某银行现主张的欠款本金中革除。同时，根据合约约定，某银行为追索上述债务支出的律师代理费应由胡某飞承担。

江苏省无锡市宜兴市人民法院依照《中华人民共和国合同法》第六十条、第一百零七条、第二百零五条、第二百零六条、第二百零七条，《中华人民共和国民事诉讼法》第一百四十四条之规定，作出如下判决：

一、胡某飞于本判决发生法律效力之日起十日内归还某银行欠款本金 39416.9 元及截至 2017 年 9 月 14 日的利息、违约金、滞纳金合计 15080.69 元以及以本金 39916.9 元为基数自 2017 年 9 月 15 日起至 2017 年 11 月 21 日止、以本金 39416.9 元为基数自 2017 年 11 月 22 日起至实际付款之日止均按每日万分之五计算的利息；

二、胡某飞于本判决发生法律效力之日起十日内赔偿某银行因本案需支出的律师费损失 4859 元；

三、驳回某银行的其他诉讼请求。

判决后，双方当事人均未上诉，本判决现已生效。

【法官后语】

近年来，随着信用卡在民商事交易中的广泛使用，因信用卡透支交易等引发的信用卡纠纷案件大幅增加，特别是持卡人透支后未按期还款，发卡机构通常要求持卡人支付复利、滞纳金等相关费用。持卡人对于收费名目、收费标准等常与发卡机构发生争议。发卡机构通常主张，根据中国人民银行于 1999 年发布的《银行卡业务管理办法》第二十二条规定："发卡银行对贷记卡持卡人未偿还最低还款额和超信用额度用卡的行为，应当分别按最低还款额未还部分、超过信用额度部分的 5%收取滞纳金和超限费。"针对持卡人普遍反映信用卡欠款越滚越多和发卡行收费标准不透明等情况，中国人民银行于 2016 年 4 月 15 日发布《关于信用卡业务有关事项的通知》，并自 2017 年 1 月 1 日起实施。中国人民银行在该通知中要求各发卡机构取消信用卡滞纳金，对于持卡人违约逾期未还款行为，发卡机构应与持卡人通过协议约定是否收取违约金，以及相关收取方式和标准。在中国人民银行发出前述通知后，国内多家商业银行在本行的官网发布了信用卡收费的调整公告，以违约金替代滞纳金，且绝大多数银行都将违约金收费标准设定为最低还款额未还部分的 5%，与此前滞纳金收费标准一致。

《中华人民共和国合同法》第七十七条第一款规定，"当事人协商一致，可以变更合同"。① 而信用卡业务容易受到国家金融政策的

---

① 该条款被《中华人民共和国民法典》第五百四十三条所承继。

影响，中国人民银行发布前述通知的目的在于完善信用卡业务市场化机制，提高信用卡服务水平，保障持卡人合法权益，促进信用卡市场健康发展。由于信用卡持卡人众多，在金融政策调整的情况下，各发卡机构若与每一位持卡人对是否收取违约金以及违约金的收取方式和标准进行约定，将耗费大量的交易时间和交易成本。但如果双方当事人明确约定信用卡收费标准的名称和变更等以官方网站公告为准，则可最大限度地利用网络的高效性优点，有利于提高效率，促进交易。当然，发卡机构还应履行提示或者说明义务。本案中，发卡机构某银行与持卡人胡某飞在信用卡领用合约中约定信用卡收费名称和标准发生变更以官方网站公告通知的为准，该约定即属于双方当事人协商一致对合同所作的变更，该约定不违反法律和行政法规的强制性规定，且该变更仅是收费名称的变更，并未加重持卡人的义务，不违反法律和行政法规的禁止性规定，应认定为合法有效。某银行依约在相应网站公告相关内容后，对持卡人即具有法律约束力。

编写人：江苏省无锡市宜兴市人民法院　钱晋　董大友

086　信用卡分期付款手续费应从借款金额中扣除

——某银行股份有限公司镇江中山支行诉周某信用卡案

【案件基本信息】

1. 裁判书字号

江苏省镇江市中级人民法院（2018）苏11民终2065号民事判决书

2. 案由：信用卡纠纷

3. 当事人

原告（上诉人）：某银行股份有限公司镇江中山支行（以下简称某行中山支行）

被告（被上诉人）：周某

【基本案情】

2014年4月21日，周某向某行中山支行申领使用××信用卡，双方就信用卡的申领、使用、对账及还款等事项达成一致意见。另信用卡收费标准载明，分期付款手续费按不低于同期贷款利率收取。同日，双方签订《某银行信用卡购车专项分期付款合同》一份，约定某行中山支行通过购车专项分期付款业务以透支方式支付，透支金额为19万元；周某向某行中山支行支付分期付款手续费21280元，且一经支付，除合同另有约定的情形外，某行中山支行均不退还；如周某没有按本合同约定及时足额存入还款资金，某行中山支行有权按照规定向周某收取透支利息、复利、滞纳金、超限费等。合同还对其他权利和义务事项作了约定。

某行中山支行于同日提供分期付款须知一份，载明“必须及时存入分期付款手续费，然后在消费POS机上直接刷卡做分期”“到我行网点办理消费转分期业务时必须缴纳分期付款手续费，分期业务费采取一次性收取方式”“每月应缴纳的分期金额可提前缴纳，但不能后补，后补将会产生利息等费用”等内容。周某在该须知上签字确认。周某于同日承诺愿以全部收入和财产承担在工行所办理的该信用卡发生的全部透支款项、息、费一切责任。

上述合同签订后，某行中山支行经审核向周某发放信用卡一张。2014年5月8日，某行中山支行就周某购买的奥迪汽车办理了抵押登记。5月9日，周某在该信用卡账户上存入分期手续费21280元。5月10日，某行中山支行向周某发放19万元信用透支款。该款分36期归还，首期归还5305元，其余每期归还5277元。2016年9月，周某逾期归还透支款。截至2017年10月1日，该账户记载周某欠款本金42999元、利息（含复利）6392.26元、滞纳金1345.07元、违约金4500元。

另查明，2017年1月1日实施的《中国人民银行关于信用卡业务有关事项的通知》规定“取消信用卡滞纳金，对于持卡人违约逾期未还款的行为，发卡机构应与持卡人通过协议约定是否收取违约金，以及相关收取方式和标准”。在此规定实施后，某行中山支行将周某所欠滞纳金更名为违约金计收，但收费方式、标准均保持不变。

【案件焦点】

1. 分期付款手续费应如何定性；2. 信用卡逾期未还款违约金是否应予支付。

【法院裁判要旨】

江苏省镇江市京口区人民法院经审理认为：本案双方签订的《某银行信用卡购车专项分期付款合同》合法有效，双方均应依约全面履行义务。周某为担保涉案信用卡债务履行，以所有汽车提供抵押担保并登记在册，某行中山支行作为抵押权人对抵押物的折价或拍卖、变卖所得价款享有优先受偿权。某行中山支行在发放19万元借款前要求周某预先在该信用卡账户一次性存入分期付款手续费21280元并扣收，但是办理相关手续是某行中山支行的当然职责，结合其不低于同期贷款利率收费规定来看，该扣收行为致使周某实际获得借款数额少于约定数额，与预先在借款本金中扣除利息并无本质差异，故依法应在借款本金中予以扣减，周某欠款本金应认定为21719元。同理，其欠款利息（含复利）根据实际借款本金按比例酌情认定为5625.19元。根据《中国人民银行关于信用卡业务有关事项的通知》规定，信用卡滞纳金于2017年1月1日起予以取消，现无证据证明某行中山支行已与周某达成新的收费协议，故2017年1月1日前产生的滞纳金可予支持，此后产生的违约金4500元不予支持。

江苏省镇江市京口区人民法院依照《中华人民共和国合同法》第六条、第四十条、第六十条、第一百九十六条、第二百条、第二百零五条、第二百零六条、第二百零七条，《中华人民共和国物权法》第一百七十三条、第一百七十六条、第一百七十九条，《中华人民共和国民事诉讼法》第六十四条、第一百四十四条之规定，作出如下判决：

一、周某于判决发生法律效力之日起十日内向某行中山支行支付借款本金21719元，截至2017年10月1日利息（含复利）5625.19元，滞纳金1345.07元，此后利息（含复利）按约计算至实际清偿之日止；

二、如周某到期未履行本判决确定的上述给付义务，某行中山支行有权对周某提供抵押物奥迪汽车折价或者拍卖、变卖所得价款优先受偿；

三、驳回某行中山支行其他诉讼请求。

某行中山支行不服一审判决，提起上诉。

江苏省镇江市中级人民法院经审理认为：某行中山支行在向周某支付19万元之前收取的分期付款手续费21280元，实质为提前收取周某占用资金期间的利息，应从借款金额中扣除。理由如下：1. 本案属于信用卡纠纷，持卡人有权依据发卡银行的授权在信用额度内予以透支，持卡人在约定的期间内归还透支款的，发卡银行不得收取透支期间的利息，持卡人未依约还款的，发卡银行有权依照约定主张相应的违约责任。本案周某支付的分期付款手续费并非因违约而应承担的违约责任，某行中山支行主张该费用缺乏法律上的依据。2. 某行中山支行收取的 21280 元分期付款手续费属于费用类收费，周某申领信用卡，并使用信用卡进行透支，某行中山支行可以根据其实际支出的费用向周某主张给付，但其在本案中并未能提供实际发生分期付款手续费的证据，应当承担举证不能的不利后果。3.《商业银行服务价格管理办法》第十二条第一款规定，实行市场调节价的商业银行服务价格，应当由商业银行总行制定和调整。分支机构不得自行制定和调整服务价格。某行中山支行认为其收取分期付款手续费系依据其总行发布的相关收费标准，但未能提供相关证据。综合上述分析，某行中山支行实际出借本金应为 168720 元。某行中山支行根据中国人民银行的规定取消信用卡滞纳金，并要求周某承担违约金 4500 元，该违约金应属新增加的合同义务，应当由本案双方协商一致予以确认。某行中山支行未能提供周某对此予以承诺的证据，其单方面对信用卡章程的修改以及对违约金事项的公告均不能认定周某已经认可新增加的违约金条款，因此，其要求周某承担违约金 4500 元缺乏依据，不予支持。

江苏省镇江市中级人民法院依照《中华人民共和国民事诉讼法》第一百七十条第一款第一项之规定，判决如下：

驳回上诉，维持原判。

【法官后语】

一、信用卡分期付款手续费的认定

根据《商业银行服务价格管理办法》的相关规定，商业银行服务价格实行政府指导价、政府定价和市场调节价，其中，实行市场调节价的商业银行服务价格，由商业银行总行制定和调整，分支机构不得自行制定和调整服务价格。《商业银行服务政府指导价政府定价目录》并未将信用卡分期付款手续费列入其中，可见，信用卡分期付款手续费应属于市场调节价的范畴。持卡人依据发卡银行的授权在信用额度内予以透支，并在约定的期间内归还透支款的，发卡银行不得收取透支期间的利息；持卡人未依约还款的，发卡银行有权依照约定主张相应的违约责任。对于持卡人使用信用卡进行分期付款的，由于银行开展信用卡分期业务前期在人力、系统、设备等方面的资金投入，其往往会向持卡人收取一定的手续费作为补偿，以此获得一定的收益，即收取分期付款手续费的主要目的在于补偿银行为分期付款业务所进行的投入。但是，在商业银行分支机构未提供其总行制定的有效的信用卡分期付款手续费规定、实际发生分期付款手续费的证据时，对其信用卡分期付款手续费的主张应不予支持。

二、本案21280元费用的性质界定

在发放透支款前，发卡银行以不低于贷款利率的标准收取信用卡分期付款手续费，实质上是以分期付款业务手续费的名义提前收取银行贷款利息，属于变相地从借款本金中扣除利息的行为，根据《中华人民共和国民法典》第六百七十条的规定，该资金应从银行出借的金额中扣除。本案中，2014年5月10日，某行中山支行向周某发放19万元信用透支款，但于同年5月9日即已向周某收取分期付款手续费21280元。某行中山支行主张分期付款手续费按不低于同期银行贷款利率计算，其实质是提前收取周某占用资金期间的利息，致使周某实际获得的借款数额少于约定数额，该笔款项应从出借金额19万元中扣除。

关于新银行卡新司法解释的讨论：新司法解释解决了司法实践中遇到的诸多问题，具有非常高的指导性和可操作性。笔者在这主要讨论一下伪卡交易的举证责任分配问题。新银行卡新司法解释第四条对是否系伪卡交易的相关证据进行了分别规定，即第一款规定了持卡人主张伪卡交易可以提供的证据，第二款规定了发卡行或者非银行支付机构主张持卡人本人或者其授权交易可以提供的证据。根据证据规则，当事人对其主张的事实应当提供证据予以佐证。新司法解释对当事人可以提供的证据采取列举方式进行了规定，有利于引导当事人留存证据，从而有利于法院查明事实，准确判决。值得注意的是，第四条第一款和第二款的规定在用语上并不完全一致。第一款仅一句话，即规定了持卡人对其主张可以提供的证据类型。但是第二款有两句话，第一句话规定了举证责任，第二句话规定了发卡行、非银行支付机构可以提供的证据类型。从立法体系上讲，第四条第一款规定了持卡人可以提供的证据，一般应理解为：首先推定交易系持卡人本人或其授权交易，持卡人有异议的，其可以提供证据推翻上述默认。那么在这种语境下，伪卡交易的举证责任在持卡人。但是第四条第二款又规定了发卡行、非银行支付机构的举证责任，即发卡行、非银行支付机构主张持卡人本人交易或者其授权交易的，应当承担举证责任。这就引发另外一种举证责任分配，即非伪卡交易的举证责任在发卡行、非银行支付机构。上述两种举证责任的并存容易引发逻辑上的混乱，并给司法实践带来不利影响，容易导致各地法院在双方提供的证据均不足以证实其主张事实情况下作出截然不同的判决。另外，如果把举证责任单纯分配给发卡行、非银行支付机构，这可以达到减轻持卡人举证责任的效果，但在相反的层面上会加大发卡行、非银行支付机构的举证责任，并可能增加持卡人的不诚信风险。因此，笔者对第四条的理解为：持卡人认为交易系伪卡交易的，其应当提供存在伪卡交易的初步证据；其提供的证据足以认定存在伪卡交易可能性的，举证责任转移到发卡行、非银行支付机构；发卡行、非银行支付机构认为交易系持卡人本人或者其授权交易的，其应当提供充分证据证实其主张，否则应当承担举证不能的不利后果。同时，笔者建议，对该条的适用可以通过指导性案例的方式进一步明确举证责任的分配规则，从而统一执法尺度。

编写人：江苏省镇江市中级人民法院　戴晓东　王伟

087　信用卡借款利息及违约金的审查

——某银行股份有限公司云浮分行诉黄某、陈某清信用卡案

【案件基本信息】

1. 裁判书字号

广东省云浮市中级人民法院（2017）粤53民初111号民事判决书

2. 案由：信用卡纠纷

3. 当事人

原告：某银行股份有限公司云浮分行（以下简称某行云浮分行）

被告：黄某、陈某清

【基本案情】

2011年4月7日，黄某向某行云浮分行申领××信用卡一张，并填写了由某行云浮分行发出的申请表。黄某填写的申请表内含《××信用卡业务收费表》《××信用卡领用合约（个人卡）》《自动还款业务协议书（个人卡）》《某银行××信用卡章程》《信用卡收费标准》等内容，其中《××信用卡领用合约（个人卡）》第3部分××贷记卡条款第（1）款规定："信用额度取现及转账的不享受免息、还款期待遇，并应按每日万分之五支付所用款项从银行记账日起至还款日止的透支利息。"第（2）款规定："持卡人未能在到期还款日（含）前偿还最低还款额的，视为逾期，除按上述计息方法支付透支利息外，还应按最低还款额未还部分的5%支付滞纳金。"第（4）款规定："发卡行对持卡人不符合免息条件的交易款项、费用等从银行记账日开始计算透支利息，有权按月计收复利并从甲方账户中扣收，透支利率按照中国人民银行的有关规定执行。"2011年4月15日，黄某经批准领取了××信用卡一张，信用额度为10万元。

2013年9月4日，黄某与某行云浮分行签订《银行卡透支保证担保合同》一份，约定黄某及其妻子陈某清作为连带共同保证人对黄某的透支承担连带保证责任，黄某在持卡人和保证人栏签名，并代陈某清在保证人栏签名。2013年9月12日，根据黄某的申请，某行云浮分行将其信用卡的信用额度调至人民币50万元。

黄某领取某行云浮分行发放的信用卡后，从2011年5月7日开始使用，截至2017年6月16日，黄某尚欠该信用卡透支款本金

157673.72 元、利息 15558.54 元、滞纳金 2500.00 元，共 175732.26 元。某行云浮分行认为黄某未能按时还款，遂提起本案诉讼。

【案件焦点】

某行云浮分行主张的信用卡利息、违约金应在什么范围内受保护。

【法院裁判要旨】

广东省云浮市中级人民法院经审理认为：黄某向某行云浮分行领取信用卡后，存在透支款项的事实清楚，黄某应依法承担还款付息的义务。某行云浮分行起诉主张的款项，包括透支的本金、利息和违约金。其中违约金部分，某行云浮分行要求按未还利息 5% 计算，实际是《××信用卡领用合约（个人卡）》第 3 部分××贷记卡条款第（2）款规定的滞纳金。《中国人民银行关于信用卡业务有关事项的通知》（银发〔2016〕111 号）第三条规定："取消信用卡滞纳金，对于持卡人违约逾期未还款的行为，发卡机构应与持卡人通过协议约定是否收取违约金，以及相关收取方式和标准……" 根据上述规定，某行云浮分行要求黄某支付滞纳金，违反上述法律规定，不予支持。《中国人民银行关于信用卡业务有关事项的通知》（银发〔2016〕111 号）第一条规定："对信用卡透支利率实行上限和下限管理，透支利率上限为日利率万分之五，透支利率下限为日利率万分之五的 0.7 倍。信用卡透支的计结息方式，以及对信用卡溢缴款是否计付利息及其利率标准，由发卡机构自主确定。" 某行云浮分行要求黄某按日万分之五计付欠款利息，该利率在上述规定范围内，予以支持。双方当事人同意的《××信用卡领用合约（个人卡）》第 3 部分第（4）款规定，对透支款项的利息，贷款人有权按月计收复利，故某行云浮分行起诉要求黄某对所欠的借款利息按月计收复利，具有合同依据，予以支持。

某行云浮分行提交的保证合同，并非由陈某清签订，而是由黄某代签，该合同对陈某清没有约束力，陈某清对于黄某所欠某行云浮分行的款项，不承担保证责任。虽然，本案信用卡透支款项属于黄某与陈某清夫妻关系存续期间产生的债务，但某行云浮分行未能提供足够证据证明该款用于黄某与陈某清之间的夫妻共同生活或者共同生产经营，陈某清对上述债务不承担连带清偿责任。

广东省云浮市中级人民法院依照《中华人民共和国合同法》第一百零七条、第一百九十六条、第二百零七条，《最高人民法院关于审理涉及夫妻债务纠纷案件适用法律有关问题的解释》第三条，《中华人民共和国民事诉讼法》第六十四条第一款、第一百四十四条的规定，判决如下：

一、黄某应于本判决发生法律效力之日起十日内偿还透支款本金 157673.72 元、利息 15558.54 元（暂计至 2017 年 6 月 16 日，从 2017 年 6 月 17 日起至透支本息还清之日止按日万分之五计算，并按月计收复息）；

二、驳回某行云浮分行的其他诉讼请求。

判决后，双方当事人均未上诉，本判决现已生效。

【法官后语】

从司法实践看，对于信用卡纠纷，双方当事人的争议常常围绕利息和持卡人的违约责任展开。发卡银行主张的利息一般是依合同规定的利率计算的利息，而对于违约责任表现为计收滞纳金、超限费、违约金等。在 2016 年前，国家对于信用卡利息及违约产生的滞纳金、超限费、违约金没有明确的限制性规范，导致各发卡银行对于计收利息和违约责任的主张，显现出巨大的差别。纠纷发生后，人民法院在审理此类案件时往往只能依照《中华人民共和国合同法》及相关民法原则，审查发卡银行主张因持卡人违约产生的各项费用是否有合同依据和法律依据，是否违反公平原则。据此，由于缺乏统一的标准，使司法对此类案件处理有较大的差异。2017 年 1 月 1 日施行的《中国人民银行关于信用卡业务有关事项的通知》对这些问题作了较详细的规定。《中国人民银行关于信用卡业务有关事项的通知》第一条规定："对信用卡透支利率实行上限和下限管理，透支利率上限为日利率万分之五，透支利率下限为日利率万分之五的 0.7 倍……"第三条规定："取消信用卡滞纳金，对于持卡人违约逾期未还款的行为，发卡机构应与持卡人通过协议约定是否收取违约金，以及相关收取方式和标准。发卡机构向持卡人提供超过授信额度用卡服务的，不得收取超限费。发卡机构对向持卡人收取的违约金和年费、取现手续费、货币兑换费等服务费用不得计收利息。"从上述规定反映，信用卡的透支利率有明确的上下限的限制，发卡银行可以要求持卡人支付违约金，但对于其主张的滞纳金、超限费是不予支持的。上述规定，一方面，为司法实践对此类案件审理提供了处理的标准；另一方面，也为金融部门核发信用卡，确立合同条款时提供了依据，可以从源头上减少此类纠纷的发生。

本案中，对于持卡人黄某所欠利息，某行云浮分行主张按日利率万分之五计算，该利率在《中国人民银行关于信用卡业务有关事项的通知》规定的范围内，应予以支持。某行云浮分行要求的违约金，虽然在诉讼请求的表述上为违约金，但实际上是合同规定的滞纳金，不予支持。根据中国人民银行的上述规定，当事人可以协议确定违约金，在持卡人违约的情况下，发卡行可以主张违约金。某行云浮分行并未与黄某约定违约金，其以违约金的名义主张滞纳金，显然是没有合同依据的，不应支持。

值得我们注意的是，在《中国人民银行关于信用卡业务有关事项的通知》施行近四年后，最高人民法院公布的《关于审理银行卡民事纠纷案件若干问题的规定》于2021年5月25日施行，该司法解释虽然没有规定不支持金融机构主张滞纳金的规定，但其第二条第二款明确，约定给付透支利息、复利、违约金等，或者给付分期付款手续费、利息、违约金等总额过高的，持卡人可以请求予以适当减少。该条款规定体现了契约意思自治的原则，在满足一定条件，基于公平与交易秩序稳定的需要，国家是允许公权介入调整的，对于金融行为更需规范。

编写人：广东省云浮市中级人民法院　李艳徽

088　银行卡盗刷案件中过错原则的适用

——李某宁诉某银行股份有限公司信用卡中心北京分中心银行卡案

【案件基本信息】

1. 裁判书字号

北京市第三中级人民法院（2018）京03民终14851号民事判决书

2. 案由：银行卡纠纷

3. 当事人

原告（上诉人）：李某宁

被告（上诉人）：某银行股份有限公司信用卡中心北京分中心（以下简称某银行信用卡中心）

【基本案情】

2010年年初，李某宁在某银行信用卡中心处办理了涉案信用卡，但并未激活使用。后，2011年9月15日，李某宁外出回家后发现放置在家中的手机进水、手机SIM卡损坏，均不能使用。李某宁于2011年9月17日修好手机并补办了SIM卡，并于2011年9月19日收到短信提示，称李某宁在某银行信用卡中心处办理的信用卡被激活并被刷卡消费2万元。李某宁与某银行信用卡中心客服联系得知，其信用卡于2011年9月16日被激活使用。李某宁才意识到其手机中SIM卡、涉案信用卡均被他人盗取，李某宁立即向公安机关报案并将涉案银行卡挂失。李某宁向某银行信用卡中心反映情况并提交了受案回执等材料后某银行信用卡中心表示不需要其还款。但某银行信用卡中心于2013年突然要求李某宁偿还盗刷的本金2万元，李某宁并未偿还。其后，某银行信用卡中心无正当理由将李某宁列为不良征信人员，给李某宁造成了损失，同时某银行信用卡中心一直采用谩骂、恐吓等非法手段向李某宁及亲属催款，导致李某宁精神长期高度紧张，精神造成伤害。故李某宁诉至法院。

经询，某银行信用卡中心称涉案信用卡激活需要掌握申请信用卡时的预留手机号码、信用卡和身份证，涉案卡片的激活方式是根据某银行信用卡中心官网公示的方式，消费也是根据实体卡片通过密码和签名双重验证方式进行，某银行信用卡中心在涉案信用卡激活和交易的各个环节均尽到了严格的验证义务和安全保障义务。

【案件焦点】

银行卡盗刷案件中，持卡人主张的“盗刷”损失的分担原则。

【法院裁判要旨】

北京市朝阳区人民法院经审理认为：李某宁在涉案信用卡及银行预留手机号码 SIM 卡丢失的情况下未能及时发现避免损失的发生，李某宁未尽到妥善保管信用卡账户安全的义务；而某银行信用卡中心于涉案信用卡激活、设置密码、使用消费过程中验证了李某宁的手机号、银行卡号、身份证号、信用卡卡片、密码及签名等信息，现无证据表明某银行信用卡中心在办理上述业务中未尽到安全审核义务，亦无证据表明系某银行信用卡中心泄露了李某宁的上述信息，某银行信用卡中心就此不存在违约行为，故法院对李某宁要求某银行信用卡中心自行承担信用卡被盗刷本金损失的诉讼请求不予支持。

关于利息、滞纳金及挂失手续费等损失，李某宁丢失信用卡并进行了挂失，依据领用合约的约定，应当支付 60 元挂失手续费；关于利息及滞纳金，第一，某银行信用卡中心并未及时对异议进行核实处理并将处理结果告知李某宁，且某银行信用卡中心并未及时向李某宁提起诉讼主张权利，导致产生的利息、滞纳金超过实际发生的本金数额；第二，涉案交易发生于 2011 年，而李某宁在某银行信用卡中心持续向其发出催收短信后仍未与某银行信用卡中心就涉案交易进行沟通处理，其就损失扩大的部分亦存在过错，故法院对李某宁主张由某银行信用卡中心承担的利息、滞纳金的数额根据双方的过错原则予以分担。

关于不良征信记录及损失，某银行信用卡中心因李某宁信用卡欠款的行为，将其个人信用数据报送中国人民银行征信中心，某银行信用卡中心并无过错，但考虑到涉案交易的刑事案件尚无处理结果，且某银行信用卡中心未将异议处理结果及时告知李某宁导致李某宁丧失主动还款避免损失扩大的机会，故待李某宁向某银行信用卡中心弥补了涉案交易所产生的损失后，某银行信用卡中心应及时协助李某宁将不良记录进行消除。关于李某宁主张的因不良征信记录导致的无法贷款产生的高额利息损失，与本案诉争事实缺乏关联性，且李某宁并未提交证据证明其损失的实际发生，故法院不予支持。

北京市朝阳区人民法院依照《中华人民共和国合同法》第五条、第六条、第六十条第一款、第一百零七条、第一百一十四条，《中华人民共和国民事诉讼法》第六十四条第一款之规定，判决如下：

一、某银行信用卡中心免除李某宁偿还某银行信用卡中心欠款 15847.25 元的责任；

二、某银行信用卡中心于收到李某宁偿还的欠款本金、利息、滞纳金、挂失手续费共计 26851.68 元后 30 日内协助李某宁撤销其在中国人民银行征信中心李某宁名下信用卡的不良信用记录；

三、驳回李某宁的其他诉讼请求。

李某宁、某银行信用卡中心不服一审判决，提起上诉。

北京市第三中级人民法院经审理同意一审法院的裁判意见，依照《中华人民共和国民事诉讼法》第一百七十条第一款第一项之规定，判决如下：

驳回上诉，维持原判。

【法官后语】

本案主要系信用卡持卡人未妥善保管信用卡片且泄露个人信息，导致其所有的信用卡被他人开通后进行消费所引发的纠纷。根据查明的事实，信用卡持卡人未尽到妥善保管信用卡账户安全的义务，银行在履行双方合同关系期间亦不存在违约行为，信用卡持卡人应当对其信用卡被“盗刷”的本金损失承担责任。本案审理中的难点为：在信用卡持卡人逾期归还上述盗刷款的情况下，银行要求其按照合同约定支付较高利息及滞纳金是否应当得到支持。

涉案交易发生于2011年，而在2011年至李某宁起诉至法院长达7年的时间内，双方并未就盗刷的利息及滞纳金的支付进行有效的沟通解决。银行在涉案信用卡存在逾期还款的情况下，计收至2014年左右才停止，导致在欠款本金2万元的情况下，利息及滞纳金费用为22698.93元，已经超过欠款本金的数额。笔者认为，在李某宁逾期还款的情况下，某银行信用卡中心依据信用卡领用合约等约定要求李某宁承担利息及滞纳金等费用虽然符合约定，但对被盗刷的持卡人李某宁来说显失公平。理由为，本案中被“盗刷”的本金2万元在李某宁逾期还款的情况下是某银行信用卡中心的实际损失，而某银行信用卡中心所主张的利息及滞纳金高达22698.93元，该部分系因李某宁违约行为所产生的资金融通带来的利息损失，相对于盗刷本金来说是附加损失、扩大损失、可得利益损失。在某银行信用卡中心不存在过错的情况下，某银行信用卡中心有权要求李某宁按照合同约定支付逾期还款的利息及滞纳金。但本案中，某银行信用卡中心在李某宁向其提出异议并提交了报案材料等证明材料后，并未及时对异议进行核实处理并将处理结果告知李某宁，而且某银行信用卡中心亦未及时向李某宁提起诉讼主张权利，导致李某宁丧失了及时还款、弥补扩大部分损失的机会，最终利息、滞纳金等扩大部分的损失已经超过盗刷本金的实际损失，因此某银行信用卡中心就此存在过错。而李某宁亦存在过错，理由是涉案交易发生距李某宁诉至法院已近7年，李某宁在涉案交易发生后的数年间持续收到某银行信用卡中心向其发出的催收短信但仍未与某银行信用卡中心就涉案交易进行有效沟通处理，因此李某宁就损失扩大的部分亦存在过错。根据原《中华人民共和国合同法》第一百一十四条[①]第一款和第二款规定，当事人可以约定一方违约时应当根据违约情况向对方支付一定数额的违约金，也可以约定因违约产生的损失赔偿额的计算方法。约定的违约金过分高于造成的损失的，当事人可以请求人民法院或者仲裁机构予以适当减少。原《最高人民法院关于适用〈中华人民共和国合同法〉若干问题的解释（二）》（已失效）第二十九条第一款规定，当事人主张约定的违约金过高请求予以适当减少的，人民法院应当以实际损失为基础，兼顾合同的履行情况、当事人的过错程度以及预期利益等综合因素，根据公平原则和诚实信用原则予以衡量，并作出裁决。故笔者认为，某银行信用卡中心要求李某宁支付逾期还款的全部利息、滞纳金等损失，虽有合同约定，但从李某宁的主观过错程度，以及某银行信用卡中心的实际损失数额来看有失公平。根据相关法律规定，法院对某银行信用卡中心计收的利息、滞纳金这一部分的款项根据其过错程度予以减免，更符合公平原则。

编写人：北京市朝阳区人民法院　刘茹

---

① 对应《中华人民共和国民法典》第五百八十五条。

089 持卡人不需承担发卡机构单方收取的违约金或滞纳金

——某农村商业银行股份有限公司鲸塘支行诉陈某琳信用卡案

【案件基本信息】

1. 裁判书字号

江苏省无锡市宜兴市人民法院（2017）苏 0282 民初 8786 号民事判决书

2. 案由：信用卡纠纷

3. 当事人

原告：某农村商业银行股份有限公司鲸塘支行（以下简称农商行）

被告：陈某琳

【基本案情】

2015 年 8 月 27 日，陈某琳向农商行申办××贷记卡一张。根据领卡合约约定，贷记卡申领人每期最低还款额指发卡机构规定的持卡人透支后应该偿还的最低金额，包括累计未还消费本金的 10%，所有利息、超过信用额度的透支金额、取现本金和费用以及以前月份最低还款额未还部分的总和；申领人可以选择以最低还款额方式还款，即于当期到期还款日之前将不低于最低还款额的款项偿还给发卡机构，选择最低还款额方式不享受免息还款期待遇，发卡机构对每笔交易按日利率万分之五计收从银行记账日起至还款日止的应付利息，应付利息按月计收复利；申领人如到期还款日前未还清当期最低还款额或延误还款，除按上述计息方法支付应付利息外，还应按最低还款额未还部分的5%支付滞纳金；申领人因发卡机构催收欠款而引致的一切费用由申领人支付。后陈某琳在使用该卡过程中多次透支并逾期还款。根据农商行提供的××贷记卡消费明细记载，截至2017年7月17日，陈某琳共透支贷记卡欠款24055.42元，其中本金19904.56元，利息1945.71元、违约金2205.15元。

审理中，农商行确认：诉请中的滞纳金2205.15元即消费明细中的违约金，滞纳金的收费依据即前述领卡合约中的条款，违约金没有收费依据，且其也未与陈某琳对违约金按照何种标准收取进行约定。

【案件焦点】

农商行未经陈某琳同意单方将信用卡滞纳金改为违约金，并主张计收该费用，应否支持。

【法院裁判要旨】

江苏省无锡市宜兴市人民法院经审理认为：农商行与陈某琳之间的信用卡合同关系合法有效，应受法律保护。纠纷的引起是陈某琳未及时归还透支款所致，责任在陈某琳。对于滞纳金和违约金，中国人民银行于2016年4月15日发布了《中国人民银行关于信用卡业务有关事项的通知》，通知各国有商业银行、股份制商业银行等取消信用卡滞纳金，对于持卡人违约逾期未还款的行为，发卡机构应与持卡人通过协议约定是否收取违约金，以及相关收取方式和标准。发卡机构还应通过各种渠道充分披露信用卡的收费项目与标准等内容。该通知已自2017年1月1日起施行。根据该通知，商业银行应当自2017年1月1日起停止收取滞纳金，但对于持卡人的违约逾期未还款行为，商业银行应与持卡人通过协议约定是否收取违约金及收取方式和标准。另外，根据《中华人民共和国商业银行法》规定，商业银行可以经营吸收公众存款、从事银行卡业务等，商业银行与客户的业务往来，应当遵循平等、自愿、公平和诚实信用的原则。在本案中，农商行诉请主张的滞纳金实际即为消费明细中的违约金，但农商行作为商业银行未能提供证据证明其根据前述通知与持卡人陈某琳通过协议约定收取违约金及收取标准等，却以已被人民银行通知取消的信用卡滞纳金的名义主张计收违约金，显然有悖于平等、自愿、公平、诚实信用等原则。综上，农商行主张陈某琳归还透支款本金及利息，不违反法律规定和合同约定，应予支持。但农商行主张陈某琳归还滞纳金 2205.15 元，于法无据，法院不予支持。

江苏省无锡市宜兴市人民法院依照《中华人民共和国合同法》第六十条、第一百零七条、第二百零五条、第二百零六条、第二百零七条，《中华人民共和国民事诉讼法》第一百四十四条之规定，作出如下判决：

一、陈某琳于本判决发生法律效力之日起十日内偿还农商行信用卡欠款本金 19904.56 元及利息 1945.71 元；

二、驳回农商行的其他诉讼请求。

判决后，双方当事人均未上诉，本判决现已生效。

【法官后语】

近年来，随着信用卡在民商事交易中的广泛使用，因信用卡透支交易等引发的信用卡纠纷案件大幅增加，特别是持卡人透支后未按期还款，发卡机构通常要求持卡人支付复利、滞纳金等相关费用。

持卡人对于收费名目、收费标准等常与发卡机构发生争议。发卡机构通常主张，根据中国人民银行于1999年发布的《银行卡业务管理办法》第二十二条规定：“发卡银行对贷记卡持卡人未偿还最低还款额和超信用额度用卡的行为，应当分别按最低还款额未还部分、超过信用额度部分的5%收取滞纳金和超限费。”针对持卡人普遍反映信用卡欠款越滚越多和发卡行收费标准不透明等情况，中国人民银行于2016年4月15日发布《关于信用卡业务有关事项的通知》，并自2017年1月1日实施。中国人民银行在该通知中要求各发卡机构取消信用卡滞纳金，对于持卡人违约逾期未还款行为，发卡机构应与持卡人通过协议约定是否收取违约金，以及相关收取方式和标准。

在中国人民银行发出前述通知后，国内多家发卡机构均通过各种方式调整信用卡的收费项目，以违约金替代滞纳金，且绝大多数发卡机构都将违约金收费标准设定为最低还款额未还部分的5%，与此前滞纳金收费标准一致。本案中，农商行主张陈某琳归还欠款本金、利息及滞纳金，但根据农商行提供的消费明细，该滞纳金发生在2017年1月1日之后。根据中国人民银行于2016年4月15日发出的前述通知，各发卡机构自2017年1月1日起取消收取滞纳金，虽然该通知是行政规章，但对商业银行等各发卡机构具有约束力，人民法院审理信用卡案件时可以参照该规定的内容。故农商行主张收取2017年1月1日起的滞纳金，人民法院不应支持。另外，最高人民法院于2021年颁布了《关于审理银行卡民事纠纷案件若干问题的规定》，该规定第二条第一款即明定“发卡行在与持卡人订立银行卡合同时，对收取利息、复利、费用、违约金等格式条款未履行提示或者说明义务，致使持卡人没有注意或者理解该条款，持卡人主张该条款不成为合同的内容、对其不具有约束力的，人民法院应予支持”。农商行若在本案中单方主张收取违约金，人民法院亦不应支持。

编写人：江苏省无锡市宜兴市人民法院　何利萍　钱晋

090 信用卡出借、夫妻共同债务、诉讼时效问题探析

——某银行股份有限公司信用卡中心诉杜某容信用卡案

【案件基本信息】

1. 裁判书字号

北京市西城区人民法院（2018）京 0102 民初 10392 号民事判决书

2. 案由：信用卡纠纷

3. 当事人

原告：某银行股份有限公司信用卡中心（以下简称某银行）

被告：杜某容

【基本案情】

2014 年 7 月，杜某容与某银行签订《某银行信用卡（个人卡）领用合约》，约定：杜某容应对其账户下主卡及附属卡发生的所有应付款项负偿还责任；杜某容未能于最后还款日足额偿还全部到期应还款项的，不享受免息待遇，并且所有交易和应付款项改为自记账日起按透支利率计收利息；未能于最后还款日足额偿还全部到期应还款项时，除应支付透支利息外，还应按月支付滞纳金；凡使用密码进行的交易，均视为持卡人本人所为。某银行经审核后向杜某容发放了信用卡。

杜某容本人办理信用卡，在取得信用卡并开卡后，交由刘某使用，截至本案审理完毕前，杜某容并未就其陈述的失去信用卡控制的事实采取措施。

天津市河西区人民法院出具（2015）西民一初字第771号民事判决书，判决杜某容与刘某解除婚姻关系，债务由刘某承担。

杜某容在使用信用卡的过程中，未按照约定按时足额偿还欠款，多次逾期还款，信用卡账户信息显示，该账户最后一次还款发生在2015年3月27日。

某银行在本案诉讼中提交了杜某容的账户消费明细单，该证据载明，某银行作为金融机构，按照信用卡领用合约的约定，每月23日对杜某容涉案信用卡账户进行扣款。

【案件焦点】

1. 持卡人将信用卡交给他人使用，是否可以免除持卡人自身的偿还义务；2. 法院已经判决信用卡债务由他人承担，是否影响银行向持卡人追偿；3. 银行扣收欠款，但未实际扣收成功，是否产生诉讼时效中断的效果。

【法院裁判要旨】

北京市西城区人民法院经审理认为：某银行与杜某容之间形成信用卡合同关系，系双方当事人的真实意思表示。二者签订的《某银行乐驾卡申请表》及后附的合约内容不违反我国现行法律、行政法规的强制性规定，应属有效民事合同，某银行与杜某容作为合同的当事人，应当自觉履行合同义务。

杜某容本人办理信用卡，在取得信用卡并开卡后，交由刘某使用，截至本案审理完毕前，杜某容并未就其陈述的失去信用卡控制的事实采取措施。另，虽然杜某容庭审中提交判决书，证明涉案银行卡项下欠款已在二人离婚纠纷案件中，经法院判决由刘某承担，但法院认为，该判决书认定涉案信用卡项下债务由刘某向杜某容偿还，并不能据此认定刘某系本案信用卡纠纷项下某银行债权的清偿义务人。据此，对杜某容关于“本案信用卡欠款债务应由刘某承担，不应由杜某容承担”的抗辩意见不予采信。

根据《最高人民法院关于审理民事案件适用诉讼时效制度若干问题的规定》第十条第一款第三项规定，金融机构依照约定从对方当事人账户中扣收欠款本息的，产生诉讼时效中断的效力。上述规定中所谓“扣收欠款本息”，究其语义，是指作为债权人的金融机构，实施了扣收欠款的行为，而不是指发生了扣收欠款入账的实际效果。如果将前述规定中的“扣收欠款本息”，解释为“实际扣款成功”，并不符合交易实际，且对于债权人而言未免过于苛刻。杜某容的账户消费明细单载明某银行每月 23 日对杜某容涉案信用卡账户进行扣款，虽然最后一次成功扣收金钱的时间是 2015 年 3 月 27 日，但某银行每月均实施了扣收行为，可以发生诉讼时效中断的效果。此外，该账户系杜某容本人名下账户，杜某容明知且有条件查明某银行继续扣收本息的要求和数额，而不应当仅因为账户内没有存入资金，没有发生资金在账户之间扣转的事实，即认为某银行的债权超过诉讼时效期间。据此，某银行在本案中请求法院保护的债权并未超过诉讼时效期间。

北京市西城区人民法院根据《中华人民共和国合同法》第六十条第一款、第一百零七条，《中华人民共和国民事诉讼法》第六十四条第一款，《最高人民法院关于审理民事案件适用诉讼时效制度若干问题的规定》第十条之规定，作出如下判决：

被告杜某容于本判决生效之日起十日内偿还原告某银行截至2018年2月23日的信用卡欠款共计45258.82元，并按《某银行信用卡（个人卡）领用合约》的约定支付自2018年2月24日起至实际清偿之日止的利息、违约金。

判决后，双方当事人均未上诉，本判决现已生效。

【法官后语】

本案涉及信用卡纠纷常见争议焦点如下：第一，持卡人将信用卡交给他人使用，是否可以免除持卡人自身的偿还义务；第二，法院已经判决信用卡债务由他人承担，是否影响银行向持卡人追偿；第三，银行扣收欠款，但未实际扣收成功，是否产生诉讼时效中断的效果。

一、将信用卡交给他人使用，不能免除持卡人自身的偿还义务

信用卡领用合约约定：持卡人应对其账户下主卡及附属卡发生的所有应付款项负偿还责任；凡使用密码进行的交易，均视为持卡人本人所为。根据该约定，凡是通过合同约定（意味着持卡人和银行达成合意）的身份验证方式（密码、U盾等）在信用卡项下发生的欠款，都属于持卡人应当向银行承担的债务，而不论实际消费主体是否为持卡人。将信用卡交给他人使用与“盗刷”的关系如下：如持卡人缺乏防范意识，将密码或短信验证码此类身份验证信息告知他人，导致产生欠款与上述将信用卡交给他人使用并无区别，持卡人仍应承担偿还责任；如银行因为自身系统漏洞等原因未妥善履行安全保障义务导致信用卡项下产生欠款，则银行对持卡人产生侵权或违约责任自另当别论。综上，将信用卡交给他人使用，告知其正确的身份验证方式，持卡人不能免除对该信用卡项下欠款的还款义务。

至于持卡人是否可以向实际用卡人主张使用期间产生的信用卡债务（假如另案诉讼），则需要审查持卡人与实际用卡人之间是否存在有效的合意要件（如书面协议、借条等）以及具体的合同内容，如用卡人以该信用卡项下的欠款为本金向持卡人借款。如无上述类似合意，则二者之间的关系有可能被视为赠与。

二、法院已经判决信用卡债务由他人承担，银行仍有权向持卡人主张

原《最高人民法院关于适用〈中华人民共和国婚姻法〉若干问题的解释（二）》（现已失效）第二十五条规定："当事人的离婚协议或者人民法院的判决书、裁定书、调解书已经对夫妻财产分割问题作出处理的，债权人仍有权就夫妻共同债务向男女双方主张权利。一方就共同债务承担连带清偿责任后，基于离婚协议或者人民法院的法律文书向另一方主张追偿的，人民法院应当支持。"据此，杜某容为信用卡合约法律关系的债务人，但法院已经判决该信用卡债务由刘某承担，则银行有权向杜某容和刘某任何一方主张信用卡欠款的债权。

本案中，某银行拒绝追加刘某作为本案的清偿义务人，而选择向杜某容一方主张，于法不悖。杜某容向某银行清偿信用卡债务后，可以基于该（2015）西民一初字第771号民事判决书向刘某进行追偿。

三、银行对持卡人账户进行扣收，但未实际扣款成功，仍产生诉讼时效中断的效果

根据2008年《最高人民法院关于审理民事案件适用诉讼时效制度若干问题的规定》第十条第一款第三项规定，"当事人一方为金融机构，依照法律规定或者当事人约定从对方当事人账户中扣收欠款

本息的”，产生诉讼时效中断的效力。诉讼时效的制度目的是督促权利人及时行使权利，防止“非所有人占有他人财产或权利人不行使权利的事实状态持续经过长久的期间后即形成相对确定的社会秩序”，至于在催告的过程中权利人的债权是否得到了实现则在所不问。因此，将“扣收欠款本息”解释为“实际扣款成功”，并不符合诉讼时效的制度目的，亦不符合交易实际。因此，虽然本案中最后一次成功扣款的时间是2015年3月27日，但银行在之后的每月23日均实施了扣收行为，本案起诉并未超过诉讼时效期间。

编写人：北京市西城区人民法院　王佳宁

091 银行未尽安全保障义务应对持卡人的损失承担赔偿责任

——何某诉某银行股份有限公司肇庆幸福新城支行、某银行股份有限公司肇庆分行信用卡案

【案件基本信息】

1. 裁判书字号

广东省肇庆市中级人民法院（2017）粤12民终2432号民事判决书

2. 案由：信用卡纠纷

3. 当事人

原告（上诉人）：何某

被告（上诉人）：某银行股份有限公司肇庆幸福新城支行（以下简称某行幸福新城支行）、某银行股份有限公司肇庆分行

【基本案情】

何某向某行幸福新城支行申领了一张银行卡。2017 年 1 月 25 日 0 时 13 分 49 秒，该银行卡的账户被他人在我国香港特别行政区取现 5000 港元，人民币扣账金额 4448 元，收取手续费 22.24 元；2017 年 1 月 25 日 0 时 14 分 30 秒，该银行卡的账户被他人在我国香港特别行政区取现 5000 港元，人民币扣账金额 4448 元，收取手续费 22.24 元；2017 年 1 月 25 日 0 时 15 分 12 秒，该银行卡的账户被他人在我国香港特别行政区取现 1200 港元，人民币扣账金额 1067.52 元，收取手续费 4 元；2017 年 1 月 25 日 5 时 34 分 45 秒，该银行卡的账户被他人在加拿大消费 7782 元加币，人民币扣账金额 40821.02 元，收取手续费 15 元。以上合计 50848.02 元。

2017 年 1 月 25 日 14 时 30 分，何某发现其持有的银行卡被他人盗刷，遂到肇庆市公安局端州分局经济犯罪侦查大队二中队报案。该二中队当天向何某出具了《报警回执》《受案回执》《立案告知书》（对何某被信用卡诈骗案正式立案侦查，但至今没有破案）。随后，何某以其持有的银行卡到某银行股份有限公司肇庆分行下属网点取款 100 元，证明该信用卡为何某本人持有。

2017 年 6 月 15 日，肇庆市公安局出入境管理支队出具《出入境记录查询结果》，证明何某在 2017 年 1 月 1 日至 2017 年 3 月 1 日无出入境记录。

【案件焦点】

1. 何某信用卡上的被刷存款是否属于被他人以克隆卡提取或消费；2. 何某的损失的责任承担。

【法院裁判要旨】

广东省肇庆市端州区人民法院经审理认为：何某在某行幸福新城支行办理了信用卡，双方建立了储蓄合同关系。根据储蓄合同的性质，某行幸福新城支行负有保证何某卡内存款安全的义务。现何某本人在肇庆，其信用卡被在中国香港地区和加拿大提现或消费，且何某在确定银行卡存款被盗时即向肇庆市公安局端州分局经济犯罪侦查大队二中队报案并取现 100 元予以证实，足以认定涉案银行卡账户存在伪卡。根据储蓄合同的性质以及《中华人民共和国商业银行法》第二十九条第一款、第三十三条的规定，某行幸福新城支行有保障何某卡内存款安全的义务及保证支付的义务，现其未能准确地识别该“克隆”卡，从而将何某信用卡账户中的存款错误地交给“克隆”卡持有人，是造成何某存款丢失的主要原因，且在诉讼过程中，某行幸福新城支行也未能够提供盗刷行为发生时的视频资料、交易单据等证据材料，证明其已经尽到合理管理责任和义务，因此，某行幸福新城支行对何某信用卡账户中的存款被盗，存在主要过错，应当对资金损失承担主要责任，应承担 50848.02 元（含手续费）损失的 80%即 40678.42 元的赔偿责任。然后，信用卡交易密码是由用户自行设定的，其使用直接表明交易者身份的鉴别及对交易内容的确认，起到数字签名的功能，用密码交易视为储户本人所为。何某办理银行储存卡并设置了密码后，应对银行卡及密码有妥善保管的义务，其未能妥善保管银行卡、密码及规范使用，给犯罪嫌疑人以可乘之机，对造成涉案存款损失亦有一定过错，应承担 50848.02 元损失的 20%即 10169.60 元为宜。

广东省肇庆市端州区人民法院遂判决：

某行幸福新城支行应在本判决发生法律效力之日起七日内赔偿

40678.42元给何某。

何某、某行幸福新城支行均提起上诉。广东省肇庆市中级人民法院经审理认为：从本案查明的事实来看，足以认定涉案银行卡账户存在伪卡。某行幸福新城支行作为发卡行未能识别伪卡，是造成何某存款丢失的主要原因，应当对资金损失承担责任。何某在银行卡设置了密码后，未能妥善保管规范使用银行卡及密码，对损失的造成也有一定的过错。广东省肇庆市中级人民法院遂判决：

驳回上诉，维持原判。

【法官后语】

银行为客户提供银行卡服务，应承担伪卡的识别义务，确保该卡内的数据信息不被非法窃取并加以使用。银行作为发卡行及相关技术、设备和操作平台的提供者，需要承担比持卡人责任更重的防范伪卡交易的责任，发生伪卡交易时，如果银行主张免除其对持卡人的付款责任，应当举证证明系因持卡人未能妥善保管银行卡或密码所致，即适用举证责任倒置原则。本案中，何某在无出境的情况下，银行卡分别在中国香港地区、加拿大两地被盗刷，公安机关出具的证明证实犯罪嫌疑人所复制的卡片中有何某的卡片，由此可见本案是属于伪卡交易，银行未能准确识别伪卡致何某的款项被盗刷，应承担赔偿责任。

审判实践中，关于发生伪卡交易时储户损害责任承担的判断，是从保护储户作为金融消费者合法权益的角度出发，通过对银行和储户双方的利益衡量，从伪卡盗刷所产生的损失分配、处理和预防等方面确定储户损失的责任承担。这就要求银行应积极采取银行卡风险识别、分析、监控和管理的有效办法，特别是现时移动支付平台不断发展的情况下，银行部门通过完善卡片服务、修补技术漏洞、采取交易技术升级创新措施，完善银行卡风险管理平台和机制，提高银行卡风险预警能力，以达到有效保护交易安全、有利于切实保障储户的合法权益的目标，从而更好地促进整个银行卡业务的良性健康发展，有效地提高社会交易秩序的安全性。同时，保障资金安全的责任既在银行，也在储户。现时移动支付方式不断发展，支付平台常需捆绑银行卡的相关信息，储户无论在实体支付还是平台支付的过程中，均需尽谨慎义务，遵守各项使用规则，谨防银行卡被盗刷。

本案虽然发生于2017年，但实体处理与2021年5月24日最高人民法院施行的《最高人民法院关于审理银行卡民事纠纷案件若干问题的规定》第四条、第六条、第十五条对银行卡盗刷事实的认定规则一致，该规定及时回应社会关于银行卡盗刷责任认定这一关切问题，通过规范银行卡交易的主体行为，提高银行卡交易安全水平，保障持卡人的合法权益，体现了人民法院司法为民、服务大局的政治担当。

编写人：广东省肇庆市中级人民法院　吕翠华

092　伪卡交易的认定

——李某诉某银行股份有限公司句容支行信用卡案

【案件基本信息】

1. 裁判书字号

江苏省镇江市中级人民法院（2016）苏11民终字第1368号民事判决书

2. 案由：信用卡纠纷

3. 当事人

原告（被上诉人）：李某

被告（上诉人）：某银行股份有限公司句容支行（以下简称某行句容支行）

【基本案情】

2002年4月4日，李某向某行句容支行提交《××卡个人申请表》申请办理信用卡。在申请表中，李某声明保证遵守××卡章程。章程载明：凡使用密码进行的交易均视为持卡人本人行为。某行句容支行经审核后向李某发放尾号为3022信用卡一张，李某设置了账户密码。

2014年7月5日，李某从北京首都国际机场出发前往德国，后于7月19日经上海浦东机场回国。2014年7月6日，李某上述信用卡在辉云建材跨行消费29800元；2014年7月6日18时52分、18时53分，李某上述信用卡在广州市恒电办公批发部分别被跨行消费19800元、9800元；2014年7月7日20时56分，李某上述信用卡在广州市恒电电子设备商被跨行消费890元；2014年7月7日，李某上述信用卡通过POS机消费2580元，交易地点为“快钱支付清算信息有限公司—大型仓储式超级”。上述五笔交易共计62870元，其中银行卡内存款52900.86元、透支9969.14元。2014年7月24日，李某向句容市公安局经济开发区派出所报案。该所接警后出具情况说明一份“2014年7月24日上午10时，李某来所反映称：其于2014年7月5日14时飞往德国，2014年7月18日12时返回国内，其中工商银行信用卡于2014年7月6日、7日在南京、广州、深圳等地被陌生人盗刷，信用卡在出国期间一直在本人身上。民警告知其通过工行信用卡中心以及案发地公安机关来解决此事”。2014年7月24日，李某向某行句容支行申请拒付上述62870元。

另查明，李某所持银行卡并未开通交易短信通知功能。2014年7月6日至2014年7月7日，除李某所称被盗刷外，案涉银行卡账户没有其他交易记录。

【案件焦点】

1. 案涉交易是否构成伪卡交易；2. 如果构成伪卡交易，损失应当如何承担。

【法院裁判要旨】

江苏省句容市人民法院经审理认为：案涉交易属于伪卡交易。理由在于：李某作为银行卡持卡人，在合理时间内报案，对事情经过进行了合理陈述，并提交了其银行卡历史明细清单、派出所证明、护照等证据，就其银行卡被伪造盗刷的事实完成了初步的举证证明责任。某行句容支行作为银行卡的发卡行及相关技术、设备和操作平台的提供者，应当对案涉交易系李某本人所为或他人持原卡交易承担举证责任，但其未提供相关证据予以证实，对此应承担举证不能的法律后果。某行句容支行未能保证李某银行卡的唯一性和不可复制性，且其所认可的各种交易终端机具、交易系统亦均未能有效识别伪卡，导致李某卡内资金被盗刷，应当赔偿李某的全部损失。在目前的技术手段不能排除整个交易系统存在密码泄露或者被破译的可能性，也不能排除犯罪嫌疑人通过技术手段获取密码的可能性的情况下，某行句容支行未能提供证据证明李某存在泄露密码或者加大密码泄露可能性的事实，对此应承担举证不能的法律后果。江苏省句容市人民法院遂作出如下判决：

一、某行句容支行于判决生效后十日内赔偿李某 52900.86 元，并支付自 2014 年 7 月 6 日起至实际给付之日止按同期银行贷款基准利率计算的利息损失；

二、李某不支付某行句容支行 9969.14 元。

某行句容支行持原审意见提起上诉。江苏省镇江市中级人民法院经审理认为：一、案涉交易属于伪卡交易。理由如下：1. 案涉五笔交易分别发生在 2014 年 7 月 6 日和 7 月 7 日，其中 7 月 6 日广州的两笔交易时间仅间隔 1 分钟，时间跨度非常短；交易地点地理位置相距较远，且均为跨行消费。而该时间段李某在德国，客观上不可能在上述三地进行消费。且案涉三笔交易单据上李某的签名与其在《××卡个人申请表》上的签名明显不一致，故案涉交易与正常交易有明显差异，符合伪卡交易的特征。2. 在案涉交易明显具备伪卡交易特征时，鉴于发卡行对银行卡的真伪具备更强的识别能力，对银行卡的风险控制能力更强，故应当由发卡行某行句容支行举证证明交易银行卡系原卡，某行句容支行未能举证的，应认定案涉交易是伪卡交易。

二、银行卡密码泄露的责任应由某行句容支行承担。理由如下：1. 发卡行作为银行卡的推广者和受益者，负有提高银行卡安全体系的法定责任，在没有证据证明李某存在擅自出借、出租、出售银行卡给他人使用、随意将交易密码告知他人、在银行卡丢失后未及时进行挂失等不当行为的情况下，密码泄露的责任应当由发卡行承担。2. 信用卡章程规定的“凡使用密码进行的交易，均视为持卡人本人所为”，不能免除某行句容支行的责任。某行句容支行作为发卡行及相关技术、设备和操作平台的提供者，应提供有效的安全系统和防范措施确保银行卡交易安全，而上述规定将密码交易均视为持卡人本人所为，实际将密码泄露的风险完全交由持卡人承担，加重了持卡人的责任，根据《中华人民共和国合同法》第四十条的规定，该格式条款应属无效，某行句容支行不能据此免责。3. 案涉银行卡短时间内在异地多次交易，交易单据上的签名也与持卡人的签名有明显不一致，符合伪卡交易的特征，持卡人李某业已证明其在该时该地不可能发生交易，而某行句容支行并未提供证据证明李某存在不善保管、使用银行卡的情形，在目前我国银行卡的防伪技术不高、银行卡交易设备、交易系统安全性尚待提高的情形下，判令发卡行某行句容支行承担银行卡信息泄露导致的损失并无不妥。综上所述，某行句容支行的上诉请求不能成立，应予驳回；一审判决认定事实清楚，适用法律正确，应予维持。

江苏省镇江市中级人民法院依照《中华人民共和国民事诉讼法》第一百七十条第一款第一项之规定，作出如下判决：

驳回上诉，维持原判决。

【法官后语】

本案处理重点主要是对于伪卡交易的认定和伪卡交易民事案件中的责任认定。

第一，伪卡交易的认定。本案中，交易银行卡账户短时间内在异地交易，根据护照、派出所情况说明、POS 机消费商户存根等证据，结合交易行为地与持卡人处所的距离、交易时间和报案时间、持卡人身份、持卡人的陈述等情况，综合考量后，依据常理可推断出持卡人未在该时该地交易，即构成伪卡交易。

除此情形外，人民法院在审理此类案件若遇到以下情形，亦可综合判断是否存在伪卡交易：（一）行为人并非持卡人，且存在安装测录装置盗取银行卡信息、密码等行为的；（二）交易银行卡的样式、颜色、标记等与银行卡差异较大的；（三）签购单等交易单据上的签名与银行卡上记载的持卡人签名明显不一致的；（四）其他能够证明伪卡交易的情形。

第二，伪卡交易民事案件中的责任认定。对于持卡人、发卡行因银行卡被伪造后交易损失产生的纠纷，人民法院应当根据举证责任的履行、违约情况的认定等情况，根据公平原则，合理确定持卡人和发卡行的责任比例分担。设密码的银行卡被伪造而发生交易，持卡人对密码泄露没有过错的，对银行卡账户内资金损失一般不承担责任。在此种情形下，持卡人以发卡行或收单机构未采取银行卡风险管理措施导致银行卡密码被盗取为由，要求发卡行承担全部责任，在银行未能举证证明持卡人对银行卡被伪造存在过错的，人民法院可以支持持卡人的请求。若持卡人用卡不规范足以导致密码泄露的，一般应当在卡内资金损失50%的范围内承担责任，发卡行或收单机构对密码泄露存在过错的，可以减轻或者免除持卡人用卡不规范而应承担的民事责任。未设密码的银行卡被伪造而发生交易，发卡行以在办卡过程中履行了不设定密码后果和风险的提示义务为由请求持卡人承担相应责任的，人民法院可以支持，但持卡人承担责任的范围不宜超过卡内资金损失的50%。

2021年5月25日起施行的《最高人民法院关于审理银行卡民事纠纷案件若干问题的规定》第四条至第十五条对于伪卡交易的认定、举证责任分配、民事责任的承担作了明确、具体的规定，该司法解释厘清了银行卡纠纷审理过程中出现的疑点、难点问题，为司法实践提供了明确的指引。

编写人：江苏省句容市人民法院　杨惠玲

093 信用卡由他人使用的法律责任

——中国银行股份有限公司邵阳分行诉胡某信用卡案

【案件基本信息】

1. 裁判书字号

湖南省邵阳市邵东县人民法院（2015）邵东民初字第3317号民事判决书

2. 案由：信用卡纠纷

3. 当事人

原告：中国银行股份有限公司邵阳分行（以下简称中国银行邵阳分行）

被告：胡某

【基本案情】

中国银行邵阳分行诉称，胡某于2013年6月20日在中国银行邵阳分行处申请开通了卡号为6259064373228×××信用卡，自2015年1月开始，胡某对其持有的信用卡逾期还款，截至2015年9月27日，拖欠透支本金99896.69元、利息15848.56元、滞纳金及应收费用31338.54元，合计147083.79元。上述款项经中国银行邵阳分行多次催收未果，故请求法院依法判决胡某偿还中国银行邵阳分行透支本金及利息、滞纳金147083.79元，并从2015年9月28日起至透支本金还清之日止按合同约定另计利息及滞纳金。胡某辩称，胡某填写了长城环球通系列信用卡申请表，并签订了中国银行股份有限公司信用卡领用合约，向中国银行邵阳分行申领卡号为6259064373228×××长城环球通系列信用卡一张属实。但信用卡申请表胡某填写的地址“湖南省邵东县红岭南路××号”是案外人罗某和刘某的地址，中国银行邵阳分行按该地址将本案诉讼的信用卡邮寄给了罗某和刘某，该信用卡也一直是罗某和刘某在使用，拖欠中国银行邵阳分行的透支本金、利息和滞纳金及应收费用应由罗某和刘某偿还。故请求驳回中国银行邵阳分行要求胡某偿还透支本金、利息、滞纳金和应收费用147083.79元的诉讼请求。

湖南省邵东县人民法院经审理查明，2013年6月20日，胡某向中国银行邵阳分行申领卡号为6259064373228×××长城环球通系列信用卡一张，信用卡额度为10万元，并签订了中国银行股份有限公司信用卡领用合约，约定：1. 透支利息按日利率万分之五计算和滞纳金按最低还款额未还款部分的5%计算；2. 信用卡只限乙方（胡某）使用，不得以转借、出租等任何方式被其他个人或机构使用，否则甲方（中国银行邵阳分行）有权收回信用卡，由此造成的损失由乙方承担。乙方因出租、转借信用卡及其账户，或违反《中国银行股份有限公司信用卡章程》、本合约、或信用卡产品使用手册或使用指南等规定的视为乙方违约，由此产生的一切后果均由乙方负责，并承担由此给甲方或第三方造成的损失。该信用卡在使用期间频繁出现不按期还款的情况，造成信用卡账户透支，被扣收利息和滞纳金。截至2015年9月27日，案涉账户被透支本金99896.69元、产生利息15848.56元和滞纳金及应收费用31338.54元，合计147083.79元。前述款项经中国银行邵阳分行多次催收未果。

【案件焦点】

信用卡交给申领人以外的第三人使用，信用卡申领人是否应承担还款责任。

【法院裁判要旨】

湖南省邵阳市邵东县人民法院经审理认为，胡某向中国银行邵阳分行申领信用卡，胡某填写了长城环球通系列信用卡申请表，并签订了中国银行股份有限公司信用卡领用合约，胡某受信用卡领用合约的约束，应按合约约定履行还款义务。胡某未按约偿还信用卡透支本金，已构成违约，应承担支付透支本金利息、滞纳金和应收费用的违约责任，法院支持了中国银行邵阳分行要求胡某支付透支本金、利息、滞纳金及应收费用的诉讼请求。因胡某未提交证据证实案涉信用卡是他人使用，且双方当事人在信用卡领用合约中约定，信用卡不能以转借、出租等任何方式被其他人使用，故法院对胡某主张案涉信用卡一直由他人使用，应由实际使用人承担还款责任的答辩意见不予支持。依照《中华人民共和国合同法》第一百一十四条、第二百零六条、第二百零七条的规定，判决：1. 由胡某在判决生效后十日内支付中国银行邵阳分行信用卡透支本金 99896.69 元；2. 由胡某在判决生效后 10 日内支付中国银行邵阳分行信用卡透支利息 15848.56 元及滞纳金 31338.54 元（利息及滞纳金截至 2015 年 9 月 27 日止，此后按合同约定另行计算至透支本金还清之日止）。

判决后，双方当事人均未上诉，本判决现已生效。

【法官后语】

只要当事人在平等自愿基础上订立合同，不损害国家利益、公共利益和第三人合法权益，就应当受到充分的尊重和保护，双方当事人也应当按照约定履行义务，否则应依法承担继续履行、赔偿损失、支付违约金等民事责任，故本案当事人应按双方在金融合同中的约定享有权利和承担义务。本案当事人在金融合同中约定信用卡只能由胡某使用，即使胡某有充足的证据证实案涉信用卡申领后一直交给第三人使用，胡某仍有义务偿还信用卡透支本息和滞纳金。所以，以自己的名义办理的信用卡交由他人使用，需慎之又慎。温馨提示：(1) 一般情况下，与发卡银行形成合同关系的相对人是信用卡申领人，如果实际使用人不按时向银行偿还透支本金，由此产生的透支本金及逾期未还的透支本金利息、滞纳金等依法应由信用卡的申领人来偿还；(2) 信用卡申领人可依法要求实际使用者返还其信用卡透支本息和其他费用，但是信用卡的透支和消费可能是分多笔和多地使用，会导致信用卡审理人举证困难，如果诉讼的话，该信用卡申领人败诉的风险高；(3) 信用卡逾期不还，会对信用卡申领人在银行的信用记录造成不良影响。

上述案件于2016年5月判决，判决中适用的《中华人民共和国合同法》在2021年1月1日施行《中华人民共和国民法典》后就已废止，《中华人民共和国合同法》第一百一十四条、第二百零六条、第二百零七条在《中华人民共和国民法典》中未作修改，相对应的是《中华人民共和国民法典》第五百八十五条、第六百七十五条、第六百七十六条。上述案件在判决时，没有出台相关规制金融借款的利息、复利、违约金和其他费用的法律，法院是按当事人在金融合同的约定计算透支本金、利息和滞纳金。为了充分发挥人民法院对金融审判职能作用，降低实体经济的融资成本，促进经济和金融良性循环、健康发展，最高人民法院于2017年8月4日发布了《关于进一步加强金融审判工作的若干意见》，其中第二条第二项对金融借款的利率等进行了约束，提出："严格依法规制高利贷，有效降低实体经济的融资成本。金融借款合同的借款人以贷款人同时主张的利息、复利、罚息、违约金和其他费用过高，显著背离实际损失为由，请求对总计超过年利率24%的部分予以调减的，应予支持，以有效降低实体经济的融资成本。规范和引导民间融资秩序，依法否定民间借贷纠纷案件中预扣本金或者利息、变相高息等规避民间借贷利率司法保护上限的合同条款效力。"于2021年5月25日起开始施行的《最高人民法院关于审理银行卡民事纠纷案件若干问题的规定》第二条第二款规定："发卡行请求持卡人按照信用卡合同的约定给付透支利息、复利、违约金等，或者给付分期付款手续费、利息、违约金等，持卡人以发卡行主张的总额过高为由请求予以适当减少的，人民法院应当综合考虑国家有关金额监管规定、未还款的数额及期限、当事人过错程度、发卡行的实际损失等因素，根据公平原则和诚信原则予以衡量，并作出裁决。"故依照现行法律规定，金融借款合同的借款人对贷款人请求的借款利息、复利、违约金等费用总计超过年利率24%的部分，可以依法向法院提出予以调减。

编写人：湖南省邵阳市邵东县人民法院　佘堆元

094　尊重意思自治与保护弱势方利益间的平衡

——张礼某诉甲银行信用卡中心信用卡案

【案件基本信息】

1. 裁判书字号

上海市第一中级人民法院（2015）沪一中民六（商）终字第54

号民事判决书

2. 案由：信用卡纠纷

3. 当事人

原告（上诉人）：张礼某

被告（被上诉人）：甲银行信用卡中心

【基本案情】

张礼某于2011年11月30日向甲银行信用卡中心申请信用卡，约定适用《甲银行财政预算单位公务卡领用协议》（以下简称“领用协议”）、《甲银行龙卡信用卡章程》（以下简称“章程”），并以卡号为4367421215784513×××的储蓄卡作为约定账户绑定还款，后张礼某一直使用甲银行信用卡中心发行的卡号为6283660029646×××的龙卡信用卡，账单日为每月的10日，到期还款日为每月的30日。2013年8月10日的信用卡账单显示张礼某应于2013年8月30日前全部应还款额为40762.10元。张礼某绑定还款的储蓄卡账户内尚余3289.03元，遂张礼某于2013年8月30日21点41分至55分之间分7次通过ATM向信用卡账户内存入共计38300元，并当场收到由银行发送的还款短信通知。2013年8月31日8点9分甲银行信用卡中心系统自动先行将储蓄卡内的3289.03元予以划扣用以还款，再以信用卡账户还款，最终张礼某信用卡账户剩余826.93元。张礼某认为，甲银行信用卡中心应先行扣完其信用卡账户内的38300元，再扣储蓄卡内存款，还款后应有826.93元剩余在储蓄卡账户内，遂与甲银行信用卡中心交涉，甲银行信用卡中心于9月2日自信用卡账户划转826.93元至储蓄卡账户。张礼某认为甲银行信用卡中心无故扣划其账户余额

826.93元的行为严重侵犯其财产权，遂诉至法院，要求甲银行信用卡中心支付多扣划存款金额部分的三天利息0.4元以及占用资金的三倍2480.79元；要求甲银行信用卡中心书面赔礼道歉；要求甲银行信用卡中心修改信用卡划拨系统以避免类似恶意侵占本人和其他客户资金的现象再次发生，避免造成不特定公众的类似侵害。后甲银行信用卡中心于2014年5月4日向张礼某储蓄卡账户内转账0.4元。

【案件焦点】

1. 甲银行信用卡中心超额扣划张礼某储蓄账户内钱款，是否侵害了张礼某的财产权；2. 甲银行信用卡中心应否承担张礼某诉请的其他各项责任。

【法院裁判要旨】

上海市浦东新区人民法院经审理认为：第一，从还款方式来看，信用卡《领用协议》和《使用指南》均未排除“约定账户还款”外的其他还款方式。张礼某在选择约定账户还款的同时也可通过自助终端主动还款。从还款时间来看，本案信用卡最后还款日为每月的30日，张礼某在合同没有约定、甲银行信用卡中心也未提请其注意的情况下，不可能清楚了解营业时间以及资金在途未到账等银行内部规则，其在30日当天24时以前任意时间还款即是完成了还款行为。如若甲银行信用卡中心明知有资金在途时间的问题存在，其设置系统自动扣款时就应自前一日24时开始预留一定时间，待确定资金有无到账之后再进行扣划，或者应于合同中明确告知持卡人最后还款日的最后还款时间点。鉴于甲银行信用卡中心已按张礼某要求向其支付了三天利息0.4元，该行为出于甲银行信用卡中心自愿，于法不悖，故法院予以确认。第二，关于张礼某要求甲银行信用卡中心赔偿826.93元的三倍即2480.79元，因张礼某无证据证明甲银行信用卡中心有欺诈行为，故对该项诉请不予支持。关于书面赔礼道歉，因甲银行信用卡中心未对张礼某人身及精神造成损害，不适用赔礼道歉的责任承担方式，故对该项诉请不予支持。关于确认信用卡重复扣款条款无效，因双方所提交的有关于信用卡的条款中并无“重复扣款”的条款，张礼某该项诉请不存在，故不予支持。关于修改相应系统及对甲银行信用卡中心处予惩罚性赔偿，因张礼某主体资格不符合《中华人民共和国民事诉讼法》关于公益诉讼的规定，故不予支持。

上海市浦东新区人民法院判决：

驳回张礼某的诉讼请求。

上海市第一中级人民法院经审理认为：银行超额扣划张礼某储蓄账户内钱款，该行为没有合同依据和法律依据，已经构成对张礼某财产权的侵害。因银行已赔偿了张礼某利息损失0.4元，根据我国侵权法“损害填补”的基本原则，张礼某要求赔偿利息损失的诉讼请求，二审法院不再处理。对张礼某其他诉讼请求亦不予支持。

上海市第一中级人民法院判决：

驳回上诉，维持原判。

【法官后语】

本案难点在于，张礼某已选择绑定储蓄卡账户自动还款，其通过自助终端ATM机主动还款，而甲银行信用卡中心仍按双方合同约定于绑定储蓄卡账户内扣款，在此情况下，如何平衡尊重意思自治与保护弱势方利益之间的关系。格式条款在金融交易中广泛应用，金融机构与金融消费者之间的纠纷也逐渐增多，既要尊重格式条款所体现的意思自治，又要特别保护金融消费者以维护实质的公平。首先，应保护金融消费者的知情权。结合本案，知情权为甲银行信用卡中心的内部清算系统运行规则，甲银行信用卡中心认为其清算系统在营业网点的营业时间结束后开始识别各张卡内的余额，因张礼某在该时间节点后通过自助终端还款，各系统之间未实时对接导致第二日才识别到该笔金额。甲银行信用卡中心若口头或书面方式告知张礼某系统的上述运行规则，或明确约定最后还款日的最后时间节点为营业网点的营业结束时间，此案纠纷即不会发生。其次，应注重司法的规范成本效应。本案中，若判定张礼某还款的方式和时间存在错误，那么只能对张礼某个人起到相应作用，对甲银行信用卡中心无任何规制作用；若判定甲银行信用卡中心的行为存在不公平之处，则会让甲银行信用卡中心注意到自身的清算系统和服务存在的问题，加以改进后，所有客户均为受益者。因此通过本案的判决，甲银行信用卡中心已有针对性地明确信用卡合同条款、变更短信通知模板、改进系统清算运行、培训客服专业服务等内容，张礼某的相关诉请虽未获得法院支持，但其诉讼行为促进了金融机构以更优质的服务对待更多客户，司法也为创建安全稳健的金融体系迈出了扎实的一步。

编写人：上海市浦东新区人民法院　黄宗琴

四、融资租赁合同纷纷

095 监管银行违约导致融资租赁资金流失应当承担补充赔偿责任

——中某富通公司诉某银行朝阳分行合同案

【案件基本信息】

1. 裁判书字号

北京市第二中级人民法院（2020）京 02 民终 8148 号民事判决书

2. 案由：合同纠纷

3. 当事人

原告（上诉人）：中某富通公司

被告（被上诉人）：某银行朝阳分行

第三人（被上诉人）：朝某机械厂

【基本案情】

1. 融资租赁合同和账户监管协议签订情况

甲方中某富通公司作为出租人与乙方天津驼某公司作为承租人签订《融资租赁合同》，租赁本金 5625 万元。朝某机械厂作为供应商提供租赁物回购担保。同日，甲方中某富通公司、乙方朝某机械厂和丙方天津驼某公司签订《设备采购协议》。租赁物的购买价款总额 5625 万元。甲方中某富通公司、乙方朝某机械厂与丙方某银行朝阳分行签订《账户监管协议》，约定了资金监管账户的开立和使用限于满足签署和履行《融资租赁合同》及《设备采购协议》的需要，丙方在收到盖有甲、乙双方预留印鉴的《划款指令书》并核对无误后，应电话通知甲方财务人员朱某，经朱某确认，方可办理监管账户的对外付款；违约方应在合理范围内承担因其违约行为给监管财产和本协议对方当事人造成的损失。

2. 某银行朝阳分行履行账户监管协议情况

中某富通公司向上述监管账户合计汇入5625万元。某银行朝阳分行按照《账户监管协议》要求向其他公司共计支付4000.6万元，剩余的1624.4万元，某银行朝阳分行向其他公司支付均没有《划款指令书》原件。

中某富通公司向某银行朝阳分行发出相关函件，要求某银行朝阳分行对未经划款指令确认即划出的1624.4万元损失承担责任。

3. 融资租赁出租人、承租人及出卖方相关诉讼情况

出租人中某富通公司与承租人天津驼某公司关于《融资租赁合同》效力一案，天津市武清区人民法院最终判决确认中某富通公司与天津驼某公司签订的《融资租赁合同》有效。中某富通公司主张其已就该判决向天津市第一中级人民法院提出上诉。

中某富通公司诉被告朝某机械厂等买卖合同纠纷一案，北京市第二中级人民法院判决：中某富通公司解除合同行为有效，《设备采购协议》解除；朝某机械厂返还货款5625万元及利息；杨某等5人承担连带清偿责任。目前该案判决已生效。随后，中某富通公司申请执行，要求朝某机械厂、杨某等5人给付5625万元本金及利息等。因无财产可供执行，北京市第二中级人民法院作出终本裁定。

【案件焦点】

1. 某银行朝阳分行是否应当承担赔偿责任；2. 若某银行朝阳分行承担赔偿责任，赔偿责任的方式以及范围如何界定。

【法院裁判要旨】

北京市东城区人民法院经审理认为：首先，某银行朝阳分行未按照约定委托付款流程进行付款，属于超越委托权限的行为。但中某富通公司已通过其一系列诉讼行为追认某银行朝阳分行的越权行为。其次，中某富通公司要求某银行朝阳分行支付的款项已被其他生效判决确认的朝某机械厂返还货款及赔偿损失所涵盖，且补充赔偿责任不同于违约赔偿责任，要求某银行朝阳分行承担补充赔偿责任无合同及法律依据。故作出判决：驳回中某富通公司的全部诉讼请求。

中某富通公司不服一审判决，提出上诉。北京市第二中级人民法院经审理认为：根据《账户监管协议》相关约定，中某富通公司与某银行朝阳分行存在资金委托监管关系，而非委托付款关系。中某富通公司委托银行实施资金监管，是希望借此对朝某机械厂的履约行为和开具发票行为起到监督制约作用。某银行朝阳分行有两笔划款业务没有履行《账户监管协议》约定的监管措施，已经构成违约，应当就其违约行为承担相应的违约责任。虽然中某富通公司通过其他诉讼分别向其他债务人主张过权利，但其并未放弃过要求某银行朝阳分行承担《账户监管协议》项下违约责任的权利。参照适用《最高人民法院关于适用〈中华人民共和国担保法〉若干问题的解释》第二十六条的规定，某银行朝阳分行应当在给中某富通公司造成的损失范围内，对流失资金承担补充赔偿责任。

虽然《账户监管协议》当事人并不包括《融资租赁合同》和《保证合同》的相关当事人，但是《账户监管协议》监管的款项系整个融资租赁交易的标的，故中某富通公司在整个融资租赁交易项下自各债务人处均不能获得清偿的部分，属于中某富通公司的损失，某银行朝阳分行应当在流失资金范围内承担赔偿责任。执行程序已经终结，可以视为债务人不能清偿，一审法院认定有误，应予以纠正。

结合各方主观过错程度等因素，酌定某银行朝阳分行在流失资金中的500万元范围内，就中某富通公司的相关损失承担补充赔偿责任。某银行朝阳分行承担补充赔偿责任后，有权向《融资租赁合同》《保证合同》《设备采购协议》项下的债务人追偿。故，北京市第二中级人民法院作出判决：

一、撤销北京市东城区人民法院（2019）京0101民初1360号民事判决；

二、某银行朝阳分行在500万元范围内，对中某富通公司在案涉《融资租赁合同》《保证合同》《设备采购协议》项下债务人不能清偿债务部分的损失承担补充赔偿责任；

三、驳回中某富通公司其他诉讼请求。

【法官后语】

负有资金监管义务的监管银行根据资金监管协议的约定履行监管义务，当监管银行未尽到监管义务造成资金流失时，应承担何种性质的法律责任、承担责任范围如何界定等问题，在司法实务中存在较大争议。

首先，监管银行应当承担相应的违约责任。银行未尽到监管义务造成资金流失符合受托人承担违约责任的构成要件。监管人与监管银行之间存在资金委托监管关系，银行未按照资金监管协议约定的义务履行监管义务是违约行为的客观存在，此行为造成了监管资金流失的实际发生，银行的违约行为与监管资金的流失之间具有（间接）因果关系，且银行不存在合法的免责事由。因此，监管银行未尽到监管义务造成资金流失应当承担作为受托人的违约责任。

其次，监管银行应当承担相应的补充赔偿责任。第一，监管银行虽然未按照资金监管协议尽到监管义务，导致了监管资金错误流向被监管人，但该行为并非导致资金流失的直接原因。资金流失的直接原因系被监管人的违约、过错行为或其他责任人的违约、过错行为。易言之，监管银行未尽到监管义务是资金流失的第二顺位原因。此种责任形态契合补充责任的内在逻辑。第二，资金监管业务作为商业银行的产品，银行一般无偿或收取较低的费用提供资金监管义务。因此，按照权责相一致的原则，在此情况下，要求监管银行承担单独的赔偿责任或对被监管人的违约、过错行为以及其他责任人的违约、过错行为承担连带责任，对于监管银行过于苛责，责任显然过重。

最后，关于监管银行承担补充责任的范围界定，亦是应当予以重点关注的问题。监管银行未尽监管义务承担责任的顺位性决定了，只有在无法从直接责任人处得到全部赔偿的前提下，为了让监管人尽可能地使其利益得到补偿，才需要监管银行对直接责任人承担补充责任。直接责任人，应当从资金监管协议签订的背景和目的来进行分析。资金监管协议涉及的当事人虽然仅仅包括监管人、监管银行和被监管人，并不包括资金监管协议项下涉及整个交易关系的相关当事人，但资金监管协议的目的是满足资金监管协议项下整个交易关系相关当事人的正常履约，监管的资金款项也系资金监管协议项下整个交易标的所指，所以资金流失的直接责任人应当系整个交易项下的各债务人，监管人在整个交易项下从各债务人处均不能获得清偿的部分，才是监管人的损失。

同时，监管银行承担补充责任亦应当与监管银行的过错行为以及导致资金流失发生的原因力大小相一致。本案综合考量了监管人和被监管人的主观过错程度，合理界定了监管银行承担补充责任的比例。

编写人：北京市第二中级人民法院　葛红　任永军

096 租赁物部分真实情形下“名为租赁实为借贷”的司法认定

——上海某融资租赁有限公司诉某医院、某市城投公司融资租赁合同案

【案件基本信息】

1. 裁判书字号

上海金融法院（2021）沪74民终87号民事判决书

2. 案由：融资租赁合同纠纷

3. 当事人

原告（被上诉人）：上海某融资租赁有限公司

被告（上诉人）：某医院

被告：某市城投公司

【基本案情】

2017年3月7日，原告（甲方）与被告某医院（乙方）签订《回租购买合同》《回租租赁合同》，甲方向乙方购买租赁物（详见《租赁物清单》）并租回给乙方使用，乙方同意向甲方承租租赁物并支付租金及其他应付款项，租赁物总价为3300万元；同时约定租赁期限、每期租金金额、租金支付日、违约情形及违约责任。被告某医院向原告出具《固定资产清单》（以下简称资产明细1）、《设备所有权确认函》《承诺函》，承诺设备真实存在。被告某市城投公司与原告签订《保证合同》，承诺为被告某医院在《回租租赁合同》项下债务提供连带责任保证担保。2017年3月8日，原告向被告某医院支付租赁物价款29700000元（租赁物总价3300万元扣除被告某医院应支付的保证金330万元），并就上述融资租赁业务及租赁物信息在中国人民银行征信中心办理了登记。被告某医院已支付部分租金后未再支付。原告遂诉至法院，主张合同加速到期，要求被告某医院支付全部租金、违约金、律师费等，要求被告某市城投公司承担连带保证责任。

关于涉案租赁物，审理查明：1. 被告某医院与案外人远东公司在涉案售后回租之前已就本案部分设备签订融资租赁合同（目前尚在履行中），且已在中国人民银行征信中心办理了动产权属统一登记。2. 被告某医院提供《2017年某医院万元以上固定资产明细》（以下简称资产明细2）、《2017年某医院审计报告》，认为：资产明细2系真实的设备情况，资产明细1系当时为配合原告放贷出具，实际其中部分设备不存在，部分设备已经在先与远东公司进行融资租赁业务，本案售后回租项下真实存在的租赁物原值

1000余万元，但是按照《医院财务制度》规定的折旧方式，实际价值仅140余万元。3. 原告提供部分设备的照片，欲证明其对租赁物情况已进行现场核实，二被告对其真实性、关联性不予认可。原告称其就租赁物发票进行过审核，但是未能提供发票原件或者复印件；原告同时认为，即使资产明细2为真，扣除远东公司融资租赁的设备及不存在的设备，本案中无争议的租赁物价值也占合同约定价值3300万元的67.63%。

二被告辩称：1. 涉案租赁物一部分已经在先融资给案外人远东公司，一部分不存在，其余存在的设备的净值只有140余万元，远远低于合同约定的3300万元，因此涉案融资租赁合同不具备融物属性，应为借贷关系。2. 原告不具有贷款资质，涉案合同系以合法形式掩盖非法目的，应认定无效。原告仅能获得实际出借款项扣除被告某医院已归还款项之余款，合同约定的利息、违约金、律师费等条款均属无效。3. 主合同无效，被告某市城投公司签订的担保合同为从合同，理应无效，无须承担保证责任。

【案件焦点】

租赁物部分真实情形下，如何认定涉案售后回租租赁合同的性质。

【法院裁判要旨】

上海市浦东新区人民法院经审理认为：要先确定涉案合同的性质。第一，真实的租赁物系融资租赁法律关系的存在前提及构成要件。原告作为主张融资租赁合同关系成立的一方，应对租赁物的真实性承担举证责任。本案中租赁物清单记载507件，原告仅提供被告某医院单方确认真实性的承诺说明，而被告某医院又当庭予以否认，原告举证尚不足以证明租赁物的真实存在。第二，原告的真实意图如系建立融资租赁合同法律关系，则理应对租赁物的真实性及权属做到审慎注意。《回租购买合同》已明确约定，承租人应将租赁物的原始发票原件（及/或其他乙方在将租赁物出售给甲方前对租赁物享有所有权的证明文件的原件）交付给原告保管，直至回租租赁合同履行完毕。现原告不仅无法提供租赁物发票原件，甚至连复印件亦无法提供，现场勘查照片仅涉及极少部分设备，且难以确认与本案租赁物的关联性，原告亦未提供其他审核证据。再者，本案售后回租合同签订之前，案外人远东公司已就本案部分设备在中国人民银行征信中心进行了登记，原告作为专业的融资租赁公司，理应进行相关查询，对涉案租赁物权属进一步与承租人核实，原告未能举证其尽到此等注意。可见，原告对租赁物本身是否存在、其是否能够取得所有权并不关注，法院实难认定原告具有进行融资租赁的真实意思表示。第三，即使被告某医院自认部分设备真实存在，原告单方核算该部分设备价值为2000余万元，与合同约定价值3300万元亦存在显著差异。综上，本院认定涉案《回租租赁合同》系以融资租赁合同之名行民间借贷之实，双方之间形成借贷法律关系。因无证据证明原告系以发放贷款作为其主营业务或主要利润来源，双方借贷法律关系有效。借款人逾期还款，原告有权要求其还本付息、支付逾期违约金并依约承担已实际发生的律师费用。法院以实际放款金额作为本金，以合同实际执行利率调整每期还本付息金额，减轻原合同项下被告某医院对原告所应承担的债务，被告某市城投公司应依约向原告承担保证责任。

据此，上海市浦东新区人民法院判决：被告某医院归还原告本金、利息、逾期利息、律师费，被告某市城投公司承担连带保证责任，驳回原告其余诉讼请求。

被告上诉后未缴纳诉讼费用，上海金融法院视为其撤回上诉。

【法官后语】

作为与实体经济结合紧密的一种投融资方式，融资租赁具有融资便利、期限灵活、财务优化等特点，有利于拓宽中小微企业融资渠道。售后回租系其中重要方式之一，承租人可以通过盘活自有资产的方式实现融资，实现其固定资产利益的最大化。但与普通融资租赁不同，售后回租模式中，租赁物的出卖人与承租人同一，设备不发生移转，极易与借贷关系混淆，"名为租赁实为借贷"系该模式下承租人经常提及的抗辩。此类案件的审查重点在于租赁物的真实性，通常以出租人未能举证证明租赁物的真实性，认定融资租赁法律关系缺乏融物属性，系以租赁之名行借贷之实。

本案特殊之处在于，出租人虽然无证据证明租赁物的真实性，但承租人自认部分租赁物真实存在，使合同并非完全缺乏"融物"属性，故不可简单以前述举证否定融资租赁性质，而应进一步通过出租人审核行为考察其真实意思表示。出租人的真实意图如系建立融资租赁合同法律关系，理应对租赁物的真实性及权属尽到审慎注意义务。本案中，出租人既无法提供租赁物发票原件，甚至连复印件亦无法提供，现场勘查照片仅涉及极少部分设备，难以确认与本案租赁物的关联性，又未就在先融资且公示登记的设备权属进行审核。可见，原告对租赁物本身是否存在、其是否能够取得所有权并不关注，据此难以认定原告具有进行融资租赁的真实意思表示。

本案的判决价值在于：一、提示出租人未对租赁物真实性进行审核存在风险，进一步促进融资租赁公司规范审核行为；二、通过司法裁量，对于以租赁之形、借金融之名、行贷款之实的行为进行负面评价，引导其回归融资租赁本源，服务实体经济；三、合法合理认定合同性质，保护中小微企业融资路径与合法权益。

编写人：上海市浦东新区人民法院　徐秋子

097　承租方违约导致融资租赁合同解除后的损失赔偿问题

——创某公司诉冯某斌融资租赁合同案

【案件基本信息】

1. 裁判书字号

广西壮族自治区天等县人民法院（2019）桂1425民初953号民事判决书

2. 案由：融资租赁合同纠纷

3. 当事人

原告：创某公司

被告：冯某斌

【基本案情】

2017年8月21日，创某公司（出租人）与冯某斌（承租人）签订《车辆融资租赁合同》，合同约定的主要内容为：创某公司依据冯某斌申请，购买车辆出租给冯某斌使用。冯某斌按照合同约定向创某公司支付租金及其他款项。创某公司与冯某斌双方同意将标的车辆上户在指定登记人名下。但标的车辆所有权属于创某公司。冯某斌在严格依据合同约定向创某公司付清全部租金及相关费用，有权要求创某公司向其转让车辆的所有权；租赁期限内，冯某斌未按约向创某公司支付租金，创某公司有权提前解除合同，采取必要措施取回标的车辆；或者要求冯某斌支付全部租金；冯某斌因违反合同的处理：若创某公司收回车辆，如处置车辆的价款不足以弥补损失的，冯某斌除应补偿差额部分外，另须向出租人支付所有逾期未付款项25%的违约金。

上述合同的附件《当事人/融资信息/融资车辆信息》约定：购车总额131760元，融资总额104800元，租赁期限36期，每期租金3651.12元。合同签订后，创某公司依约向金华公司（出卖人）支付融资款104800元购买2016款1.5TCVT乐动尊享型北京牌汽车（租赁物）给冯某斌租用。2017年11月15日，创某公司与冯某斌签订《租赁物接收确认函》，双方一致确认，依编号HT20171110CG××××《车辆融资租赁合同》的相关约定，冯某斌向创某公司租赁了涉案车辆，车辆上户在冯某斌名下进行使用。租赁车辆在依据前述《车辆融资租赁合同》有关所有权转移的约定进行权属变更前，租赁车辆所有权属于创某公司。创某公司将涉案车辆作为租赁物交付给冯某斌，冯某斌予以接受并确认承租使用。

冯某斌租赁创某公司2016款1.5TCVT乐动尊享型北京牌汽车后，自2017年12日25日至2019年7月25日支付了20期租金后，不再向创某公司支付租金，累计拖欠租金16期共计58417.92元。2019年10月，创某公司授权第三方暂时性保管出租给冯某斌的车辆，并给冯某斌发送了《租赁车辆暂时性保管告知函》、保管车辆入库的《交换验车入库单》后，创某公司拍卖了涉案车辆。

【案件焦点】

创某公司要求解除合同，返还租赁车辆并一次性付清租金、违约金的诉讼请求是否有事实与法律依据的问题。

【法院裁判要旨】

广西壮族自治区天等县人民法院经审理认为：创某公司与冯某斌签订的《车辆融资租赁合同》合法有效，双方应按合同约定履行义务。冯某斌在履行合同过程中，未能按约定支付租金，已构成违约。创某公司将其诉至法院，要求支付全部未付租金，并解除合同，收回租赁车辆。根据合同约定，租赁期限内，冯某斌未按约向创某公司支付租金，创某公司有权提前解除合同，采取必要措施取回标的车辆；或者要求冯某斌支付全部租金。现创某公司已实际选择提前解除合同，取回了标的车辆并进行了拍卖，其主张冯某斌支付全部未付租金，该诉讼请求不符合双方签订的合同约定，亦与《中华人民共和国合同法》第二百四十八条“承租人应当按照约定支付租金。承租人经催告后在合理期限内仍不支付租金的，出租人可以请求支付全部租金；也可以解除合同，收回租赁物”的规定相悖。创某公司与冯某斌在合同中第十条第三款有约定如冯某斌违约，另须向创某公司支付所有逾期未付款项25%违约金。该约定符合法律规定。冯某斌主张创某公司收回的租赁车辆已拍卖，租赁物的余值大于创某公司主张的违约金与庭审查明的事实不符，该辩解意见法院不予支持。创某公司诉求保全费、公告费用，并无事实根据，法院不予支持。

广西壮族自治区天等县人民法院依照《中华人民共和国合同法》第九十七条、第一百一十四条、第二百三十七条、第二百四十八条，

《中华人民共和国民事诉讼法》第六十四条和《最高人民法院关于审理融资租赁合同纠纷案件适用法律问题的解释》第十二条第一款第二项、第四项、第二十条、第二十一条第一款的规定，判决如下：

一、解除创某公司与冯某斌签订的《车辆融资租赁合同》；

二、冯某斌返还创某公司桂 AZ××××租赁车辆（租赁车辆桂 AZ××××已实际由创某公司收回）；

三、冯某斌支付创某公司违约金 14604.48 元；

四、驳回创某公司的其他诉讼请求。

判决后，双方当事人均未上诉，本判决现已生效。

【法官后语】

近年来，分期付款俨然已经成为大众购物过程中常见的支付方式，大到车房小到手机，分期付款的踪影无处不在，有些分期付款逐渐演变成融资租赁，车辆融资租赁或将成为未来的主流购车方式，相应地，车辆融资租赁纠纷数量也将不断增加。

从审判实践来看，在本案中，若我们站在承租人的角度来看，根据双方签订的《车辆融资租赁合同》约定，若承租人冯某斌如期付清合同项下的应付款项，标的车辆的实际所有权将转移至其所有，但冯某斌未能按合同约定支付租金，导致出租人创某公司提前收回了标的车辆，在这种情况下，若出租人起诉请求承租人赔付合同解除的损失及违约金，法院将在法律规定及合同约定的范围内支持出租人的诉讼请求。

从出租人的角度出发，在冯某斌违反合同约定未按期支付租金的情况下，创某公司提前收回了标的车辆并拍卖且获得了拍卖款项。

在本案中，标的车辆在收回后履行合同的基础条件已不具备，即《车辆融资租赁合同》已实际解除，创某公司既已实际收回标的车辆但其仍坚持要求冯某斌付清全部租金，显然不符合《中华人民共和国民法典》中“承租人经催告后在合理期限内仍不支付租金的，出租人可以要求支付全部租金；也可以解除合同，收回租赁物”的规定，即创某公司要求冯某斌支付全部租金的诉讼请求被法院依法驳回。本案中，创某公司在拍卖标的车辆后的所得款与未付租金是存在差额的，根据《最高人民法院关于审理融资租赁合同纠纷案件适用法律问题的解释》第二十二条的规定，差额部分属可主张的赔偿范围，但创某公司诉讼请求中并未主张赔偿该部分损失。

综上，在车辆融资租赁活动中，融资租赁公司处置租赁物的能力是有限的，融资租赁业务的目的绝大部分是收取租赁利息而非通过处置拍卖租赁物的方式来获取。在承租人不能依照融资租赁合同按期支付租金的情况下，融资租赁公司就无法从收取租金及利息中获利，此时融资租赁公司该如何在诉讼活动中保障自身权益，关键就在于其提出的诉讼请求是否在《中华人民共和国民法典》和《最高人民法院关于审理融资租赁合同纠纷案件适用法律问题的解释》规定的范围内。

编写人：广西壮族自治区崇左市天等县人民法院　林笑

098 当事人因吸收合并住所地发生变更不影响协议管辖约定

——中某公司诉原某居公司等融资租赁合同案

【案件基本信息】

1. 裁判书字号

北京市高级人民法院（2019）京民辖终329号民事裁定书

2. 案由：融资租赁合同纠纷

3. 当事人

原告（被上诉人）：中某公司

被告（上诉人）：原某居公司

被告（被上诉人）：某某香公司、李某、王某

【基本案情】

2014年3月19日，北某公司与原某居公司签订《融资租赁合同》。租赁形式为售后回租，租赁物为厂房、办公楼和粮仓，租赁本金总额为1970万元，年租赁利率均为10%，租赁期限为36个月，租金总额为17194989.48元，租金分12期支付，每三个月期末等额本息支付。因上述合同中的土地评估价值发生变更，原某居公司同意增加租赁物，并双方就此签订《补充协议》。同时，双方签订《融资租赁合同》，租赁形式为售后回租，租赁物为设备，租赁本金总额为1500万元，年租赁利率均为10%，租赁期限为24个月，租金总额为17546813.04元，租金分12期支付，每三个月期末等额本息支付。同日，北某公司与原某居公司签订《土地使用权抵押合同》，原某居公司将其名下位于辽宁孟家绿色食品开发

区的土地使用权抵押给出租人。同日，双方签订两份《房屋抵押合同》，原某居公司将其名下位于法库县孟家镇孤数子村的二套房抵押给出租人。原某居公司以其上述土地使用权及房屋为其在前述《融资租赁合同》项下的债务提供抵押担保。同日，北某公司与某某香公司签订《保证合同》，由某某香公司为原某居公司在《融资租赁合同》项下全部债务提供不可撤销的连带责任保证。李某、王某分别出具《担保书》，以其个人全部财产为原某居公司提供连带责任保证。在前述《融资租赁合同》履行过程中，北某公司完全履行了合同义务，北某公司被中某公司依法吸收合并，合并后，北某公司依法解散。但原某居公司逾期支付租金，经北某公司多次索要，各被告仍欠付租金、违约金等前述款项。故中某公司提起诉讼，请求判令：(1) 原某居公司向中某公司支付逾期租金 34641802.52 元、留购款 3000 元、违约金 30234253.85 元（暂计至 2018 年 7 月 31 日，实际计算至偿清全部款项之日止），以上共计 64879056.37 元；(2) 中某公司对原某居公司抵押的房屋享有优先受偿权；(3) 中某公司对原某居公司抵押的土地使用权享有优先受偿权；(4) 中某公司在原某居公司、某某香公司、李某、王某清偿全部应付款项前对租赁物享有所有权；(5) 某某香公司、李某、王某对全部诉讼请求向中某公司承担连带保证责任；(6) 原某居公司、某某香公司、李某、王某承担诉讼费、律师费、保全费、保全担保费等中某公司实现债权产生的全部费用。

被告辩称，本案系融资租赁合同纠纷，租赁物厂房、办公楼和粮仓是不动产，且中某公司对不动产提出了明确的所有权确认请求。根据《中华人民共和国民事诉讼法》第三十三条第一项、第三十四条、第一百二十七条，《最高人民法院关于适用〈中华人民共和国民事诉讼法〉的解释》第二十八条，本案应适用不动产纠纷专属管辖的规定。综上，原某居公司请求将本案移送至不动产所在地法院即辽宁省沈阳市中级人民法院。

【案件焦点】

当事人因吸收合并住所地发生变更是否影响协议管辖约定。

【法院裁判要旨】

北京市第一中级人民法院经审理裁定：驳回原某居公司对本案管辖权提出的异议。原某居公司不服一审裁定，提起上诉。

北京市高级人民法院经审理认为：本案属于合同纠纷。根据《中华人民共和国民事诉讼法》第三十四条的规定，合同或者其他财产权益纠纷的当事人可以书面协议选择被告住所地、合同履行地、合同签订地、原告住所地、标的物所在地等与争议有实际联系的地点的人民法院管辖，但不得违反本法对级别管辖和专属管辖的规定。《最高人民法院关于适用〈中华人民共和国担保法〉若干问题的解释》第一百二十九条第一款规定，主合同和担保合同发生纠纷提起诉讼的，应当根据主合同确定案件管辖。本案系因主合同和担保合同发生纠纷提起的诉讼，故应当根据主合同即中某公司与原某居公司签订的《融资租赁合同》确定案件管辖。本案中，中某公司提交的两份《融资租赁合同》分别于14.2条约定："凡因本合同引起的或与本合同有关的任何争议，双方当事人应本着诚信原则友好协商解决，协商未果的，应向原告所在地有管辖权的人民法院提出诉讼。"于19.2条约定："有关本合同的一切争议，出租人、承租人双方应根据本合同约定的内容友好协商解决，如协商不能解决时，任何一方均可向原告所在地有管辖权的人民法院提起诉讼。”上述约定不违反《中华人民共和国民事诉讼法》关于级别管辖和专属管辖的规定，合法有效。本案中，在案涉《融资租赁合同》履行过程中，原北某租赁公司被中某公司依法吸收合并，现中某公司作为原告提起本案之诉。管辖协议约定由一方当事人住所地人民法院管辖的，无论是否发生当事人住所地变更或是当事人权利、义务转让、继受等情况，该住所地法院的管辖权应该是恒定的，也是符合另一方当事人签订管辖协议时的预期。故本案应由作为《融资租赁合同》签订时的合同主体原北某租赁公司的住所地确定管辖法院。根据《最高人民法院关于调整高级人民法院和中级人民法院管辖第一审民事案件标准的通知》（法发〔2019〕14 号）、《最高人民法院关于调整高级人民法院和中级人民法院管辖第一审民商事案件标准的通知》（法发〔2015〕7 号）的规定，在北京市辖区内，当事人一方不在北京市辖区内的，中级人民法院管辖第一审民事案件的诉讼标的额上限原则上为 50 亿元，诉讼标的额下限为 5000 万元。本案中，中某公司要求原某居公司支付租金、留购款及违约金共计 64879056.37 元，诉讼标的额超过 5000 万元但未达到 50 亿元，且本案《融资租赁合同》签订时的合同方原北某租赁公司的住所地位于北京市丰台区，属于北京市第二中级人民法院辖区。故北京市第二中级人民法院对本案具有管辖权。一审裁定结果错误，本院予以纠正。

北京市高级人民法院依照《中华人民共和国民事诉讼法》第一百七十条第一款第二项、第一百七十一条、第一百七十五条之规定，裁定如下：

一、撤销北京市第一中级人民法院（2018）京01民初672号民事裁定；

二、本案移送北京市第二中级人民法院处理。

【法官后语】

管辖恒定，是我国民事诉讼管辖制度中一项重要的规定，它反映了诉讼经济的要求，既可以避免司法资源浪费，也可以减轻当事人的诉累。当事人在管辖协议中约定由当事人一方住所地人民法院管辖。后因原告向人民法院提起诉讼时，原主体因被吸收合并，公司名称和住所地发生了变化，此时，仍应由协议签订时住所地法院管辖。

约定管辖制度设计的初衷就是充分尊重当事人的意思表示，在经济交往过程中，双方当事人出于纠纷解决的便利的考虑，在订立交易合同的同时，对后续发生纠纷时的争议解决方式以及争议裁决主体进行了约定，双方当事人对于选择的管辖法院是明知的，对于纠纷的管辖具有明确的预期，管辖法院不能因发生当事人住所地变更或是当事人权利、义务转让、继受等情况的变化而变更，否则既违背了当事人最初的约定，也给当事人规避法律留下空间，不利于当事人预期的稳定，在一定程度上会造成管辖秩序的混乱。

具体到本案，当事人约定发生争议协商未果的，应向原告所在地有管辖权的人民法院提出诉讼。现中某公司作为原告提起本案之诉。依照上述原则，应按照原北某租赁公司的住所地确定管辖，因其住所地位于北京市丰台区，属于北京市第二中级人民法院辖区，本案应由北京市第二中级人民法院处理。

编写人：北京市高级人民法院　曹玉乾　张培森

099 融资租赁购车后未依约给付租金时剩余租金及违约金的处理

——创某公司诉邹某融资租赁合同案

【案件基本信息】

1. 裁判书字号

湖北省监利市人民法院（2019）鄂 1023 民初 2689 号民事判决书

2. 案由：融资租赁合同纠纷

3. 当事人

原告：创某公司

被告：邹某

【基本案情】

2018 年 5 月 23 日，邹某准备购买一辆吉利帝豪 GL18 款 1.4T 汽车，向创某公司申请融资。2018 年 5 月 25 日，双方签订《车辆融资租赁合同》，约定创某公司将购车款等费用支付给邹某指定的汽车销售代理商后，车辆所有权及附属权益归其所有，车辆出租给邹某使用。融资 74480 元，融资租赁期限为 36 个月，首期租金 28604.48 元，后按月支付租金 2489.84 元，依约付清全部租金及相关费用后，创某公司负责车辆抵押解除或过户手续。合同还约定，当邹某未按约支付租金时，创某公司有权要求其支付全部租金，并有权要求邹某从违约行为发生时起付清全部租金及违约金（违约金以所有逾期未付款项的 25%计算，不足 8000 元按照 8000

元计算)。同日，邹某选定了吉利帝豪 GL 汽车，并就该车辆与创某公司签订了《车辆抵押合同》，支付了首期租金，汽车交由邹某使用。2018 年 5 月 28 日，创某公司将融资款 74479 元支付给汽车代理商某汇融公司。后邹某支付了 8 个月的租金，自 2019 年 2 月 25 日起未履行给付租金的义务。创某公司要求依据《车辆融资租赁合同》第十条的约定要求邹某支付全部租金及违约金 87144.4 元。

在审理过程中，创某公司表示，其已于 2019 年 7 月 8 日收回案涉车辆，2019 年 8 月 15 日，委托武汉轩创汽车贸易有限公司对上述汽车进行了评估，评估价为 48100 元。同时与武汉轩创汽车贸易有限公司签订了《融资租赁业务违约标的车辆寄卖合同》，将上述汽车寄卖，2019 年 8 月 16 日武汉轩创汽车贸易有限公司按照评估价支付给原告车辆价款 48100 元。现要求被告支付的租金及违约金金额变更为 39044.4 元。

【案件焦点】

邹某是否应支付剩余租金及违约金。

【法院裁判要旨】

湖北省监利市人民法院经审理认为：双方签订的《车辆融资租赁合同》及《车辆抵押合同》是当事人真实意思表示，内容不违反法律规定，所签合同依法成立有效，双方均应依约行使权利、履行义务。创某公司按照合同约定履行了支付融资款并将车辆提供给邹某占有使用的义务，邹某应当按照合同约定履行支付租金的义务，邹某未按约支付租金，违反了合同约定，应承担相应的法律责任。双方签订的《车辆融资租赁合同》关于违反合同的处理约定，承租人未按约向出租人支付租金一期及以上的，出租人有权解除合同，采取必要措施取回标的车辆，或者要求承租人、保证人支付全部租金。《中华人民共和国合同法》第二百四十八条规定：承租人应当按照约定支付租金，承租人经催告后在合理期限内仍不支付租金的，出租人可以要求支付全部租金；也可以解除合同，收回租赁物。《最高人民法院关于审理融资租赁合同纠纷案件适用法律问题的解释》第二十一条第一款规定，出租人既请求承租人支付合同约定的全部未付租金又请求解除融资租赁合同的，人民法院应当告知其依照合同法第二百四十八条的规定作出选择。根据上述当事人的约定和法律规定，邹某违反合同约定未按期支付租金，创某公司有选择请求邹某支付合同约定的全部未付租金或者解除合同，收回租赁物的权利。

首先，创某公司虽未依法通知被告解除合同，也未诉请解除合同，但其在诉讼之前就收回了租赁物，并进行了处置，租赁合同处于实际解除的状态，实际行使的是解除合同，收回租赁物的权利。其次，双方签订的《车辆融资租赁合同》约定，若承租人在出租人规定的时间内无法一次性支付所有费用赎回标的车辆，则出租人有权自行处理标的车辆。根据上述法律规定和当事人约定，邹某未按约支付租金，创某公司应当催告被告在合理期限内支付租金，在车辆处置前，也应当通知邹某在规定的时间内一次性支付所有费用赎回标的车辆。最后，根据双方签订的《车辆抵押合同》约定和《中华人民共和国物权法》第一百九十五条的规定，创某公司在实现抵押权时应与被告进行协商，就抵押权实现方式未达成协议的，可以请求人民法院拍卖、变卖抵押财产。在审理过程中，创某公司未提供充分有效的证据证明其履行了催告和通知义务，也未提供充分有效的证据证明其与邹某就抵押权的实现进行了协商，且创某公司将案涉车辆的评估和寄卖交由同一公司完成，未充分考量其评估和售卖的公正性。

综上，邹某未按约支付租金，构成违约，应当承担相应的法律责任，创某公司已将租赁物收回，并进行了处置，其实际行使的是解除合同，收回租赁物的权利，故对创某公司要求邹某支付全部未付租金的诉讼请求，本院不予支持。但按照合同约定，自 2019 年 2 月起至创某公司于 2019 年 8 月处置案涉车辆时止的未付租金共计 17428. 88 元（2489. 84 元×7 个月）邹某应予支付。本案中，创某公司未提供充分有效的证据证明其在行使相关权利时依法依约履行了催告、通知和协商义务，双方所签订的合同属创某公司提供的格式条款，加重了承租方的责任，而对出租方未依法依约行使权利、履行义务，承租方权利受到损害缺乏救济途径，为充分保护双方当事人的合法权益，对创某公司要求邹某支付违约金的诉讼请求，本院不予支持。

湖北省监利市人民法院依照《中华人民共和国合同法》第四十四条、第六十条、第一百零七条、第二百三十七条、第二百四十八条，《中华人民共和国物权法》第一百八十八条、第一百九十五条，《最高人民法院关于审理融资租赁合同纠纷案件适用法律问题的解释》第二十一条，《最高人民法院关于适用〈中华人民共和国民事诉讼法〉的解释》第九十条，《中华人民共和国民事诉讼法》第六十四条、第一百四十二条、第一百四十四条的规定，作出如下判决：

一、邹某在本判决生效之日起三十日内给付创某公司租金 17428. 88 元；

二、驳回创某公司的其他诉讼请求。

判决后，双方当事人均未上诉，本判决现已生效。

【法官后语】

低首付、分期付款的方式为有购车需求但短期资金不足的消费者提供了便利，融资租赁购车已经成为一种新潮，但由于购车人大多对合同缺乏了解，偿还能力有限，当无法依约履行合同时，往往出租方会收回租赁物，减少损失，但此时承租方还要面临剩余租金及违约金。

依据《中华人民共和国民法典》第七百五十二条规定，承租人应当按照约定支付租金。承租人经催告后在合理期限内仍不支付租金的，出租人可以请求支付全部租金；也可以解除合同，收回租赁物。《最高人民法院关于审理融资租赁合同纠纷案件适用法律问题的解释》第十条规定，出租人既请求承租人支付合同约定的全部未付租金又请求解除融资租赁合同的，人民法院应告知其依照民法典第七百五十二条的规定作出选择。出租人请求承租人支付合同约定的全部未付租金，人民法院判决后承租人未予履行，出租人再行起诉请求解除融资租赁合同、收回租赁物的，人民法院应予受理。当出租人催告后收回租赁物时，租赁合同已处于实际解除的状态，再要求承租人支付全部剩余租金缺乏依据。根据《最高人民法院关于审理融资租赁合同纠纷案件适用法律问题的解释》第二十二条第二款，出租人选择解除合同收回租赁物的，仍可以请求损害赔偿，损害赔偿以承租人全部未付租金及其他费用与收回租赁物价值的差额为限。

关于违约金，根据《中华人民共和国民法典》第四百一十条第二款的规定，原告在实现抵押权时应与被告进行协商，就抵押权实现方式未达成协议的，可以请求人民法院拍卖、变卖抵押财产。在本案中，原告在收回租赁物后未提供充分有效的证据证明其履行了催告和通知义务，也未就抵押权的实现与被告进行协商，且出租方将案涉车辆的评估和寄卖交由同一公司完成，未充分考量其评估和售卖的公正性。同时，双方所签订的合同是出租方提供的格式条款，加重了承租方的责任，而对出租方未依法依约行使权利、履行义务，承租方权利受到损害缺乏救济途径。依据公平原则，违约金不应得到支持。

编写人：湖北省监利市人民法院　李雅洁

100　购买生产资料形成的债务并不必然构成夫妻共同债务

——某尔沃建筑设备投资（中国）有限公司诉张某良、杨某英融资租赁合同案

【案件基本信息】

1. 裁判书字号

四川省成都市中级人民法院（2018）川 01 民终 18633 号民事裁定书

2. 案由：融资租赁合同纠纷

3. 当事人

原告（上诉人）：某尔沃建筑设备投资（中国）有限公司（以下简称某尔沃公司）

被告（被上诉人）：张某良、杨某英

【基本案情】

2012 年 12 月 7 日，某银公司作为出租方与作为承租方的张某良签订《融资租赁合同》，约定某银公司将型号为 EC360BLC 的挖掘机租赁给张某良，首付租金为 303000 元，租赁期限 36 个月，每月租金 53409.38 元，自 2013 年 1 月 10 日起支付租金，往后每

期租金为每月10日前支付，至2015年12月10日止。承租方签署《交付验收证明书》即视为出租方完成租赁物交付义务。如承租方未按合同约定的金额、币种、时间和支付方式向出租方支付租金及其他款项，出租方有权对欠付的款项按日计收万分之八的违约金，至全部付清之日止，如承租方逾期违约或根本违约，出租方有权通过司法途径强制履行本合同，并可以就含律师费在内的费用向承租方主张赔偿。出租方就合同给予承租方的任何文件、资料、发票、通知等，可按合同当事人信息中列明的地址或者号码直接送达，用邮寄方式寄出的通知自交邮的第七日视为送达。

合同签订后，张某良于2012年12月19日签署《交付验收证明书》，认可收到案涉租赁物。此后，张某良支付了部分租金，但自2014年11月10日起未再向某银公司支付租金，现尚欠747731.32元租金未支付。

后某尔沃公司与某银公司签订《融资租赁双方合同协议之补充协议》，约定某尔沃公司从某银公司回购案涉挖掘机，某尔沃公司向某银公司支付完毕合同约定的价款后，某银公司将融资租赁合同项下权利转让给某尔沃公司。此后，某尔沃公司向某银公司支付了约定的回购款，某银公司因此于2015年11月18日向某尔沃公司出具《所有权转移证明书（回购）》，认可案涉租赁物所有权转至某尔沃公司。2016年1月5日，某尔沃公司依据合同记载地址向张某良邮寄《催款函》，告知融资租赁合同项下权利已转让给某尔沃公司，并催收欠付租金。

另查明，张某良与杨某英系夫妻关系。

再查明，某尔沃公司因本案诉讼支出了律师费3万元。

【案件焦点】

夫妻一方以个人名义签订的融资租赁合同是否构成夫妻共同债务的问题。

【法院裁判要旨】

四川省成都市龙泉驿区人民法院经审理认为：张某良与某银公司之间签订的《融资租赁合同》系各方真实意思表示，不违反法律、行政法规的强制性规定，合法有效，各方均应按照合同约定全面履行义务。张某良未按合同约定支付租金，其行为已构成违约，应承担相应的违约责任。本案中，某银公司已将案涉融资租赁合同项下权利及标的物转让给某尔沃公司，故某尔沃公司有权追究张某良的违约责任，某尔沃公司要求张某良支付欠付租金、违约金并承担律师费符合法律及《融资租赁合同》的约定，法院予以支持。关于张某良认为某尔沃公司主张的违约金过高，请求予以减少的主张，依照《中华人民共和国合同法》第一百一十四条第一款、第二款“当事人可以约定一方违约时应当根据违约情况向对方支付一定数额的违约金，也可以约定因违约产生的损失赔偿额的计算方法。约定的违约金低于造成的损失的，当事人可以请求人民法院或者仲裁机构予以增加；约定的违约金过分高于造成的损失的，当事人可以请求人民法院或者仲裁机构予以适当减少”及《最高人民法院关于适用〈中华人民共和国合同法〉若干问题的解释（二）》第二十九条第一款“当事人主张约定的违约金过高请求予以适当减少的，人民法院应当以实际损失为基础，兼顾合同的履行情况、当事人的过错程度以及预期利益等综合因素，根据公平原则和诚实信用原则予以衡量，并作出裁决”的规定，法院将违约金标准调整至年利率8%。

对于杨某英是否应当承担责任的问题。案涉债务虽发生于夫妻关系存续期间，但某尔沃公司未举证证明张某良所负债务用于夫妻共同生活、共同生产经营或者基于张某良与杨某英双方的共同意思表示，不符合《最高人民法院关于审理涉及夫妻债务纠纷案件适用法律有关问题的解释》第三条“夫妻一方在婚姻关系存续期间以个人名义超出家庭日常生活需要所负的债务，债权人以属于夫妻共同债务为由主张权利的，人民法院不予支持，但债权人能够证明该债务用于夫妻共同生活、共同生产经营或者基于夫妻双方共同意思表示的除外”之规定，故对于某尔沃公司要求杨某英对上述债务承担连带责任的诉讼请求，法院不予支持。

四川省成都市龙泉驿区人民法院依据《中华人民共和国合同法》第六十条、第八十条、第一百零七条、第一百一十四条、第二百三十七条、第二百四十八条，《最高人民法院关于审理融资租赁合同适用法律问题的解释》第二十条，《中华人民共和国民事诉讼法》第六十四条、第一百四十四条之规定，判决：

一、张某良于本判决生效之日起十日内支付某尔沃公司租金747731.32元；

二、张某良于本判决生效之日起十日内支付某尔沃公司违约金；

三、张某良于本判决生效之日起十日内支付某尔沃公司律师费3万元；

四、驳回某尔沃公司的其他诉讼请求。

某尔沃公司不服一审判决，提起上诉。后申请撤回上诉，四川省成都市中级人民法院于2018年12月14日作出裁定：

准许撤回上诉。

【法官后语】

夫妻共同债务的认定问题，是近年来的热点也是难点。在《最高人民法院关于审理涉及夫妻债务纠纷案件适用法律有关问题的解释》（现已失效，但《中华人民共和国民法典》第一千零六十四条承袭了该解释的相关规定）出台前，《中华人民共和国婚姻法》（现已失效）及相关司法解释关于夫妻共同财产的举证责任的分配、认定的规定与当前经济社会的发展水平、夫妻双方在家庭生活中的地位、对婚姻价值观的转变、夫妻财产的相对独立意识、生产生活渠道多样化便利化等变化已不完全适应，最典型的为夫妻一方常在不知情的情况下，因另一方的举债或者其他行为导致不知情一方背负高额债务，造成大量案件难以服判息诉。《最高人民法院关于审理涉及夫妻债务纠纷案件适用法律有关问题的解释》出台后，确认了共债共签的基本规定，在源头上保证夫妻一方对夫妻共同债务的知情权、决定权，也从源头上避免债权人与夫妻一方虚构债务，损害夫妻另一方利益；对于以个人名义形成的债务，将“家庭日常生活所需”作为判断是否构成夫妻共同债务的一般标准，对于超出家庭日常生活所需的债务，由债权人举证证明用于共同生活、生产形成，平衡了债权人与夫妻另一方的利益。

本案系融资租赁合同纠纷，所涉标的物为价值超过200万元的挖掘机，因其价值较高，购买人难以一次性支付货款，故多采取融资租赁的方式进行交易，出卖人、出租人、承租人享有和承担不同的权利义务，采取将所有权与使用权分步转移的做法，从而达到资金融通、促进生产、风险平衡的效果。通常来说，涉案标的物系贵重生产资料，并非普通家庭的日常生活所需，在夫妻一方以个人名义签订合同时，案涉标的物是否用于夫妻共同生产经营是判断是否构成夫妻共同债务的争议焦点。在案件办理过程中，法院到张某良、杨某英的住所地对其进行送达时，对于其家庭生活的所在地普遍经济生活水平，张某良、杨某英家庭经济条件、生产生活方式有了初步的了解，该二人生活在较为偏远的农村地区，夫妻二人以务农、外出打工为生，案涉标的物明显不符合张某良及杨某英的日常生活需要，加之某尔沃公司亦未举证证明债务系夫妻共同意思表示或用于家庭共同生产生活，故案涉债务不能认定为夫妻共同债务，但因案涉合同确为张某良本人签订，本案中未有应当认定合同无效、撤销等情形，张某良作为完全民事行为能力人，应当按约承担相应的违约责任。

编写人：四川省成都市中级人民法院　彭婉蝶

101 售后回租式融资租赁合同关系的司法认定

——上海伟某融资租赁有限公司诉吕某群融资租赁合同案

【案件基本信息】

1. 裁判书字号

江苏省无锡市中级人民法院（2017）苏02民终3256号民事判决书

2. 案由：融资租赁合同纠纷

3. 当事人

原告（上诉人）：上海伟某融资租赁有限公司（以下简称伟某公司）

被告（被上诉人）：吕某群

【基本案情】

2016 年 11 月 22 日，伟某公司与吕某群签订融资租赁合同和车辆抵押合同，约定吕某群将自有的苏 B1G××车辆出售给伟某公司，在不改变车辆的使用权和占有权的条件下，再向伟某公司以租赁形式租回使用，并按约支付租金和其他应付款项；购买总价 9.9 万元，租赁期限 18 个月，每月租金 6688 元；未按约支付租金的，按未支付部分每日 8‰计收逾期费，直至全部费用付清为止；吕某群未按约履行，伟某公司有权取回租赁车辆，单方解除合同，要求吕某群立即偿还剩余全部租金和其他应付款项，并承担租金总额 20%的违约金；吕某群违约致使伟某公司取回车辆、诉讼等产生的费用均由吕某群承担；吕某群以苏 B1G××车辆提供抵押担保。次日，双方在登记机关办理了抵押车辆登记，伟某公司向吕某群支付 9.9 万元。吕某群向伟某公司交纳的租金总额等于购买总价 9.9 万元和按月利率 1.2%计算的利息之和。

吕某群分别于 2016 年 12 月 22 日、2017 年 1 月 23 日各支付伟某公司 6688 元后未再按约支付。伟某公司起诉请求：1. 吕某群立即支付租金 107008 元；并支付逾期利息和违约金（自 2017 年 2 月 22 日起至实际给付之日止，以 107008 元为基数，按年利率 24%计算），以及伟某公司为实现债权支出的保全担保费 1000 元、律师费 10700 元。2. 对吕某群前述第 1 项债务，伟某公司有权以抵押车辆优先受偿。伟某公司为提起本案诉讼，支出律师费 10700 元、保全担保费 1000 元。

【案件焦点】

伟某公司与吕某群之间系融资租赁合同关系还是民间借贷关系。

【法院裁判要旨】

江苏省无锡市梁溪区人民法院经审理认为：伟某公司与吕某群并未办理过户登记，吕某群仍以车辆提供抵押担保，且租金以本金加利息之和确定，双方只有融资没有融物，属于名为售后回租式融资租赁合同实为借款合同，应按照实际法律关系处理。

江苏省无锡市梁溪区人民法院判决如下：

一、吕某群归还伟某公司借款本金 87934 元并支付逾期利息和违约金；

二、对前述债务，伟某公司有权以抵押车辆优先受偿；

三、驳回伟某公司的其他诉讼请求。

吕某群不服一审判决，提起上诉。江苏省无锡市中级人民法院经审理认为：根据当事人的合同约定以及履行情况，应当认定双方构成售后回租式融资租赁合同关系。首先，从合同约定看，具备融资租赁法律关系的形式要件，存在买卖合同和融资租赁合同两个合同，车辆即为融资物，且租金和车辆购买价值未发生背离。其次，从合同履行看，符合买卖和租赁的法律要件，案涉标的物为汽车，系特殊动产，交付为物权设立要件，登记为对抗要件，在伟某公司支付购车款后由吕某群继续占有车辆，系通过占有改定完成买卖合同某标的交付；伟某公司作为车辆所有权人，将车辆出租给吕某群使用并收取租金，亦符合租赁合同之要件。

江苏省无锡市中级人民法院判决如下：

一、撤销原审判决；

二、吕某群支付伟某公司租金 107008 元并支付逾期利息和违约金；

三、对前述债务，伟某公司有权以抵押车辆优先受偿；

四、驳回伟某公司的其他诉讼请求。

【法官后语】

与直租式融资租赁合同中涉及买卖合同、租赁合同两份合同和出卖人、买受人（出租人）、承租人三方当事人不同，售后回租式融资租赁合同中出卖人同时也是承租人，甚至租赁物同时也是抵押物，故在司法实践中，售后回租式融资租赁合同与抵押借款合同较易发生混淆导致误判。审理此类案件，应结合标的物的性质、价值、租金构成以及当事人的合同权利义务，对具体法律关系作出认定。

一是应根据不动产和动产的不同所有权变动规则，确定售后回租式融资租赁物有无完成交付的事实。《最高人民法院关于审理融资租赁合同纠纷案件适用法律问题的解释》① 第二条规定，“承租人将其自有物出卖给出租人，再通过融资租赁合同将租赁物从出租人处租回的，人民法院不应仅以承租人和出卖人系同一人为由认定不构成融资租赁法律关系”。《中华人民共和国民法典》及相关司法解释并未禁止承租人与出卖人是同一人，在售后回租中，仅是承租人与出卖人竞合而已；且相关监管部门明确认可了售后回租的效力。如原银监会制定的《金融租赁公司管理办法》第五条规定，“本办法所称售后回租业务，是指承租人将自有物件出卖给出租人，同时与

① 根据 2021 年 1 月 1 日起施行的《最高人民法院关于修改〈最高人民法院关于破产企业国有划拨土地使用权应否列入破产财产等问题的批复〉等二十九件商事类司法解释的决定》（法释〔2020〕18 号）修正，修正后的《最高人民法院关于审理融资租赁合同纠纷案件适用法律问题的解释》第二条内容不变。

出租人签订融资租赁合同，再将该物件从出租人处租回的融资租赁形式。售后回租业务是承租人和供货人为同一人的融资租赁方式”。售后回租作为一种特殊的交易形式，其具有融资与融物的双重特征，仍然应当认定其融资租赁合同的性质。通过售后回租能够最大限度盘活企业存量资产的融资功能，其本身并无危害性和违法性。售后回租式融资租赁的特殊之处在于租赁物的承租人也是出卖人，承租人在签订融资租赁合同之前已经取得标的物的所有权并占有，为避免交易手续烦琐，提高交易效率，一般即以占有改定方式完成动产标的物的交付，占有改定也是《中华人民共和国民法典》所规定的物权交付方式之一，具有法律效力。

二是将租赁物抵押给出租人的行为不能否定租赁物交付事实的成立。融资租赁交易容易造成租赁物的所有者和占有者分离，尤其对于普通动产租赁物来说，在承租人占有租赁物的情形下，客观上形成了承租人享有物权的假象。为避免出租人的重大经营风险，出租人需要寻求比“占有”具有更强公信力的公示方式——登记。《中华人民共和国民法典》第七百四十五条规定，“出租人对租赁物享有的所有权，未经登记，不得对抗善意第三人”。《最高人民法院关于适用〈中华人民共和国民法典〉有关担保制度的解释》（以下简称《担保制度司法解释》）第六十七条规定，“在所有权保留买卖、融资租赁等合同中，出卖人、出租人的所有权未经登记不得对抗的‘善意第三人’的范围及其效力，参照本解释第五十四条的规定处理”。《担保制度司法解释》已经将融资租赁合同作为非典型担保的担保方式，在出租人对租赁物的所有权与抵押权人对租赁物享有的抵押权等其他权利产生冲突时，着重审查出租人对租赁物的所有权是否进行登记及设立在后的抵押权人是否为善意。中国人民银行于2021年12月28日颁布《动产和权利担保统一登记办法》并定于2022年2月1日起施行，售后回租方式的出租人若要确保自己对租赁物的所有权，应当按照《动产和权利担保统一登记办法》的规定在动产融资统一登记公示系统中对租赁物所有权进行登记公示。

融资租赁合同与借款合同在租金构成、利息计算方面存在显著不同。前者租金系由设备价款、融资利息、各项费用以及出租人合理利润等组成，多为分期支付；后者本金通常在合同期满时一次性还清，仅以合同约定的利息为收益，且不得超过国家规定的借款合同利率保护范围，前者租金普遍高于后者本息之和。融资租赁的“融资”以“融物”为载体，如融资金额与标的物的市场价值差距甚大，此时租金不是由租赁公司购买成本、费用及合理利润构成，而主要由承租人占用的资金及利息构成，脱离了融资租赁以融物的方式进行融资的本质，实质是资金的借贷。本案中，双方的租金是根据涉案车辆购买总价和月利率1.2%计算的利息之和确定，租金和车辆价值并未发生背离，能够实现物权担保的功能。

编写人：江苏省无锡市中级人民法院　沈君　陈迪金　华敏洁

五、委托理财合同纠纷

102 违反监管政策、破坏资本市场秩序的合同应属无效

——李晓某诉胡建某、九某公司委托理财合同案

【案件基本信息】

1. 裁判书字号

北京市第三中级人民法院（2020）京 03 民终 13370 号民事判决书

2. 案由：委托理财合同纠纷

3. 当事人

原告（被上诉人）：李晓某

被告（上诉人）：胡建某

被告：九某公司

【基本案情】

2015 年 6 月 8 日，李晓某与某融公司签订信托合同，约定：受托人为信托计划在保管人处开设信托专用银行账户，在中国证券登记结算公司开立信托专用证券账户，在经证监会批准的证券公司开设信托专用资金账户和其他必要的账户；第 1 期保管费年费率 0.2%；第 1 期受托人固定信托管理费年费率 0.8%；第 1 期信托单位预警线 0.9 元；第 1 期信托单位止损线 0.85 元。2015 年 6 月，李晓某（甲方）与九某公司的法定代表人胡建某（乙方）签订合作协议，约定甲方将账户资产 3000 万元，账户形式为某融—

瞰金22号伞形结构化信托账户第7期，委托乙方进行投资管理；对于合作资产，甲方必须保证其来源合法，且在法律上拥有无可争议的所有权，并承诺资金在一年合作期间保证乙方资金正常投资使用；在合作管理资产到期后，股票账户资产收盘总值需满足3000万元，如账户到期收盈结束时账户总额小于3000万元则乙方补齐资金到3000万元，保证甲方资金安全；当股票账户资产收盘总值大于3000万元且有盈利，甲乙双方约定按照7∶3比例分成，即甲方取得盈利部分的70%，乙方取得盈利部分的30%；乙方承诺按照信托账户投资范围及仓位进行正常股票买卖，操作规则依据某融—瞰金22号伞形结构化信托账户第7期合同内容；甲乙双方合作期为一年整，即2015年6月8日至2016年6月7日。李晓某向胡建某交付拥有3000万元资金（自有资金1000万元，杠杆资金2000万元）的涉案账户及密码。2016年1月5日，涉案账户中资金为22668204.83元，后该账户无法再操作。李晓某多次要求胡建某、九某公司补偿账户资金，被以各种理由推脱，故诉至法院要求胡建某、九某公司偿还理财资金、支付利息损失。

【案件焦点】

1. 合作协议的效力如何；2. 胡建某是否应当承担相应责任。

【法院裁判要旨】

北京市朝阳区人民法院经审理认为：李晓某与胡建某签订的合作协议中明确约定李晓某委托胡建某操作的账户系某融—瞰金22号伞形结构化信托账户第7期，该信托的交易模式违反了《中华人民共和国证券法》关于账户实名制的规定。证监会于2015年4月22日发布《中国证监会通报证券公司融资融券业务开展情况》，该文明确证券公司“不得以任何形式参与场外股票配资、伞形信托等活动，不得为场外股票配资、伞形信托提供数据端口等服务或便利”。上述监管规定的目的在于清理证券市场的场外股票配资和伞形信托等活动，进而实现控制金融市场风险和维护正常经济秩序之目的。在此强监管背景下，李晓某与某融公司于 2015 年 6 月 8 日签订信托合同，伞形信托显著增加金融风险、破坏证券市场的正常秩序，亦有可能损害证券市场不特定投资者的利益。李晓某与胡建某签订的合作协议，其合同的订立和履行完全基于该伞形信托，故该合作协议应属无效。合同无效或者被撤销后，有过错的一方应当赔偿对方因此所受到的损失，双方都有过错的，应当各自承担相应的责任。本案中，双方在证监会于 2015 年 4 月 22 日叫停伞形信托后又依托伞形信托进行委托理财，双方均有过错，应当各自承担相应责任。

北京市朝阳区人民法院依照《中华人民共和国民法总则》第一百五十三条，《中华人民共和国合同法》第五十二条第一款第四项、第五十八条，《最高人民法院关于适用〈中华人民共和国民事诉讼法〉的解释》第九十条之规定，判决如下：

一、被告胡建某赔偿原告李晓某 3515897. 59 元；

二、驳回原告李晓某的其他诉讼请求。

胡建某不服一审法院判决，提起上诉。北京市第三中级人民法院经审理认为：该信托的交易模式违反了《中华人民共和国证券法》关于账户实名制的规定。证监会于 2015 年 4 月 22 日发布《中国证监会通报证券公司融资融券业务开展情况》，该文明确证券公司“不得以任何形式参与场外股票配资、伞形信托等活动，不得为场外股票配资、伞形信托提供数据端口等服务或便利”。在此强监管背景下，李晓某与胡建某于2015年6月签订合作协议，明确约定账户形式为某融—瞰金22号伞形结构化信托账户第7期，双方对于合作协议所涉内容是明知的，合作协议的订立和履行完全基于伞形结构化信托。考虑到证监会作为金融监管部门在当时特殊的市场行情下明令禁止资金通过伞形信托进入证券市场；同时考虑到金融风险的高度传染性，伞形信托显著增加金融风险、破坏证券市场的正常秩序，亦有可能损害证券市场不特定投资者的利益，一审法院认定双方当事人签订的合作协议应属无效并无不妥，法院予以维持。对于该合作协议的无效，双方均有过错，应当各自承担相应责任，一审法院对于损失依据过错责任予以分配并无不当，法院予以维持。综上，法院对胡建某的相关上诉意见均不予采纳。

北京市第三中级人民法院依照《中华人民共和国民事诉讼法》第一百七十条第一款第一项之规定，判决如下：

驳回上诉，维持原判。

【法官后语】

所谓伞形信托，是指由证券公司、信托公司、银行等金融机构共同合作，结合各自优势，为证券二级市场的投资者提供投、融资服务的结构化证券投资产品，具体来说，就是用银行理财资金借道信托产品，通过配资、融资等方式，增加杠杆后投资于股市。一个信托通道下往往设立很多小的交易子单元，一个母账户可以产分为多个虚拟账户。虽然信托母账户真实存在，但并不参与实际操作，而是由每个子信托进行单独投资操作和清算。此种加杠杆的融资方式确实可放大收益，但也存在放大金融风险、规避金融监管的问题。比如，相比单一账户模式，伞形信托账户可以规避对单只股票的仓位限制。又如，为了保证优先级资金的安全，伞形信托有其对应的预警线和止损线。劣后级投资者须承受追加保证金的压力，甚至有被强行平仓的风险。而一旦爆仓，不仅劣后级资金血本无归，优先级理财资金亦不能幸免，这也造成很多劣后级投资者在实际交易中格外敏感，往往成为股指暴跌的导火索。同时，伞形信托母子账户设置模式将导致其信托专用证券账户只以母账户的形式在中国证券登记结算公司的结算系统进行结算，这一账户设置模式最终导致涉案信托计划项下不同的一般受益人将以同一账户进行证券交易，违反了《中华人民共和国证券法》关于账户实名制的规定。《全国法院民商事审判工作会议纪要》第三十一条规定，违反规章一般情况下不影响合同效力，但是该规章内容涉及金融安全、市场秩序、国家宏观政策等公序良俗的，应当认定合同无效。证监会于 2015 年 4 月 22 日发布《中国证监会通报证券公司融资融券业务开展情况》，该文明确证券公司“不得以任何形式参与场外股票配资、伞形信托等活动，不得为场外股票配资、伞形信托提供数据端口等服务或便利”。上述监管规定的目的在于清理证券市场的场外股票配资和伞形信托等活动，进而控制金融市场风险和维护正常经济秩序。

本案中，在证监会已经明确叫停伞型信托的强监管背景下，李晓某与某融公司仍签订信托合同，不但违反了《中华人民共和国证券法》关于账户实名制的规定，且该伞型信托显著增加金融风险、破坏证券市场的证券秩序，亦有可能损害证券市场不特定投资者的利益。而李晓某与胡建某签订的合作协议，其合同的订立和履行完全依托于该伞型信托，故该合作协议应属无效。

编写人：北京市朝阳区人民法院　孟妍

103 民间委托理财合同保底收益条款的效力

——贺某盛诉李某峰等民间委托理财合同案

【案件基本信息】

1. 裁判书字号

新疆维吾尔自治区乌鲁木齐市中级人民法院（2020）新01民再126号民事判决书

2. 案由：民间委托理财合同纠纷

3. 当事人

原告（上诉人、再审申请人）：贺某盛

被告（被上诉人、再审被申请人）：李某峰、贾某婷、韦某路

【基本案情】

2015年6月24日，贺某盛与李某峰、贾某婷（保证人）、韦某路（保证人）签订《投资协议书》一份，约定：李某峰代理贺某盛进行买卖股票操作，贺某盛仅告诉李某峰股票账户及交易密码，保证李某峰可以进行股票交易；委托期间贺某盛完全委托李某峰买卖股票，贺某盛不得自己操作委托资金的股金买卖；贺某盛资金在双方协议操作时间结束时出现亏损，李某峰负责赔偿亏损的部分；李某峰在协议操作时间结束时，如账户收益率超过20%或者李某峰在操作阶段获得收益达到贺某盛委托原有资金40%时，甲、乙双方对收益按5∶5分成；李某峰代理贺某盛买卖股票操作的周期是十二个月，自2015年6月25日至2016年6月25日。2016年11月8日，上述当事人又签订《补充协议》一份，约定：

因原投资协议书到期，经双方协议顺延一年，顺延期间的资金成本由甲乙双方各承担一半。贺某盛需配合李某峰开通账户的融资融券业务，贺某盛提供贷款抵押物，由李某峰贷款并承担贷款本金和利息，所贷资金用于对原账户的补仓。如一年账户资产未达到 500 万元，则李某峰提供财产由贺某盛处置。2015 年 6 月 24 日，贺某盛股票账户资产 5000108.87 元，2016 年 6 月 25 日，案涉《投资协议书》一年到期后，贺某盛股票账户资产 2019886.66 元，签订《补充协议》时股票账户资产 2452092.4 元，2017 年 6 月 26 日股票账户资产 1428065.81 元，2018 年 5 月 7 日股票账户资产 1259873.48 元。贺某盛诉请要求李某峰给付 300 万元，贾某婷、韦某路承担连带还款责任。

【案件焦点】

1. 案涉《投资协议书》和《补充协议》的效力；2. 案涉《投资协议书》《补充协议》是否实际履行；3. 贺某盛与李某峰在履行《投资协议书》《补充协议》中有无违约行为；4. 李某峰、贾某婷、韦某路应如何承担本案民事责任。

【法院裁判要旨】

新疆维吾尔自治区乌鲁木齐市新市区人民法院经审理认为：贺某盛与李某峰之间实际系委托代理合同，虽然贺某盛按照合同约定开设了股票账户，但李某峰操作该股票账户的前提是贺某盛已经向其交付了股票密码，针对该事实贺某盛未能提供相应证据予以佐证，亦未对如何交付股票密码作出合理说明，并且，上述股票账户操作时的 IP 地址一审法院无法调取，贺某盛亦无法提供，据此，贺某盛提供的现有证据无法证明其开设的股票账户系李某峰操作，其要求李某峰承担给付义务及由贾某婷、韦某路承担连带还款责任的证据不足，一审法院对其诉讼请求不予支持。

新疆维吾尔自治区乌鲁木齐市新市区人民法院依照《中华人民共和国合同法》第六十条，《中华人民共和国民事诉讼法》第六十四条之规定，作出如下判决：

驳回原告贺某盛的诉讼请求。

贺某盛不服一审判决，提起上诉。

新疆维吾尔自治区乌鲁木齐市中级人民法院经审理认为：第一，依据《最高人民法院关于适用〈中华人民共和国民事诉讼法〉的解释》第一百零五条规定，本案中，贺某盛未提交证据证明其已向李某峰交付了股票账户及密码，但根据贺某盛与李某峰、贾某婷、韦某路订立的《补充协议》约定“因原投资协议书到期，经双方协议顺延一年”的内容反映，李某峰作为完全民事行为能力人，在与贺某盛订立新协议时，如在先的《投资协议书》未实际履行，其会要求收回购房合同原件，更加审慎地订立《补充协议》，不会同意在《补充协议》中出现“原协议到期”“顺延”等字眼，亦不会订立“补充协议”。另外，股票账户及密码属于个人隐私，贺某盛未以书面的形式交付密码符合常理，故二审法院确认贺某盛在订立《投资协议书》时应当向李某峰交付了案涉股票账户及密码。第二，关于李某峰是否完全履行《投资协议书》《补充协议》。二审法院认为，案涉股票账户系贺某盛于 2015 年 4 月 13 日开设的，贺某盛在 2015 年 6 月 24 日向李某峰交付股票账户及密码时，其本人对账户密码亦是清楚的，贺某盛、李某峰二人均掌握案涉股票账户的密码。贺某盛作为股票账户的设立人，可以随时进入其股票账户、修改股票账户密码，亦可进行股票操作。虽然贺某盛向一审法院提交了其于

2018 年 5 月 7 日对案涉股票账户密码进行更改的证据，但并不能据此认定在 2015 年 6 月 25 日至 2018 年 5 月 7 日期间，仅李某峰个人持有案涉股票账户密码进行股票操作，或李某峰取得股票账户密码后立即更改了该密码，使贺某盛无法进入该案涉股票账户。一审法院经贺某盛的申请，无法调取该股票账户操作时的 IP 地址，二审法院审理期间，贺某盛亦未针对其上诉请求补充证据，按照《投资协议书》的约定，贺某盛提供的现有证据无法证明其开设的股票账户完全系李某峰操作，不能证明其个人对案涉股票账户没有进行任何资金操作，故在此情况下，案涉股票账户损失应由其承担。

新疆维吾尔自治区乌鲁木齐市中级人民法院依据《最高人民法院关于适用〈中华人民共和国民事诉讼法〉的解释》第九十条的规定，作出如下判决：

驳回上诉，维持原判。

贺某盛不服二审判决，申请再审。

新疆维吾尔自治区高级人民法院作出民事裁定，指令新疆维吾尔自治区乌鲁木齐市中级人民法院再审本案。

新疆维吾尔自治区乌鲁木齐市中级人民法院经审理认为：第一，本案中，贺某盛与李某峰自愿签订《投资协议书》，双方形成民间委托理财合同关系，协议中约定的保底收益条款系双方当事人意思自治，《投资协议书》中李某峰基于协议操作盈利后可收取高额的费用作为酬劳，该协议对受托人而言，存在高风险亦存在高收益，在并无法律明确禁止性规定的情况下，该投资协议书有效。双方签订《投资协议书》后，于 2016 年 11 月 8 日又签订了《补充协议》，系自愿达成，亦合法有效。第二，案涉《投资协议书》签订后，贺某盛依约出资。依据《补充协议》约定的内容，结合贺某盛在再审期间提供的新证据，可证实案涉股票账户自订立《投资协议书》后有多笔股票交易操作记录，贺某盛应当交付了案涉股票账户及密码，《投资协议书》与《补充协议》均已实际履行。第三，《投资协议书》和《补充协议》履行中，李某峰未能依约履行股票账户资产达到500万元的合同义务，贺某盛未能依约履行提供贷款抵押物的合同义务，双方在履行协议中均有违约行为。第四，因双方在履约中均有违约行为，对该损失均应承担相应责任，由双方平均分担损失为宜。贺某盛未能提供有效证据证实其在2017年12月27日前向贾某婷、韦某路主张过承担保证责任，故依据法律规定和本案的现有证据，贺某盛主张贾某婷、韦某路承担本案保证责任的诉讼请求，已超过法律规定的保证期间。

新疆维吾尔自治区乌鲁木齐市中级人民法院依照《中华人民共和国合同法》第一百零七条、第一百二十条，《中华人民共和国担保法》第十九条、第二十六条，《中华人民共和国民事诉讼法》第二百零七条第一款、第一百七十条第一款第二项之规定，作出如下判决：

一、撤销法院民事判决和新疆维吾尔自治区乌鲁木齐市新市区人民法院民事判决；

二、李某峰给付贺某盛1785967.09元；

三、驳回贺某盛的其他诉讼请求。

【法官后语】

关于案涉《投资协议书》和《补充协议》的效力问题。《中华人民共和国合同法》第五十二条规定："有下列情形之一的，合同无效：（一）一方以欺诈、胁迫的手段订立合同，损害国家利益；

（二）恶意串通，损害国家、集体或者第三人利益；（三）以合法形式掩盖非法目的；（四）损害社会公共利益；（五）违反法律、行政法规的强制性规定。”《中华人民共和国民法典》第一百四十六条规定：“行为人与相对人以虚假的意思表示实施的民事法律行为无效。以虚假的意思表示隐藏的民事法律行为的效力，依照有关法律规定处理。”第一百五十三条规定：“违反法律、行政法规的强制性规定的民事法律行为无效。但是，该强制性规定不导致该民事法律行为无效的除外。违背公序良俗的民事法律行为无效。”第一百五十四条规定：“行为人与相对人恶意串通，损害他人合法权益的民事法律行为无效。”目前，审判实践中民间委托理财保底收益条款主要有以下三类：一是保证本息固定回报条款；二是保证本息最低回报条款；三是保证本金不受损失条款。依据法律规定，证券公司委托理财合同中订有保底收益条款应认定为合同无效。但关于民间委托理财的合同效力问题，法律并无明确规定。审理该案中，经查阅相关类案和法律观点，笔者认为，在民间委托理财中，虽然受托人的保底收益承诺改变了委托合同由委托人承担风险的基本特征，但合同法对委托人的风险承担系任意性规定，保底收益条款是当事人意思自治对委托行为所设立的一种激励和制约机制，并未违反强制性规定，且委托人专业理财知识的匮乏以及受托人独享投资决策权，根据权责一致原则，受托人应负有较大责任，故对民间委托理财合同中保底收益条款的特殊风险安排，不宜一概认定为无效。

在上述三种民间委托理财的类型中，一方面，保证本金固定回报类型，合同性质应该认定为名为理财实为借贷；另一方面，保证本息最低回报和本金不受损失两种类型，实质上属于委托方参与收益分配，委托人的缔约目的并非单纯借贷，委托人对于受托人管理资产行为及收益后的分成存在预期，受托人所承担的义务也不仅是还本付息的还款义务，受托人的收益来自对资产的有效管理而产生的增值部分的分配，因此双方通过风险由受托人承担，收益归双方分享的安排，达到委托理财的目的，对于这两类保底收益合同应尊重当事人的约定，除有法律禁止性规定外，应认定为有效。

具体到本案中，案涉《投资协议书》系民间委托理财合同，协议中约定的贺某盛资金在双方协议操作时间结束时出现亏损，由李某峰负责赔偿亏损，收益达到一定比例时双方可对收益部分进行分成的内容，系保底条款。协议中的保底收益条款属保证本金不受损失的条款类型。在民间委托理财中，保底收益条款系双方当事人意思自治，委托人一般专业理财知识匮乏，受托人一般专业性知识较强，对委托理财经营中的信息及风险应具备理性的判断，在李某峰没有资金投入而可能获取高额回报的情形下，双方共同作出的意思表示不宜一概认定无效。《投资协议书》中李某峰基于协议操作盈利后可收取高额的费用作为酬劳，该协议对受托人而言，存在高风险亦存在高收益，在并无法律明确禁止性规定的情况下，该投资协议书有效。

《中华人民共和国合同法》第一百二十条规定："当事人双方都违反合同的，应当各自承担相应的责任。"《中华人民共和国民法典》第五百九十二条规定："当事人都违反合同的，应当各自承担相应的责任。当事人一方违约造成对方损失，对方对损失的发生有过错的，可以减少相应的损失赔偿额。"因贺某盛与李某峰在履约中均有违约行为，对账户资产亏损均应承担相应责任，由双方平均分担损失为宜。

编写人：新疆维吾尔自治区乌鲁木齐市中级人民法院　王婷

104 聚合投资型委托理财关系中受托人的双重身份及其责任认定

——章某诉金某东、朱某委托理财合同案

【案件基本信息】

1. 裁判书字号

北京市第三中级人民法院（2020）京03民终9195号民事判决书

2. 案由：委托理财合同纠纷

3. 当事人

原告（被上诉人）：章某

被告（上诉人）：金某东、朱某

【基本案情】

金某东系某投资管理公司股东。2015年5月28日，某投资管理公司作为甲方与金某东（乙方）签订《股票认购意向协议》，约定乙方可以指定其管理的符合条件的基金或其他第三方替代乙方参与认购甲方发行的股票等。

2015年6月3日，章某作为甲方（委托人）与金某东（乙方、被委托人）、朱某（乙方财产共有人）签订《委托投资代持股协议》（以下简称案涉协议），约定：就甲方委托乙方投资某投资管理公司并持股事宜达成协议：一、委托内容：甲方委托乙方作为甲方对某投资管理公司人民币20万元投资的名义持有人，并代为行使相关股东权利，乙方接受甲方的委托并代为行使该相关股东权利。二、委托权限：甲方委托乙方代为行使的权利包括但不限于：以乙方名义将受托资金投资于某投资管理公司的定向增发项目、某投资管理公司的股票、在某投资管理公司股东登记名册上具名并且以其股东身份参与公司相应活动、代为收取股息或红利、出席股东会并行使表决权，以及行使股东的其他权利等。

同日，章某作为甲方与乙方金某东签订案涉协议《附件一：关于九鼎投资定增项目的操作备忘》，内容包括“……四、基于严重的超额认购现状，乙方不能保证以3亿元（或2000万股）的足额申购，也不能保证定增价格一定低于某投资管理公司在二级市场的价格；乙方享有自主决定以个人名义或有限合伙等机构名义参与此次定增的完全决定权”等。

2015年6月3日，章某通过银行转账方式向单某的银行账户转账20.2万元。单某随后将该笔款项于2015年6月4日汇入金某东账户。

2015年11月2日，某投资管理公司发布的发行对象中无金某东。

金某东称在收到章某交付的资金后，与案外人吴某签订的《资产管理计划代持协议》，由吴某作为资产委托人与资产管理人签订的《某资管计划资产管理合同》，即金某东所确认的实际履行方式为：委托吴某投资，将投资款通过吴某投入某资管计划，再由某资管计划投资到某投资管理公司的定增项目。

金某东确认该最终参增模式未经章某事先同意。

章某以金某东未依据案涉协议履行义务为由，起诉请求法院解除案涉协议；判令金某东返还投资款、管理费并赔偿损失；判令朱某承担连带赔偿责任。

【案件焦点】

1. 涉案法律关系的性质；2. 金某东是否应承担适当性义务；3. 金某东的最终参增模式是否违反适当性义务。

【法院裁判要旨】

北京市朝阳区人民法院经审理认为：金某东所称最终参增模式不符合案涉协议的约定。章某作为委托人要求解除合同，要求金某东返还投资本金、管理费，符合法律规定，应予支持。章某关于损失部分的诉讼请求缺乏依据，不予支持。朱某作为与金某东的财产共有人在案涉协议签字，且未证明涉案债务属于个人债务，章某有权要求朱某就投资本金、管理费的返还承担连带责任。

北京市朝阳区人民法院依照《中华人民共和国合同法》第三十九条、第四十一条、第九十四条第四项、第一百零七条、第一百一十九条、第四百条，《最高人民法院关于适用〈中华人民共和国婚姻法〉若干问题的解释（二）》第二十四条第一款，《最高人民法院关于审理涉及夫妻债务纠纷案件适用法律有关问题的解释》第一条之规定，作出如下判决：

一、解除案涉协议；

二、金某东于判决生效之日起十日内返还章某 20.2 万元；

三、朱某于判决生效之日起十日内就金某东的应还款项向章某承担连带赔偿责任；

四、驳回章某的其他诉讼请求。

金某东、朱某不服一审判决，提起上诉。

北京市第三中级人民法院经审理认为：第一，关于涉案法律关系。在案证据显示，涉案法律关系是在某投资管理公司计划增资的背景下，由金某东聚合投资人资金，投资人通过金某东参与某投资管理公司新股定向增发项目而形成的投资人与金某东之间的委托合同关系。金某东作为某投资管理公司的股东，利用其与某投资管理公司的管理层熟识的特殊关系，与某投资管理公司签署《股票认购意向协议》，是金某东聚合投资的前提。本案委托理财合同关系并非一般委托合同关系：双方委托关系建立在金某东向投资人推介某投资管理公司新股定向增发项目的基础之上，金某东既是聚合投资的一方，也是接受委托的一方。

第二，关于适当性义务。金某东虽非向金融消费者销售金融理财产品的机构，但因其在聚合投资过程中所起的作用，其应当承担必要的适当性义务。适当性义务的核心即为告知说明义务，此为投资人能够真正了解产品和服务的投资风险和收益的关键，应当根据产品的风险和投资人的实际情况，综合一般人能够理解的客观标准和投资者能够理解的主观标准来确定告知说明义务，对于受托人是否履行了了解客户、告知说明和文件交付等适当性义务等事实，应当由受托人承担举证证明责任。

第三，金某东的行为是否违背适当性义务。案涉协议约定：投资人以金某东名义持股。实际履行中，金某东称受投资人委托以金某东个人名义或有限合伙等机构名义参与定增。金某东所称的最终参增模式是对约定投资方式的重大变化。两种不同的投资方式，所具有的投资风险、收益方式及对风险的防控具有极大区别。金某东作为聚合投资的受托人，未在约定投资方式变更时，就相关风险向投资人作出明确无误的说明，从而确保投资人在充分了解投资方式变化可能引发风险的基础上作出自主决定。鉴于最终参增模式属于高风险等级投资活动，金某东的行为违反其应当承担的适当性义务。

其他争议问题，二审法院同意一审法院的裁判意见。

北京市第三中级人民法院依照《中华人民共和国民事诉讼法》第一百七十条第一款第一项之规定，作出如下判决：

驳回上诉，维持原判。

【法官后语】

在金融投资市场中，投资者通过层层委托参与标的公司定增项目的现象大量存在。通过审判实践，发现此类投资行为往往表现为委托理财法律关系，又实质有异于一般法律意义上的委托理财。此类投资活动，并非由委托人自行发起，而是由与目标公司具有特定关系的人，以委托理财关系受托人的身份，通过推介形成资金聚合。聚合投资型委托理财关系的受托人，是投资活动的推介者，即实际发起人，同时也是该投资活动的具体操作人（受托人）。司法实践中，如果仅根据委托理财关系的法律规定确认当事人的权利义务，容易忽略受托人在投资形成中的实际主导作用，造成当事人权利义务失衡。

聚合投资型委托理财活动所针对的金融产品一般具有一定的专业性和复杂性。金融市场上的信息不对称，加上投资者自身的知识和能力局限，使投资者与受托投资者之间的缔约和履行能力处于不对等地位，结合聚合投资的特性，二审合议庭参考《全国法院民商事审判工作会议纪要》关于金融消费者权益保护纠纷案件审理的精神，认为保护维护投资者的合法权益、保障投资者的知情权和选择权，是审理类似案件的要点之一。

最高人民法院在《全国法院民商事审判工作会议纪要》中，明确卖方机构在向金融消费者推介、销售高风险等级金融产品，以及为金融消费者参与高风险等级投资活动提供服务的过程中，必须履行适当性义务。在以上聚合型委托理财合同纠纷中，应考虑受托人在高风险投资活动中的主导作用，对受托人参照适用适当性义务原则，以实现“推介者尽责”，从而确保“投资者责任自负”。

关于适当性义务的本质及内容。保障投资者的知情权和选择权，其实质在于确保投资者在充分了解投资标的及其风险的基础上作出自主决定。为此，投资受托方应承担必要的“适当性”义务。适当性要求金融机构将适当的产品销售给适当的客户，是平衡金融市场中买卖双方交易不平等地位、信息不对称现象的有效工具。告知说明义务是适当性义务的重要内容，是金融消费者能够真正了解各类高风险等级金融产品或者高风险等级投资活动的投资风险和收益的关键。在聚合型投资所引发的纠纷中，对于适当性义务，特别是告知说明义务，法院应加以特别关注。

关于金某东应承担适当性义务的原因。“高风险等级金融产品和金融服务”中的“高风险”并非金融学意义的风险等级，而是特指将来发生重大不利益状态之可能性。司法实践中，法院一般以本金损失为判断基准。“高风险等级金融产品和金融服务”的范围原则上应包括除存款外的具有本金损失可能性的金融产品和服务。金某东受托代持新三板上市公司定增项目新发行股份，实际通过层层委托参与标的公司定增项目，其投资行为符合“高风险等级金融产品和金融服务”的特征。作为聚合投资的推介者，金某东应承担适当性义务。

关于金某东未履行适当性义务的确认。金某东对外层层委托的最终参增模式，是在未经投资人明确授权的情况下，将受托资金转交给第三方个人，再由该第三方成立资管计划，并最终通过该资管计划参与投资目标公司定增项目。该操作实质改变了约定投资方式，极大增加了投资风险的控制难度。金某东变更投资方式，既无委托人的明确授权，也未告知委托人，严重损害了投资人的知情权和选择权，故应当认定金某东在高风险等级投资活动中并未履行适当性义务。

编写人：北京市第三中级人民法院　谷绍勇

105　金融消费者购买高风险投资理财产品受损后，金融产品销售者等卖方机构是否需要承担赔偿责任

——王某兰诉某银行龙潭支行财产损害赔偿案

【案件基本信息】

1. 裁判书字号

北京市第二中级人民法院（2019）京02民终15312号民事判决书

2. 案由：财产损害赔偿纠纷

3. 当事人

原告（上诉人）：王某兰

被告（被上诉人）：某银行龙潭支行

【基本案情】

2015年5月5日，原告在被告处签订了《涉案产品申请书》和《个人基金业务申请书》，分别申请并购买名为“海通海蓝宝银”的集合资产管理计划产品（代码850×××，金额为100万元，以下简称涉案产品）和名为“华安媒体互联网混合基金”的基金

产品（代码001×××，金额为70万元）。《涉案产品申请书》上方载明：“您投资的集合资产管理计划不是银行存款，也不是我行发行的理财产品。您投资的集合资产管理计划可能产生风险，无法实现预期的投资收益，甚至投资本金也可能产生损失。产品的投资风险由您自行承担……某银行作为代理推广机构，不以任何方式对投资者资产本金不受损失或取得最低收益作出承诺……”同日，被告为原告出具的代理业务购买凭证显示，根据被告的测评标准，原告的风险承受能力为平衡型，原告购买的涉案产品风险级别为低风险，购买的华安媒体互联网混合基金为高风险，华安媒体互联网混合基金风险级别高于原告的风险承受能力，被告根据原告的要求购买了上述基金产品，原告已签署了电子风险揭示书。2015年6月13日，原告收取涉案产品分红收益共计49340.71元。2017年12月4日，原告申请将涉案产品赎回，赎回份额为956754.69份，金额为772483.74元。

【案件焦点】

1. 某银行龙潭支行是否应当赔偿王某兰因投资案涉理财产品亏损造成的相应财产损失；2. 某银行龙潭支行是否尽到适当性义务。

【法院裁判要旨】

北京市东城区人民法院经审理认为：原告作为完全民事行为能力人，应当对自己所进行的民事行为具有相应的辨别力和判断力，原告在购买涉案产品前已经亲自签署了代理业务申请书、风险揭示书等相关文件，文件中亦载明进行投资所应承担的可能风险，应视为其已知晓所包含的投资风险。原告主张被告的员工陈某通过虚假陈述等方式欺骗原告购买涉案产品致使原告资金受损，但未能提交证据予以证明，故法院对原告的主张不予采信。原告作为投资者，应当承担正常投资活动可能产生的损失，被告在这一过程中并无侵权行为，不应承担赔偿责任，故原告要求被告赔偿损失及利息于法无据，一审法院不予支持。

北京市东城区人民法院依据《中华人民共和国民事诉讼法》第六十四条之规定，判决如下：

驳回原告王某兰的诉讼请求。

王某兰不服一审判决，提出上诉。北京市第二中级人民法院经审理认为：首先，根据本案双方之间合同性质类别，本案关键应确定某银行龙潭支行在王某兰购买案涉金融产品的过程中是否尽到了适当性义务；其次，根据王某兰自身及家庭状况可知其属于普通投资者，而非专业投资者；最后，人民法院应当根据产品、投资活动的风险和金融消费者的实际情况，综合理性人能够理解的客观标准和金融消费者能够理解的主观标准来确定卖方机构是否已经履行了告知说明义务。卖方机构简单地以金融消费者手写了诸如"本人明确知悉可能存在本金损失风险"等内容主张其已经履行了告知说明义务，不能提供其他相关证据的，人民法院对其抗辩理由不予支持。北京市第二中级人民法院依照《中华人民共和国侵权责任法》第六条、第十五条、第十九条、《中华人民共和国民事诉讼法》第一百七十条第一款第二项之规定，判决如下：

一、撤销北京市东城区人民法院（2019）京 0101 民初 11188 号民事判决；

二、某银行龙潭支行于本判决生效后十五日内赔偿王某兰 70000 元；

三、驳回王某兰的其他诉讼请求。

【法官后语】

本案系金融产品发行人、销售者以及金融服务提供者等卖方机构与金融消费者之间因销售各类高风险等级金融产品和为金融消费者参与高风险等级投资活动提供服务而引发的民商事案件。

本案中，原告以财产损害赔偿纠纷案由起诉被告，属于一般侵权的法律关系，归责原则应为过错原则，即原告应举证证明被告存在侵犯其权益之行为才能成立，故一审承办人将举证责任分配给原告，其主张被告的员工陈某通过虚假陈述等方式欺骗原告购买涉案产品致使原告资金受损，但未能提交证据予以证明，且原告在购买涉案产品前已经亲自签署了代理业务申请书、风险揭示书等相关文件，文件中亦载明进行投资所应承担的可能风险，故应视为其已知晓所包含的投资风险，故一审法院坚持“合同自由”“买者风险自担”的裁判思路，驳回了原告的诉讼请求。

2019年11月，最高人民法院发布《全国法院民商事审判工作会议纪要》（以下简称《九民纪要》），其中关于金融消费者权益保护纠纷案件专列成章以统一裁判思路，并确定了提供金融服务的卖方机构所应承担的“适当性义务”原则，若未尽“适当性义务”而导致金融消费者损失的，金融产品发行人、销售者应向金融消费者承担赔偿责任，以尽力改变在金融市场上“买方”与“卖方”因信息不对称而导致的契约不平等。所谓“适当性义务”是指卖方机构在向金融消费者推介、销售银行理财产品、保险投资产品等高风险等级金融产品，以及为金融消费者参与融资融券、新三板等高风险等级投资活动提供服务的过程中，必须履行了解客户、了解产品、将适当的产品（或者服务）销售（或者提供）给适合的金融消费者等义务。

之后法院在审理金融消费者权益纠纷案件中可以适用举证责任倒置规则，由卖方机构承担是否履行了“适当性义务”的举证责任，以此来正确处理契约自由与契约正义的关系，以特殊市场主体优先保护维护金融消费者的合法权益。

那么卖方机构如何尽到适当性义务呢？根据适当性义务的标准可知主要分为以下三个方面：(1) 了解投资者并对其分类。内容主要包括了解投资者身份、财产与收入状况、证券投资经验、投资需求、风险偏好等信息，并在此基础上对其分类。(2) 了解产品或服务及其分级。内容主要包括了解产品或服务的特征和风险等因素，并在此基础上划定风险等级。(3) 投资者与产品或者服务的匹配。主要将金融产品或服务的风险等级与投资者自身的风险承受能力按一定原则进行匹配，但也应当综合考虑投资者对流动性、投资期限等其他方面需求。卖方机构应综合以上三个方面而不能简单地以金融消费者手写了诸如“本人明确知悉可能存在本金损失风险”等内容主张其已履行了告知说明义务。

因此，银行等金融机构在直销或者代销金融产品时一定要做好证据的留存，如严格实施“双录”管理，对每笔产品销售过程同步录音录像，以保证其向投资者充分揭示理财产品的相关风险。

编写人：北京市东城区人民法院　康婷婷　刘连康

106 资产管理人勤勉尽责的信义义务不因“通道”业务免除

——张某昊诉某河期货公司委托理财合同案

【案件基本信息】

1. 裁判书字号

北京市第三中级人民法院（2019）京03民终16150号民事判决书

2. 案由：委托理财合同纠纷

3. 当事人

原告（上诉人）：张某昊

被告（上诉人）：某河期货公司

【基本案情】

2016年2月22日，张某昊与某河期货公司签订《富优达资管合同》，认购1500万元富优达资管计划，双方约定资管计划为主动管理型产品，投资顾问为富优达公司，并约定了预警止损机制。2016年4月14日晚，该账户发生了多次频繁的高买低卖的交易情形，造成张某昊账户巨额亏损。经查明，发出交易订单的IP地址并非某河期货公司的IP地址，而是富优达公司法定代表人崔某此前在本资管计划运行中常用的IP地址，该系列交易未通过RTS系统，而是使用张某昊的用户名和密码直接通过CTP平台进行的。北京证监局确认某河期货公司存在允许投资顾问“直接下单”的行为。张某昊认为某河期货公司在资金安全管理、下单管理等方面均未尽到应尽职责，应对张某昊的损失承担赔偿责任。某河期货公司称该资管计划实为通道业务，涉案交易不属于“非正常交易”，某河期货公司不存在违约行为，不应担责。

【案件焦点】

1. 资管合同的履行中存在第三方投资顾问“直接下单”的行为，资产管理人某河期货公司是否构成违约；2. 如涉案资管计划实为“通道”业务，资产管理人能否因此免责；3. 如资产管理人应对账户损失担责，其应承担的责任范围。

【法院裁判要旨】

北京市朝阳区人民法院经审理认为：张某昊与某河期货公司签订的《富优达资管合同》合法有效。根据合同约定，涉案资管计划为管理人主动管理型产品，且合同明确约定“不得委托第三人运作资产管理计划”，某河期货公司允许投资顾问“直接下单”的行为违反合同约定，构成违约。从涉案交易频率、IP 地址、持续时间、交易特点以及交易结果看，不可否认该连续交易所显示的“非正常”的特点，应可认定为“非正常交易”。根据双方之间的法律关系，某河期货公司作为资产管理人应履行受托人的信义义务，即勤勉尽责地进行投资管理并有效控制风险，对账户和资金的基础安全保障义务是其中的应有之义，该义务系资产管理人的基本义务，不因是否存在“通道”业务性质而有所不同。

从因果关系看，投资顾问“直接下单”行为不必然导致资产委托人的亏损，但某河期货公司在无其他辅助风控措施的情况下允许投资顾问使用张某昊的账户名和密码“直接下单”，直接放任和扩大了张某昊账户资金的风险，对损失后果的发生具有源头性作用，故应对由此产生的损失后果承担赔偿责任。因导致投资委托人最终亏损的原因复杂且不能完全排除投资行为本身所蕴含的风险，张某昊作为合格投资者对期货投资存在的市场风险等正常风险应自行承担，故张某昊亦应承担部分损失。综合本案中交易行为情况、过错程度，法院认定某河期货公司对张某昊账户相关损失承担60%的赔偿责任。北京市朝阳区人民法院依照《中华人民共和国合同法》第八条、第六十条、第一百零七条之规定，判决：

一、被告某河期货公司于本判决生效之日起十日内向原告张某昊支付赔偿款3824737.53元；

二、驳回原告张某昊的其他诉讼请求。

张某昊、某河期货公司不服一审判决，提起上诉。北京市第三中级人民法院经审理认为：在无具体认定标准及监管部门认定的情况下法院不宜直接认定涉案交易属于“非正常交易”，本案焦点在于某河期货公司是否有违约行为及该行为与张某昊损失之间的因果关系，以及某河期货公司对此应承担的责任范围，二审法院同意一审意见，判决：

驳回上诉，维持原判。

【法官后语】

信义义务是基于信赖产生的义务。基于资产管理的专业性及信息不对称状况，资产委托人对资产管理业者存在很强的依赖性，资产管理业者与客户之间本质上是一种信托关系，资产管理人应承担为委托人最佳利益行事的信义义务，此种信义义务既是合同义务，也是法定义务。实践中，极易发生资产管理人滥用专业优势地位为自己或他人牟取利益，或者漠视客户利益、放任损害客户利益行为发生的情况，比如资产管理人有偿提供“通道”而由投资顾问“直接下单”的情况，对此类违反信义义务的情形应在司法实践中旗帜鲜明地予以规制。其中，在相关禁止性监管规定出台之前，管理人的信义义务如何认定、该义务是否因“通道业务”而免除，是司法实践中需要考虑的问题。本案即此种情形的典型代表。

结合涉案交易的特殊性，一审法院从防范风险的角度认为，资产管理人信义义务中的勤勉义务和忠实义务集中表现在勤勉尽责地进行投资管理并有效控制风险，对账户和资金的基础安全保障义务是其中的应有之义，该信义义务不因是否存在“通道”因素而有所区别。

从通道业务的现实情况看，实践中存在合同明确的通道业务和名实不符的隐藏的通道业务，其中隐藏的通道业务比之于明确风险分担的明示通道业务，无论对金融市场还是投资者保护均具有更大的隐患。二审法院虽对一审法院直接认定“非正常交易”持不同意见，但对于强化资产管理人信义义务持相同意见，并主要从合同明示约定角度予以论证，更加突出了对隐藏通道业务的否定。

在因果关系和责任分担方面，客观分析，允许“直接下单”行为与委托人账户损失之间不存在必然的因果关系，但该行为与风险扩大有直接关系，故一审法院从放任和扩大风险的角度，采用“源头性作用”的分析方法认定了违约行为与损失后果的因果关系，并综合考虑账户损失原因的复杂性、被告过错程度以及期货投资本身蕴含的风险等因素对赔偿责任进行了合理分配。

信义义务是资产管理行业顺利发展、资产管理业务稳定开展的关键，也是保护金融市场、防范金融风险的有效工具。2016年7月18日起施行的证监会《证券期货经营机构私募资产管理业务运作管理暂行规定》明确禁止“通道”行为，并规定证券期货经营机构作为管理人依法应当承担的职责不因委托而免除，本案所涉交易虽发生在该规则出台前，但亦应摒弃“通道免责”的固化思维，坚持防范金融风险与风险合理分担并重，明确资产管理人信义义务的内涵，强化并重塑资产管理人的信义义务，这对于匡正证券期货经营机构的风险放任性行为、规范资管市场、保护金融投资者利益、有效防范化解金融风险均具有重要的导向意义。

编写人：北京市朝阳区人民法院 王丽英 戴畅

六、证券纠纷

107 证券虚假陈述责任纠纷揭露日的认定问题

——顾华某等诉康某药业证券虚假陈述责任案

【案件基本信息】

1. 裁判书字号

广东省广州市中级人民法院（2020）粤01民初2171号民事判决书

2. 案由：证券虚假陈述责任纠纷

3. 当事人

原告：顾华某等55326名投资者

被告：康某药业

【基本案情】

2001年3月19日，被告康某药业在上海证券交易所主板上市。康某药业先后披露了2016年、2017年年度报告及2018年半年度报告。2018年10月15日晚开始，网上陆续出现文章，质疑康某药业货币资金真实性，指出可能存在财务造假等问题。质疑文章被多家影响范围较大的媒体广泛转载，引起强烈反响。康某药业股票10月16日盘中一度触及跌停，收盘跌幅5.97%，此后连续三日以跌停价收盘，而同期（2018年10月16日至19日）上证指数跌幅为0.69%，医药生物（申万）指数（801150）跌幅为4.01%。同时，以"康某药业"为关键词的百度搜索指数、百度资讯指数、各类媒体转载指数在2018年10月16日之后均呈现爆炸性增长。

2018年12月29日，康某药业发布公告称其收到中国证监会《调查通知书》。后中国证监会作出的行政处罚决定认定：康某药业在2016年至2018年相关年报中存在虚假记载和重大遗漏，包括虚增货币资金、虚增固定资产、在建工程、投资性房地产及未按规定披露控股股东及其关联方非经营性占用资金的关联交易情况，并对相关实际控制人、高级管理人员的违法情节作出认定。

2021年2月18日，中国证监会作出行政处罚决定，认定：广东正某珠江会计师事务所（特殊普通合伙）（以下简称正某珠江）出具的康某药业2016年、2017年、2018年年度审计报告存在虚假记载，包括未获取充分适当的审计证据、审计存在缺陷等不符合相关会计准则的行为。

2020年12月31日，原告顾华某、刘淑某等11名投资者，向广东省广州市中级人民法院（以下简称广州中院）提起诉讼，请求判令被告马兴某、许冬某赔偿其投资差额损失、佣金、印花税及利息损失合计412228.20元；并请求判令被告康某药业、实际控制人、高级管理人员等对原告的上述损失承担连带责任。前述11名投资者共同推选顾华某、刘淑某为拟任代表人，同时请求诉讼请求相同并申请加入本案诉讼的其他投资者，一并提起普通代表人诉讼。

2021年3月26日，广州中院发布《普通代表人诉讼权利登记公告》，明确自2017年4月20日（含）至2018年10月15日（含）期间以公开竞价方式买入、并于2018年10月15日闭市后仍持有康某药业股票（证券代码：600518），且与本案具有相同诉讼请求的投资者，可以于2021年4月25日之前登记加入本案诉讼。

2021年3月30日，原告顾华某、刘淑某等11名投资者向广州中院申请追加正某珠江、杨文某、张静某、刘某甲、苏创某为本案被告，请求判令前述五被告与马兴某、许冬某等被告承担连带赔偿责任。广州中院予以准许。

2021年4月8日，投服中心接受了黄梅某等56名权利人的特别授权，向广州中院申请作为代表人参加诉讼。经最高人民法院指定管辖，广州中院适用特别代表人诉讼程序审理本案。

2021年4月16日，广州中院发布《特别代表人诉讼权利登记公告》，明确本案权利人范围。梅某某等9名投资者提交书面声明，表示退出本次特别代表人诉讼。

广州中院委托投保基金对权利人范围内的投资者的损失进行测算。经测算，共计55326名投资者发生约48.66亿元损失，扣除系统风险后损失金额为正数的投资者人数为52037名，该52037名投资者扣除系统风险后损失金额总数为2458928544元。

【案件焦点】

本案所涉证券虚假陈述行为的揭露日确定问题。

【法院裁判要旨】

广东省广州市中级人民法院经审理认为：虚假陈述的揭露，是指虚假陈述被市场知悉、了解，不要求达到全面、完整、准确的程度，只要交易市场对揭露文章存在明显的反应，即使揭露文章仅是首发在自媒体而非官方媒体，也可认定市场知悉虚假陈述行为。据此，依据《中华人民共和国证券法》（2014年修正）第六十三条、

第六十九条、第一百七十三条，《中华人民共和国合伙企业法》第五十七条第一款，《最高人民法院关于审理证券市场因虚假陈述引发的民事赔偿案件的若干规定》第七条、第十七条、第十八条、第十九条、第二十条、第二十一条、第三十三条，《中华人民共和国民事诉讼法》第五十三条、第五十四条、第六十四条，《最高人民法院关于证券纠纷代表人诉讼若干问题的规定》第二十四条、第二十六条、第三十二条、第三十四条、第三十九条、第四十一条之规定，判决如下：

一、被告康某药业于本判决生效之日起十五日内，向原告顾华某、黄梅某等 52037 名投资者赔偿投资损失 2458928544 元。原告所获赔偿金额的计算方法为投资差额损失与相应的佣金、印花税、利息损失之和。其中投资差额损失=（买入均价-卖出均价或基准价）×持股数量×（1-证券市场风险因素的影响比例），买入均价采用第一笔有效买入后的移动加权平均法计算，多个账户应合并计算，证券市场风险因素采用个股涨跌幅与生物医药（申万）指数涨跌幅进行同步对比的方法扣除。佣金损失=投资差额损失×0.03%。印花税损失=投资差额损失×0.1%。利息损失=（投资差额损失+佣金损失+印花税损失）×0.35%×第一笔有效买入日至最后一笔卖出日或者基准日的实际天数/365 天；

二、被告马兴某、许冬某、邱锡某、庄义某、温少某、马焕某对本判决第一项确定的被告康某药业债务承担连带清偿责任；

三、被告马汉某、林大某、李某、罗家某、林国某、李建某、韩中某、王某在本判决第一项确定的被告康某药业债务的 20% 范围内承担连带清偿责任；

四、被告江镇某、李定某、张某甲在本判决第一项确定的被告康某药业债务的10%范围内承担连带清偿责任；

五、被告郭崇某、张某乙在本判决第一项确定的被告康某药业债务的5%范围内承担连带清偿责任；

六、被告广东正某珠江会计师事务所（特殊普通合伙）、杨文某对本判决第一项确定的被告康某药业债务承担连带清偿责任；

七、驳回原告顾华某等55326名投资者的其他诉讼请求。

判决后，双方当事人均未上诉，本判决现已生效。

【法官后语】

虚假陈述行为的揭露日问题，属于证券虚假陈述责任纠纷案件中最重要的争点之一，在司法实践中亦有不同的认识。虚假陈述的揭露行为，需要满足揭露主体的权威性、揭露信息传播的广泛性、揭露行为的警示性、揭露内容与虚假陈述事实的一致性、揭露时间的首次性等条件。在《最高人民法院关于审理证券市场因虚假陈述引发的民事赔偿案件的若干规定》制定的时期，微博、微信等自媒体还未出现，网络论坛影响力也不大，司法实践中通常认定同时满足前述条件的揭露行为为证监会立案行为或者传统媒体刊发的文章。但在移动互联网蓬勃兴起的当今，微博、微信等自媒体发表的文章，经过权威媒体转发后，受众人数急剧增加，也可以对市场产生巨大影响。在此情况下，如仍拘泥于以证监会立案日期甚至作出行政处罚决定书日期为揭露日，将可能导致因关注到揭露文章而进行交易的投资者的权利无法得到保护。因此，即使揭露文章没有达到全面、完整、准确的程度，且仅是首发在自媒体而非官方媒体，只要该文章被权威媒体转载，且交易市场对揭露文章存在明显的反应，也可认定市场知悉虚假陈述行为。

2018年10月15日晚开始，网上陆续出现文章，质疑康某药业货币资金真实性，指出可能存在财务造假等问题。文章被多家影响范围较大的媒体广泛转载，引起强烈反响。康某药业股票10月16日盘中一度触及跌停，收盘跌幅5.97%，此后连续三日以跌停价收盘，而同期（2018年10月16日至19日）上证指数跌幅为0.69%，医药生物（申万）指数（801150）跌幅为4.01%。同时，以“康某药业”为关键词的百度搜索指数、百度资讯指数、各类媒体转载指数在2018年10月16日之后均呈现爆炸性增长。

2018年12月29日，康某药业发布公告称其收到中国证监会《调查通知书》，该公告发布后第一个交易日，康某药业股价跌停，且4个交易日内股价跌幅超过20%。

从前述事实来看，无论是2018年10月16日的揭露文章，还是2018年12月29日监管部门立案调查公告，交易市场均作出了明显的反应，起到了揭露可能的违规行为和警示投资者的效果；同时揭露文章被多家权威媒体转载，而立案调查决定更是由行业监管部门作出，揭露主体的权威性要求均获得满足；康某药业因为涉嫌信息披露违规被立案后，被查明确实存在财务造假等信息披露违规行为，也证实了揭露文章对康某药业财务报告真实性的质疑，符合揭露内容与虚假陈述事实的一致性要求；但从时间节点角度考察，2018年10月16日早于2018年12月29日，仅有2018年10月16日的揭露行为满足揭露行为的首次性要件。因此，本案的虚假陈述揭露日，应当确定为2018年10月16日。

编写人：广东省广州市中级人民法院　王泳涌

108 证券服务机构责任范围认定

——李某某、周某某诉中某科公司等证券虚假陈述责任案

【案件基本信息】

1. 裁判书字号

上海市高级人民法院（2020）沪民终666号民事判决书

2. 案由：证券虚假陈述民事责任纠纷

3. 当事人

原告（被上诉人）：李某某、周某某

被告（上诉人）：招某证券公司、瑞某事务所

被告：中某科公司、中某消技术公司、华某律师事务所

【基本案情】

飞某公司系在上海证券交易所上市的公司，于2015年3月24日变更为中某消公司，2018年5月23日变更名称为中某科公司。

2014年，中某科公司实施重大资产重组，通过向中某汇志公司非公开发行股份的方式购买中某汇志公司持有的中某消技术公司的100%股权。2014年4月25日，瑞某事务所出具审计报告，对中某消技术公司及其子公司的财务报表进行了审计。同日，瑞某事务所出具《中某消技术公司盈利预测审核报告》，对中某消技术公司作出的盈利预测进行了审核。2014年6月10日，招某证券公司出具《关于飞某公司重大资产出售、发行股份购买资产并募集配套资金暨关联交易之独立财务顾问报告》。该报告中，招某证券公司承诺其已按照法律、行政法规和证监会的规定履行了尽职调

查义务，有理由确信重组报告书符合法律、法规和证监会及上海证券交易所的相关规定，所披露的信息真实、准确、完整，不存在虚假记载、误导性陈述或者重大遗漏。2014年6月10日，华某律师事务所出具《关于飞某公司重大资产出售、发行股份购买资产并募集配套资金暨关联交易之法律意见书》。

2019年5月31日，中某科公司发布关于收到证监会《行政处罚决定书》《市场禁入决定书》的公告。证监会认定：1. 中某消技术公司在实际未中标任何县（市、区）工程（样板工程除外），在原提供的“班班通”项目《盈利预测报告》不真实、不准确的情况下，未及时重新编制并提供《盈利预测报告》，导致评估结论严重失实，置入资产评估值严重虚增。2. 中某消技术公司在“智慧石拐”项目尚未招标、不符合收入确认条件情况下按完工百分比法确认项目收入，2013年度经审计的财务报告存在虚假记载。3. 中某消技术公司2013年就“BT”项目虚增营业收入，2013年度经审计的财务报告存在虚假记载。证监会认定上述行为构成证券虚假陈述，行政处罚对象包括中某科公司、中某消技术公司、中某汇志公司及相关责任人员等。

本案审理过程中，根据中某科公司的申请，法院委托上海交通大学中国金融研究院对投资者因虚假陈述导致的投资差额损失进行核定。

李某某等向上海金融法院起诉，请求判令中某科公司、中某消技术公司、招某证券公司、瑞某事务所、华某律师事务所连带赔偿各项经济损失（含投资差额损失、佣金损失、印花税损失、利息损失等）。庭审中，李某某等放弃有关佣金及利息损失的诉讼请求，并同时明确印花税损失按照投资差额损失的1‰计算。

【案件焦点】

招某证券公司、瑞某事务所、华某律师事务所等证券服务机构在证券虚假陈述责任案件中的责任范围认定。

【法院裁判要旨】

上海金融法院经审理判决：

一、中某科公司应向周某某支付投资差额损失 155538.88 元，佣金和印花税损失 233.31 元；

二、中某科公司应向李某某支付投资差额损失 72189 元，印花税损失 72.19 元；

三、中某消技术公司、招某证券公司、瑞某事务所对中某科公司上述第一项、第二项付款义务承担连带责任；

四、驳回周某某、李某某的其余诉讼请求。

后招某证券公司、瑞某事务所不服一审判决，提起上诉。

上海市高级人民法院经审理认为：一、招某证券公司和瑞某事务所是否勤勉尽责应视其是否按照相关法律、行政法规、部门规章和行业执业规范等，对所依据的文件资料内容进行核查和验证。（一）就案涉“班班通”项目，招某证券公司如果采取一定的调查手段，例如函询、访谈、现场走访、查询公开招投标信息等方式，应可发现中某消技术公司在已经启动的项目中并未中标的事实。招某证券公司出具《独立财务顾问报告》时，除了获取中某消技术公司提供的框架协议和当地有关政策性文件之外，并无充分证据表明对该重点项目的实际进展情况予以审慎核查。此外，招某证券公司知悉“班班通”项目的真实情况后，应对之前的评估值以及交易定价的合理性和公允性提出质疑，但其在后续更新的财务顾问报告中，仍然认可了之前的收益、预测数据和评估值，未及时采取有效行为。因此，招某证券公司出具《独立财务顾问报告》过程中，未充分尽到勤勉尽责义务。（二）案涉“智慧石拐”项目中，瑞某事务所向石拐区人民政府发送落款时间为2014年1月24日的《企业询证函》，但该函件未显示对方的任何回复或确认内容，但瑞某事务所制作的复核日期同样为2014年1月24日的《应收账款函证回函结果明细表》记载该项目已收回函证且确认销售金额5000万元。就该审计工作底稿中如何列示“回函确认销售金额”，其未给予合理解释。此外，瑞某事务所未提供证据证明其实施了必要审计程序，对“智慧石拐”项目的实际开工情况、施工进展、完工进度等缺乏应有的关注以及必要的数据复核。据此，某会计师事务所在出具案涉审计报告过程中，存在未勤勉尽责的情形。

二、招某证券公司和瑞某事务所的赔偿责任范围应如何确定。关于证券服务机构对投资者损失承担赔偿责任的形式，《中华人民共和国证券法》（1998年修订）第一百六十一条规定了专业机构和人员应就其负有责任的部分承担连带责任，《最高人民法院关于审理证券市场因虚假陈述引发的民事赔偿案件的若干规定》（以下简称《若干规定》）第二十四条也据此对专业中介服务机构及其直接责任人虚假陈述承担相应部分赔偿责任予以进一步明确。尽管在2005年修改后的《中华人民共和国证券法》中不再区分证券服务机构故意或过失等情况，但从上述法律规定来看，连带赔偿责任并非仅限于全额连带赔偿，部分连带赔偿责任仍是法律所认可的一种责任形式。此外，2007年《最高人民法院关于审理涉及会计师事务所在审计业务活动中民事侵权赔偿案件的若干规定》第五条、第六条对会计师事务所审计业务中故意和过失侵权造成利害关系人的赔偿责任作出了不同规定。因此，证券服务机构的注意义务和应负责任范围，应限于各自的工作范围和专业领域，其制作、出具的文件有虚假记载、误导性陈述或者重大遗漏，应当按照证券法及相关司法解释的规定，考量其过错程度、造成投资者损失的原因力等因素，分别确定其应当承担的法律责任。

关于招某证券公司的赔偿责任范围，从其虚假陈述的内容来看，主要涉及“班班通”项目，而“智慧石拐”项目和“BT”项目主要涉及收入确认等财务会计、审计问题，并非招某证券公司作为独立财务顾问的专业范围。从主观过错程度来看，中某科公司系案涉交易信息的直接披露者，中某消技术公司系案涉交易的信息提供者，与中某科公司和中某消技术公司相比，招某证券公司的过错程度相对较轻。从原因力的角度而言，案涉“班班通”项目构成相关评估和交易定价的重要基础，对中某科股票价格和投资者交易决策造成一定影响。综合考量以上因素，结合独立财务顾问在上市公司重大资产重组中的地位和作用，酌定招某证券公司在25%的范围内对中某科公司的证券虚假陈述民事责任承担连带赔偿责任。

关于瑞某事务所的赔偿责任范围，从其虚假陈述行为内容来看，主要涉及“智慧石拐”项目的收入确认问题。从其主观过错程度来看，本案中没有证据显示瑞某事务所与中某科公司、中某消技术公司存在虚假陈述的共同故意或明知相关材料虚假。从对投资者的决策影响看，“智慧石拐”项目收入确认对于盈利预测及评估和交易定价也产生一定影响，但其影响相较“班班通”项目为小。据此，酌定瑞某事务所在15%的范围内对中某科公司的证券虚假陈述民事责任承担连带赔偿责任。上海市高级人民法院据此作出判决：

一、维持一审判决第一项、第二项；

二、撤销一审判决第三项、第四项；

三、中某消技术公司对中某科公司的付款义务承担连带责任；

四、招某证券公司对中某科公司的付款义务在25%的范围内承担连带责任；

五、瑞某事务所对中某科公司的付款义务在15%的范围内承担连带责任；

六、驳回周某某、李某某的其余诉讼请求。

【法官后语】

现代证券市场中，信息披露的真实、准确、完整是维护证券市场有效运行的必要条件。包括会计师事务所、评估机构、律师事务所、独立财务顾问等各类证券服务机构作为市场“守门人”角色，对于维护整体市场的“公平、公正、公开”和有效运行发挥着关键性的作用。关于证券服务机构的责任范围如何认定，是司法实践中面临的新课题。为促进证券服务机构有效履职，明确其责任边界，实现各证券服务机构“各负其职、各尽其责”，本案裁判对证券服务机构承担连带赔偿责任是否需要前置程序、证券服务机构的连带赔偿责任可否采取“部分连带责任”形式、各证券服务机构在重大资产重组中的注意义务如何界定、证券服务机构的过错行为如何认定、过错与投资者损失之间的因果关系、最终责任承担比例的衡量尺度等前沿问题作了探索。

一、关于证券服务机构是否勤勉尽责的认定

认定证券服务机构是否勤勉尽责，首先应当明确其在该项工作中的注意义务范围，然后根据对案件事实的审查，判断该证券服务机构是否违背其注意义务。

就明确证券服务机构注意义务范围，首先，从程序角度而言，证券服务机构应尽到何种注意义务，应由被诉证券服务机构承担相应的举证责任。证券服务机构应当提交相关法律法规、监管规则、业务规则、行业准则等文件，对其在相关工作中应当履行的义务内容予以充分说明。在有关文件对证券服务机构的举证内容没有作出明确规定的情况下，证券服务机构可以通过提交有关资本市场实践案例、专业人士证言等方式，举证证明案涉证券交易中存在相关行业惯例，据此确定其注意义务范围。在证券服务机构未提交相关证据证明其注意义务范围的情况下，应当承担由此造成的不利后果。其次，应充分关注特别注意义务与一般注意义务的问题。一般而言，证券服务机构应当对其专业领域内的事务承担特别注意义务，对其他事项承担一般注意义务。证券服务机构出具的相关报告，往往是基于其他证券服务机构的前期工作。如在本案中，资产评估公司根据经会计师事务所审计的财务报告和盈利预测报告出具资产评估报告，而财务顾问又根据资产评估报告对交易定价的公允性作出判断。在此种业务链条中，证券服务机构不能盲目信赖其他证券服务机构作出的结论，而仍应尽到通常理性人的一般注意义务。最后，证券服务机构的注意义务范围还应结合其在交易结构中的不同地位和作用而定，对于处于核心和主导地位的证券服务机构，其注意义务的范围相比其他证券服务机构更为广泛。

在明确证券服务机构注意义务的基础上，应结合相关证据认定证券服务机构的行为是否满足其注意义务的要求，从而判断证券服务机构是否勤勉尽责。首先，关于证券服务机构是否勤勉尽责的审查范围，应根据相关证据和当事人陈述，聚焦争议问题。如果虚假陈述行为已有行政处罚或刑事判决认定，应当主要聚焦上述文件认定的违规事项，根据违规事项涉及的证券服务机构行为予以重点审查。其次，关于证据的审查范围和审查方式，应注重全面性和公平性。证券服务机构基于自身利益的考虑，在提供工作底稿等相关证据的过程中，可能倾向于尽量多提供对其有利的证据而隐藏对其不利的证据，引起投资者争议，故应遵循全面开示的原则，提供完整的工作底稿。为提升审查效率，可要求证券服务机构编制相应的清单、目录和简要说明，证据复制、交换等程序可尽量采用电子方式进行。最后，鉴于认定证券服务机构是否勤勉尽责涉及会计、审计、评估等专业问题，特别是在部分证券服务机构未受到行政处罚或刑事制裁的情况下，相关事实并不明朗。在诉讼过程中借助专家力量参与，帮助法院作出正确判断，具有积极意义。

二、关于证券服务机构承担部分连带责任

在认定证券服务机构未勤勉尽责，导致虚假陈述行为发生的前提下，需进一步全面衡量各种因素，合理认定其责任范围。

过错与责任相一致是侵权法的基本原理，而“全有全无”的连带责任形式，则可能导致中介机构面临不公平的责任承担。一是不能区分中介机构与发行人之间、各中介机构之间的不同地位和作用。在证券发行、上市、重大资产重组过程中，各中介机构肩负不同职责，发挥不同功能，其地位和重要性各不相同，应在责任承担上予以区分。二是不能区分各责任主体之间过错程度。违规信息披露的过程中，证券服务机构的主观过错存在故意、重大过失、一般过失等不同形态。对于性质、程度不同的过错，法律责任上应当给予不同评价，以体现公平正义。三是从原因力的角度而言，证券市场虚假陈述各责任主体的过错行为与投资者损失之间的原因力有大小之分，也应予以区分。

基于以上考虑，本案判决对于证券服务机构的责任承担采取“部分连带责任”的方式。一方面，从相关法律和司法解释规定来看，1998年《中华人民共和国证券法》第一百六十一条曾规定过部分连带责任形式，《若干规定》第二十四条也明确专业中介服务机构就其负有责任的部分承担赔偿责任。《最高人民法院关于审理涉及会计师事务所在审计业务活动中民事侵权赔偿案件的若干规定》《全国法院审理债券纠纷案件座谈会纪要》等均规定了应当区分故意、过失等不同情况，分别确定应当承担的法律责任。另一方面，从相关司法实践来看，证券服务机构应根据其过错及其他因素承担“部分责任”“补充责任”或“相应责任”的做法已经逐步出现，并且取得良好的社会效果。

关于证券服务机构最终承担责任比例，应重点考量以下因素：首先，决定证券服务机构责任范围的首要因素是其过错的性质和程度，应根据具体事实认定证券服务机构的主观状态系故意、重大过失还是一般过失，系违反特别注意义务还是一般注意义务。其次，应具体考察证券服务机构的过错与投资者损失之间的因果关系，区分原因力大小。其判断标准是证券服务机构过错行为导致的问题在整体虚假陈述中占据何种比重，在多大程度上影响投资者交易决策或交易价格。最后，应比较各证券服务机构的相对地位与作用。例如，对于在整体交易居于关键地位的证券服务机构相较其他证券服务机构的责任应相对较重。

需要指出的是，依据2022年新修订最高法院虚假陈述司法解释，证券虚假陈述案件已经取消行政处罚前置程序，中某科案论述了中介机构承担民事责任是否以受到行政处罚为前提的问题，结论与新司法解释一致。该案有关中介机构的注意义务和过错认定标准亦与新司法解释精神相符。

编写人：上海金融法院　许晓骁

上海市高级人民法院　华蓉

109　诱空型证券虚假陈述损害赔偿因果关系之认定

——张怀某诉某技术公司证券虚假陈述责任案

【案件基本信息】

1. 裁判书字号

广东省高级人民法院（2019）粤民终 1786 号民事判决书

2. 案由：证券虚假陈述责任纠纷

3. 当事人

原告（上诉人）：张怀某

被告（被上诉人）：某技术公司

【基本案情】

原告张怀某诉称，被告某技术公司因未依法披露其全资子公司某投资公司与前海某隆公司于 2015 年 11 月 27 日签订的《补充协议 1》、于 2016 年 3 月签订的《补充协议 2》，被深圳证监局以《行政处罚决定书》予以行政处罚。某技术公司于 2017 年 12 月 15 日公告收到深圳证监局《调查通知书》，公司股价急剧下跌，原告因之前买入某技术公司股票而发生亏损。根据 2003 年《最高人民法院关于审理证券市场因虚假陈述引发的民事赔偿案件的若干规定》的相关规定，原告提起本案诉讼，请求判令某技术公司向原告赔偿损失合计 9787.25 元。

被告某技术公司辩称，某技术公司未及时披露《补充协议 1》和《补充协议 2》的行为不属于虚假陈述行为。退一步讲，即使认定某技术公司未及时披露的行为构成证券虚假陈述，原告损失与某技术公司的虚假陈述行为之间也不具有因果关系，某技术公司对原告的损失不应当承担赔偿责任。

广东省深圳市中级人民法院经审理查明：某技术公司于 2010 年 4 月 30 日在深交所上市，证券代码为 30××××. SZ。

2015 年 11 月 23 日，某技术公司全资子公司某投资公司与北京某隆公司签订《合伙协议》，某投资公司作为有限合伙人出资 3 亿元，北京某隆公司作为普通合伙人出资 50 万元，共同投资成立国泰某兴公司，约定了收益分配及亏损分摊机制。

2015 年 11 月 27 日，某投资公司与前海某隆公司签订《补充协议 1》，协议内容为：经双方友好协商，就某投资公司与北京某隆公司依其签订的《合伙协议》而合作设立国泰某兴公司合作事宜达成以下补充共识：在合伙企业有效期限内，前海某隆公司为国泰某兴公司的有限合伙人某投资公司资金本金安全提供担保，前海某隆公司承诺在合伙企业到期或者合伙人一致同意退伙时，若某投资公司认购出资的本金出现亏损，则由前海某隆公司对相应亏损进行等额补偿；在合伙企业有效期限内，前海某隆公司承诺，保障某投资公司资金自缴纳之日起每年 5%的固定收益，如合伙企业未能实现上述收益，则由前海某隆公司补足，且按年支付。

2016年3月，某投资公司、北京某隆公司和国泰某兴公司签署《追加投资协议》，约定某投资公司向国泰某兴公司追加投资2亿元。

针对《追加投资协议》，某投资公司和前海某隆公司签订《补充协议2》，就某投资公司的2亿元追加资金进行了补充约定，协议内容基本与《补充协议1》相同。

某技术公司分别于2015年11月9日、2016年3月2日将《合伙协议》《追加投资协议》事项公告披露，但未披露《补充协议1》《补充协议2》相关事项。

2017年11月29日，某技术公司发布《关于重大事项停牌的公告》，称前海某隆公司、北京某隆公司的相关人员失去联系，某技术公司于2017年11月28日晚间已紧急安排向公安机关报案，截至本公告披露时，公司尚未收到公安机关是否予以立案的通知。鉴于该事项尚存在不确定性，为维护广大投资者的利益，避免公司股价异常波动，经公司向深交所申请，公司股票于2017年11月29日上午开市起停牌。

2017年12月15日，某技术公司发布《关于收到中国证券监督管理委员会调查通知书暨股票存在被实施暂停上市风险的提示性公告》，称因为涉嫌信息披露违法违规，被深圳证监局立案调查，并收到了相关《调查通知书》。某技术公司按照《深圳证券交易所股票上市规则》（2014年修订）第11.11.3条的要求，每月至少披露一次风险提示公告，说明立案调查的进展情况和公司股票可能被暂停上市的风险。

2017年12月19日，某技术公司发布《关于股票复牌且继续推进重大事项的公告》，称公司股票于2017年12月20日上午开市起复牌；如前海某隆公司、北京某隆公司相关人员的失联事件进一步明确并且发生减值的客观证据后，可能导致上市公司计提资产减值损失，将对2017年度实现归属于上市公司股东的净利润产生重大不利影响，并致使2017年度业绩亏损。

2017年12月20日，某技术公司发布《关于对全资子公司其他应收款计提坏账准备暨全资子公司对可供出售金融资产计提减值准备的公告》，称某投资公司向国泰某兴公司的5亿元出资，均来源于向某技术公司的借款。某技术公司预计未来无法收回某投资公司对某技术公司的5亿元借款，根据公司会计政策的规定，某技术公司拟计提其他应收款坏账准备5亿元。经测算，本次对某投资公司上述可供出售金融资产计提减值准备，对某技术公司上述其他应收款计提坏账准备，经合并抵销后，将减少2017年公司归属于母公司所有者的综合收益5亿元。

2018年4月22日，某技术公司发布《关于收到中国证监会〈行政处罚事先告知书〉的公告》。

2018年5月2日，某技术公司发布《关于收到中国证监会〈行政处罚决定书〉的公告》。

深圳证监局《行政处罚决定书》认定，某技术公司未披露《补充协议1》《补充协议2》相关事项，直到2018年1月30日，才通过深交所官网“监管信息公开”栏目，以《某技术公司：关于深圳证券交易所关注函的回复》对上述两份补充协议相关事项进行说明。《补充协议1》《补充协议2》分别作为《合伙协议》《追加投资协议》的补充，与《合伙协议》《追加投资协议》为一揽子协议。根据两份补充协议约定，公司2015年、2016年分别至少享有125万元、1991.78万元的固定收益，分别占公司2014年、2015年经审计净利润的12.32%、23.16%。补充协议约定事项属于《中华人民共和国证券法》第六十七条第二款，《上市公司信息披露管理办法》第三十条、第三十三条规定应当及时披露的重大事件，但公司未依法披露。某技术公司上述行为违反了《中华人民共和国证券法》第六十七条的规定，已构成《中华人民共和国证券法》第一百九十三条所述违法行为。罗某学作为公司董事长，筹划并主导上述投资事项，授权喻俊某签署涉案两份补充协议；董事、常务副总经理喻俊某负责投资事项的具体实施，签署涉案两份补充协议，二人均未依法及时报告董事会并督促公司披露，系对上述违法行为直接负责的主管人员。时任董事会秘书刘红某负责组织协调公司信息披露事务，其知悉、参与了涉案补充协议的签订，却未依法及时报告董事会并督促公司披露，系上述违法行为的其他直接责任人员。根据当事人违法行为的事实、性质、情节与社会危害程度，依据《中华人民共和国证券法》第一百九十三条第一款的规定，决定：一、对某技术公司给予警告，并处以30万元罚款；二、对罗某学给予警告，并处以20万元罚款；三、对喻俊某给予警告，并处以20万元罚款；四、对刘红某给予警告，并处以10万元罚款。

另查明：2015年11月27日，某技术公司股票收盘价为19.53元/股，创业板指数为2649.55点；2017年11月28日，某技术公司股票收盘价为15.66元/股，创业板指数为1793.87点。上述某技术公司股票价格，根据某技术公司《2015年度权益分派实施公告》和《2016年度权益分派实施公告》中的权益分派方案，已进行前复权处理。

2015年11月27日至2017年12月15日，原告买入某技术公司股票，截至2017年12月15日原告持有某技术公司股票2700股，截至2018年1月5日原告持有上述某技术公司股票0股。

【案件焦点】

1. 某技术公司未披露《补充协议1》《补充协议2》的行为是否构成证券市场虚假陈述行为；2. 某技术公司未披露《补充协议1》《补充协议2》的行为与原告损失之间是否存在因果关系；3. 如某技术公司的所涉行为构成证券市场虚假陈述，且该行为与原告损失之间存在因果关系，则原告损失应如何认定。

【法院裁判要旨】

广东省深圳市中级人民法院经审理认为：一、关于某技术公司未披露《补充协议1》《补充协议2》的行为是否构成证券市场虚假陈述行为的问题。《中华人民共和国证券法》（2014年修正）第六十三条规定："发行人、上市公司依法披露的信息，必须真实、准确、完整，不得有虚假记载、误导性陈述或者重大遗漏。"2003年《最高人民法院关于审理证券市场因虚假陈述引发的民事赔偿案件的若干规定》第十七条第一款规定："证券市场虚假陈述，是指信息披露义务人违反证券法律规定，在证券发行或者交易过程中，对重大事件作出违背事实真相的虚假记载、误导性陈述，或者在披露信息时发生重大遗漏、不正当披露信息的行为。"深圳证监局《行政处罚决定书》认定，某技术公司未披露《补充协议1》《补充协议2》相关事项，根据两份补充协议约定，某技术公司2015年、2016年分别至少享有 125 万元、1991.78 万元的固定收益，分别占某技术公司 2014 年、2015 年经审计净利润的 12.32%、23.16%。深圳证监局认定，补充协议约定事项属于《中华人民共和国证券法》第六十七条第二款，《上市公司信息披露管理办法》第三十条、第三十三条规定应当及时披露的重大事件，但某技术公司未依法披露。某技术公司上述行为违反了《中华人民共和国证券法》第六十七条的规定，已构成《中华人民共和国证券法》第一百九十三条所述违法行为。故对某技术公司及相关责任人员给予行政处罚。因此，根据上述法律规定及行政处罚事实，本案应当认定某技术公司的行为构成证券市场虚假陈述行为。

根据 2003 年《最高人民法院关于审理证券市场因虚假陈述引发的民事赔偿案件的若干规定》第二十条、第三十三条的规定，涉案虚假陈述实施日为 2015 年 11 月 27 日，即某投资公司与前海某隆公司签订《补充协议 1》的时间；揭露日为 2017 年 12 月 15 日，即某技术公司公告因涉嫌信息披露违法违规，被深圳证监局立案调查，并收到了相关《调查通知书》的时间；基准日为 2018 年 1 月 5 日，即某技术公司流通股票换手率达到 100%的时间；基准价为 11.02 元/股。

二、关于某技术公司未披露《补充协议 1》《补充协议 2》的行为与原告损失之间是否存在因果关系的问题。在虚假陈述民事赔偿案件中，虚假陈述行为与投资者的投资决策及损失之间存在因果关系是虚假陈述行为人承担民事责任的前提之一。即投资者的投资决策和损失，必须是受到了虚假陈述行为的影响才构成证券交易因果关系与损失因果关系。结合本案，法院对此具体评析如下：

首先，本案虚假陈述行为属于诱空型。根据虚假陈述对市场影响、对投资者主观判断和投资行为的影响，证券法理论将虚假陈述分为诱多型和诱空型。诱多型虚假陈述是指虚假陈述行为人故意违背事实真相发布虚假的利多信息，或者隐瞒实质性的利空信息不予公布或不及时公布等，以使投资者在股价处于相对高位时，持有积极投资心态并进行投资追涨。诱空型虚假陈述，是指虚假陈述行为人发布虚假的消极利空信息，或者隐瞒实质性的利好信息不予公布或不及时公布等，以使投资者在股价向下运行或处于相对低位时，因受其虚假陈述影响持有消极心态而卖出股票。

本案中，依据深圳证监局《行政处罚决定书》的认定，《补充协议 1》《补充协议 2》分别作为《合伙协议》《追加投资协议》的补充，与《合伙协议》《追加投资协议》为一揽子协议，某技术公司未依法披露两份补充协议，违反证券法相关规定，故对某技术公司予以行政处罚。《行政处罚决定书》同时查明，《补充协议 1》的主要内容为，前海某隆公司为某投资公司依《合伙协议》而出资的资金本金安全提供担保，前海某隆公司承诺在合伙企业到期或者合伙人一致同意退伙时，若某投资公司认购出资的本金出现亏损，则由前海某隆公司对相应亏损进行等额补偿；在合伙企业有效期限内，前海某隆公司承诺保障某投资公司资金自缴纳之日起每年 5%的固定收益，如合伙企业未能实现上述收益，则由前海某隆公司补足，且按年支付。《补充协议 2》就某投资公司的 2 亿元追加资金进行了补充约定，协议内容基本与《补充协议 1》相同。根据《行政处罚决定书》的查明认定，两份补充协议主要系由前海某隆公司对某投资公司投入国泰某兴公司的本金和每年 5%的固定收益提供担保。依据《补充协议 1》《补充协议 2》的约定，某技术公司 2015 年、2016 年分别至少享有 125 万元、1991. 78 万元的固定收益，分别占某技术公司 2014 年、2015 年经审计净利润的 12. 32%、23. 16%。在证券市场，对投资者而言增加收益及利润系利好消息，某技术公司延迟公布利好消息的行为，属于诱空型虚假陈述。即便考虑到《补充协议1》《补充协议2》约定的保底固定收益比例为每年5%，不属于重大利好消息，但其同样明显有别于虚增业绩、隐瞒亏损等诱多型虚假陈述行为。故某技术公司的涉案虚假陈述行为不属于诱多型虚假陈述，某技术公司未及时披露两份补充协议的行为，不会诱使投资者作出积极的投资决策。

其次，投资者的投资行为并非受涉案虚假陈述行为影响。证券市场虚假陈述具体包括虚假记载、误导性陈述、重大遗漏、不正当披露等行为。其中，对于应当及时披露而未依法披露的重大遗漏行为，其是否会对投资者的投资决策产生影响，需要考量各方面信息进行综合判断。对此，不仅需要考虑未披露信息本身，还需考虑已经披露的信息。只有综合考量相关信息之后，才能判断未披露信息是否对既有信息有明显的改变。如果未披露信息并不会使投资者改变对既有信息的判断状况，那么可以认定未披露信息在很大程度上不会对投资者的投资决策产生影响。

本案中，依据《行政处罚决定书》的认定，《补充协议1》《补充协议2》分别系《合伙协议》《追加投资协议》的补充，与《合伙协议》《追加投资协议》为一揽子协议。某技术公司虽未披露《补充协议1》《补充协议2》，但某技术公司分别已于2015年11月9日、2016年3月2日将《合伙协议》《追加投资协议》事项公告披露。即对于某投资公司向国泰某兴公司投资5亿元，某技术公司已按规定予以公告披露，投资者在投资买入某技术公司股票时已了解某投资公司的5亿元投资情况。作为一名理性投资人，在作出投资决策时应考虑到某投资公司的5亿元投资可能存在的投资风险。且某技术公司未披露的《补充协议1》《补充协议2》主要约定由前海某隆公司对某投资公司依照《合伙协议》《追加投资协议》投入国泰某兴公司的本金和每年5%的固定收益提供担保，其实际系保证某技术公司的固定保底收益及利润。故某技术公司未披露的信息与已经披露的信息趋势相同，未披露信息未增加某技术公司的负担或风险。因此，综合考量某技术公司已披露信息及未披露信息的性质、内容，可以认定在某技术公司已披露某投资公司5亿元投资的情况下，如某技术公司及时披露《补充协议1》《补充协议2》可能会对投资者产生积极买入某技术公司股票的影响，但其未披露两份补充协议的行为不会使投资者改变对既有信息的判断状况，未披露信息的行为亦不会对投资者产生积极买入某技术公司股票的影响。

最后，某技术公司股价的下跌主要归结于失联事件而非证券虚假陈述行为。证券交易活动中，影响投资者投资决策及证券交易价格的因素众多。国际经济和国家宏观经济状况、国内外突发事件、各项政策（货币政策、财政政策、产业政策、监管政策、行业政策、金融政策）等系统风险会综合影响股价。除了系统性风险外，公司发展战略、经营状况、自身声誉、预期发展前景、投机炒作行为、投资者心理因素等非系统风险也会影响股票价格。

本案中，2015年11月27日至2017年11月28日，某技术公司股票从19.53元/股跌至15.66元/股（根据某技术公司《2015年度权益分派实施公告》和《2016年度权益分派实施公告》中的权益分派方案，已对某技术公司股票进行前复权处理），总体跌幅为19.82%；同期，某技术公司所属的创业板板块，板块指数从2649.55点跌至1793.87点，总体跌幅为32.29%。在创业板股票普遍下跌的背景下，某技术公司股票价格的走势与创业板指数的整体走势基本一致，但跌幅小于创业板指数。故上述期间某技术公司股票价格的下跌与某技术公司未披露《补充协议1》《补充协议2》的行为不具有因果关系。

2017年11月29日，某技术公司发布《关于重大事项停牌的公告》，称前海某隆公司、北京某隆公司的相关人员失去联系，某技术公司于2017年11月28日晚间已紧急安排向公安机关报案。2017年12月15日，某技术公司发布《关于收到中国证券监督管理委员会调查通知书暨股票存在被实施暂停上市风险的提示性公告》，称因为涉嫌信息披露违法违规，被深圳证监局立案调查。2017年12月19日，某技术公司发布《关于股票复牌且继续推进重大事项的公告》，称如前海某隆公司、北京某隆公司相关人员的失联事件进一步明确并且发生减值的客观证据后，可能导致上市公司计提资产减值损失，将对2017年度实现归属于上市公司股东的净利润产生重大不利影响，并致使2017年度业绩亏损。2017年12月20日，某技术公司发布《关于对全资子公司其他应收款计提坏账准备暨全资子公司对可供出售金融资产计提减值准备的公告》，称某技术公司预计未来无法收回某投资公司对某技术公司的5亿元借款，某技术公司拟计提其他应收款坏账准备5亿元，经测算，将减少2017年公司归属于母公司所有者的综合收益5亿元。某技术公司股票于2017年11月29日起停牌，至2017年12月20日起复牌，复牌后出现大幅下跌。故，某技术公司于2017年11月29日至2017年12月20日多次发布的关于前海某隆公司、北京某隆公司相关人员失联导致某技术公司产生损失5亿元的相关公告属于重大利空消息，必然导致某技术公司股票大幅下跌。故2017年12月20日至2018年1月5日，某技术公司股票价格的下跌，其原因应主要归结于由失联事件引起的公司自身的非系统风险因素。

综上，法院认定，鉴于某技术公司已将涉案5亿元投资的《合伙协议》《追加投资协议》事项公告披露，证券监管机构未认定某技术公司在《合伙协议》《追加投资协议》披露中存在违反信息披露管理规定的情形，故对于因涉案5亿元投资损失导致某技术公司股票下跌与深圳证监局《行政处罚决定书》认定的某技术公司的虚假陈述行为之间不存在因果关系。某技术公司未披露《补充协议1》《补充协议2》的行为，属于诱空型虚假陈述，原告的投资交易与损失并非由某技术公司未及时披露两份补充协议的行为所决定，其投资决策并未受虚假陈述行为影响。因此，原告的投资交易与某技术公司的虚假陈述行为之间不存在交易因果关系，原告的投资损失与某技术公司的虚假陈述行为之间亦不存在损失因果关系。

三、关于原告损失应如何认定问题。如前所述，虽然某技术公司未披露《补充协议1》《补充协议2》的行为构成证券市场虚假陈述，但原告的投资交易与某技术公司的虚假陈述行为之间不存在交易因果关系，原告的投资损失与某技术公司的虚假陈述行为之间不存在损失因果关系，故对原告要求被告承担其投资损失的赔偿责任的诉讼请求，法院不予支持，亦不对原告的投资损失如何计算问题进行论述。

广东省深圳市中级人民法院依照《中华人民共和国证券法》第六十三条，2003年《最高人民法院关于审理证券市场因虚假陈述引发的民事赔偿案件的若干规定》第一条、第二条、第六条、第十七条、第十八条、第十九条、第二十条、第三十三条，《中华人民共和国民事诉讼法》第六十七条、第一百四十五条之规定，判决如下：

驳回原告张怀某的诉讼请求。

张怀某不服一审判决，提起上诉。广东省高级人民法院经审理认为：一审判决认定事实清楚，适用法律正确，应予维持。依照

《中华人民共和国民事诉讼法》第一百七十七条第一款第一项之规定，判决如下：

驳回上诉，维持原判。

【法官后语】

2018年5月，深圳证监局对某技术公司作出《行政处罚决定书》，认定某技术公司未披露《补充协议1》《补充协议2》相关事项，对某技术公司及相关责任人员给予行政处罚。随即，大批中小投资者向法院起诉，要求某技术公司赔偿投资损失。该系列案审理引起证券市场和广大中小投资者的广泛关注，不仅在于案件与媒体大量报道的某技术公司5亿元资金失联事件直接相关，更主要的原因在于该案是法院对诱多型和诱空型虚假陈述行为进行处理认定的一个重要尝试。在2003年《最高人民法院关于审理证券市场因虚假陈述引发的民事赔偿案件的若干规定》对诱空型虚假陈述未作规定，司法实践对虚假陈述因果关系认定规则认识不一的情形下，该案作为整个某技术公司证券虚假陈述责任纠纷系列案的示范判决，对于上市公司虚假陈述行为与投资者的投资决策及损失之间是否存在因果关系的认定具有创设性。本案一审判决后，二审驳回原告上诉，维持原判。大批中小投资者在二审判决后自行选择撤回起诉。本案在法律思想的阐明、证券法理论的适用、基本逻辑的论证等方面为证券虚假陈述的审判实践提供了有益的借鉴经验。

一、关于诱空型虚假陈述与诱多型虚假陈述的认定

由于2003年《最高人民法院关于审理证券市场因虚假陈述引发的民事赔偿案件的若干规定》制定之初，我国尚未出现诱空型虚假陈述，对诱空型虚假陈述如何影响股价走势这一问题更难有认知，

因而2003年《最高人民法院关于审理证券市场因虚假陈述引发的民事赔偿案件的若干规定》只规定了诱多型虚假陈述而没有涉及诱空型虚假陈述。

根据证券法理论，依据对投资者判断与证券价格走向影响的不同，虚假陈述可以分为诱多型虚假陈述和诱空型虚假陈述。诱多型虚假陈述，是指虚假陈述行为人故意违背事实发布虚假的利多消息，或者隐瞒实质性的利空消息不予公布、不及时公布等，使投资者在股价处于相对高位时，进行投资追涨。诱空型虚假陈述，是指虚假陈述行为人发布虚假的消极利空消息，或者隐瞒实质性的利好消息不予公布或不及时予以公布等，使投资者在股价向下运行或相对低位时卖出股票，在虚假陈述被揭露或者被更正后股价上涨而使投资者遭受损失的行为。简单来讲，前者属于“报喜不报忧”或“报假喜，瞒真忧”，后者则属于“瞒真喜，报假忧”。

由于诱空型虚假陈述在立法上未明确规定，投资者作为原告方在主张因果关系时往往遵循的是诱多型虚假陈述下的因果关系论证逻辑。但事实上，诱空型虚假陈述对股票价格运行走向的影响与诱多型虚假陈述完全相反。

二、关于交易因果关系与损失因果关系的区分

在虚假陈述民事责任认定中，因果关系问题居于核心地位，是责任认定的重点和难点。投资者在证券市场的投资本身充满风险，每个投资决策也受到各种信息、各种因素的影响，虚假信息与投资损失之间的联系需要经过多个环节，并可能随时受到多种偶然因素或突发性因素的影响，国内外对于如何认定虚假陈述中的因果关系历来都是困扰民法学界的疑难问题。

本案中结合对一般侵权行为因果关系理论及证券市场股票交易

特点的研究，提出了交易因果关系与损失因果关系的因果关系两分法。交易因果关系，是指虚假陈述行为会影响投资者的投资决策，即信息披露义务人的虚假陈述使投资者买入或卖出该股票。损失因果关系，是指虚假陈述行为导致投资者的投资损失，即投资者的损失并非由其他系统因素、政策因素或者其他因素所导致。投资者主张虚假陈述行为人承担民事责任，需证明投资者的投资决策和投资损失，是受到了虚假陈述行为的影响，即需同时证明存在交易因果关系与损失因果关系才能获得赔偿。

三、关于诱空型虚假陈述因果关系的认定

虚假陈述因果关系的认定是基于信赖推定理论进行的。诱多型虚假陈述基于的基本思路是由于虚假陈述行为人的虚假利好消息，引起市场行情上涨并看好，诱发投资者作出积极买入股票的投资决策，构成交易因果关系。在揭露日或更正日之时，利好消息被揭穿，市场获知真相后股票被重新估价，因而引起股价大幅下跌，直到基准日时恢复到真实价值附近，投资者在虚假陈述实施日之后买入股票，在揭露日或更正日之前卖出股票或者由于股价低迷流动欠缺而只能继续持有该股票，造成投资损失，构成损失因果关系。2003 年《最高人民法院关于审理证券市场因虚假陈述引发的民事赔偿案件的若干规定》第十八条、第十九条就是上述认定思路的具体体现。

但是，上述诱多型虚假陈述因果关系的认定无法套用于诱空型虚假陈述因果关系的认定。对于诱空型虚假陈述来讲，诱空型虚假陈述行为后，通常会引起市场低迷情绪并看空，导致原本稳定的股价开始偏离真实价值向下运行或者本应上涨而稳定不变，但当利空消息被揭穿或者所隐瞒的利好消息被释放，股价会上涨，直至基准日时恢复到真实价值附近。在此情形下，只有在虚假陈述行为实施日前即持有股票，并在实施日后、揭露日或更正日前卖出股票，才有可能构成诱空型虚假陈述的交易因果关系。投资者因没有享受到本应享有的信息红利而受到利益损害，该部分投资者的前述损失与虚假陈述行为，则构成损失因果关系。上述认定的原因在于，诱空型虚假陈述行为中，利好消息没有披露不会诱使投资者作出积极的投资决策，而利空消息的发布更是只会加速投资者做出卖出股票的决策，至少不会做出进一步投资的决策，除非其认为该股票具有持有或投资价值，但这与虚假陈述行为已没有因果关系；至于在揭露日或更正日后卖出股票者，因利好消息已经揭露，正常情况下股票价格已经上涨，其卖出股票的价格通常会高于其买入价格，其已经享受到消息红利，即使发生亏损也失去了可以索赔的前提。

本案中，《补充协议1》《补充协议2》主要是由前海某隆公司对某投资公司投入国泰某兴公司的本金和每年5%的固定收益提供担保。依据《补充协议1》《补充协议2》的约定，某技术公司2015年、2016年分别至少享有125万元、1991.78万元的固定收益，分别占某技术公司2014年、2015年经审计净利润的12.32%、23.16%。显然某技术公司未及时披露的两份协议属于利好消息，某技术公司延迟公布利好消息的行为，属于诱空型虚假陈述。某技术公司虽未披露《补充协议1》《补充协议2》，但在2015年11月9日、2016年3月2日某技术公司已披露过《合伙协议》《追加投资协议》，投资者在投资买入某技术公司股票时已了解某投资公司的5亿元一事。某技术公司未披露的协议是对已经披露的协议内容的补充，未披露两份补充协议的行为不会增加投资者对某技术公司股票的合理信赖并且诱使投资者追加对某技术公司股票的投资，换言之，投资者系基于对市场既有信息的研判继而作出投资决策，并非受未披露信息行为的影响而积极买入某技术公司股票。即投资者的投资交易与某技术公司的虚假陈述行为之间不存在交易因果关系。2017年11月29日，某技术公司发布《关于重大事项停牌的公告》，称前海某隆公司、北京某隆公司的相关人员失去联系，某技术公司于2017年11月28日晚间已紧急安排向公安机关报案。某技术公司股票于2017年11月29日起停牌，至2017年12月20日起复牌，复牌后出现大幅下跌。2017年12月20日至2018年1月5日，某技术公司股票价格下跌。这主要归结于失联事件引起的公司自身的非系统风险因素，并非由虚假陈述行为所导致。故，投资者的投资损失与某技术公司的虚假陈述行为之间不存在损失因果关系。

综上，笔者认为，虽然证券民事赔偿制度对证券虚假陈述等证券欺诈行为的打击有利于保护投资者的合法权益，但同样会存在投资者转嫁投资损失或风险的问题，这就要求必须尽快明确规定诱空型虚假陈述的因果关系认定规则。

编写人：广东省深圳市中级人民法院　王勇

110　债券质押式回购中的融券方可直接通过诉讼主张交易本金和罚息并行使优先受偿权

——某信证券公司诉某源证券公司质押式证券回购案

【案件基本信息】

1. 裁判书字号

北京市朝阳区人民法院（2019）京0105民初3577号民事判决书

2. 案由：质押式证券回购纠纷

3. 当事人

原告：某信证券公司

被告：某源证券公司

【基本案情】

2018年10月18日，某信证券公司作为管理人管理的“某信北分资管计划”与某源证券公司作为管理人管理的“×农商1号资管计划”在全国银行间同业拆借中心达成一笔债券质押式回购交易。《质押式回购成交单》载明：正回购方为“×农商1号资管计划”，逆回购方为“某信北分资管计划”；回购期限5天，回购利率3%，券面总额3000万元，交易金额3000万元，应计利息12328.77元，到期结算金额30012328.77元，首次结算日2018年10月18日，到期结算日2018年10月23日，实际占款天数5天；债券代码01180××××，债券名称“18××经贸×××002”，折算比例100%；正回购方资金账户户名为某源×农商1号资金结算专户，托管账户户名为“×农商1号资管计划”，托管机构为上海清算所；逆回购方资金账户户名为某银行北京市分行资产托管专户，托管账户户名为“某信北分资管计划”，托管机构为上海清算所。

上海清算所于2018年10月18日出具《交割单（质押式回购首期）》，载明：“某信北分资管计划”出具的结算指令已完成交割，“×农商1号资管计划”与“某信北分资管计划”已完成质押式回购首期交割，质押面额3000万元，结算金额3000万元。某源证券公司对涉案债券质押登记手续不持异议。

上海清算所于2018年10月23日出具《结算指令撤销、失败清单》《交割失败通知（质押式回购到期）》载明：“某信北分资管计划”结算指令失败，结算指令信息为：逆回购方“×农商1号资管计划”，产品名称“18××经贸×××002”，过户面额3000万元，结算金额30012328.77元。同日，“某信北分资管计划”和“×农商1号资管计划”向全国银行间同业拆借中心报备质押式证券回购交易到期结算失败，理由为：“×农商1号资管计划”持仓债券涉及交叉违约，无法在市场融到资金，导致该笔到期交易违约。同日，“某信北分资管计划”和“×农商1号资管计划”向上海清算所备案，并签署《结算失败备案表》，载明：经双方协商，该笔交易做失败处理，并于2018年10月24日进行逾期返售，金额合计为30027328.77元。某信证券公司据此主张10月24日当日罚息为15000元（27328.77元-12328.77元），因此可推定罚息标准为每日万分之五，双方对罚息标准已达成了合意。某源证券公司对此不予认可。

2018年11月5日，某源证券公司向某信证券公司出具《回函》，载明：质押标的为“18××经贸×××002”债券质押式回购交易受华阳经贸系列债券违约事件影响，到期回购或续作失败，造成违约等。2019年5月6日，某源证券公司再次出具《告知函》，载明：某信证券公司有权处置面值为3000万元的“18××经贸×××002”质押债券，某源证券公司将予以积极配合等。同年5月27日，某源证券公司出具《关于积极配合处置质押债券的函》，载明：经与全国银行间同业拆借中心、上海清算所沟通，某信证券公司可采取签署协议转让、通过匿名拍卖平台拍卖质押债券、等待仲裁或者司法结果处置剩余资产等方案。

诉讼中，某源证券公司主张罚息应依据全国银行间债券市场债券回购主协议约定，按照日万分之二标准计算。某信证券公司对此不予认可，称其签署的《全国银行间债券市场债券回购主协议（2012年版）》（以下简称《主协议2012年版》）与某源证券公司签署的《主协议2013年版》第十条关于罚息的规定不同，应视为双方对罚息没有达成一致约定。《主协议2012年版》第十八条第四项载明：罚息以合同约定的交割日资金清算额为基数，罚息利率按回购双方的约定利率计算，回购双方没有约定的，罚息利率按日万分之二计算。某源证券公司提交的《主协议2013年版》第十条规定：罚息利率按交易双方在补充协议中约定的罚息利率计算。若交易双方未在补充协议中约定罚息利率，则罚息利率按日利率万分之二计算。

【案件焦点】

1. 债券质押式的融券方可否直接通过诉讼主张交易本金和罚息并行使优先受偿权；2. 融券方与融资方未就违约罚息达成协议的，如何确定罚息标准。

【法院裁判要旨】

北京市朝阳区人民法院经审理认为：某信证券公司作为管理人管理的“某信北分资管计划”和某源证券公司作为管理人管理的“×农商1号资管计划”通过全国银行间同业拆借中心、上海清算所签订的《质押式回购成交单》，是双方真实意思表示，内容不违反国家法律、行政法规的强制性规定，应属合法有效。

上述协议签订后，某信证券公司“某信北分资管计划”向某源证券公司“×农商1号资管计划”提供了融资款3000万元，并将某源证券公司“×农商1号资管计划”持有的券面总额为3000万元的“18××经贸×××002”债券质押给某信证券公司“某信北分资管计划”。某源证券公司“×农商1号资管计划”未按双方约定于到期结算日回购质押债券构成违约，某信证券公司“某信北分资管计划”有权依据协议约定要求某源证券公司“×农商1号资管计划”支付本息。现某信证券公司作为“某信北分资管计划”的管理人，要求某源证券公司以“×农商1号资管计划”账户资产支付质押式回购交易的本息30012328.77元，某源证券公司对此不持异议，法院予以支持。

关于逾期付款罚息。某信证券公司主张依据《结算失败备案表》载明的回购金额，双方已就罚息利率为日万分之五达成合意。就此法院认为，《结算失败备案表》仅明确了2018年10月24日当日罚息标准为日万分之五，并未对此后的逾期付款罚息作出约定，某信证券公司相应意见依据不足，法院不予采纳。从双方签订的全国银行间债券市场债券回购主协议来看，虽某信证券公司签署的《主协议2012年版》与某源证券公司签署的《主协议2013年版》中对罚息条款表述不同，但均约定罚息标准以双方约定利率计算，没有约定按照日万分之二标准计算为原则。某信证券公司和某源证券公司签署了上述协议，应依约履行。故在质押式债券回购交易双方未对罚息作出明确约定的情况下，依据双方签署的全国银行间债券市场债券回购主协议，逾期罚息标准应定为日万分之二为宜。某信证券公司关于逾期罚息的主张，法院酌予调整，其该项诉讼请求的超出部分，法院不予支持。

关于质权。某源证券公司“×农商1号资管计划”将持有的券面总额为3000万元的“18××经贸×××002”债券质押给某信证券公司所管理的“某信北分资管计划”，并办理了质押登记，上述质押应属合法有效。根据我国物权法，债务人不履行到期债务或者发生当事人约定的实现质权情形，质权人可以与出质人协议以质押财产折抵，也可以就拍卖、变卖质押财产所得价款优先受偿。本案中，某信证券公司“某信北分资管计划”系上述债券的质押权人，如某源证券公司不能以“×农商1号资管计划”资产清偿前述债务，某信证券公司“某信北分资管计划”在所持债权范围内有权对涉案债券折价、拍卖或变卖所得价款优先受偿，某信证券公司相应主张，于法有据，法院予以支持。

需要指出的是，根据我国金融市场关于资管产品与管理人财产相互独立的规定，本案中兑付的具体形式应为支付至某信证券公司作为管理人管理的“某信北分资管计划”账户。

北京市朝阳区人民法院判决如下：

一、被告某源证券公司以其管理的某源证券“×农商1号资管计划”的资产于本判决生效之日起十日内向原告某信证券公司支付质押式回购交易的本金3000万元、期内利息12328.77元；

二、被告某源证券公司以其管理的某源证券“×农商1号资管计划”的资产于本判决生效之日起十日内向原告某信证券公司支付质押式回购交易罚息（2018年10月24日的罚息为15000元；自2018年10月25日起至实际支付之日止，以3000万元为基数，按照日万分之二标准计算）；

三、原告某信证券公司有权对登记在被告某源证券公司管理的某源证券“×农商1号资管计划”名下的券面总额为3000万元的“18××经贸×××002”债券（债券代码01180××××）的折价、拍卖或变卖所得价款在本判决第一项、第二项所确定的债权范围内按照质押登记顺序享有优先受偿权；

四、驳回原告某信证券公司的其他诉讼请求。

判决后，双方当事人均未上诉，本判决现已生效。

【法官后语】

在股票质押式回购交易违约多发、债券市场发行人违约事件蔓延的大背景下，原来被视为相对安全的债券质押式回购产品也开始出现争讼案件。本案即为较为少见的债券质押式回购纠纷，具有新颖性。

根据《上海证券交易所债券交易实施细则》的界定，债券质押式回购交易是指，将债券进行质押的同时，对相应债券以标准券折算比率计算出的标准券数量为融资额度进行融资，并由交易双方约定在回购期满后返还资金和解除质押的交易。其中，质押债券取得资金的交易方为“融资方”，作为其对手的交易方为“融券方”。本案中原、被告双方即约定以债券为权利质押进行融资，后因被告违约而涉诉，双方争议焦点主要集中于某信证券公司是否享有优先受偿权、是否应适用日万分之五的罚金两个方面。

关于优先受偿权的行使方式。依据我国民法典相关规定，债务人不履行到期债务或者发生当事人约定的实现质权情形，质权人可以与出质人协议以质押财产折抵，也可以就拍卖、变卖质押财产所得价款优先受偿。故债券质押式回购纠纷中，在融资方违约的情况下，融券方可以直接通过诉讼方式行使优先受偿权，不以质押财产无法折抵融资方应付债务为前提。虽然在融资方违约的情况下，融券方可直接处置其所持有的债券以回收本息。但是用于质押的债券，特别是公司债券会受市场定价的影响，存在价格波动甚至巨幅贬值的可能。实际上，在质押债券受到价格波动影响较大的情况下，融券方无法通过直接处置质押债券回收本息，只能够通过提起民事诉讼的方式进行追偿。故融资方主张融券方应先行处置质押债券，无法得到清偿再另行起诉，缺乏法律和事实依据。

关于罚息的标准。本案中，无相关证据证明融资方与融券方就罚息标准达成补充协议。《中国银行间市场债券回购交易主协议》是中国银行间市场交易商协会在中国人民银行的指导下组织市场成员制定的文本，旨在进一步规范债券回购交易行为，保护参与者合法权益，防范市场风险，促进我国债券市场持续健康发展。《中国银行间市场债券回购交易主协议》建立了我国债券回购市场协议文本的基本架构，为债券回购业务的开展提供了统一规范的行为标准。随着债券市场容量的扩大，发行主体、投资主体不断增加，债券市场风险呈现出新的特征，协议的文本内容不断健全和完善。本案中，融资方和融券方虽然签订的主协议版本不一，但是关于罚息的计算标准的核心内容是一致的。为保障当事人的合法权益，维护债券市场的交易秩序，应适用双方进入中国银行间市场签署的主协议中关于罚息利率的计算标准。

编写人：北京市朝阳区人民法院　项丹　李增辉

111　资产委托管理合同中保底条款的正确认定

——刘某、赵某诉某投资公司证券投资基金交易案

【案件基本信息】

1. 裁判书字号

山东省淄博市中级人民法院（2020）鲁 03 民终 2827 号民事判决书

2. 案由：证券投资基金交易纠纷

3. 当事人

原告（被上诉人）：刘某、赵某

被告（上诉人）：某投资公司

【基本案情】

2016年11月10日，赵某与某投资公司签订《资产委托管理合同》一份，约定原告将其现金资产1000万元委托被告进行股票买卖，原告资产存放于某证券公司营业部，资金账号为××××5687；管理期限为12个月；合同对投资范围、预期收益率、管理费用及结算方式等进行了约定。合同签订后，原告赵某通过银行转账的方式向被告账户存入700万元，由被告进行股票买卖。2017年4月18日，原告刘某、赵某共同与被告公司签订《资产委托管理合同》一份，约定二原告将其现金资产1000万元委托被告进行股票买卖；原告资产存放于某证券公司营业部，资金账号为××××5687、××××6576；委托期限为2016年11月1日至2018年4月18日。合同签订后，原告刘某与赵某共同向某证券公司营业部账户内存入1000万元，由被告进行股票买卖。被告对高伟某账户操作一直到2018年1月8日，2018年1月9日高伟某账户销户。刘某账户一直操作到2018年6月21日，其账面亏损3927454.79元。此后，原告对某证券公司资产账号（××××6576）账户内原有股票进行降低成本操作，于2018年8月20日清仓，2018年8月21日亏损4951018.39元。被告公司于2018年8月29日后偿还原告200万元。双方就理财款项的保底问题发生争议，原告起诉要求被告返还本金2951018.39元。被告则辩称涉案合同中的保底条款应当被认定无效。

【案件焦点】

双方签订的涉案资产委托管理合同中保底条款的效力问题。

【法院裁判要旨】

山东省淄博市张店区人民法院经审理认为：原、被告双方签订的两份资产委托管理合同，系双方当事人真实意思表示，约定内容不违反法律、法规的强制性规定，均为有效合同，双方应自觉履行。两原告依约履行向某证券账号投资义务，被告也应按约对涉案资金进行投资管理。合同约定：当原告委托资产出现账面浮亏5%时，被告应即时与原告沟通并采取降低仓位等措施；被告对委托资产承担保本义务，若账户收盘时账面出现超过5%的浮亏时，被告应于次日补足本金。2018年6月21日，两原告修改证券账户密码，可视为与被告终止履行委托管理合同。依据账户交易明细，当日两原告账面亏损3927454.79元，扣除被告已偿还的200万元，被告还应偿还投资款1927454.79元。据此，依照《中华人民共和国民法总则》第一百六十四条、《中华人民共和国合同法》第六十条之规定，判决：

一、某投资公司于本判决生效后十日内偿还赵某、刘某投资款1927454.79元；

二、驳回赵某、刘某的其他诉讼请求。

某投资公司不服一审判决，以《资产委托管理合同》保底条款违反民法公平原则、民法中委托代理关系责任承担规则及资本市场的经济规则为由提起上诉，要求不承担相应的“保底”义务。

山东省淄博市中级人民法院经审理认为：关于涉案合同中的保底条款是否有效的问题。当事人约定对双方均具有拘束力，双方应恪约履行。本案中，涉案《资产委托管理合同》设定的保底条款，是当事人的真实意思表示，某投资公司主张保底条款违反资本市场规则和公平原则问题，均不是合同无效理由，且《中华人民共和国证券法》关于设定保底条款的限制并未涉及证券公司以外的主体，某投资公司既不是证券公司亦不是金融和信托机构，故某投资公司主张该份合同的保底条款无效，不予支持。关于200万元款项性质问题，某投资公司主张通过案外人向刘某、赵某付款200万元属于借款，未提交证据佐证，结合本案相关约定和录音证据，一审确认该款为还款并无不当。综上，某投资公司的上诉请求不能成立，应予驳回；一审判决认定事实清楚，适用法律正确，应予维持。据此，二审判决：

驳回上诉，维持原判。

【法官后语】

本案主要涉及非证券公司类的资产投资管理公司与自然人签订的资产委托管理合同中保底条款的效力问题。

所谓的委托理财，一般是指委托第三方（自然人、公司）在证券市场对客户资产进行有效管理与运作，实现资产保值增值的一项业务。依据《中华人民共和国民法典》以及银行业与证券业的相关法律规定，委托理财法律关系的受托人一般为证券公司、商业银行等经批准的金融机构。此外，非金融机构与受托人签订的委托理财合同，只要不违反法律禁止性规定，其合同效力与保底条款效力并不必然无效，应当具体情况具体分析。自然人之间签订的委托理财合同，也一般认定为有效，但若存在集合性受托投资管理业务的情形时，考虑到身份、资质与市场秩序问题，此类合同应当无效。

《中华人民共和国证券法》（以下简称《证券法》）第一百三十五条明确规定，证券公司不得对客户证券买卖的收益或者赔偿证券买卖的损失作出承诺。因此，只要是证券类金融机构签订的带有保底条款的委托理财合同，就应当区分具体情况认定合同无效或条款无效。同时，非金融机构、自然人主体签订的委托理财合同中的保底条款效力问题，应当依据条款的具体类型加以区分：(1) 含“保证本息固定回报”内容的条款；(2) 含“保证本息最低回报”内容的条款；(3) 含“保证本金不受损失”内容的条款；(4) 含“受托人承诺填补损失”内容的条款。对于第一种条款类型，应当认定为双方存在民间借贷关系，按借贷关系审判思路进行审理。对于第二种至第四种保底条款的类型，其效力尚无明确法律规定，司法实践与学界研讨中，对上述条款，有“合同无效”与“有限承认”两种观点及相对应的处理模式。鉴于“合同无效”模式无法合理解决委托人的收益获取与受托人的合理费用分享问题，且该模式会冲击社会信用体系，导致证券依托业务的萎缩，故应慎重使用。对此，在审判实践中实行“有限承认”比“合同无效”相对来说更为合理。即对此不一律承认条款效力，也不一律否认，而是结合银行相应的存款利率标准对保底收益率加以调整，过高部分不予支持。

本案中，某投资公司非《证券法》规定的券商类主体，也不是金融和信托机构，系证券公司等经批准金融机构以外的委托理财合同主体类型，故合同的主体不违反法律的强制性规定；同时，某投资公司作为非券商类的投资资产管理方与刘某、赵某签订的委托理财合同及在补充协议中约定的保底条款系双方真实意思表示，且不与资本市场规则和公平原则相抵触，故对双方均具有拘束力，合同当事人应恪约履行，承担相应的本金保障义务。一审、二审据此认定合同保底条款有效并判定某投资公司承担履约责任无疑是正确的。当然，从本案带给实践的启示来看，在委托理财合同中，合法有效的约定“保底条款”是十分重要的。合同双方对此可将包含保底条款的委托理财协议拆分为借款协议与不包含保底条款的委托理财协议，借款协议保证本金及孳息的安全以及法律效力，委托理财协议保证投资人有合法理由尽量获得高额收益。

编写人：山东省淄博市中级人民法院　荣明潇　杨富元

山东省淄博市周村区人民法院　张蓓

112　原油掉期交易中违约事件及违约责任应依约适用国际惯例予以认定

——渣某银行诉某石化公司金融衍生品种交易案

【案件基本信息】

1. 裁判书字号

上海金融法院（2020）沪74民终533号民事判决书

2. 案由：金融衍生品种交易纠纷

3. 当事人

原告（被上诉人）：渣某银行

被告（上诉人）：某石化公司

【基本案情】

2011年9月15日，渣某银行与某石化公司签订国际掉期与衍生工具协会（ISDA2002）主协议及其附件（以下简称主协议）。2014年2月14日，某石化公司签署《布伦特原油—买入绩效互换》交易条款（以下简称2月份交易条款）。2014年3月7日，双方签订《布伦特原油—买入绩效互换》及对应的《交易确认书》(以下简称3月份交易条款)，双方约定就布伦特原油开展互换交易；在《风险确认》中，某石化公司向渣某银行确认：某石化公司已经基于自身的判断对是否订立交易以及交易是否合适或适当做了最终决定，且对于其认为需要取得其他咨询以协助其作出本决定的，其已经取得自身顾问的所有额外意见。同日，渣某银行特别就布伦特原油价格跌破执行价格的亏损风险向某石化公司进行说明，某石化公司最终确认进行系争交易。主协议与3月份交易条款签订后，渣某银行与某石化公司依约履行了4期互换交易。2014年5月28日、2014年9月17日，渣某银行与某石化公司的授权交易员齐某通话，就系争交易向某石化公司提示油价下跌风险。某石化公司均表示了解且希望按原约定3月份交易条款执行。2014年11月11日，某石化公司出具《关于终止布伦特原油—买入绩效互换的函》，要求提前终止2月18日签署的“布伦特原油—买入绩效互换”协议，否认2014年11月10日后互换交易的效力，并表示不再承担11月10日后的损失。2014年11月27日，渣某银行向某石化公司发出《提前终止通知》，指定2014年12月2日为主协议项下所有未完成交易的提前终止日。

2014年12月2日，渣某银行向5家市场交易商发送电子邮件，就系争交易提前终止所需的平仓成本发送询价函。2014年12月3日，渣某银行向某石化公司发出《提前终止金额计算报告》及其附件，载明：要求某石化公司支付提前终止款项，提前终止金额支付时间于本报告生效日起的第二个本地工作日到期（以下简称支付到期日），要求某石化公司在支付到期日支付以上提前终止款项加上到期应付的利息。

渣某银行因索赔未果，于2019年4月1日向上海市浦东新区人民法院提起诉讼，要求某石化公司向渣某银行支付互换交易项下欠付的提前终止款项1328560.97美元、自2014年12月2日至其实际支付结算款项之日止的利息以及律师费人民币20万元等。

【案件焦点】

1. 涉案交易协议是否成立并有效；2. 某石化公司向渣某银行发函终止协议是否构成违约；3. 终止净额结算条款的性质及如何计算。

【法院裁判要旨】

上海市浦东新区人民法院经审理认为：本案系争主协议及相关交易条款均系双方当事人的真实意思表示，且内容不违反法律和行政法规的效力性强制性规定，也不存在其他导致合同无效的事由，故上述合同合法有效，当事人理应恪守。从现有证据来看，双方在合同中约定的提前终止款项系对亏损之合理预先估计而非违约金，支付该数额之目的系补偿交易之未能实现及保障未来损失之风险，故被告某石化公司关于提前终止款项作为违约金应按照实际损失来确定的抗辩没有事实和法律依据，法院不予支持。该提前终止款项的金额，仲裁庭已根据相关市场报价作出了认定，法院认为仲裁庭认定的金额尚属合理，故予以认同。判决如下：

一、被告某石化公司支付原告渣某银行互换交易项下欠付的提前终止款项1305777.97美元，自2014年12月2日起至2018年10月31日止的利息58571.55美元，以及自2018年11月1日起至实际清偿日的利息；

二、驳回渣某银行其他诉讼请求。

某石化公司不服一审判决，提起上诉。

上海金融法院经审理认为：关于涉案主协议及相关交易条款效力问题，渣某银行在缔约过程中已履行了相应的客户审查及风险提示义务，某石化公司应对交易过程中可能产生的收益或亏损有一定的预期，并在此基础上自主作出商业判断，关于对冲现货交易中的损益，不能从涉案交易本身的盈亏来判断合同的公平性。故涉案交易条款均系双方当事人的真实意思表示，且内容不违反法律和行政法规的效力性强制性规定，也不存在其他导致合同无效的事由，故上述合同合法有效，当事人理应恪守。

关于违约责任及违约的后果问题，有相对人的意思表示的解释，应当按照所使用的词句，结合相关条款、行为的性质和目的、习惯以及诚信原则，确定意思表示的含义。现双方当事人对实际履行的协议为 3 月份交易条款并无争议，故某石化公司向渣某银行出具此函应理解为要求终止 3 月份交易条款。而根据主协议约定，任何一方取消、否认、放弃或拒绝全部或部分之主协议、由该方签订和交付之任何确认书或由此等确认书证明之任何交易，或对主协议、上述确认书或交易之有效性提出异议，均构成该方之违约事件。渣某银行据此确定双方之间互换交易的提前终止日并要求某石化公司支付提前终止款项及其利息的主张，具有合同依据。

关于提前终止款项的法律性质和金额的确定问题，掉期交易中，交易双方对具体违约责任触发交易提前终止的合约安排，实质上属于继续性合同的约定解除。违约事件下提前终止应付额包括终止款项和未付款项两部分，其中未付款项的清偿属于对已发生并确定之债务的履行，而提前终止款项即为交易违约方在合同解除后对非违约方应承担的违约责任，也就是赔偿非违约方因交易提前解除而遭受之损失。ISDA 主协议作为国际惯例和国内行业规则在衍生品交易实践中被广泛采用并为交易参与方所熟知。因此，若交易协议中实际采用了 ISDA 主协议的相关规定，则应当认为交易各参与方对协议中所列违约责任的承担具有一定的预期。在某石化公司要求提前终止交易后，为确定合同约定的提前终止款项金额，渣某银行向行业内数家第三方机构咨询了有关替代交易的报价，并结合其他市场信息计算出了提前终止款项金额，该询价方法具有合理性。

上海金融法院判决：

上诉请求不能成立，应予驳回。

【法官后语】

衍生品交易是合同当事人对未来的不确定性进行博弈，在金融机构对产品交易结构、蕴含风险进行充分揭示的情况下，当事人应对交易过程中可能产生的收益或亏损有一定的预期，并在此基础上自主作出商业判断，由此订立的交易协议应系双方当事人真实意思表示。当事人要求终止交易符合协议约定构成该方之违约事件的，金融机构有权依据协议享有违约事件发生后提前终止的权利。

ISDA 主协议为场外衍生品交易提供了适用于国际市场的标准化合约，作为国际惯例和国内行业规则被广泛采用并为交易参与方所熟知。法院在对违约责任进行认定时，应以《中华人民共和国民法典》的合同编为基本依据，同时充分考量 ISDA 主协议相关规定及金融衍生品交易的自身特性，并以诚实信用原则和商业合理性原则为基础，计算提前终止款项的相应市场公允价值。

本案系石油掉期合约纠纷，该案因 2014 年国际石油价格暴跌，导致客户为止损提前解除合约而引发违约。国际掉期与衍生工具协会（ISDA）推出的ISDA主协议及其相关附件被视为国际衍生品交易的通用文本，其所确立的单一协议制度、履约保障制度、净额结算制度等相关规则作为国际惯例，在维护国际金融衍生品市场稳定运行方面发挥了重要作用。本案充分遵循金融衍生品交易的国际惯例及金融衍生品交易的自身特性，计算提前终止款项的相应市场公允价值，对此类案件的裁判具有一定的指引作用。同时，本案裁判有助于促进金融衍生品交易市场特别是掉期交易市场的发展，推动国际银行金融机构在境内推广金融衍生品交易，有利于上海国际金融中心建设和我国金融业对外开放。

编写人：上海金融法院　孙倩

113　场外配资合同的效力认定

——陈某根诉毛某初融资融券交易案

【案件基本信息】

1. 裁判书字号

浙江省台州市中级人民法院（2019）浙10民终2665号民事判决书

2. 案由：融资融券交易纠纷

3. 当事人

原告（上诉人）：陈某根

被告（被上诉人）：毛某初

【基本案情】

2009 年 11 月 1 日，陈某根、毛某初签订借款协议书一份，约定：陈某根将 4000000 元借给毛某初，借款年利率为 14.4%，每三个月支付一次利息；该款存入陈某根、毛某初共同指定的账户即陈某根资金账户中，毛某初存入 1000000 元保证金至第三方存管的银行账户，并由陈某根转入共管账户；毛某初是唯一的交易方，唯一的盈利受益者及亏损承担者，被告毛某初应到期归还借款本金及利息；第三方存管的账户操作由陈某根负责，共管账户的证券交易事宜是毛某初独立运作。同日，原告陈某根依约将 4000000 元存入其账户中。合同到期后，陈某根、毛某初双方继续按约履行合同。2011 年 11 月 1 日，被告毛某初偿还原告 1000000 元，并按约支付利息至 2016 年 1 月 9 日。2016 年 12 月 18 日，经原、被告结算，被告毛某初出具给原告借条一份，载明借到陈某根 2000000 元，同时证券资金账户中尚余 1000000 元。后被告毛某初变现证券账户后，分别于 2017 年 10 月 9 日、2017 年 10 月 12 日归还给原告 400000 元、248000 元。陈某根认为毛某初尚欠其 2352000 元及利息。故向法院提出诉讼，请求判令被告毛某初归还借款本金 2352000 及利息（其中以 3000000 元为基数自 2016 年 1 月 9 日起至 2017 年 10 月 9 日止按月利率 1.2%计算共 324000 元，以 2352000 元为基数从 2017 年 10 月 10 日起至实际支付之日止按月利率 1.2%计算）。

【案件焦点】

1. 原、被告之间存在民间借贷关系还是股票配资合同关系；2. 如果是股票配资合同关系，该合同是否有效。

【法院裁判要旨】

浙江省温岭市人民法院经审理认为：其一，原、被告双方签订的合同虽然名为借款协议书，但根据合同内容来看，系由被告缴纳1000000元保证金，向原告融资4000000元用于买卖股票，并将款项存入原告资金账户中，原告固定收取利息，被告承担受益或亏损，符合股票配资合同的特征，故原、被告之间应为股票配资合同关系。其二，《中华人民共和国证券法》第八十条规定，禁止法人出借自己或者他人的证券账户。《中华人民共和国证券法》第一百四十二条规定，证券公司为客户买卖证券提供融资融券服务，应当按照国务院的规定并经国务院证券监督管理机构批准。股票信用交易作为证券市场的重要交易方式和证券经营机构的重要业务，依法属于国家特许经营的金融业务，对于未取得特许经营许可的互联网配资平台、民间配资公司等法人机构或个人与投资者签订的股票配资合同，应当认定合同无效。本案中，原告并非为依法取得融资融券资质的证券公司或取得特许经营许可的个人，故原、被告之间的股票配资合同关系因违反法律、行政法规的强制性规定，应认定为无效。

浙江省温岭市人民法院依照《中华人民共和国证券法》第八十条、第一百四十二条，《中华人民共和国合同法》第五十二条、第五十八条及《最高人民法院关于适用〈中华人民共和国合同法〉若干问题的解释（一）》第十条之规定，作出如下判决：

毛某初在本判决生效之日起十日内返还给陈某根144210.04元，并支付自2017年10月13日起按年利率6%的标准计算至实际履行之日的利息。

陈某根不服一审判决，提起上诉。浙江省台州市中级人民法院经审理认为：对第一个争执焦点，民间借贷是指自然人、法人、其他组织之间及其相互之间进行资金融通的行为。场外股票配资是指融资方通过向配资方交纳一定的现金、证券等作为担保，配资方按融资方提供的担保的价值的一定比例，将资金出借给融资方用于证券交易，并按照合同约定按时抽取固定利息的行为。从本案上诉人陈某根与被上诉人毛某初签订的《借款协议书》的内容来看，系由被上诉人提供1000000元保证金，向上诉人融资4000000元用于股票交易，并将款项存入上诉人的资金账户中，上诉人固定收取利息，被上诉人享受收益、承担亏损并要保证上诉人的资金账户中的资产总值不低于420万元，如低于420万元，则被上诉人要追加保证金，完全符合场外股票配资合同的特征，不同于一般的民间借贷，故上诉人与被上诉人之间应为场外股票配资合同关系。一审法院对此认定正确，上诉人认为本案为民间借贷纠纷的上诉理由不能成立。但一审法院未按《民事案件案由规定》，根据查明的当事人之间实际存在的法律关系的性质，相应变更案件的案由，案由仍定为民间借贷纠纷不当，法院予以纠正。场外股票配资合同关系系融资融券交易纠纷的下级案由，但《民事案件案由规定》未作规定，故本案案由应定为融资融券交易纠纷。对第二个争执焦点，融资融券依法属于国家特许经营的金融业务，未经依法批准，任何单位和个人不得非法从事配资业务。上诉人与被上诉人之间的场外股票配资合同，因违反国家特许经营的规定，而应认定为无效。一审判决认定合同无效得当，上诉人主张合同有效的上诉理由不能成立，不应予以支持。

浙江省台州市中级人民法院依照《中华人民共和国民事诉讼法》第一百七十条第一款第一项之规定，作出如下判决：

驳回上诉，维持原判。

【法官后语】

场外配资受到证监会的严格打击。在证监会进行场外配资清理的同时，关于场外配资的民事纠纷也随之产生。2019年11月8日，最高人民法院发布《全国法院民商事审判工作会议纪要》（以下简称《纪要》）给各地法院裁判指明了方向。《纪要》明确规定，除依法取得融资融券资格的证券公司与投资者开展的融资融券业务外，对其他任何单位或者个人与用资人的场外配资合同，人民法院应当根据《中华人民共和国证券法》第一百四十二条、《最高人民法院关于适用〈中华人民共和国合同法〉若干问题的解释（一）》第十条的规定，认定为无效。具体来看，场外配资合同被确认无效后，配资方依场外配资合同的约定，请求用资人向其支付约定的利息和费用的、请求分享用资人因使用配资所产生的收益的，人民法院不予支持；用资人以其因使用配资导致投资损失为由请求配资方予以赔偿的，人民法院不予支持。但用资人能够证明配资合同是因配资方招揽、劝诱而订立，请求配资方赔偿其全部或者部分损失的，人民法院应当综合考虑配资方招揽、劝诱行为的方式、对用资人的实际影响、用资人自身的投资经历、风险判断和承受能力等因素，判决配资方承担与其过错相适应的赔偿责任。

本案中，陈某根提出合同为借贷合同，应该按照合同上约定的年利率14.4%来要求毛某初归还本金及利息。通过证券公司对账单等证据来确定陈某根、毛某初之间存在的是股票配资合同关系，而不是民间借贷关系。进而依照《中华人民共和国证券法》第一百四十二条的规定，应认定陈某根、毛某初之间签订的借款协议书为无效。合同无效或者被撤销后，因该合同取得的财产，应当予以返还。有过错的一方应当赔偿对方因此所受到的损失，双方都有过错的，应当各自承担相应的责任。鉴于毛某初占用陈某根款项确给其造成利息损失，故毛某初应返还给陈某根占用款项并赔偿占用期间的利息损失。

编写人：浙江省温岭市人民法院　蔡渭奇

114　质押式证券回购纠纷中的法律问题

——信某证券公司诉颜某刚、梁某红质押式证券回购案

【案件基本信息】

1. 裁判书字号

北京市第二中级人民法院（2018）京02民初62号民事判决书

2. 案由：质押式证券回购纠纷

3. 当事人

原告：信某证券公司

被告：颜某刚、梁某红

【基本案情】

颜某刚系富某公司实际控制人。2017年2月15日，颜某刚、梁某红作为甲方与信某证券公司作为乙方签订《股票质押式回购协议》，其中约定：第三十五条待购回期间乙方不得主动要求甲方提前购回，但发现或发生下列情形时，乙方有权要求甲方在该等情形发现或发生的下一交易日提前购回，否则，视为甲方违约：（一）根据清算结果甲方股票质押式回购交易履约保障比例低于最低履约保障比例且甲方未依约采取履约保障措施的；（二）标的证

券或甲方账户及账户内其他资产被国家有权机关采取强制措施……（七）甲方发生合并、兼并、分立、停业、吊销营业执照、注销、破产以及法定代表人或主要负责人从事违法活动、涉及重大诉讼活动、经营出现严重困难、财务状况恶化等足以影响履约能力的情形……上述情形发生或发现的下一交易日 14：30 之前，甲方账户内应有足额资金，乙方将进行购回交易申报……第四十条对于初始交易，甲方资金账户应收金额=初始交易金额-相关费用，对甲方证券账户内标的证券进行质押登记……第四十八条甲方账户或账户内资产被有权机关采取财产保全、强制执行等措施的，按以下方式处理……（二）质押标的证券被国家有权机关采取强制措施乙方有权要求甲方提前购回。甲方资金账户中余额足以支付购回交易金额的，按提前履约的流程处理；甲方资金账户中余额不足的，则甲方违约，乙方通过司法途径行使质权……第五十四条发生下列情形之一的，视为甲方违约……（二）到期购回、提前购回或延期购回时，因甲方原因导致购回交易或交收无法完成的……（四）乙方根据协议约定要求甲方提前购回，甲方未提前购回的；（五）甲方未按本协议约定按时足额支付利息的……第五十五条甲方违反本协议第五十四条第二项至第八项的，自违约起始日起乙方有权向甲方收取违约金并按以下程序处理：（一）本协议第五十四条第二项至第八项发生当日且质押标的证券为流通股的，乙方向证券交易所提交违约处置申报指令或违约处置申请。违约处置申报或申请处理成功的下一交易日起，乙方有权通过集合竞价交易系统、大宗交易系统或其他方式出售甲方违约交易及其相关补充交易所涉及的标的证券；（二）乙方有权自主选择卖出标的证券的价格、时机、顺序……应付金额=购回交易金额+延期利息+违约金金额、延期利息=按日计算的尚未归还的本金及利息×利率/360之和（至实际付清之日止）、违约金=按日计算的尚未归还的本金及利息×0.05%之和（至实际付清之日止）……第五十七条甲方交易违约涉及的质押标的证券为有限售条件股份且仍处于限售期的，乙方有权通过司法途径行使质权并收回甲方应付金额。乙方为实现质权所产生的所有费用均由甲方承担，上述费用包括但不限于诉讼费、律师费、差旅费、评估费、拍卖费等。涉案《初始交易委托书》载明了初始交易和购回交易要素，具体为：标的证券名称中技控股，标的证券代码600×××，标的证券种类股票，购回期限363天，初始交易日2017年2月15日，购回交易日2018年2月13日，回购利率（年）5.6%，违约金比率（日）0.05%，标的证券数量6825000股，初始交易成交金额65110500元，本交易按季结息，质押登记费500万股以上收取面值的0.01%，交易经手费按每笔初始金额的0.01‰收取，起点5元人民币，最高不超过100元人民币等。颜某刚、梁某红于2017年2月14日签字确认该《初始交易委托书》。上述合同签订后，信某证券公司按照合同约定向颜某刚提供了资金65110500元，在扣减质押登记费、交易经手费后余额65092295.4元入账。颜某刚与信某证券公司于2017年2月15日在中国证券登记结算公司（以下简称中国结算）办理了质押登记，出质人颜某刚，质权人信某证券公司，证券代码为600×××，证券类别无限售流通股，质押数量6825000。颜某刚依约按自然季度向信某证券公司支付利息至2017年12月20日，尚欠最后一期利息435516.9元及本金65110500元未付。2018年1月19日，富某公司发布公告，披露公司实际控制人颜某刚和公司均因涉嫌违反证券法律法规，被中国证券监督管理委员会立案调查一事。2018年1月26日，信某证券公司向颜某刚邮寄了《提前购回通知书》，要求颜某刚于收到该通知3个交易日内提前全额购回涉案股票，包括交易本金共计65110500元及相应利息。2018年3月1日，富某公司发布《关于公司实际控制人股份被司法轮候冻结的公告》，披露了颜某刚持有的公司股份31825000股于2018年2月被人民法院冻结的情况。而信某证券公司于2018年6月8日在中国结算处查询的涉案股票质押登记情况显示，涉案股票已于2018年1月23日被司法冻结。涉案股票自2017年11月16日起停牌，至2018年3月12日复牌，此后股价下跌。另，2018年3月13日，信某证券公司与北京市康达律师事务所签订《委托代理协议》，约定涉案律师费。同日，信某证券公司向北京市康达律师事务所支付律师费5万元。

【案件焦点】

1. 信某证券公司要求提前购回的条件是否成就；2. 颜某刚是否无须承担违约责任；3. 信某证券公司是否怠于行使权利。

【法院裁判要旨】

北京市第二中级人民法院经审理认为：第一，关于涉案股票提前购回的条件是否成就的问题。根据《股票质押式回购协议》第三十五条的约定，虽然信某证券公司发出的《提前购回通知书》中所载理由为颜某刚和富某公司因涉嫌违反证券法律法规而受到中国证券监督管理委员会立案调查，但经查在信某证券公司2018年1月26日发出《提前购回通知书》时，涉案股票已于2018年1月23日被司法冻结，符合上述约定的第二项情形，且信某证券公司在“该等情形发现或发生”时即有权要求颜某刚提前购回涉案股票，与股价是否低于《股票质押式回购协议》中约定的最低履约保障比例并无关系，且根据《股票质押式回购协议》中第四十八条第二项的直接约定，提前回购条件已成就。第二，根据现有证据，法院应认定信某证券公司已经有效通知颜某刚提前购回涉案股票。第三，颜某刚已违约，应当依约支付包括购回交易金额、延期利息和违约金在内的款项。因股票质押式回购交易本质属于融资行为，信某证券公司主张的利息、延期利息、违约金之和并未超过年利率24%，故颜某刚的此项主张缺乏事实依据，法院不予采纳。第四，法院对信某证券公司律师费、对涉案股票折价、变卖该股票的价款优先受偿、梁某红承担责任的请求均予以支持。第五，关于颜某刚提出的信某证券公司未进行购回交易申报、怠于行使权利而应自行承担损失的抗辩理由的认定。法院认为，通过对“股票质押式回购交易”等定义的分析，可见针对颜某刚不履行提前购回义务的行为，信某证券公司通过向证券交易所及中国结算进行购回交易申报，对涉案股票进行出售处置，仅是其收回融资资金、避免损失的方式之一而非唯一途径，也非必须向颜某刚履行的合同义务，且根据《股票质押式回购协议》中第五十五条第一款第二项、第四十八条约定内容，颜某刚以信某证券公司未进行购回交易申报为由拒绝承担责任，缺乏依据。

综上，法院依照《中华人民共和国合同法》第八条、第六十条、第一百零七条，《中华人民共和国物权法》第二百零八条、第二百一十九条、第二百二十六条、第二百二十九条，《中华人民共和国民事诉讼法》第一百四十四条的规定，判决如下：

一、颜某刚、梁某红于本判决生效之日起十日内支付信某证券公司融资款本金 65110500 元以及利息 435516.9 元；

二、颜某刚、梁某红于本判决生效之日起十日内支付信某证券公司延期利息（计算方式为：以 65546016.9 元为基数，自 2018 年 2 月 2 日起至实际付清之日止，按每年 5.6%的利率标准计算，每年均按照 360 天计）；

三、颜某刚、梁某红于本判决生效之日起十日内支付信某证券公司违约金（计算方式为：以 65546016.9 元为基数，自 2018 年 2 月 2 日起至实际付清之日止，按每日 0.05%的利率标准计算，每年均按照 360 天计）；

四、颜某刚、梁某红于本判决生效之日起十日内赔偿信某证券公司律师费损失 50000 元；

五、信某证券公司对颜某刚出质的股权在上述判决第一项、第二项、第三项、第四项判决的给付内容范围内享有优先受偿权；

六、驳回信某证券公司的其他诉讼请求。

判决后，双方当事人均未上诉，本判决现已生效。

【法官后语】

质押式证券回购纠纷案由始见于《最高人民法院民事案件案由规定》（2008）第九部分：与公司、证券、票据等有关的民事纠纷中“二十五、证券纠纷”之下“279、证券回购合同纠纷”，而在《最高人民法院民事案件案由规定》（2020 年修正）中则在第八部分：与公司、证券、保险、票据等有关的民事纠纷“二十四、证券纠纷”中“308、证券回购合同纠纷”之下“（5）质押式证券回购纠纷”。此类案件通常涉及的概念包括：质押式证券回购是指甲方（融资人）

将所持有股票或其他证券出质给乙方（出资人）并融入资金，并约定在未来返还资金、解除质押的交易行为。初始交易指甲方将标的证券出质给乙方并从乙方融入资金的交易；购回交易指在约定的未来某一日期，甲方按照约定返还乙方资金并支付息费，乙方解除标的证券及待购回期间产生的孳息质押登记的交易，包括到期购回、提前购回和延期购回；提前购回指甲乙双方根据本协议的约定，在购回交易日之前进行购回交易；违约处置指因甲方购回交易违约须按本协议约定处置标的证券的，乙方向证券交易所提交违约处置申请或申报，经证券交易所确认并经中国结算（指中国证券登记结算公司及其分公司）处理完成后，乙方即可出售甲方证券账户内违约所涉标的证券并就甲方应付金额优先受偿。这类交易的模式通常包括：第一步：融资人出质股票，办理质押登记（登记机关：中国结算上海分公司《投资者记名证券质押登记情况》）；第二步：出资人提供资金（扣减质押登记费、交易经手费后余额入账）；第三步：购回期满（提前、延迟），返还资金、解除质押。特点有：出资人主体多为证券公司、出资人的权利与证券价格市场波动相关。审理中，需要注意的是：1. 以出资人对标的证券的优先受偿权为基础，出资人对标的证券有受托清算交收、盯市管理的权利，合同中还设定有用于与清算结果相比对的“最低履约保障比例”“预警履约保障比例”及相应履约保障措施；2. 证券交易所开设质押特别交易单元，用于质押证券的保管和处置；3. 中国证券登记结算公司对回购交易实行全额逐笔结算，并根据清算结果进行资金交收、证券质押、解质。笔者认为，本案纠纷属于典型的质押式证券回购交易模式，以出资人资金账户中余额充足为前提，而合同约定向出资人的权利保护倾斜，比如违约情形发生时，出资人向证券交易所提交违约处置申报指令或申请，申请成功后，出资人有权通过集合竞价交易系统、大宗交易系统或其他方式出售标的证券；出资人有权自主选择卖出标的证券的价格、时机、顺序等。可以看出，这种交易模式的运行可以自行解决资金融入一方的违约处置。笔者认为，这也是审判实践中这类案件数量较少的原因之一。但这类纠纷有上升趋势，其原因应包括：1. 证券市场监管力度加大。如中国证券监督管理委员会对标的证券所在公司或实际控制人、融资人发出《调查通知书》，触发约定的“从事违法活动、涉及重大诉讼活动”等违约处置条款。2. 经济下行压力有所增大，企业偿债能力降低，涉诉案件增多，相关部门对标的证券采取强制措施，导致当事人无法提供证券交易所和中国结算自行完成权利保护措施。3. 交易模式、产品架构存在受证券市场价格波动影响的特点，市场低迷时所质押证券价格突破履约保障比例而融资人无法补足时，易导致纠纷。本案的结果系按照当事人之间的合同约定处理，但也对当事人请求的利息、违约金的认定能否参照不高于年利率24%的标准、对合同中出资人有权自主选择卖出标的证券的价格、时机、顺序的约定所产生的出资人是否豁免其怠于行使权利的情形的可能等问题也进行了积极而有深度的思考。

编写人：北京市第二中级人民法院　罗珊

115 券商对投资者的信用账户进行强制平仓操作过程中的通知义务

——殷某诉某河证券上海营业部、某河证券证券交易代理合同案

【案件基本信息】

1. 裁判书字号

北京市第二中级人民法院（2018）京02民终11953号民事判决书

2. 案由：证券交易代理合同纠纷

3. 当事人

原告（上诉人）：殷某

被告（被上诉人）：某河证券上海营业部、某河证券

【基本案情】

2013年7月18日，殷某与某河证券上海营业部、某河证券签订《融资融券合同（附风险揭示书）》，约定某河证券为殷某提供融资融券服务。合同约定对融资交易、维持担保比例、补仓维持担保比例、平仓维持担保比例、担保物、强制平仓、交易日（T日、T+1日、T+2日）等重要术语的定义、触发条件及双方的权利义务均进行了明确约定。合同中关于通知、送达、公告有如下约定：殷某提供以下联络方式供某河证券使用……移动电话号码……某河证券履行本合同项下的通知义务，按照下述任何一种方式进行通知送达的，视为某河证券已经履行本合同项下各项通知义务，同时视为殷某对某河证券欲通知的内容已全部知悉：以手机

短信通知的……以电话方式通知的……以公告方式通知的……

合同签订后，某河证券向殷某的信用账户交付了所融资金，殷某操作其信用账户使用相应资金购买了证券。

2015年7月9日，某河证券上海营业部、某河证券对殷某的信用账户进行强制平仓操作，法院以表格形式罗列强制平仓前的相关事实及情况：

日期	关键节点	发生事实	维持担保比例
7月6日		1. 某河证券电话通知殷某信用账户维持担保比例曾出现低于130%，提醒殷某注意信用账户维持担保比例的情况，及强制平仓的风险； 2. 殷某于盘中进行卖券还款操作。	141.25%
7月7日	T日	1. 殷某的信用账户维持担保比例为127.08%（收盘时），低于平仓维持担保比例130%。	127.08%
7月8日	T+1日	1. 某河证券电话通知殷某，要求其及时平仓保证维持担保比例符合要求，并要求其当日15时之前前往某河证券上海营业部签署确认书； 2. 某河证券的公司经纪业务服务平台向殷某的手机号码发出《维持担保比例低于130%补仓通知》； 3. 某河证券的网上服务平台向殷某发出《殷某追加担保物通知》； 4. 殷某前往某河证券上海营业部签署了《确认书》； 5. 信用账户维持担保比例为120.56%（收盘时），低于平仓维持担保比例130%，已触发强制平仓条件。	120.56%
7月9日	T+2日	某河证券对该账户强制平仓。	265.45%

【案件焦点】

1. 某河证券上海营业部、某河证券在对殷某的信用账户进行强制平仓操作前履行的通知义务是否符合合同约定；2. 某河证券上海营业部、某河证券对殷某的信用账户的强制平仓操作是否符合合同约定。

【法院裁判要旨】

北京市西城区人民法院经审理认为：

一、某河证券上海营业部、某河证券在对殷某的信用账户进行强制平仓操作前履行的通知义务是否符合合同约定

首先，从合同的约定看，某河证券上海营业部、某河证券通过拨打电话、通过公司的经纪业务服务平台及网上服务工作平台向殷某进行通知，符合合同的约定。其次，从投资者的注意义务看，投资者需对自身账户的维持担保比例有充分的注意义务。最后，从一般生活经验及常识判断，2015 年 7 月前后属于股市大幅波动的时期，殷某于 2015 年 7 月 6 日知悉其信用账号的维持担保比例出现异常并自行通过卖券还款以提升维持担保比例后，其信用账号在当日收盘时的维持担保比例仍低于 150%，殷某作为一个正常投资者，在此区间自会更加密切地关注维持担保比例的变化情况。殷某于 7 月 8 日签署关于强制平仓规则进行调整的确认书，对维持担保比例、补仓担保比例、强制平仓等情况进行了调整与确认。综合以上情况，法院对于殷某所持其未关注、不了解自身信用账户的维持担保比例情况、某河证券未通知及未进行风险告知的陈述，不予采信。

二、某河证券上海营业部、某河证券对殷某的信用账户的强制平仓操作是否符合合同约定

法院将《融资融券合同》及《确认书》对强制平仓的约定以及殷某信用账户维持担保比例的情况以图表方式罗列如下：

来源	T 日维持担保比例	T+1 日维持担保比例	T+2 日某河证券采取的操作
《融资融券合同》	日终清算后低于 130%	日终清算后低于 150%	有权强制平仓

续表

《确认书》（部分变更了《融资融券合同》）	日终清算后低于130%	日终清算后低于150%但高于或等于130%	暂缓强制平仓
		日终清算后低于130%	有权强制平仓
殷某信用账户维持担保比例情况	日终清算后低于130%	日终清算后低于130%	某河证券进行强制平仓后，高于150%

殷某信用账户维持担保比例情况，日终清算后低于130%，日终清算后低于130%，某河证券进行强制平仓后，高于150%

案件中，T日，T+1日殷某的信用账户维持担保比例均低于130%，某河证券有权选择在T+2日即2015年7月9日进行强制平仓操作。

综上，北京市西城区人民法院判决如下：

驳回原告殷某的全部诉讼请求。

殷某不服一审判决，提起上诉。

北京市第二中级人民法院经审理同意一审法院裁判意见，依照《中华人民共和国民事诉讼法》第一百七十条第一款第一项的规定，判决如下：

驳回上诉，维持原判。

【法官后语】

股市行情动荡，投资者出现亏损，部分通过融资融券等方式获得资金进行投资的投资者更是直接“爆仓”即被券商强制平仓，损失惨重，由此也产生了一系列投资者与券商之间的诉讼纠纷。此类纠纷中，投资者提起诉讼的理由通常有券商未尽风险告知及提示义务、投资者未收到券商要对其信用账户强制平仓的通知致使投资者未能及时追加担保物、券商进行强制平仓操作时投资者不知情、强制平仓幅度过大等。其中，关于券商是否已经全面、适格履行通知义务往往是此类案件的争议焦点所在。诉讼中，券商向法院提交的证据通常为券商送达系统或送达平台所保存之电话、邮件、公告等记录，投资者通常以该类证据系券商单方制作而不认可真实性。在实际情况中，券商送达系统或送达平台中所留存之信息作为诉讼中的单方证据，即便其中有涉及第三方通信公司（如中国某动、中国联通等）的，亦往往因已过查询期限，或因为某些其他因素致使法院亦无法从通信公司调取。故对于此类证据，法院在审理过程中，不能因为提交该类证据的主体为金融机构等相对具有较高社会知名度和公信力的公司，即从主观上认定该类证据的真实性与客观性，还需要从多维度进行全面审查，从证据链的角度对各个证据印证审查，力求得出具有说服力的结论。

本案例中，殷某坚持认为券商未履行通知义务，在殷某不知情的情况下强行平仓，给殷某造成了重大损失，并坚持主张券商在诉讼中提交的电话通知、短信通知、公告等证据系某河证券上海营业部、某河证券单方伪造为由不认可其真实性和证明目的。对此，法院在审理过程中，对于券商提交的该组证据，未直接进行真伪的简单判断，而是综合合同约定，投资者的注意义务、投资在案涉关键时间点前后的客观行为、一般生活经验，进行多维度的审查与论证，进而对证据的真实性和证明目的进行认定，说理清楚、论述充分，最终得出了具有说服力的结论。

在此，法官亦希望商事主体在从事商事活动尤其是高风险的商事活动之前，应充分了解该类商业活动的相应规则，全面考虑可能面对的商业风险并评估自身的风险承受能力。在从事商业行为时，商事主体应充分尊重商业规则，坚持诚实信用原则，恪守合同约定，全面履行各自的合同义务，为营造良好的商业环境尽到应有的社会责任。

编写人：北京市西城区人民法院　周韬

116　涉融资融券交易的民事纠纷若干问题分析

——林某东诉某河证券证券交易合同案

【案件基本信息】

1. 裁判书字号

北京市西城区人民法院（2017）京0102民初21740号民事判决书

2. 案由：证券交易合同纠纷

3. 当事人

原告：林某东

被告：某河证券

【基本案情】

自2010年12月起，林某东在某河证券营业部开立证券账户并操作该账户买卖股票。

2013年年初，林某东向某河证券申请办理融资融券业务。某河证券向林某东讲解了融资融券业务相关规章制度，并宣读了《融资融券交易风险揭示书》。林某东对上述事实签字进行了确认。

随后，林某东与某河证券签订《融资融券合同（附风险揭示书）》，并作出了下述约定：融资交易是指林某东以其信用账户中的资金和证券为担保，向某河证券申请融入资金并买入标的证券，某河证券为林某东垫付资金以完成证券交易；担保物是指林某东信用账户内的所有资产；维持担保比例是指林某东信用账户内的担保物价值与其融资融券债务之间的比例；补仓维持担保比例是指信用账户维持担保比例等于150%；平仓维持担保比例是指信用账户维持担保比例等于130%；某河证券拥有依据合同约定对林某东信用账户强制平仓的权利；某河证券有权根据监管要求、自身业务需要等制定交易监控指标，并有权据此对林某东信用账户进行交易限制；林某东信用账户维持担保比例低于补仓维持担保比例（150%）但高于平仓维持担保比例（130%）时，林某东应当自维持担保比例低于补仓维持担保比例（150%）之日（T日）起一个交易日内（T+1日收盘前）足额追加担保物，若T+1日清算后维持担保比例未达到补仓维持担保比例（150%），某河证券有权于T+2日起限制林某东信用账户进行担保物买入、融资买入和融券卖出等，直至林某东信用账户维持担保比例不低于补仓维持担保比例（150%）；林某东信用账户维持担保比例低于平仓维持担保比例时（130%），林某东应当自维持担保比例低于平仓维持担保比例之日（T日）起一个交易日内（T+1日收盘前）足额追加担保物，若T+1日清算后维持担保比例未达到补仓维持担保比例（150%），某河证券有权于T+2日起对甲方信用账户进行强制平仓操作并收回相应债权；出现强制平仓情形时，某河证券有权选择某河证券认为最利于成交的价格、数量进行申报，有权选择某河证券认为最有利于平仓成功或最有利于债权实现的方式进行平仓；林某东信用账户处于强制平仓状态时，林某东除可以转入担保物外，不得对该账户进行其他操作，直至强制平仓结束，某河证券平仓操作不受林某东在平仓日当日转入担保物的影响；强制平仓是某河证券的权利，当林某东信用账户出现强制平仓情形时，某河证券有权选择强制平仓、部分强制平仓或放弃强制平仓；某河证券选择部分强制平仓或放弃强制平仓，不能视为某河证券违约或弃权，该等行为不妨碍某河证券进一步行使包括强制平仓在内的相关权利。

同日，林某东签署了上述《融资融券合同》所附的《某河证券融资融券交易风险揭示书》。

《融资融券合同》签订后，某河证券向林某东的信用账户交付了所融资金，林某东操作其信用账户使用相应资金购买了证券。

2015年7月2日（T日）日终清算后，林某东信用账户维持担保比例为129.52%，低于平仓维持担保比例130%。2015年7月3日（T+1日）日终清算后，林某东信用账户维持担保比例为127.55%，低于平仓维持担保比例130%。

2015年7月5日（T+1日后的周末，非交易日），某河证券工作人员向林某东告知，由于2015年7月6日（T+2日）证券市场可能会出现利好消息，如果林某东信用账户在当日早晨即被强制平仓，林某东可能会遭到较大损失；如果林某东选择在2015年7月6日（T+2日）早晨9时15分前将维持担保比例追加至130%，某河证券将暂缓对林某东信用账户进行强制平仓；追加至130%需林某东往其信用账户追加投资约5万元；如林某东不能将维持担保比例追加至150%，还需要签署关于暂缓平仓的申请书。

2015年7月5日，林某东在某河证券营业部工作人员的要求下签署《确认书》。该文件载明：某河证券对融资融券业务强制平仓规则进行调整，若林某东 T 日信用账户低于平仓维持担保比例 130%的，林某东须在 T+1 日收盘前补充担保物或了结融资融券交易，将维持担保比例提高至等于或高于补仓维持担保比例 150%；若林某东 T+1 日信用账户维持担保比例低于 150%但等于或高于 130%的，则某河证券暂缓对林某东信用账户的强制平仓，林某东可自行操作信用账户（包括自行平仓等）。

2015 年 7 月 6 日（T+2 日）早晨 8 时 52 分，林某东向其信用账户转账汇入 5 万元，使其信用账户在当日开盘后维持担保比例高于 130%。随后，某河证券撤回了对林某东信用账户的强制平仓操作，但仍然对该信用账户进行限制交易。

2015 年 7 月 6 日（T+2 日）开盘后，证券市场行情不断下跌，林某东亦发现其信用账户无法进行交易，并向某河证券投诉有关事宜。某河证券于当日下午开市后解除了交易限制，但林某东未有成功的证券交易。

2015 年 7 月 6 日（T+2 日）日终清算后，林某东信用账户维持担保比例为 120.54%，低于平仓维持担保比例 130%。2015 年 7 月 7 日（T+3 日），某河证券进行了强制平仓操作。

本案诉争日期前后发生的事实以图表方式罗列如下：

日期	合同表述日期	林某东维持担保比例情况	发生事实
2015 年 7 月 2 日	T 日	日终清算后低于 130%	
2015 年 7 月 3 日	T+1 日	日终清算后低于 130%	
2015 年 7 月 5 日			某河证券电话告知林某东暂缓平仓的条件，林某东前往某河证券营业部签署《确认书》。

续表

日期	合同表述日期	林某东维持担保比例情况	发生事实
2015 年 7 月 6 日	T+2 日	开盘后高于 130%；日终清算后低于 150%	林某东于早晨汇款 5 万元；某河证券撤回了对林某东信用账户的强制平仓操作，但仍然对该信用账户进行限制交易。
2015 年 7 月 7 日	T+3 日		某河证券进行了强制平仓操作。

林某东提起诉讼，要求某河证券赔偿因暂缓平仓操作造成的林某东融资融券股票账户损失。

【案件焦点】

1. 强制平仓与限制信用账户交易之间关系如何；2. 林某东信用账户在 T 日和 T+1 日日终清算后维持担保比例低于平仓维持担保比例（130%），而 T+2 日开盘后维持担保比例高于平仓维持担保比例（130%），某河证券是否有权利不进行强制平仓操作但限制林某东信用账户交易；3.《融资融券合同》是否存在以格式条款免除某河证券责任、加重林某东责任、排除林某东主要权利的情形，以及是否存在显失公平的情形。

【法院裁判要旨】

北京市西城区人民法院经审理认为：第一，关于强制平仓与限制信用账户交易之间的关系。《融资融券合同》区分了强制平仓与限制信用账户交易所适用的条件，并作出了不同约定。《融资融券合同》及《确认书》对强制平仓与限制交易的约定以及林某东信用账户维持担保比例的情况以图表方式罗列如下：

来源	T 日维持担保比例情况	T+1 日维持担保比例情况	T+2 日某河证券采取的操作
《融资融券合同》	日终清算后高于 130% 但低于 150%	日终清算后低于 150%	有权限制交易
《融资融券合同》	日终清算后低于 130%	日终清算后低于 150%	有权强制平仓
《确认书》（部分变更了《融资融券合同》）	日终清算后低于 130%	日终清算后低于 150% 但高于或等于 130%	暂缓强制平仓且不限制交易
林某东信用账户维持担保比例情况	日终清算后低于 130%	日终清算后低于 130%	开盘后高于 130%；日终清算后低于 150%

第二，关于某河证券在 T+2 日是否有权利不进行强制平仓但限制林某东信用账户交易。《融资融券合同》约定，强制平仓是某河证券的权利，某河证券有权选择强制平仓或放弃强制平仓，林某东知晓并同意平仓时某河证券有权自主选择平仓时点。考虑到证券市场中证券价值往往有着较强的波动性，《融资融券合同》如此约定并无不妥。本案中，T 日林某东信用账户维持担保比例低于 130%，T+1 日信用账户维持担保比例亦低于 130%，根据《融资融券合同》和《确认书》的约定，构成了适用强制平仓操作的条件，且不构成《确认书》约定的暂缓强制平仓及不限制交易的情形。据此，某河证券有权选择在 T+2 日或 T+3 日进行强制平仓操作。根据《融资融券合同》的约定，只要构成强制平仓的条件，某河证券即可自 T+2 日起限制信用账户的交易，而不受 T+2 日林某东向其信用账户进行汇款、追加投资的影响。7 月 5 日，某河证券工作人员拨打林某东电话，告知林某东其如果在 T+2 日开盘后及时将维持担保比例提高至 130%，某河证券将暂缓强制平仓。上述行为，系某河证券与林某东

就强制平仓操作时点进行的协商，没有违反《融资融券合同》的有关约定。林某东选择进行汇款追加投资，即选择同意某河证券暂缓平仓。林某东的汇款行为，系其基于对证券市场行情的判断，充分衡量追加投资可能产生的收益与承担的风险之后，实施的商业性选择行为。这一行为，实质系某河证券提出一定要求，林某东选择满足某河证券要求，以换取其信用账户在 T+2 日不被强制平仓。林某东的选择行为，不论是产生收益还是造成损失，均应由林某东自行承担相应后果。

北京市西城区人民法院依照《中华人民共和国合同法》第六十条，《中华人民共和国民事诉讼法》第六十四条第一款之规定，判决如下：

驳回原告林某东的全部诉讼请求。

判决后，双方当事人均未上诉，本判决现已生效。

【法官后语】

本案诉争之《融资融券合同》约定的融资融券商业活动模式，系由中国证券监督管理委员会《证券公司融资融券业务管理办法》及《上海证券交易所融资融券交易实施细则》《深圳证券交易所融资融券交易实施细则》规制的成熟的商业经营模式，是证券交易市场内标准化的产品。某河证券依照相关规范性文件制定的《融资融券合同》，虽系某河证券单方制定的格式文本，但不意味着当然无效。某河证券和林某东均应按照《融资融券合同》的约定行使权利、履行义务。

在《融资融券合同》约定的融资融券商业活动模式项下，某河证券的主要合同义务系交付林某东所融资金和所融证券。同时，某河证券为保障自身债权得以实现，在合同中约定信用账户维持担保比例降低到一定程度时，某河证券有权采取限制信用账户交易和强制平仓的方式收回债权。《融资融券合同》对银行证券违约处置措施所适用的前提和后果进行的约定，并不违反公平原则。如林某东不愿意接受上述规则，可不签署《融资融券合同》，不申请融资融券业务。

证券市场交易行为存在较高的商业风险。融资融券交易因其利用财务杠杆之特性，放大了证券市场中本已较高的商业风险。商业风险系从事商业活动的固有风险，而融资融券交易系典型的具有“高风险高收益”性质的商业活动。林某东主张，《融资融券合同》以格式条款免除某河证券责任、加重林某东责任、排除林某东主要权利，且属于显失公平的合同。对此，笔者认为，林某东自2010年12月起即开始操作证券账户进行证券买卖，同时于2013年2月4日签署《融资融券合同》接受某河证券提供的融资融券商业服务。截至2015年7月，林某东已有近五年的证券市场交易经验，以及近两年六个月的融资融券交易经验。林某东应可知晓和预见融资融券交易中蕴含的商业风险。此外，商业活动中交易双方实力不均乃是常态，总有一方弱势，市场交易的本质亦是取长补短、互通有无。某河证券从事融资融券商业活动，本意就是赚取一定的商业利润，此商业利润，并非不正当之利益。林某东称《融资融券合同》系某河证券利用其强势地位及林某东的弱势地位订立，却在近两年六个月的时间内自愿持续接受某河证券提供的融资融券商业服务，始终未提出终止履行《融资融券合同》。因此，某河证券和林某东均应按照《融资融券合同》的约定履行相应的合同义务。只要银行证券按照合同约定履行了合同义务，没有违约行为，林某东即应自行承担在融资融券商业活动中遭受到的损失。

编写人：北京市西城区人民法院　高亢

117 债券市场信息披露行为对于根本违约认定的影响

——景顺长某公司诉某城建公司公司债券交易案

【案件基本信息】

1. 裁判书字号

上海市第二中级人民法院（2018）沪02民终3136号民事判决书

2. 案由：公司债券交易纠纷

3. 当事人

原告（被上诉人）：景顺长某公司

被告（上诉人）：某城建公司

【基本案情】

2015年11月，某城建公司在全国银行间债券市场发行了2015年度第二期中期票据，该票据属于长期限含权债券（永续债），无固定到期日，发行人在票据存续满5年后有权赎回，不行使赎回权的，第6个计息年度开始票面利率加上300个基点。投资人无回售权。票据发行利率采用固定利率计息，每5年重置一次票面利率，每年付息。发行人在每个付息日前均有权递延支付利息。利息递延不构成违约。每笔递延利息在递延期间应按当期票面利率再加300个基点累计计息。景顺长某公司为该票据的持票人。2017年11月23日，某城建公司未向持票人支付利息。

票据存续期间，票据持有人发现某城建公司存在披露不实和未及时披露重要信息的情况，主要包括：募集时未全面披露公司股权结构及子公司转让事项；发行后未及时披露募集资金用途的改变情况、高管变更情况；2016年年底起未公布任何定期财务报告。

其中，公司股权结构披露主要是指：某城建公司在《某城建公司2015年度第二期中期票据募集说明书》中隐瞒了其股权结构中新增设的两层BVI（英属维尔京群岛）公司。这样的股权设置通常说明公司存在资本运作、资产重组的情况。2016年，某城建公司99%的股权变更为非国有企业所持有，导致触发其下属子公司在我国香港特别行政区发行的点心债提前赎回条款，公司无法按时按约进行兑付。而该股权转让信息某城建公司也未在约定时间内及时披露。

另外，资金用途变更主要指：某城建公司在《某城建公司2015年度第二期中期票据募集说明书》中明确所募集资金中23亿元拟用于补充发行人下属子公司即第六工程局和开发公司的日常营运资金。但某城建公司在票据发行后即将第六工程局转让给了第三方，且对方无须支付现金交易对价。至今，某城建公司也未披露转让时间、对价支付方式以及该部分募集资金如何处理的信息。

同时，某城建公司出现大量违约并转移了部分资产，联合资信下调了某城建公司主体及涉案债券信用等级至C级。涉案债券持有人会议要求某城建公司为“15某城建MTN002”的本息偿付提供抵押、质押或保证，增加交叉违约条款及限制发行人处置资产或股权，均遭某城建公司拒绝。

【案件焦点】

1. 某城建公司未披露公司重大信息之行为是否构成根本违约行为；2. 景顺长某公司可否以某城建公司转移资产、清偿能力下降为由行使不安抗辩权；3. 景顺长某公司是否可以据此解除合同，并要求被告兑付本息以及确定利息的支付标准。

【法院裁判要旨】

上海市黄浦区人民法院经审理认为：长期限含权债券（永续债）的持票人的合同目的包括两方面：发行人行使赎回权时基于还本付息请求权获取本息收益；发行人行使赎回权前基于债券价格波动获取投资收益。因此，在债券发行及存续期间，债券发行人出现重要信息披露不实、未及时披露重要信息等违约行为，足以影响投资者对企业信用风险、投资价值的判断，致使债券持有人无法基于债券价格波动获取投资收益，且发行人不行使赎回权时，可以认定债券发行人构成根本性违约。同时，某城建公司出现大量违约事件，转让其名下多家公司股权，造成偿债能力严重下降，可能丧失履行债务的能力。在某城建公司拒绝为涉案债券提供担保并提前兑付的情况下，景顺长某公司有权要求行使不安抗辩权解除双方合同关系，并要求被告返还投资本金、支付利息。据此，依照《中华人民共和国合同法》第六十条、第六十八条、第六十九条、第九十四条第四项、第九十六条、第九十七条之规定，判决如下：

一、原告景顺长某公司与被告某城建公司之间的《某城建公司2015年度第二期中期票据募集说明书》于2017年11月21日解除；

二、被告某城建公司应于本判决生效之日起十日内支付原告景顺长某公司2015年度第二期中期票据本金50000000元；

三、被告某城建公司应于本判决生效之日起十日内赔偿原告景顺长某公司自2016年11月23日起至实际清偿日止，以50000000元为基数，按年利率5.35%计算的利息损失。

某城建公司不服一审判决，提起上诉。

上海市第二中级人民法院经审理同意一审法院裁判意见，依照《中华人民共和国民事诉讼法》第一百七十条第一款第一项的规定，判决如下：

驳回上诉，维持原判。

【法官后语】

本案债券发行人在募集及发行中期票据期间存在信息披露不实、未及时披露等行为，投资人据此要求解除合同。根据《中华人民共和国民法典》第五百六十三条第一款第四项（原1999年《中华人民共和国合同法》第九十四条第四项）规定，合同当事人一方迟延履行债务或者有其他违约行为致使不能实现合同目的，守约方可以解除合同并要求对方承担违约责任。本案特殊之处在于，信息未披露行为是否符合根本违约的要件，能否就此认定投资人签订《某城建公司2015年度第二期中期票据募集说明书》的合同目的无法达成，投资人及发行人对此存在争议。本案从债券持有人持有债券的目的进行分析，认为某城建公司多次未按约定披露信息，直接影响投资者对企业信用风险、投资价值的判断，以及投资者的投资信心，从而导致涉案债券缺乏市场流通性，使投资人通过出售票据收回本金的合同目的无法实现，构成根本违约。

健康发展的债券市场需要完善的信息披露制度，这也是债券市场诚实信用原则的体现。诚信是市场经济的基石，是各市场主体必须自觉遵守的市场法则。强化企业信息披露义务、惩治违反诚信的行为，有利于推进我国债券市场的发展。

编写人：上海市黄浦区人民法院　陈建伟　江凝妤

118　投资风险承担

——朱某源诉甲银行南宁明秀西路支行证券投资基金交易案

【案件基本信息】

1. 裁判书字号

广西壮族自治区南宁市中级人民法院（2016）桂01民终2443号民事判决书

2. 案由：证券投资基金交易纠纷

3. 当事人

原告（上诉人）：朱某源

被告（被上诉人）：甲银行南宁明秀西路支行

【基本案情】

2006年10月16日，原告在被告处开通证券卡。

2009年11月24日，原告签订一份客户须知，约定：在甲银行办理相关基金业务即视为同意并自愿遵守本须知的有关条款；基金不同于储蓄和国债，投资基金有获取收益的可能，也有损失本金的风险；不同的基金有不同的风险收益特征，收益越大，须相应承担的风险也越大，股票基金、混合基金、债券基金、货币市场基金可能取得的收益和承担的风险逐步降低；要对自己的风险承受能力和理财目标进行分析，投资于与客户风险承受能力相匹配的产品；甲银行是基金代理销售机构，负责将基金交易申请传送至相应基金管理公司及注册登记机构，申请资料最终确认结果（即是否认购、申购或赎回成功）由基金注册登记机构负责；甲银行代销任何基金产品，不表明甲银行对该基金的业绩和收益作出任何承诺；在签署本须知时，甲银行认定客户已经知晓所交易基金的相关情况，知晓基金投资风险可能导致的损失。其中“甲银行是基金代理销售机构，负责将基金交易申请传送至相应基金管理公司及注册登记机构，申请资料最终确认结果（即是否认购、申购或赎回成功）由基金注册登记机构负责”内容以加粗字体作了显著标识。

原告于2007年5月15日认购5000元国某基金、申购10000元博某基金；2007年5月25日认购18000元融某基金；2007年5月30日申购5000元华某基金；2007年7月24日认购5000元长某品牌基金；2009年11月24日认购35000元易某基金；2010年11月11日至2012年1月11日每月定投申购500元嘉某基金、500元商某基金、500元信某基金；2010年11月30日认购60000元大某基金。原告认购或申购及赎回基金的业务回单上均为原告本人签字确认，在原告认购或申购基金的部分业务回单中，有明确注明“投资有风险，买卖需谨慎”字样。

国某基金于2007年8月16日向原告分红247.04元，2009年12月29日向原告分红98.81元，2010年1月18日向原告分红123.52元；融某基金于2008年4月23日向原告分红533.65元，

2010年1月28日向原告分红711.53元，2010年4月15日向原告分红711.53元，2011年1月19日向原告分红622.59元；华某基金于2010年9月10日向原告分红1643.65元。

原告于2010年11月8日赎回长某品牌基金4941.67份额，价值4222.16元；2010年11月8日赎回华某基金4834.26份额，扣除交易费用24.15元后价值4805.28元；2010年11月8日赎回博某基金9901.73份额，价值9446.25元；2010年11月8日赎回国某基金4940.71份额，价值5923.91元；2013年10月15日赎回商某基金3516.04份额，扣除交易费用4.58元后价值7923.75元；2013年10月15日赎回信某基金3970.4份额，扣除交易费用4.41元后价值8003.89元；2013年10月23日赎回嘉某基金7935.09份额，扣除交易费用4.86元后价值8787.21元；2014年3月7日赎回大某基金59289.74份额，价值59852.99元；2015年3月11日赎回融某基金17788.18份额，价值17254.53元；2015年3月17日赎回易某基金34656.97份额，价值36507.65元。

根据上述基金的申购或认购、分红及赎回情况，原告合计总盈利6919.94元。但原告认为其在上述基金的应得红利为基金申购或认购金额的10%，被告作为基金的管理人，未提示原告基金存在的投资风险，导致原告未获得10%的红利，遂诉至法院，提出上述诉讼请求。

原告在购买上述基金时，黄某时任被告的行长，现黄某已调到其他支行，黄某曾因上述纠纷向原告赔偿10000元。

【案件焦点】

被告是否应当赔偿原告红利损失53700元。

【法院裁判要旨】

广西壮族自治区南宁市西乡塘区人民法院经审理认为：原告签订的客户须知中已明确说明被告仅为基金代理销售机构并非基金管理人或托管人，基金的盈利或亏损与被告无关，被告不应作为向基金份额持有人分配收益的责任主体。客户须知以及原告认购或申购基金的业务回单中上已对基金存在风险作出明确说明及提示，且均有原告本人签名确认，应视为原告已知悉基金投资存在的风险，原告主张受到被告前任行长黄某的欺骗，被告未对基金存在风险作出说明或提示证据不足，应不予采信。原告与被告或基金公司之间并未明确约定红利的计算方式，基金作为风险投资产品，是根据市场价格的波动情况确定是否收益，并不存在固定收益，原告作为基金份额持有人，不仅可以享受收益，也应当承担风险，且部分基金公司已在原告持有基金份额的过程中向原告分红，原告购买上述基金合计并没有亏损。原告要求按基金认购或申购金额的10%支付红利没有合同依据，亦无法律依据，应不予支持。

广西壮族自治区南宁市西乡塘区人民法院依照《中华人民共和国证券投资基金法》第三条、第十九条第四项、第六十九条、第九十八条，《最高人民法院关于适用〈中华人民共和国民事诉讼法〉的解释》第九十条规定，判决：

驳回原告朱某源的诉讼请求。

二审法院同意一审法院裁判意见。

【法官后语】

本案系金融衍生产品纠纷，该案争议具有一定的代表性。个人投资者投资基金，因发生亏损而要求银行赔偿损失，对银行衍生产品的生存和发展提出了挑战，在现阶段金融环境下如何实现银行的风险揭示义务与投资客户注意义务的平衡。

在银行个人理财产品的销售中，由于有销售任务的压力和销售业绩的刺激，一些销售人员经常有意无意地向购买理财产品的客户弱化风险而强化收益。同时理财产品在售出后，银行不向客户披露理财资金的详细运用情况以及投资组合与风险收益变化情况的现象非常普遍，信息的不对称使客户对理财资金的操作情况及风险状况了解甚少。

所以，作为基金代销机构的银行应当诚信披露理财产品的风险，而客户作为从事市场投资的商事主体，亦有承担关注所投资理财产品风险的合理注意义务。问题在于，如何在二者之间找到合理的平衡？具体到本案中，就是要在全面分析证券投资基金交易性质的基础上，充分考虑双方当事人的认识能力以及交易经验，进而在银行的信息披露与客户的合理注意义务间寻求一种平衡。

就银行而言，信息披露义务应当成为证券投资交易代售方的主要义务之一。

本案在原、被告签订的协议中，有体现风险提示的部分："本产品为非保本浮动收益型投资产品。投资风险，可能导致客户收益甚至本金遭受损失。本理财计划有投资风险，预期收益率并不代表您一定获得的保证收益，您应仔细阅读本理财协议条款，充分认识投资风险，谨慎投资。"此段文字的陈述，以醒目的黑色加粗字体注明，清晰明确地提示合同相对人应注意投资风险。朱某源阅读的一系列文件中包含市场风险、信用风险、利率风险以及汇率风险在内的提示，并签字表示理解和承受其中阐述的风险，对相关风险造成的亏损本人愿意承担。朱某源的签字是在甲银行充分进行了信息披露和风险披示后进行的，表明愿意承担涉案理财产品的收益及风险。

因此，甲银行对朱某源的风险告知义务履行完毕。

就购买基金理财产品的客户而言，所从事的是投资行为，而非一般个人所从事的消费行为，因而，应当具备较一般民事行为中民事主体更高的注意义务。该注意义务体现在，应尽可能结合自身的财务状况和理财需求，对基金产品的特点加以深入了解，充分了解基金产品中的各种风险与收益，并采取合理的资产投资组合，注意所购买基金产品的风险，慎重进行投资。原告作为一名具有完全民事行为能力的自然人，应对自身的行为负责，在购买理财产品时对相关投资风险应有一个基本的认识。而其没有仔细阅读协议内容，对协议没有充分的认识和理解，应视为其个人放弃自己的知情权，责任在自己，由此产生的后果，应由原告自行承担。

编写人：广西壮族自治区南宁市西乡塘区人民法院　许晓彤　吴杨

七、信托纠纷

119 伞形信托合同无效及后果

——刘某宾诉某融信托公司信托案

【案件基本信息】

1. 裁判书字号

北京市第二中级人民法院（2019）京02民终10655号民事判决书

2. 案由：信托纠纷

3. 当事人

原告（上诉人）：刘某宾

被告（上诉人）：某融信托公司

【基本案情】

2015年4月22日，证监会发布相关规定，证券公司不得以任何形式参与场外股票配资、伞形信托等活动，不得为场外股票配资、伞形信托提供数据端口等服务或便利。

2015年6月15日，约有30年金融投资经验的刘某宾与某融信托公司订立《信托合同》及补充协议。该合同约定的交易模式：某融信托公司为涉案信托计划申请设立信托专用证券账户，并利用恒生资管系统在该证券账户下设数个独立的子账户，每期信托单元的信托资金通过该子账户进行管理运作，每个子账户均设置相应的警戒线和止损线，实施独立的操作指令，该操作指令统一汇总到信托专用证券账户并向证券公司发出，每期信托单元的受益人分为优先受益人和一般受益人，承担不同风险。其后，刘某宾作为一般受益人支付1000万元，并进行投资操作。

2015年7月25日，信托公司清算涉案信托账户，并向刘某宾支付164万余元。刘某宾以《信托合同》无效为由诉至法院，要求某融信托公司返还刘某宾信托资金835万余元（包括投资损失、受托人报酬、托管费、交易费用、分配给优先受益人的收益以及其他损失）。

【案件焦点】

1. 如何确认伞形信托，即伞形信托的认定标准；2. 信托合同的效力及法律后果。

【法院裁判要旨】

北京市西城区人民法院经审理认为：根据《信托合同》的约定及履行，市场上一般称涉案的结构化证券信托产品为伞形信托。该院认为，从合同约定及实际履行情形上看，各个子账户证券买卖交易均依照刘某宾作出的交易指令，虽然某融信托公司在交易系统设置了对刘某宾作出的指令的负面审查清单，但是该设置是基于《信托合同》约定的投资限制，其实质在于防止信托专用证券账户依据各期信托单位的证券投资指令所作出的证券交易产生的违规风险，目的在于降低一般委托人投资发出违规和违约指令的风险。某融信托公司在交易系统设置前述证券交易的负面清单仅对一般委托人作出的交易指令进行审查，并非自主作出交易决策，该设置不构成某融信托公司所称的其自主决定子账户项下信托资金的运作。证监会发布的《证监会通报证券公司融资融券业务开展情况》虽非行政法规，但其目的在于在2015年特定股市背景下，通过规制场外股票配资、伞形信托的融资融券业务控制金融市场风险，维护正常的经济秩序。此种强监管背景下，双方当事人仍订立以伞形信托加杠杆形式的对外投资证券市场的《信托合同》，属于违反社会公共经济秩序的行为，根据《中华人民共和国民法总则》第一百五十三条第二款的规定，应属无效。另外，基于金融风险的高传导性，在当时特定股市条件下，杠杆资金进入证券市场会进一步加剧证券市场的波动，导致金融系统性风险的增加，从而损害证券市场不特定投资人的利益，属于损害社会公共利益的行为，根据《中华人民共和国合同法》第五十二条第四项规定，亦应无效。故，涉案《信托合同》因违反法律的强制性规定而无效。

至于对剩余信托财产如何分配，以及相应损失应当如何分担，该院认为，当事人关于风险与收益的分配，是在长期的市场反复博弈中形成的较为稳定和公允的均衡模式，是双方当事人意思自治的结果，刘某宾作为成熟的投资者，对该风险安排的后果应当有确定的预期。一审法院对双方就前述风险及收益的安排予以确认，不作调整。因此，关于信托资金发生的投资亏损，系刘某宾自行投资决策导致，应当由刘某宾负担。关于托管费及交易费，系信托资金进行证券交易过程中，因相关主体提供资金托管服务和证券交易服务而产生的费用，应当在信托财产中予以扣除。关于某融信托公司收取的信托管理费。该费用系信托公司因管理、运用信托财产收取的受托人报酬，依据合同约定产生。本案中，《信托合同》无效，某融信托公司收取该笔信托管理费用无合同依据，应当予以返还。此外，某融信托公司剩余0.01元的资金尚未分配，应当返还给刘某宾。

北京市西城区人民法院依照《中华人民共和国民法总则》第一

百五十三条第二款,《中华人民共和国合同法》第五十二条第四项,《中华人民共和国证券法》第八十条、第一百六十六条,《中华人民共和国民事诉讼法》第六十四条第一款之规定,判决:

某融信托公司于判决生效后十日内偿还刘某宾信托管理费用及剩余0.01元的资金。

刘某宾、某融信托公司不服一审判决,均提起上诉。北京市第二中级人民法院经审理认为:双方争议焦点在于《信托合同》的效力及后果。(1)关于《信托合同》的效力。首先,二审法院认为,刘某宾作为一般受益人实际控制子账户、自主决定子账户项下信托资金的运作。某融信托公司仅按照负面清单对一般受益人作出的交易指令进行违规和违约审查,而并非自主作出交易决策。同时,涉案信托计划的母子账户设置模式将导致其信托专用证券账户只以母账户的形式在中国证券登记结算公司的结算系统进行结算。这一账户设置模式最终导致涉案信托计划项下不同的一般受益人将以同一账户进行证券交易,违反了《中华人民共和国证券法》关于账户实名制的规定。结合一审法院查明事实,二审法院认为涉案信托确为伞形信托。其次,金融监管是对金融机构的经营行为进行监管,信托公司设立伞形信托在证券公司开设证券账户从事证券投资亦应当受到证监会监管规定的约束。证监会监管规定的目的在于清理证券市场的场外股票配资和伞形信托等活动进而实现控制金融市场风险和维护正常经济秩序。在当时强监管背景下,刘某宾与某融信托公司于2015年6月15日订立《信托合同》。虽然涉案伞形信托的金额不大,但是考虑到证监会作为金融监管部门在当时特殊的市场行情下明令禁止资金通过伞形信托进入证券市场;同时考虑到金融风险的高度传染性,伞形信托会增加金融风险、破坏证券市场的正常秩序，亦有可能损害证券市场不特定投资者的利益。故，二审法院明确涉案《信托合同》无效。（2）《信托合同》无效的后果。二审法院认为，刘某宾系金融专业人士，而某融信托公司亦是专业的金融机构，双方均应知晓证券市场的监管政策、对证券投资市场具备充分的风险投资意识。因此，双方均有过错。某融信托公司优先分配给优先受益人的收益，符合双方的风险安排，并无不当。信托的托管费及交易费用系信托计划存续和进行证券交易而需要缴纳的必要费用，应当在信托财产中予以扣除。关于某融信托公司收取的信托管理费，因《信托合同》无效，某融信托公司收取该笔信托管理费亦无法律依据，应当返还。涉案信托计划剩余 0.01 元的资金尚未分配，某融信托公司应当返还给刘某宾。

北京市第二中级人民法院依照《中华人民共和国民事诉讼法》第一百七十条第一款第一项之规定，判决：

驳回上诉，维持原判。

【法官后语】

金融监管部门认为，股票市场的场外融资业务是异常波动的重要原因，遂出台一系列的强监管措施“叫停”包括伞形信托在内的相关业务。随着证券市场异常波动的结束，大量场外配资合同纠纷涌入法院。如何审理此类案件、妥善处理用资人和配资方之间的权利义务关系，成为金融审判的新难点。这类案件的处理需要司法机关做到既与金融监管部门联动，协力化解金融风险；又得保持司法定力，维护裁判尺度的相对稳定，最终实现金融交易横向规范和纵向监管的有机结合。本案涉及伞形信托合同效力认定及法律后果处理，相关裁判结果具有一定的新颖性和典型性。

伞形信托因其在一个信托通道下设若干个独立交易、结算的子单元，状若伞形而得名，与其他传统信托有着较大的区别：配资公司作为受托人是信托财产的名义所有人，但并不实际管理信托财产，一般受益人（一般委托人、用资人）实际管理信托财产。本案中，优先受益人（优先委托人、资金融出方）将优先级资金交与一般受益人控制，仅收取固定收益；而一般受益人同时控制优先级资金和一般级资金在证券市场进行投资。配资公司仅按照信托合同约定的负面清单对一般受益人作出的交易指令进行违规和违约审查，而并非自主作出交易决策。故，一般受益人实质控制子账户，发出独立的操作指令，该操作指令统一汇总到信托专用证券的母账户并以母账户的名义对外进行证券市场的投资操作。此种融资方式的杠杆率较高，能放大收益，亦存在放大金融风险、规避金融监管的问题。因此，本案最终认定涉案信托属于场外配资业务中的伞形信托，并从合同主体、公序良俗和社会公共利益方面综合分析信托合同的效力，明确伞形信托会导致系统性金融风险的增加，损害证券市场不特定投资人的利益，进而违反社会公共经济秩序、损害社会公共利益。本案亦从过错程度和意思自治原则明确信托资金发生的投资亏损系用资人投资决策所致，该亏损应当由用资人自行承担。本案双方是有着丰富证券投资经验的专业投资者和金融机构，均应知晓证券市场的监管政策、对证券市场具备充分的风险投资意识。信托合同中关于风险与收益的分配是当事人意思自治的结果，用资人对此安排的后果应当有预期。因此，用资人投资决策导致的投资亏损应当由用资人承担，配资方无须返还投资本金。对此问题，《全国法院民商事审判工作会议纪要》进一步明确，违反规章一般情况下不影响合同效力，但是该规章内容涉及金融安全、市场秩序、国家宏观政策等公序良俗的，应当认定合同无效。股票市场的配资业务属于国家特许经营的业务范围，除依法取得融资融券资格的证券公司与客户开展的融资融券业务外，其他主体与用资人之间订立的场外配资合同均无效。配资方不能依场外配资合同的约定，请求用资人向其支付约定的收益、利息和费用。用资人亦不能以其因使用配资导致投资损失为由请求配资方予以赔偿。

编写人：北京市第二中级人民法院　李丽　余周祺

八、保险纠纷

120 驾驶员未取得道路运输从业资格并不当然构成保险标的危险程度显著增加

——某物流公司诉某财险上海分公司财产保险合同案

【案件基本信息】

1. 裁判书字号

上海金融法院（2019）沪74民终575号民事判决书

2. 案由：财产保险合同纠纷

3. 当事人

原告（上诉人）：某物流公司

被告（被上诉人）：某财险上海分公司

【基本案情】

某物流公司为其车牌号为沪DL××××的营业用货车向某财险上海分公司投保了交强险和机动车商业险，车辆使用性质为营业货车，商业险包括第三者责任险、车损险、自燃损失险及以上险种的不计免赔率险。保险期间为自2017年5月24日0时起至2018年5月23日24时止。2018年2月2日16时03分左右，某物流公司驾驶员符某驾驶的沪DL××××、皖JG×××挂行驶到苏州市某地二号厂门口对面，与案外人谭某驾驶的苏E××××发生交通事故，导致苏E××××车辆受损及苏E××××车上人员案外人郝某受伤。2018年9月21日，某物流公司、某财险上海分公司委托的保险公司及案外人郝某达成《道路交通事故三方调解协议》。2018 年 9 月 26 日，交警部门出具《道路交通事故认定书》，认定案外人谭某负事故主要责任，某物流公司负事故次要责任。2018 年 9 月 26 日，某物流公司赔付案外人谭某车辆修理费 31800 元，赔付案外人郝某医药费 10000 元。某物流公司诉至法院，请求判令：1. 某财险上海分公司赔偿原告三者车损损失 31800 元、三者医药费 10000 元，共计 41800 元；2. 请求诉讼费由某财险上海分公司承担。某财险上海分公司辩称，事故发生时某物流公司驾驶员符某无营运车辆驾驶员从业资格证，某财险上海分公司不应承担商业险的赔付责任。

【案件焦点】

驾驶员未取得道路运输从业资格证的情形是否构成危险程度显著增加，保险公司是否可以主张免赔。

【法院裁判要旨】

上海市浦东新区人民法院经审理认为：驾驶员未取得相关从业资格证，违反行政法规的强制性规定，不得从事运营车辆的驾驶工作。从保险标的危险程度的角度分析，某物流公司让不具备从业资格的驾驶员驾驶被保险车辆从事货运经营，显然会增加被保险车辆发生事故的概率，且无证据证明某物流公司已就此事实通知某财险上海分公司，故判决：

驳回某物流公司的全部诉讼请求。

后某物流公司不服一审判决，提起上诉。

上海金融法院经审理认为：案涉车辆驾驶员未具有从业资格证并不代表其失去驾驶车辆资格，且无证据证明某财险上海分公司对该条款履行了提示义务。同时，某财险上海分公司亦未提供证据证明在某物流公司驾驶员不具有营运车辆驾驶证的情况下显著增加了涉案车辆的危险程度。2019 年 8 月 29 日，上海金融法院作出终审判决：

一、撤销上海市浦东新区人民法院（2019）沪 0115 民初 3227 号民事判决；

二、某财险上海分公司应于判决生效之日起十日内赔偿某物流公司 31800 元。

【法官后语】

本案系关于驾驶员未取得道路运输从业资格证是否属于《中华人民共和国保险法》第五十二条规定的危险程度增加之情形，保险公司是否可以主张免赔的争议。

一、保险人是否应履行对驾驶人应具备相关证照的提示义务

对于认定保险人是否履行提示说明义务的前提在于认定《中华人民共和国道路运输条例》（以下简称《道路运输条例》）相关条款是否属于禁止性规定，进而结合案情对是否负有提示义务、如何分配举证责任等问题进行判断。具体而言即：第一，《道路运输条例》相关条款属于禁止性规定。禁止性规定是禁止当事人为一定行为的法律规定，行为人违反禁止性规定，应根据该规定的立法目的受到相应的行政处罚或者刑事处罚。根据《道路运输条例》第二十五条、第六十四条、第六十五条的规定，条文内容已对个人驾驶员取得相应资质和车辆配备营运证等问题作出了明确要求，并且对违反规定的行为作出了应当承担刑事责任或行政处罚的法律后果描述，并且上述内容通俗易懂，因此前述条款符合认定属于禁止性规定一

般意义上的判断标准。

第二，针对禁止性规定保险人仍应履行提示义务。结合《中华人民共和国保险法》第十七条第二款、《最高人民法院关于适用〈中华人民共和国保险法〉若干问题的解释（二）》（以下简称《保险法司法解释二》）第十一条的规定，保险人应“以足以引起投保人注意的文字、字体、符号或者其他明显标志作出提示”。而本案中，某财险上海分公司提供的商业险条款并未举证证明其已通过足以区别于其他保险条款的方式，对“许可证书或其他必备证书”等表述内容履行提示义务。

第三，本案中保险人未提供证据证明其已尽提示义务。本案中，首先，难以通过认定上诉人缴纳保费即代表对保险条款送达行为的确认，亦不能因此免除保险人向投保人送达保险条款的义务。其次，根据已查明的事实，在上诉人否认收到保险条款的情况下，被上诉人还自认保单背面并未印刷保险条款内容，则某财险上海分公司提供投保单以证明已经送达保险条款的证明目的无法实现，其无法提供证据证明其已向上诉人送达保险条款。另外，被上诉人还辩称上诉人系专业物流企业应当明知保险条款内容，但投保人的公司经营范围并不是免除被保险人向投保人送达保险条款责任的法定情形，因此该项辩称意见仍然依据不足，难以支持。

二、驾驶员未取得营运车辆从业资格证是否构成“危险程度显著增加”

《中华人民共和国保险法》第四十九条、第五十二条和《最高人民法院关于适用〈中华人民共和国保险法〉若干问题的解释（四）》（以下简称《保险法司法解释四》）第四条虽已对保险标的危险程度增加做了一些样态列举，但仍存在进一步明确的空间。该类条款需要依据个案事实，综合法学理论、司法原则和立法目的等因素予以具象，主要可从三个方面进行判断：

第一，显著性。本案中难以认定驾驶员未取得营运车辆从业资格证构成了保险标的危险程度显著增加，这是因为涉案车辆事故发生时的驾驶员符某具有准驾车型为A2的机动车驾驶证，且驾驶证上记载内容表明案涉两车检验均在有效期内。结合《保险法司法解释四》第四条第一款的规定，本案中保险标的的用途等因素均未变化，仅于第一款第五项保险标的使用人的资质问题上产生了争议，尚未满足显著性特征的全部要求。结合本案案情，本案中驾驶员未取得营运车辆从业资格证并不会实质性提高车辆运营的风险，从而并未显著提高保险风险，亦未打破承保风险和保费之间的平衡。

第二，持续性。就本案而言，《保险法司法解释四》第四条第一款第五项对保险标的使用人的限制旨在避免不具有相应车型驾驶资格和能力的人员驾驶车辆，侧重驾驶人的驾驶能力对于车辆行驶安全的影响。本案中，根据《道路交通事故认定书》的内容，公安机关并未因符某未取得营运车辆从业资格证而认为其丧失了驾驶能力。因此符某虽然在一段时间内处于没有营运车辆从业资格证的状态，但其不具有营运车辆从业资格证不等同于未取得驾驶资格，也不符合保险标的持续性地处于危险增加的条件。

第三，不可预见性。本案中法院根据某财险上海分公司出具的机动车保险单上“车辆信息”中“使用性质”载明涉案车辆系营业货车这项事实认定保险风险属于可预见风险，说明在订立保险合同时，某财险上海分公司对于涉案车辆属于营运性质系明知，并在核定保费过程中相应纳入该项考量，即以涉案车辆的约定使用用途为基础，将可预见的风险已纳入评估承保风险、计算费率中，因此保险人的承保行为已实现财产保险“射幸合同、分摊损失”的制度功能。

编写人：上海金融法院　周荃

121　公益保险投保人不当然享有保险合同任意解除权

——某保财险上海分公司诉骏某公司财产保险合同案

【案件基本信息】

1. 裁判书字号

上海金融法院（2020）沪74民终1162号民事判决书

2. 案由：财产保险合同纠纷

3. 当事人

原告（被上诉人）：某保财险上海分公司

被告（上诉人）：骏某公司

【基本案情】

骏某公司系上海市某地块项目开发商。2017年8月7日，该项目竣工验收。2017年10月30日，骏某公司向上海市嘉定区房管局缴纳该项目物业保修金6768143.16元。因2017年国务院有关部委取消了物业保修金，2018年7月30日，骏某公司收到嘉定区房管局退还的物业保修金（含利息）6809640.95元，嘉定区房管局建议骏某公司购买建筑工程质量潜在缺陷保险（以下简称IDI保险）。

2018年8月22日，骏某公司就该项目向某保财险上海分公司投保涉案IDI保险。涉案IDI保险投保单载明：某地块项目总保险金额为124230825元；总保险费为1304423.66元；缴费计划为一期支付等。涉案保险使用的是2012版《建筑工程质量潜在缺陷保险（上海地区）条款》（以下简称2012版保险条款）。第三十七条约定：本保险合同成立后，投保人可要求解除本保险合同。投保人要求解除本保险合同的，应当向保险人提出书面申请，保险人在收到投保人交纳物业保修金的书面证明之后，本保险合同自保险人收到书面申请时终止。

2018年9月18日，骏某公司向嘉定区房管局提交申请，载明骏某公司已按照要求购买某地块小区的《建筑工程质量潜在缺陷保险》等，申请解冻某地块物业保修金6459640.95元，并附随提交了涉案IDI保险单及保险条款。

投保后，骏某公司未按约支付保险费，经催款，骏某公司支付了50%保险费65万余元。对剩余保险费，骏某公司不愿支付，并提出解除保险合同。某保财险上海分公司催讨无果，诉至法院。

被告骏某公司认为，《中华人民共和国保险法》第十五条规定，除该法另有规定或保险合同另有约定外，保险合同成立后，投保人可以要求解除合同。涉案2012版保险条款第三十七条也有投保人可以解除合同的约定。至于约定解除合同的条件，投保人提交交纳物业保修金的书面证明，因物业保修金项目被取消，对该合同应作出不利于格式条款提供方的解释，该条件自动失效，投保人可以任意解除保险合同。虽然上海市于2019年出台《关于本市推进商品住宅和保障性住宅工程质量潜在缺陷保险的实施意见》(以下简称2019年《实施意见》)、《上海市住宅工程质量潜在缺陷保险实施细则》(以下简称2019年《实施细则》),规定了IDI保险合同不得解除。但涉案合同订立于2018年,不适用该实施意见。骏某公司解除保险合同后,仍会承担工程质量方面的保障义务,未损害业主的合法权益。

某保财险上海分公司则提出,IDI保险是政府为保障业主住宅质量公共利益而推出的保险,建筑开发商作为投保人,对其保险合同解除权必然有所限制。特别在取消物业保修金后,上海将投保IDI保险作为开发商取得建设用地土地出让条件之一,投保人解除保险合同不符合合同约定和公共利益。

【案件焦点】

骏某公司是否享有系争IDI保险合同的解除权。

【法院裁判要旨】

上海市虹口区人民法院经审理认为:某保财险上海分公司、骏某公司签订本案IDI保险合同合法有效,双方均应恪守。案件争议焦点为骏某公司是否有权解除保险合同。首先,保险条款第十九条约定的是投保时建筑工程尚未完工的情形,在完工后剩余保险费交清前该IDI保险合同不生效。而本案骏某公司投保时涉案建筑工程早已竣工,并不适用上述条款。其次,涉案保险条款第三十七条约定了投保人解除保险合同的条件,要求投保人提出书面申请、提供交纳物业保修金的书面证明。本案保险合同订立时,物业保修金已经取消,故第三十七条约定的内容无实际操作可能,该条款无法适用,骏某公司主张根据第三十七条约定解除合同的辩称意见,不予采纳。最后,IDI保险的性质较为特殊,被保险人虽然是建筑工程开发商，但实际保障的是广大小业主的权益，从上海市于2016年出台《关于本市推进商品住宅和保障性住宅工程质量潜在缺陷保险的实施意见》（以下简称2016年《实施意见》）、2019年《实施意见》的相关内容来看，市政府在商品住宅工程中大力推行IDI保险，并且在2019年《实施意见》中明确规定已经投保IDI保险的不得解除。虽然本案保险合同签订于2018年，但是从开发商骏某公司的社会责任、保障广大小业主权益等方面考虑，解除本案保险合同并不合适。综上所述，综合考虑本案保险合同约定和IDI保险性质的特殊性，骏某公司应当按照保险合同的约定履行支付保险费的义务，现某保财险上海分公司要求骏某公司支付剩余保险费，于法有据，法院予以支持。至于某保财险上海分公司主张的利息，骏某公司因要求解除合同而未支付剩余保险费，且在保险费付清之前某保财险上海分公司不承担保险责任，故某保财险上海分公司的该项诉讼请求缺乏事实和法律依据，法院不予支持。判决：

一、骏某公司于判决生效之日起十日内支付某保财险上海分公司保险费652211.83元；

二、驳回某保财险上海分公司的其余诉讼请求。

骏某公司不服一审判决，提起上诉。

上海金融法院经审理认为：上述争议焦点的关键在于对系争合同条款的解释，在以文义解释的方法无法直接确定该解除权条款含义的情况下，应采取整体解释、目的解释、习惯解释、诚实信用原则解释等合同解释方法共同确定约定内容的真实含义。

其一，从IDI保险性质看，该保险依据规范性文件设立，其合同的受益人和索赔权益人均为业主，带有较强的公益性质。因建设工程涉众面广，风险周期较长，给予开发商投保人任意合同解除权有所不当。

其二，从保险条款设定投保人的合同解除权目的看，2012 版保险条款拟定时物业保修金有效施行，单位缴纳物业保修金和投保 IDI 保险功能重复，因此格式条款赋予投保人缴纳物业保修金或投保 IDI 保险合同的选择权，具体体现在保险合同中的约定解除权条款。在其后推出的 2016 版 IDI 保险条款中，直接规定该保险合同不得解除。说明系争解除权条款设定的目的是物业保修金和投保二择一，并非任意解除权。

其三，从当事人真实意思表示看，骏某公司向嘉定区房管局申请解冻物业保修金时，书面确认已按要求购买保险并提交涉案保险单佐证，其对于以 IDI 保险的方式代替物业保修金的保障功能应属明知，对于获得退还的物业保修金需以投保 IDI 保险为前提的义务属性亦属明知。骏某公司在获取物业保修金后要求解除保险合同，拒付剩余保费，有违诚信原则。

其四，从规范性文件的约束看，2019 年《实施细则》对于签订于 2017 年 11 月 1 日以前，签订于 2017 年 11 月 1 日至 2019 年 3 月 13 日，以及签订于 2019 年 3 月 14 日后的 IDI 保险合同的保险范围分别进行了具体规定，说明 2019 年《实施细则》的效力应及于上述三时间段签订的保险合同。本案保险合同 2018 年 8 月签订，2019 年《实施意见》《实施细则》应予适用。

综上，在骏某公司已获取退回的物业保修金的情况下，应认定投保人不符合涉案 IDI 保险合同的解除条件，判决：

驳回上诉，维持原判。

【法官后语】

IDI保险，为建筑工程的主体结构提供长达十年的保险保障，通过第三方保险责任，落实了建筑开发商的保修义务，保障了业主居住安全的合法权益，也有利于分担政府建筑工程质量管理的压力。上海市将投保IDI保险作为开发地产的前提条件，提升了上海市商品房和保障性住房建筑工程质量的管理服务水平。本案系保险合同退保纠纷，涉案开发商是否有权解除IDI保险合同，关系到上海市商品房和保障性住房建筑工程的开发条件设定及相应规范性文件的执行，对于此类保险今后的发展和推进进程产生了较大影响，受到了保险业界及监管部门的关注。

建筑工程质量潜在缺陷是指由于工程建设期间的设计错误、原材料缺陷或施工工艺不善引起的建筑物缺陷所造成的建筑物漏水、裂缝、倾倒或倒塌的风险。该风险具有延时性，且存在责任主体无力承担的可能，因此往往会给建设方、开发方和消费者带来权益纠纷。① 2017年住房和城乡建设部印发了《关于开展工程质量安全提升行动试点工作的通知》，要求上海、江苏、浙江等9个地区试点工程质量保险，部分省市以地方政府规范性文件的形式对该保险开展半强制性推广。在“上海模式”的IDI保险合同中，由建设单位为投保人和被保险人，业主为受益人和索赔权益人属于较为典型的向第三人履行并由第三人受益的利他合同。现行保险法虽赋予投保人得以行使任意解除权的原则，但也规定了保险法另有规定或合同另有约定的除外。

---

① 龚保儿：《建筑工程质量潜在缺陷保险：亮点与困难同在》，载《建筑》2019年第12期。

基于现代社会必需的部分高风险行业的客观需求，又不可避免地涉及不特定第三者利益的保障，强制保险制度应运而生。2006年6月国务院发布了《国务院关于保险业改革发展的若干意见》，对强制保险提出了“市场运作、政策引导、政府推动、立法强制”的发展思路。IDI保险涉众面广，公益性质凸显。因该险种相对较新，目前还在地方试点中，国家虽尚未出台直接的法律或行政法规进行规制，但上海市依然通过地方规范性文件进行统一部署和推行，通过规范明确保险责任范围、保险期间、赔偿金额、索赔主体等，并建立专门平台进行统一登记和操作。本案纠纷的处理，与涉案IDI保险的开展和推行息息相关。也希望尽快出台更高位阶的规范性法律文件，以降低纠纷发生概率，进一步保障IDI保险的政策性、公益性保险属性的发挥。

编写人：上海金融法院　吴峻雪

122　共同保险中出单公司违法对外赔付的赔偿责任

——甲公司诉乙公司责任保险合同案

【案件基本信息】

1. 裁判书字号

上海金融法院（2020）沪74民终541号民事判决书

2. 案由：责任保险合同纠纷

3. 当事人

原告（上诉人）：甲公司

被告（被上诉人）：乙公司

【基本案情】

2014年2月18日，案外人职工度假公司所属机动车发生交通事故，造成三名乘客死亡，多人受伤。交警认定，公司所属司机负事故全部责任。事故车辆在被告处投保了承运人责任保险，共同保险人为原告（承保比例50%）、被告（承保比例25%）及案外人太平洋财险（承保比例25%）。根据甲公司、乙公司与太平洋财险签订的《共保协议书》：甲公司为主承保人，乙公司及太平洋财险为副承保人；出单公司（本案中即为被告）自然成为保单所载客运企业的保险理赔服务方，负责该企业的保险理赔、咨询等；对预计损失金额在10万元以上的赔案，由出单公司通知其他两方保险公司，并牵头与其他两方共同负责事故现场的勘查、检验、定损等理赔服务，出单公司应于结案后3个工作日内向被保险人支付保险赔款，其他两方应于出单公司赔付后3个工作日内按照共保承保比例支付保险赔款给出单公司。本案交通事故发生后，被告作为出单公司，将三名死者的保险金全额支付给了职工度假公司。原告则按照分摊比例，将其应承担的部分支付给了被告。但职工度假公司收到理赔款后未将其支付给三名死者家属。三名死者家属遂提起另案诉讼，要求原、被告及太平洋财险向其支付保险金，并得到了法院支持。原告为此又向死者家属支付保险金681342.40元。

原告支付上述款项后，遂提起本案诉讼，以被告违反《中华人民共和国保险法》规定对外赔付为由，要求其赔偿原告重复支出的保险金681342.40元。

【案件焦点】

1. 原告可否基于《共保协议书》要求被告进行赔偿；2. 被告是否存在违反《共保协议书》的违约行为，是否应承担赔偿责任。

【法院裁判要旨】

上海市静安区人民法院经审理认为：甲公司、乙公司等签订的《共保协议书》《四方协议》以及涉案的责任保险合同，系各方真实意思表示，合法有效。依协议，乙公司作为出单方对三方共保的责任保险事故进行理赔。审理中，甲公司明确本案请求权基础是乙公司在责任保险事故对外理赔中违反《中华人民共和国保险法》第六十五条第三款规定，致甲公司两次赔偿保险金，有重大过失。

《中华人民共和国保险法》第六十五条第三款规定，责任保险的被保险人给第三者造成损害，被保险人未向该第三者赔偿的，保险人不得向被保险人赔偿保险金。由此，违反该法律规定的保险人应继续赔偿第三者，对于保险人不当赔付给被保险人的保险金，应当由保险人向被保险人要求返还。涉案事故经多起诉讼，法院认定甲公司是责任保险合同的共同保险人，应按约定比例对外承担保险赔偿责任，故甲公司亦有权据此向被保险人要求返还。甲公司在诉讼中表示与被保险人无法律关系、不能主张返还，无依据，不予采信。至于乙公司基于共保协议的对外理赔如有违反法律规定或合同约定，甲公司可在向被保险人要求返还、损失确定后再行主张。综上，上海市静安区人民法院判决：

不支持甲公司的诉讼请求。

后甲公司不服一审判决，提起上诉。

上海金融法院经审理认为：甲公司、乙公司间存在两层法律关系。在对外关系上，甲公司、乙公司同为共保人，可基于各自承保比例，向职工度假公司主张返还不当得利（即预付的第三者保险金）。在对内关系上，被告为涉案保单的出单公司，在代表共保体对被保险人进行赔付时，与其他共保人之间为代理和被代理的关系。即，就其他共保人应赔付之保险金，由出单方作为代理人向被保险人支付。本案中，原告的诉请显然是基于对内关系，意在追究代理人在履行代理职责过程中未尽必要的注意义务，导致被代理人遭受损失的赔偿责任。此系原告自主行使诉权的行为，于法有据，故本案起诉无须以原告向职工度假公司主张返还保险金不能为前提。

《中华人民共和国保险法》第六十五条第三款规定，责任保险的被保险人给第三者造成损害，被保险人未向该第三者赔偿的，保险人不得向被保险人赔偿保险金。本案中，乙公司作为其他共保方的代理人，本应谨慎、勤勉、忠实地行使代理权，依法进行理赔。但其作为专业的保险机构，却违反保险法的上述规定，在被保险人尚未向三名死者家属作出赔偿时，就将甲公司应分摊的理赔款支付给了被保险人，导致甲公司就相同的保险事故进行了再次赔付，其行为显然违反了《共保协议书》的约定，应对甲公司承担赔偿责任。乙公司在承担损害赔偿责任后，在其赔偿范围内，可代位甲公司行使对职工度假公司的保险金返还请求权。关于乙公司提出的主承保人抗辩，甲公司虽为主承保人，但依约并不承担对外支付保险赔款的义务，而被保险人是否已向第三者赔偿损失，正是对外支付保险金时应当审查的内容，应由出单公司即乙公司完成，甲公司并不参与也无从知悉，故法院对乙公司的抗辩不予采信。综上，上海金融法院判决：

乙公司赔偿甲公司保险金 681342.40 元。

【法官后语】

共同保险简称共保，是保险业发展过程中自发形成的一种保险模式，一般出现于某项保险标的价值或金额过大，超出单个保险公司的财力承受范围，或保险金额超过保险法强制规定限额的情况，对于大型保险项目的风险分散起着重要作用。我国保险法未对共同保险作出明确规定，但共保在实践中广泛存在，例如，以“京惠宝”“沪惠宝”为代表的各地惠民保产品，采用的即为共同保险模式。共同保险中，通常由出单公司（即负责向投保人出具保单的保险公司）联合多家保险公司共同承保，签订共保协议，出单公司根据共保协议的约定向投保人出具保单、收取保费，并在保险事故发生时，代表共保体向被保险人进行理赔。同时，在各共保人内部，根据承保份额的多少，还有主承保人、副承保人之分，出单公司并不必然是主承保人，也可以是承保份额较少的副承保人。

司法实践中，以往的共保诉讼多由被保险人提起，要求各共保人赔偿保险金，仅涉及共保体的对外关系。而本案为出单公司违法对外理赔后，其他共保人要求其承担损害赔偿责任的纠纷，涉及共保体内部关系，在司法实务中较为少见，属新类型案件。本案判决在以下三个方面对同类案件具有重要参酌价值：(1) 首次明确了共保体内部追责的法律依据。共同保险中，多名保险人以经营共同事业（对某保险项目进行联合承保）为目的相互结合，在共保体内部形成类似于合伙的法律关系。经由共保协议的授权，出单公司在执行签订保险合同、定损、赔付等事务时，具有代理其他共保体成员的权能。该种授权通过保单后附的共保协议，也为投保人所知。基于上述授权，出单方在执行代理实务时兼具双重角色：就自己的承保部分，以本人的名义实施法律行为；就其余承保部分，则作为其他共保人的代理人实施法律行为，行为的法律效果直接由其他共保人承担。(2) 判决明确了基于共保协议授权的代理亦适用《中华人民共和国民法通则》第六十六条第二款（现《中华人民共和国民法典》第一百六十四条第一款）。出单公司作为代理人，依法应为其他共保人利益，在代理权限内，谨慎、勤勉、忠实地行使代理权，其注意义务应达到善良管理人的程度。如其未能适当履行代理职责，即应对由此给被代理人造成的损失承担赔偿责任。主承保人和副承保人的区分标准仅为承保份额的多少，与共保体对外代理权的授予和行使无关，出单公司不能仅以其并非主承保人为由主张免责。(3) 在出单公司违反保险法规定对被保险人进行不当赔付时，明确区分了共保体内部基于代理关系的追责，以及共保体各成员对外向被保险人要求不当得利返还的两层法律关系。支持了共保体成员要求追究出单方不当履行代理职责的损害赔偿请求，有利于督促出单公司善尽代理职责，推动共保模式更加健康有序地发展。

编写人：上海金融法院　童蕾

123　保险合同的提示、说明义务

——李某文等诉某保险公司梧州支公司人身保险合同案

【案件基本信息】

1. 裁判书字号

广西壮族自治区苍梧县人民法院（2019）桂 0421 民初 571 号民事判决书

2. 案由：人身保险合同纠纷

3. 当事人

原告：李某文、黄某珍、梁某念、李某聪、李某明

被告：某保险公司梧州支公司

【基本案情】

2018年2月28日，源某公司为包括李某辉在内的13名员工，在被告某保险公司梧州支公司投保“短期健康保险和意外伤害保险”团体险，保险期间自2018年3月1日起至2019年2月28日，职业范围为搬运工人，其中意外伤害身故和残疾保险金为10万元，源某公司支付了保险费2654元。《团体意外保险条款》约定：被保险人死亡后，保险金作为被保险人的遗产，由保险人依照《中华人民共和国继承法》的规定履行给付保险金；在保险期间内，被保险人遭受意外伤害事故，并自事故发生之日起180天内因该事故身故的，保险人按意外伤害保险金额给付身故保险金，对该被保险人的保险责任终止；被保险人在下列期间遭受伤害导致身故或伤残的，保险人不承担给付保险金的责任：被保险人醉酒或受毒品、管制药物的影响期间。免责条款的字体用黑色加粗字体进行标注。

2019年1月23日，李某辉搭乘李某生驾驶的普通二轮摩托车与谢某彪驾驶的轻型自卸货车在梧州市万秀区工业大道河口村路段发生交通事故，造成李某生当场死亡、李某辉抢救无效死亡。2019年1月23日，梧州市公安局交通警察支队对事故作出《道路交通事故认定书》，认定谢某彪、李某生承担同等责任，李某辉无责任。

事故发生后，五原告向被告提出索赔申请。2019年4月10日，被告作出《意外险及健康险理赔通知书》，认为李某辉为醉酒

期间搭乘他人摩托车出险导致身故，被告不承担给付意外身故保险金的义务。

另查明，李某文、黄某珍是李某辉的父亲、母亲，梁某念是李某辉的妻子，李某聪及李某明是李某辉的儿子，被保险人没有指定受益人。

再查明，被告没有提供证据证明向源某公司送达了保险条款及进行释明。

【案件焦点】

被告的免赔事由是否符合法律规定，免赔约定是否有效。

【法院裁判要旨】

广西壮族自治区苍梧县人民法院经审理认为：源某公司为李某辉等13名员工，在被告某保险公司梧州支公司处投保“短期健康保险和意外伤害保险”团体险并交纳了保险费，被告出具保险单，双方之间成立保险合同关系，源某公司是投保人、某保险公司梧州支公司是保险人、李某辉是被保险人。保险合同各方当事人应该按照合同的约定，全面履行各自的义务。本案中，由于被保险人李某辉已死亡，根据《中华人民共和国保险法》第四十二条之规定及合同约定，对保险金的请求权应由继承该项权利的人行使，故五原告李某文、黄某珍、梁某念、李某聪、李某明具有本案诉权，可以作为原告提起诉讼。

《中华人民共和国保险法》第十七条第二款规定：“对保险合同中免除保险人责任的条款，保险人在订立合同时应当在投保单、保险单或者其他保险凭证上作出足以引起投保人注意的提示，并对该条款的内容以书面或者口头形式向投保人作出明确说明；未作提示或者明确说明的，该条款不产生效力。”由此可见，保险人对于免责条款，负有提示和明确说明两项法定义务，只有保险人对免责条款尽到了提示及说明两项义务后，该条款才对投保人产生效力。本案中，原告提交的保险单对免除保险人责任条款无具体内容，虽然被告提交的《团体意外保险条款》约定了被保险人醉酒或受毒品、管制药物的影响期间，保险人不负责赔偿，并使用了加粗黑色的字体进行标注，但是《团体意外保险条款》是独立于保险单之外的条款，被告没有提供证据证实其已经将《团体意外保险条款》送交给投保人或被保险人，并向他们履行了提示说明义务，故对被告主张本案存在免责事由的辩解，法院不予采信。被告还主张，李某辉不是在履行工作职责时发生意外身故，被告不承担赔偿责任。经查，保险条款中对此并无约定，故被告该主张无事实及法律依据，法院不予采信。综上，被告不免除支付意外伤害身故保险金的赔偿责任，五原告要求被告支付保险金 10 万元的主张，合理合法，法院予以支持。广西壮族自治区苍梧县人民法院作出如下判决：

被告某保险公司梧州支公司应当支付保险金 100000 元给原告李某文、黄某珍、梁某念、李某聪、李某明。

判决后，双方当事人均未上诉，本判决现已生效。

【法官后语】

双方之间争议较大的是保险人对免责条款是否履行了提示说明义务，免责条款是否已经生效。根据《中华人民共和国保险法》第十七条第二款的规定：“对保险合同中免除保险人责任的条款，保险人在订立合同时应当在投保单、保险单或者其他保险凭证上作出足以引起投保人注意的提示，并对该条款的内容以书面或者口头形式向投保人作出明确说明；未作提示或者明确说明的，该条款不产生效力。”综合本案证据，笔者认为本案中某保险公司梧州支公司对免责事由未履行提示说明义务，免责条款未对被保险人发生法律效力。主要理由如下：

一、保险人对免除保险人责任的条款以加粗加黑的方式作出特别标示后，仍应履行提示、说明义务。李某辉醉酒搭乘他人驾驶的摩托车发生交通事故，后经抢救无效死亡。虽然某保险公司梧州支公司出具的《团体意外保险条款》，载明“醉酒期间，保险公司不负赔偿责任”，并使用了加粗黑色的字体进行标注。但保险人仍需提请投保人注意免责条款的内容，并对免责条款的含义进行解释、说明。如果提示义务只是流于形式，并未真正到达投保人而引起其注意，那么这种提示对投保人而言将形同虚设，不产生法律效力。

二、保险人对其履行了明确说明义务负举证责任。根据《最高人民法院关于适用〈中华人民共和国保险法〉若干问题的解释（二）》（2020年修正）第十三条第一款规定，保险人对其已经履行提示说明义务负举证证明责任。在本案中，《团体意外保险条款》是独立于保险单之外的条款，保险人没有提供证据证实其已经将《团体意外保险条款》送交给投保人或被保险人，并向投保人履行了提示说明义务，因此需要承担举证不能的不利后果。

三、李某辉不是车辆驾驶人，虽然李某辉是在醉酒的状态下搭乘他人驾驶的摩托车而发生交通事故，但事故的发生与他是否醉酒无直接的因果关系，故保险人某保险公司梧州支公司不能免责。

苍梧法院判决后，被告服从判决，没有提出上诉和申诉，主动履行义务。本案对于格式条款的裁判规则进行了演绎，对格式条款提供方的提示说明义务提出新的思路，并得到新修订法律的支持。

《中华人民共和国民法典》第四百九十六条第二款规定，提供格式条款的一方未履行提示或者说明义务，致使对方没有注意或者理解与其有重大利害关系的条款的，对方可以主张该条款不成为合同的内容。该规定是合同编通则的规定，适用于所有含格式条款的合同，必然在发挥格式条款节约交易成本、提高交易效率的同时，也规制和防范格式条款与契约自由背离，对契约正义造成冲击。

编写人：广西壮族自治区苍梧县人民法院　陈国新　李明晓

124　贷款保证保险合同中违约条款的效力

——某保险公司钦州分公司诉梁某涛保证保险合同案

【案件基本信息】

1. 裁判书字号

广西壮族自治区上思县人民法院（2019）桂0621民初1058号民事判决书

2. 案由：保证保险合同纠纷

3. 当事人

原告：某保险公司钦州分公司

被告：梁某涛

【基本案情】

2018年2月6日，梁某涛向某保险公司钦州分公司申请投保个人信用贷款保证保险，2018年2月10日，原告按照《保险条款》的约定签发了保险单。该保险单载明："投保人梁某涛；被保险人某银行钦州分行；贷款金额5万元；保险费信息：保险费

33809.40元，保险金额55291.18元，赔偿等待期80天，绝对免赔率0.00%，费率1.6986%（月），保费缴纳方式为每月按时缴纳，缴费日期为银行扣款之日，每月保险费939.15元，付费约定为投保人应按投保时约定，每月交付保险费；保险期间自个人贷款合同项下贷款发放之日起，至清偿全部贷款本息之日止；特别约定：(1) 保险人赔偿后，投保人需向保险人归还全部赔偿款项和未付保费，从保险人赔偿当日开始超过30天，投保人仍未向保险人归还全部款项，则视为投保人违约，投保人需以尚欠全部款项为基数，从保险人赔偿当日开始计算、按每日千分之一，向保险人缴纳违约金。(2) 保险人基于投保人违约而理赔后，保险人有权追回赔偿款项、违约金、理赔及催收产生的其他费用。”原、被告双方签字、盖章对该保险单予以确认。《保险条款》对保险责任、投保人义务、赔偿处理进行了详细约定。2018年2月13日，被告与某银行钦州分行签订一份《个人贷款合同》，约定被告向某银行钦州分行贷款5万元用于日常生活消费，贷款期限为36个月，同时还约定了贷款利率、罚息利率的计算方式。借款人未按时足额还款的，构成违约，贷款人有权宣布所有已贷出的贷款立即到期，并要求借款人立即偿还全部已贷出贷款本金、利息和其他应付款项，宣布行使或实现有关贷款的任何担保权利；贷款人向借款人发放本合同项下贷款的先决条件包括：借款人需根据贷款人要求到指定单位办妥与贷款担保有关的保险，并将某银行钦州分行作为保险受益人，且该保险在合同有效期内持续有效。2018年2月14日，某银行钦州分行将《个人贷款合同》约定的5万元贷款转入被告账户，贷款到期日为2021年2月14日。被告于

2018年3月14日、2018年4月18日偿还某银行钦州分行本息共计3073.44元。同时，根据保险单的约定，保险费于每月银行扣款之日同时缴纳，因此被告已于2018年3月14日、2018年4月18日缴纳2个月的保险费合计1878.30元（939.15元×2个月）。根据《个人贷款合同》和保险单的约定，下一期借款应付款日以及保险费缴纳日为2018年5月14日，但自此之后被告未再归还某银行钦州分行本息，亦未缴纳保险费。根据保险单的约定，赔款等待期为80天，因此2018年8月2日即为保险事故发生日。2018年8月2日，原告在保险金额范围内代被告偿还借款本息合计48459.98元。为此，某银行钦州分行向原告出具代偿债务与权益转让确认书，确认《个人贷款合同》内，投保人为梁某涛的保险单项下的代偿款48459.98元已收到。某银行钦州分行同意接受上述赔款，并同意于收到上述赔款的同时将其对借款人（投保人）追偿的全部权益转让给原告，以解决该保险单项下的全部索赔。

【案件焦点】

贷款保证保险合同中违约金赔付的依据及其效力。

【法院裁判要旨】

广西壮族自治区上思县人民法院经审理认为：被告向某银行钦州分行借款5万元并签订《个人贷款合同》，该合同为被告和某银行钦州分行自愿签订，属于合法有效的合同，因此被告与某银行钦州分行之间存在债权债务关系。被告为该借款5万元提供了保险单以及《保险条款》作为担保，该保险单以及《保险条款》系原、被告双方合意、自愿签订，其内容不违反法律、行政法规的强制性规定，属于有效的保险合同，双方应按照合同约定履行自己的义务。《中华人民共和国担保法》第二十一条规定："保证担保的范围包括主债权及利息、违约金、损害赔偿金和实现债权的费用。保证合同另有约定的，按照约定。当事人对保证担保的范围没有约定或者约定不明确的，保证人应当对全部债务承担责任。"本案中，《保险条款》约定了保证担保的范围为贷款合同中约定的贷款本金与按贷款合同生效日确定利率计算的贷款利息（含符合法律法规规定的罚息、复利）之和，并且不超过保险人承担赔偿责任的最高限额，即 55291.18 元。根据担保法第三十一条的规定"保证人承担保证责任后，有权向债务人追偿"以及《保险条款》第十九条和保险单的特别约定，保险人赔偿后，投保人需向保险人归还全部赔偿款项。由于被告未足额按期偿还某银行钦州分行借款，至保险事故发生日 2018 年 8 月 2 日仍未偿还，原告于该日在其保证担保的范围内按照保险单的约定已经承担了 48459.98 元的保证责任。但被告至今未履行保险单的约定向原告归还其代偿款项。故对原告要求被告偿还其代为支付的银行贷款 48459.98 元的诉讼请求，法院予以支持。

关于违约金的问题。保险单特别约定：（1）保险人赔偿后，投保人需向保险人归还全部赔偿款项和未付保费，从保险人赔偿当日开始超过 30 天，投保人仍未向保险人归还全部款项，则视为投保人违约，投保人需以尚欠全部款项为基数，从保险人赔偿当日开始计算、按每日千分之一，向保险人缴纳违约金。现原告自愿请求按照年利率 24%计算违约金，不违反法律规定。原告于 2018 年 8 月 2 日履行了赔偿义务，直至 30 天后即 2018 年 9 月 1 日，被告仍未归还所欠款项 48459.98 元，2018 年 9 月 2 日即为被告违约日，因此被告应支付原告的违约金应以 48459.98 元为基数，从 2018 年 9 月 2 日起算为：2018 年 9 月 2 日至 2019 年 7 月 1 日的违约金为 9654.82 元

(48459.98元×24%÷365天×303天)，2019年7月2日起至债务付清之日止的违约金应以尚欠款项为基数，按照年利率24%计算。故对原告要求被告支付2018年8月3日至2019年7月1日的违约金10725.81元的诉讼请求，法院予以部分支持；对原告要求被告按照年利率24%支付2019年7月2日至债务付清之日止的违约金的诉讼请求，法院予以支持。

关于保险费3443.55元的问题。被告已缴纳2个月的保险费合计1878.30元。被告本应于2018年5月14日支付第3个月的保险费939.15元，但其未支付，且自该日起至保险事故发生之日即2018年8月2日的80天内，被告仍未支付保险费。《保险条款》第十五条和保险单特别约定："（1）保险人赔偿后，投保人需向保险人归还全部赔偿款项和未付保费"，被告有义务缴纳保险事故发生之日之前的未付保险费。保险单约定每月保险费为939.15元，因此被告还应支付原告保险费3443.55元（939.15元+939.15元÷30天×80天），故对原告要求被告支付保险费3443.55元的诉讼请求，法院予以支持。

广西壮族自治区上思县人民法院依照《中华人民共和国合同法》第六十条、第一百零七条、第一百一十四条，《中华人民共和国担保法》第二十一条、第三十一条，《中华人民共和国民事诉讼法》第一百四十四条之规定，判决如下：

一、被告梁某涛偿还原告某保险公司钦州分公司代偿款48459.98元；

二、被告梁某涛支付原告某保险公司钦州分公司2018年9月2日至2019年7月1日的违约金9654.82元，自2019年7月2日至债务付清之日止的违约金以尚欠款项为基数，按照年利率24%计付；

三、被告梁某涛支付原告某保险公司钦州分公司保险费3443.55元；

四、驳回原告某保险公司钦州分公司的其他诉讼请求。

判决后，双方当事人均未上诉，本判决现已生效。

【法官后语】

保证保险合同兼具保证担保与保险双重特征，其涉及主体为投保人（借款人）、保险人、被保险人（贷款方），不同主体之间存在的法律关系并不相同。主要内容为投保人与被保险人之间存在借贷关系，保险人为该笔借贷的保证人，当投保人不履行还款义务，借款期限届满后，由保险人承担保证责任，保险人向被保险人理赔后，在理赔范围内有权向投保人追偿。

保证保险虽是保险人开办的一个险种，从本案各方当事人的履行情况来看，相当于保险人对债权人（被保险人即贷款方）的一种担保行为。在案件处理方面，主要参考民法典合同编以及《最高人民法院关于适用〈中华人民共和国民法典〉有关担保制度的解释》的相关法律规定。保证保险合同中的违约条款主要约定了两方面内容：一是关于投保人未如期归还被保险人贷款，保险人理赔后取得相应债权的约定，即保险人代位求偿权；二是关于投保人逾期未归还保险人理赔款项的约定，这种约定主要表现为保险人在实际向被保险人支付保险赔偿金之外，以利息、违约金、滞纳金、资金占用费等名义要求投保人承担额外的违约责任。前者为我国保险法第六十条规定的保险人代位求偿权，限定于保险人向被保险人赔偿的范围，即投保人与被保险人所签订的金融借款合同所约定的还款范围，一般包括本金、利息、违约金、律师费等被保险人（贷款方）为了实现债权所需要的一切必需费用。而保证保险合同中的违约条款涉及的主体是投保人和保险人，在保证保险合同中双方一般约定保险人向被保险人进行理赔后一段时间内，投保人未向保险人归还理赔款项的，视为违约并承担相应的违约责任。应区分代位求偿权中的违约费用和保证保险合同违约条款的不同性质。首先，二者产生的基础不同，前者中所产生的违约费用，系因投保人（借款人）对于金融借款合同的违约，后者则是投保人（借款人）对于保证保险合同的违约；其次，产生的时间节点不同，前者产生于保险人向被保险人理赔时，而后者产生于投保人（借款人）逾期不支付保险人根据代位求偿权取得的债权时；最后，受偿违约费用的主体不同，前者系被保险人（贷款方）因出借款项未能按时收回而遭受的损失，后者系保险人因支付的理赔款项未能收回而遭受的损失。由此可见，并不存在重复计算违约费用的问题。那对于投保人（借款人）来说，是否存在加重其义务的问题？如前所述，投保人（借款人）就两份不同的合同先后均产生了违约，违约费用的性质也不尽相同。若投保人（借款人）能够如约履行金融借款合同，则不会产生相应的违约费用以及保险人代偿之行为，即便因金融借款违约导致保险人代偿，但投保人（借款人）在一定的期限内，又未向保险人归还理赔款，则又产生了第二次违约。违约金，本身兼具补偿性与惩罚性双重性质，因此，投保人（借款人）违反合同诚实信用原则，不履行合同义务而造成违约，其应承担相应的违约责任，并不存在加重其负担的情形。

综上，保险法第六十条的规定为法定的保险人代位求偿权，而保证保险合同为投保人与保险人之间基于合意而签订的保证合同，所约定的违约条款也是基于平等民事主体之间自愿合意，未违反相关强制性法律规定，根据民法典第五百零二条之规定，应承认其效力。不能因为违约条款系约定于保证保险合同中，也不能因为违约条款中的违约金的计算方式往往以代位求偿权取得的债权金额为基数进行计算，而认为违约条款无效。

保证保险合同是典型的金融案件。金融案件审判，有其独特的价值取向。《全国人民代表大会常务委员会关于设立上海金融法院的决定》指出了关键，为推进国家金融战略实施，健全完善金融审判体系，营造良好金融法治环境，促进经济和金融健康发展，要发挥人民法院的职能作用，防控金融风险。结合现在我国目前的经济形势面临着国际、国内的各种新风险和挑战，为了更好地优化营商环境，金融司法不仅要维护个案的公平正义，还要注重维护整个金融市场的健康发展，保证金融市场的稳定秩序。故在审理金融案件时，需要综合考虑法律和金融两方面的因素，使裁判结果既要符合法律规定，又要符合金融行业的发展规律。从合法性的角度以及维护金融市场秩序、促进金融市场健康有序发展的角度来看，应认可贷款保证保险合同中违约条款的效力。在实际裁判中，对合同违约条款所约定的违约金计算方式或者违约金是否过高过低，按民法典合同编、《最高人民法院关于适用〈中华人民共和国民法典〉有关担保制度的解释》《最高人民法院关于进一步加强金融审判工作的若干意见》等相关法律规定来认定和调整。

编写人：广西壮族自治区上思县人民法院　唐雅婷

九、票据纠纷

125 汇票丢失后前手拒绝出具说明证明背书的连续性，持票人应尽其所能提供证据证明其为合法持票人

——甲机械厂诉乙银行宜兴支行票据付款请求权案

【案件基本信息】

1. 裁判书字号

江苏省宜兴市人民法院（2019）苏0282民初13020号民事判决书

2. 案由：票据付款请求权纠纷

3. 当事人

原告：甲机械厂

被告：乙银行宜兴支行

【基本案情】

2019年1月23日，出票人博莱特公司出具银行承兑汇票一张，金额10万元，汇票到期日为2019年7月23日，收款人海某公司，付款行为乙银行宜兴支行。根据粘单记载，汇票背书转让顺序依次为：海某公司、中某公司、上海某龙公司、宁波某龙公司。2019年6月6日，该汇票在前手邮寄给甲机械厂过程中丢失。

同年6月18日、6月20日，上海某龙公司、中某公司、宁波某龙公司出具证明各一份，载明中某公司将持有的案涉汇票背书转让给上海某龙公司，上海某龙公司将持有的案涉汇票背书转让给宁波某龙公司，宁波某龙公司于2019年6月5日将持有的案涉

汇票背书转让给甲机械厂。

同年6月24日，甲机械厂向乙银行宜兴支行申请挂失止付。同年7月26日，甲机械厂向乙银行宜兴支行提出付款请求。

同年8月28日，甲机械厂向法院申请对案涉汇票公示催告，法院以“申请人因不能提供合法取得票据的证明不符合公示催告条件”为由驳回申请。

庭审中，乙银行宜兴支行确认出票人已付款，票据款项尚未兑付。

诉讼中，甲机械厂向法院提交了10万元担保金。

【案件焦点】

汇票在邮寄过程中丢失，在前手拒绝出具背书转让证明证明票据背书的连续性时，现有证据是否足以认定甲机械厂为合法持票人。

【法院裁判要旨】

江苏省宜兴市人民法院经审理认为：以背书转让的汇票，背书应当连续，持票人以背书的连续，证明其汇票权利。失票人向人民法院提起诉讼的，除向人民法院说明曾经持有票据及丧失票据的情形外，还应当提供担保；担保的数额相当于票据载明的金额。同时认为，对负有举证证明责任的当事人提供的证据，人民法院经审查并结合相关事实，确信待证事实的存在具有高度可能性的，应当认定该事实存在。本案中，甲机械厂已尽其所能提供合法持票的证据，即便因海某公司拒绝出具背书转让证明无法证明票据背书的连续性，但其直接前手宁波某龙公司已提供证明，加之其提供的票据复印件、其他前手的背书转让证明等证据已形成证据链条，对于证明其为合法持票人，已经达到了高度盖然性的证明标准，足以认定甲机械厂为失票人，乙银行宜兴支行为票据付款人。现甲机械厂已按照法律规定履行了提示付款义务，涉案票据款项并未兑付，且甲机械厂自愿向法院提交了10万元担保金，加大了对甲机械厂的制约，由其取得票据利益，并无损害第三人利益的风险，故法院对甲机械厂的诉讼请求予以支持。但是，诉讼费用应当由甲机械厂自行负担。

江苏省宜兴市人民法院依照《中华人民共和国票据法》第三十一条、第五十三条，《最高人民法院关于审理票据纠纷案件若干问题的规定》第三十八条，《最高人民法院关于适用〈中华人民共和国民事诉讼法〉的解释》第一百零八条，《最高人民法院关于民事诉讼证据的若干规定》第六十三条、第七十三条之规定，作出如下判决：

乙银行宜兴支行于本判决发生法律效力之日起十日内支付甲机械厂票据金额10万元。

判决后，双方当事人均未上诉，本判决现已生效。

【法官后语】

商业承兑汇票是企业交易过程中重要的支付方式，因其具有手续方便、融资成本低、能够满足公司快速变现的需求等优点，备受企业青睐。因交易需要，现实生活中商业承兑汇票会采用邮寄的方式进行背书，那么汇票就有可能在邮寄过程中丢失。汇票丢失后，失票人可以通过挂失止付、公式催告、提起诉讼等途径进行救济，无论采取何种方式，首先要证明自身合法持票人的身份。此时，如果前手都愿意出具汇票转让说明来证明背书的连续性，那么合法持票人的身份毫无疑问得以证明。但是，如果前手不愿意出具说明，持票人如何通过证明背书的连续性进而证明其合法持票人的身份？

一、合法持票人的身份认定

《中华人民共和国票据法》规定，以背书转让的汇票，背书应当连续，持票人以背书的连续，证明其汇票权利。失票人向人民法院提起诉讼的，除向人民法院说明曾经持有票据及丧失票据的情形外，还应当提供担保；担保的数额相当于票据载明的金额。就本案而言，甲机械厂的汇票在前手邮寄给其时丢失，如果各前手愿意出具背书转让证明以证明背书的连续性，即可以认定甲机械厂为合法持票人。但是第一背书人拒绝出具背书转让证明，为此，甲机械厂尽其所能提供与汇票相关的一切证据，包括汇票的复印件，除第一背书人以外其他背书人的背书转让证明等证据，已形成完整的证据链，对于证明其为合法持票人，已经达到了高度盖然性的证明标准，可以据此认定其失票人的身份。

二、新旧法关于失票人提供担保的规定

需要说明的是，《最高人民法院关于审理票据纠纷案件若干问题的规定》（2020 年修正，2021 年 1 月 1 日施行）第三十七条规定"失票人向人民法院提起诉讼的，应向人民法院说明曾经持有票据及丧失票据的情形，人民法院应当根据案件的具体情况，决定当事人是否应当提供担保以及担保的数额"。该条对 2000 年《最高人民法院关于审理票据纠纷案件若干问题的规定》第三十八条①作了修改，将"失票人应当提供与票据金额相当的担保"修改为"由人民法院根据案件具体情况决定是否提供担保及担保金额"。本案中，失票人主动向法院提交 10 万元保证金，无论是当时的法律还是现行法律，

① 2000 年《最高人民法院关于审理票据纠纷案件若干问题的规定》第三十八条：失票人向人民法院提起诉讼的，除向人民法院说明曾经持有票据及丧失票据的情形外，还应当提供担保。担保的数额相当于票据载明的金额。

都是符合规定的。

三、企业使用汇票过程中的注意义务

因此，企业在使用商业承兑汇票过程中，能直接送去的应尽量采用当面交接的方式，如果实在因路程遥远、不方便等情况必须采用邮寄的方式，也应选择相对安全的快递公司，购买相应的保险；邮寄时一定要包装好，并且及时跟进投递情况，以避免汇票在邮寄过程中丢失。如果汇票还是在邮寄过程中丢失，应及时联系前手出具背书转让说明，如果前手拒绝出具，也应尽可能收集、固定证明自身为合法持票人的相关证据，以此避免因汇票丢失造成损失。

编写人：江苏省宜兴市人民法院　陆妍

126 因质押合同持有票据，能否行使票据付款请求权

——富某公司诉中南某公司票据付款请求权案

【案件基本信息】

1. 裁判书字号

江苏省江阴市人民法院（2019）苏0281民初15208号民事判决书

2. 案由：票据付款请求权纠纷

3. 当事人

原告：富某公司

被告：中南某公司

第三人：中某公司

【基本案情】

票据情况：票据号为2313302216738201801231××××××××的电子商业承兑汇票，出票日期为2018年1月23日，汇票到期日2018年7月21日，票据状态提示付款已拒付，票据金额1500万元，付款人名称中南某公司、收款人名称中某公司，中某公司将案涉票据背书给富某公司，背书日期2018年1月26日。富某公司提示付款拒绝签收，拒付理由商业承兑汇票承兑人账户余额不足，拒付日期2019年10月18日。

另查明：2018年1月9日，富某公司、中某公司签订编号借款合同一份，主要约定中某公司向富某公司借款1500万元，借款期限自2018年1月23日起至2018年7月21日止。同日，富某公司、中某公司签订质押合同一份，主要约定：中某公司为上述借款合同提供财产质押，质押为上述案涉汇票。同日，中某公司出具汇票背书转让确认函，确认根据上述质押合同中某公司已将案涉汇票质押给富某公司，为保障富某公司的权益以及便于还款操作，确认将上述案涉汇票直接背书转让给富某公司。

2018年1月23日，富某公司向中某公司发放贷款1500万元。因中某公司到期未足额还款，富某公司诉至深圳市福田区人民法院，福田区人民法院于2019年4月23日作出（2018）粤0304民初32023号民事判决书，判决：中某公司偿还上述借款合同项下贷款本金1410万元及相应利息、财产保全担保费13500元，陈少某、中南某公司承担连带清偿责任。

原告富某公司向法院提出诉讼请求：1. 判令中南某公司履行汇票支付义务，向富某公司支付1500万元及自2018年7月21日起至清偿日止按照中国人民银行规定的当期贷款基准利率计算的利息；2. 本案诉讼费、保全费由中南某公司承担。

被告中南某公司辩称：1. 富某公司取得票据并未给付对价，中南某公司签发票据是为中某公司向富某公司的贷款作担保，富某公司不能依法取得票据权利。2. 富某公司系恶意诉讼，富某公司的债权已在（2018）粤 0304 民初 32023 号民事判决书中确认，如本案支持富某公司的诉请，富某公司将获得不正当收益。

第三人中某公司认为中某公司因真实贸易取得票据，但富某公司与中某公司无真实往来，根据票据法的相关规定，富某公司不享有案涉票据的票据权利。

【案件焦点】

票据未记载质押字样，持票人因质押合同取得票据，且已通过诉讼方式实现主债权，能否另行行使票据付款请求权。

【法院裁判要旨】

江苏省江阴市人民法院经审理认为：本案审理过程中，富某公司明确其诉讼请求的法律依据为《中华人民共和国票据法》第二十六条、第五十四条，即以上述条款为依据，据此主张对涉案票据享有付款请求权，该项诉请缺乏相应的事实和法律依据，理由如下：第一，依据票据法相关规定，票据的转让和取得，应当遵循诚实信用的原则，具有真实的交易关系和债权债务关系，票据的取得必须给付对价。本案中，中某公司向富某公司借款，并签订质押合同将案涉票据背书转让给富某公司，而未依据票据法规定在票据上记载有关质押信息，富某公司现以最后持票人身份直接主张付款请求权与各方真实交易关系相悖。第二，因中某公司借款到期未还，富某公司已经诉至深圳市福田区人民法院，相应债权由法院生效文书确认，并进入执行阶段，富某公司无权另行以背书持票人身份单独行使票据付款请求权。第三，如富某公司的票据付款请求权主张成立，将直接导致富某公司形成不依附于借款合同的独立债权，进而使得富某公司同时享有对中某公司借款债权和对中南某公司的票据付款请求权，两项权利并存将产生富某公司出借款项后得到双重受偿的可能，损害相关主体合法权益和票据管理秩序。综上，富某公司提出的诉讼请求与现有票据法规定的票据付款请求权的相关规定不符，法院依法不予支持。

据此，江苏省江阴市人民法院依照《中华人民共和国票据法》第十条、《中华人民共和国民事诉讼法》第六十四条第一款之规定，法院判决如下：

驳回富某公司的全部诉讼请求。

判决后，双方当事人均未上诉，本判决现已生效。

【法官后语】

票据付款请求权是持票人享有的第一顺序权利，是指持票人向票据主债务人或其他付款义务人请求按票据上所记载的金额付款的权利，是依附于依法取得的票据本身而存在的权利。因票据具有无因性、文义性、流通性的特征，为了促进票据的流通顺畅同时保障交易主体的合法权益、维护社会经济秩序，票据法对票据活动进行了相应的规范。根据票据法的相关规定，票据的签发、取得和转让，应当遵循诚实信用的原则，具有真实的交易关系和债权债务关系，票据的取得必须给付对价，存在直接债权债务关系的票据当事人之间可以进行基础性关系抗辩。

本案的特殊之处在于富某公司不是基于真实的交易关系取得票据，而是因为与中某公司的借款关系，基于质押合同背书取得票据，又没有依据票据法规定记载相应的质押信息。中某公司逾期还款后，富某公司另案诉讼并申请执行，但均未涉及案涉票据。本案审理过程中，各方对票据的流转过程亦无异议，认可并未就案涉票据的转让给付相应对价。据此，富某公司以最后背书持票人身份直接主张付款请求权与各方真实交易关系相悖，故法院未认定其据此享有票据付款请求权。从情理而言，如果支持本案富某公司的诉请，则有可能造成富某公司得到双重受偿，这也是法院考虑驳回富某公司诉请的一个重要理由。当然，富某公司是否享有其他权利及救济途径非本案审理范围，富某公司可另行主张。

一般情况下的票据付款请求权的行使仅需通过形式审查，即由票据持有人提供真实有效的票据原件并对其合法取得票据加以证明后，付款义务人就应当支付相应的票据款。本案中，出票人提出了合理的抗辩，直接票据债务人亦确认不存在真实基础关系，法院将对票据付款请求权的审查标准提高到了实质审查程度，这是由于案涉票据的特殊情况导致，也是对票据法诚实信用原则的运用。因此还是需要提醒市场交易主体，票据的流转应当遵循票据法的相关规定，票据质押应记载质押字样，背书转让也应依法依规进行。

编写人：江苏省江阴市人民法院　陈艳红　谢冰谷

127 票据追索权“被拒绝付款”要件认定

——浙江某立公司诉武汉新楚某公司等票据案

【案件基本信息】

1. 裁判书字号

湖北省武汉市中级人民法院（2020）鄂01民终2054号民事判决书

2. 案由：票据纠纷

3. 当事人

原告（上诉人）：浙江某立公司

被告（被上诉人）：武汉新楚某公司、武汉鑫枨某公司、某臻贸易公司、武钢耐某公司

【基本案情】

2017年11月2日，某塔盛华公司作为出票人签发电子银行承兑汇票一张，票据号码为：130×××；出票日期：2017年11月2日；汇票到期日为2018年11月2日；收票人：北京某塔公司；票据金额：人民币壹佰万元整；承兑人：某塔财务公司；出票人承诺：本汇票请予以承兑，到期无条件付款；承兑人承兑：本汇票已经承兑，到期无条件付款；承兑日期：2017年11月2日；该电子银行承兑汇票可再转让。

后北京某塔公司将该汇票背书给某臻贸易公司，某臻贸易公司将该汇票背书给武汉鑫枨某公司，武汉鑫枨某公司将该汇票背书给武汉新楚某公司，武汉新楚某公司将该汇票背书给武钢耐某公司，武钢耐某公司将该汇票背书给浙江某立公司，其后浙江某立

公司将该汇票背书给其他公司，最后又由案外人某公司将该汇票背书给浙江某立公司。

2018 年 10 月 30 日，浙江某立公司通过电子商业汇票系统向某塔财务公司提示付款，截至 2019 年 5 月 17 日，案涉电子银行承兑汇票票据状态显示：提示付款待签收。2019 年 4 月 25 日，浙江某立公司向承兑人某塔财务公司发出《通知》，要求某塔财务公司限时付清款项及法律规定应承担的利息，2019 年 4 月 28 日，该快递显示为他人签收。

另查明，2018 年 11 月至 2019 年 1 月，某塔石化公司两次发出公告，主要载明：某塔财务发生票据未能如期兑付事件……某塔财务董事长孙培某等人涉嫌刑事犯罪被公安机关采取强制措施。某塔财务董事会和经营管理层将依法履行职责，在地方政府和监管部门的监督指导下，积极稳妥解决某塔财务到期票据兑付问题。

【案件焦点】

持票人在法定期限内提示付款后，付款人既不付款，亦未作出拒付应答或者出具拒付证明，使票据长期处于“提示付款待签收”状态，此时持票人行使追索权的条件是否成就。

【法院裁判要旨】

湖北省武汉市洪山区人民法院经审理认为：浙江某立公司行使追索权时，应当提供拒绝证明；不能取得拒绝证明的，应取得其他有关证明。浙江某立公司未能向一审法院提供拒绝证明、退票理由书或者其他合法证明，丧失对其前手的追索权。

湖北省武汉市洪山区人民法院根据《中华人民共和国票据法》

第六十二条、第六十三条、第六十五条,《最高人民法院关于审理票据纠纷案件若干问题的规定》第七十一条之规定,作出判决:

驳回浙江某立公司的诉讼请求。

浙江某立公司不服一审判决,提出上诉。湖北省武汉市中级人民法院经审理认为:自2018年10月30日浙江某立公司就案涉票据向某塔财务公司提示付款直至目前,案涉承兑汇票票据状态一直为提示付款待签收,浙江某立公司仍未收到相关款项。该事实证明案涉票据到期未能承兑已系客观事实,且足以说明某塔财务公司存在拒绝付款行为,导致案涉承兑汇票票据到期无法承兑。本案依据上述事实,适用《中华人民共和国票据法》第六十一条和第六十三条的规定,与立法本意并不相悖,符合法律规定。故上诉人浙江某立公司行使追索权的条件应视为已成就为宜,其有权行使追索权。

湖北省武汉市中级人民法院依照《中华人民共和国民事诉讼法》第一百七十条第一款第二项的规定,作出如下判决:

一、撤销湖北省武汉市洪山区人民法院(2019)鄂0111民初4933号民事判决;

二、武汉新楚某公司、武汉鑫枨某公司、某臻贸易公司、武钢耐某公司于本判决生效之日起十日内向浙江某立公司连带支付票据款项100万元;

三、武汉新楚某公司、武汉鑫枨某公司、某臻贸易公司、武钢耐某公司于本判决生效之日起十日内向浙江某立公司连带支付利息,利息以100万元为基数,自2018年11月2日起按照中国人民银行同期一年期流动资金贷款利率的标准计算至款项付清之日止。

【法官后语】

随着市场经济的快速发展，票据被愈加广泛地应用于各种商业活动之中，电子商业汇票也实现了跨越式发展。与此同时，票据纠纷类案件也衍生出不少新情况、新问题。尤其是在票据追索权纠纷案中，对于“被拒绝付款”标准的认定问题。以本案为典型，一审、二审法院对“被拒绝付款”标准的认识不同，由此导致对持票人能否行使追索权出现不同的认定结果。一审法院认为，浙江某立公司未能向一审法院提供拒绝证明、退票理由书或者其他合法证明，丧失对其前手的追索权。二审法院则认为，案涉票据到期未能承兑已系客观事实，且足以说明某塔财务公司存在拒绝付款行为，导致案涉承兑汇票票据到期无法承兑，浙江某立公司行使追索权的条件已成就。

对于“被拒绝付款”的标准认定，仍应回归到票据追索权行使的要件中来。《中华人民共和国票据法》（以下简称《票据法》）第六十一条第一款规定：“汇票到期被拒绝付款的，持票人可以对背书人、出票人以及汇票的其他债务人行使追索权。”《票据法》第六十二条第一款规定：“持票人行使追索权时，应当提供被拒绝承兑或者被拒绝付款的有关证明。”《票据法》第六十三条规定：“持票人因承兑人或者付款人死亡、逃匿或者其他原因，不能取得拒绝证明的，可以依法取得其他有关证明。”根据《最高人民法院关于审理票据纠纷案件若干问题的规定》（以下简称《票据纠纷司法解释》）第七十条第一款的规定，“其他有关证明”是指：人民法院出具的宣告承兑人、付款人失踪或者死亡的证明、法律文书；公安机关出具的承兑人、付款人逃匿或者下落不明的证明；医院或者有关单位出具的承兑人、付款人死亡的证明；公证机构出具的具有拒绝证明效力的文书。根据上述法律及司法解释的规定，到期票据追索权的行使需同时满足实质要件和形式要件，实质要件即票据被拒绝付款，形式要件即持票人应提供被拒绝承兑或拒绝付款的证明。“被拒绝付款”应当作广义上的理解，既包括付款人或承兑人“积极”的拒付，也包括付款人或承兑人“消极”的拒付，致使持票人在客观上已无可能或者很难实现付款请求权，即“视为拒付”的情形。《票据纠纷司法解释》第七十条第一款通过列举的方式明确了四种“视为拒付”的情形，而实践中尤其是在电子商业汇票迅速发展的情势下，出现了一些拒绝付款的新类型，也应当纳入“视为拒付”的情形中来。本案中，浙江某立公司于2018年10月30日通过电子商业汇票系统向某塔财务公司提示付款，直至法院作出裁判时（2020年），案涉承兑汇票票据状态仍为“提示付款待签收”，浙江某立公司未收到任何相关款项。汇票到期后，持票人提示付款，付款人必须在当日足额付款。案涉票据长期处于“提示付款待签收”状态，足以说明某塔财务公司存在“消极”的拒绝付款行为，导致案涉票据到期无法承兑。

我国经济结构调整压力较大，实体经济特别是中小微企业面临资金难题。票据作为与中小微企业联系最紧密的金融工具，对满足中小微企业融资需求发挥着重要作用。与此同时，票据追索权是中小微企业票据债权得以实现的重要保障，若仅根据《票据纠纷司法解释》第七十条的规定，判定持票人无法提供“被拒绝付款”的其他相关证明，显然不利于持票人票据权利的实现。综上，本案符合“视为拒付”的情形，应当认定行使追索权的条件已成就，持票人有权行使票据的追索权。

编写人：湖北省武汉市洪山区人民法院　李惠

128 状态显示为“提示付款待签收”的电子票据的追索期限应从法院认定票据义务人的行为构成拒付时起算

——沃美某公司诉华某公司、精某公司票据追索权案

【案件基本信息】

1. 裁判书字号

江苏省无锡市中级人民法院（2020）苏02民终4069号民事判决书

2. 案由：票据追索权纠纷

3. 当事人

原告（被上诉人）：沃美某公司

被告（上诉人）：华某公司

被告：精某公司

【基本案情】

票据号为130887109520120180508l××××××××的电子银行承兑汇票，票据金额为50万元，出票日期为2018年5月8日，到期日为2018年11月8日，出票人为某塔能源公司，承兑人为某塔财务公司，收款人为某塔集团公司。票面信息显示沃美某公司为最后持票人，票据状态为：提示付款待签收；承兑信息为：出票人承诺：本汇票请予以承兑，到期无条件付款；承兑人承兑：本汇票已经承兑，到期无条件付款。

背书情况：2018年5月8日，该票据由某塔集团公司背书给科贝某公司；5月14日，科贝某公司背书给骏某公司；同日，骏某公司背书给柏某公司；同日柏某公司背书给新疆华某公司；5月

25日，新疆华某公司背书给华某公司；6月8日，华某公司背书给精某公司；7月27日，精某公司背书给沃美某公司。

票据到期后，沃美某公司于2018年11月9日提示付款。

2019年5月6日、10月27日，沃美某公司分别向精某公司出具两份函件，主要内容为：沃美某公司因与精某公司的买卖合同关系，精某公司于2018年7月27日付给沃美某公司电子承兑一张。沃美某公司财务于2018年11月9日进行托收，但至今未能收到款项，只提示付款待签收状态，请精某公司协助处理该笔款项的托收付款，如果因此造成该笔资金不能付款到位，请精某公司负责支付该笔款项。

另，2018年7月10日，某塔财务公司发出公告一份，主要内容为：1. 凡持有某塔财务公司10万元（含）以下已到期尚未兑付票据客户，于本周内全部兑付。2. 凡持有某塔财务公司10万元至50万元（含）已到期尚未兑付票据客户，于7月16日至20日全部兑付。3. 其余投资机构将于本月23日至8月20日，进行统筹、沟通、协调、兑付完毕。在此期间已经到期及即将到期尚未兑付的票据，于下周一另行公告。

审理中，沃美某公司为证明其与精某公司存在买卖合同关系还提交了其向精某公司开具的增值税专用发票复印件。

【案件焦点】

电子票据的状态为“提示付款待签收”，票据义务人的行为是否构成拒绝付款；如果构成，票据追索期限应从何时开始计算。

【法院裁判要旨】

江苏省江阴市人民法院经审理认为：沃美某公司通过背书方式取

得电子银行承兑汇票，票据背书连续，沃美某公司系诉争票据的合法持有人，依法享有票据权利。《中华人民共和国票据法》第六十一条第一款规定，汇票到期被拒绝付款的，持票人可以对背书人、出票人以及汇票的其他债务人行使追索权。根据《电子商业汇票业务管理办法》的规定，持票人在提示付款期内被拒付的，可向所有前手拒付追索。本案中，沃美某公司在提示付款期内提示付款，但至沃美某公司向法院提起诉讼，案涉票据的状态仍为“提示付款待签收”，案涉票据的承兑人某塔财务公司既未拒绝付款亦未支付票据款，其已以实际行为拒绝付款，故沃美某公司作为票据权利人，依法享有追索权。沃美某公司有权向精某公司、华某公司行使追索权。关于华某公司提出的沃美某公司于2020年1月7日起诉已超过票据追索期限的抗辩意见，如前所述案涉票据的状态为“提示付款待签收”，其追索期应自法院认定承兑人某塔财务公司的行为构成拒绝付款开始起算，且沃美某公司在2019年5月6日、10月27日已将案涉票据的相关情况函告精某公司，故华某公司的抗辩意见，无事实和法律依据，依法不予采信。

综上，沃美某公司要求精某公司、华某公司支付票据款50万元及利息（自2018年11月9日起至2019年8月19日止按中国人民银行同期同档贷款基准利率计算，自2019年8月20日起至实际给付之日止按同期全国银行间同业拆借中心公布的贷款市场报价利率计算）的诉讼请求，于法有据，依法予以支持。

江苏省江阴市人民法院依照《中华人民共和国票据法》第五十三条、第五十四条、第六十一条、第六十六条、第七十条，《最高人民法院关于审理票据纠纷案件若干问题的规定》第二十二条之规定，作出如下判决：

精某公司、华某公司应于本判决发生法律效力之日起十日内向沃美某公司支付票据款50万元及利息（以50万元为基数自2018年11月9日起至2019年8月19日止按中国人民银行同期同档贷款基准利率计算，自2019年8月20日起至实际给付之日止按同期全国银行间同业拆借中心公布的贷款市场报价利率计算）。

华某公司不服一审判决，提出上诉。江苏省无锡市中级人民法院经审理认为：《中华人民共和国票据法》第六十二条第一款规定，持票人行使追索权时，应当提供被拒绝承兑或者被拒绝付款的有关证明。第六十五条进一步规定，持票人不能出示拒绝证明、退票理由书或者未按照规定期限提供其他合法证明的，丧失对其前手的追索权。在承兑人对提示付款不予回应，对拒付证明的出具也置之不理的情况下，持票人未取得拒付证明，将难以行使追索权。在此情况下，如从实质拒绝付款之日起算追索时效将架空持票人对前手的追索权。沃美某公司向案涉票据的承兑人某塔财务公司提示付款后，案涉票据的状态一直为“提示付款待签收”，该情形并不属于拒绝付款的情形。承兑人某塔财务公司发布的《公告》，形式上并不具有“拒付理由书”的法律效力，内容上也未体现拒绝付款的明确意思表示。而法律并未明确可以视为承兑人拒绝付款的情形，在案涉票据的状态一直为“提示付款待签收”的情形下，是否视为承兑人拒绝付款，应由法院审查后作出认定。故一审认定本案票据追索期限从法院认定承兑人某塔财务公司的行为构成拒付时起算，并无不当。

综上，华某公司的上诉请求无事实和法律依据，依法不予支持。一审判决认定事实清楚，适用法律正确，应予以维持。依据《中华人民共和国民事诉讼法》第一百七十条第一款第一项的规定，江苏省无锡市中级人民法院作出如下判决：

驳回上诉，维持原判。

【法官后语】

票据追索权是指票据到期不获付款、期前不获承兑或有其他法定原因时，持票人在依法履行了保全手续以后，向其前手请求偿还票据金额、利息及其他法定款项的一种票据权利。票据法规定，汇票到期被拒绝付款的，持票人可以对背书人、出票人以及汇票的其他债务人行使追索权；持票人行使追索权时，应当提供被拒绝承兑或者被拒绝付款的有关证明。

本案所涉票据为电子银行承兑汇票，是电子商业汇票的一种，其出票、承兑、背书、保证、提示付款和追索等业务，必须通过电子商业汇票系统办理，由票据当事人签发电子指令，相对方应及时签收或者驳回。案涉票据状态一直是“提示付款待签收”，这种状态能否认定为拒绝付款，在司法实践中存在两种观点：一种观点认为电子银行承兑汇票长期处于待处理的状态，应当视为拒绝付款；另一种观点认为该种状态不符合票据法上的拒付证明，持票人不享有对前手的追索权。笔者赞同第一种观点，理由如下：根据《中华人民共和国票据法》第六十二条第二款的规定，“持票人提示承兑或者提示付款被拒绝的，承兑人或者付款人必须出具拒绝证明，或者出具退票理由书。未出具拒绝证明或者退票理由书的，应当承担由此产生的民事责任”。从该条规定可以看出在持票人提示承兑或提示付款被拒绝的情况下，承兑人或付款人负有出具拒绝证明的义务。同时《电子商业汇票业务管理办法》第六十条第一款规定，“持票人在提示付款期内提示付款的，承兑人应在收到提示付款请求的当日至迟次日（遇法定休假日、大额支付系统非营业日、电子商业汇票系统非营业日顺延）付款或拒绝付款”，也就是说电子商业汇票的承兑人应及时签收付款或拒绝付款，如因为承兑人未有拒付行为而让持票人承担不利法律后果，不仅会助长承兑人的不法行为，对持票人不公；也会对票据的支付功能和流通秩序造成极大的破坏，不符合《中华人民共和国票据法》的立法精神和目的。由此可见，《中华人民共和国票据法》第六十一条规定的拒绝付款不仅包括付款人明确表示的拒绝付款行为，还应包括付款人行为上消极不履行付款的义务情形。

我国票据追索权的形式包括实质要件和形式要件两个方面。实质要件包括两个方面：其一，汇票持票人须为合法的持票人；其二，要有法律规定的可以引起追索权行使的客观原因的存在。而形式要件包括提示和作成拒绝证明。《中华人民共和国票据法》规定，持票人对前手的追索权，自被拒绝承兑或者被拒绝付款之日起六个月不行使而消灭。持票人提示承兑或提示付款，而未获承兑或未获付款时，是行使追索权的实质要件，在取得一定的形式要件后，追索权人就可以真正地行使追索权了，其时效期间就应该在这个时间开始起算。本案案涉票据的状态一直为“提示付款待签收”，在法律并未明确可以视为承兑人拒绝付款的情形下，如上文所述，该状态是否视为承兑人拒绝付款，应由法院审查后作出认定，只有在法院认定的情况下，持票人才能取得追索权的形式要件之一作成拒绝证明，故案涉票据的追索时效自法院认定承兑人某塔财务公司的行为构成拒绝付款时开始起算。另在承兑人对提示付款不予回应，对拒付证明的出具也置之不理，持票人未取得拒付证明，难以行使追索权的情况下，如从实质拒绝付款之日起算追索时效将架空持票人对前手的追索权，不利于对持票人合法权益的保护，也与票据法关于票据追索时效的立法初衷相违背。

编写人：江苏省江阴市人民法院　戈栋　刘晓成　谢冰谷

129 出票日期应为支票的必要记载事项，出票后授权补记出票日期的支票无效

——泓某公司诉慧科某公司、李金某票据追索权案

【案件基本信息】

1. 裁判书字号

北京市第一中级人民法院（2020）京01民终1718号民事判决书

2. 案由：票据追索权纠纷

3. 当事人

原告（被上诉人）：泓某公司

被告（上诉人）：慧科某公司

被告：李金某

【基本案情】

慧科某公司为李金某个人独资的一人有限责任公司。

泓某公司因与案外人隆某中心的合同关系于2019年8月1日取得慧科某公司作为出票人的转账支票（支票上有慧科某公司财务专用章及法定代表人李金某印章、金额为30万元）一张，泓某公司取得该支票时该支票出票日期、收款人均为空白，泓某公司在出票日期处填写2019年8月1日，在收款人处填上泓某公司名称。

隆某中心陈述其基于与慧科某公司的买卖合同关系于2017年左右从李金某处取得案涉支票，支票上有慧科某公司财务专用章及

法定代表人李金某印章、金额为30万元，出票日期、收款人均为空白。2019年8月1日，隆某中心将该支票转让给泓某公司。

2019年8月6日，泓某公司持案涉支票要求付款行甲银行门头沟支行营业部付款时被拒付，退票理由为久悬账户。

另，庭审中，慧科某公司、李金某未能提交二者财产独立的证据。

【案件焦点】

涉案票据是否为有效票据。

【法院裁判要旨】

北京市门头沟区人民法院经审理认为：本案争议的焦点有二，一是案涉票据是否有效；二是如慧科某公司应承担票据责任，李金某应否承担连带责任。

关于争议焦点一，根据诉辩双方意见，具体包括出票行为是否有效、是否存在背书不连续的情况、票据是否失效。

关于出票。《中华人民共和国票据法》第八十四条规定："支票必须记载下列事项：（一）表明'支票'的字样；（二）无条件支付的委托；（三）确定的金额；（四）付款人名称；（五）出票日期；（六）出票人签章。支票上未记载前款规定事项之一的，支票无效。"第八十六条第一款规定："支票上未记载收款人名称的，经出票人授权，可以补记。"票据为要式证券，将票据法所规定的必须记载事项记载完整的票据，即为有效票据。本案中，慧科某公司认可案涉票据系该公司开具且该公司并无票据丢失记录，根据查明的事实，慧科某公司将出票日期和收款人空白的支票交给案外人隆某中心，支票又未载明不得转让，应视为慧科某公司授权隆某中心或隆某中心的后手填写空白事项。本案中，案涉支票符合《中华人民共和国票据法》第八十四条有关支票必须记载事项的规定，故为有效票据。对于慧科某公司提交的证据，该院不予确认，对于该公司以案涉支票出票日期非该公司填写为由主张案涉支票非该公司出票的答辩意见，法院不予采纳。

关于背书。《中华人民共和国票据法》第三十条规定："汇票以背书转让或者以背书将一定的汇票权利授予他人行使时，必须记载被背书人名称。"第三十一条规定："以背书转让的汇票，背书应当连续。持票人以背书的连续，证明其汇票权利；非经背书转让，而以其他合法方式取得汇票的，依法举证，证明其汇票权利。前款所称背书连续，是指在票据转让中，转让汇票的背书人与受让汇票的被背书人在汇票上的签章依次前后衔接。"第九十三条规定："支票的背书、付款行为和追索权的行使，除本章规定外，适用本法第二章有关汇票的规定。支票的出票行为，除本章规定外，适用本法第二十四条、第二十六条关于汇票的规定。"票据既可以通过背书方式转让，也可以通过其他方式转让。本案中，隆某中心在取得票据后并未通过背书方式转让，故对于慧科某公司关于案涉票据背书不连续的答辩意见，法院不予采纳。

关于票据时效。《中华人民共和国票据法》第九十一条规定："支票的持票人应当自出票日起十日内提示付款；异地使用的支票，其提示付款的期限由中国人民银行另行规定。超过提示付款期限的，付款人可以不予付款；付款人不予付款的，出票人仍应当对持票人承担票据责任。"第九十三条规定："支票的背书、付款行为和追索权的行使，除本章规定外，适用本法第二章有关汇票的规定。支票的出票行为，除本章规定外，适用本法第二十四条、第二十六条关于汇票的规定。”第六十一条规定：“汇票到期被拒绝付款的，持票人可以对背书人、出票人以及汇票的其他债务人行使追索权。汇票到期日前，有下列情形之一的，持票人也可以行使追索权：（一）汇票被拒绝承兑的；（二）承兑人或者付款人死亡、逃匿的；（三）承兑人或者付款人被依法宣告破产的或者因违法被责令终止业务活动的。”本案中，案涉支票载明的出票日期为 2019 年 8 月 1 日，泓某公司在出票日起十日内要求付款行付款被拒绝，泓某公司享有对出票人慧科某公司的追索权。

《中华人民共和国票据法》第十七条规定：“票据权利在下列期限内不行使而消灭：（一）持票人对票据的出票人和承兑人的权利，自票据到期日起二年。见票即付的汇票、本票，自出票日起二年；（二）持票人对支票出票人的权利，自出票日起六个月；（三）持票人对前手的追索权，自被拒绝承兑或者被拒绝付款之日起六个月；（四）持票人对前手的再追索权，自清偿日或者被提起诉讼之日起三个月。票据的出票日、到期日由票据当事人依法确定。”本案中，关于出票日如前所述，应视为慧科某公司授权持票人填写，故应以支票上载明的日期即 2019 年 8 月 1 日为出票日，泓某公司并未丧失票据权利。

《中华人民共和国票据法》第七十条第一款规定：“持票人行使追索权，可以请求被追索人支付下列金额和费用：（一）被拒绝付款的汇票金额；（二）汇票金额自到期日或者提示付款日起至清偿日止，按照中国人民银行规定的利率计算的利息；（三）取得有关拒绝证明和发出通知书的费用。”故对于泓某公司要求慧科某公司支付票面金额 30 万元并自该公司被拒付之日起按年息 6% 支付利息的诉讼请求，法院予以支持。

关于争议焦点二，李金某应否对慧科某公司的上述票据责任承担连带责任。《中华人民共和国公司法》第六十三条规定“一人有限责任公司的股东不能证明公司财产独立于股东自己的财产的，应当对公司债务承担连带责任”。本案中，因慧科某公司为李金某个人独资的一人有限责任公司，慧科某公司、李金某未提交证据证明慧科某公司财产独立于李金某个人财产，故对于泓某公司要求李金某与慧科某公司承担连带责任的诉讼请求，法院予以支持。

北京市门头沟区人民法院依据《中华人民共和国票据法》第十七条、第三十条、第三十一条、第六十一条、第七十条第一款、第八十四条、第八十六条第一款、第九十一条、第九十三条，《中华人民共和国公司法》第六十三条之规定，判决：

一、慧科某公司于判决生效之日起七日内向泓某公司支付 30 万元及逾期利息（以 30 万元为本金，按照年息 6%的标准，自 2019 年 8 月 6 日起至实际付清之日止）；

二、李金某对慧科某公司的上述债务承担连带责任。

慧科某公司不服，提出上诉。北京市第一中级人民法院经审理认为：本案争议的焦点问题是涉案票据是否为有效票据。对此，法院认为，票据行为是法定要式行为，票据的制作格式和记载事项须严格遵守法律规定的形式才能产生票据法上的效力，否则票据效力会受到影响。根据《中华人民共和国票据法》第二十二条、第七十五条、第八十四条的规定可知，不论是汇票、本票还是支票，出票日期均为必要记载事项之一。缺少必要记载事项的，票据无效。对于支票而言，《中华人民共和国票据法》亦仅规定“金额”“收款人名称”可以由出票人授权补记，但并未对“出票日期”作此例外规定。本案中，泓某公司确认其取得涉案支票时该支票出票日期、收款人均为空白，其自行填写出票日期和收款人，故结合《中华人民共和国票据法》的相关规定，因“出票日期”并非出票人可授权、可补记事项，出票人出票时未填写出票日期的，应当认定票据无效，因此，法院认为，涉案支票为无效票据，泓某公司对慧科某公司不享有票据权利，其提出的诉讼请求因无法律依据，法院不予支持。

北京市第一中级人民法院综上认为，一审判决认定事实清楚，但适用法律错误，处理结果亦不正确，予以改判。依照《中华人民共和国票据法》第二十二条、第七十五条、第八十四条，《中华人民共和国民事诉讼法》第一百七十条第一款第二项之规定，判决如下：

一、撤销北京市门头沟区人民法院（2019）京 0109 民初 6938 号民事判决；

二、驳回泓某公司的全部诉讼请求。

【法官后语】

在众多中小企业涉诉的票据纠纷案件中，由于当事人缺乏规范交易的意识，不严格依票据法开展票据行为。同时，银行对出票日期等是否为出票人在交付票据时填写进行审查难以落实。就支票的功能而言，除支付功能外还有流通功能，填写完整出票日期的支票，使背书转让受到支票有效期的限制，故当事人往往也愿意收取出票日期留白的支票。现实中，支票的出票和转让并不规范，支票出票时出票日期留白的现象较为普遍，出票日期往往在请求银行付款前予以补记。对于授权补记出票日期的支票效力如何认定系本案核心争议焦点。

一、空白票据及其效力

票据的留白现象，实际上就是票据法理论上的空白票据问题。所谓空白票据，又称为空白授权票据，是指票据行为人仅在票据上签名，而将票据上其他应记载事项，全部或一部分授权给他人完成的票据。

关于空白票据的性质，学理上存在争论。有观点认为空白票据为无效票据，主要理由是空白票据欠缺绝对应记载事项；有观点认为空白票据为有效票据，主要理由是可在出票后授权补记。空白票据的存在实际上系票据实务过程中的利用技巧，如果承认空白票据为无效票据，则忽略了授权记载的事实；如果承认空白票据为有效票据，则忽略了票据的要式性。尽管空白票据的留白部分有的是故意为之，且依照规定可授权补记，依法补记完成后，票据即为有效票据。因此，空白票据的效力取决于是否补记以及补记是否合法。

二、出票日期留白票据无效的学理解析

第一，即期票据的付款到期日即为出票日。由于在我国支票是即期票据，出票后见票即付，故其付款到期日就是出票日，而付款到期日直接决定了可要求票据付款人履行票据债务的时间，亦系出票之意思表示的重要内容，明确出票日期对于明确出票之意思表示乃至成立出票之法律行为都有着极为重要的意义，故应在出票时填写完整；同时，由于我国的支票的主要功能在于支付，其系一种支付凭证，而非信用凭证，这就要求出票人在债务到期时其账户内具有足够资金，故出票人出票时填写出票日期有助于使出票人明确偿债日期，从而提醒其确保该时段账户资金充足，从而减少付款争议发生，使多数市场主体愿意以支票结清债务。

第二，出票日期决定着各类期间的起算点。比如，持票人对票据的出票人和承兑人的权利，自票据到期日起两年，见票即付的汇票、本票，自出票日起两年；持票人对支票出票人的权利，自出票日起六个月；见票后定期付款的汇票，持票人应当自出票日起一个月内向付款人提示承兑；见票即付的汇票，自出票日起一个月内向付款人提示付款；支票的持票人应当自出票日起十日内提示付款。

第三，出票日期系基础债务履行期限的约束起点。在当事人交付出票日期留白的支票的情况下，虽然该支票属于未完成支票，并不能随即发生完全的票据上的权利义务关系，但从当事人的意思表示判断，其开具支票的目的在于清偿基础法律关系中其所应付的债务，故一旦当事人自愿交付出票日期留白的支票，如无其他相反证据，其确认付款的意思仍然存在。不同于交付完全票据中当事人填写确定的支票出票日期且该日期晚于约定的基础债务到期日的情况，由于支票出票日期留白，此时的确认付款因没有确定的时间节点而系一种概括性的确认，即出票人确认持票人可在所填写的出票日期后的支票有效期内进行提示付款，其将依此进行付款以清偿基础债务，只要填写的出票日期不会导致其丧失基础债务的履行期限利益即可。再就支票收受方而言，除非有相反证据，其收受行为也应被界定为对于出票人上述意思的认可。故，通过出票日期留白的支票的交付与收受，关于清偿基础债务的二次合意在当事人间就发生了，并成为当事人间清偿基础债务的约束。随后，随着留白的出票日期被填写完毕，支票被提示付款，概括性的付款承诺也将具体化，即只要是持票人在出票日期后的支票有效期内提示付款的，该提示付款日即为基础债务到期日。

故而，出票日期不同于其他票据可记载事项或无意义记载事项，对确定票据权利时效期间具有重要的法律意义，对票据权利人的权利影响深远。不属于可以授权补记的事项范围。

三、出票日期留白问题法律解析

《中华人民共和国票据法》第八十五条、第八十六条规定，支票上的金额可以由出票人授权补记，未补记前的支票，不得使用；未记载收款人名称的，经出票人授权，可以补记。《最高人民法院关于审理票据纠纷案件若干问题的规定》第四十四条指出，空白授权票据的持票人行使票据权利时未对票据必须记载事项补充完全，因付款人或者代理付款人拒绝接收该票据而提起诉讼的，人民法院不予支持。上述均为我国关于票据留白问题的规定。而对于支票出票日期空白是否可由持票人补记问题，《中华人民共和国票据法》没有明确规定，第八十四条仅规定出票日期系支票的必须记载事项之一，未记载的，支票无效。依该条规定，出票日期为支票的绝对必要记载事项之一。

综上，根据票据要式性、出票日期的性质以及《中华人民共和国票据法》第二十二条、第七十五条、第八十四条的规定，不论是汇票、本票还是支票，出票日期均为必要记载事项之一。缺少必要记载事项的，票据无效。对于支票而言，虽然“支票金额”也是必要记载事项之一，但《中华人民共和国票据法》第八十五条规定了“支票金额”可以由出票人授权补记，但并未对“出票日期”作此例外规定。结合《中华人民共和国票据法》的规定，出票人出票时未填写出票日期的，应当认定票据无效，无效票据的持票人不享有票据权利。法院二审据此改判驳回泓某公司全部诉讼请求。

编写人：北京市第一中级人民法院　陈焱

130 穿透原则在票据纠纷类案件审判中的适用与限制

——甲公司诉乙公司、丙公司票据追索权案

【案件基本信息】

1. 裁判书字号

北京市第三中级人民法院（2020）京03民辖终154号民事裁定书

2. 案由：票据追索权纠纷

3. 当事人

原告（被上诉人）：甲公司

被告：乙公司

被告（上诉人）：丙公司

【基本案情】

2018年6月27日，出票人乙公司签发5902号承兑汇票，该承兑汇票收款人为喜某公司，金额为200万元，到期日为2019年6月27日。出票当日，乙公司作为承兑人签章，承诺该汇票已经承兑，到期无条件付款。后喜某公司作为背书人将该票背书转让给丙公司，丙公司将该票背书转让给广某公司，广某公司将该票背书转让给甲公司。2019年7月8日，甲公司在电子商业汇票系统中提示付款被拒。现该承兑汇票电子商业汇票系统中票据状态记载为“拒付追索待清偿”。

2016年12月14日，广某公司作为甲方向乙方中某全联公司购买混煤，双方签订《煤炭买卖合同》，该合同对货物品种规格、质量、交货方式、货款结算及双方权利义务等进行了约定。

2018年7月26日，广某公司与中某全联公司出具《对账确认函》，双方确认：截至2018年7月25日，中某全联公司欠付广某公司预付款及借款本金4708814.54元、中某全联公司承诺但尚未支付广某公司回报收益11053242.15元、中某全联公司借陈某启款但尚未支付利息283098.76元，中某全联公司合计欠付广某公司16045155.45元，中某全联公司承诺于2018年7月29日前支付广某公司787万元，则双方清账，中某全联公司以丙公司向广某公司支付欠款，丙公司自愿为中某全联公司担保，担保期限两年，担保人承担连带责任，担保范围包括但不限于中某全联公司的债务，以及诉讼造成的律师费、诉讼费等费用。丙公司作为担保人在该函件末处签章。

同日，丙公司出具《代为偿还货款承诺书》，上载：依据《对账确认函》，中某全联公司承诺于2018年7月29日支付广某公司787万元，则双方账务结清，现由于中某全联公司无力偿还欠款，丙公司作为中某全联公司的控股子公司，自愿为中某全联公司偿还欠款，并且提供担保，担保期限两年，担保人承担连带责任，担保范围包括但不限于中某全联公司的债务，以及诉讼造成的律师费、诉讼费等费用；丙公司已于2018年6月28日向广某公司背书转让乙公司出票的商业承兑汇票一张（涉案5902号承兑汇票）、票据金额200万元；贴现后金额296万元已偿还广某公司，剩余491万元，丙公司于2018年7月25日至29日向广某公司背书转让商业承兑汇票，丙公司同意背书转让给庄某公司的商业承兑汇票按年化率26%的利息予以贴现，贴现后的款项偿还中某全联公司欠付广某公司的货款，丙公司承诺不会对庄某公司的商业承兑汇票进行挂失支付等。承诺书下部手书文字“同意商业承兑汇票背书到庄某公司，张某华，2018年7月26日”。各方认可该文字系庄某公司负责人手书。

另查明，据甲公司提交的日期为2018年6月15日、其作为供方与需方广某公司签的《汽车买卖合同》，双方约定甲公司向广某公司出售“豪沃6×4自卸车”6辆，单价35.6万元，总金额213.6万元，结算方式为承兑汇票一次性结算，车到后需方验收后付清全部车款后方可提车等。

甲公司请求判令乙公司、丙公司连带支付5902号承兑汇票的票面金额200万元及利息。被告乙公司不同意甲公司的诉讼请求，辩称：甲公司证据不足以证明其与前手之间存在真实的贸易关系，5902号承兑汇票是甲公司通过贴现取得的，其非合法持票人，无权主张票据权利。被告丙公司辩称：甲公司无贴现的特许经营资质，其通过贴现方式以年化26%的贴现利率从前手处取得涉案汇票，不享有票据权利。

【案件焦点】

票据债务人丙公司提出的出票人与收款人之间的抗辩事由，能否对抗持票人的票据权利。

【法院裁判要旨】

北京市朝阳区人民法院经审理认为：甲公司就5902号承兑汇票提示付款时，该承兑汇票签章完整、票据法规定的必要记载事项齐全。本案争议焦点为，丙公司关于甲公司取得5902号承兑汇票的票据行为系属民间贴现行为的抗辩是否足以对抗甲公司作为持票人行使票据权利。

依据中国人民银行颁布的《贷款通则》，票据贴现系指贷款人以购买借款人未到期商业票据的方式发放的贷款。《商业汇票承兑、贴现与再贴现管理暂行办法》第二条第二款规定：本办法所称贴现系指商业汇票的持票人在汇票到期日前，为了取得资金贴付一定利息将票据权利转让给金融机构的票据行为，是金融机构向持票人融通资金的一种方式。《电子商业汇票业务管理办法》第四十二条第一款规定，贴现是指持票人在票据到期日前，将票据权利背书转让给金融机构，由其扣除一定利息后，将约定金额支付给持票人票据行为。根据前述规定，票据贴现业务为特许经营业务，可以进行票据贴现的主体为金融机构，未经许可的相关主体不能经营票据贴现业务。未经许可的主体从事票据贴现行为违反国家关于金融业务特许经营的强制性规定，危害了国家的金融管理秩序，应属无效。

本案中，丙公司出具的《代为偿还货款承诺书》明确5902号承兑汇票系丙公司向广某公司背书转让，同时，该票据的贴现款用于代为偿还中某全联公司欠付广某公司的货款。首先，结合各方提交证据，《代为偿还货款承诺书》中并未提及甲公司，甲公司另案起诉该承诺书中提及的其他承兑汇票被驳回起诉亦非系因贴现所致，而是涉及刑事犯罪，故丙公司仅凭其单方在承诺书中关于将5902号承兑汇票贴现后用于偿还广某公司货款的承诺，不足以证明广某公司将该票背书转让给甲公司就是用于获取贴现款。其次，依据我国票据法第十三条第一款的规定，票据债务人不得以自己与出票人或者与持票人的前手之间的抗辩事由，对抗持票人。尽管民间贴现行为在进行贴现的直接当事人之间无效，但根据票据法有关票据无因性的前述规定，贴现行为后的票据转让行为应当独立于在先转让票据行为的效力。票据的签发、取得和转让，应当遵循诚实信用的原则，依据真实的交易关系和债权债务关系。票据的取得，必须给付对价，即应当给付票据双方当事人认可的相对应的代价。现有证据表明甲公司系基于与广某公司的买卖合同关系、履行合同义务经背书受让5902号承兑汇票，应认定为该汇票的合法持票人。以背书转让的汇票，背书应当连续，持票人以背书的连续证明其汇票权利。涉案5902号承兑汇票背书连续，甲公司系该汇票的最后一手被背书人即持票人，依法享有票据权利。最后，票据具有文义性，以票据的外观记载认定票据行为效力有利于提高票据的流通效率，因此在丙公司无直接证据证明甲公司收取涉案承兑汇票系基于贴现，亦无充分证据表明甲公司与前手之间的贸易关系不真实的情况下，本着充分保护和发挥票据的支付和融通资金功能的原则，对丙公司的相关抗辩意见不予采信。

北京市朝阳区人民法院依照《中华人民共和国票据法》第十条、第十三条、第七十条之规定，判决如下：

被告乙公司、被告丙公司于本判决生效之日起十日内给付原告甲公司5902号商业承兑汇票票款200万元及利息（以200万元为基数，自2019年6月27日起至2019年8月19日止，按中国人民银行同期贷款利率计算；自2019年8月20日起至实际给付之日止，按全国银行间同业拆借中心公布的贷款市场报价利率计算）。

如果未按本判决指定的期间履行给付金钱义务，应当依照《中华人民共和国民事诉讼法》第二百五十三条之规定，加倍支付迟延履行期间的债务利息。

丙公司不服，向北京市第三中级人民法院提起上诉，北京市第三中级人民法院经审理认为：

驳回上诉，维持原裁定。

【法官后语】

票据具有融通资金的功能。银行等金融机构经营贴现业务的目的就是向企业提供资金，以发挥票据的融资功能。依据中国人民银行颁布的《商业汇票承兑、贴现与再贴现管理暂行办法》《电子商业汇票业务管理办法》等法规的规定，贴现需由金融机构严格按规定进行，行为主体具有限定性。票据贴现业务为特许经营业务，可以进行票据贴现的主体为金融机构，未经许可的相关主体不能经营票据贴现业务。其他非金融机构主体从事票据“民间贴现”行为违反国家关于金融业务特许经营的强制性规定，危害了国家的金融管理秩序，应属无效。为了进一步规范票据市场、保护合法持票人的权益，最高人民法院发布《全国法院民商事审判工作会议纪要》指出，票据贴现属于国家特许经营业务，合法持票人向不具有法定贴现资质的当事人进行“贴现”的，该行为应当认定无效，贴现款和票据应当相互返还。

我国票据法规定，持票人以背书的连续，证明其汇票权利。票据债务人不得以自己与出票人或者与持票人的前手之间的抗辩事由，对抗持票人。票据抗辩是法律赋予票据债务人的自我保护措施，允许其在特定条件下提出合法事由对票据权利人提出的请求予以拒绝，从而对票据权利人及票据债务人的利益进行衡平保护。本案中，票据债务人丙公司意图以己方系因非法贴现取得汇票，来对抗票据持票人（最后一手被背书人）甲公司的票据权利，将此事由作为否定己方承担票据责任的票据抗辩。但根据票据无因性原理，合法持票人向不具有贴现资质的主体进行“贴现”，其后手基于真实交易关系和债权债务关系进行背书转让，最后持票人为合法持票人。换言之，“民间贴现”行为在进行贴现的直接当事人之间无效，但贴现行为后的票据转让行为应当独立于在先转让票据行为的效力。即如果最后持票人系基于合法手段或者善意且支付了合理对价取得票据的，则应认定其是合法持票人。

本案中丙公司自称转让票据是为了以票据贴现款代其母公司偿债，但这只是其单方意图。一方面有证据证明广某公司取得汇票是基于真实的债权债务关系而不是贴现，另一方面广某公司对丙公司所述的“贴现”意图是否认同、其向后手转让票据的行为是否就是表示同意并按照丙公司的意图去换取贴现款，均无证据证实。票据的文义性、无因性是发挥票据流转功能的重要保障。作为票据连续背书记载的被背书人与持票人，甲公司已就取得票据的原因关系进行了合理解释与初步举证。如丙公司欲否定票据已记载的权利，则应就此承担举证证明的责任。但丙公司既无证明甲公司取得涉案承兑汇票系单纯贴现的直接证据，也无推翻甲公司与广某公司之间贸易关系真实性的相反证据，故其免责抗辩不能成立。

在审理票据纠纷案件时，应当正确理解票据行为无因性原则的立法目的，依法确认当事人之间的权利义务关系，以防范和化解票据融资市场风险，维护票据市场的交易安全。本案经分析论证双方证据，充分衡量连续背书所能证明的票据权利与否定原因关系的票据抗辩事由的判断标准，所得出的结果符合司法政策，肯定了票据的无因性，维护了票据的流通。对穿透原则在票据纠纷类案件审判中的适用与限制具有一定的示范性作用。

编写人：北京市朝阳区人民法院　李有光　杨成成

131 票据行为的无因性

——宋家某诉甲公司票据追索权案

【案件基本信息】

1. 裁判书字号

广西壮族自治区钦州市中级人民法院（2020）桂07民终1013号民事判决书

2. 案由：票据追索权纠纷

3. 当事人

原告（被上诉人）：宋家某

被告（上诉人）：甲公司

【基本案情】

2019年12月1日，甲公司向案外人李小某开具涉案现金支票支付双方的货款。该涉案现金支票号码为“063127××”，出票日期为2019年12月20日，付款行为乙银行，支票金额为200000元，出票人处加盖“甲公司财务专用章”及“庞某”的印章。同年12月6日，案外人李小某将该支票交付给宋家某支付两人之间的货款。2019年12月23日，宋家某持涉案现金支票向银行提示付款，银行以支票支付密码未填为由退票。随即，宋家某要求甲公司提供支付密码，甲公司以已经与案外人李小某结清了货款，该现金支票已经作废为由，拒绝向宋家某提供支票密码。尔后，宋家某向法院提起诉讼，行使票据追索权。

【案件焦点】

甲公司是否应按照所签发支票的金额向宋家某承担付款责任。

【法院裁判要旨】

广西壮族自治区浦北县人民法院经审理认为：依据《中华人民共和国票据法》第六十八条第一款、第二款“汇票的出票人、背书人、承兑人和保证人对持票人承担连带责任。持票人可以不按照汇票债务人的先后顺序，对其中任何一人、数人或者全体行使追索权”以及该法第九十三条第一款“支票的背书、付款行为和追索权的行使，除本章规定外，适用本法第二章有关汇票的规定”的规定，宋家某作为持票人，可以自由选择追索的对象行使追索权。甲公司作为出票人，宋家某向其行使票据追索权并不违反法律规定，甲公司为本案的适格当事人。甲公司以其与案外人李小某之间的买卖货款已经结清，不存在任何基础法律关系为由提出抗辩，但该辩称与本案审理的票据追索权纠纷案件所依据的票据法律关系没有关联性，故法院不予采纳。甲公司出具收款人、用途、密码为空白的现金支票，而上述事项并非支票的必要记载事项，出票人出具收款人、用途、密码空白的支票并交付流通，即视为授予持票人补充权，允许持票人进行补记。甲公司主张该现金支票并未记载出票日期，应由其对该主张承担举证责任，但本案中，甲公司并未能提供证据予以佐证，应承担举证不能的不利后果。所以，法院认为涉案现金支票形式完备，要素齐全、真实，应为有效票据。从支票的流转而言，案外人李小某取得案涉支票是基于其与甲公司之间的买卖合同，甲公司为支付案外人李小某的货款而交付的该支票。宋家某取得该支票是基于其案外人李小某的买卖合同关系，为此，宋家某提供的送货单、微信聊天记录形成完整的证据链，足以证明宋家某从案外人李小某处取得甲公司签发的现金支票，具有真实的票据基础关系，且已支付相应对价，依法应享有票据权利。甲公司应按照所签发支票的金额向宋家某承担付款责任。

广西壮族自治区浦北县人民法院依照《中华人民共和国票据法》第二条、第三条、第十条、第十三条、第六十一条、第六十八条、第八十一条、第八十四条、第八十六条、第八十九条、第九十三条，《中华人民共和国民事诉讼法》第六十四条，《最高人民法院关于适用〈中华人民共和国民事诉讼法〉的解释》第九十条的规定，作出如下判决：

甲公司向宋家某支付 200000 元。

上述金钱给付义务，义务人应于本案判决生效之日起十日内履行完毕，逾期则应依照《中华人民共和国民事诉讼法》第二百五十三条之规定，加倍支付迟延履行期间的债务利息。权利人可在本判决书确定的履行期限的最后一日起二年内，向法院申请执行。

甲公司不服一审判决，提起上诉。广西壮族自治区钦州市中级人民法院经审理后判决：

驳回上诉，维持原判。

【法官后语】

追索权，是指持票人享有的当票据到期不获付款、期前不获承兑或有其他法定原因时，在采取保全权利行为之后，能够请求前手或其他票据债务人偿还票据金额、利息和有关费用的票据权利。依据《中华人民共和国票据法》第三十一条的规定，签章合法、背书连续的汇票持票人享有票据法规定的票据权利，包括付款请求权和追索权。票据债务人如拒绝履行票据记载的债务，应当审查其抗辩是否符合《中华人民共和国票据法》第十二条“以欺诈、偷盗或者胁迫等手段取得票据的，或者明知有前列情形，出于恶意取得票据的，不得享有票据权利。持票人因重大过失取得不符合本法规定的票据的，也不得享有票据权利”之情形。《最高人民法院关于审理票据纠纷案件若干问题的规定》第八条规定，票据诉讼遵循“谁主张，谁举证”的举证责任分配规则。持票人提供了背书连续的汇票，持票人的举证即完成。票据债务人对持票人取得票据是否存在票据法第十二条规定的丧失票据权利的事由负有举证责任。本案中持票人(宋家某)在成为持票人之前实际持有票据并完成其前手的背书、并成为持票人之后在被告出具的现金支票上的收款人处填写其本人姓名，并不属于法律规定的丧失票据权利的情形，对此，抗辩拒绝履行票据义务的当事人应承担举证不能的责任。故持票人并不因上述票据行为不规范而丧失票据权利。

另外，票据出票人与收款人之间是否存在真实交易关系和对价一般不影响票据权利义务关系。票据具有流通性、无因性等属性，票据已经签发，票据法律关系即与其发生原因的基础法律关系相分离，故票据当事人之间是否存在真实交易关系和对价并不能成为拒绝履行票据债务的合法理由。

本案讼争的支票形式完备，要素齐全、真实，符合《中华人民共和国票据法》第八十四条的规定，应为有效票据。宋家某提供的证据，证明其所取得的由甲公司签发的现金支票，具有真实的票据基础关系，且已支付相应的对价，依法应享有票据权利，持票人向承兑人请求付款的，应遵期提示票据。在持票人提示票据请求付款，且合法拒付事由消灭的情形下，承兑人应承担给付票款的责任。承兑人不给付票款，应承担被追索的责任。故甲公司应按照所签发的支票金额向宋家某承担付款责任。

我国票据市场获得了快速发展，提高了商业信用票据化，丰富了票据市场工具，对便利市场主体间支付结算、拓宽企业融资渠道等发挥了积极作用。支票作为由出票人签发，委托办理支票存款的银行或者其他金融机构在见票时无条件支付确定的金额给收款人或者持票人的票据，是建立在商业信用以及金融机构保障基础上的金融信用支付工具，使用支票结算，应在丰富企业支付手段、缓解企业间货款拖欠、促进银行信用和企业商业信用之间实现有机结合。出票人应遵循《中华人民共和国票据法》规定履行应尽的义务，进而促进票据市场良好的信用机制的建设，增强社会信用意识，提高社会信用。

编写人：广西壮族自治区浦北县人民法院　舒青　梁世鹏

132 电子汇票期前提示付款到期日后未获兑付时持票人行使票据追索权的司法审查

——兴某公司诉屹某公司等票据追索权案

【案件基本信息】

1. 裁判书字号

江苏省无锡市中级人民法院（2020）苏02民终2473号民事判决书

2. 案由：票据追索权纠纷

3. 当事人

原告（被上诉人）：兴某公司

被告：屹某公司、无锡太某公司

被告（上诉人）：太某公司

【基本案情】

2018年4月20日，出票人某塔能源化工公司出具电子银行承兑汇票，金额100万元，到期日为2019年4月20日，收票人为某塔石化公司，承兑人为某塔财务公司。当日，承兑人承诺本汇票已经承兑，到期无条件付款。案涉汇票在电子商业汇票系统的背书人依次分别为上海妃某公司、太原市同某公司、四川谊恒某公司、屹某公司、无锡太某公司、太某公司、兴某公司。

兴某公司与前手太某公司之间签订有工矿产品采购合同，太某公司将案涉电子汇票背书转让给兴某公司以支付货款。

2019年4月18日，兴某公司在电子商业汇票系统中向承兑人某塔财务公司发起提示付款但未作应答，票据状态为“提示付款待签收”。

案涉电子汇票到期后，某塔财务公司未按照票面金额付款，兴某公司诉至法院，要求汇票的前手太某公司、无锡太某公司、屹某公司连带向其支付票据款100万元及利息。

【案件焦点】

兴某公司是否具备行使票据追索权的条件。

【法院裁判要旨】

江苏省无锡市新吴区人民法院经审理认为：《中华人民共和国票据法》第六十一条第一款、第六十二条第一款规定，汇票到期被拒绝付款的，持票人可以对背书人、出票人以及汇票的其他债务人行使追索权；持票人行使追索权时，应当提供被拒绝承兑或者被拒绝付款的有关证明。持票人行使票据追索权应当具备两个条件：一是在先行使票据付款请求权并遭拒绝，二是就被拒付证明。本案中，兴某公司行使案涉电子汇票的票据追索权具备两个条件，其诉讼请求应予支持。

一、兴某公司已经有效行使票据付款请求权并遭到拒绝。第一，兴某公司于票据到期日前在电子商业汇票系统中向承兑人某塔财务公司提示付款的行为具有提示付款期内提示付款的法律效果，兴某公司已经有效行使票据付款请求权。《电子商业汇票业务管理办法》第五十九条规定，持票人在票据到期日前提示付款的，承兑人可付款或拒绝付款，或于到期日付款。承兑人拒绝付款或未予应答的，持票人可待票据到期后再次提示付款。根据文义解释理解，持票人在票据到期日前提示付款是持票人的权利，而承兑人对票据项下的付款义务享有期限利益，即票据到期日后付款，故承兑人可选择付款、拒绝付款或者到期日付款；如果持票人未在到期日获得付款，持票人有权在票据提示付款期内再次向承兑人提示付款，进而提醒和督促承兑人付款，但这是对持票人权利而非义务的规定。结合电子商业汇票系统的实践操作可知，承兑人在票据到期日前提示付款后，案涉电子汇票处于“提示付款待签收”状态，该状态在电子商业汇票系统中具有持续性，虽然持票人提示付款的行为在票据到期日前已经发出，但是该状态延续至票据到期日之后，即持票人期前提示付款的行为具有票据到期日起10日提示付款期内提示付款的法律效果。第二，兴某公司期前提示付款的“提示付款待签收”状态延续至票据到期日，承兑人应当按照电子汇票的票面承诺内容履行承兑人在票据到期日见票付款的义务，但是承兑人某塔财务公司并未在票据到期日付款，承兑人以其未付款的行为表明拒绝支付票据款，即兴某公司行使票据付款请求权被拒绝。

二、电子商业汇票系统中持票人“提示付款待签收”的状态能够证明持票人行使票据付款请求权遭到拒绝的信息。我国票据法规定持票人行使票据追索权应当提供拒绝证明，其目的在于引导和约束持票人遵守票据法规定的行权顺序，即先行使票据付款请求权，后行使票据追索权，进而最大限度发挥票据的流通和支付功能。在电子票据系统中，如果承兑人对持票人的提示付款请求不予应答，客观上持票人也将无法取得拒绝证明，但是持票人在向前手发起追索请求时，前手能够了解到票据上的出票、背书、到期日、提示付款等信息。此时电子汇票系统中关于票据所载的信息具有与拒绝证明相同的证明力，能够证明持票人兴某公司在先行使票据付款请求权失败之后才向前手行使票据追索权的事实，并未损害各前手作为被追索人享有的抗辩权。

综上，江苏省无锡市新吴区人民法院依照《中华人民共和国票据法》的相关规定，判决如下：

屹某公司、无锡太某公司、太某公司于判决生效之日起立即连带给付兴某公司汇票款100万元及利息。

太某公司不服一审判决，提起上诉。江苏省无锡市中级人民法院经审理认为，太某公司的上诉请求不能成立，判决如下：

驳回上诉，维持原判。

【法官后语】

票据是市场交易的重要支付手段，自从中国人民银行将电子商业汇票系统建成并正式投入使用以来，纸质票据的使用越来越少，电子票据已经成为票据交易的主要载体，但是因为《中华人民共和国票据法》及原《最高人民法院关于审理票据纠纷案件若干问题的规定》[①] 均制定于此之前，其中对于电子票据的票据行为规定较少，导致实务中关于电子票据交易产生了大量纠纷。票据追索权是持票人主张票据权利的重要形式，而电子票据持票人行使票据追索权通常涉及两个问题：一是电子汇票期前提示付款是否具有提示付款的效力，二是行使票据付款请求权遭拒后证明文件的提供。这两个问题既是此类纠纷中当事人争议的焦点问题，亦是困扰司法审判实践的难点问题。

第一，关于电子汇票持票人期前提示付款是否具有提示付款期内提示付款效力的司法审查。从相关规定的文义看，《电子商业汇票业务管理办法》第五十九条规定："持票人在票据到期日前提示付款的，承兑人可付款或拒绝付款，或于到期日付款。承兑人拒绝付款或未予应答的，持票人可待票据到期后再次提示付款。"电子汇票的承兑人在票据到期日前享有期限利益，如持票人在票据到期日前在电子票据系统中提示付款，承兑人有三个选择：可付款、拒绝付款或者于到期日付款。由此可知，不论是从电子汇票系统的功能设置来看，还是从相关规定赋予承兑人针对期前提示付款的应对选择来看，持票人均有权选择期前提示付款，只是为保障承兑人在票据到期日付款的期限利益，《电子商业汇票业务管理办法》赋予了承兑人可付款、拒绝付款或者于到期日付款的选择。从电子汇票系统的操

---

① 自2021年1月1日起施行的《最高人民法院关于修改〈最高人民法院关于破产企业国有划拨土地使用权应否列入破产财产等问题的批复〉等二十九件商事类司法解释的决定》（法释〔2020〕18号）修正，修正后的《最高人民法院关于审理票据纠纷案件若干问题的规定》对于电子汇票的相关规则亦未作出规定。司法实践中，关于电子汇票的审理规则较多参照中国人民银行2009年10月16日颁布施行的《电子商业汇票业务管理办法》。

作实务看，持票人在电子汇票系统发起提示付款指令后，承兑人不予应答时，该提示付款指令在电子汇票系统中将持续处于“提示付款待签收”的状态，且“提示付款待签收”的状态从提示付款期前一直延续至票据到期日起10日内的提示付款期，承兑人在电子票据系统能够看到持票人对电子汇票发起的提示付款请求，但是承兑人未在票据到期日付款即表明拒绝付款。因此，综合相关规定的文义及电子票据系统的操作实践看，持票人在票据到期日前提示付款的行为具有提示付款期内提示付款的法律效果，如承兑人在到期日没有按照票面承诺兑付票据款，则视为拒绝持票人的票据付款请求权。

第二，关于电子汇票系统中持票人票据付款请求权遭到拒绝后证明文件提供的问题。我国票据法对持票人享有的票据付款请求权和票据追索权两项票据权利的行权顺序有明文规定，持票人在行使票据追索权之前必须先行使票据付款请求权，只有票据付款请求权遭到拒绝后，持票人才有权向各前手行使票据追索权。为证明持票人已经行使票据付款请求权，持票人在向前手行使票据追索权时应当提供承兑人拒绝付款的证明文件；与此配套的制度设置为《中华人民共和国票据法》第六十二条第二款规定，持票人提示付款被拒绝的，承兑人或者付款人必须出具拒绝证明。但是在电子汇票系统中，持票人发起提示付款指令后承兑人不予应答时，持票人客观上无法取得证明文件，此时再苛责持票人提供拒绝付款的证明文件，实属强人所难。与此同时，持票人向承兑人发起提示付款的指令后，电子汇票所处的“提示付款待签收”及超过票据到期日未获得兑付等票据信息，在电子汇票系统中能够被各相关票据当事人所查看并知晓，具有与拒绝付款的证明文件相同的证明力。

编写人：江苏省无锡市中级人民法院　陈迪金

133 电子商业汇票持票人期前提示付款、承兑人期内以账户余额不足拒付的，持票人有权向背书人行使票据追索权

——忆某公司诉感某公司票据追索权案

【案件基本信息】

1. 裁判书字号

上海金融法院（2020）沪74民终107号民事判决书

2. 案由：票据追索权纠纷

3. 当事人

原告（被上诉人）：忆某公司

被告（上诉人）：感某公司

【基本案情】

2018年3月20日，案外人北某公司开具一张电子商业承兑汇票，票据金额为370000元，到期日为2018年9月20日，承兑人为北某公司，收款人为幻某公司。同日，上述汇票经收款人幻某公司背书给感某公司。嗣后，上述汇票再经连续背书给忆某公司（最后一次背书日期为2018年9月10日）。忆某公司的企业网上银行系统，除显示案涉汇票基本信息和流转信息之外，另显示忆某公司于2018年9月19日提示付款，案涉票据状态“提示付款已拒付”。2018年9月26日，忆某公司向感某公司发出《票据拒付通知书》，载明因提示付款被拒付，故向感某公司行使票据追索权，要求感某公司支付票据金额370000元以及相应利息。次日，

感某公司收到上述通知。法院根据忆某公司申请，向上交所调取了案涉汇票的基本信息、流转信息、提示付款信息、拒付信息等。上述信息显示：2018年9月19日，忆某公司向承兑人北某公司发出提示付款申请；同月26日，承兑人北某公司拒绝签收，拒付理由为“商业承兑汇票承兑人账户余额不足”。忆某公司诉至法院，请求感某公司支付票据款370000元以及相应利息。

【案件焦点】

持票人忆某公司能否向背书人感某公司行使票据追索权。

【法院裁判要旨】

上海市浦东新区人民法院经审理认为：案涉电子商业承兑汇票为有效票据。忆某公司经连续背书取得案涉汇票而成为最后持票人，其在汇票到期日的前一日提示付款，承兑人北某公司在汇票到期日后提示付款期间内、以“承兑人账户余额不足”为由拒绝付款。根据《中华人民共和国票据法》第六十一条第一款之规定，忆某公司有权对背书人之一即感某公司行使追索权。原告在被拒绝付款后次日即对被告行使追索权，仍在追索权时效内，故忆某公司票据权利并未消灭。

上海市浦东新区人民法院依照《中华人民共和国票据法》第六十一条第一款、第七十条第一款第一项和第二项，《最高人民法院关于审理票据纠纷案件若干问题的规定》第二十二条，《中华人民共和国民事诉讼法》第六十七条第一款和第二款之规定，作出如下判决：

一、感某公司支付忆某公司票据款370000元；

二、感某公司支付忆某公司以370000元为基数、自2018年9月

20日起至清偿日止、按照中国人民银行规定的企业同期流动资金贷款利率计算的利息；

三、驳回忆某公司其余诉讼请求。

感某公司不服一审判决，提起上诉。上海金融法院经审理认为：虽然忆某公司在汇票到期前一日提示付款，但承兑人在提示付款期限内以“承兑人账户余额不足”为由进行拒付，致使持票人的付款请求权难以实现，故忆某公司具备行使票据追索权的实质要件，而一审法院结合本案已查明事实认定忆某公司已进行提示付款操作后被拒绝付款，与法不悖，说明忆某公司亦具备了行使票据追索权的形式要件，故忆某公司有权行使票据追索权。关于到期日10日内提示付款的规定，属于对提示付款方式的规定，仅对提示付款行为的结果产生影响，不属于行使票据追索权的法定要件，故感某公司该项上诉理由缺乏法律依据，难以支持。

上海金融法院依照《中华人民共和国民事诉讼法》第一百七十七条第一款第一项、第一百七十五条之规定，判决如下：

驳回上诉，维持原判。

【法官后语】

在电子商业汇票系统中，期前提示付款后“提示付款拒付”或者“提示付款代签收”等未被兑付的状态较为常见。本案即为由此引发的持票人向背书人行使票据追索权案件。

根据我国票据法的相关规定，票据追索权的行使要件包括实质要件（即持票人的付款请求权得不到实现）以及形式要件（即持票人应当提供被拒绝承兑或被拒绝付款的有关证明）。本案承兑人在提示付款期内账户余额不足而拒绝签收，虽然承兑人未出具拒绝证明，或者出具退票理由书，但是根据《电子商业汇票业务管理办法》第六十条第三款第二项之规定，承兑人账户余额不足则视同承兑人拒绝付款。由此，持票人行使的实质要件和形式要件都已具备。但与我国票据法所规定的承兑人对期内提示付款和逾期提示付款的拒付不同，本案承兑人拒付所针对的是持票人在期前所作出的提示付款。背书人感某公司也因此提出期前提示付款不符合票据文义性，而拒绝支付。上述抗辩的实质为持票人期前提示付款的效力是否延伸于提示付款期。如果效力可以延伸，期前提示付款等同于期内提示付款，持票人可向其所有前手行使完整的追索权。如果效力不可以延伸，持票人期前提示付款后未在期内提示付款，应视为未按期提示付款，持票人仅能向出票人、承兑人或者付款人行使不完整的追索权。

对于期前提示付款效力能否延伸的问题，司法审判中存在两种截然不同的判定。争议的来源之一是对《电子商业汇票业务管理办法》第五十九条作出不同的解释。《电子商业汇票业务管理办法》第五十九条规定："持票人在票据到期日前提示付款的，承兑人可付款或拒绝付款，或于到期日付款。承兑人拒绝付款或未予应答的，持票人可待票据到期后再次提示付款。"有判决认为，根据《中华人民共和国票据法》第五十三条、《支付结算办法》第八十八条、《电子商业汇票业务管理办法》第五十八条及第六十六条的规定，持票人"可"待票据到期后再次提示付款，应理解为持票人"应当"在提示付款期内向承兑人提示付款，不承认期前提示的效力可以延伸于期内。但也有判决认为，基于电子商业汇票不同于普通纸质汇票的特性和电子商业汇票系统的实际运作情况，以及提示付款期限设立目的在于督促持票人及时提示付款，对于"可"不应机械理解为持票人“应当”期内提示付款的法定义务，而应理解为持票人的权利。

本案一审、二审判决肯定了期前提示付款延伸于提示付款期的效力。其论述深层次的法律逻辑基础，在于民法中意思表示的效力规定。票据法既是规定票据上债权债务关系的法律，也是民法的特别法。票据关系、当事人的权利能力、行为能力、意思表示、代理等问题，如果票据法中没有特别的规定，应适用民法中的规定。如前所述，我国票据法未规定期前提示付款的效力延伸，故该问题应适用一般法的规定进行判断。期前提示付款是持票人作出要求承诺人付款的意思表示。根据《中华人民共和国民法典》中有相对人、非对话方式的意思表示的效力规定，期前提示付款的意思表示进入承兑人特定系统时生效。本案中承兑人作出拒绝签收的意思表示，表明其已经收到持票人提示付款的意思表示，该意思表示已经生效。虽然持票人在提示付款期后没有再次提示付款，但是上述意思表示的效力仍在持续，在不具备法定终止情形时，自然延伸至提示付款期内。承兑人以余额不足为由作出的拒付意思表示，实际上是在认可期前提示付款意思表示有效的基础之上而作出。

编写人：上海金融法院　李鹏

134 电子商业汇票通过特定载体提示付款可以产生票据追索效力

——电气公司诉材料公司票据追索权案

【案件基本信息】

1. 裁判书字号

湖北省荆门市中级人民法院（2020）鄂08民终178号民事判决书

2. 案由：票据追索权纠纷

3. 当事人

原告（被上诉人）：电气公司

被告（上诉人）：材料公司

【基本案情】

2018年2月7日，电气公司经背书取得电子商业汇票一张，出票人为商贸公司，承兑人为财务公司，该票据为可转让汇票。该票据经多次背书转让，最后被背书人为某商店。银行电子商业汇票查询系统显示，2018年9月25日，持票人提示付款，系统显示的“票据状态”为“提示付款待签收”，“报文类型”显示为“通用确认”，2018年10月15日，持票人两次提示付款，票据状态首次显示为“提示付款待签收”，第二次显示“背书已签收”，报文类型首次显示为“通用撤销”，第二次显示“通用确认”。

持票人某商店于2019年3月15日出具《情况说明》，内容有：“我司于2018年5月4日收到出票人为商贸公司、承兑人为财务公司的商业电子汇票……我司作为最终持票人在该汇票到期委托银行提示付款时被拒绝承兑，后我司向前手机电公司主张付款责任，现已收到其支付的人民币20万元整。”同日，该公司的前手机电公司、机械公司、科技公司均出具《情况说明》，表示作为背书人被要求承担付款责任，承担责任后向前手追索，已收到前手的款项20万元，并将全部款项足额付至后手，银行流水载明上述公司已将款项付至后手公司。于此，电气公司向材料公司行使追索权，故诉至法院请求判令：1. 材料公司支付电子商业汇票的票面金额20万元；2. 材料公司支付电子商业汇票票面金额的利息8167元（以20万元为基数，自2018年9月26日起至给付之日止，按照中国人民银行同期贷款利率计算，暂计算至2019年5月15日）；3. 本案诉讼费由材料公司承担。

【案件焦点】

1. 电气公司行使票据追索权的条件是否成就；2. 案涉票据是否符合拒绝付款的情形。

【法院裁判要旨】

湖北省荆门市掇刀区人民法院经审理认为：汇票是出票人签发的，委托付款人在见票时或者在指定日期无条件支付确定的金额给收款人或持票人的票据。案涉汇票记载事项完备，背书连续，系有效票据。关于某商店是否享有票据追索权。《电子商业汇票业务管理办法》第六十六条规定：“持票人在票据到期日前被拒付的，不得拒付追索。持票人在提示付款期内被拒付的，可向所有前手拒付追索。”本案电子汇票的承兑日为2018年9月26日，持票人曾于2018年9月25日提示付款，电子汇票系统显示“提示付款待签收”，

2018 年 10 月 15 日，持票人首先撤销了 9 月 25 日的提示付款，并再次提示付款，电子汇票显示撤销后的票据状态为“背书已签收”。虽然持票人 2018 年 9 月 25 日提示付款时还未到承兑日，10 月 15 日操作时又超过了提示付款期，但从电子汇票系统显示的内容可知，9 月 25 日提示付款后，系统报文类型显示“通用确认”，该确认状态一直持续至 10 月 15 日被撤销，即持票人虽未在提示付款期内付款，但提示付款期前曾作出的提示付款行为一直持续至提示付款期，直到 10 月 15 日被撤销，即提示付款行为在提示付款期内一直持续，故应当认定持票人在提示付款期内向承兑人作出了提示付款的行为，某商店享有票据追索权。

关于“拒绝证明”。《中华人民共和国票据法》第六十一条第一款规定：“汇票到期被拒绝付款的，持票人可以对背书人、出票人以及汇票的其他债务人行使追索权。”第六十二条第二款规定：“持票人提示承兑或者提示付款被拒绝的，承兑人或者付款人必须出具拒绝证明，或者出具退票理由书。未出具拒绝证明或者退票理由书的，应当承担由此产生的民事责任。”据此，持票人依法提示承兑，票据交换系统显示“提示付款待签收”，持票人还需提供拒绝证明以行使追索权。本案中，虽案涉票据的承兑人财务公司未向持票人出具被拒绝承兑或者被拒绝付款的有关证明，但根据财务公司出具的公告可知，其公司因相关负责人涉嫌刑事犯罪，出现大量到期票据兑付问题，尚未出台解决方案。从该公司出具给电气公司的回执函亦可知财务公司知悉案涉票据承兑问题，但未予解决。财务公司的公告以及回执函足以证明其存在拒绝付款行为，故电气公司已取得拒绝承兑的证明，其行使票据追索权的条件成就。《中华人民共和国票据法》第七十条第一款第二项规定：持票人行使追索权，可以请求被追索人支付汇票金额自到期日或者提示付款日起至清偿日止，按照中国人民银行规定的利率计算的利息。电气公司主张的利息符合法律规定，予以支持。

《中华人民共和国票据法》第七十条第二款规定：“被追索人清偿债务时，持票人应当交出汇票和有关拒绝证明，并出具所收到利息和费用的收据。”《电子商业汇票业务管理办法》第七十条规定：“电子商业汇票清偿，必须记载下列事项：（一）追索人名称；（二）被追索人名称；（三）追索通知日期；（四）追索类型；（五）追索金额；（六）追索人签章。”本案后手向前手追索，已按照上列规定出具书面说明，列明相关事项，另因本案汇票为电子汇票，无纸质文件，故持票人无法作出交出汇票的行为。电气公司已按法律规定向后手清偿，其有权向前手行使再追索权。

湖北省荆门市掇刀区人民法院依照《中华人民共和国票据法》第六十一条、第七十条、第七十一条第一款之规定，作出如下判决：

被告材料公司支付原告电气公司汇票金额 200000 元，并支付利息（本金 200000 元，以中国人民银行同类贷款利率，自 2018 年 9 月 26 日起付至本金给付之日）。上述判决于该判决生效之日起三日内履行。

材料公司不服一审判决，提出上诉。湖北省荆门市中级人民法院经审理认为：关于电气公司行使票据追索权的条件是否成就。提示付款期限在于督促持票人依法及时提示付款，以便付款人知晓汇票权利人，从而作出是否付款的决定，使除承兑人（付款人）之外的前手能够合理预期其责任是否解除，防止除承兑人（付款人）之外的前手所承担的票据责任长期处于不确定的状态，或承担持票人长期不提示付款所导致的拒付风险。中国人民银行《电子商业汇票业务管理办法》第五十九条规定旨在对持票人提示付款获得兑付与承兑人于到期日履行付款义务之间的平衡，第六十六条规定意在明确拒付追索的行使条件，故不能机械地理解前述两条对电子汇票到期日后提示付款后果的规定。于本案而言，案涉票据为定日付款的汇票，最后持票人某商店应自到期日 2018 年 9 月 26 日起十日内向承兑人提示付款，其实际于 2018 年 9 月 25 日在汇票系统中发起提示付款申请，未超过《中华人民共和国票据法》规定的期限要求。自该次提示付款起，汇票系统显示的票据状态为“提示付款待签收”，在承兑人未应答的情形下，汇票系统显示该状态一直持续至持票人再次提示付款（2018 年 10 月 15 日）。据此，某商店在到期日前一天的提示付款效力持续至到期日后的提示付款期间，即应视为某商店在提示付款期内发出过提示付款。材料公司主张某商店未在提示付款期内提示付款，从而丧失对前手的追索权，不能成立。既然某商店的票据追索权行使条件成就，电气公司作为背书人之一，在承担票据追索责任后，亦依法对其前手享有票据再追索权。

关于案涉票据是否符合拒绝付款的情形。《中华人民共和国票据法》第六十一条规定的“拒绝付款”，不仅包括付款人明确表示“拒绝付款”的情形，还包括付款人客观上无力履行付款义务而无法付款的情形。本案中，财务公司作为承兑人，承诺“本汇票已经承兑，到期无条件付款”。到期后，某商店提示付款，但财务公司未予兑付、亦未作拒付处理。且财务公司与宝塔石化集团有限公司于 2018 年 11 月 17 日发布的公告表示“将积极筹措兑付资金，依法制定兑付原则和可行兑付方案，并适时公布”，但无兑付方案公布，客观上亦无兑付行为。根据《中华人民共和国票据法》第四十三条规定，付款人承兑汇票，不得附有条件；承兑附有条件的，视为拒绝承兑。财务公司发布公告后对案涉汇票未实际兑付，故可视为其“拒绝付款”。

关于利息主张，电气公司向材料公司行使的是再追索权，据《中华人民共和国票据法》第七十一条第一款规定：“被追索人依照前条规定清偿后，可以向其他汇票债务人行使再追索权，请求其他汇票债务人支付下列金额和费用：（一）已清偿的全部金额；（二）前项金额自清偿日起至再追索清偿日止，按照中国人民银行规定的利率计算的利息；（三）发出通知书的费用。”利息应自电气公司对后手的清偿日开始计算。一审法院自汇票到期日起计算利息，属错误适用了有关票据追索权的法律规定，予以纠正。据转账凭证，电气公司对后手的付款时间为 2019 年 2 月 25 日、3 月 25 日，则利息应自该清偿日起计算。

至于材料公司上诉要求电气公司在其获得清偿后交出汇票和拒绝证明，因案涉票据系电子银行承兑汇票，其流通转让及清结均在电子汇票系统操作办理，相应信息也可通过汇票系统查询得到，并无纸质票据，故材料公司要求交出实体票据，客观上无法实现，对此不予支持。

湖北省荆门市中级人民法院依照《中华人民共和国票据法》第四十三条、第六十一条、第七十一条，参照中国人民银行《电子商业汇票业务管理办法》第五十九条、第六十六条，《中华人民共和国民事诉讼法》第一百七十条第一款第二项规定，作出如下判决：

一、撤销湖北省荆门市掇刀区人民法院（2019）鄂 0804 民初 865 号民事判决；

二、材料公司于本判决生效之日起三日内支付电气公司汇票金额200000元及利息（以15万元为基数，自2019年2月25日起；以5万元为基数，自2019年3月25日起，均按照中国人民银行规定的贷款利率计算至清偿之日止）；

三、驳回电气公司的其他诉讼请求。

【法官后语】

因电子商业汇票的转让、背书及提示付款等票据行为均通过电子交换系统实施，故在票据行为的效力判定上有别于传统汇票。票据的提示付款期限主要在于督促持票人依法及时提示付款，以便付款人尽早知悉权利人，并作出是否付款的决定，使除承兑人（付款人）之外的前手能够合理预期其责任是否解除，防止除承兑人（付款人）之外的前手所承担的票据责任长期处于不确定的状态，或承担持票人长期不提示付款所致的拒付风险。对电子商业汇票提示付款是通过特定的电子交换系统实施，其于汇票到期日前提示付款，符合票据法规定的期限要求，承兑人因自身原因对持票人发出的付款指令不作应答，致系统显示票据一直处于“提示付款待签收”状态，此种情形，依据电子送达的相关规定，当电子数据指令到达受送达人指定的系统后，即视为指令送达。从这方面讲，涉案汇票的提示付款已完成。

另外，持票人在首次提示付款不应答后，再次提示付款的行为效力如何判定。通过审查中国人民银行《电子商业汇票业务管理办法》第五十九条、第六十六条规定的意旨，得出再次提示付款仍属有效票据行为的结论，从这方面讲，持票人再次提示付款仍然有效。

随着交易市场的不断壮大，电子商业汇票作为一种新型支付方式，正在逐渐替代传统商业汇票，对票据市场的发展起到创新推动作用。相比传统票据，电子票据更为便捷和节约，但同时受制于电子数据的不稳定性及互联网风险，给电子商业汇票的使用带来了一定的障碍，因此，相关监管机构推出了统一平台，以促进电子票据更为广泛使用，也降低使用风险，统一市场规则。实践中，在平台上实施票据行为，也发现了一些问题，如本案中的问题，因此，需要平台建设者和监管部门进一步加强制度建设、规范使用，不断完善电子票据统一机制，以促进电子票据市场的持续发展。

编写人：湖北省荆门市中级人民法院　刘俊

135　票据权利人利益及票据债务人利益的衡平保护

——李文某诉奥某公司票据追索权案

【案件基本信息】

1. 裁判书字号

北京市朝阳区人民法院（2019）京0105民初21004号民事判决书

2. 案由：票据追索权纠纷

3. 当事人

原告：李文某

被告：奥某公司

【基本案情】

2018年5月16日，李文某从奥某公司处领取××62号转账支票，取票时支票票面已记载出票日期2018年7月31日、收款人华夏佳福公司、金额7万元及出票人奥某公司签章。奥某公司交付该支票时制作支出凭单，上载“华夏某福2018年1月份款项(已结清)”及××62号转账支票的票号、出票日期、金额，李文某分别在该支出凭单“领款人”栏、在支票存根收款人栏签名。该支票存根用途栏记载“华夏某福”。华夏某福公司作为背书人在该支票上签章，被背书人李文某填写支票用途为“材料费”并于同年8月9日委托银行收款，但被拒付，理由为“账户余额不足”。

同年5月30日，李文某从奥某公司处领取××66号、××67号转账支票，取票时支票票面已分别记载出票日期2018年8月31日、8月17日，金额7.5万元、6万元，及出票人奥某公司签章。奥某公司交付该二支票时制作支出凭单，分别载明“华夏某福2018年3月货款”及××66号、××67号转账支票的票号、出票日期、金额。李文某分别在支出凭单“领款人”栏、在支票存根“收款人”栏签名，该支票存根用途栏均记载“华夏某福3月货款”。后李文某将自己填写为××66号、××67号转账支票的收款人，将用途分别填写为“材料费”“劳务费”后委托银行收款，9月11日、8月24日，银行分别予以拒付，理由分别为“密码涂改”和“账户余额不足”。

【案件焦点】

票据债务人奥某公司针对两类不同支票提出的抗辩事由，能否对抗持票人的票据权利。

【法院裁判要旨】

北京市朝阳区人民法院经审理认为：李文某持涉案三张转账支票委托收款时，三张支票均签章完整，票据法规定的必要记载事项齐全，现也没有证据证明涉案三张支票另经其他程序被宣告无效，故为合法有效票据。

从票面记载内容看，××62 号转账支票背书连续，系奥某公司出票给华夏某福公司后经背书转让给李文某，李文某与奥某公司并非直接前后手关系。现李文某与华夏某福公司的陈述表明李文某和华夏某福公司是两个不同的交易主体，华夏某福公司与奥某公司、李文某之间系不同的法律关系，奥某公司主张李文某是华夏某福公司的员工，但并无证据佐证。故其抗辩意见不能推翻票面记载的奥某公司与李文某非直接前后手关系。依据我国票据法，票据债务人不得以自己与出票人或者与持票人的前手之间的抗辩事由，对抗持票人。李文某经华夏某福公司背书转让后成为持票人，依法享有票据权利。该支票被银行拒付，现无证据表明奥某公司已另行支付相应票款，李文某向奥某公司主张××62 号转账支票票款及利息符合法律规定，法院予以支持，但依据票据法规定，持票人可主张的利息应自票据到期日或提示付款日起算，故该支票票款相应利息的起算时间应为 2018 年 8 月 9 日。此外，依据中国人民银行的相关公告，自 2019 年 8 月 20 日起，中国人民银行授权全国银行间同业拆借中心于当月 20 日公布贷款市场报价利率，故自 2019 年 8 月 20 日后，利息计算标准应调整为按照全国银行间同业拆借中心公布的贷款市场报价利率计算。李文某不符合上述规定的利息请求法院一并予以调整。

关于××66 号及××67 号转账支票。本案中奥某公司认可开具支票是为支付不锈钢制品货款，对收取款项的主体提出异议。首先，支票是出票人签发的，委托办理支票存款业务的银行或者其他金融机构在见票时无条件支付确定的金额给收款人或者持票人的票据。奥某公司制作支出凭单、填写支票存根均明确支票款用于奥某公司支付华夏某福公司2018年1月及3月货款，但交付该二支票时并未填写收款人。故应认为奥某公司授权收款人补记。我国票据法规定，支票上未记载收款人名称的，经出票人授权可以补记。因此，无论李文某和华夏某福公司系劳务关系还是合作关系，奥某公司应向合法持票人支付票款均是明确无误的。其次，票据可以非经背书转让。华夏某福公司认同李文某取得××66号、××67号转账支票后将自己填写为收款人并主张票款，李文某取票时签署支票存根及支出凭证，知晓该款项是奥某公司用于支付华夏某福公司的货款，说明奥某公司向华夏某福公司付款、华夏某福公司将款项支付给李文某的事实，李文某及华夏某福公司是一致认可的。换言之，李文某和奥某公司只是票面记载的直接前后手关系，至于奥某公司能否以其与华夏某福公司之间的原因关系抗辩李文某行使票据权利，法院认为，当事人对自己提出的诉讼请求所依据的事实或者反驳对方诉讼请求所依据的事实，应当提供证据加以证明，但法律另有规定的除外。在作出判决前，当事人未能提供证据或者证据不足以证明其事实主张的，由负有举证证明责任的当事人承担不利的后果。奥某公司虽称其已向华夏某福公司陆续支付完毕相应票款，但其提交的银行转账记录时间、金额均与涉案支票不相吻合，华夏某福公司对此亦不予认可，考虑到奥某公司与华夏某福公司均确认双方在2018年8月后仍有交易往来且款项尚未结清，奥某公司的相关付款行为更无从确认系为支付哪笔欠款。从财务管理方面分析，奥某公司作为市场经济中的法人主体，合法合规经营，应知转账支票具有结算作用，交付票据后如有另行付款却既不收回相应支票，也不要求票据权利人出具收款的说明，更没有采取其他限制持票人权利的措施，也有违正常财务流程。因此奥某公司以其与华夏某福公司之间的关系抗辩，依据不足，法院不予采信。李文某持票主张票据追索权于法有据。如××62 号转账支票的在先论述，李文某有权主张相应票款及利息，但相应利息的起算时间及计算标准亦均应予以调整（××66 号转账支票的利息起算时间为 2018 年 9 月 11 日，××67 号转账支票的利息起算时间为 2018 年 8 月 24 日）。

综上，北京市朝阳区人民法院依照《中华人民共和国合同法》第四十九条，《中华人民共和国票据法》第十条、第十三条、第八十六条、第八十九条，《最高人民法院关于适用〈中华人民共和国民事诉讼法〉的解释》第九十条之规定，判决：

奥某公司于本判决生效之日起十日内支付李文某涉案三张中国工商银行转账支票的票面金额合计 20. 5 万元及利息，驳回李文某的其他诉讼请求。

判决后，双方当事人均未上诉，本判决现已生效。

【法官后语】

票据为完全有价证券，持有票据为享有票据权利的前提。票据同时为流通证券，可以在不同的市场主体之间依序转让，持票人将票据权利转让给他人的行为使票据得以发挥融通资金、汇兑、信用、支付等多种经济职能。我国票据法在立法层面充分保护和促进了票据在流通领域的灵活性和便捷性，使票据权利的转让比其他类型债权的转让在程序和实体方面的审查义务更加清晰。

票据权利的转让应当通过背书形式，持票人以背书的连续证明其票据权利。这是票据背书转让行为文义性的具体体现。如非经背书转让而以其他合法方式获得票据权利则需依法举证证明。案涉三张支票，恰存在两种情形：

××62号转账支票的票面记载显示，出票人奥某公司与案外人华夏某福公司是直接前后手，华夏某福公司与李文某是直接前后手，奥某公司与李文某不是票据记载的直接前后手。我国票据法规定，票据债务人不得以自己与出票人或者持票人前手之间的抗辩事由，对抗持票人。这既是对票据无因性原则的规定，又为票据无因性原则的例外留下余地。票据抗辩是法律赋予票据债务人的自我保护措施，允许其在特定条件下提出合法事由对票据权利人提出的请求予以拒绝，从而可以实现对票据权利人与票据债务人的利益进行衡平保护。根据最高法院关于票据纠纷案件若干问题的规定，票据债务人对持票人提出抗辩，以持票人与票据债务人有直接债权债务关系并且不履行约定义务为事由、以持票人明知票据债务人与出票人或者与持票人的前手之间存在抗辩事由而取得票据为事由的，法院应予支持。上述规定，一方面是票据关系与原因关系相分离的无因性原则的具体体现；另一方面也是特定情形下票据无因性原则的例外，通过票据关系与原因关系的合并审查，对作为直接前后手的票据债务人与票据权利人之间的利益进行全面衡量，一并解决，避免纠纷诉累。此时的票据抗辩发生于直接票据背书行为的直接前后手之间，而不及于非直接前后手。该张支票，原、被告并非直接前后手。原告作为合法有效票据的持票人，也是票据记载的权利人，有权向出票人被告主张票据权利。

××66号及××67号转账支票，票面记载原、被告系背书行为的直接前后手。形式上看符合适用《中华人民共和国票据法》第十条有关原因关系的规定进行票据抗辩。但是，从双方提交的证据和华夏某福公司法定代表人的证言来看，各方对该二支票系用于向案外人华夏某福公司支付交易价款的使用性质均予认可。区别在于，票据债务人奥某公司认为受让票据的二主体李文某、华夏某福公司存在劳务关系，不论是否背书都实为同一手，继而以其与华夏某福公司的原因关系作出票据抗辩。持票人李文某及案外人华夏某福公司则表示二者是合作关系，华夏某福公司将部分订单委托给李文某完成，奥某公司支付的款项最终是要支付给李文某的。事实上，一方面被告奥某公司未能就其主张的二者劳务关系举证。另一方面奥某公司开具支票时明确了交易价款应当支付。就支票被退票后另行支付了价款也没有举证。鉴于此，可以认定该二支票是奥某公司开具给华夏某福公司，没有填写被背书人视为授权补记，华夏某福公司未背书将支票转让给李文某，李文某将自己补记为被背书人，奥某公司与华夏某福公司不存在直接的交易关系。虑及华夏某福公司与李文某之间转让票据的过程并没有通过背书的形式记载于支票票面上、李文某是直接从奥某公司取得支票等事实，实际审理中，法院还是对华夏某福公司与李文某之间是否存在原因关系、李文某取得支票时是否明知奥某公司与华夏某福公司之间存在抗辩事由、华夏某福公司退票后另付费等进行了审查，并结合举证责任等进行了相应的论述与判断，目的是依法保护票据权利人的正当权利、准确界定票据债务人的义务、兼顾衡量票据债务人、票据权利人、案外人之间的利益关系。

在审理票据纠纷案件时，应当正确理解票据行为无因性原则的立法目的，依法确认当事人之间的权利义务关系，既注重发挥票据在交易中的积极作用，又注重防范和化解票据市场风险，维护票据市场的交易安全。由于票据既可以背书转让也可以非经背书转让，故直接前后手的认定和审查是否仅以票据记载作为唯一的判断依据，原因关系抗辩的审查程度经常困扰审判实践。本案从行为人的票据责任、票据债务人的举证责任、不同主体间不同的法律关系对票据权利义务的影响等方面对两种情形一一进行论证，充分衡量了连续背书所能证明的票据权利与否定原因关系的票据抗辩事由的判断标准和举证责任，所得出的结果符合司法政策。为直接前后手原因关系的界定、审查范围、审查标准及其对票据权利义务关系的影响提供了一定的审理思路。

编写人：北京市朝阳区人民法院　李有光　杨成成

136　票据利益返还请求权的诉讼时效

——航天研究所诉甲银行瑞安支行票据利益返还请求权案

【案件基本信息】

1. 裁判书字号

浙江省温州市中级人民法院（2020）浙03民终2671号民事判决书

2. 案由：票据利益返还请求权纠纷

3. 当事人

原告（上诉人）：航天研究所

被告（被上诉人）：甲银行瑞安支行

【基本案情】

航天研究所与上海中欧公司存在购销业务往来。2010年至2014年间，航天研究所为上海中欧公司开具了五份陕西增值税发票，合计金额26.326万元。上海中欧公司于2010年至2017年通过交付承兑汇票、银行转账方式共向航天研究所支付26.326万元。其中交付的一份票号为ga/010382××××的银行承兑汇票载明，出票人为汽车电器公司，收款人为上海中欧公司，出票日期为2011年1月13日，汇票到期日为2011年7月13日，付款行为甲银行瑞安支行，出票金额为8万元。上海中欧公司将该份汇兑汇票背书转让给航天研究所。2019年，航天研究所向甲银行瑞安支行主张返还该笔汇票的相当款项未果。但该笔款项仍在甲银行瑞安支行处，除航天研究所外，至今尚无其他人就该份汇票向甲银行瑞安支行主张权利。随后，航天研究所于2019年12月向浙江省瑞安市人民法院提起民事诉讼，诉请判令甲银行瑞安支行返还票据权利8万元。

【案件焦点】

1. 航天研究所是否为涉案承兑汇票的合法持有人；2. 航天研究所是否为涉案承兑汇票的最终持票人；3. 航天研究所享有的票据利益返还请求权是否已过诉讼时效。

【法院裁判要旨】

浙江省瑞安市人民法院经审理认为：本案航天研究所系涉案承兑汇票的合法持有人，并推定航天研究所为该承兑汇票的最终持票人，但认为航天研究所的起诉已超过诉讼时效，因此判决：

驳回航天研究所的诉讼请求。

航天研究所不服一审判决，上诉到浙江省温州市中级人民法院。温州市中级人民法院经审理认为：一审法院判定航天研究所为票据合法持有人、推定航天研究所为票据最终持票人的决定并无不当，予以支持。但是，温州市中级人民法院认为一审法院以航天研究所的起诉超过诉讼时效为由，驳回其诉讼请求，处理不当。因此，温州市中级人民法院最终判决：

一、撤销一审判决；

二、甲银行瑞安支行于二审判决生效之日起十日内向航天研究所返还与票号为ga/010382××××的银行承兑汇票票面金额相当的利益8万元。

【法官后语】

综观一审、二审法院判决结果，本案最关键的争议焦点在于航天研究所享有的票据利益返还请求权的诉讼时效问题。

一审法院认为该汇票到期日为2011年7月13日，行使票据权利的期限为2013年7月12日。在该期限届满后，票据权利已消灭，但权利人仍享有民事权利，可以请求出票人或承兑人返还其与未支付的票据金额对等的利益。但在适用诉讼时效的问题上，应适用一般诉讼时效规定，即当时有效的《中华人民共和国民法通则》规定的为期二年的诉讼时效①。原告在2019年才向被告主张权利，未有证据证明诉讼时效存在中止、中断情形，其提起诉讼已超出诉讼时效，丧失胜诉权。

航天研究所上诉时主张，航天研究所财务人员于2019年6月到甲银行瑞安支行第一次沟通涉案票据款项支付事宜，甲银行瑞安支

---

① 《中华人民共和国民法典》已对一般诉讼时效期间作出变更，为三年。

行告知该笔款项至今已有6年多无人申请支付，甲银行瑞安支行需要法院相关裁判文书作为支付的依据。航天研究所于2019年9月，向一审法院申请公示催告程序，因票据权利丧失而被告知需要以票据利益返还请求权纠纷为由走诉讼程序，此时，航天研究所才知晓其享有该项权利，依据相关法律规定，本案的诉讼时效应从航天研究所知道该项权利受到侵犯之日起算，因此，航天研究所主张的权利仍在诉讼时效内。

二审法院认为在票据权利因超过票据时效而导致消灭后，案涉票据所载款项转为银行一般代管款项性质，依据《最高人民法院关于审理民事案件适用诉讼时效制度若干问题的规定》（2020年修正）第一条之规定，票据利益返还请求权系不适用诉讼时效的债权请求权，故而对甲银行瑞安支行的诉讼时效抗辩不予支持。

具体剖析一审、二审法院与航天研究所各自所持观点，会发现如下结论：实际上，一审法院与航天研究所的主张均认同票据利益返还请求权适用诉讼时效，但就诉讼时效的起算点存在争议，即票据利益返还请求权诉讼时效是自票据权利时效期间届满之日起算，还是从拒付之日起算；相反，二审法院却“另辟蹊径”，直接认定票据利益返还请求权并不适用诉讼时效，在前提条件上否定了一审法院与航天研究所的主张。

实际上，笔者通过查阅相关资料及案例，发现理论界与实务界均普遍认定票据利益返还请求权系适用诉讼时效的债权请求权，但就起算点存在争议，诚如一审法院与航天研究所之间的主张差异。那么，二审法院直接否定票据利益返还请求权适用诉讼时效的观点是否具有合理性与合法性呢？

笔者关注到，二审法院在说理部分将因超过票据时效而丧失票据权利的票据所载款项性质认定为银行一般代管款项性质，即类似于存款的性质。而二审法院正是基于此前提，才将票据利益返还请求权认定为不适用诉讼时效的债权请求权。因此，在探讨二审法院观点合理性之前，有必要对票据所载款项的性质作出认定。

案涉票据是银行承兑汇票，即由在承兑银行开立存款账户的存款人签发，向开户银行申请并经银行审查同意承兑的，保证在指定日期无条件支付确定的金额给收款人或持票人的票据。其本质是把企业之间的商业信用转化为银行信用，利用银行信用作为交易背书，促进交易展开。由于银行需要做信用担保，银行都会对委托开具银行承兑汇票的企业有一定要求，一般情况下会要求企业存入保证金。根据中国人民银行发布金融行业标准《存款统计分类及编码》(JR/T 0134-2016)，银行承兑汇票保证金存款指金融机构为客户开立的商业汇票提供承兑服务按规定收缴的保证金存款，即银行承兑汇票保证金本质系出票人的存款。

综上分析，票据所载款项最终实际上指向出票人在承兑行中所存的保证金，而该保证金本质上属于存款性质。因此，票据所载款项也可被认定为具有银行一般代管款项性质，基于《最高人民法院关于审理民事案件适用诉讼时效制度若干问题的规定》第一条的规定，票据所载款项所产生的债权请求权不适用诉讼时效。

即便票据所载款项确实为存款性质，但其本质系由出票人所缴纳，持票人是否能够基于票据利益返还请求权取得票据所载款项？

票据进入流通途径的启动人是出票人，而汇票经承兑人的承兑，使票据权利能够确定，持票人的票据权利就由期待权转变为现实的权利。根据《中华人民共和国票据法》第十八条对票据利益返还请求权产生前提的规定可知，票据利益返还请求权本质是一项救济权。

所谓的救济权，是指原权益受到侵害而产生的权利，其目的在于保护、恢复受损害的权益。票据利益返还请求权也正是基于衡平理念而产生，用于保护、恢复持票人因法律规定较短的权利和较严格的保全手续而丧失的权益，这种权利救济制度是票据能够在市场上高速流通的保障。因此，在票据权利人丧失票据权利后，免除的是出票人后手债务人的责任，并且为补救持票人票据上的利益损失、加剧票据权利始作俑者的责任，遂规定最终债务人为出票人与承兑人。具体到本案，航天研究所有权选择向出票人上海中欧公司或承兑人甲银行瑞安支行主张返还票据权利，但因航天研究所与出票人上海中欧公司并无直接债权债务关系，相较向出票人追偿，航天研究所选择向承兑人追偿更便利与快捷。

编写人：浙江省瑞安市人民法院　林瑞　朱文亮

137 票据利益返还请求权在公示催告程序中的运行路径

——海某消防公司申请公示催告案

【案件基本信息】

1. 裁判书字号

北京市西城区人民法院（2019）京0102民催41号民事判决书

2. 案由：申请公示催告纠纷

3. 当事人

申请人：海某消防公司

【基本案情】

2016年8月26日，新某国能公司作为出票人，以森某瑞公司为收款人签发银行承兑汇票一张，付款行为甲银行北京分行，付款日期为2017年2月26日（以下简称为案涉汇票）。此后，海某消防公司通过背书转让取得案涉汇票，却因故丢失。2019年10月9日，海某消防公司向北京市西城区人民法院申请公示催告。

【案件焦点】

票据权利消灭且票据丧失的合法持有人能否通过公示催告程序向票据利益返还义务人请求支付款项。

【法院裁判要旨】

北京市西城区人民法院经审理认为：海某消防公司的公示催告申请符合受理条件，并向甲银行送达停止支付通知书。案涉汇票的票据信息与公示催告的申请于2019年10月23日在人民法院报刊登公告。公告期内无人申报异议，海某消防公司亦于公告期满后向北京市西城区人民法院申请除权判决。虽然案涉银行承兑汇票票据权利时效已经届满，但持票人所享有的权利并不必然随之消灭，而是转化为票据利益返还请求权。因后者仍有支付内容，可以继续适用公示催告程序。

综上，北京市西城区人民法院依照《中华人民共和国票据法》第十八条、《中华人民共和国民事诉讼法》第二百二十二条的规定，判决如下：

确认票号为31600051-2086××××；出票金额为188370元；出票人为新某国能公司；收款人为森某瑞公司；出票日期为2016年8月26日；付款行为甲银行北京分行的银行承兑汇票无效。

自本判决公告之日起，申请人海某消防公司可以向支付人请求返还与未支付的票据金额相当的利益。

【法官后语】

就本案争议，有观点认为若申请人怠于行使票据权利，未能在承兑汇票到期日起有效时效内申请公示催告，则该公示催告申请不属于受案范围，法院应当不予受理或在受理后裁定驳回起诉。关于超出票据权利时效的救济途径，则应由申请人向承兑人提起票据利益返还之诉，并由承兑人向申请人返还与该银行承兑汇票金额相当的票据利益。

笔者认为，虽然这一观点确实严格符合《中华人民共和国民事诉讼法》第二百一十八条的文义解释结论，但在票据实务层面却可能导致公示催告程序的核心功能无法发挥，由此进一步导致即使申请人对承兑人提起票据利益返还之诉，仍然无法确认最后合法持票人的身份。而对于付款程序，后者才是最为关键的环节。因此，本文认为通过公示催告程序解决这一争议，相对而言更具有合理性。理由详述如下：

一、票据利益返还请求权性质的厘定

根据《中华人民共和国票据法》第十七条第一款第一项之规定，持票人对票据出票人和承兑人的票据权利，自票据到期日起两年内未行使的，归于消灭。但是，票据权利消灭并不等于持票人彻底丧失所有权利。《中华人民共和国票据法》第十八条规定，持票人因超过票据权利时效而丧失票据权利的，仍享有民事权利，可以请求出票人或者承兑人返还其与未支付票据金额相当的利益。此即为票据利益返还请求权的法律依据。

虽然学界对票据法将票据利益返还请求权的本质颇有争议，主体观点包括："民事权利说""（修正的）票据权利说""损害赔偿请求权说""不当得利请求权说"和"票据法上特别权利说"。[①] 本文则认为基于票据法作为商事特别法的根本属性，以及票据利益返还请求权属于票据权利因特定事项而转化后的产物，在界定该权利属性时有必要坚持其票据法上的特性。因此，"票据法上特别权利说"显然更有说服力。根据该学说，票据利益返还请求权并非纯粹的民事权利，而是票据法所规定的一项特别权利。对此票据法有规定的，优先适用票据法的特别规定。票据法上没有特别规定的，参照适用民法的一般规定。这也是特别法与一般法均可适用同一对象时，特别法优先适用这一基本法理的体现。[②]

二、公示催告程序的核心功用在于特定化票据最后合法持有人的身份，普通民事诉讼程序难以实现这一目的

（一）公示催告程序存在的必要性

票据作为一种实体化的证券，通常而言，相对人可以通过票据记载事项以及持票人占有票据本体的事实，确认持票人即为票据权利人。但若票据本体丧失，持票人当然不能继续凭借其对票据本体的占有状态，对外公示其为票据权利人。此时唯有统一由某一本身具备公信力的机关，通过向全社会公示持票人身份、票据记载事项等必要信息，征询有无利害关系人的方式，才能确认某人是否确为最后持票人。

大陆法系国家为此设计的普遍方案即为公示催告制度。"公示催

---

① 五种学说内容详见曾大鹏：《为我国票据利益返还请求权制度辩护——基于〈票据法〉第18条的法教义学分析》，载《华东政法大学学报》2020年第5期。

② 于莹：《利益偿还请求权研究》，载《法制与社会发展》2000年第1期。

告是丧失票据的人在丧失票据后申请法院宣告票据无效而使票据权利与票据相分离的一种制度。”① 作为有价证券，物理实体存在的票据本体承载了抽象意义的票据权利。而公示催告程序则发挥着将票据权利从票据本体剥离，并将其转移至除权判决书上的制度功能。通过公示催告程序所包含的公告步骤，法院便能够推定在无人申报权利的情况下，申请人即为票据本体的最后一手持有人。此时法院制作的除权判决能够在实体上替代已经丧失的票据本体，继续承载仍然存续的票据权利。

（二）票据利益返还之诉中法院无法依职权启动公告程序

如前所述，失票人自证其为最后合法持票人必须经过公告程序，否则无法替代占有票据本体所发挥的公示效果，不能使相对人（包括人民法院）合理信赖其主张。对此需求，立法成熟的公示催告程序完全可以满足。但对于票据利益返还之诉这一普通民事诉讼，不难发现该诉讼本身的构造并不能与这一目的相容。

在票据利益返还之诉中，存疑的失票人作为原告，起诉承兑人等支付人要求后者返还相当于票面金额的款项。就请求权基础而言虽然没有障碍，但若从承兑人作为被告的立场出发，不难发现承兑人完全没有能力对失票人的身份作出确认。票据作为高度发达的支付工具，承兑人对票据作出承兑后，完全无须关心票据本体以及票据权利的流转，因此承兑人也没有能力对原告是否即为合法票据权利人作出识别。而法院虽然负有审查原告是否适格的职责，但在无法为潜在的利害关系人提供介入渠道的情况下，仅凭依职权对原告方的询问当然无法确保原告即为适格当事人。而原告方显然也没有

① 谢怀栻：《票据法概论（增订版）》，法律出版社2006年版，第92页。

诉讼法上的义务主动申请以潜在利害关系人为送达对象刊登公告。因此，案涉票据最后合法持票人的身份识别问题，在票据利益返还之诉的诉讼路径中客观上无法解决。

三、保障失票人通过公示催告程序行使票据利益返还请求权的合理性分析

如前所述，票据权利与票据利益返还请求权犹如一枚硬币的两面，两者均为票据法所创设的特别商事权利。在票据法与民事诉讼法存在特别规定的情况下，不应退而求其次选择民法一般规定或普通民事诉讼程序。否则便会面临如前文所述类似于持票人身份无法核验等难以解决的票据实务问题。此外，学界也普遍认为失票人通过公示催告程序获得的除权判决可以作为行使票据利益返还请求权的权利凭证。如王尚文、郭真在其《论票据利益返还请求权》一文中认为，失票人“除非出示除权判决，否则无从证明其曾经享有票据权利，进而不符合票据利益返还请求权的成立条件”。[①] 曾大鹏也认为，“票据是完全有价证券，具有文义性和提示证券性，是‘权券合一’的精巧设置，这就决定了持票人只有合法持有票据或出示除权判决，方可行使票据利益返还请求权。否则，如何识别持票人或权利人身份、出票人或承兑人的身份等问题将一筹莫展”。[②]

综上所述，笔者认为因权利时效超过而导致票据权利消灭的票据仍然承载票据利益返还请求权，持票人行使该权利仍需持有票据本体，或通过公示催告程序所取得同样满足公示公信原则基本要求的除权判决。在此意义上，唯有作为失票救济特别程序的公示催告

---

① 王尚文、郭真：《论票据利益返还请求权》，载《法学论坛》2002年第5期。

② 曾大鹏：《为我国票据利益返还请求权制度辩护——基于〈票据法〉第18条的法教义学分析》，载《华东政法大学学报》2020年第5期。

程序才能有效实现这一程序目的。相比之下，作为普通民事诉讼的票据利益返还之诉无法圆满解决识别最后持票人身份的技术障碍。因此本案例所代表的诉讼方案无论从理论还是实务层面，均为更合理之路径。

编写人：北京市西城区人民法院　宋健

138　持票人补记转账支票出票日期能否享有票据权利的判断

——梁某友诉光耀公司、罗某中票据追索权案

【案件基本信息】

1. 裁判书字号

北京市第三中级人民法院（2019）京03民终2167号民事判决书

2. 案由：票据追索权纠纷

3. 当事人

原告（被上诉人）：梁某友

被告（上诉人）：光耀公司、罗某中

【基本案情】

原告梁某友诉讼请求：判令光耀公司支付票面金额33900元及利息（以33900元为基数，自2017年11月2日起至给付之日止，按中国人民银行同期贷款利率计算）；判令罗某中对上述第一项应由光耀公司支付的款项承担连带责任。

被告光耀公司答辩称，梁某友虚构事实，0782 号支票是 2013 年出具的，早已过期；双方确有事实上的买卖合同关系存在，但相应货款已支付完毕。

被告罗某中答辩称，罗某中与本案无关，并非本案适格被告。

【案件焦点】

持票人补记转账支票的出票日期是否可以享有票据权利。

【法院裁判要旨】

北京市朝阳区人民法院经审理认为：关于涉案支票的票据权利。梁某友持涉案转账支票委托收款时，该支票签章完整，《中华人民共和国票据法》规定的必要记载事项齐全，现也没有证据证明该支票另经其他程序被宣告无效，故为合法有效票据。《中华人民共和国票据法》规定，支票上未记载收款人名称的，经出票人授权可以补记。本案中，梁某友将自己补记为收款人于法有据。

依据《中华人民共和国票据法》的相关规定，票据的签发、取得和转让，应当遵循诚实信用的原则，具有真实的交易关系和债权债务关系。票据的取得，必须给付对价，即应当给付票据双方当事人认可的相对应的代价。双方均认可梁某友向光耀公司供货，光耀公司最初交付支票也是为支付货款。现双方争议因光耀公司未填写出票日期即交付票据而引发，双方对梁某友自行填写日期是否合法有据意见不一。从双方陈述看，涉案支票未记载出票日期的原因是光耀公司银行账户内存款暂时不足，而非不应支付款项或款项未到支付期限。《中华人民共和国合同法》规定，买受人应按照约定时间支付价款，对支付时间没有约定或约定不明确的，买受人应当在收到标的物的同时支付。涉案支票涉及的原因关系为事实上的买卖合同关系，交付票据时双方对货物交付之基础事实无争议，光耀公司表示迟延支付，双方未就付款时间另作明确约定，梁某友可随时向光耀公司主张支付货款，即持光耀公司出具的涉诉支票请求付款。现光耀公司答辩称，交付票据后梁某友填写出票日期之前，其已经另以其他形式付清了票款，从现有证据及双方陈述看，梁某友取得票据后，光耀公司确有以货抵款、转账或现金交付等形式进行付款的情形，但是否针对本案及他案所涉七张支票的票款双方持有不同意见。依据《最高人民法院关于审理票据纠纷案件若干问题的规定》的规定，票据诉讼的举证责任由提出主张的一方当事人承担。光耀公司应就其交付票据后的各种付款、抵款系针对涉案支票进行举证。第一，从金额上看，现双方无争议的光耀公司已付款金额为252780元，另有一张2万元的转账支票，光耀公司否认收取退票，梁某友对退票事实未举证证明。《中华人民共和国民事诉讼法》规定，当事人对自己提出的主张，有责任提供证据。现无证据证明该2万元支票已退票，法院有理由相信光耀公司于2015年6月12日另以支票形式支付货款2万元。如上所述，光耀公司已付款总计272780元，但梁某友起诉的7张支票票面金额累计为258000元，前述付款、以货抵款的金额与支票票面金额均无对应关系。第二，从权利凭证上看，涉案支票仍由梁某友持有，结合双方关于交易模式的陈述，梁某友自2010年始向光耀公司供货，双方长期交易，无书面买卖合同，也未形成或留存规范统一的交接货物、收付货款凭证。涉案支票实际交付后光耀公司另有其他与本案无关的款项付出，这在一定程度上印证了梁某友有关双方交易额远非涉诉7张支票所能涵盖之说。第三，从财务管理方面分析，光耀公司作为市场经济中的法人主体合法合规经营，应知转账支票具有结算作用，交付票据后另行付款却既不收回相应支票，也不要求票据权利人出具收款的说明，更没有采取其他限制持票人权利的措施，有违正常财务流程。综合考虑，法院认为，尽管从时间上看，光耀公司的付款、以货抵款行为在交付支票行为之后，但现有证据不足以证实这些付款、以货抵款行为与涉案支票存在对应关系，就此光耀公司应承担举证不能的不利后果。出票人出票时应当记载出票日期，未记载出票日期即实际交付，交付后亦未取回票据的行为应视为授权补记。综上所述，梁某友补记出票日期后请求付款，不违反《中华人民共和国票据法》的规定。光耀公司以支票已超期抗辩，缺乏依据。

《中华人民共和国票据法》规定，支票的出票人必须按照签发的支票金额承担保证向该持票人付款的责任。梁某友持票主张票据追索权于法有据。

根据《中华人民共和国票据法》的规定，持票人行使追索权，可以请求被追索人支付票据金额及自提示付款日起至清偿日止，按照中国人民银行规定的利率计算的利息。梁某友要求光耀公司支付票款并支付自涉案支票被退票之日起至实际给付之日按中国人民银行同期贷款利率计算的利息，有事实和法律依据，应予支持。

《中华人民共和国公司法》规定，一人有限责任公司的股东不能证明公司财产独立于股东自己的财产的，应当对公司债务承担连带责任。罗某中作为自然人独资的一人有限责任公司光耀公司的唯一股东，未举证证明其个人财产与公司财产独立，应当对光耀公司债务承担连带责任。梁某友的相应诉讼请求于法有据，法院予以支持。

北京市朝阳区人民法院依照《中华人民共和国票据法》第十条、第十三条、第八十六条、第八十九条，《中华人民共和国公司法》第六十三条，《中华人民共和国民事诉讼法》第六十四条，《最高人民法院关于审理票据纠纷案件若干问题的规定》第九条第一款之规定，作出判决如下：

被告光耀公司、被告罗某中于本判决生效之日起十日内连带支付原告梁某友涉案30201130 0128××××号中信银行转账支票的票面金额33900元及利息（以33900元为基数，自2017年11月2日起计算至实际给付之日止，按中国人民银行同期贷款利率标准计算）。

后光耀公司、罗某中不服上述判决提起上诉。北京市第三中级人民法院同意一审法院裁判意见，判决：

驳回上诉，维持原判。

【法官后语】

本案持票人是否享有票据权利的判定关键即持票人对出票日期的补记行为是否合法有效，是否足以导致持票人对该必要记载事项完全，签章完整、背书连续转账支票享有相应票据权利。

一、未填写出票日期的转账支票出票行为尚未完成

依据《中华人民共和国票据法》的规定，支票必须记载下列事项：表明“支票”的字样，无条件支付的委托，确定的金额，付款人名称，出票日期，出票人签章。则出票日期为转账支票的必要记载事项，出票人出票行为发生时应当完成，出票人出票时未填写出票日期的，一般应当认定该支票无效。《中华人民共和国票据法》另规定，支票的金额、收款人名称经出票人授权，收款人可自行补记，补记后票据合法有效，收款人享有票据权利；出票日期则不同，按照《中华人民共和国票据法》规定，未填写出票日期的转账支票自始无效。

票据行为是指票据当事人以发生票据债权债务关系为目的而事实发生的一种要式的法律行为，是票据权利义务人关系票据法律发

生的基础。票据具有重要的流通意义，如严格按照意思表示来要求票据行为可能阻碍票据的流通，不利于对善意持票人权益的保护。但本案中，出票人虽向收款人实际交付转账支票，但双方一致的意思表示为当支票账户中的余额充足后持票人再行委托收款，故出票人交付转账支票的行为并不必然导致出票完成的法律效力，即出票人的出票行为实体上尚未进行完毕。

二、善意收款人补记出票日期行为有效，依法享有票据权利

转账支票票据权利行使期限由《中华人民共和国票据法》予以限定，出票日期是持票人票据权利的起始时间，是判定持票人是否依法享有票据权利的重要凭证和考量。本案持票人收取涉案转账支票的时间并非出票人向持票人意图转让票据权利的真实时间。依据在先论述，出票人出票行为尚未完成，双方就票据权利转让的实际时间达成合意，则在出票人出票行为尚未完成的前提下，收款人补记出票日期的行为符合双方约定，亦在涉案转账支票的直接前后手之间达成票据原因关系和票据法律关系的一致性，出票人以出票日期未填而免责欠缺公平合理性。票据是一种书面证券，转账支票的票据权利需严格依照票面记载信息确认，本案转账支票经补记完整票面记载信息后票据权利要素填写完整，则票据效力应不再受影响。

三、本案票据权利判定的实践意义

票据为无因证券，大量适用于生产生活当中，广泛发挥着支付和融通等功能。在财货往来不甚规范的小商品流通市场中，转账支票的出票、交付、背书转让等行为的操作常常欠缺规范性，部分未记载出票日期的转账支票以支付、融资、质押等不同使用目的为不同背景被多次转让交付，容易引发纠纷。票据行为同时具有要式性和文义性两种特性，在实践中应结合票据权利义务人的真实交易背

景、是否损害公平原则或案外第三方权益等因素对两种法律特征进行综合考量，如将未填写出票日期的转账支票一概认定为无效，不利于保护善意的持票人，亦有违于生产生活实际。

编写人：北京市朝阳区人民法院　杨成成　李有光

139 电子商业承兑汇票中“超三日未应答”不能成为持票人行使追索权的“拦路石”

——物资公司诉石油公司等票据追索权案

【案件基本信息】

1. 裁判书字号

江苏省无锡市中级人民法院（2019）苏02民终1198号民事判决书

2. 案由：票据追索权纠纷

3. 当事人

原告（被上诉人）：物资公司

被告（上诉人）：石油公司

被告（被上诉人）：重工公司、江苏机械公司、无锡机械公司、波纹管公司

【基本案情】

2017年8月17日，出票人石油公司通过银行电子渠道签发电子商业承兑汇票3张，承兑人亦为石油公司，收票人为重工公司，金额为10万元、20万元、20万元，汇票到期日均为2018年6月17日。后上述汇票通过背书的形式依序转让给江苏机械公司、无锡

机械公司、波纹管公司、物资公司。

上述汇票到期后，物资公司于2018年7月10日委托银行收款被拒付，拒付理由为承兑人超三日未应答，故其诉至法院。

【案件焦点】

电子商业承兑汇票系统中显示“超三日未应答”是否可以认定为拒绝承兑。

【法院裁判要旨】

江苏省宜兴市人民法院经审理认为：出票人签发汇票后，即承担保证该汇票承兑和付款的责任；出票人在汇票得不到承兑或者付款时，应当向持票人清偿汇票金额、利息、费用等，背书人、承兑人对持票人承担连带责任。定日付款、出票后定期付款或者见票后定期付款的汇票，持票人应当自到期日起十日内向承兑人提示付款，持票人超过规定期限提示付款的，丧失对其前手的追索权，持票人在作出说明后，仍可以向承兑人请求付款。本案中，持票人物资公司通过背书转让的方式合法取得电子票据，依法享有票据权利，石油公司作为出票人在汇票得不到承兑时应向其清偿汇票金额及利息。但物资公司未按照法律规定期限履行提示付款义务，其只能向承兑人即石油公司请求付款，故对于物资公司要求重工公司、江苏机械公司、无锡机械公司、波纹管公司承担连带清偿责任的诉讼请求，没有法律依据，法院不予支持。

江苏省宜兴市人民法院依照《中华人民共和国票据法》第十九条、第二十六条、第五十三条、第五十四条、第六十一条、第七十条之规定，作出如下判决：

一、石油公司于本判决发生法律效力之日起十日内向物资公司支付票据款50万元及该款自2018年6月17日起至实际给付之日止按中国人民银行同期同类贷款基准利率计算的利息；

二、驳回物资公司对重工公司、江苏机械公司、无锡机械公司、波纹管公司的诉讼请求。

石油公司不服一审判决，提起上诉。

江苏省无锡市中级人民法院同意一审法院裁判意见，判决：

驳回上诉，维持原判。

【法官后语】

商业承兑汇票是企业交易过程中重要的支付方式，电子商业承兑汇票因其比纸质形式的汇票更加安全、方便、快捷，越来越受青睐。电子商业承兑汇票是指出票人依托电子商业汇票系统，以数据电文形式制作的，委托付款人在指定日期无条件支付确定金额给收款人或持票人的票据。因其属于新型事物，实践中因电子商业承兑汇票产生的纠纷也越来越多。

汇票有多种类型，定日付款、出票后定期付款或者见票后定期付款的汇票，持票人应注意在汇票到期日起十日内向承兑人提示付款。持票人超过规定期限提示付款的，虽然在作出说明后，仍然可以向承兑人请求付款，但丧失了对其前手的追索权。反之，承兑人按照前述规定期限提示付款的，就可以向前手行使票据追索权，但行使票据追索权须具备实质要件和形式要件。实质要件为其被拒绝承兑或拒绝付款，形式要件即应当提供拒付的相应证明。通常情况下，纸质汇票被拒绝承兑的，银行会出具退票理由书；电子汇票被拒绝承兑的，系统中会显示提示付款被拒绝。但在有些时候，持票人发出付款提示后，承兑人并不在系统中直接操作点击拒绝，而是假装没看见，不予任何回应，此时系统便会显示“超三日未应答”。此种情况下，承兑人并不能逃避责任。

根据《电子商业汇票业务管理办法》的规定，电子商业承兑汇票到期，持票人依法提示付款后，接入机构需要根据与承兑人签订的服务协议，在承兑人账户余额足够支付票据款项时，直接扣划资金支付票据款项；若承兑人账户余额不足以支付票据款项，则视为承兑人拒绝付款，接入机构应代承兑人作出拒付应答。若承兑人在收到付款请求次日起三日尚未作出应答，且其账户余额不足以支付票据款项的，视同承兑人拒绝付款。本案中，案涉电子商业承兑汇票系统中显示“超三日未应答”，即为承兑人拒绝付款，持票人可以行使追索权，但因其未按照法律规定期限履行提示付款义务，其只能向承兑人请求付款，不能向其前手行使追索权。

电子商业承兑汇票具有一定的专业性和复杂性，因此，在企业采用该类汇票前，建议选派相应负责人员进行一定的学习，以便熟练掌握承兑汇票相关法律规定以及电子商业承兑汇票具体操作方法，规避因使用不当给自身带来的法律风险。

编写人：江苏省宜兴市人民法院　陆妍

140 票据即使经恶意公示催告程序除权，持票人仍不得行使追索权

——制盐公司诉农资公司等票据追索权案

【案件基本信息】

1. 裁判书字号

湖北省荆门市中级人民法院（2019）鄂08民终56号民事判决书

2. 案由：票据追索权纠纷

3. 当事人

原告（上诉人）：制盐公司

被告（被上诉人）：农资公司、物联网公司、建材公司

【基本案情】

2016年8月，建材公司合法收到一张出票人为钢结构公司的银行承兑汇票（出票金额：人民币568430.26元整；付款行：某银行；出票日期2016年8月1日，汇票到期日：2017年1月31日）。建材公司将该汇票背书转让给材料公司。材料公司将汇票背书转让给材料公司（即现物联网公司）。材料公司于2016年8月11日将涉案汇票转交给工程公司。之后，该汇票流转并背书至农资公司。后该汇票继续流转至制盐公司，制盐公司又将该票据背书转让给塑料公司。

2016年10月28日，建材公司向福州市晋安区人民法院就涉案票据申请公示催告，法院于2016年11月13日发出公告，并于2017年2月10日作出（2016）闽0111民催5号除权判决，宣告涉案票据无效，申请人建材公司有权向支付人请求支付汇票金额。判决生效后，建材公司凭除权判决承兑了涉案汇票。

塑料公司持票于该汇票到期日去银行承兑，某银行于2017年2月21日以该汇票已被挂失为由拒绝承兑。2017年8月10日，塑料公司向制盐公司发出承兑汇票协调承付函，追索未果后诉至法院。之后，制盐公司向塑料公司支付汇票等额现金，塑料公司撤诉。2018年1月3日，制盐公司诉至法院，请求农资公司、物联网公司及建材公司连带偿付其公司不能承兑的汇票数额。

【案件焦点】

票据经恶意公示催告程序除权后，持票人是否享有票据追索权。

【法院裁判要旨】

湖北省荆门市东宝区人民法院经审理认为：票据权利主要包括付款请求权和票据追索权。但如票据经公示催告程序被法院除权判决宣告无效后，持票人就丧失了上述票据权利。根据本案查明的事实，导致本案制盐公司丧失票据追索权的原因是建材公司就涉案票据进行了公示催告除权。根据本案审理查明的事实，建材公司在明知自己已将涉案票据背书转让给材料公司而无法定的“被盗、遗失或者灭失”情形下，向福州市晋安区人民法院就涉案票据申请公示催告，此属主观恶意。根据法律规定，恶意申请公示催告，致使人民法院作出除权判决，进而导致利害关系人丧失票据权利（付款请求权和票据追索权）的，持票人不能行使票据追索权，可依据基础民事法律关系，向交易相对方主张权利。而本案又查明，农资公司、物联网公司及建材公司与制盐公司间均无基础民事法律关系，因此制盐公司不能依据基础民事法律关系向上述前手主张权利。对此，制盐公司可根据《中华人民共和国民事诉讼法》第二百二十三条“利害关系人因正当理由不能在判决前向人民法院申报的，自知道或者应当知道判决公告之日起一年内，可以向作出判决的人民法院起诉”之规定，诉至作出除权判决的福州市晋安区人民法院以寻求救济，但此种救济法院并不享有管辖权。

湖北省荆门市东宝区人民法院依照《中华人民共和国民事诉讼法》第一百一十九条第四项、第一百五十四条第一款第三项、第二百一十八条第一款、第二百二十三条之规定，《最高人民法院关于适用〈中华人民共和国民事诉讼法〉的解释》第四百六十条第一款第三项，裁定如下：

驳回原告制盐公司的起诉。

制盐公司不服一审裁定，提起上诉。湖北省荆门市中级人民法院经审理认为：一审裁定认定事实清楚，适用法律正确，依照《中华人民共和国民事诉讼法》第一百七十条第一款第一项、第一百七十一条之规定，裁定如下：

驳回上诉，维持原裁定。

【法官后语】

本案有两个问题需厘清：一是实体问题，即票据经恶意公示催告程序除权后，持票人是否享有票据追索权。

票据追索权是指当事人行使付款请求权遭到拒绝或有其他法定原因存在时，向其前手请求偿还票据金额及其他法定费用的权利。票据持有人合法占有涉案票据，理应依法享有涉案票据权利，但该票据已被福州市晋安区人民法院作出的判决除权。根据《中华人民共和国民事诉讼法》关于公示催告程序的规定，公示催告作为持票人失票的一种救济程序，其作为特别程序作出的除权判决，在一定程度上具有既判力，除权判决的内容就是宣告票据无效，使票据与票据权利分离，公示催告申请人被推定为当然的权利者。除权判决的目的就是否定持票人的票据权利，除非真正权利人起诉撤销法院的除权判决，恢复真正合法持票人的票据权利。

本案中，即便已明知作为背书人之一的建材公司恶意申请公示催告，但法院作出除权判决后至撤销除权判决前，仅建材公司排他地享有向支付人请求付款的权利，而对制盐公司而言，其所持的为无效票据，票据无效，权利焉附？显然，作为持票人的制盐公司不享有票据追索权。

二是程序问题，即持票人主张票据追索权，法院应判决驳回诉讼请求还是裁定驳回起诉。

也就是说，审理过程中，如法官通过审查认定的事实，已明知作为被告之一的背书人恶意申请公示催告致使持票人丧失追索权后，其是否应依职权行使释明权，向当事人释明其丧失追索权后的救济途径，并根据当事人选择的救济方式决定是否继续对案件进行实体审理。

法院在审理本案时，法官主动向票据持有人释明其已丧失票据权利，并告知其可以通过向相关当事人主张票据侵权损害责任的方式挽回其损失。票据持有人的救济途径有两种：其一，根据《中华人民共和国民事诉讼法》（2017 年修正）第二百二十三条之规定，利害关系人因正当理由不能在判决前向人民法院申报的，自知道或者应当知道判决公告之日起一年内，可以向作出判决的人民法院起诉。即持票人将申请人列为被告，诉至作出除权判决的法院，诉请撤销除权判决并确认其为合法持票人。另外，票据损害责任纠纷属于票据法上的非票据权利纠纷，根据《最高人民法院关于审理票据纠纷案件若干问题的规定》第六条的规定，该类纠纷由被告住所地人民法院管辖。换言之，以该种方式行使救济的管辖法院可以是作出除权判决的法院，亦可以是公示催告申请人所在地。其二，持票人可以直接依据基础民事法律关系向与其有直接债权债务关系的当事人按照合同关系主张侵权损害赔偿。就本案而言，持票人与其追索的前手间无基础民事法律关系，且作出除权判决的法院也非法院，故法院无管辖权遂裁定驳回起诉。

编写人：湖北省荆门市东宝区人民法院　刘薇

141 除权判决被撤销后持票人的权利救济途径

——仪表厂诉通信公司、电子公司票据权利案

【案件基本信息】

1. 裁判书字号

江苏省高级人民法院（2019）苏民再390号民事判决书

2. 案由：票据权利纠纷

3. 当事人

原告（被上诉人、再审被申请人）：仪表厂

被告（上诉人、再审申请人）：通信公司

被告（被上诉人、再审被申请人）：电子公司

【基本案情】

通信公司开具商业承兑汇票1张，出票日期2014年9月1日，金额50万元，到期日2015年2月28日，收款人通讯技术公司。后该汇票依次背书转让于电子公司。

2014年9月15日，电子公司向通信公司的开户银行某银行申请挂失止付上述汇票，该支行办理了挂失确认，并出具挂失止付通知书。电子公司随后向上海市静安区人民法院申请宣告上述汇票无效，该院于2014年12月14日刊登公告，催促利害关系人在60日内申报权利，并于2015年2月13日作出（2014）静民催字第38号民事判决：宣告以上汇票无效；自判决公告之日起，电子公司有权向支付人某银行请求支付。随后，通信公司向某银行出具拒付确认书，表示对涉案汇票拒付。

2015年2月20日，电子公司向通信公司发出《票据支付申请函》，要求其履行（2014）静民催字第38号民事判决，通知某银行将汇票金额50万元汇入电子公司账户或由通信公司直接将款项以货款名义支付给电子公司。同年3月4日，通信公司通过某银行以货款名义向电子公司转账50万元。

此后，仪表厂在业务往来中取得涉案汇票，继而背书于甲银行委托收款。后某银行以该汇票已被人民法院判决无效为由拒绝付款。

2015年7月8日，仪表厂诉至上海市静安区人民法院，请求撤销（2014）静民催字第38号民事判决书，该院作出（2015）静民四（商）初字第2751号民事判决，驳回仪表厂的诉讼请求。仪表厂不服该一审判决，上诉至上海市第二中级人民法院，该院于2016年9月30日作出（2016）沪02民终3890号民事判决，认为仪表厂系该汇票的最后合法持票人，有权起诉撤销除权判决，而电子公司不是涉案汇票公示催告程序的适格申请人，遂判决撤销上海市静安区人民法院（2015）静民四（商）初字第2751号民事判决及（2014）静民催字第38号民事判决。

现仪表厂认为其系涉案汇票的最后合法持有人，该汇票的除权判决已被撤销，票据权利已恢复，故起诉至法院，请求判令通信公司、电子公司连带给付票据款50万元及利息损失。

【案件焦点】

通信公司是否应向仪表厂履行50万元的票据款项支付义务。

【法院裁判要旨】

江苏省镇江市丹徒区人民法院经审理认为：涉案票据形式完备，记载事项齐全，为有效票据，持票人以背书的连续性证明其票据权利。现仪表厂作为该票据的合法持票人已经生效判决确认，其可依法行使票据权利。电子公司申请公示催告，虽经除权判决宣告涉案票据无效，但该除权判决已被撤销。现仪表厂作为持票人被拒绝付款，背书人电子公司、出票人通信公司应承担连带付款责任。电子公司要求通信公司给付 50 万元票据款所依据的判决已被撤销，通信公司可另起诉要求电子公司返还。

江苏省镇江市丹徒区人民法院依照《中华人民共和国票据法》第四条、第二十六条、第三十七条、第六十一条、第六十二条、第六十八条、第七十条第一款规定，作出如下判决：

电子公司、通信公司于判决生效之日起十日内连带给付仪表厂 50 万元及利息损失（以 50 万元为基数，自 2015 年 2 月 29 日起至实际给付之日止，按中国人民银行规定的银行同类贷款基准利率标准计算）。

通信公司不服一审判决，提出上诉。江苏省镇江市中级人民法院经审理认为：涉案商业承兑汇票有效，仪表厂作为该汇票的最后合法持票人已经法院生效裁判予以确认，享有票据权利。现该汇票的除权判决已被撤销，仪表厂被拒绝付款后，可以对汇票债务人进行追索。且除权判决作出后，通信公司曾向某银行出具拒付确认书，其虽于 2015 年 3 月 4 日向电子公司转账 50 万元，但该款项用途为货款，通信公司未依据除权判决主动支付票据款，亦不能证明该转账的 50 万元即为涉案汇票的票据款，故不能视为其已向电子公司支付了涉案汇票的票据款，通信公司作为汇票债务人的责任尚未解除。

一审判令电子公司、通信公司连带给付仪表厂 50 万元及利息，并无不当。

江苏省镇江市中级人民法院依照《中华人民共和国民事诉讼法》第一百七十条第一款第一项之规定，作出如下判决：

驳回上诉，维持原判。

通信公司不服该二审判决，申请再审。江苏省高级人民法院经再审审理认为：在仪表厂获得涉案汇票之前，上海市静安区人民法院曾作出（2014）静民催字第 38 号民事判决，宣告该汇票无效，并确认自该判决公告之日起，电子公司有权向通信公司的开户银行某银行请求支付。之后电子公司要求通信公司履行该除权判决，通知出票支付银行将 50 万元汇入电子公司账户，或者直接将该款项以货款的名义支付给电子公司。随后，通信公司便以货款的名义向电子公司转账了 50 万元。关于通信公司以上付款的性质，仪表厂虽主张通信公司与电子公司之间另有其他交易关系、已支付的 50 万元并非涉案汇票款项，但仪表厂并无证据证明其主张，该主张不能成立。据此，在无相反证据推翻的情况下，通信公司已向电子公司支付的 50 万元，有人民法院当时有效的除权判决及电子公司的付款申请作为依据，相关行为之间的关联程度较高，故应认定通信公司已向电子公司支付了涉案汇票项下的 50 万元，通信公司已向电子公司履行完毕付款义务。二审判决认定通信公司的转账行为不能视为向电子公司支付汇票款，实有不当，予以纠正。

此后，上述除权判决虽于 2016 年 9 月 30 日被上海市第二中级人民法院以（2016）沪 02 民终 3890 号民事判决予以撤销，但不影响通信公司曾经按照该除权判决所作出的相关给付行为的法律效力，仪表厂作为此后的持票人，亦不得要求通信公司再次付款，否则将有违公平秩序之原则。至于电子公司，已有人民法院生效判决认定其就涉案汇票申请公示催告不当，故其应向仪表厂承担给付责任。

江苏省高级人民法院依照《中华人民共和国民事诉讼法》第二百零七条第一款、第一百七十条第一款第一项及第二项、第二百二十二条、第一百四十四条，《中华人民共和国票据法》第六十条，《最高人民法院关于适用〈中华人民共和国民事诉讼法〉的解释》第九十条规定，作出如下判决：

一、撤销江苏省镇江市中级人民法院（2017）苏11民终3674号民事判决；

二、变更镇江市丹徒区人民法院（2016）苏1112民初3597号民事判决为：电子公司于本判决生效之日起十日内给付仪表厂50万元及利息损失（以50万元为基数，自2015年2月29日起至实际给付之日止，按中国人民银行规定的银行同类贷款基准利率标准计算）；

三、驳回仪表厂的其他诉讼请求。

【法官后语】

申请公示催告与除权判决，是合法持票人在票据丧失以后可以依法行使的救济途径，相关票据的除权判决作出后，该票据即被宣告无效，自除权判决公告之日起，丧失票据的原合法持票人即有权依照除权判决而向付款人请求付款，进而实现票据项下的权利。

然而，公示催告程序本系针对合法持票人所创设的失票救济，但实践中存在当事人恶意申请公示催告和除权判决的情形，部分票据出卖方、贴现人等在未获得票据款的情况下，通过伪造票据丧失的事实恶意申请公示催告、阻止合法持票人正常行使票据权利，使公示催告程序沦为个别当事人恶意牟利的工具，此确实有违该项制度设置的初衷。基于此，《中华人民共和国民事诉讼法》第二百二十三条以及《最高人民法院关于适用〈中华人民共和国民事诉讼法〉的解释》第四百六十一条创设了有关当事人可以申请人民法院撤销除权判决的制度框架。但在该制度背景下，关于除权判决被撤销以后的法律效果以及此后持票人的权利性质，法律未作出更为明确的规定。在除权判决被撤销后，相关持票人的票据权利是否当然地、无条件地恢复，持票人是否可以继续凭票面记载内容而要求付款人无条件付款，而无需考虑该付款人是否已经按照此前除权判决的要求向其他当事人作出了相应的给付，这些问题在司法实践中存在较大的分歧：

一种观点认为，票据系设权凭证，具有见票即付的基本法律属性。除权判决被撤销后，票据即恢复法律效力，持票人当然有权要求出票人、背书人等票据债务人履行付款责任，而无需考虑相关票据债务人是否曾按照除权判决的要求作出过付款行为。此方能符合票据权利无因性的基本法律原则，保护合法持票人的权益。至于票据债务人按照原除权判决所作出的实际给付，因该除权判决已被撤销，则原给付行为的法律基础即行丧失，除权判决的申请人所得之利益缺乏法律依据，应当基于不当得利而返还于原付款人。具体到本案中，除权判决被撤销后，票据权利即行恢复，现仪表厂系合法持票人，通信公司、电子公司作为票据的出票人和背书人，理应向仪表厂履行见票即付的付款义务。至于通信公司曾按照除权判决向电子公司支付的50万元，通信公司有权要求电子公司返还，电子公司亦应返还。如本案一审判决中提出的“电子公司要求通信公司给付50万元票据款所依据的除权判决已被撤销，通信公司可另起诉要求电子公司返还”，采纳的即该观点。

另一种观点认为，除权判决作出后，付款人依照除权判决向相关当事人作出的给付行为的法律效力，不因该除权判决此后是否被撤销而受到影响。也就是说，即使将来该除权判决被撤销，付款人亦不再对后来的持票人负有见票付款的义务。除权判决被撤销的，该除权判决的申请人存在过错，因其不当申请除权判决的行为给实际票据权利人造成了损失，票据权利人可依据其他法律关系向除权判决的申请人主张权利。具体到本案中，即通信公司按照除权判决向电子公司支付50万元后，其作为票据债务人的付款义务即解除，任何人均不得再行要求其支付票据项下的款项。故而仪表厂在本案中不得要求通信公司、电子公司就该票据承担连带付款责任，仅可以电子公司不当申请除权判决造成其无法行使票据权利为由，向电子公司主张赔偿损失。

可以观之，以上两种观点实际上各有其立足点和法律逻辑，任何一方均难以形成压倒性的优势。如本案二审判决中提出“通信公司不能证明已向电子公司转账的50万元即为涉案汇票项下款项，不能视为已向电子公司支付了票据款，通信公司作为汇票债务人的责任尚未解除”，但实际上通信公司的付款行为性质很明显，并无证据证明该50万元系其他交易关系项下的往来。但以上两种观点相较而言，笔者更同意后一种观点——前一种观点虽有利于解释票据法律关系的特殊性、有利于维护票据交易的高效率，但后一种观点更加符合民事法律关系中的诚实信用原则，同时也有利于保护当事人对票据的有效性、除权判决的法律效力等产生的信赖利益，有利于维护交易秩序的稳定，降低交易风险。此也系本案经审查后予以提起再审的理由。

值得庆幸的是，在本案按照上述第二种观点提起再审后，最高人民法院于2019年11月8日发布了《全国法院民商事审判工作会议纪要》，其中对本案争议的问题已有涉及。《全国法院民商事审判工作会议纪要》在第一百零六条中提到，针对恶意申请公示催告行为的救济，应当区别付款人是否已经付款等情形，作出不同认定：(1) 在除权判决作出后，付款人尚未付款的情况下，最后合法持票人可以根据《中华人民共和国民事诉讼法》第二百二十三条的规定，在法定期限内请求撤销除权判决，待票据恢复效力后再依法行使票据权利。最后合法持票人也可以基于基础法律关系向其直接前手退票并请求直接前手另行给付基础法律关系项下的对价。(2) 除权判决作出后，付款人已经付款的，因恶意申请公示催告并持除权判决获得票款的行为损害了最后合法持票人的权利，最后合法持票人请求申请人承担侵权损害赔偿责任的，人民法院依法予以支持。据此可知，《全国法院民商事审判工作会议纪要》实际上将针对不当申请公示催告行为的救济途径区分为付款人是否已经实际付款的不同情形而论之——在付款人尚未付款的情况下，实际持票人的票据权利因先前除权判决的撤销而当然恢复，持票人可以选择正常行使票据权利；而在付款人已经实际付款的情况下（也就是本案中通信公司与电子公司之间的结算情况），纪要中仍未回答该票据权利是否因除权判决被撤销而当然恢复的问题，票据在该阶段的权利性质仍难以认定，有待进一步研究探讨。但好在已经明确了需对持票人实现权利的方式进行限制，即其可以请求不当申请公示催告的行为人承担侵权损害赔偿责任，但不得再行要求已经根据除权判决履行付款义务的票据债务人二次付款。此种思路，与本案提起再审时的考量方式不谋而合。

编写人：江苏省高级人民法院　杜三军

142　民事诉讼中驳回诉讼请求与驳回起诉的正确区分与认定

——投资公司诉材料公司票据案

【案件基本信息】

1. 裁判书字号

山东省淄博市中级人民法院（2019）鲁03民终287号民事裁定书

2. 案由：票据纠纷

3. 当事人

原告（上诉人）：投资公司

被告（被上诉人）：材料公司

【基本案情】

原告持有银行承兑汇票，其出票人为集团公司，收款人为化工公司，出票日期为2016年7月22日，汇票到期日为2017年1月21日，付款行为某银行，票面金额为100000元。从汇票票面记载来看，其背书顺序为：化工公司—经贸公司—原告，背书连续，背书时间未填写。原告主张案外人付某华于2016年9月10日将涉案银行承兑汇票交付给原告用于抵债，但未能举证证明其取得票据的时间。被告材料公司以银行承兑汇票遗失为由向一审法院申请公示催告，一审法院受理后于 2016 年 10 月 31 日发出公告，由于公示催告期满后无人提出申报，一审法院于 2017 年 2 月 8 日作出（2016）鲁 0303 民催 56 号民事判决书，判决涉案承兑汇票无效，被告有权向支付人请求支付。投资公司起诉要求撤销（2016）鲁 0303 民催 56 号民事判决书并判令被告材料公司返还票据款并赔偿经济损失 100000 元。

【案件焦点】

本案对原告起诉应如何正确处理。

【法院裁判要旨】

山东省淄博市张店区人民法院经审理认为：原告主张其于 2016 年 9 月 10 日从案外人付某华手中取得涉案银行承兑汇票，但未能举证予以证明，根据《中华人民共和国民事诉讼法》第二百二十条第二款的规定，公示催告期间，转让票据权利的行为无效。因此，原告未能举证证明其不是在公示催告期间取得的涉案银行承兑汇票，其应承担举证不能的法律后果。综上，一审法院对原告的诉讼请求不予支持。被告材料公司未到庭应诉，视为放弃诉讼权利。据此，依照《最高人民法院关于审理票据纠纷案件若干问题的规定》第三十四条、《最高人民法院关于民事诉讼证据的若干规定》第二条，《中华人民共和国民事诉讼法》第一百四十四条、第二百二十条第二款的规定，判决：

驳回原告投资公司的诉讼请求。

投资公司不服一审判决，提起上诉。

山东省淄博市中级人民法院经审理认为：《中华人民共和国民事

诉讼法》第二百二十三条规定，利害关系人因正当理由不能在判决前向人民法院申报的，自知道或者应当知道判决公告之日起一年内，可以向作出判决的人民法院起诉。投资公司在委托银行收款时即被告知该票据因被他人申请公示催告而停止支付，投资公司关于其不知道公示催告事项的主张，与事实不符，不予采信。投资公司在取得委托收款退赔理由书后，并未向法院申报权利，现也无证据证明具有导致其未能在除权判决作出前申报权利的正当理由。因此，投资公司起诉请求撤销除权判决，不符合上述法律规定的起诉条件。投资公司明知公示催告事项，却无故不依法申报权利，而其在除权判决作出后又接受退回的无效票据之行为，与材料公司并无直接的法律关系和利害关系。投资公司对材料公司起诉没有依据。裁定：

撤销一审判决并驳回投资公司的起诉。

【法官后语】

本案主要涉及的问题在于司法实践中人民法院对于驳回诉讼请求和驳回起诉应如何正确区分与适用。

本案中被告以银行承兑汇票遗失为由向一审法院申请公示催告，一审法院依法发出公告，并在公示催告期满后无人提出申报的情况下依法作出除权判决，原告因此提起本案诉讼要求撤销除权判决并判令被告返还票据款。从本案一、二审法院的认定来看，一、二审法院对原告提起本案诉讼均是持否定的态度，不过两审法院对本案的处理结果却完全不同。一审法院经审理后判决驳回原告的诉讼请求，二审法院经审理后则撤销原判并驳回起诉。因此，在审判实践中应当对驳回诉讼请求和驳回起诉的区分适用予以明晰。

驳回诉讼请求是指人民法院经审理后认为原告请求的内容没有事实依据或者没有法律依据而作出的对其请求不予支持的处理，或者说是人民法院经审理认定原告的诉讼请求不成立从而对原告主张的实体权利予以否定的处理。驳回诉讼请求是因为原告的诉讼请求经审理后认定不成立，其实体权利无法通过法律得到认定支持。而驳回起诉则是指在人民法院立案后经审查查明原告的起诉不符合法律规定的起诉条件而作出的程序性处理。不符合法律规定的起诉条件主要包括原告不是合格的诉讼主体；所提出的诉讼请求不属于人民法院受理案件的范围；原告起诉未经过法定的前置程序；等等。驳回诉讼请求和驳回起诉从形式上看都是原告的诉讼主张没有得到人民法院的支持，但二者存在本质区别。驳回诉讼请求是对原告实体权利的处理，所以对于驳回诉讼请求采取判决的形式；驳回起诉解决的是程序性问题，所以对于驳回起诉采取的是裁定的形式。但二者最核心的区别则在于，判决驳回诉讼请求是对原告的诉讼请求即对原告的实体权利作出了处理，该判决一旦生效，那么根据“一事不再理”原则，原告便不能就同一事实、诉讼标的和诉讼请求再次起诉。而在裁定驳回起诉的情形下，人民法院并未对原告的实体权利进行司法处理，故驳回起诉裁定发生法律效力后，原告如符合起诉条件可以再次起诉。

在明确了驳回诉讼请求和驳回起诉的上述根本性区别后，就本案不难看出，投资公司在委托银行收款时即被告知该票据因被他人申请公示催告而停止支付，其在取得委托收款退赔理由书后，并未向法院申报权利，现也无证据证明具有导致其未能在除权判决作出前申报权利的正当理由。因此，投资公司起诉请求撤销除权判决，不符合《中华人民共和国民事诉讼法》第二百二十三条规定的起诉条件。投资公司明知公示催告事项，却无故不依法申报权利，而其在除权判决作出后又接受退回的无效票据之行为，与材料公司并无直接的法律关系和利害关系。投资公司对材料公司起诉没有依据。也就是说，本案中原告并不具备法律所规定的起诉条件，其本身是不能提起本案诉讼的。在这种情况下，其提起本案诉讼，人民法院应当依法不予受理，已经受理的，则依法应当驳回起诉。既然人民法院对于原告的起诉依法本来就不应当受理，那么在受理后依法应当是裁定驳回起诉，而不能判决驳回诉讼请求，毕竟判决驳回诉讼请求明显是对其诉讼请求作出了实体处理。

编写人：山东省淄博市中级人民法院　荣明潇

山东省淄博市张店区人民法院　刘晓辉

143　主合同重新约定管辖对担保人有约束力

——某银行诉汽车公司、地产公司票据案

【案件基本信息】

1. 裁判书字号

重庆市第一中级人民法院（2019）渝01民辖终1264号民事裁定书

2. 案由：票据纠纷

3. 当事人

原告（被上诉人）：某银行

被告（上诉人）：汽车公司、地产公司

【基本案情】

2016年12月6日，某银行与汽车公司签订《综合授信协议》，约定某银行向汽车公司提供最高授信额度为人民币2亿元，授信期限为2016年12月16日至2019年12月15日，担保方式采用“抵押+保证”，争议管辖法院为原告所在地法院等内容。

2016年12月12日，某银行与地产公司、汽车公司签订《最高额抵押合同》，约定地产公司为汽车公司所负债务提供抵押担保，抵押物为地块；争议管辖法院为某银行所在地法院等内容。

2018年9月13日，某银行与汽车公司签订了《商业承兑汇票保贴协议》，约定某银行为汽车公司签发并承兑的商业承兑汇票办理贴现，并写明票面金额即为承兑人所负的债务本金，期限为汇票到期日；某银行所垫付票款自垫付之日起转为承兑人汽车公司的逾期贷款，并计收逾期利息，不需要另签借款合同；合同履行中发生争议的，由签约地人民法院管辖等内容。同日，汽车公司开立了一张电子商业承兑汇票，票面金额为600万元，收款人为某公司，汇票到期日为2019年3月13日，承兑人为汽车公司，并承诺本汇票已经承兑，到期无条件付款。

2019年3月13日，上述电子商业承兑汇票到期时，某银行向承兑人汽车公司提示付款，但汽车公司拒绝支付票款。某银行催收未果，遂诉至重庆自由贸易试验区人民法院。

审理中，汽车公司、地产公司在提交答辩状期间分别向法院提出管辖权异议申请。

【案件焦点】

债权人某银行与主债务人汽车公司达成的新的协议中对管辖进

行了重新约定，变更了管辖法院，该约定是否对保证人地产公司具有约束力。

【法院裁判要旨】

重庆自由贸易试验区人民法院经审理认为：《最高人民法院关于适用〈中华人民共和国担保法〉若干问题的解释》第一百二十九条规定："主合同和担保合同发生纠纷提起诉讼的，应当根据主合同确定案件管辖。担保人承担连带责任的担保合同发生纠纷，债权人向担保人主张权利的，应当由担保人住所地的法院管辖。主合同和担保合同选择管辖的法院不一致的，应当根据主合同确定案件管辖。"可见，担保合同是以主合同为基础而订立，具有从属性。本案中，2016 年 12 月 6 日，某银行与汽车公司签订的《综合授信协议》，12 月 12 日，某银行与汽车公司、地产公司签订的《最高额抵押合同》，约定争议管辖法院均为某银行住所地人民法院。但在 2018 年 9 月 13 日，某银行与汽车公司签订的《商业承兑汇票保贴协议》中对上述协议内容进行了变更，约定管辖法院为签约地所在地人民法院管辖。虽然地产公司未在《商业承兑汇票保贴协议》中签字，但由于地产公司在本案中作为担保人与主债务人汽车公司被一并提起诉讼，应以主债务人汽车公司与债权人某银行之间的主合同关系确定管辖，以《商业承兑汇票保贴协议》中的约定作为确定管辖的依据。现签约地在重庆自由贸易试验区范围内，属重庆自由贸易试验区人民法院司法辖区，故重庆自由贸易试验区人民法院对本案具有管辖权。

重庆自由贸易试验区人民法院根据《中华人民共和国民事诉讼法》第三十四条、第一百二十七条第一款、第一百五十四条第一款第二项，《最高人民法院关于适用〈中华人民共和国担保法〉若干问题的解释》第一百二十九条之规定，裁定如下：

驳回被告汽车公司、被告地产公司对本案管辖权提出的异议。

地产公司不服一审裁定，提起上诉。重庆市第一中级人民法院裁定：

驳回上诉，维持原裁定。

【法官后语】

债权人与主债务人达成的新的协议中对管辖进行了重新约定，变更了管辖法院，该约定对保证人具有约束力，理由如下：

第一，担保合同是以主合同为基础而订立具有从属性。担保合同是债权人与债务人或者第三人订立的保证主合同债权实现的合同。因此，担保合同是以主合同的存在为前提、为根据的。有了主合同才有担保合同的必要，没有主合同，就不需要担保合同，正是从这个意义上讲，担保合同与主合同的关系是主从关系，担保合同的性质是从合同的性质。担保纠纷案件多数也采取共同诉讼的模式，被告为多人，在确定案件管辖时，考虑主从合同关系，主从合同一并处理，应依据主合同确定管辖。

第二，主合同重新约定管辖对担保人有约束力符合诉讼经济原则。按照根据主合同确定管辖，会给当事人节约诉讼成本，避免管辖冲突，也方便法院统一审理，及时判决。从提高争议解决效率、节省司法资源、主合同担保合同一并起诉，在执行中也可以避免担保实质落空。

综上，债权人与主债务人在未征得担保人同意的情况下协议变更管辖约定，一般不会构成对担保人的“管辖突袭”。综合考虑债权人的利益保护，从一次性解决纠纷及节约司法资源的角度来看，应当按照变更后的主合同确定管辖。

编写人：重庆自由贸易试验区人民法院　付佃强

144 票据追索权之形式要件与实质要件在审判实务中的认定

——崇某公司诉某塔石化公司等票据追索权案

【案件基本信息】

1. 裁判书字号

山东省淄博市淄川区人民法院（2018）鲁 0302 民初 3254 号民事判决书

2. 案由：票据追索权纠纷

3. 当事人

原告：崇某公司

被告：某塔石化公司、某塔盛华公司、某塔大古公司、某塔国际公司、某塔能源公司、某鑫公司

【基本案情】

某鑫公司多次从崇某公司处购买水泥，2017 年 12 月至 2018 年 1 月，某鑫公司用某塔石化公司为承兑人，某塔盛华公司、某塔大古公司为出票人，某塔国际公司、某塔能源公司为收票人的承兑汇票支付崇某公司的货款。票据到期后，某塔石化公司未能兑付汇票上的金额。崇某公司诉至法院。

【案件焦点】

承兑汇票的持票人在汇票到期后，无承兑人被拒付承兑或被拒绝付款的直接证明，即票据追索权的形式要件及实质要件存在一定的瑕疵时，持票人的票据追索权是否应予以支持。

【法院裁判要旨】

山东省淄博市淄川区人民法院经审理认为：行使票据追索权需具备实质要件和形式要件。实质要件是持票人的付款请求权得不到实现。《中华人民共和国票据法》第六十一条规定的“拒绝付款”，不仅包括付款人明确“拒绝付款”的情形，还包括付款人客观上无力履行付款义务而无法付款的情形。形式要件是持票人应提供被拒绝承兑或被拒绝付款的证明。所谓证明，可以是退票理由书、拒绝证明等相关文件。根据崇某公司提供的某塔石化公司在其官方网站上发布的公告内容，以及某塔石化公司未按公告告知的时间进行兑付的事实，可以认定该公告即为崇某公司被拒绝付款的证明。根据某塔石化公司未实际兑付的事实，足以认定崇某公司已实质上被拒绝付款。因此，某塔盛华公司、某塔大古公司、某塔国际公司、某塔能源公司以崇某公司未提供承兑人的拒付证明，无权向其行使追索权的抗辩理由不成立。

山东省淄博市淄川区人民法院依照《中华人民共和国票据法》第四条、第二十六条、第六十一条、第六十八条第一款、第七十一条，《最高人民法院关于审理票据纠纷案件若干问题的规定》第五条、第二十二条，《中华人民共和国民事诉讼法》第一百四十四条的规定，作出如下判决：

一、某塔石化公司支付崇某公司票据款 11150000. 00 元；

二、某塔盛华公司、某塔国际公司对上述第一项到期票据款11150000.00元中的6150000.00元承担连带责任；

三、某塔大古公司、某塔能源公司对上述第一项到期票据款11150000.00元中的5000000.00元承担连带责任；

四、某鑫公司对上述第一项到期票据款11150000.00元中的9500000.00元承担连带责任；

五、某塔石化公司、某塔盛华公司、某塔大古公司、某塔国际公司、某塔能源公司、某鑫公司自2018年9月12日起至实际给付之日止，以各自所承担的还款数额为基数，按中国人民银行同期贷款利率4.35%计算，连带支付崇某公司利息。

判决后，双方当事人均未上诉，本判决现已生效。

【法官后语】

根据《中华人民共和国票据法》，票据作为一种支付方式，分为汇票、本票和支票，而其中的汇票因出票人不同又分为银行汇票和商业汇票，顾名思义银行汇票是银行出具的汇票，商业汇票是非银行单位出具的票据，商业承兑汇票是商业单位开具的，以承兑人的信用为担保，到期后持票人要求承兑人（即付款人）无条件支付票款，商业承兑汇票的承兑人为商业银行以外的付款人，多为企业法人。商业承兑汇票作为票据市场的重要组成部分，有着调整企业特别是中小微企业的资产负债环境、加强融资、降低财务成本、提高资金流通速率等优势。

商业汇票在具备其自身优势的同时，也不可避免地存在一定的不足甚至风险隐患。商业承兑汇票的结算时间较长，纸质的商业承兑汇票期限最长可达到6个月，而电子商业承兑汇票的期限就更长了，最长可以达1年，远远大于一般应收账款的期限。再者现在的经济形势和市场情况瞬息万变，承兑人的财务状况会受到诸如战争、能源危机、政策调整等各种不确定因素的影响，致使其付款能力大打折扣。在现实的经济交往中，持票人实时考察承兑人的财务状况是不现实的，因此商业承兑汇票持票人所持有的商业汇票无法兑付的风险将大大增加。本案中，崇某公司在水泥交易过程中，接收了某塔石化公司作为承兑人的商业承兑汇票，因某塔石化公司的经营状况恶化，造成其支付能力出现危机，崇某公司的商业承兑汇票无法兑付。

在当下的经济往来中，汇票凭借可多次背书支付的优点，已成为市场主体特别是中小微企业经济往来中重要的贸易结算方式，但中小微企业往往又是财务人员不健全或不具备相关专业金融知识的公司，它们在享受便捷交易的同时也存在所持有的到期商业承兑汇票得不到承兑的风险，在遇到票据无法兑付通过诉讼维权时，若机械甚至苛刻地要求持票人提供承兑人拒绝付款的直接证据，无疑再次增加了持票人维权的成本，间接“默许”了承兑人的违法行为，不但没有发挥法律的惩戒功能，且有损司法公信力。因此作为审判机关，人民法院在秉持司法中立立场的同时，要充分发挥司法裁判在金融审判特别是在票据纠纷领域的价值引领作用，在审理类似票据追索权纠纷案件时，应采取“实质重于形式”的认定方式，从而解决承兑人为规避追索在电票系统中不作应答，使持票人无法取得承兑人出具的拒付证明而导致追索不能的困境，更好地维护市场主体特别是中小微企业的合法权益。在对根据追索权进行审查认定时，应当注意票据追索权的行使需同时具备实质要件和形式要件，两者缺一不可，实质要件是持票人无法实现其付款请求权，形式要件是持票人需提供被拒绝承兑或被拒绝付款的证明，本案从《中华人民共和国票据法》的立法本意出发，认为“拒绝付款”除付款人明确

"拒绝付款"外，付款人客观上无力履行付款义务而无法付款的也应当认定为系拒绝付款的情形，从而解决了持票人因无法获得拒付证明而无法行使追索权的难题，具有一定的借鉴意义。

编写人：山东省淄博市淄川区人民法院 孙运超

145 刑民交叉案件中票据追索权行使与抗辩的司法审查

——新某元公司诉某农商行、某泽源公司票据追索权案

【案件基本信息】

1. 裁判书字号

江苏省无锡市中级人民法院（2018）苏02民终2369号民事判决书

2. 案由：票据追索权纠纷

3. 当事人

原告（被上诉人）：新某元公司

被告（上诉人）：某农商行

被告：某泽源公司

【基本案情】

2016年12月22日，某鼎公司开具7张银行承兑汇票，收款人均为某苏公司，到期日均为2017年3月22日，出票金额共计329万元，某农商行在该7张汇票上签章承兑。上述票据经某苏公司、某泽源公司和新某元公司依次背书。关于票据的流转，案涉汇票系新某元公司的实际经营人周某某以收取钢材预付款的名义从某泽源公司取得的，某泽源公司系从朱某某处借得该票据，而朱某

某又通过票据贴现方式向某苏公司法定代表人余某某支付贴现款320万元取得该汇票。2016年12月26日，新某元公司将票据背书给无锡农商行，以委托无锡农商行向某农商行收款。2017年3月9日，某农商行以“该银承已挂失止付”为由拒绝付款。无锡农商行遂退票给新某元公司。

2017年1月20日，公安局对某鼎公司举报某苏公司法定代表人余某某合同诈骗案立案侦查，分别于2017年3月9日、3月21日向某农商行发出协助执行通知书、协助冻结财产通知书。要求某农商行立即停止兑付案涉7张汇票，并冻结犯罪嫌疑人余某某的案涉7张汇票。2017年1月23日，某鼎公司作为出票人向某农商行就案涉票据申请挂失。法院因某鼎公司诉某苏公司买卖合同纠纷一案裁定“冻结某苏公司的银行存款340万元，或查封、扣押其相应价值的财产”，并于2017年1月25日向某农商行发出协助执行通知书，要求暂停兑付案涉票据。

因某农商行拒绝付款，新某元公司诉至法院，要求案涉票据承兑人某农商行和背书人某泽源公司连带向其支付票据款329万元及利息。

【案件焦点】

1. 新某元公司是否有权行使票据追索权；2. 某农商行拒绝付款的抗辩能否成立。

【法院裁判要旨】

江苏省无锡市滨湖区人民法院经审理认为：

一、关于新某元公司是否享有票据追索权

《中华人民共和国票据法》第三十一条规定，以背书转让的汇票，背书应当连续。持票人以背书的连续，证明其汇票权利。案涉汇票的出票人为某鼎公司，收款人为某苏公司，承兑人为某农商行，被背书人依次为某泽源公司、新某元公司，从形式上看，票据背书连续。故新某元公司有权以票据背书连续证明其票据权利。

二、关于某农商行拒绝付款的理由能否成立

第一，某农商行无权以新某元公司与其前手某泽源公司之间是否存在真实的交易关系抗辩。《中华人民共和国票据法》第十三条第一款规定，票据债务人不得以自己与出票人或者与持票人的前手之间的抗辩事由，对抗持票人。即便新某元公司与某泽源公司之间的购销合同是虚构的，该事由也不构成某农商行对新某元公司的有效抗辩。第二，新某元公司取得案涉汇票主观上是善意的，不存在足以阻却其行使票据权利的事由。《中华人民共和国票据法》第十二条规定，以欺诈、偷盗或者胁迫等手段取得票据的，或者明知有前列情形，出于恶意取得票据的，不得享有票据权利，持票人因重大过失取得不符合本法规定的票据的，也不得享有票据权利。案涉汇票是某泽源公司从朱某某处借来的，某泽源公司再以预付钢材款的方式将案涉票据转给新某元公司，新某元公司取得承兑汇票不存在主观上有恶意或者重大过失的情形；且朱某某已经向某苏公司法定代表人余某某转账 320 万元作为对价取得案涉汇票。第三，案涉汇票虽然被采取了冻结措施，但因票据的无因性、文义性、要式性等特点决定了汇票的冻结并不能阻止汇票在市场上继续流通，因此票据也不会因被冻结而失去效力。法院和公安机关在冻结案涉汇票时，该汇票已经被某苏公司及其法定代表人余某某流转给朱某某，不再属于某苏公司的财产。故某农商行以案涉汇票被公安机关冻结而拒绝付款及承担利息损失，违反了票据的无因性等特征，没有法律及事实依据。如某农商行认为前述冻结票据的行为有误，导致其产生损失，其可另行向相关单位主张权利。

综上，依照《中华人民共和国票据法》的相关规定，判决如下：

某泽源公司、某农商行于判决生效之日起立即连带给付新某元公司汇票款329万元及利息。

某农商行不服一审判决，提起上诉。

江苏省无锡市中级人民法院经审理同意一审法院裁判意见，判决如下：

驳回上诉，维持原判。

【法官后语】

票据是市场交易的重要支付手段，当前与票据相关的交易活动非常活跃，但是由于各市场主体混淆票据法律关系与基础法律关系，在与前后手发生纠纷时，票据当事人通常采取刑事报案或者民事公示催告程序，并申请公安机关或法院对案涉票据进行冻结的方式寻求救济，导致最后一手合法持票人无法获得票据款，引发大量纠纷。因此，准确审查持票人的票据权利及付款人的抗辩事由是此类案件的审理难点。

一、关于持票人行使票据权利的司法审查

基于票据的文义性、无因性、要式性的特点，《中华人民共和国票据法》规定，以背书转让的汇票，背书应当连续。持票人以背书的连续，证明其汇票权利；背书连续，是指在票据转让中，转让汇票的背书人与受让汇票的被背书人在汇票上的签章依次前后衔接。因此，持票人只要根据背书连续便足以证明其票据权利，如果没有正当的抗辩事由，付款人应当向持票人支付票据款。

二、关于票据债务人抗辩事由的司法审查

虽然《中华人民共和国票据法》规定了票据的无因性，但是该无因性也不是绝对的，在特殊情况下，票据债务人对持票人的抗辩应予支持。其一，对人的抗辩。票据直接前后手之间如果存在基础法律关系的抗辩事由，票据债务人可以该抗辩事由对抗持票人的票据追索权。其二，对物的抗辩。该类抗辩主要来源于票据本身，所以票据债务人可以对任何持票人提出。如票据欠缺法定必要记载事项，票据债务人可以对持票人提出抗辩。其三，对主观过错的抗辩。例如，《中华人民共和国票据法》规定，以欺诈、偷盗或者胁迫等非法手段取得票据，或者明知有前列情形，出于恶意取得票据的；又如，明知票据债务人与出票人或者与持票人的前手之间存在抗辩事由而取得票据的；再如，以重大过失取得票据的。存在前述情形的，票据债务人均有权对抗持票人的票据追索权。

本案的处理对于因票据主体在基础关系中产生争议而寻求救济的票据当事人具有一定的指导和警示作用。对票据债务人而言，一方面，在选择交易对象时应严格审查其资质和能力，合理控制经营风险；另一方面，在与票据的直接前后手发生纠纷时，要寻求正当且有效的救济途径，否则不但无法维护自身权利，可能还会导致损失进一步扩大，如票据款的利息损失、提示付款费用、被诉的诉讼费及律师费、损害赔偿责任等。其中，作为付款人或者承兑人的银行而言，如果持票人提示付款，审查重点在于持票人是否为合法持票人、票据是否真实、背书是否连续、各记载事项是否齐全等，司法机关的冻结行为不是拒付票据款的正当理由。对司法机关而言，因票据具有流通性，司法机关对票据的保全行为，应当尽量以扣押票据本身的形式完成，否则可能存在因保全措施错误损害合法持票人的权利而导致赔偿的情形发生。

编写人：江苏省无锡市中级人民法院　陈迪金

146 出票人拒绝提示票据支付密码，票据持有人有权向出票人行使票据追索权

——罗某文诉某斯朗公司票据追索权案

【案件基本信息】

1. 裁判书字号

北京市第一中级人民法院（2018）京 01 民终 8283 号民事判决书

2. 案由：票据追索权纠纷

3. 当事人

原告（被上诉人）：罗某文

被告（上诉人）：某斯朗公司

【基本案情】

罗某文持有甲银行转账支票一张，该支票载明：出票日期为 2018 年 3 月 29 日，金额 11000 元，出票人处有某斯朗公司盖章及该公司法定代表人赵某朋的印鉴，收款人处空白，密码处载明加验密码。罗某文向某斯朗公司索要持有支票的密码，某斯朗公司对罗某文持有支票的真实性不持异议，但以该支票系某斯朗公司开具给案外人严某成的支票，某斯朗公司与严某成还存在经济纠纷，故某斯朗公司一直拒绝给付罗某文该支票的支付密码，并拒绝继续履行票据义务，为此罗某文诉至法院，请求判令某斯朗公司给付罗某文支票票据金额 11000 元。

【案件焦点】

1. 票据持有人罗某文是否是本案支票合法的票据权利人；2. 持票人罗某文能否向出票人某斯朗公司行使追索权；3. 出票人某斯朗公司能否以与案外人严某成存在经济纠纷的抗辩对抗罗某文。

【法院裁判要旨】

北京市门头沟区人民法院经审理认为：根据《中华人民共和国票据法》第八十九条第一款规定："出票人必须按照签发的支票金额承担保证向该持票人付款的责任。"某斯朗公司签发了支票，即应按照其签发的支票金额向持票人罗某文付款，某斯朗公司未向罗某文出示支付密码，其应承担付款的责任。罗某文要求某斯朗公司支付支票金额的诉讼请求，符合有关法律规定，法院予以支持。需要指出的是，票据债务人不得以自己与出票人或者与持票人的前手之间的抗辩事由对抗持票人，故某斯朗公司以其与案外人之间存在纠纷为由拒绝向持票人罗某文提供支付密码的答辩意见，没有法律依据，法院不予采信。综上所述，北京市门头沟区人民法院依据《中华人民共和国票据法》第十三条、第八十九条的规定，判决：

某斯朗公司于判决生效后七日内给付罗某文支票金额11000元。

某斯朗公司不服一审判决，提起上诉。

北京市第一中级人民法院经审理认为：根据《中华人民共和国票据法》第九十三条第一款关于"支票的背书、付款行为和追索权的行使，除本章规定外，适用本法第二章有关汇票的规定"以及第三十一条第一款关于"……非经背书转让，而以其他合法方式取得汇票的，依法举证，证明其汇票权利"的规定，结合双方二审期间的陈述，可以认定罗某文系以合法方式取得涉案支票。涉案支票未记载收款人姓名，但收款人姓名并非支票的绝对必要记载事项，支票的收款人姓名可以由出票人授权补记。罗某文持有涉案支票未记载收款人姓名，应视为某斯朗公司授权持票人补记收款人或者持票人即为收款人。

根据二审期间双方的陈述，可知某斯朗公司与罗某文系票据关系当事人，某斯朗公司是票据债务人，罗某文是票据权利人，而某斯朗公司与罗某文之间不存在票据基础关系，某斯朗公司主张的票据基础关系存在于某斯朗公司与严某成之间。根据《中华人民共和国票据法》第十三条第一款关于“票据债务人不得以自己与出票人或者持票人的前手之间的抗辩事由，对抗持票人……”的规定，某斯朗公司不得以自己与严某成之间法律关系的抗辩事由，对抗罗某文。根据《中华人民共和国票据法》第八十九条第一款关于“出票人必须按照签发的支票金额承担保证向该持票人付款的责任”的规定，某斯朗公司应当向罗某文支付票据金额 11000 元。某斯朗公司关于应当追加严某成为本案第三人，严某成未向其开具发票所以其拒付票据金额的理由均不能成立。

北京市第一中级人民法院依照《中华人民共和国民事诉讼法》第一百七十条第一款第一项之规定，判决如下：

驳回上诉，维持原判。

【法官后语】

票据作为流通证券，发挥着支付、结算、融资等众多功能，在商事交易和经济往来中使用广泛。基于票据流通便捷性和商事交易安全性的考虑，票据支付密码，尤其是支票支付密码，作为票据付款的验证码系统被广泛运用。对于如何认识票据支付密码在票据权利实现中的法律地位，亟须司法对此作出回应，此亦是发挥审判在票据流通领域改善营商环境的重要一环。

一、未记载支付密码的支票不影响支票效力

《中华人民共和国票据法》第八十四条规定了支票必须记载的六大事项，对于支付密码，《中华人民共和国票据法》上并无规定，根据中国人民银行印发的《票据管理实施办法》《支付结算办法》等文件的规定，支付密码系出票人与银行约定的支付票据金额的付款核验方式，并非票据的必须记载事项。鉴于票据支付业务本质上是银行与开票人之间的委托代履行业务，开户银行基于与出票人之间的支付密码约定，对非出票人的票据持有人的付款请求权进行审查时，依据支付操作规程，对无法提供支付密码的票据持有人可以进行退票拒绝付款处理，但并不影响持票人继续依据票据权利向出票人行使付款的追索权。本案中某斯朗公司开具的支票虽未记载支付密码，但具备《中华人民共和国票据法》第八十四条必须记载事项的所有形式，系有效支票，罗某文作为支票持有人可以依法取得该支票的票据权利。

另外，涉案支票在记载事项上收款人处空白，关于收款人事项的空缺是否影响该支票的票据效力，本文一并讨论。收款人是汇票和本票的法定必要记载事项，对于支票，《中华人民共和国票据法》第八十六条第一款规定，支票上未记载收款人名称的，经出票人授权，可以补记。该条款从票据的流通性、无因性、文义性出发，应当理解为一种授权性规范，而非限制性规范，“可以补记”的立法精神及现有法律允许签发无记名支票的票据流通实践，同时授权支票收款人项可以不补记，即支票可以通过未记载付款人的方式转让票据权利。本案罗某文持有涉案支票未记载收款人的姓名，应视为某斯朗公司授权持票人补记收款人或者持票人即为收款人。

二、能动审查出票人拒绝提示票据支付密码与持票人追索权之间的关系

持票人行使票据追索权需具备实质要件和形式要件。实质要件是持票人的付款请求权得不到实现；形式要件是持票人能够提供“拒绝付款”证明。持票人不能出示“拒绝付款”证明，丧失对其前手的追索权，但根据《最高人民法院关于审理票据纠纷案件若干问题的规定》第十九条规定，并不丧失对票据出票人的追索权，以及《中华人民共和国票据法》第八十九条第一款关于“出票人必须按照签发的支票金额承担保证向该持票人付款的责任”的规定，也就是说，追索权形式的实质要件要优先于其形式要件，在本案中，某斯朗公司拒绝提示支票密码，导致罗某文付款请求权客观上无法得到实现，即使罗某文向银行提示付款亦会被拒付，从实质解决争议的角度出发，无须机械要求罗某文提供拒付证明，从某斯朗公司拒绝提示支票密码可以能动推论出罗某文追索权行使要件的成立。

编写人：北京市第一中级人民法院　窦磊

147　补记是支票转让的法定方式

——某雪鼎尚公司诉某博机电公司票据追索权案

【案件基本信息】

1. 裁判书字号

北京市第二中级人民法院（2018）京02民终923号民事判决书

2. 案由：票据追索权纠纷

3. 当事人

原告（被上诉人）：某雪鼎尚公司

被告（上诉人）：某博机电公司

【基本案情】

某博机电公司给案外人李某平开具一张开户行为甲银行北京市分行长阳支行的转账支票，票面金额人民币155830元，出票日期2017年3月15日，收款人处空白未填。后某雪鼎尚公司从李某平处取得该支票，并交开户银行委托收款。2017年3月16日，甲银行北京市分行开具退票理由书，记载该支票因无密或密误被退票。某雪鼎尚公司遂将票据出票人某博机电公司诉至法院，要求兑现支票记载金额。

【案件焦点】

收款人某雪鼎尚公司和出票人某博机电公司是否为直接前后手关系。

【法院裁判要旨】

北京市房山区人民法院经审理认为：《中华人民共和国票据法》第九十三条第一款规定，支票的背书、付款行为和追索权的行使，除本章规定外，适用本法第二章有关汇票的规定。第八十六条第一款规定，支票上未记载收款人名称的，经出票人授权，可以补记。由此可见，背书并非支票转让的唯一法定方式。本案庭审中，某博机电公司认可涉案支票是因为购买货物而开具给案外人李某平的，并且在出票之时，并未填写收款人名称。某博机电公司未填写收款人名称的行为，可以视为其作为出票人授权他人对支票进行补记。

因此，在支票出票人不填写收款人名称的情况下，该支票后续的转让可以通过补记的方式完成。但鉴于法律规定票据的收款人名称不得更改，更改的票据无效，该补记行为具有一次性的特点。收款人名称已被补记的支票再次转让的，应当按照背书的相关法律规定进行。故，法院对于某博机电公司以涉案支票上记载收款人为某雪鼎尚公司为由，认为其与某雪鼎尚公司系直接前后手的答辩意见不予支持。某博机电公司基于双方系直接前后手关系的认识，认为双方不存在基础债权债务关系，因此不应承担票据责任。法院认为该抗辩事由与本案最终结果没有关联性，因此不予审查。现某雪鼎尚公司持某博机电公司出具的合法有效票据去银行提示付款，因票据密码错误而被拒绝付款，根据法律规定，某博机电公司作为出票人应当按照签发的支票金额向持票人某雪鼎尚公司承担票据责任。

北京市房山区人民法院依照《中华人民共和国票据法》、第七十条、第八十六条、第八十九条、第九十三条之规定，作出如下判决：

被告某博机电公司于本判决生效之日起十日内给付原告某雪鼎尚公司银行转账支票金额人民币155830元。

某博机电公司不服一审判决，提起上诉。

北京市第二中级人民法院经审理认为：票据是要式证券，将票据法所规定的必须记载事项记载完整的票据，即为有效票据。某雪鼎尚公司提交的涉案支票中必须记载事项记载完整，故为有效票据。由于票据是无因证券，持票人非因重大过失或恶意取得票据，即享有票据权利。本案中，某雪鼎尚公司能够向法院说明其取得支票的来源、事由，且该陈述与某博机电公司的有关陈述相印证，在此情形下，某博机电公司应提供证据证明某雪鼎尚公司因不正当原因取得支票，但其未提交有效证据证明该事实，故应当认定某雪鼎尚公司善意合法取得支票。此外，根据双方当事人的陈述，某雪鼎尚公司并非直接从某博机电公司取得支票，故某博机电公司以其与某雪鼎尚公司之间无交易关系为由的抗辩不予支持。综上，某博机电公司的上诉理由均不成立，一审判决认定事实清楚，适用法律正确，应予维持。

北京市第二中级人民法院依据《中华人民共和国民事诉讼法》第一百七十条第一款第一项的规定，判决如下：

驳回上诉，维持原判。

【法官后语】

票据追索权，是持票人享有的第二顺序权利，指持票人行使付款请求权被拒绝后向其前手请求偿还票据金额及其他法定款项的权利。根据票据的无因性，票据的基础关系独立于票据关系，即只要票据行为具备法定形式要件即可产生法定效力。因此，审理票据追索权纠纷案件时，审查的重点往往在于持票人是否合法持有诉争票据。

除了出票人签发票据的方式之外，获取票据的另一种途径即为票据转让，而背书是票据转让的一种重要方式。《中华人民共和国票据法》第二十七条第一款和第三款规定，持票人可以将汇票权利转让给他人或者将一定的汇票权利授予他人行使。持票人行使上述规定的权利时，应当背书并交付汇票。第九十三条第一款规定，支票的背书、付款行为和追索权的行使，除本章规定外，适用本法第二章有关汇票的规定。据此可知，背书也是支票转让的重要方式。

然而，背书是否就是支票转让的唯一方式呢？这要看关于支票的法律规定。《中华人民共和国票据法》第八十四条规定，支票必须记载下列事项：表明“支票”的字样、无条件支付的委托、确定的金额、付款人名称、出票日期和出票人签章；支票上未记载前款规定事项之一的，支票无效。第八十六条第一款规定，支票上未记载收款人名称的，经出票人授权，可以补记。通过对上述两条规定分析可知，《中华人民共和国票据法》并未将收款人名称规定为支票必须记载的事项。收款人名称可以通过授权补记的方式填写。也即出票人未填写收款人名称的行为，可以视为其作为出票人授权他人对支票进行补记。通过对收款人名称的补记，也可以达到支票流转的目的。

实践中由于不少人在转让支票时并不在票据上进行背书，甚至将收款人名称空着即将票据交付给对方，导致票据上记载的前后手之间缺乏相对应的基础关系，经常被出票人引以为辩，拒绝付款。如果持票人即为收款人，出票人以双方之间不存在真实的交易关系或者债权债务关系抗辩，则还应当审查持票人获取该支票的方式，是直接出票获得还是通过授权补记方式获得对于案件审理路径有不同的影响。如果是通过直接出票获得票据，则需要对基础法律关系进行审理；但如果出票人出票时支票上的收款人处为空白，则应当视为其授权持票人补记，否则对于未授权持票人进行补记的举证责任应当由出票人负担。

编写人：北京市房山区人民法院　杨瑞强

148　票据持有人未填写收款人是否享有票据权利

——赵某某诉北京某某公司票据追索权案

【案件基本信息】

1. 裁判书字号

北京市第三中级人民法院（2018）京 03 民终 14566 号民事裁

定书

2. 案由：票据追索权纠纷

3. 当事人

原告（被上诉人）：赵某某

被告（上诉人）：北京某某公司

【基本案情】

2017年10月，北京某某公司开具并交付给刘某某一张某银行转账支票，票面记载：出票日期2017年12月15日，金额18万元及“加验密码”标记，票面收款人和密码空白未填。

2017年10月19日，刘某某给北京某某公司出具收款收据，载明收到马驹桥工地人工费29万元。后刘某某将该支票交付给赵某某，现该支票由赵某某持有。另查，2017年10月19日，赵某某曾给北京某某公司列具清单，载明：滨江帝景油工总工人工资841592元（已付68万元），E11工地油工总工人工资919634元（已付80万元），合计1761226元、借友148万元、总数281226元、实付28万元。该收据后附周某某、赵某某等的身份证复印件。

庭审中，证人刘某某出庭作证称其承包北京某某公司的油工、瓦工、木工；北京某某公司与刘某某结算工程款，刘某某再将部分工程款与赵某某等结算；刘某某从北京某某公司处取得涉案支票后给了赵某某；北京某某公司一共给刘某某三张转账支票，金额共计29万元，其中金额为10万元的支票已经兑付，金额为1万元和涉案18万元的支票没有兑付；刘某某曾与赵某某一起去北京某某公司索要涉案支票的密码，但未果。

赵某某表示其与刘某某是合作分包关系；赵某某于2017年12月15日找北京某某公司索要密码未果。北京某某公司表示，北京某某公司共给刘某某开具了29万元的支票，付款范围包括马驹桥项目和滨江帝景项目，刘某某出具的收款收据仅载明马驹桥项目，且不配合重新出具收据，故北京某某公司未付票款。

赵某某以票据付款请求权纠纷为由于2017年12月25日向法院递交诉状，要求北京某某公司支付支票金额及利息。诉讼中，经法院释明，赵某某表示案由听由法院认定。

【案件焦点】

票据持有人持有的票据未填写收款人，在出票人签章完整、法律规定的必要记载事项齐全的情况下，是否为合法有效票据，如何确定票据持有人是否为票据收款人。

【法院裁判要旨】

北京市朝阳区人民法院经审理认为：根据《中华人民共和国票据法》的规定，支票未记载表明“支票”的字样、无条件支付的委托、确定的金额、付款人名称、出票日期或出票人签章的，支票无效。支票上未记载收款人名称的，经出票人授权，可以补记。收款人、密码非法律规定的必要记载事项，出票时未填写不影响票据效力。涉案转账支票出票人签章完整、法律规定的必要记载事项齐全，为合法有效票据。

根据《中华人民共和国票据法》的规定，持票人行使票据权利，应当按照法定程序在票据上签章，并出示票据。除持票人明知存在抗辩事由而取得票据外，票据债务人不得以自己与出票人或者与持票人的前手之间的抗辩事由，对抗持票人。本案中，北京某某公司在出票时未填写收款人，现赵某某持有票据，并以向法院具状的方式向北京某某公司行使票据追索权，赵某某在诉状上签字可以视为其明确自己为票据收款人的行为。根据双方陈述及证人刘某某的证言，赵某某与北京某某公司之间并不存在直接的业务关系，赵某某系通过非背书的方式从刘某某处受让取得票据，赵某某与北京某某公司非票据流转中的直接前后手关系。从北京某某公司的陈述看，其拒付票款的原因是对刘某某出具的收款收据存在争议，无证据表明其对应付款额提出过异议，且无证据证明赵某某系明知北京某某公司与刘某某的争议而取得票据，故法院有理由采信赵某某为合法持票人。

根据《中华人民共和国票据法》的规定，支票的出票人必须按照签发的支票金额承担保证向持票人付款的责任。涉案的转账支票已经载明“加验密码”，不填写密码，转账支票无法获得兑付。赵某某未向银行请求付款，不影响其作为持票人向出票人行使票据追索权。现赵某某要求北京某某公司支付票面金额 18 万元，于法有据，法院予以支持。《中华人民共和国票据法》规定，持票人行使追索权，可以请求被追索人支付被拒绝付款的票据金额和票据金额自到期日或者提示付款日起至清偿日止，按照中国人民银行规定的利率计算的利息。由于赵某某未在支票到期日前依法向银行提示付款，而是以向法院提起诉讼的方式明确其为收款人并向出票人行使追索权，故法院依法将利息的起算日期调整为自法院收到赵某某诉状的日期，赵某某与此不符的利息诉请，法院不予支持。

综上，依照《中华人民共和国票据法》第四条、第十二条、第十三条、第三十一条、第六十三条、第六十五条、第七十条、第八十四条、第八十六条、第八十九条、第九十三条之规定，作出如下判决：

一、被告北京某某公司于本判决生效之日起十日内给付原告赵某某涉案银行转账支票的票面金额18万元及利息（以18万元为基数，自2017年12月25日起至实际给付之日止，按照中国人民银行同期同类贷款基准利率标准计算）；

二、驳回原告赵某某的其他诉讼请求。

北京某某公司不服一审判决，提起上诉，后向北京市第三中级人民法院申请撤回上诉。北京市第三中级人民法院裁定准许北京某某公司撤回上诉。

【法官后语】

商事活动中，商事主体实施的票据行为不规范，导致票据存在瑕疵，由此引发票据纠纷。票据纠纷，系因票据权利义务关系即票据关系而发生的纠纷和因票据法上与票据有关的法律关系而发生的纠纷。因我国票据法的规定相对原则化，审判实务中对票据瑕疵情形的处理思路存在差异。

本案的新颖之处在于对票据未填写收款人、亦未进行补记，票据持有人的权利如何实现的问题作出了认定，为诉讼实务中类似情况的处理提供了审判思路。转账支票在出票时未记载收款人名称的，应及时补记，但在本案中，票据持有人直到诉讼过程中也未填写收款人。对于涉案的转账支票而言，收款人、密码非法律规定的必要记载事项，出票时未填写不影响票据效力，但收款人未填写，导致出票行为存在瑕疵。本案经审理后确定的裁判思路为，出票人在出票时未填写收款人，票据持有人持有票据并以向法院具状的方式向出票人行使票据追索权，票据持有人在诉状上签字可以视为其明确自己为票据收款人的行为。值得注意的是，《中华人民共和国票据法》规定，未记载收款人名称的汇票和本票无效，故前述确定的裁判思路仅适用于支票。

票据系有价证券，可以在不同的商事主体之间进行流通，且应通过背书方式进行转让。本案中的票据持有人系从案外人处取得票据，票据上既无收款人信息，亦无背书人信息，反映出商事活动中，票据直接交付转让的情形比比皆是。所谓直接交付转让，系以转让为目的将票据交付给受让人即实现票据权利的转让。对于直接交付票据行为的效力，根据《最高人民法院关于审理票据纠纷案件若干问题的规定》的规定，背书人未记载被背书人名称即将票据交付他人的，持票人在票据被背书人栏内记载自己的名称与背书人记载具有同等法律效力。笔者认为，对于汇票和本票的直接交付，若要发生票据行为效力，应当系背书人签章完整、被背书人签章空白的票据，且被背书人应当及时补记自己的名称。对于不记名的支票，如本案中的转账支票，直接交付可以发生票据法上的效力，但持票人应当及时补记收款人名称，且之后的票据转让应当尽量采用背书方式进行。值得注意的是，允许票据直接交付转让，会导致背书前后手的当事人之间不存在基础法律关系，由此导致票面上的直接前后手之间不得主张抗辩事由，但如果背书人转让票据时不填写被背书人信息，或开出未填写收款人的支票，即应当承担不填写相关信息的风险。

商事活动中存在大量票据出票、流转过程不规范的情形，因票据存在无因性，导致票据纠纷案件的审理思路与一般商事案件相比存在差异。本案的审理发挥了司法审判维护票据流通与安全，优化营商环境的职能延伸作用，为票据纠纷案件的审理提供了思路。

编写人：北京市朝阳区人民法院　张琦　李有光

149 涉及案件基本事实认定的关键证据不适用证据失权制度

——某光公司诉某信公司票据追索权案

【案件基本信息】

1. 裁判书字号

江苏省无锡市中级人民法院（2018）苏02民终3444号民事判决书

2. 案由：票据追索权纠纷

3. 当事人

原告（上诉人）：某光公司

被告（被上诉人）：某信公司

【基本案情】

赛某久公司向某光公司背书转让讼争电子商业承兑汇票一张，现某光公司持有的该讼争汇票打印件显示票据状态为拒付追索待清偿，票面金额2000万元，出票日期2016年7月14日，汇票到期日2017年1月13日，出票人及承兑人为某信公司，收款人为赛某久公司；承兑人承兑信息为本汇票已经承兑，到期无条件付款，承兑日期2016年7月14日。讼争汇票的背书情况为赛某久公司背书给某光公司，背书日期为2016年7月14日。

因提示付款未果，某光公司于2017年7月12日向某信公司发送了追索函。后因提示付款及追索付款未果，某光公司遂于2017年8月3日提起诉讼。

审理中，某信公司主张其与某光公司、赛某久公司就案涉汇票兑付事宜达成协议，约定由赛某久公司向某光公司承担付款义务，与某信公司无关，并向法院提供了落款日期为 2017 年 1 月 20 日由某光公司、某信公司与赛某久公司出具的三方协议，内容为“鉴经三方协商一致，约定如下：一、赛某久公司背书转让的某信公司的商业承兑汇票由赛某久公司在 2017 年 5 月 13 日前另行兑付，某信公司不再承担兑付责任。某光公司同意某信公司不再兑付汇票，并不再追究某信公司汇票到期不能承兑的法律责任。二、2017 年 1 月 18 日到期的承兑汇票，赛某久公司承诺至迟在 2017 年 5 月 18 日前兑付。三、某光公司给予赛某久公司延期兑付是综合各种情况的考虑，但某光公司保留提前要求赛某久公司兑付的权利，赛某久公司承诺不得以此协议为由拒绝提前兑付。四、其他没有变更事项仍然按照双方的合同继续履行。五、本协议一式三份，三方各一份，效力相同，在盖章后生效”。三方协议落款处加盖某光公司、某信公司及赛某久公司三家公司的合同专用章。

某光公司表示其从未签订过该三方协议，并向法院申请要求对三方协议上所盖“某光公司合同专用章”的真伪进行鉴定，并提供了检材作为样本。后法院委托司法鉴定科学研究院进行鉴定，司法鉴定科学研究院于 2017 年 12 月 22 日作出司鉴中心【2017】技鉴字第 2162 号司法鉴定意见书，认为检材上需检的“某光公司合同专用章”印文与样本 1、2 上的“某光公司合同专用章”印文是同一印章的印文。某光公司与某信公司对该鉴定意见均无异议，但某光公司认为不能认定三方协议的真实性，认为三方协议中“某光公司合同专用章”系被盗盖。

对于三方协议的形成过程，某信公司在第一次庭审过程中陈述“该份协议是由某信公司法定代表人陶某伟经办的，当时陶某伟是与赛某久公司人员一起去的，某光公司法定代表人王某立进行接待。三方一起在一个茶吧进行协商，根据协商的内容形成了三方协议，三方协议是某信公司一方打印的，一式三份，某信公司与赛某久公司当场加盖了公章，然后交给王某立，由王某立到公司进行盖章，后某光公司将盖好公章的三方协议寄给了某信公司及赛某久公司”，对此某光公司不予认可，某光公司法定代表人王某立亦到庭表示从未参与三方协议的商量或盖章。后法院再次向某信公司询问，某信公司表示“陶某伟并没有参与三方协议的形成，该三方协议是案外人陈某兴提供的，至于三方协议的产生和形成是陈某兴与某光公司的负责人相互协商形成的，具体过程某信公司也不清楚，至于先前在庭审中的陈述是由于当时公司方方面面比较微妙，所以没有如实相告”。鉴于某信公司在诉讼过程中存在虚假陈述妨碍诉讼的行为，法院依法对某信公司作出罚款5万元的处罚决定。某信公司已向法院缴纳了罚款。

对于公章的保管情况，某光公司向法院陈述“某光公司的公章保存在办公室且有专人负责保管，用章需要经过审批后到办公室加盖。由于公司有两个办公地点，一个在王府井，一个在振某公司，公章在两个办公室之间传递过，带出公司需要三个人一起。王某立从2012年9月担任某光公司法定代表人，担任法定代表人之后没有单独持有公章。2017年2月16日至2017年8月7日公章在振某公司王某立的办公室保管，合同章放在王某立办公室带锁的办公桌抽屉中，钥匙由王某立保管，8月7日以后合同章又回到某光公司办公室。办公室保管合同章的人员叫方某，之前合同章由杨某瑶保管，在杨某瑶请假期间都有公章的交接登记。合同章在杨某瑶2012年接管后一直没有变过，始终只有一枚，之前情况则不清楚。某光公司没有发现某信公司在与某光公司接触时有迹象可以接触合同专用章”。

另查明，某光公司于2017年6月以赛某久公司为被告向北京三中院提起诉讼，要求赛某久公司支付拖欠货款4000万元并支付2016年7月30日至2017年6月12日的违约金1206万元，北京三中院已立案受理，案号为（2017）京03民初306号，该案尚在审理中。某光公司向法院表示“就本案所涉赛某久公司支付给某光公司的2000万元电子商业承兑汇票，作为赛某久公司的未支付货款向北京三中院起诉”，即北京三中院（2017）京03民初306号案件中某光公司主张赛某久公司拖欠的4000万元货款包括已用案涉电子商业承兑汇票支付的2000万元。

【案件焦点】

1. 落款日期为2017年1月20日的三方协议是否系某光公司的真实意思表示；2. 某信公司在举证过程中的瑕疵行为是否影响该证据作为本案的定案依据。

【法院裁判要旨】

江苏省无锡市江阴市人民法院经审理认为：三方协议系各方当事人的真实意思表示，且不违反法律、行政法规的强制性规定，应为合法有效。理由如下：第一，三方协议中加盖的“某光公司合同专用章”印文经鉴定机构鉴定与某光公司提供的样本上“某光公司合同专用章”印文系同一印章的印文，某光公司与某信公司对该鉴定意见予以认可，且某光公司自述其合同专用章自 2012 年以来只有一枚，法院对此鉴定意见及某光公司的自述内容均予以确认。第二，在本案审理过程中，某信公司就三方协议的形成过程陈述前后不一，存在虚假陈述的行为，法院已就某信公司的该行为进行处罚，但是某信公司的虚假陈述行为并不足以导致三方协议在证据效力上失权。第三，某光公司认为三方协议中“某光公司合同专用章”系盗盖形成并向法院提供了用印登记簿、报案材料、二甲苯销售合同、提货单及仓储方库存库容统计表、五方协议，但是这些证据均不足以证明某光公司的主张，对此某信公司又不予认可，故法院对于某光公司的该诉讼主张不予采信。第四，审理中某光公司向法院陈述公司对公章（包括合同专用章）保管措施严密、由专人负责、带出受到严格控制、使用需按用章制度履行相应手续，且某光公司自述没有发现某信公司在与某光公司接触时有迹象可以接触合同专用章，亦无其他证据证明某信公司通过其他非法手段在三方协议上加盖了某光公司的合同专用章。

当事人应当按照约定全面履行自己的义务。本案中，某光公司因业务往来通过背书方式取得讼争票据，票据背书连续，某光公司系讼争票据的合法持有人，又因某光公司与某信公司、赛某久公司达成三方协议，明确约定“某信公司不再承担讼争汇票的兑付责任，某光公司同意某信公司不再兑付汇票，并不再追究某信公司汇票到期不能承兑的法律责任”，现某光公司要求某信公司兑付商业承兑汇票款 2000 万元的诉讼请求与该约定不符，故法院不予支持。

江苏省无锡市江阴市人民法院依照《中华人民共和国票据法》第六十一条第一款，《中华人民共和国合同法》第六十条，《中华人民共和国民事诉讼法》第六十四条之规定，作出如下判决：

驳回某光公司的诉讼请求。

某光公司不服一审判决，提起上诉。

江苏省无锡市中级人民法院经审理认为：三方协议应为某光公司的真实意思表示，某信公司有权依据三方协议的约定对抗某光公司在案涉票据项下的票据追索权。理由如下：第一，公司公章（包括合同专用章）系代表公司身份、证明公司意思表示的印鉴；在无相反证据证明的情况下，印章真实即可推定协议真实。三方协议上“某光公司合同专用章”经鉴定为真实，虽然某光公司提出三方协议的形成过程与协议内容存在诸多矛盾或者不合常理之处，但是这些证据尚不足以证明三方协议上的印章为盗盖。第二，虽然某信公司的法定代表人陶某伟在一审时对三方协议的形成过程前后陈述不一，但是其事后对虚假陈述的事实予以自认，且对三方协议的形成过程作出解释。陶某伟虚假陈述的行为已经被一审法院处以罚款，该虚假陈述不足以导致三方协议作为证据上的失权，亦不能证明三方协议上某光公司的合同专用章系被盗盖。第三，根据某光公司的陈述，其公司对公章（包括合同专用章）有着严格的保管制度，如专人保管、使用登记等，且其认为某信公司无法接触到合同专用章。在某光公司对其公司的公章（含合同专用章）保管严密的情况下，三方协议上仍加盖有某光公司的合同专用章，某光公司对此既未提供证据证明其印章系被内部工作人员无代理权或者超越代理权加盖，又未提供证据证明系被外部人员盗盖，某光公司应当承担举证不能的法律后果。

综上，某光公司的上诉请求不能成立，应予驳回。一审判决认定事实清楚，适用法律正确，应予维持。依据《中华人民共和国民事诉讼法》第一百七十条第一款第一项的规定，作出如下判决：

驳回上诉，维持原判。

【法官后语】

证据失权，是指负有举证责任的一方诉讼当事人在法院举证的过程中存在瑕疵，未能按照法院指定或当事人约定的期限提供证据或者对于证据形成的陈述前后矛盾等，从而导致其提供的证据失去证明效力，不能作为认定案件事实的依据。证据失权制度系“证据适时提出主义”在诉讼法上的具体体现，其追求的主要目标是效率，以防当事人进行证据突袭或者恶意拖延诉讼。2002 年 4 月 1 日起施行的《最高人民法院关于民事诉讼证据的若干规定》首次以法律形式确定了证据失权制度，该司法解释第三十四条①规定：“当事人应当在举证期限内向人民法院提交证据材料，当事人在举证期限内不提交的，视为放弃举证权利。对于当事人逾期提交的证据材料，人民法院审理时不组织质证。但对方当事人同意质证的除外……”将当事人在举证时限上存在逾期瑕疵的证据规定为失权证据，带来的法律后果为该证据不得被采纳为定案证据，由此引起举证不能的不利后果则由举证方承担。在 2020 年 5 月 1 日起施行的《最高人民法院关于民事诉讼证据的若干规定》第五十条规定，“人民法院应当在审理前的准备阶段向当事人送达举证通知书。举证通知书应当载明举证责任的分配原则和要求……人民法院根据案件情况指定的举证期限以及逾期提供证据的法律后果等内容”。人民法院的举证通知书内容一般按照《中华人民共和国民事诉讼法》第六十八条第二款规

① 本条已被 2019 年 12 月 25 日发布的《最高人民法院关于民事诉讼证据的若干规定》废止。

定，当事人逾期提供证据，人民法院根据不同情形可以不予采纳该证据，或者采纳证据但予以训诫、罚款。

但是，证据失权亦存在制度上的缺陷与不足，既与我国司法实践中长期以来追求的实质正义目标相悖，也与我国目前诉讼当事人整体法律知识和法律素养仍处于中低下水平的基本国情不符，法院审判实务中尤其是基层法院在处理民事案件过程中较为慎重，一般极少直接运用证据失权制度对当事人提供的证据进行效力评判。我国立法层面对于证据失权制度也采取保留态度，如虽然《中华人民共和国民事诉讼法》第六十八条第二款就证据失权作了相关规定，但该法第二百零七条第一项又明确规定当事人的申请“有新的证据，足以推翻原判决、裁定的”，“人民法院应当再审”。因此，从制度层面而言，我国并不存在严格意义上的证据失权制度。

有鉴于此，我国立法层面也将证据失权制度由原先的“证据失权法定主义”逐步修正为“证据失权酌定主义”，《最高人民法院关于适用〈中华人民共和国民事诉讼法〉的解释》第一百零二条第一款对证据失权问题再次作了系统且明确的规定，同时赋予法官在实际处理案件过程中对于存在瑕疵的证据予以一定自由裁量权，即“当事人因故意或者重大过失逾期提供的证据，人民法院不予采纳。但该证据与案件基本事实有关的，人民法院应当采纳，并依照民事诉讼法第六十八条、第一百一十八条第一款的规定予以训诫、罚款”；第二款针对“当事人非因故意或者重大过失逾期提供的证据”的，明确“人民法院应当采纳，并对当事人予以训诫”。

就本案而言，某信公司就其举证的三方协议虽然不存在逾期举证的瑕疵，但某信公司在举证过程中对该证据的形成过程前后陈述不一且存在明显矛盾，对此某光公司认为该举证瑕疵足以导致该份三方协议失权，不应被采纳为定案证据。然而，从证据本身而言，该份三方协议的真实性（某光公司对协议上加盖的其公司合同专用章不予认可，经司法鉴定确认印章真实，且某光公司对鉴定意见没有异议）、合法性（某光公司对其印章采取专人保管、使用登记等严格的保管制度，某光公司亦认可某信公司无法接触到其合同专用章）、关联性（协议内容系针对各方当事人是否需要对案涉承兑汇票承担付款责任）均不存在问题，且是否采纳该份证据对于案件的处理结果影响重大，以致某光公司的诉讼请求是否能够得到法院支持完全取决于该份证据能否得到采纳，因此该份证据属于本案定案的关键性证据。为此，承办人认定某信公司的举证瑕疵行为不足以导致证据失权，但鉴于某信公司诉讼过程中的不诚信行为，依照法律规定对其进行罚款，在某信公司接受处罚主动缴纳罚款的基础上对该份证据予以采纳，从而依照该协议的内容判决驳回了某光公司的诉讼请求。

此外，为防止证据失权瑕疵行为的出现从而引起争议，笔者建议，针对当事人逾期举证或者瑕疵举证的情况，审理法官应当主动做好以下几方面工作：第一，法官要及时开示心证标准，积极引导当事人举证；第二，法官为避免诉讼拖延及事实查明困难，必要时应当加强释明，特别是对所争议的待证事实的举证责任分配以及对逾期举证、举证不能、瑕疵举证的不利后果予以明确；第三，发现当事人因主观原因逾期举证或瑕疵举证的，人民法院应当严格根据司法解释的规定，加强对逾期举证及瑕疵举证行为的惩处力度，根据具体案情，对拒不配合审判活动的当事人进行训诫、罚款。

编写人：江苏省无锡市江阴市人民法院　杨奕　冯海

150 商业承兑汇票的出票人不得以与其前手之间基于基础交易的抗辩对抗持票人

——某泵公司诉某建公司票据追索权案

【案件基本信息】

1. 裁判书字号

江苏省无锡市宜兴市人民法院（2017）苏0282民初4724号民事判决书

2. 案由：票据追索权纠纷

3. 当事人

原告：某泵公司

被告：某建公司

【基本案情】

2016年9月26日，某建公司开具金额为20万元的商业承兑汇票一张，付款人为某建公司，付款人开户行为中国某银行宜兴环科园支行，收款人为以赛亚公司，汇票到期日为2017年3月25日。以赛亚公司将汇票背书转让给某泵公司，某泵公司将汇票背书转让给卿达公司，卿达公司将汇票背书转让给台州银行委托收款时，被付款人开户行中国某银行宜兴环科园支行退票，退票理由为单位拒付。卿达公司被拒绝付款后，又将该汇票退还给某泵公司。

某泵公司认为根据法律规定，某建公司应向其承担兑付义务，故诉至法院。

2016年9月26日某建公司与以赛亚公司订立螺纹钢购销合同一份，约定以赛亚公司自2016年9月26日至2017年3月25日供给其价值95.2万元的螺纹钢，合同签订后其向以赛亚公司开具了面额为95万元的商业承兑汇票作为预付款。以赛亚公司收到汇票后经其多次催要仍未按约交付货物。2016年11月20日，某建公司与以赛亚公司签订终止合同协议书，终止前述购销合同并由以赛亚公司向其退还前述承兑汇票，但以赛亚公司也未按约退还承兑汇票。为此，某建公司也向以赛亚公司发出了律师函要求退还承兑汇票等。

【案件焦点】

商业承兑汇票的出票人能否以与其前手之间基于基础交易的抗辩对抗持票人。

【法院裁判要旨】

江苏省无锡市宜兴市人民法院经审理认为：汇票是出票人签发的，委托付款人在见票时或者在指定日期无条件支付确定的金额给收款人或者持票人的票据。出票人签发汇票后，即承担保证该汇票承兑和付款的责任；出票人在汇票得不到承兑或者付款时，应当向持票人清偿汇票金额、利息、费用等。票据债务人不得以自己与出票人或者与持票人的前手之间的抗辩事由，对抗持票人；但是，持票人明知存在抗辩事由而取得票据的除外。

本案中，某建公司签发了案涉承兑汇票，即承担保证该汇票承兑和付款的责任。现某建公司未能提供证据证明某泵公司明知其与以赛亚公司之间拒付票据的抗辩事由，应承担举证不能的后果，某建公司的抗辩意见无事实与法律依据，法院不予采信。案涉承兑汇票得不到付款，现持票人某泵公司主张出票人某建公司支付汇票金额 20 万元及该款自汇票到期之日起至清偿之日止按照中国人民银行规定的贷款基准利率计算的利息，应予支持。

江苏省无锡市宜兴市人民法院依照《中华人民共和国票据法》第十三条、第十九条、第二十六条、第六十一条、第六十八条、第七十条之规定，作出如下判决：

某建公司于本判决发生法律效力之日起十日内支付某泵公司承兑汇票款 20 万元及利息（以 20 万元为基数，自 2017 年 3 月 25 日起至实际清偿之日止按中国人民银行同期同类贷款基准利率计算）。

判决后，双方当事人均未上诉，本判决现已生效。

【法官后语】

根据法律规定，汇票是出票人签发的，委托付款人在见票时或者在指定日期无条件支付确定的金额给收款人或者持票人的票据。出票人签发汇票后，即承担保证该汇票承兑和付款的责任；出票人在汇票得不到承兑或者付款时，应当向持票人清偿汇票金额、利息、费用等。票据债务人不得以自己与出票人或者与持票人的前手之间的抗辩事由对抗持票人；但是，持票人明知存在抗辩事由而取得票据的除外。

在商业往来中，商业汇票是出票人签发的，委托付款人在指定日期无条件支付确定的金额给收款人或者持票人的票据。商业承兑汇票由银行以外的付款人承兑。商业承兑汇票按交易双方约定，由销货企业或购货企业签发，但由购货企业承兑。与银行承兑汇票相比，商业承兑汇票的付款人一般是企业，由于我国的商业信用体系尚未完全建立，商业承兑汇票贴现较银行承兑汇票难度大，不容易被持票人接受。因此，必须确立相应的规则保障持票人的权利。

本案中，某建公司签发了案涉承兑汇票，即承担保证该汇票承兑和付款的责任。现某建公司未能提供证据证明某泵公司明知其与以赛亚公司之间拒付票据的抗辩事由，应由某建公司承担举证不能的后果。现某泵公司作为持票人主张出票人某建公司支付汇票金额20万元及该款自汇票到期之日起至清偿之日止按照中国人民银行规定的贷款基准利率计算的利息，法院予以支持。

编写人：江苏省无锡市宜兴市人民法院　史芳　闫文杞

151 票据无效或出票人未取得额外利益的，票据利益返还请求权不成立

——六某公司、区某登诉伟某贸易部、区某标票据利益返还请求权案

【案件基本信息】

1. 裁判书字号

广东省中山市中级人民法院（2018）粤20民终943号民事判决书

2. 案由：票据利益返还请求权纠纷

3. 当事人

原告（上诉人）：六某公司

原告：区某登

被告（被上诉人）：伟某贸易部、区某标

【基本案情】

伟某贸易部是个人独资企业，投资人是许某杰。六某公司的法定代表人是区某登。

2010 年 5 月，邓某堂向区某标借款，区某标将两张票面金额分别为 1000 万元、1500 万元的工商银行支票交给邓某堂，两张支票的出票日期均为 2010 年 9 月 20 日，出票人签章处均盖有伟某贸易部财务专用章以及区某标的私章，出票人账户户名均为伟某贸易部。因邓某堂此前已经向区某标借了许多钱未还，而上述两张支票的账户均余额不足，双方约定这两张支票届至付款期时由邓某堂存入足够的资金到出票人账户。2010 年 5 月 27 日，邓某堂向区某登借款 2500 万元，月利息 15‰，借款期限 30 天。邓某堂把上述两张支票交给区某登作为借款的担保。2010 年 5 月 28 日至 6 月 1 日，区某登分五次通过转账向邓某堂支付 2300 万元。借款期限届满后，邓某堂未向区某登还款。2010 年 9 月 27 日，六某公司持上述两张支票向工商银行提示付款，但因出票人签章与预留印鉴不符，即与预留私人印章不符，正确的是“许某杰”，而非“区某标”，该两张支票均被退票。同日，伟某贸易部以上述两张支票遗失为由，向中山市第二人民法院申请公示催告。在公示催告期间，六某公司向中山市第二人民法院申报权利。中山市第二人民法院裁定终结该两张支票的公示催告程序。六某公司、区某登提起本案诉讼，主张票据利益返还请求权，请求法院判令伟某贸易部向其支付票面金额 2500 万元及利息（自 2010 年 9 月 27 日起依照中国人民银行同期贷款利率计至还清票面金额之日止），区某标对上述债务承担连带清偿责任。

【案件焦点】

1. 六某公司、区某登作为涉案两张支票的票据利益返还请求权的权利人是否适格；2. 涉案两张支票的票据利益返还请求权是否成立。

【法院裁判要旨】

广东省中山市第二人民法院经审理认为：涉案两张支票上载明的收款人是六某公司，而非区某登。票据具有文义性，票据利益返还请求权的权利主体也应当是票据上签章的相关主体。所以，区某登并非涉案两张支票的票据利益返还请求权的适格权利人。而六某公司作为涉案两张支票上载明的收款人，主体适格。票据利益返还请求权的成立需所涉票据的票据权利曾有效存在过。而涉案两张支票的出票人签章与预留印鉴不符，涉案两张支票均为无效票据，没有存在过有效的票据权利。所以，六某公司不能依该两张支票主张票据利益返还请求权。

综上，依照《中华人民共和国票据法》第十八条、第八十四条之规定，判决如下：

驳回原告六某公司、区某登的诉讼请求。

六某公司不服一审判决，提起上诉。

广东省中山市中级人民法院经审理认为：《中华人民共和国票据法》第八十四条规定："支票必须记载下列事项……（六）出票人签章。支票上未记载前款规定事项之一的，支票无效。"《最高人民法院关于审理票据纠纷案件若干问题的规定》第四十一条（注：2020年修正后的《最高人民法院关于审理票据纠纷案件若干问题的规定》第四十条）规定："票据出票人在票据上的签章上不符合票据法以及下述规定的，该签章不具有票据法上的效力……（四）支票上的出票人的签章，出票人为单位的，为与该单位在银行预留签章一致的财务专用章或者公章加其法定代表人或者其授权的代理人的签名或者盖章……”根据上述规定，支票的出票人签章与银行预留签章不一致的该支票无效，持票人不享有票据权利。本案中涉案两张支票的出票人签署的“区某标”私章与伟某贸易部在工商银行处预留的伟某贸易部的主要负责人私章即“许某杰”私章不符，结合伟某贸易部是个人独资企业，登记的投资人是许某杰的事实，广东省中山市中级人民法院认为，涉案两张支票均属于无效支票，六某公司不享有涉案两张支票的票据权利，无权行使票据利益返还请求权。

广东省中山市中级人民法院依照《中华人民共和国民事诉讼法》第一百七十条第一款第一项之规定，作出如下判决：

驳回上诉，维持原判。

【法官后语】

票据利益返还请求权制度是德国法律的特有规定。《中华人民共和国票据法》在第十八条也进行了规定：“持票人因超过票据权利时效或者因票据记载事项欠缺而丧失票据权利的，仍享有民事权利，可以请求出票人或者承兑人返还其与未支付的票据金额相当的利益。”票据利益返还请求权在我国法律上仅有上述一个条文加以规定，所以适用起来难免有不够清晰的地方，需要加以分析。首先，从性质上来说，票据利益返还请求权不同于票据权利，是票据法规定的一种特殊的请求权，是补充性的权利。只有当持票人因法定情形丧失票据权利时，持票人才能够主张利益返还请求权。其次，票据利益返还请求权的成立，需具备以下要件：第一，所涉票据形式要件应符合法律规定，为有效票据。票据利益返还请求权是因票据而产生的一种权利，所以所涉票据应为有效票据。《中华人民共和国票据法》第十八条规定的“票据记载事项欠缺”应当理解为持票人没有在法律规定的时间内提示票据或者取得有关拒绝证明，因而丧失了追索权，而不是指绝对应记载事项或相对应记载事项的欠缺。欠缺绝对应记载事项会导致票据无效，无从产生票据利益返还请求权。欠缺相对应记载事项，则可以根据法律规定推定，不会产生票据权利消灭的后果。第二，持票人曾经享有票据权利。持票人为按规定在票据上签章的人，或经出票人授权补记的支票收款人。第三，票据上的权利因时效超过或行使或保全票据权利的手续欠缺而消灭。因票据时效短于一般债权时效，票据权利人容易因时效届满而丧失票据权利。另外，票据行为是要式行为，票据权利人也容易因票据权利行使和保全的手续欠缺而丧失票据权利。但票据时效制度和票据行为规则又是增强票据流动性、保障票据功能发挥的必要规定。所以，在这两种情况导致票据权利消灭时，通过票据利益返还请求权制度平衡持票人与出票人或承兑人的利益才有必要。第四，出票人或承兑人因持票人票据权利的消灭而受有额外利益。出票人或承兑人受有额外利益有以下几种情况：1. 汇票的出票人在发行汇票时已经取得了对价，但还没有向付款人提供资金，由于票据权利的消灭而使其免去了担保付款的义务；2. 本票的出票人在发行本票时已经取得了对价，由于票据权利消灭使其免去了付款义务；3. 支票的出票人在签发支票时已经取得了对价，因票据权利消灭免去了付款义务；4. 汇票承兑人已收到出票人提供的资金，但因票据权利消灭而免去其付款义务。具备以上要件后，丧失票据权利的持票人就可以主张票据利益返还请求权。本案中的支票虽然是由区某标交付给邓某堂，且加盖了区某标的私章，但该支票的出票人账户户名为伟某贸易部，该支票在银行预留的并非区某标的私章，所以该支票仍然属于出票人签章与预留印鉴不符，即不存在有效的出票人签章，导致支票无效，所以持票人无权主张票据利益返还请求权。同时，区某标出借支票给邓某堂没有获得对价，即区某标也没有因该支票权利的消灭而获得额外利益。总之，票据利益返还请求权作为票据法规定的特殊请求权，必然要以所涉票据有效为前提条件。

编写人：广东省中山市第二人民法院　姚红波

152　票据利益返还请求权的认定及举证责任分配

——银某公司诉瑞某公司票据利益返还请求权案

【案件基本信息】

1. 裁判书字号

上海市第一中级人民法院（2017）沪 01 民终 12380 号民事判决书

2. 案由：票据利益返还请求权纠纷

3. 当事人

原告（上诉人）：银某公司

被告（被上诉人）：瑞某公司

【基本案情】

银某公司与瑞某公司均系案外人实业公司的贸易伙伴。瑞某公司为支付案外人实业公司货款向实业公司开具了一张金额为263712 元的支票。实业公司为支付银某公司的货款将上述支票背书后转让给银某公司。银某公司再将上述支票背书后转让给案外人木业公司用于支付欠款。后瑞某公司通知银某公司其出票账户存款不足，不能承兑，银某公司遂支付木业公司相应货款后将支票从木业公司收回，支票未承兑。实业公司未支付银某公司货款，经法院判决执行至今仍未支付。由于票据的出票人是瑞某公司，负有向持票人支付票据金额的义务，现票据时效虽已过，但瑞某公司仍应负返还与票据金额相当的利益之责，故银某公司起诉至法院，要求判令瑞某公司返还银某公司票据利益263712元。

【案件焦点】

诉争支票是否还享有票据上的利益。

【法院裁判要旨】

上海市奉贤区人民法院经审理认为：根据票据法有关规定，票据利益返还请求权的构成要件有三个：一是票据上的权利曾有效存在过；二是票据上的权利因时效或欠缺而丧失；三是出票人或承兑人因此受益。双方对前两个构成要件的成立均无异议，本案的争议焦点在于第三个构成要件是否成立，即瑞某公司就诉争支票是否还享有利益。对此，法院认为瑞某公司就诉争支票不再享有利益，其诉讼请求不应得到支持。具体理由如下：

第一，支票持票人对出票人的票据权利，自出票日起为六个月。现银某公司所持涉案支票已超过六个月的规定时效，银某公司已丧失票据权利，则瑞某公司也不再负对应的票据责任。持票人丧失票据权利受到损失的同时，票据的出票人或承兑人则有可能因此获得了利益。为了平衡票据当事人之间的利益，补救有关当事人的损失，《中华人民共和国票据法》第十八条规定了票据利益返还请求权制度。该规定中，法律赋予失效持票人的利益返还请求权，也确认了出票人负有返还票据金额相当利益的责任，但这种责任已非票据责任，而是一种其他民事责任。银某公司主张的权利已不是票据权利，不能单独依据“出票人负有支付票据金额的义务”来判断银某公司的请求权成立与否，否则票据权利时效制度、利益返还请求权制度等均失去了存在的意义。

第二，庭审中某锦公司提供了银行转账凭证，以证明其于2015年8月10日已将涉案支票相对应的货款付给了实业公司，支票所对应的货物利益其已不再享有。银某公司对此证据的真实性没有异议，但认为瑞某公司与实业公司的货款往来不止这一笔，瑞某公司还应提供与实业公司货款已结清的证明。鉴于银某公司对上述转账凭证的真实性没有异议，而转账时间是2015年8月10日，已过涉案支票提示付款的最后期限十多天，且金额为263712元，与支票所记载的票据金额一致，故可以确认所转账支付的为涉案支票所对应的货物的价款。银某公司认为瑞某公司与实业公司的货款往来不止这一笔，瑞某公司支付的可能是另外一笔货款等意见，则银某公司应进一步提供相应依据来加以佐证，现银某公司未能提供，故对银某公司的上述意见不予采信。

第三，票据的无因性原则是针对票据权利而言，而银某公司主张的利益返还请求权并非票据权利，不是依票据行为产生的，属于票据法上的非票据关系，故对于已过权利时效的支票，持票人所享有的利益返还请求权是否成立，还应看其是否符合相应的票据利益返还请求权基础规范，即其构成要件是否均成立。瑞某公司因出票而获得了货物，在支票未兑付前，瑞某公司享有货物带来的利益。如支票被承兑后，则其因支付了对价而不再额外享有货物所带来的利益。本案支票在票据权利时效内未兑付，但在银某公司主张利益返还请求权前，瑞某公司已于提示付款期后将未能够兑付的涉案支票所对应的货物价款给付了实业公司，则瑞某公司已不再享有涉案支票所对应的货物利益。综上所述，银某公司的请求权构成要件并未全部成立，故法院对银某公司的诉讼请求难以支持。依照《中华人民共和国票据法》第十八条，《最高人民法院关于适用〈中华人民共和国民事诉讼法〉的解释》第九十条的规定，判决如下：

驳回原告银某公司的诉讼请求。

银某公司不服一审判决，提起上诉。

上海市第一中级人民法院审理后同意一审法院裁判意见，依照《中华人民共和国民事诉讼法》第一百七十条第一款第一项的规定，判决如下：

驳回上诉，维持原判。

【法官后语】

一、票据利益返还请求权的性质

票据利益返还请求权，又称利益偿还请求权，是指持票人的票据权利因时效或者其他法定事由而丧失，该持票人仍可请求出票人或承兑人返还其所获的相应利益之权。通说认为票据利益返还请求权是基于衡平的理念，为缓和票据的严格性而由票据法规定的一种特别请求权或特定请求权。作为一种特定请求权，票据利益返还请求权既不属于票据权利，也不属于民事权利，因为它不是基于票据行为产生的，而是在票据权利消灭之后才产生的，同时也不属于民法上债的规定下的请求权的一种。它直接由票据法规定，本质上属于票据法上的一项“特别权利”。但是根据《中华人民共和国票据法》第十八条规定，持票人因超过票据权利时效或者因票据记载事项欠缺而丧失票据权利的，仍享有民事权利，可见现行法律将其规定为民事权利的一种，并没有采纳通说的观点。

二、票据利益返还请求权的构成要件分析

依学界通说，票据利益返还请求权的构成要件主要包括以下三个方面：

（一）票据权利曾有效成立并存在

该要件是票据利益返还请求权成立和行使的前提条件，只有票据权利曾经有效并且存在过，在票据权利丧失之后才有所谓的利益返还。如果票据权利本身就不存在，谈何丧失以及之后的权利救济即利益返还。但是，《中华人民共和国票据法》第十八条规定“因票据记载事项欠缺而丧失票据权利的”并不满足该要件，因为记载事项欠缺的票据属于无效票据，持票人根本就不可能取得票据权利，也就无所谓“曾有效成立并存在”。换言之，我国现行法律并没有完全采纳通说的观点。

（二）票据权利因时效或手续欠缺而丧失

票据权利如果没有丧失，持票人就可以直接行使票据权利，自不必以利益返还请求权来补救，但并不是什么情况下票据权利丧失都可以利益返还请求权补救。各国票据法一般都规定因时效或手续欠缺导致票据权利丧失才能行使利益返还请求权。其他原因导致的票据权利丧失，只能采用相应的办法。比如，票据遗失就只能依公示催告等方式主张权利。《中华人民共和国票据法》规定了“超过票据权利时效”和“票据记载事项欠缺”两种情形，其中“超过票据权利时效”属于丧失票据权利的情形，自然可以依据通说理论及法律规定主张票据利益返还请求权；而“票据记载事项欠缺”应属于票据无效的范畴，票据权利无效之后票据权利人无法行使票据权利，利益受有损失，也可以依据现行法律的规定主张票据利益返还请求权。

（三）出票人或承兑人受有利益

此要件为票据利益返还请求权行使的根本，如果出票人或承兑人没有受有利益，就无所谓的利益返还之说。出票人或者承兑人因持票人的票据权利丧失而享有收益，在票据法中主要是指：1. 汇票的出票人因发行汇票而取得了对价，但因票据权利消灭而使其免去了担保付款的义务；2. 本票的出票人因发行本票而取得了对价，但因票据权利消灭而使其免去了付款的义务；3. 支票的出票人因票据权利消灭而使支票金额仍存在自己的银行账户下；4. 汇票的承兑人已收到出票人提供的资金，但因票据权利的消灭而免去其付款义务。

综上，具体到司法实践中票据利益返还请求权的构成要件应该分为两种情形：第一，如果是因为超过票据时效而丧失票据权利的，应该包括通说的上述三要件；第二，如果是因为欠缺记载事项而丧失票据权利的，则只需要满足“因票据记载事项欠缺而丧失票据权利”和“出票人或承兑人受有利益”两个构成要件即可。具体到上述案例，因为银某公司的主张没有满足第三个构成要件，所以最终一审法院和二审法院均没有支持银某公司的诉讼请求。

三、票据利益返还请求权的举证责任分配

依据“谁主张，谁举证”的一般证据规则，票据利益返还请求权人即诉讼中的银某公司，一般应对所有构成要件的事实成立负举证责任。但是，如果票据利益返还义务人即诉讼中的瑞某公司抗辩称相应的票据款项已经清偿或抵消的，应该对其抗辩的事实提供证据加以证明。当然，在多数情况下，出票人与持票人之间是不存在基础关系的，而且出票人与其直接后手的债权债务关系具有相对性和封闭性，外人很难得知，因此让持票人去证明直接后手是否已经向出票人履行了对价义务，显然有些强人所难。所以，在此种情形下应由银某公司就除了“出票人受有利益”之外的构成要件进行举证，只要银某公司能加以证明，就可以认定银某公司的举证责任完成，余下的由瑞某公司来举证证明其没有受有利益，即出票人应证明与其直接后手的基础关系及直接后手履行对价义务的情况。必要时，由法官依申请或职权对出票人的直接后手进行调查取证。如果瑞某公司没有充分的证据证实其没有受有利益的，则可以推定其获得了额外的利益。上述案例中，瑞某公司抗辩相应的票据款项已经清偿，因此要对该抗辩主张加以证明，所以实际上银某公司并没有对“出票人受有利益”这一要件事实加以证明，其也很难举证证明，最终的举证责任还是分配给了瑞某公司，由其证明其没有获得额外的利益。

编写人：上海市奉贤区人民法院　刘旭斌

153　票据付款请求权人的主体认定及其证明责任

——诚某公司诉某银行票据付款请求权案

【案件基本信息】

1. 裁判书字号

北京市西城区人民法院（2018）京0102民初13973号民事判决书

2. 案由：票据付款请求权纠纷

3. 当事人

原告：诚某公司

被告：某银行

【基本案情】

诚某公司持有某银行承兑的银行承兑汇票一张。该票据的被背书人依次为：特种装备公司、甲商贸公司、铝业公司、甲机械公司、物资储运公司、乙商贸公司、诚某公司、型材公司。以上背书签章依次连续、完整。

2016年1月14日，案外人乙机械公司就涉案票据申请公示催告，诚某公司在公告期内申报权利，法院依法终结公示催告程序。后乙机械公司向河南省洛阳市西工区人民法院提起诉讼，请求确认其为涉案票据的真正权利人，要求诚某公司返还涉案票据，并要求某银行履行付款义务。该院经审理后认为“诚某公司提交的汇票原件形式上背书连续，提供的证据能证明其系从票据上显示的上手乙商贸公司出背书取得，对取得票据的来源、理由能合理解释，故应认定诚某公司系善意合法取得涉案银行承兑汇票”。并作出判决，驳回了乙机械公司的诉讼请求。乙机械公司不服该判决提起上诉，二审法院维持原判。

型材公司取得涉案票据后，委托其开户行收款。因票据被冻结，该公司于2016年5月25日与诚某公司协商，将涉案汇票返还诚某公司，约定该公司不再享有票据权利，票据权利全部由诚某公司享有。

2018年1月17日，诚某公司委托其开户行就涉案票据提示付款。但某银行予以拒付，其理由为：诚某公司非涉案票据记载的最后一手背书人，诚某公司作为被追索人，只有在清偿了债务后才与持票人享有同一权利；债务清偿与否涉及票据的实质审查，而本次托收仅提供了最后诚某公司和型材公司出具的说明，我行作为付款行仅负有形式审查义务，无法确认诚某公司已清偿债务；托收凭证小写金额无货币符号。

另查，诚某公司为实现涉案票据权利支出了交通费、差旅费等6568元。

【案件焦点】

1. 被追索权人清偿票据债务后是否享有票据付款请求权；2. 付款行对持有票据的被追索人之债务清偿应尽何种审查义务。

【法院裁判要旨】

北京市西城区人民法院经审理认为：

一、诚某公司是否享有涉案票据的付款请求权

根据《中华人民共和国票据法》之规定，被追索人清偿债务后，与持票人享有同一权利。本案中，最后一手持票人型材公司向诚某公司行使追索权，后将该票退还并明确表示票据权利全部由诚某公司享有。故诚某公司在清偿债务取得票据后，与原持票人享有同一权利，即具有付款请求权。

二、某银行的拒绝付款理由能否成立

关于诚某公司是否已实际清偿被追索债务，某银行仅负形式审查义务。诚某公司在提示付款时已经提交型材公司出具的证明，从形式上足以证明诚某公司享有汇票权利，故某银行所持的无法确认诚某公司已清偿债务的拒付理由不能成立，且该理由已超越其形式审查的范围。托收凭证小写金额无货币符号并非法定的拒付事由，

且此事项属于可补正项，某银行以此拒付依据不足。综上，某银行的拒绝付款理由不能成立。

三、某银行应承担的法律责任

持票人提示付款时，付款人必须在当日足额付款；票据的付款人故意压票，拖延支付，给持票人造成损失的，依法承担赔偿责任。现某银行未及时付款、拖延支付，因此对诚某公司造成的损失某银行应予赔偿。

北京市西城区人民法院依照《中华人民共和国票据法》第四条、第三十一条第一款、第五十三条、第五十四条、第六十八条第二款、第一百零六条第二款，《中华人民共和国民事诉讼法》第六十四条之规定，作出如下判决：

一、被告某银行于本判决生效后十日内支付原告诚某公司银行承兑汇票的票面金额 489971 元；

二、被告某银行于本判决生效后十日内支付原告诚某公司自 2018 年 1 月 25 日起的利息损失，以 489971 元为基数，按照中国人民银行同期定期存款基准利率为标准计算至实际支付之日止；

三、被告某银行于本判决生效后十日内支付原告诚某公司差旅费、交通费损失 2000 元；

四、驳回原告诚某公司的其他诉讼请求。

判决后，双方当事人均未上诉，本判决现已生效。

【法官后语】

票据权利人在票据期限内依法享有请求票据义务人支付票据款项之权利，即票据付款请求权。该请求权之权利主体即为票据权利人，或称合法持票人。在票据的文义性和流通性的要求下，一般情况下的票据权利人与其票面记载情况相契合，此时的票据义务人仅需核验票据之真实性并根据票面记载信息即可认定该持票人系票据的合法持票人，从而履行付款义务。此情形下若发生票据类纠纷，持票人则仅通过提供票据原件并结合票面信息的记载即可完成证明其为合法持票人的举证责任，而无须另行举证其取得票据之原因关系是否合法有效。

但在票据的实际流转、交易过程中，由于持票人票据追索权的行使、票据保证人保证义务的履行等情形使票据的实际权利人与票面记载信息出现了分离，该类持票人主要包括：1. 因税收、继承、赠与取得票据的持票人；2. 已清偿追索债务的背书人；3. 承担保证责任的汇票保证人。此类情形下，付款义务人无法根据票据记载信息和持票人的持票行为而径行判定其为票据之合法持票人，因此此时的持票人除提供其所持的真实有效票据外，还需要提供相应证明材料以证明其持票行为存在合理依据。此种情形下，关于持票人提交相关证明材料的证明程度，以及银行对其证明材料的审查义务，由于现行法律、法规中尚未有明确之规定，因而事务中该类票据的持票人常因此遭到拒付，票据付款请求权纠纷亦多发于此。本案票据付款请求纠纷的发生亦源于此，即持票人履行票据追索义务而取得票据所有权后，付款行根据持票人非最后一手持票人且无法通过形式审查确定其已经实际清偿票据债务为由进行了拒付。

关于与票据记载事实相分离情形下的票据付款请求权人的证明责任及证明标准问题。首先，持票人需要提供真实、有效的票据原件，作为其享有该票据的票据权利之前提和基础事实依据。其次，根据《中华人民共和国票据法》第三十一条第一款之规定，非经背书转让，而以其他方式取得汇票的，依法举证，证明其汇票权利。

由此可见，在持票人非经背书转让而以其他方式取得票据的情形下，持票人负有证明其取得票据具有合法依据之举证责任。因此，对于已清偿追索债务的背书人以及已承担保证责任的汇票保证人，需分别提供已经清偿票据债务或已经履行了保证责任之证明。此时，对于作为票据付款义务人的一方而言，除需审查该票据的真实性外，还需对此时的持票人取得票据之合法性进行审查。关于付款义务人审查的义务，应仍以形式审查为限，即持票人提供由原票据权利人出具的该票据权利已经转让的证明，付款人仅需对该证明的真实性进行形式审查，并根据票面信息结合该证明所载内容确定持票人之合法性，而无须对票据权利转让这一事实的真实发生进行实质审查。虽然此时的持票人已经超出票据文义性的要求，但若因此将付款人的审查义务提升至实质审查程度，不仅超出了作为付款人的银行之业务范围及审查能力，亦有违票据之流通性的相关精神。

编写人：北京市西城区人民法院　刘玥彤

154 破损票据的效力及权利人认定

——某银行真新支行诉某银行西坝河支行票据付款请求权案

【案件基本信息】

1. 裁判书字号

北京市第三中级人民法院（2018）京 03 民终 2642 号民事判决书

2. 案由：票据付款请求权纠纷

3. 当事人

原告（上诉人）：某银行真新支行

被告（被上诉人）：某银行西坝河支行

【基本案情】

2017年7月14日，某银行真新支行制作托收凭证，向某银行西坝河支行邮寄一张破损的银行承兑汇票进行委托收款。7月18日，某银行西坝河支行做出拒绝付款理由书，载明：票据严重破损，无法辨别真伪和票据权利转让关系，票面右边破损三分之一，无票号、收款人信息、小写金额，粘单不全，无法明确票据权利转让关系及最终收款人。某银行真新支行持有的该破损的银行承兑汇票票面可辨认的内容有：完整的出票日期、汇票到期日；出票金额大写（贰佰万元）；出票人甲公司、承兑人某银行西坝河支行的签章。该票据右侧缺失，小写金额仅可见百万位“2”、十万位“0”，收款人全称栏仅可见“顺风光电”字样，账号仅可见前13位数字，票号及上述各项的后续内容均已缺失。该汇票背面第一手背书人栏只可见人名章及“科技公司”字样；之后可见甲公司作为背书人签章将汇票背书转让给被背书人杭州某公司；杭州某公司又作为背书人签章，将该汇票背书转让给安徽某公司；安徽某公司又作为背书人签章将该汇票背书给被背书人无锡某单位（名称不全）。

某银行真新支行称：6月19日曾第一次制作委托收款凭证，并将完整汇票向某银行西坝河支行寄出，快递派件员在6月21日按地址投递，由前台保安代收，后经其核实，因收件人某银行西坝河支行迁移新址未收到邮件，查找回的邮件已破损缺失。快递物流公司已盖章出具破损证明，详细罗列了出票日期、收款人全称、出票人金额等票面要素，证实前述邮件投递及发现破损的情况。收款人乙公司第一手背书将汇票背书转让给甲公司，后经多次背书转让，丙公司取得票据，某银行真新支行于2017年5月3日与丙公司签订《电子银行承兑汇票承兑协议》和《质押合同》，丙公司履约将票据背书给某银行真新支行，并标注质押字样。

【案件焦点】

1. 涉案破损票据是否有效；2. 某银行真新支行是否为权利人。

【法院裁判要旨】

北京市朝阳区人民法院经审理认为：涉案某银行真新支行主张权利所持银行承兑汇票破损，小写金额不完整，无从判断是否与中文大写一致，无以认定票据是否有效；汇票已破损，收款人名称不完整，不符合票据法规定的有效票据条件；汇票原件已缺损，第一手背书人签章不齐全、第一手被背书人名称不完整，某银行真新支行不是该票据及粘单上记载的被背书人，其称因与丙公司存在合同关系而从丙公司处取得该汇票，但其所谓的前手丙公司也不是该票据及粘单上记载的被背书人。现有证据不足以证明某银行真新支行系合法有效的汇票的权利人，某银行西坝河支行拒绝承兑付款，有合法的抗辩事由。

综上，依照《中华人民共和国票据法》第八条、第二十二条、第三十一条，《中华人民共和国民事诉讼法》第六十四条，《最高人民法院关于适用〈中华人民共和国民事诉讼法〉的解释》第九十条之规定，判决如下：

驳回某银行真新支行的全部诉讼请求。

某银行真新支行不服一审判决，提起上诉。

北京市第三中级人民法院经审理认为，二审提交的证据所要证明的事实在一审审理期间已经客观存在，某银行真新支行应在一审审理期间提交而未提交，且该证据不能证明某银行真新支行所主张的事实成立，该证据不属于新证据，对一审查明的事实予以确认。票据诉讼的举证责任由提出主张的一方当事人承担，向法院提起诉讼的持票人有责任提供诉争票据。现某银行真新支行主张权利所持银行承兑汇票破损，必要记载事项不全，且某银行真新支行不是票据记载的被背书人、其所谓的前手丙公司也未能在票据及粘单上体现为被背书人，由于票据所创设的权利和义务，均依票据上记载的文字内容来确定，现创设票据权利义务的原始载体已经灭失，无从确定涉诉票据残损部分的内容符合票据法的规定，故对上诉理由不予采纳。

综上所述，某银行真新支行的上诉请求不能成立，应予驳回；一审判决认定事实清楚，适用法律正确，应予维持。依照《中华人民共和国民事诉讼法》第一百七十条第一款第一项的规定，判决如下：

驳回上诉，维持原判。

【法官后语】

某银行真新支行在本案中主张票据付款请求权，合法有效的票据是其行使权利必不可少的权利凭证。一审、二审法院均从举证责任否定了某银行真新支行的主张。论理有所不同。一审从我国票据法关于票据效力的规定分析，对破损票据的有效性、某银行真新支行作为权利人的确定性做出了否定结论。二审则认为票据上诸多记载事项不全，创设票据权利义务的原始载体已经灭失，无从确定涉诉票据残损部分的内容符合票据法的规定。应当说异曲同工。

首先，关于票据效力。《中华人民共和国票据法》明确规定，票据金额以中文大写和数码同时记载，二者必须一致，二者不一致的，票据无效。收款人名称是票据法规定的汇票必要记载事项，未记载的，汇票无效。经国务院批准，中国人民银行发布的《票据管理实施办法》《支付结算办法》及其实施细则，也有关于汇票欠缺必要记载事项无效的规定。涉案汇票部分灭失，票据金额、收款人名称均已不完整。某银行真新支行所持票据部分显然不符合票据法规定的有效票据要求。如果持有的是无效票据，即便合法取得，也因票之无效而不存在票据权利。

从一审到二审，某银行真新支行都在试图通过其他证据来佐证票据已丧失部分所记载的内容，欠缺的必要记载事项是否可用其他证据加以证明，笔者认为，票据法对于票据无效，票据可授权补记，票据非背书转让而以其他合法方式取得可依法证明其汇票权利，分别作出了三种不同的规定，其中票据无效是相对绝对的规定，没有留出可依法证明、可补充或补正的余地，即票据的有效性完全取决于票据本身、取决于票据的原始记载。这也是票据作为权利凭证与其他债权凭证的区别。票据灭失，法律专门规定了公示催告这一救济途径。即便从结果上看，可能都是权利人最终取回了相应的款项，但性质不同，依据不同，经过的程序不同，所涉及的相对方也不同。因此，票据破损灭失的，如果是直接影响票据效力的必要记载事项、必须一致记载事项，则不可能通过补正、他证来完善。我国票据法关于非经背书转让而以其他合法方式取得汇票依法举证证明汇票权利的规定是适用于有效票据的。因此，即便某银行真新支行在一审就提交可能真实为了票据行为的所有背书人、被背书人出具的证明，也无从使欠缺必要记载事项的票据具有有效性。

其次，本案诉讼之外是否另有救济途径。一是公示催告。某银行真新支行所持票据破损，关键部分灭失，可以依法申请公示催告（申请的时间、条件另当别论，依法审查）。经催告，无权利人主张权利，则做出除权判决。某银行真新支行可要求付款人予以给付。二是某银行真新支行因质押担保合同而取得涉案汇票，汇票是质押物，质押物灭失，质押权利无从实现，可以要求相对人另行提供担保（质押权人持票期间票损后的救济结果可能引发双方其他争议）。从这一角度看，本案并非某银行真新支行救济权利的唯一路径。

编写人：北京市朝阳区人民法院　李有光

155　以直接买卖方式取得票据并非必然无法取得票据权利

——某诺公司诉师某军等票据追索权案

【案件基本信息】

1. 裁判书字号

北京市第二中级人民法院（2017）京02民终10063号民事判决书

2. 案由：票据追索权纠纷

3. 当事人

原告（被上诉人）：某诺公司

被告（被上诉人）：师某军、某海公司、菏某公司

被告（上诉人）：某标公司

【基本案情】

2015 年 4 月 12 日，师某军向某海公司支付 501000 元、向郑某珍支付 27000 元后取得包括涉案汇票在内的两张商业承兑汇票。

2015 年 4 月 21 日，某诺公司向师某军支付票据款 120650 元后从师某军处取得涉案汇票，该汇票票面记载了以下事项：1. “商业承兑汇票”字样；2. 票号 00100061/20987266；3. 出票日期 2015 年 2 月 15 日；4. 付款人某标公司；5. 收款人菏某公司；6. 出票金额 133313.8 元；7. 汇票到期日 2015 年 8 月 10 日；8. 某标公司在出票人处签章，并载明“本汇票请予以承兑于到期日付款”；9. 某标公司在承兑人处签章并载明“本汇票已经承兑，到期无条件付票款”；10. 菏某公司在背书人处签章后背书给某海公司；11. 某海公司在背书人处签章后，未记载被背书人名称。某诺公司取得涉案汇票后，在被背书人处签章并背书给工行南冶支行委托收款，但被某标公司以“票据收款人由于发生票据纠纷要求我公司拒绝付款”为由拒付，故某诺公司起诉要求某标公司支付票据金额 133313.8 元及利息，师某军、某海公司、菏某公司承担连带责任。

【案件焦点】

某诺公司以直接买卖方式取得商业承兑汇票是否享有票据权利。

【法院裁判要旨】

北京市丰台区人民法院经审理认为：票据为无因证券，票据持票人有权凭借其所持有的合法有效票据向票据债务人行使票据权利，请求其支付票据金额。本案中，某诺公司持有的汇票系合法取得，且票面必要记载事项完整规范，背书连续，内容无更改，属有效票据，其作为持票人享有取得票据金额的权利。某标公司作为涉案承兑汇票的出票人和承兑人，在某诺公司通过委托收款银行提示付款时，应向某诺公司承担无条件付款的责任，其以收款人要求拒付为由拒绝付款，致使某诺公司未能实现票据权利，某诺公司依法享有票据追索权。某标公司虽认为某诺公司系采用买卖方式取得票据故不享有票据权利，但根据庭审查明的事实，涉案承兑汇票的背书人与被背书人在汇票上的签章依次前后衔接，符合背书连续的要求，持票人某诺公司已以背书连续的形式证明其享有票据权利，在取得票据时亦支付了相应对价，证明其系涉案承兑汇票的合法持票人，现某标公司未提供证据证明某诺公司取得票据的过程中存在欺诈、偷盗或者胁迫等恶意行为，故对于某标公司的该项辩称意见，法院不予采信。现某诺公司要求付款人某标公司支付票面金额及利息、背书人菏某公司、某海公司承担连带责任的诉讼请求，有事实和法律依据，法院予以支持，但某诺公司主张利息的计算标准有误，法院予以调整。某诺公司虽自师某军处取得涉案承兑汇票，但师某军并非票据当事人，某诺公司不得依据票据向其主张权利，故对于某诺公司要求师某军承担连带责任的诉讼请求，法院不予支持。某海公司经法院传票传唤，无正当理由拒不到庭参加诉讼，不影响法院依据查明的事实作出缺席判决。

北京市丰台区人民法院依照《中华人民共和国票据法》第十三条、第二十六条、第三十一条、第三十七条、第六十一条、第六十八条、第七十条，《中华人民共和国民事诉讼法》第一百四十四条之规定，判决如下：

一、某标公司于本判决生效之日起十日内向某诺公司支付票据金额 133313. 8 元及利息（以 133313. 8 元为基数，自 2015 年 8 月 10

日起至实际付清之日止，按照中国人民银行同期贷款利率计算）；

二、某海公司、菏某公司对上述债务承担连带责任；

三、驳回某诺公司的其他诉讼请求。

某标公司不服一审判决，提出上诉。二审法院同意一审法院裁判意见。

北京市第二中级人民法院依照《中华人民共和国民事诉讼法》第一百七十条第一款第一项规定，作出如下判决：

驳回上诉，维持原判。

【法官后语】

当前，随着市场经济的发展，为加快现金流转，市场主体基于自身资金需求通过直接买卖的方式将票据进行贴现的民间融资行为并不鲜见，由此产生的票据纠纷案件亦呈现出剧烈增长的态势。因该种取得票据的方式与传统票据取得方式存在一定差异，故此种情形下持票人能否取得票据权利存在不确定性，且很大程度上可能无法取得票据权利，最终落得“钱票两空”的下场，但此时持票人并非必然无法取得票据权利，对此仍应具体分析。

虽然通过直接买卖方式取得票据表面看并不符合《中华人民共和国票据法》对于票据取得方式的规定，但如若票据符合以下条件，持票人依然可以取得票据权利：首先，票据形式合法。票据的无因性决定票据关系一经产生即与基础关系相分离，持票人在主张票据权利时只需证明其持有的票据必要记载事项齐全且背书连续，即意味着其取得票据的票据关系合法成立。其次，取得票据合法。根据《中华人民共和国票据法》的规定，票据的取得应当具有真实的交易关系和债权债务关系，并给付对价，同时非以欺诈、偷盗或者胁迫等手段取得票据，也就是说，满足上述条件的持票人应当享有票据权利。最后，不存在抗辩事由。票据债务人（即出票人、承兑人、背书人）应当对持票人承担连带责任，其不得以不存在真实的债权债务关系以及未给付对价等为由对业经背书转让票据的持票人进行抗辩，亦不得以自己与出票人或者与持票人的前手之间的抗辩事由对抗持票人。相反，如若票据的形式及取得并不满足上述条件，则持票人无法享有票据权利。

本案中，某诺公司所持汇票票面记载事项完整，形式上为合法有效票据。从汇票签章看，出票人与付款人均为某标公司，收款人为菏某公司，后经背书依次连续转让给某海公司、某诺公司，票面背书连续。持票人某诺公司取得票据时已经给付了相应对价，其上一手取得票据时亦已经支付了相应对价。现某标公司、菏某公司均未能证明某诺公司以欺诈、偷盗或者胁迫等手段取得票据，故某诺公司应当享有票据权利。根据票面记载，某诺公司系经其前手某海公司背书取得票据权利，某标公司、菏某公司作为出票人及第一手背书人，不仅不得以与持票人某诺公司之间不存在真实的债权债务关系以及未给付对价等为由进行抗辩，亦不得以自己与持票人的前手即某海公司之间的抗辩事由对抗持票人，即某海公司取得案涉票据是否具有真实交易、是否给付对价，某标公司、菏某公司均无权进行抗辩。某标公司作为出票人、付款人、承兑人，菏某公司、某海公司作为背书人，应当按照票据金额向持票人某诺公司承担到期付款的责任。

一、二审法院判决支持原告某诺公司诉求的处理，正是基于法律规定、结合案件事实对于以买卖方式取得票据的持票人在一定条件下享有票据权利作出的认定。

编写人：北京市丰台区人民法院　苏洁

156 收款人名称记载错误的银行承兑汇票无效

——葛洲坝公司诉鑫某公司、某银行票据追索权案

【案件基本信息】

1. 裁判书字号

福建省厦门市中级人民法院（2017）闽02民终4061号民事判决书

2. 案由：票据追索权纠纷

3. 当事人

原告（被上诉人）：葛洲坝公司

被告（上诉人）：某银行

被告：鑫某公司

【基本案情】

2015年12月15日至2016年6月2日，葛洲坝公司与鑫某公司签订数份采购合同，约定鑫某公司向葛洲坝公司采购化纤用再生聚酯专用料。为此，葛洲坝公司收到鑫某公司银行承兑汇票一张，汇票号码为30800053-95130819，出票日期为2016年4月26日，汇票到期日为2016年10月26日，出票金额为150万元，出票人为鑫某公司，付款人为某银行。2016年5月12日，葛洲坝公司向案外人建设银行申请贴现上述汇票。建设银行向某银行电查后，某银行未指出该票据届时不得托收。2016年5月18日，建设银行对汇票进行贴现，扣除贴现利息22960元后向葛洲坝公司支付1477040元。建设银行将上述汇票向某银行进行托收，某银行于2016年10月26日出具拒绝付款理由书，退票理由为收款人名

称“洲”字误写成“州”字，票据背书不连续。建设银行向葛洲坝公司追索，葛洲坝公司于2016年10月28日向建设银行支付汇票金额150万元。

葛洲坝公司向思明区法院提出诉讼，请求判令鑫某公司、某银行：1. 连带支付葛洲坝公司汇票金额150万元及自2016年10月27日起至清偿日按中国人民银行规定的利率计算的利息（暂计至2016年12月15日为9062.5元）；2. 连带赔偿葛洲坝公司贴现利息损失22960元，差旅费、住宿费等诉讼所需费用7000元；3. 承担本案全部诉讼费用。

鑫某公司辩称：1. 本案所涉银行承兑汇票属于废票，葛洲坝公司不享有票据权利；2. 葛洲坝公司未按《中华人民共和国票据法》第六十六条履行书面通知义务而造成利息损失的扩大，应由葛洲坝公司自行承担；3. 葛洲坝公司的贴现利息损失与鑫某公司无关，应予驳回；4. 葛洲坝公司关于差旅费、诉讼费等诉讼所需费用的主张于法无据，应予驳回。

某银行辩称：1. 本案所涉银行承兑汇票属于废票，葛洲坝公司不享有票据权利；2. 葛洲坝公司存在重大过失，依法不享有票据权利；3. 因汇票收款人填写错误，且属于法律不可更改事项，故某银行有权拒付。

【案件焦点】

讼争票据是否有效。

【法院裁判要旨】

福建省厦门市思明区人民法院经审理认为：案涉汇票的付款人名称、收款人名称、出票人签章、出票日期、票据金额等绝对应记载事项齐全，且无更改票据金额、日期、收款人名称等导致票据无效的事由，故应认定为有效票据。重大过失是指显而易见的，一般人稍作注意即可预见和避免，而专业人士或组织却未预见和避免的不可原谅的疏忽或懈怠行为。本案中，收款人名称“葛洲坝公司”误写成“葛州坝公司”，葛洲坝公司在取得案涉票据时未审慎核对“洲”字与“州”字之差异，存在一定过失，但该过失并非一般人稍作注意即可避免，故该过失尚未达到票据法规定的“重大过失”之程度。再者，建设银行在贴现前已就票据相关事项向某银行电查，所查询的收款人名称为“葛洲坝公司”，某银行答复“查询汇票记载事项与我行承兑的汇票记载一致”，两家专业银行在票据审查时尚且未能发现“洲”字与“州”字之差异，故若要求葛洲坝公司在取得票据时轻易发现该笔误，未免过于严苛。综上，葛洲坝公司取得存在笔误的涉案票据并不存在重大过失。另外，建设银行虽未发现收款人名称有误，但其系在向某银行电查确认票据信息后方才贴现，故建设银行因贴现而取得票据亦不存在重大过失，其有权在被某银行拒付后向葛洲坝公司追索，故葛洲坝公司依法向建设银行支付票据金额150万元亦无过失。葛洲坝公司虽无法举证其在收到拒付通知之日起三日内书面通知鑫某公司，但即使迟延通知，其依法仍可行使追索权，要求票据债务人支付其已清偿的全部金额及该金额自清偿之日起再追索清偿日止的利息。该利息金额的起算时间点与葛洲坝公司通知鑫某公司的时间无关；且鑫某公司在收到本案诉状后，至今未主动履行付款义务，可知该利息金额的截止时间点亦与葛洲坝公司通知鑫某公司的时间无关。因此，葛洲坝公司迟延履行通知义务并未给鑫某公司造成额外的利息损失。贴现利息系葛洲坝公司在汇票到期日前提前支用汇票款项而需向贴现银行支付的对价，现葛洲坝公司亦已实际通过贴现行为提前取得票据款项，故贴现利息并非其实际损失范围。票据追索权系持票人依照票据法规定依法享有的权利，其追索范围法定，并不包括差旅费、住宿费等诉讼所需费用，故葛洲坝公司关于差旅费、住宿费的诉讼请求无事实和法律依据。综上，讼争汇票虽有笔误，但仍为有效票据，葛洲坝公司作为票据收款人及被追索人取得该票据均无重大过失，故其依法享有被追索后的再追索权，要求汇票出票人鑫某公司及承兑人某银行连带支付票据金额 150 万元，同时支付自清偿之日（即 2016 年 10 月 28 日）起至再追索清偿之日止按照中国人民银行规定的利率计算的利息，葛洲坝公司诉求的利息起算日应予调整。葛洲坝公司关于贴现利息损失、差旅费、住宿费的诉讼请求无事实和法律依据，不予支持。

福建省厦门市思明区人民法院依据《中华人民共和国票据法》第九条、第十二条、第二十二条、第六十一条、第六十六条、第六十八条、第七十一条，《中华人民共和国民事诉讼法》第六十四条第一款之规定，判决：

一、鑫某公司、某银行应于判决生效之日起十日内连带支付葛洲坝公司汇票金额 150 万元及利息（按中国人民银行规定的利率计算，自 2016 年 10 月 28 日起计至实际清偿之日止）；

二、驳回葛洲坝公司的其他诉讼请求。

某银行不服，提起上诉。福建省厦门市中级人民法院经审理认为：鑫某公司出具给葛洲坝公司的讼争银行承兑汇票，收款人葛洲坝公司的名称错误。根据《中华人民共和国票据法》第九条第一款、第二款规定："票据上的记载事项必须符合本法的规定。票据金额、日期、收款人名称不得更改，更改的票据无效。"因此，收款人名称属于不可更改的事项。因讼争银行承兑汇票收款人名称错误，相应的责任应由出票人鑫某公司承担，故葛洲坝公司请求其支付汇票金额及利息，有事实及法律依据，予以支持。葛洲坝公司请求的贴现损失、差旅费、住宿费等不属于票据追索权行使的范围，一审法院未予支持，并无不当。某银行作为承兑人，拒绝承兑讼争存在不可更改事项的票据并无过错，葛洲坝公司请求其承担赔偿责任，缺乏事实及法律依据，不予支持，一审法院对此认定错误，予以纠正。

福建省厦门市中级人民法院依照《中华人民共和国民事诉讼法》第一百七十条第一款第一项、第二项之规定，判决如下：

一、撤销福建省厦门市思明区人民法院（2017）闽0203民初1810号民事判决第二项；

二、变更福建省厦门市思明区人民法院（2017）闽0203民初1810号民事判决第一项为：鑫某公司应于本判决生效之日起十日内支付葛洲坝公司150万元及利息（按中国人民银行同期同类贷款利率，自2016年10月27日起计至本判决确定的还款之日止）；

三、驳回葛洲坝公司的其他诉讼请求。

【法官后语】

本案讼争票据因出票人鑫某公司出票时将收款人葛洲坝公司名称记载错误而引发纠纷，因此，要解决争议之前应先分析票据的法律效力。

鑫某公司出具给葛洲坝公司的票据上所记载的收款人名称错误，而该错误又是无法更改的事项，故讼争票据不符合票据法的规定属于无效票据。一审法院仅以票据记载形式完整，未分析错误记载事项的实际内容认定票据有效错误。葛洲坝公司收取票据时未尽合理审查义务，收取不符合票据法规定的票据，存在重大过失，葛洲坝公司也不得享有票据权利。因鑫某公司出具的票据本身存在瑕疵而无效，相应的责任应由出票人鑫某公司承担。葛洲坝公司请求鑫某公司支付讼争票据对应价款，应予以支持。葛洲坝公司诉请的其他损失属于其未尽合理审查义务所造成的，并非由于鑫某公司的开票行为及某银行的拒付行为造成，应由葛洲坝公司自行承担。

编写人：福建省厦门市中级人民法院　师光

157　支票的效力认定

——中玻公司诉销售中心票据追索权案

【案件基本信息】

1. 裁判书字号

北京市第一中级人民法院（2017）京01民终5884号民事判决书

2. 案由：票据追索权纠纷

3. 当事人

原告（被上诉人）：中玻公司

被告（上诉人）：销售中心

【基本案情】

中玻公司提交一份出票人处加盖销售中心财务专用章的北京农商银行转账支票，支票号为11500794，该支票载明内容为：出票日期2015年7月6日，收款人为中玻公司，金额为99920元，并填写了密码。中玻公司持该支票向银行提示付款时，因印章不符被退票。遂中玻公司向法院起诉销售中心，追索该支票的票据金额。

庭审中，销售中心称该张支票确系其从银行领取的，并加盖了销售中心的印章，但内容为空白的。中玻公司称其与高坊振之间有买卖合同关系，系高坊振将该支票交付给中玻公司，在收取转账支票时，出票日期与收款人名称系中玻公司填写。

中玻公司称涉案支票大写金额系其填写、小写金额由销售中心填写，密码是销售中心告诉中玻公司后由中玻公司填写；销售中心则称大写金额与小写金额均由中玻公司填写。销售中心还称涉案支票签发后未流通便丢失，丢失后其未报案也未采取失票救济措施；至于中玻公司如何取得涉案支票其不清楚。

【案件焦点】

涉案支票是否有效。

【法院裁判要旨】

北京市昌平区人民法院经审理认为：中玻公司虽与销售中心之间没有直接的合同关系，但中玻公司取得的案涉支票，记载事项齐全，形式完备，且取得的途径合法，系有效票据，故对销售中心称票据无效的抗辩意见该院不予采信。根据《中华人民共和国票据法》相关规定，支票的出票人必须按照签发的支票金额承担保证向持票人付款的责任，支票被拒绝付款的，持票人可以对出票人行使追索权，追索金额包括支票拒付金额以及相应利息。案涉支票虽因印章不符被银行退票，但销售中心称支票上的印章确系其加盖，由此，销售中心应对支票的金额承担付款责任，故中玻公司可依法行使追索权。

北京市昌平区人民法院依照《中华人民共和国票据法》第六十一条第一款、第七十条第一款、第七十一条、第八十九条、第九十三条第一款,《中华人民共和国民事诉讼法》第六十四条之规定，判决如下：

一、销售中心于判决生效后七日内支付中玻公司支票票面金额99920元；

二、销售中心于判决生效后七日内支付中玻公司利息3348.69元；

三、驳回中玻公司的其他诉讼请求。

销售中心不服提起上诉。北京市第一中级人民法院经审理认为：关于涉案支票是否有效。依据《中华人民共和国票据法》第八十五条规定、结合相关票据原理，支票金额事项虽为绝对必要记载事项，但支票金额事项允许空白，若没有补记，则金额空白支票因缺少绝对必要记载事项而无效；若经过补记，则金额空白支票和一般有效支票无异，为有效支票。依据《中华人民共和国票据法》第八十四条的规定，出票日期为支票绝对必要记载事项之一，但在持票人正当、善意持有支票的前提下，已经填写出票日期的，应当适用票据文义性原则，以票面记载内容为准，认定支票有效。依据《中华人民共和国票据法》第八十四条的规定，收款人名称并非支票绝对必要记载事项，出票人出票时未记载收款人名称并不导致支票无效。故销售中心关于涉案支票为无效支票的上诉理由缺乏依据，不予采信。

关于中玻公司是否有权对销售中心行使追索权。第一，依据《最高人民法院关于审理票据纠纷案件若干问题的规定》第九条第二款规定、结合相关票据原理，向人民法院提起诉讼的持票人负有提供诉争票据的责任，在持票人提供诉争票据的情况下，若票据债务人认为持票人取得票据存在偷盗、胁迫等非法行为并提出合理怀疑的，则持票人对持票的合法性负有举证责任。第二，依据《最高人民法院关于审理票据纠纷案件若干问题的规定》第十九条规定，支票出票人一经签发支票，便应承担担保支票付款的责任，即便持票人不能出示拒绝证明、退票理由书等拒绝证书，其对出票人的追索权仍不丧失。

北京市第一中级人民法院依照《中华人民共和国民事诉讼法》第一百七十条第一款第一项之规定，判决如下：

驳回上诉，维持原判。

【法官后语】

《中华人民共和国票据法》虽规定确定的金额为支票绝对必要记载事项，但《中华人民共和国票据法》第八十五条亦明确规定支票上的金额可以由出票人授权补记，未补记前的支票，不得使用。可见，支票金额事项允许空白，若没有补记，则金额空白支票因缺少绝对必要记载事项而无效；若经过补记，则金额空白支票和一般有效支票无异，为有效支票。

出票人如何授权补记呢？目前，我国法律未明确规定，但同时也未进行限制，可通过书面方式、口头方式、默示方式进行授权。何谓默示方式？司法实践中，一般认为空白支票的交付即可推定为附带有补充记载权的授予，即为默示方式的一种。

具体到本案，涉案支票签发时虽未记载金额，为空白支票，但附带有补记金额权利的授予，现持票人中玻公司已经补记，故无论金额为何人记载均不影响出票时金额空白的涉案支票为有效支票。

涉案支票签发时虽未记载出票日期，但现持票人中玻公司正当、善意持有涉案支票，且已填写出票日期，故涉案支票不因持票人销售中心出票时未填写出票日期而无效。

依据《中华人民共和国票据法》第八十四条、第八十六条第一款的规定，收款人名称并非支票绝对必要记载事项，且我国承认无记名支票，出票人签发支票是否填写收款人名称，以及是否补记收款人名称均不影响支票的效力，涉案支票亦不因出票人销售中心出票时未填写收款人名称而无效。

编写人：北京市第一中级人民法院　邵普

158　付款人的审查责任及票据的无因性原则

——某盛公司诉某银行票据损害责任案

【案件基本信息】

1. 裁判书字号

北京市第二中级人民法院（2017）京02民终4263号民事判决书

2. 案由：票据损害责任纠纷

3. 当事人

原告（上诉人）：某盛公司

被告（被上诉人）：某银行

第三人（被上诉人）：某某沟煤矿

【基本案情】

2014年5月16日，北汽模塑公司作为出票人，向某盛公司（收款人）开具银行承兑汇票一张，票据号码为31300051××××0876，出票金额为486000元，付款行为被告某银行，汇票到期日为2014年11月16日。该汇票已经由某银行承兑，承诺到期日由该行付款。

2014年10月16日，某盛公司以上述票据遗失为由，向某银行申请挂失止付，某银行向其出具《挂失止付通知书》。2014年10月17日，某盛公司向法院申请公示催告。公告期间，某某沟煤矿向法院申报权利。2015年1月8日，法院作出（2014）西民催字第24462号民事裁定书，终结本案公示催告程序，同时告知申请人可以向人民法院起诉。2015年1月22日，某盛公司又在某银行办理了挂失止付手续。2015年2月3日，某盛公司向神木县人民法院提起诉讼，要求某某沟煤矿返还诉争汇票。诉讼中，某某沟煤矿通过托收行甲银行神木人民广场支行向某银行提示付款。某银行出具的大额支付系统复查书中载明“银承×××是我行签发，该票曾被挂失和公示催告，无他查、质押、贴现，截至2015年2月28日09时00分，该票公催流程结束，无挂止冻，是手写票据，真伪请自辨”。2015年4月1日，某银行将该汇票的票款486000元兑付给某某沟煤矿，该汇票记载“已承兑付款”。

另查，根据某银行提交的汇票显示，汇票背面显示有商贸公司作为第一手背书的被背书人，背书栏盖有“某盛公司财务专用章”和“张某江印”两枚印章。此后该汇票记载有连续8次背书，某某沟煤矿作为持票人委托甲银行神木人民广场支行收款。该汇票已经兑付。

【案件焦点】

某银行对兑付涉案票据是否存在过错，是否应当向某盛公司承担赔偿责任问题。

【法院裁判要旨】

北京市西城区人民法院经审理认为：某盛公司在本案中依据票据法律关系起诉某银行及某某沟煤矿，认为双方在票据兑付及请求付款的过程中存在过错，侵害其合法权益并要求赔偿损失。据此，法院确定本案案由为票据损害责任纠纷。《中华人民共和国票据法》（以下简称《票据法》）第五十七条规定，付款人及其代理付款人付款时，应当审查汇票背书的连续，并审查提示付款人的合法身份证明或者有效证件。付款人及其代理付款人以恶意或者有重大过失付款的，应当自行承担责任。上述规定将付款人的审查义务仅限于票据形式合法性的判断，而对票据的基础关系不负有法律上的审查义务。在实务操作中，基于非对称信息问题的客观存在，付款人无法对票据所记载的每一背书是否具有真实合法的基础关系进行核实审查，也不可能对票据上每一签章是否为权利人本人签字、是否与在工商行政管理机构预留印鉴相符进行调查确认。本案中的汇票，从形式上看，格式合法、记载事项完备、票据背书连续、提示付款人与票据上记载的最后被背书人一致，符合汇票兑付的条件。虽然某盛公司在2015年1月22日向某银行申请办理了挂失止付手续，但《票据管理实施办法》规定，付款人自收到挂失止付通知书之日起12日内没有收到人民法院的止付通知书的，自第13日起，挂失止付通知书失效。某盛公司在规定的期限内，并未申请法院发出止付通知书，因此到2015年2月4日，某银行的挂失止付通知书已失效。同时，某盛公司于2015年2月3日向神木县人民法院就本案诉争汇票提起诉讼，但并未申请证据保全或止付，也未将某银行列为该案当事人，某银行对于票据是否涉诉并不知晓，因此在2015年4月1日为某某沟煤矿办理了付款。该行未违反相关法律法规的规定，也没有证据证明其在兑付过程中存在恶意或者重大过失。因此某盛公司要求某银行承担付款及赔偿责任的诉讼请求，没有事实和法律依据，不予支持。

另外，虽然某盛公司对于汇票第一手背书中的签章提出异议，认为涉嫌伪造，但未提供明确的证据。在背书栏背书人签章处盖有"张某江"字样的名章，而张某江并非某盛公司的法定代表人，某盛公司亦否认其代理身份，因此该签章确实存在伪造的可能性。

根据《票据法》第十四条第二款规定，票据上有伪造、变造的签章的，不影响票据上其他真实签章的效力。也就是说，即使本案中诉争的签章确系伪造，该汇票依然有效。某某沟煤矿作为正当持票人，有权向某银行提示付款，某银行亦应在形式审查后足额支付。因此某盛公司要求某某沟煤矿给付票款的诉讼请求，没有事实依据，不予支持。

北京市西城区人民法院依照《票据法》第十四条第二款、第五十七条，《中华人民共和国民事诉讼法》第六十四条第一款的规定，判决如下：

驳回原告某盛公司的诉讼请求。

北京市第二中级人民法院同意一审法院裁判意见，认为：一、涉案汇票在付款时，从形式上看，格式合法、记载事项完备、票据背书连续、提示付款人与票据上记载的最后被背书人一致，符合汇票兑付的条件。某银行在2015年4月1日为某某沟煤矿办理付款时，没有法律禁止止付的事由阻却某银行按照《票据法》的相关规定对汇票审核后付款。二、某某沟煤矿作为涉案票据的第八手被背书人和持票人，根据票据背书的连续性，即可作为自己为票据权利人的初步证据。另外，某某沟煤矿亦说明了其与记载在涉案汇票上的前手系经过煤炭买卖交易合法获取涉案票据。在止付事由消失后，汇票恢复正常功能。某某沟煤矿作为涉案票据的持票人，有权向付款人要求兑付汇票。

北京市第二中级人民法院依照《中华人民共和国民事诉讼法》第一百七十条第一款第一项规定，判决如下：

驳回上诉，维持原判。

【法官后语】

票据法的精神在于促进票据流通，保护最后持票人的利益。票据行为要式性、无因性、独立性以及连带性等特征及相应的制度，加重票据义务人的负担，增强持票人对票据的信心，较短的时效和较严格的保全手续法律规定，敦促持票人按照要求尽快行使自己的权利。票据类纠纷特殊之处在于，票据关系通常因基础法律关系产生，又通常与基础关系相分离，且因为票据可流转的特性，一张票据背后往往存在数个基础关系。票据类纠纷中，往往有一个或多个基础关系存在瑕疵，票据流转过程中存在票据遗失或伪造、变造签章，就票据存在公示催告或就票据背后的法律关系存在多起诉讼等情形。在上述等等情形下，法官在处理票据纠纷时，如何准确把握票据行为要式性、无因性、独立性以及连带性等特征及其例外情形，是该类案件审理的难点。

在本案中，一审法院结合票据的无因性、要式性、独立性等特征，准确把握《票据法》及相关法条的立法宗旨、立法目的及相关精神，对票据付款人审查义务、伪冒签章对票据效力的影响进行充分说理与论证，并据此驳回了某盛公司的诉讼请求。二审法院在确认一审认定的事实的基础上，对一审的判案理由进一步论述补强，并对某盛公司及某某沟煤矿的证明责任进行了明确，维持了一审判决。

编写人：北京市西城区人民法院　张学良

159 未作出除权判决的公示催告程序对于其间的票据流转效力不发生影响

——贸易公司诉服务公司票据案

【案件基本信息】

1. 裁判书字号

江苏省苏州市中级人民法院（2017）苏05民终1809号民事判决书

2. 案由：票据纠纷

3. 当事人

原告（上诉人）：贸易公司

被告（被上诉人）：服务公司

【基本案情】

2016年1月19日17时25分，杭州市公安局萧山区分局新塘派出所接赵某仁报案称：2016年1月19日13时50分，其被骗八张共125万元承兑汇票。在新塘派出所出具的《接受案件回执单》"报案内容"一栏内详细列明了八张承兑汇票的票号，其中一张汇票的号码为"28××××11"。

2016年1月20日，洛阳市洛龙区人民法院立案受理了以本案原告贸易公司为申请人的公示催告案件。原告在该案中主张其遗失票号为31300052××××6911的银行承兑汇票一张，并向该院提交由纤维公司出具的《情况说明》一份。纤维公司在该份说明中注明，其与本案原告之间有真实的贸易背景，为支付货款，其向原告背书转让了包括案涉汇票在内的六张银行承兑汇票，并详细注明了六张汇票的票号、出票日期、到期日、出票人、收款人等信息。2016年1月26日，洛龙区人民法院在《人民日报》上刊发公告，公示案涉汇票信息及原告遗失情况，要求利害关系人在公告之日起60日内向该院申报权利。2016年7月19日，本案被告服务公司持票向该院申报权利。洛龙区人民法院于2016年8月24日作出裁定，裁定终结该案公示催告程序，告知申请人或申报人可以向人民法院起诉。

经查，涉案银行承兑汇票出票人为洛阳市某林利得毛毯厂，收款人为纺织公司，出票日期为2016年1月13日，到期日为2016年7月13日，票面金额为人民币100000元。该票据第一背书人为收款人纺织公司，其后依次为：纤维公司、服务公司，即本案被告，被告最后背书给农村商业银行黎里支行委托收款。被告已于2016年10月下旬从承兑付款人洛阳银行处兑付了票款。

另查明，2016年2月底，案外人张某因资金流转需要，将案涉汇票转让给被告，被告扣除一定数额利息后向张某支付了票款。

张某作为被告的委托诉讼代理人参与了本案庭审，并当庭陈述称其系从一彭姓客户处取得案涉汇票，其与该彭姓客户之间存在面料买卖业务。

【案件焦点】

1. 被告是否有权取得案涉汇票的票款；2. 即被告是否是案涉汇票的正当持票人；3. 是否享有完整的票据权利。

【法院裁判要旨】

江苏省苏州市吴江区人民法院经审理认为：本案现有证据可以证明，原告系基于真实的交易关系从纤维公司处取得案涉汇票，但在转让票据时并未在被背书人栏内填写原告名称；随后，由于抢夺行为，原告在未签章亦未在被背书人栏内进行补记的情况下，丧失了对于案涉汇票的占有；因此，仅能认定原告曾经持有案涉票据。

作为完全有价证券，票据权利的享有和行使，以持有票据为前提和条件。失票人只有在通过公示催告程序获得除权判决的情况下，才可不必持票仅凭判决向付款人主张付款。在洛龙区人民法院终结原告申请的公示催告程序后，原告曾经享有的票据权利也因其对票据占有的丧失而随之消灭。

被告对案涉汇票的贴现行为，其交易的本质是民间借贷、融通资金活动，基于票据的无因性原理，在没有证据证明被告取得票据存在欺诈、偷盗、胁迫情形以及存在恶意或其他重大过失的情况下，被告依法应当享有完整的票据权利。

公示催告期间转让票据权利行为无效的认定，应建立在其后的除权判决由人民法院依法作出，且未被人民法院在利害关系人提起的诉讼中依法予以撤销的基础之上。本案中原告在洛龙区人民法院提起的公示催告程序已因被告的权利申报而被裁定终结，被告在该公示催告期间从案外人张某处受让票据的行为应为合法有效。

原告虽然因丧失对于案涉票据的占有而不再享有附着在该票据上的票据权利，但基于其曾经正当持有案涉票据的事实，其仍然享有基于票据基础关系所取得的民事权利，该权利因抢夺行为而受到损害，抢夺人依法应承担侵权损害赔偿责任，因此原告主张权利的对象应为抢夺人。

苏州市吴江区人民法院作出判决：

驳回原告贸易公司对被告服务公司的诉讼请求。

宣判后，原告贸易公司提起上诉。江苏省苏州市中级人民法院判决：

驳回上诉，维持原判。

【法官后语】

我国在票据法领域，针对票据丧失情况，设立了公示催告及除权判决程序对失票人加以救济。一般认为，公示催告程序包含公示催告公告以及除权判决作出两个阶段，在两阶段之间，另给予申请人1个月的提交除权判决申请的时间。

如果除权判决并未作出，此前进行的公示催告程序是否仍然具有否定在该期间所发生票据流转效力的功能，笔者以为应予以否定为宜。理由在于：

第一，公示催告程序启动的门槛过低。仅凭一方当事人申请即可启动，启动程序的诉讼成本极低。司法实务中，存在申请公示催告主体并非适格主体的情形，往往会因合法持票的真实权利人申报权利而被法院裁定终结，真正的票据权利人往往也会通过提起票据损害赔偿纠纷或撤销除权判决之诉，而使已经作出的除权判决归于无效。

第二，公示催告申请人身份及申请事由方面证明标准要求不高。在法院立案时，看似立案门槛颇高、审查标准颇为严格，但这些证据是否属实，在真实的票据出现以前均无法进一步核查。申请事由方面，申请人一般只能证明自己曾经持有票据，并声称存在被盗、遗失或被抢夺等情形，至多附有报案记录、证人证言之类的间接证据，却很难直接证实票据被盗、遗失或被抢夺等事实。

第三，公告寻找利害关系人的方式存在内在局限。《最高人民法院关于适用〈中华人民共和国民事诉讼法〉的解释》第四百四十六条规定，公告应当在有关报纸或者其他媒体上刊登，并于同日公布于人民法院公告栏内。人民法院所在地有证券交易所的，还应当同日在该交易所公布。最高人民法院以通知形式多次明确该报纸即为《人民法院报》，受制于《人民法院报》狭小的受众面及不高的公众知晓度，票据出让方及受让方均无从知晓相关票据是否已被申请公示催告的信息。

第四，否定公示催告期间票据流转效力的规定与票据善意取得原则相悖。

基于以上四点理由，笔者认为，如果不考虑除权判决是否最终做出的事实，在有利害关系人申报权利或者申请人怠于申请除权判决的情况下，一概否定公示催告期间票据流转的效力，将极大损害公示催告启动后通过合法手段取得票据的当事人的权利，并使票据的支付功能和信用功能无法实现。我国票据市场规模逐步扩大，以上海票据交易所为代表的基础设施不断完善，市场创新层出不穷。

只有不断完善票据法律制度，增强票据市场透明度，减少交易风险，才能最大限度发挥票据的支付、结算、投融资等信用工具职能，实现金融服务实体经济发展的终极目的。

编写人：江苏省苏州市吴江区人民法院　陈竞

160　以现金支票代为支付货款是否构成票据无因性的例外

——某伟公司诉某太阳公司、某明公司票据追索权案

【案件基本信息】

1. 裁判书字号

浙江省绍兴市中级人民法院（2016）浙06民终字第3268号民事裁定书

2. 案由：票据追索权纠纷

3. 当事人

原告（上诉人）：某伟公司

被告（被上诉人）：某太阳公司、某明公司

【基本案情】

2014年3月13日，某伟公司与某太阳公司签订《工业品买卖合同》一份，约定后者向原告购买帐篷9000顶，货款合计126万元。2014年11月3日，某太阳公司向原告出具“欠条”一份，确认结欠某伟公司货款495800元，该“欠条”已由某太阳公司收回。

某伟公司持有某明公司出具的某银行现金支票四张，“收款人”处均为空白，“用途”处均为“货款”，均加盖有“某明公司

财务专用章”及“张某丰”签章。其中号码为××××3508的支票出票日期为2015年9月30日、金额为49900元；号码为××××3507的支票出票日期为2015年10月30日、金额为49900元；号码为××××3509的支票出票日期为2015年12月30日、金额为20300元；号码为××××3505的支票出票日期为2016年1月30日，金额为49900元。前两张支票在原告提示付款时因出票人资金不足被银行退票；后两张支票某伟公司并未提示付款，但某明公司认可在提示付款期间其账户余额不足。

某明公司的法定代表人于2015年7月2日由张某丰变更为朱某梅，该公司注册资本150万元，其中李某娟出资125万元，朱某梅出资25万元。

【案件焦点】

某明公司所提票据抗辩能否成立。

【法院裁判要旨】

浙江省绍兴市上虞区人民法院经审理认为：某伟公司本以买卖合同法律关系主张两被告支付货款，庭审中变更为以票据关系主张权利，在法庭释明某太阳公司并非系争票据当事人的情况下，某伟公司坚持上述变更。因某太阳公司既非出票人亦非原告前手，故原告向某太阳公司行使票据追索权，于法无据，法院不予支持。

某明公司作为系争支票出票人，其是否应承担票据责任，当对其抗辩是否成立进行审查：1. 就票据本身的事由所提之抗辩。某明公司提出系争支票未记载“收款人”，当属无效。根据《中华人民共和国票据法》第八十四条的规定，“收款人”并非绝对应记载事项，可授权补记。故上述抗辩并不成立。2. 基于持票人自身或票据债务人与持票人间关系所提之抗辩。首先，某明公司提出原告作为持票人，未能举证证明其取得支票是善意的，不能享有票据权利。法院认为，一方面，根据《最高人民法院关于审理票据纠纷案件若干问题的规定》第九条第二款的规定，只有在系争支票的出票、交付、背书转让涉嫌欺诈、偷盗、胁迫、恐吓、暴力等非法行为时，持票人方需对持票的合法性承担举证责任。就本案而言，某明公司称系争支票不知何故由原告持有，却未能提供证据证明系争支票涉嫌上述违法情形。另一方面，就双方关于系争支票流转的陈述来看：某明公司称系争支票无故落入原告之手，却从未采取向法院申请公示催告等救济措施，有违常理。某伟公司提出某明公司之所以向其出具系争四张支票，系因替某太阳公司支付货款。某伟公司与某明公司一致确认双方间从无买卖业务往来，而系争支票“用途”明确载明为“货款”，结合截至2014年11月3日某太阳公司的确结欠原告495800元货款，以及两被告实际共同为李某娟所控制两件事实，原告上述陈述较之某明公司的陈述更为可信。故法院对原告关于其取得系争支票事由的陈述予以采信，对其持票合法性予以认定。其次，某明公司提出系争支票或未经提示付款或遭拒绝付款而未作成拒绝证书，故无法行使票据追索权。法院认为，虽前两张支票在提示付款被拒绝后未作成拒绝证书、后两张支票未在提示付款期限内提示付款，但某明公司亦认可系争四张支票在提示付款期限内实际均为空头支票，故可认定某伟公司的付款请求权被拒绝，其向作为出票人的某明公司行使追索权，符合票据法的相关规定。最后，某明公司以票据原因关系提出抗辩，认为其与原告不存在基础法律关系，故无须承担票据责任。原告则认为基于票据无因性，某明公司作为出票人应当履行偿还票据金额的义务。对此，法院认为，一方面，依据《中华人民共和国票据法》第十条第一款的规定，票据的签发、取得和转让，应当遵循诚实信用的原则，具有真实的交易关系和债权债务关系。结合《最高人民法院关于审理票据纠纷案件若干问题的规定》第十条、第十四条的规定，票据的无因性并非无限制的，即在接受票据的直接当事人之间，债务人可基于原因关系对抗票据权利人，仅在票据转让后则产生切断抗辩的效果。某明公司作为与某伟公司授受票据的直接当事人，基于原因关系提出抗辩并无不可。另一方面，某明公司向原告签发支票，其原因系代某太阳公司支付货款，根据《最高人民法院关于审理票据纠纷案件若干问题的规定》第九条第一款确立的举证规则，原告需举证证明其与某明公司存在债权债务关系，即某明公司代为支付货款的行为系债务承担而非第三人代为履行。因为只有前种情形下，某明公司方需承担支付货款的义务（否则需承担违约责任），而在后者情形下，某明公司并无义务支付货款（其拒付货款的违约责任归于债务人某太阳公司）。因某伟公司未能举证证明两被告就债务转移形成合意，故法院认定某伟公司与某明公司间并无债权债务关系，某明公司据此提出无须向原告支付票据款项的主张应予支持。

浙江省绍兴市上虞区人民法院依照《中华人民共和国票据法》第十条第一款、第八十四条，《最高人民法院关于审理票据纠纷案件若干问题的规定》第九条、第十条、第十四条，《中华人民共和国民事诉讼法》第六十四条第一款之规定，作出如下判决：

驳回原告某伟公司的诉讼请求。

某伟公司提起上诉。绍兴市中级人民法院依法组成合议庭对本案进行了审理。二审审理过程中，上诉人某伟公司于2016年11月30日向法院申请撤回上诉。绍兴市中级人民法院认为，某伟公司在本案审理期间提出撤回上诉的请求，不违反法律规定，法院予以准许。

浙江省绍兴市中级人民法院依照《中华人民共和国民事诉讼法》第一百七十三条规定，裁定如下：

准许某伟公司撤回上诉。一审判决自本裁定送达之日起发生法律效力。

【法官后语】

票据关系和票据基础关系的分离是票据无因性原则的核心内容。只有票据关系和票据基础关系相互分离，才能降低持票人在票据流转中的交易风险，减轻持票人的审查责任，从而保障持票人尤其是善意持票人的合法权益，这也是票据法理论和立法确立票据无因性原则的目的。

但是票据无因性原则并非绝对的，在授受票据的直接当事人之间，票据原因关系有效与否直接影响到票据关系的效力。《中华人民共和国票据法》第十条、第十三条第二款即确立了上述例外规则，即在接受票据的直接当事人之间，债务人可基于原因关系对抗票据权利人，仅在票据转让后方产生切断抗辩的效果。

就本案而言，需要具体考察原告与某明公司间是否存在互为代价的基础法律关系，即就某太阳公司支付货款的义务而言，某明公司系债务加入还是第三人代为履行。债务加入和第三人代为履行的本质区别在于，前者第三人不履行债务应承担违约责任；而后者第三人不履行债务的违约责任则由债务人承担。某明公司曾向原告开具现金支票的行为无法推定其有债务加入的意思表示，原告未进一步举证证明某明公司有明确债务加入的意思表示，需就此承担举证不利的法律后果。第三人某明公司代为履行不能的法律后果仍应由债务人某太阳公司承担，第三人某明公司与原告间不存在互为代价的基础法律关系，可以构成对票据关系的抗辩。

编写人：浙江省绍兴市上虞区人民法院　石学敏

161　重复付款行为不能对抗持票人的票据利益返还请求权

——某华经营部诉某屏公司票据利益返还请求权案

【案件基本信息】

1. 裁判书字号

广东省东莞市中级人民法院（2016）粤19民终字第7620号民事判决书

2. 案由：票据利益返还请求权纠纷

3. 当事人

原告（上诉人）：某华经营部

被告（被上诉人）：某屏公司

【基本案情】

2014年6月24日，案外人深圳市宝安区松岗某创模具厂（以下简称某创厂）向某华经营部交付了一张某银行支票，该支票系某屏公司向案外人某海兴公司开具的，金额为38650元，出票日期为2014年8月28日，付款期限为自出票之日起10天。

2014年6月28日，某华经营部向某创厂发送联络函，称涉案支票未到进账期已丢失，需要开票方挂失并补开新支票，某华经营部、某海兴公司及某创厂均在联络函上盖章确认。

2015 年 8 月 7 日，某华经营部找到了该支票并持该支票委托东莞农村商业银行长安支行收款时被退票，理由是票据逾期、不能托收。某华经营部遂诉至法院，请求判令某屏公司返还支票金额 38650 元及承担诉讼费。某屏公司辩称，其已依据某海兴公司持有的某华经营部声明丢失支票的联络函重新向某海兴公司支付了货款，并提交了某海兴公司出具的付款证明。

【案件焦点】

某屏公司能否以已经向某海兴公司重新支付货款为由对抗某华经营部的票据利益返还请求权。

【法院裁判要旨】

广东省东莞市第二人民法院经审理认为：持票人享有票据利益返还请求权的前提是出票人因票据权利消灭后未付代价而获得利益。某屏公司举证证明其已按票面金额向某海兴公司支付了货款，已履行其付款义务，并未因此获得利益。故某屏公司的抗辩成立，法院予以确认。某华经营部的诉讼请求没有事实和法律依据，法院予以驳回。

广东省东莞市第二人民法院依照《中华人民共和国票据法》第十八条，《中华人民共和国民事诉讼法》（2012 年修正）第六十四条的规定，作出如下判决：

驳回某华经营部的诉讼请求。

某华经营部持原审起诉意见提起上诉。广东省东莞市中级人民法院经审理认为：某华经营部因超过票据权利时效而丧失票据权利，进而请求出票人某屏公司返还其与未支付的票据金额相当的利益，故本案为票据利益返还请求权纠纷。其一，从某华经营部现持有案涉支票的事实及支票背书的记载内容、银行出具的退票凭证，以及某华经营部与某创厂、某海兴公司共同向某屏公司出具的联络函来看，应当采信某华经营部系案涉支票的最后持票人。其二，虽然某华经营部在联络函中已经声明支票遗失，但案涉支票并未经过特别程序宣告无效，亦即案涉支票在票据时效届满前的票据权利一直有效存在。某屏公司主张已经根据联络函而向某海兴公司重新支付了票据对应的金额，其所欠某海兴公司的全部货款已经结清，并提交了某海兴公司出具的证明等为证。但是，某屏公司在案涉票据尚属有效，其票据利益与票据尚未分离，且某海兴公司并非最后持票人的情况下，擅自对某海兴公司进行二次支付的行为，应当自行承担相应的法律后果。也就是说，某屏公司的二次付款行为不能对抗与其无直接原因关系的票据最后持票人某华经营部。某华经营部要求某屏公司返还票据利益，理据充分，予以支持。某屏公司承担上述债务后，可以要求持票人某华经营部交还案涉票据原件，以绝对消灭票据法上的权利。

广东省东莞市中级人民法院依照《中华人民共和国民事诉讼法》(2012 年修正）第一百七十条第一款第二项，作出如下判决：

一、撤销广东省东莞市第二人民法院（2015）东二法民二初字第 7620 号民事判决；

二、限某屏公司于本判决生效之日起三日内向某华经营部支付 38650 元。

【法官后语】

票据是基于商业信用和银行信用发展出来的一种证券化货币，具有融资授信、替代现金支付、实现跨区域流通等功能，对于服务实体经济、促进中小微企业发展具有不可替代的作用。然而，传统意义上的票据由于采取纸面形式，存在一定的伪造、变造及遗失等风险，决定了票据的不同流通环节均可能面对不同的法律风险。

本案处理的重点主要在于对票据利益返还请求权构成要件的理解。票据利益返还请求权，是指当持票人的票据权利因时效或者欠缺一定的手续而消灭时，该持票人对于出票人或者承兑人在其所受的利益限度内有请求返还的权利。对此，《中华人民共和国票据法》第十八条对该项权利作出了明文规定。关于票据利益返还请求权的性质，在学理上存在“不当得利请求权说”“票据权利说”“损害赔偿请求权说”和“票据法上特别权利说”等不同观点。通说采纳的是“票据法上特别权利说”，亦即票据利益返还请求权产生基础并非民法上的违约或者侵权行为，而是基于《中华人民共和国票据法》的直接规定而产生的一项特殊权利。

票据利益返还请求权的构成要件主要包括：1. 票据上的权利曾经有效成立和存在。如果票据因欠缺形式要件而自始无效，或者并非真正的票据权利人，那么票据权利自始不存在，不能享有票据利益偿还请求权。2. 权利人是丧失票据权利的持票人，包括最后持票人、清偿了票据债务而获得票据的背书人。权利人行使利益返还请求权时必须持有票据。3. 票据上的权利因超过时效期间或者欠缺保全手续而消灭。一般来看，上述情况主要是持票人过失所造成，如持票人失而复得票据，或者持票人未能按照银行要求提示承兑票据等。如果票据权利丧失是持票人过错造成的，为平衡双方的权利与义务，返还票据利益时不宜支持其返还票据利息的请求。4. 出票人或者承兑人单方面获取了额外的票据利益。这也是一、二审判决的主要分歧点。就支票而言，出票人因票据权利消灭而造成支票金额仍保留在自己的银行账户，即可认定其受有利益。即使出票人所获得的票据利益在权利人请求之时已经不复存在，如本案的出票人重新向其债权人交付承兑汇票，因权利人与出票人之间不存在授受票据的原因关系，出票人也仍应承担偿还票据利益的责任，而不得以已经向其债权人付款而对抗持票人。

值得说明的是，票据利益返还请求权的行使结果是完全地消灭票据关系和票据外关系。偿还义务人若清偿了上述债务后，可以要求持票人交还案涉票据原件，以绝对消灭票据法上的权利。如果对方拒绝的，义务人则有权拒绝清偿该债务。

可以预见，随着我国票据市场基础设施建设水平的提升和电子票据系统逐渐普及，我国票据市场的风险防控能力正在不断增加，相关的票据纠纷案件势必逐步下降。

编写人：广东省东莞市中级人民法院　何飞

162　汇票背书连续是否即为合法持票人

——玻纤公司诉吉林某韵公司等票据返还请求权案

【案件基本信息】

1. 裁判书字号

吉林省长春市中级人民法院（2016）吉01民终字第1140号民事判决书

2. 案由：票据返还请求权纠纷

3. 当事人

原告（上诉人）：玻纤公司

被告（被上诉人）：吉林某韵公司、某邦药业公司

第三人：某华金融公司

【基本案情】

案外人经贸公司于2014年12月25日给玻纤公司出具了一张付款行为某银行，到期日为2015年6月25日，出票金额127100元的银行承兑汇票。

2015年5月18日玻纤公司以银行承兑汇票丢失为由向原审法院申请公示催告，原审法院于2015年5月30日发出公告，在公告期间，某邦药业公司持有该银行承兑汇票向原审法院申报权利，原审法院于2015年7月13日作出（2015）南民催字第18号民事裁定书，终结银行承兑汇票的公示催告程序。

另查明，本案票据背书形式连续，背书人分别为玻纤公司、吉林某韵公司、某邦药业公司、某药公司、医药公司、某王制药公司。现该票据由某邦药业公司持有。某邦药业公司称，“背书的最后一手是某王制药公司，某王制药公司到付款行去兑现，发现票据已经被挂失，取不出钱，从后手往前追，某药公司找到我们，我们付款给某药公司后，某药公司又将汇票还给了我们”。

又查明：吉林某韵公司称，汇票中第二背书人处“吉林某韵物资供应站财务专用章”及“孙某苹印”并非其公司加盖，而是由案外人石某强骗取后加盖。

某华金融公司在一审时辩称“2014年12月31日，石某强持吉林某韵公司的相关证明到我公司贴现，我公司审核后由某邦药业公司向张某来付款，张某来将钱款付给我公司，我公司付款给吉林某韵公司，经石某强确认后，我公司将票据给了某邦药业公司”。

在二审又陈述为“石某强来找我们办理质押借款，我们经过验证票据没有问题后，我们跟张某来联系，张某来同意借款，把钱打给了吉林某韵公司，张某来把票据拿走了，至于之后再怎么转我们就不清楚了。我方在其中只是个中介”。对于两次庭审表述不一致，某华金融公司表示“我认为理解上有异议。以此次庭审陈述为准。”

某邦药业公司称：其取得汇票是通过案外人段某，并给付了段某 124812.2 元，其中 10 万元是银行转账，其他 24812.2 元是以现金方式支付。段某是通过张某来取得该汇票。

【案件焦点】

汇票背书连续是否需要考察持票人取得票据的原因行为。

【法院裁判要旨】

吉林省长春市南关区人民法院经审理认为：玻纤公司应当举证证明该银行承兑汇票丢失的事实及事后采取的补救措施。本案中争议票据背书连续，玻纤公司虽主张背书中其单位印章系伪造的，但仅提供其在其他银行预留公章与汇票背书中公章不一致作为证明，对此并未能提供其他充分证据予以证实，玻纤公司就该汇票向原审法院申请公示催告的诉状中称其汇票于 2015 年 1 月丢失，但并未及时向票据付款人挂失止付，于 2015 年 5 月 18 日才向原审法院申请公示催告，怠于行使权利，且未能提供票据丢失后积极向公安机关报案相关方面的证据，有悖于日常生活习惯，故对玻纤公司称其票据丢失、应为票据合法持票人之意见不予采纳。

吉林省长春市南关区人民法院依照《最高人民法院关于民事诉讼证据的若干规定》第二条之规定，作出如下判决：

驳回玻纤公司的诉讼请求。

玻纤公司不服一审判决，提起上诉。吉林省长春市中级人民法院经审理认为：票据是文义证券，票据权利的发生以作成票据为必要，票据行为的意思表示以票据上记载的文字意义而确定。某邦药业公司作为票据中被背书人之一，其无须对与其没有直接关系的背书人与被背书人之间如何取得票据的基础法律关系进行举证。《中华人民共和国票据法》第十条规定："票据的签发、取得和转让，应当遵循诚实信用的原则，具有真实的交易关系和债权债务关系。票据的取得，必须给付对价，即应当给付票据双方当事人认可的相对应的代价。"虽然案涉票据记载背书连续，吉林某韵公司与某邦药业公司为前后手关系，但吉林某韵公司与某邦药业公司均表示双方之间并无债权债务关系，故某邦药业公司应对其如何取得票据以及是否支付对价负举证责任。根据某华金融公司的陈述，该汇票是由案外人石某强以吉林某韵公司的名义向案外人张某来贴现，故张某来取得了汇票。根据某邦药业公司的陈述，汇票是由张某来交付给段某，某邦药业公司再从案外人段某处，通过支付 124812.2 元对价而取得，但某邦药业公司对于其所主张的，张某来如何将汇票交付给段某，及段某如何将汇票交付给某邦药业公司的过程并未提交证据加以证明。故某邦药业公司对于其所持有的汇票，既未通过上一手吉林某韵公司直接背书转让取得，亦非通过支付合理对价的其他合法方式取得，因此，某邦药业公司对于该票据并不享有票据权利，应当将涉案票据返还给收款人玻纤公司。

吉林省长春市中级人民法院依照《中华人民共和国票据法》第十条，《中华人民共和国民事诉讼法》第一百七十条第一款第二项、第三项的规定，判决如下：

一、撤销长春市南关区人民法院（2015）南民初字第2266号民事判决；

二、上诉人玻纤公司对某银行承兑汇票享有票据权利；

三、被上诉人某邦药业公司于本判决生效后立即将其所持有的某银行承兑汇票返还给上诉人玻纤公司。

【法官后语】

本案一审与二审的观点不同在于对票据无因性的理解和适用。票据是无因证券，无因性是《中华人民共和国票据法》的基本原则，但我国法律所规定票据无因性具有相对性。

首先，票据行为具有独立性，不受原因关系的影响。票据行为只要具备法定形式要件，就可产生法定效力，即使其原因关系不存在、内容发生变化、被撤销或无效，票据债权债务关系并不随之改变。持票人行使票据权利时不负证明给付原因的责任。持票人只要能够证明票据债务的真实成立与存续，即可以对票据债务人行使票据权利。

其次，《中华人民共和国票据法》第十条规定，票据的签发、取得和转让等票据行为必须具有真实的交易关系和债权债务关系，并且票据的取得应当给付票据双方当事人认可的相对应的代价，第十二条规定了不得享有票据权利的几种情形，包括以欺诈、偷盗或者胁迫等手段取得票据的，或者明知有前列情形，出于恶意取得票据的，以及持票人因重大过失取得不符合本法规定的票据的。

再次，持票人以非法方式取得票据，不享有票据权利。票据无因性的宗旨在于促进票据流通，保护善意第三人而非非法持票人，因此，在持票人采用欺诈、胁迫、偷盗等违法方式取得票据或取得票据时具有恶意或重大过失的，该持票人并不享有票据权利。由此，持票人并非一定是票据权利人，只有正当持票人才是票据权利人。在接受票据的直接当事人之间，票据原因关系影响票据行为效力。持票人未支付合理对价，不享有优于其前手的票据权利。

最后，国务院2011年颁布的《非法金融机构和非法金融业务活动取缔办法》第四条规定，未经中国人民银行批准，擅自从事非法票据贴现是非法金融业务活动。本案涉及非金融机构的自然人非法票据贴现，因此应当由持票人对其合法取得票据、支付合理对价负举证证明责任。

编写人：吉林省长春市中级人民法院　李雨萍

163 取得票据是否享有票据权利

——某升公司诉某力公司票据返还请求权案

【案件基本信息】

1. 裁判书字号

山东省临沂市中级人民法院（2016）鲁13民终字第5509号民事判决书

2. 案由：票据返还请求权纠纷

3. 当事人

原告（上诉人）：某升公司

被告（被上诉人）：某力公司

【基本案情】

本案所涉银行承兑汇票作以下记载：出票人为钢管公司，出票日期为2016年4月22日，收款人为管业公司，付款行为农村合作银行，票号为4020005220615×××，汇票到期日为2016年10月22日，票面金额为100万元。后该承兑汇票几经背书至某泰物流，因与原告某升公司之间存在买卖合同关系，某泰物流于2016年6月8日将该承兑汇票空白背书给某升公司用于支付电石款100万元。

2016年6月8日，某升公司的工作人员程某峰向济宁市公安局高新技术产业开发区分局柳行派出所报案，称丢失承兑汇票两张，票号分别为4020005220615×××及3130005228815×××。经某力公司申请，法院到济宁市公安局高新技术产业开发区分局柳行派出所调取了公安机关在2016年6月9日对报案人程某峰的询问笔录以及公安机关在2016年6月13日对程某峰所称的抢票人高某的询问笔录，对于声称高某抢汇票的情况，程某峰陈述如下："2016年6月8日16时许，我从某泰物流办公室内出来，拿着某泰物流支付的电石款（两张汇票），给公司领导董某耀（音）打了电话，公司领导说在东外环红绿灯东边等着我，我拿着汇票就上了我的白色轿车，高某也跟着上了车，坐在副驾驶座上，我驾驶轿车走了有十几米，高某把我放在副驾驶座上的汇票拿着看了看，这时从我对面开来一辆黑色的轿车，高某让我停车，我停车后，高某拿着汇票就去对面开来的黑色轿车上坐着，我就过去向高某要汇票，高某说'你出了某泰物流的大门我就给你'，我出去后，高某就上了我的车，我还是向高某要汇票，高某说'我得把汇票给某升公司的领导’。我就带着高某去找某升公司的领导，在快到东外环红绿灯的时候，我看见公司领导了。某升公司的领导董某耀（音）向高某索要汇票，高某说‘我把汇票放在黑色轿车上了’，我和董某耀继续向高某索要汇票，高某说‘你们去秀水宾馆拿汇票吧’，然后我、董某耀和高某一块去了秀水宾馆，高某又说让开黑色轿车的司机把汇票送过来，在等了有一个多小时的时候，高某说去拿汇票，就走了，我和董某耀等了有三四个小时也不见有人来送汇票，董某耀就给高某打电话索要汇票，高某以各种理由推脱，然后再给高某打电话就不接了，我们就报警了。”高某对拿走汇票的经过与程某峰的陈述基本一致。此外，程某峰在被询问时对于高某的身份陈述如下：“在这之前某升公司委托高某负责山东电石的收卸货单，干了四五年”，而高某自述与某升公司的关系时称：“2013 年，我、董某生、李某飞合资创办了某升公司……在某升公司负责开拓电石在山东的销售市场，某升公司从外地将电石运输到山东后，我处理后期包括销售、运输、招待等一切工作。”公安机关尚未对该案作进一步处理。

2016 年 6 月 8 日，即高某将涉案承兑汇票拿走当日，18 点左右，高某以直接买卖的形式将票号为 4020005220615×××的承兑汇票以 98.15 万元的价格转让给代理公司的法定代表人朱某敏，朱某敏通过其丈夫尚某的银行账户向高某转款 35 万元，因资金不足又委托某力公司向高某转账付款，某力公司通过银行转账系统向高某转款 23.15 万元，委托济宁任城区某欣和五金电子经营部通过银行转账系统向高某转款 40 万元。高某向朱某敏出具附有身份证复印件及银行承兑汇票复印件的材料一份，并在其上注明：“同意将此票转让给朱某敏、高某2016.6.8号。”代理公司与某力公司存在经常性的资金往来，在2016年6月8日，代理公司还曾向被告借款50万元，被告将50万元以银行转账的方式汇入其指定的尚某名下的银行账户。后代理公司将涉案承兑汇票背书转让给某力公司用于偿还借款，被告向其出具收据一份。

2016年6月12日，某升公司到法院申请公示催告程序，主张涉案承兑汇票是因己方原因不慎遗失，后又变更为汇票系被案外人高某强行拿走。在公示催告前，某力公司就向法院申报权利，法院依法进行了听证，后申请人某升公司申请撤回公示催告，法院于2016年6月15日作出（2016）鲁1312民催字第2号民事裁定书，准许某升公司撤回公示催告申请。

【案件焦点】

1. 某力公司取得涉案承兑汇票是否合法；2. 被告某力公司取得该承兑汇票与某升公司的损失之间是否存在因果关系。

【法院裁判要旨】

山东省临沂市河东区人民法院经审理认为：本案系票据返还请求权纠纷，原、被告对于以下事实没有争议：（1）原告曾持有涉案承兑汇票；（2）原告在持有涉案承兑汇票时，该汇票被高某拿走；（3）高某拿走承兑汇票后将汇票贴现转让。

关于某力公司取得涉案承兑汇票是否合法。从庭审调查来看，某力公司系从代理公司取得该承兑汇票，有代理公司在被告出具的汇票收据上盖章确认，与被告提供的转账凭证、高某向朱某敏出具的转让交接单等证据材料相互印证，可以认定代理公司用该承兑汇票偿还所欠被告的款项，被告是在支付合理对价后取得该票据，而非通过欺诈、偷盗或胁迫等手段取得，也不存在明知有前列情形而出于恶意取得票据，且该承兑汇票的必要记载事项完备，系有效票据，被告在受让时已尽到必要充分的审查义务，构成善意取得；此外，该汇票经代理公司背书后转让，被告以背书的连续足以证明其汇票权利。原告主张被告系通过民间票据贴现的方式直接从高某手中取得该承兑汇票，其得票行为不合法。法院认为，无论是在本案审理过程中，还是在（2016）鲁1312民催字第2号案件听证时，某力公司提交的证据材料基本一致，根据证据材料主张是从代理公司的法定代表人朱某敏手中取得该票据，而且从汇票所记载的事项中也可以看出汇票系代理公司背书后转让给被告的，原告关于被告系直接从高某手中贴现购买的主张不能成立；票据属于无因证券，票据关系与基础关系相互分离，基础关系是否成立及是否有效并不影响票据关系的效力。不论代理公司与高某之间买卖票据的行为及代理公司与被告之间的转让行为是否有效并不影响代理公司及被告对票据权利的享有。因此，原告的主张不能成立，且原告也没有提供证据证明被告取得该票据存在恶意或重大过失。

关于某力公司取得该承兑汇票与原告的损失之间是否存在因果关系。原告丧失对涉案承兑汇票的持有系因高某擅自拿走票据，高某拿走承兑汇票后继而贴现转让，从公安机关的询问笔录及被告提供的付款凭证中可以看出，高某是在2016年6月8日16时许拿走承兑汇票，在18时许代理公司的法定代表人朱某敏通过多方转账向高某付款98.15万元后取得该票据，代理公司在第二天又将该承兑汇票背书转让给本案被告用于偿还借款。因此，被告与代理公司之间的票据流转行为与原告的损失之间不存在因果关系。原告因高某拿走票据丧失票据权利，可通过刑事追究、民事侵权或不当得利返还等方式向高某主张权利，追究其相应的法律责任，而无权向本案被告要求返还。综上所述，原告要求被告返还涉案票据无事实和法律依据，法院不予支持。

山东省临沂市河东区人民法院依照《中华人民共和国票据法》第三条、第十二条、第十五条、第二十二条、第三十一条，《最高人民法院关于审理票据纠纷案件若干问题的规定》第九条、第三十七条、第四十九条之规定，作出如下判决：

驳回原告某升公司对被告某力公司的诉讼请求。

宣判后，原告某升公司提出上诉，山东省临沂市中级人民法院判决：

驳回上诉，维持原判。

【法官后语】

票据是具有要式性、文义性、无因性的流通证券，法律保护有效票据的流通性和持票人的合法票据权益。现代社会经济发展迅速，很多交易中为了减少付款流程、节省时间都会直接用票据付款，而可以背书转让的票据更是流转频繁。在流转过程中极易出现票据丢失、失窃或者其他票据丧失的情形，但以非法手段取得票据的一方很快就会将票据贴现转让以谋取利益，受让方在交易中又会将票据继续背书转让，之后的后手对于票据是否享有票据权利，极易引发票据返还请求权纠纷。票据返还请求权是指丧失票据占有的人，对于以恶意或因重大过失而取得票据的人，有请求其返还票据的权利。审查要点是：1. 审查票据形式是否完备、有效，各项必要记载事项是否符合《中华人民共和国票据法》的相关规定。2. 依据《中华人民共和国票据法》第十条、第三十一条等规定，审查票据的签发、取得和转让是否具有真实的交易关系和债权债务关系，是否给付对价、背书是否连续。3. 审查取得票据的方式是否具有合法性。根据《最高人民法院关于审理票据纠纷案件若干问题的规定》第八条的规定，主张丧失票据占有的一方承担证明持票人在票据的出票、承兑、交付、背书转让的过程中涉嫌欺诈、偷盗、胁迫、恐吓、暴力等非法行为的举证责任，同时持票人要对持票的合法性承担举证责任。

司法实践中一般认为与前手存在真实的交易关系和债权债务关系，不存在欺诈、偷盗或者胁迫等手段取得票据或明知有前列情形而出于恶意取得票据的，也不存在重大过失的持票人享有票据权利，不能因持票人前手取得票据存在瑕疵而否定后手的票据权利，这也是考虑到票据的无因性，票据的无因性是指票据只要符合法定的形式要件，票据权利即依法产生，形成独立的票据权利义务关系，并与其基础原因关系相分离，即使其基础原因关系存在瑕疵或无效，票据权利义务关系也不受影响，票据持有人行使票据权利，无需证明其取得票据之原因，票据债务人亦无审查之权利。

票据活动中，取得票据的持票人一方面要注意审查票据的来源、票据本身是否存在瑕疵，尽到审慎审查的义务；另一方面要及时背书，因为持票人证明享有票据权利的最简单的证明方式就是以背书的连续来证明，避免在发生纠纷时面临举证困难的窘境。

编写人：山东省临沂市河东区人民法院　沈梦

164 最后持票人作为“空白背书”的补记被背书人是否享有票据权利

——任丘钢管公司诉日照木材加工厂票据返还请求权案

【案件基本信息】

1. 裁判书字号

河北省沧州市中级人民法院（2016）冀09民终字第847号民事判决书

2. 案由：票据返还请求权纠纷

3. 当事人

原告（被上诉人）：任丘钢管公司

被告（上诉人）：日照木材加工厂

【基本案情】

2014年8月21日，石油机械厂作为付款人出具商业承兑汇票一张，该汇票的票号为00100062/23598×××、付款人账号为1000210005032000O×××、付款人开户银行为某银行总行营业部、收款人为任丘钢管公司、出票日期为2014年8月21日、汇票到期日为2015年2月20日、票面金额为贰拾万元整。

任丘钢管公司于2015年2月28日以该汇票丢失为由向任丘市人民法院申请公示催告，在公示催告期间，日照木材加工厂以持票人身份向任丘市法院申报权利。任丘市人民法院于2015年5月21日裁定终结公示催告程序。

现该汇票票面背书转让栏中显示：该汇票由任丘钢管公司背书

转让给日照木材加工厂，其中被背书人“日照市岚山区某胜木材加工厂”系日照木材加工厂法定代表人黄某溪填写。

本案审理中，任丘钢管公司将诉讼请求变更为：请求法院依法确认原告对00100062/23598×××号商业汇票享有票据权利，并判令被告日照木材加工厂返还该汇票。

2014年8月26日，任丘钢管公司从石油机械厂处取得本案所涉及票据。任丘钢管公司与日照木材加工厂之间不存在债权债务关系。

【案件焦点】

本案中被告作为最后持票人在空白票据被背书人栏内记载自己的名称后是否享有票据权利。

【法院裁判要旨】

河北省任丘市人民法院经审理认为：票据的取得必须给付对价，以背书转让的汇票背书应当连续。本案中，争议汇票的现持票人为日照木材加工厂，该汇票显示背书连续，但原、被告均认可日照木材加工厂并非直接从任丘钢管公司处取得该汇票，原、被告之间并非实际的上下手持票人关系，故日照木材加工厂应提供证据以证实其取得票据的合法性。日照木材加工厂主张本案争议汇票是由朱某峰以支付货款的形式交付的，但其提供的发货单上均没有朱某峰签字，且发货单位名称为“日照市岚山区某通木业”与被告日照木材加工厂名称不符，被告日照木材加工厂提供的承兑贴点的银行业务查询单中收款方为朱某楠。日照木材加工厂提供了与朱某峰的通话录音，以证实其取得汇票支付了相应价款，但该通话录音无法与朱某峰进行核实，且无其他证据予以佐证。综上，日照木材加工厂未提供充足证据证实其取得汇票给付了相应对价，故对其主张其为合法持票人，法院不予支持。作为争议汇票的收款人，对该汇票享有票据权利，故其请求法院依法确认其对本案争议的商业汇票享有票据权利，并要求被告返还该汇票符合相关法律规定，法院予以支持。

河北省任丘市人民法院依照《中华人民共和国票据法》第十条、第十九条、第三十一条之规定，作出如下判决：

一、原告任丘钢管公司对票号为00100062/23598×××的商业承兑汇票享有票据权利；

二、被告日照木材加工厂于本判决生效之日起十日内将票号为00100062/23598×××的商业承兑汇票返还给原告任丘钢管公司。

被告日照木材加工厂不服一审判决提起上诉。河北省沧州市中级人民法院经审理认为：原判认定事实清楚，适用法律正确，应予以维持，上诉人的上诉请求理据不足，不应得到支持。

河北省沧州市中级人民法院根据《中华人民共和国民事诉讼法》第一百七十条第一款第一项之规定，作出如下判决：

驳回上诉，维持原判。

【法官后语】

在实践中存在个别持票人以空白背书转让票据给后手，后手又将该票据转让给最后持票人，最后持票人在空白背书栏内补记自己为被背书人的情形。最后持票人补记被背书人后能否当然享有票据权利？

《中华人民共和国票据法》第三十一条第一款规定：“以背书转让的汇票，背书应当连续。持票人以背书的连续，证明其汇票权利；

非经背书转让，而以其他合法方式取得汇票的，依法举证，证明其汇票权利。”《最高人民法院关于审理票据纠纷案件若干问题的规定》第四十八条[①]规定：“依照票据法第二十七条和第三十条的规定，背书人未记载被背书人名称即将票据交付他人的，持票人在票据被背书人栏内记载自己的名称与背书人记载具有同等法律效力。”据此，可以理解为我国法律赋予了最后持票人空白补记权，即前手取得空白背书票，将其交付给最后持票人（后手）也未在票据上签章，最后持票人（后手）有权将其直接补记为被背书人。当背书人举证证明最后持票人与背书人不存在原因关系，该票据并非转让给最后持票人时，最后持票人则需证明其取得空白背书票据的合法性才能享有票据权利。

本案中，原、被告均认可双方不存在债权债务关系，即不存在票据权利的原因关系。而被告日照木材加工厂主张本案争议汇票是由朱某峰以支付货款的形式交付的，但其提供的发货单上均没有朱某峰签字，且发货单位名称为“日照市岚山区某通木业”与被告日照木材加工厂名称不符，被告日照木材加工厂提供的承兑贴点的银行业务查询单中收款方为朱某楠。其提供的通话录音无法与朱某峰进行核实，且无其他证据予以佐证。尽管日照木材加工厂为最后持票人在空白背书票据上补记了被背书人，仍不能证明其取得空白背书票据的合法性，不能享有票据权利。

编写人：河北省沧州市中级人民法院　史静　郭淑仙

---

① 本案中适用的《最高人民法院关于审理票据纠纷案件若干问题的规定》系 2000 年 11 月公布并施行。该规定已于 2020 年 12 月修正，并于 2021 年 1 月 1 日施行。规定（2000 年）第四十九条变更为规定（2020 年修正）第四十八条，其内容无变化。

165 公示催告前合法取得票据的后手在票据除权后能否再向其前手进行追索

——张敬某诉马志某票据追索权案

【案件基本信息】

1. 裁判书字号

山东省淄博市中级人民法院（2015）淄商终字第415号民事判决书

2. 案由：票据追索权纠纷

3. 当事人

原告（被上诉人）：张敬某

被告（上诉人）：马志某

【基本案情】

张敬某、马志某多年以来一直有业务关系。2014年1月28日双方结算欠款，马志某向张敬某支付承兑汇票一张，票号为23010213，面额2万元。张敬某因与李某春有业务关系，又将该汇票支付给了李某春。2014年2月22日，李某春又将该汇票支付给洗煤公司抵了煤款。

2014年5月21日，洗煤公司向银行委托收款时，遭到拒付，理由是该汇票已经被挂失，并且被法院除权判决。洗煤公司于是向法院起诉，要求李某春赔偿经济损失。经法院调解，双方达成还款协议，2015年4月15日，李某春向洗煤公司偿还了票据欠款2万元。后李某春向张敬某追索，张敬某于2015年4月18日向李某春偿还了票据欠款及利息21000元。之后张敬某向马志某追索该票据欠款，马志某拒付。

张敬某遂起诉要求马志某支付其票据欠款本息21000元并支付相应利息。马志某对以承兑汇票向张敬某支付欠款2万元，并因该汇票承兑不能造成张敬某赔偿案外人李某春21000元的事实予以认可，但认为票据被除权不能兑付，并非马志某的过错，马志某无须再向张敬某支付票据欠款和赔偿损失。

【案件焦点】

张敬某作为公示催告前合法取得票据的后手，在票据除权后能否再向其前手即马志某进行追索。

【法院裁判要旨】

山东省淄博市张店区人民法院经审理认为：张敬某、马志某因买卖合同关系在结算货款时，马志某向张敬某支付了承兑汇票一张，票号为23010213，面额为2万元。随后张敬某又将该汇票支付给案外人李某春以抵欠款，案外人李某春再次将该汇票支付给案外人洗煤公司以抵贷款。但案外人洗煤公司向某银行委托收款时，遭到拒付，理由是该汇票已经被挂失除权。洗煤公司向李某春追索欠款，李某春于2015年4月15日向其支付了票据欠款2万元。随后李某春向张敬某追索欠款，张敬某于2015年4月18日向其偿付了票据欠款本息21000元。此后，张敬某向马志某追索该欠款，马志某拒付。鉴于张敬某因票据权利不能实现，遭受经济损失21000元的事实清楚，证据确凿，故对张敬某要求马志某偿付其票据欠款本息21000元的主张予以支持。

山东省淄博市张店区人民法院判决：

马志某于本判决生效之日起十日内偿付张敬某票据被追索损失款项 21000 元并支付相应利息。

马志某不服一审判决，提起上诉。

山东省淄博市中级人民法院经审理认为：双方争议的焦点是涉案票据权利已丧失，持票人能否向其前手进行追索。

第一，票据被除权判决后，其本身的票据权利已丧失，持票人也不再享有付款请求权及追索权。因此，张敬某依据票据法的规定主张行使票据的追索权，没有权利基础，不应予以支持。

第二，票据具有支付性和流通性特点。涉案票据在公示催告前依法转让，张敬某未提供充分证据证明涉案票据权利存在瑕疵或转让方式存在无效情况，受让人已合法取得了票据权利，与其对应的是票据的基础关系即已结算完毕。此时若允许持票人再依据基础关系径行向其前手主张民事权利，不仅将导致众多前手面临被卷入诉讼的危险，使已经稳定的民事法律关系重新陷于不确定状态，而且也使票据的流通性大为减损，背离了创设票据之宗旨。故即使张敬某依据基础法律关系向前手进行追偿，除当事人协商一致外，也不应予以支持。

第三，除权判决属于非讼事件，其所作出的结论仅仅是程序上的推定，不具有实体上的既判力，不能以此证明涉案票据存有瑕疵。在此情况下，合法持票人可采取向作出除权判决的法院提出撤销之诉或者向取得票据款项的公示催告申请人主张不当得利返还或侵权损害赔偿的方式实现票据权利，以避免其财产损失。原审判决认定事实基本清楚，但适用法律错误，应予纠正。

山东省淄博市中级人民法院判决：

一、撤销一审判决；

二、驳回张敬某的诉讼请求。

【法官后语】

就票据追索而言，其行为依据来源于票据法上的票据追索权。票据追索权又称偿还请求权，是指持票人在提示承兑或提示付款而未获承兑或未获付款时，依法向其前手请求偿还票据金额及其他金额的权利。票据追索权作为一种票据权利，票据合法有效无疑是其行使的前提。本案中，张敬某是在票据公示催告前依法流转时从马志某处取得的涉案票据，票据后来经公示催告程序后被判决除权已失去效力，此时持票人即张敬某作为后手能否向其前手即马志某进行追索，本案一、二审的认识并不一致。一审认定此时仍可进行追索并支持了张敬某的诉讼请求，二审则认为此时张敬某已不具有追索权故而改判驳回张敬某的诉讼请求。

应当说二审对这一问题的认定是正确的。首先从追索权作为票据权利属性的角度来讲，票据在经公示催告程序后被判决除权的，此时票据实际已经作废，其本身的票据权利因此亦已丧失。而票据权利又包括付款请求权和追索权，既然票据权利因除权判决而丧失，那么持票人此时便不可能再享有付款请求权及追索权这两项票据权利。因此持票人根据票据法向其前手追索显然已经失去了权利基础。

其次从票据基础关系的角度来讲，在此情况下持票人也不能再根据票据基础关系向其前手主张民事权利。这是因为票据具有支付性和流通性的特点，这决定了票据在经济活动中实际起到了结算工具的重要作用。如在买卖合同关系中买方可以用票据来支付货款，此时只要票据是合法有效的，交付票据就相当于已经支付货款，从而使双方的买卖合同关系这一基础法律关系顺利完结。之后即便是该票据被申请公示催告并被判决除权，也不意味着该票据在公示催告前合法流转的行为就因除权判决而归于无效，毕竟票据具有文义性和无因性。如果仅仅因为票据被判决除权就认定先前的流转行为无效，就等于直接否定了票据的流通性功能，使因票据流通而已经稳定的交易秩序重新陷于不稳定状态，这显然背离了创设票据制度的宗旨。

最后从权利救济的角度来讲，合法持票人依法可采取的正确救济措施是向取得票据款项的公示催告申请人主张不当得利返还或侵权损害赔偿。票据被判决除权后，合法的持票人已不能再依票据权利和票据基础关系向前手追索，但这并不意味着其权利就这样“打了水漂”。由于实际持票人权利不能实现是公示催告及其引发的除权判决所致，故其应当向公示催告申请人主张不当得利返还或侵权损害赔偿，以此来实现票据上的权利从而避免其财产损失。虽然经公示催告后的除权判决属于生效判决，但其属于非讼事件，其所作出的结论仅是程序法上的推定，不具有实体法上的既判力，不能以此证明票据存在问题。而人民法院在对票据上的权利归属依法作出新的认定后，即视为撤销了原先的除权判决。所以说除权判决并不影响实际持票人向公示催告申请人主张权利。

关于救济问题应当注意的一点是，如果实际持票人依据基础关系向其前手追偿，即向前“层层退票”，若前手不认可法院当然不予支持；若与前手协商一致后实现“退票”，则前手就取得了票据上的权利并可依法向公示催告申请人主张权利，以此类推。

需要说明的是，2019 年 11 月 14 日《全国法院民商事审判工作会议纪要》发布施行后，对恶意申请公示催告，在除权判决作出后，付款人尚未付款的情况下，最后合法持票人可以根据《中华人民共和国民事诉讼法》第二百三十条的规定，在法定期限内请求撤销除权判决，待票据恢复效力后再依法行使票据权利。最后合法持票人也可以基于基础法律关系向其直接前手退票并请求其直接前手另行给付基础法律关系项下的对价。除权判决作出后，付款人已经付款的，因恶意申请公示催告并持除权判决获得票款的行为损害了最后合法持票人的权利，最后合法持票人请求申请人承担侵权损害赔偿责任的，人民法院依法予以支持。

本案中，张敬某于2014年1月28日取得涉案票据，该承兑汇票2014年2月24日被公示催告，2014年5月13日被判决除权。张敬某作为合法持票人，在票据被除权后其可采取向作出除权判决的法院提出撤销之诉，或者向取得票据款项的公示催告申请人主张不当得利返还或侵权损害赔偿来实现票据上的权利，以避免其财产损失，而不能依据基础关系直接向前手马志某主张权利。二审法院对本案予以改判是正确的。

编写人：山东省淄博市中级人民法院　荣明潇

山东省淄博市临淄区人民法院　刘海红

166 直接当事人以其与持票人不存在原因关系提出抗辩时，持票人是否享有票据权利

——某某乐废品收购站诉蒋文某票据追索权案

【案件基本信息】

1. 裁判书字号

广东省广州市南沙区人民法院（2014）穗南法民二初字第307号民事判决书

2. 案由：票据追索权纠纷

3. 当事人

原告：某某乐废品收购站

被告：蒋文某

【基本案情】

蒋文某是个体工商户广州市番禺区榄核某利达五金模具厂（以下简称某利达厂）的经营者。某利达厂开具的编号为104044302208O×××某银行支票记载如下内容：收款人某某乐废品收购站，出票日期2014年5月29日，出票金额18000元，用途往来，付款行中行番禺支行，由某银行中山民众支行委托收款。某某乐废品收购站持有该支票的原件，主张：2014年3月5日，一名自称“肖城某”的人员以某利达厂的名义向某某乐废品收购站采购铝锭，货款共计29260元，双方约定“肖城某”于采购当日预付货款10000元，以支票形式支付余款18000元，于后续交易下订单时付清尾款1260元；2014年5月20日，“肖城某”在某利达厂附近向某某乐废品收购站交付上述支票，交付时支票“收款人”及“用途”栏为空白，某某乐废品收购站在“收款人”一栏填写为“中山市民众镇某某乐废品收购站”，在“用途”一栏填写为“往来”，在“背书人签章”栏签章后至银行提示付款，银行以“出票人账户余额不足以支付票据款项”为由予以退票。

蒋文某确认支票的真实性，但否认“肖城某”为其员工及否认与某某乐废品收购站存有买卖合同关系。就支票的签发过程，蒋文某主张，某利达厂曾向外号为“肥仔”、真实名字为“肖某红”的人员购买铝锭，货款共计18000元；2014年5月17日，“肖某红”向某利达厂送货，某利达厂向其开具该支票，开具时未记载“收款人”及“用途”栏事项；因不能确定货物有无质量问题，故蒋文某填写支票时将出票日期记载为2014年5月29日；2014年5月28日，即支票载明的出票日期的前一日，“肖某红”至某利达厂催要货款，蒋文某以现金形式支付18000元并要求收回支票，“肖某红”向其出具收条，但没有交付支票，随后已无法联系。蒋文某就其抗辩提交送货单、收据及收条等原件，收货单显示“收货单位”为某利达厂，“名称及规格”为铝锭，“金额”为18000元，“送货人”为“肖某红”，“收货单位及经手人”为蒋文某；收据内容为“今收到某利达铝锭款”、“金额”为18000元，“经手人”为“肖某红”；收条内容为“今收到广州市番禺区榄核某利达五金模具厂支出款现金18000元整”，“2014.5.29原开出支票号1040443022080×××已作废”“收款人肖某红2014.5.28.”。上述证据均载有“肖某红”字样的签名。

某某乐废品收购站则主张其与某利达厂之间存有买卖合同关系，并提交送货单原件及证人吴某坤的证言拟予证明。某某乐废品收购站提交的送货单显示“名称及规格”为铝锭，“金额”为29260元，“收货单位及经手人”为“肖城某”，送货单空白处还载有手写字体“已收10000元，实欠19260元”。证人吴某坤出庭述称，其与某某乐废品收购站的投资人梁某燕为夫妻关系；吴某坤确实认识一名外号为“肥仔”的人，但不清楚其真实名字，亦没有委托其与某利达厂交易；“肖城某”至某某乐废品收购站采购时持有某利达厂的资料并预付货款10000元，后吴某坤根据“肖城某”的指示将货物送至广州市南沙区榄核镇的一个模具厂，吴某坤认为该厂就是某利达厂。某某乐废品收购站多次催款未果，故诉至法院，请求判令蒋文某向某某乐废品收购站支付支票金额18000元及利息损失。

【案件焦点】

蒋文某以与某某乐废品收购站之间不存在交易关系为由进行抗辩，某某乐废品收购站是否享有票据权利。

【法院裁判要旨】

广东省广州市南沙区人民法院经审理认为：某某乐废品收购站为支票上记载的某利达厂的直接票据后手，故作为票据债务人的蒋文某可以以票据基础法律关系进行抗辩。本案中，某某乐废品收购站与蒋文某对双方之间是否存在真实的交易关系或债权债务关系分别举出相反的证据，法院须对票据基础法律关系进行审查并综合双方当事人提交的证据后作出整体判定。

蒋文某就双方不存在买卖合同关系的主张提供送货单、收据及收条。该些证据反映的送货人、货款金额及收货人情况与蒋文某的主张及支票出具时记载的事项能相互关联。某某乐废品收购站主张票据权利对应的基础关系存在于其与蒋文某经营的某利达厂之间。某某乐废品收购站提供的送货单显示收货人为“肖城某”，但蒋文某否认“肖城某”为其员工，亦否认曾收到某某乐废品收购站送交的货物，送货单载明的欠款金额19260元与支票金额18000元亦不一致，故该送货单不足以证明双方曾存在买卖合同关系。至于证人吴某坤的证言，因其与某某乐废品收购站的投资人梁某燕为夫妻关系，与某某乐废品收购站有利害关系，故蒋文某不确认该证人证言的真实性，该证人证言亦不能作为单独证明案件事实的依据。某某乐废品收购站提供的证据之间无法形成完整的证据链条，其作为支票上记载的某利达厂的直接票据后手，在蒋文某针对基础交易关系是否真实存在提出抗辩并提供初步证据的情况下，未能进一步提供证据证明其提交的送货单所载的货物系其基于与某利达厂之间的交易关系而支付的票据对价，故不享有相应的票据权利。某某乐废品收购站诉请要求蒋文某支付支票金额及利息，法院不予支持。某某乐废品收购站可基于原因债权向其存在真实债权债务关系的相对人另案主张权利，亦可依据侵权关系向侵权人另案主张损害赔偿。

广州市南沙区人民法院判决：

驳回某某乐废品收购站的诉讼请求。

一审判决后，双方均未上诉，判决现已发生法律效力。

【法官后语】

本案中，蒋文某以原因关系自始不存在为理由而主张抗辩，对此种情形，目前尚无法律规范，票据理论亦鲜有论及。笔者认为，虽然《中华人民共和国票据法》没有直接针对原因关系欠缺的情形作出规范，但依据《中华人民共和国票据法》第十条的规定，票据债务人对其直接当事人以原因关系为由提出抗辩的范围应当包括原因关系自始不存在或原因关系嗣后不存在的情形，而不应仅限于原因关系非法、持票人不履行约定义务等情形。故，蒋文某能以双方不存在买卖合同关系为由提出抗辩。此时，票据关系虽然不会因此而当然消灭，但直接当事人之间发生的票据关系有可能被认为是明显地违背民法中的诚实信用原则，故应当要求当事人对此提供证据加以证明。那么，该由哪一方对票据原因关系存在与否承担举证责任？

从司法实践来看，存在两种意见。一种意见认为，应当由持票人对存在票据基础关系负有举证责任。如北京市第二中级人民法院判决的杨立某与东某公司票据追索权纠纷上诉案。该案中，杨立某诉称东某公司向其购买装修用品并交付一张金额为10000元的支票支付货款，但在银行兑现时因“印鉴不符”被退票，杨立某遂请求法院判令东某公司支付票面款项1万元。东某公司答辩称双方之间不存在债权债务关系，双方虽签订过合同，但东某公司已经付清款项，该支票是杨立某通过非法手段取得并私刻东某公司法定代表人印鉴及私自填写收款人单位，应当认定为无效票据。北京市朝阳区人民法院一审认为：杨立某提出该支票系基于拆除展示灯具和地台的口头协议，由东某公司所支付款项，但未提交任何证据予以证明双方达成该口头协议，且东某公司对此不予认可，杨立某作为持票人应当提供证据证明其履行相应义务，现杨立某未提交相关证据予以证明，故应当承担不利法律后果；另杨立某所持转账支票上出票人的印鉴不符，该签章不具有票据法上的效力，且没有证据证明该不符印鉴系出票人所加盖的，故判决驳回杨立某的诉讼请求。杨立某不服上述判决，向北京市第二中级人民法院提起上诉，北京市第二中级人民法院经审理判决驳回上诉，维持原判。另一种意见认为，出票人对不存在票据基础关系负有举证责任。

以上两种意见，笔者认为后一种比较可取。按照民事诉讼证据规则的一般原理，主张积极事实的一方当事人承担证明责任，主张消极事实的一方当事人不承担证明责任，应由持票人证明双方存在基础关系。这与票据无因性原则相左，并可能不当加重持票人的举证负担而使其行使票据权利的目的落空。无因性是票据发挥种种经济职能的重要前提，正因票据这种特有的性质，才决定票据关系与基础关系的相对独立。对于出票人来说，其作为从事商业交易的主体，一旦签发票据，无疑是将票据权利赋予持票人，故签发的风险应由出票人自己承担。而对于持票人来说，其持有的票据只要具备票据法上规定的条件，则应推定票据权利成立，并可根据票据上的文义请求给付一定的金额。若持票人能向法院提供具备条件的票据，则应视为其已就提出的诉讼请求所依据的事实提供相应的证据。出票人即票据债务人若认为双方不存在基础关系，法律上允许其提出抗辩，但亦应由出票人对此负举证责任。考虑到消极事实难以证明，若要求出票人对不存在基础关系承担全部举证责任亦未尽合理。故先由出票人提供证据证明案涉票据签发的基础关系，如基于其他的交易关系或债权债务关系，必要时由法院向相对方调查取证。如果出票人无法证明其签发案涉票据是基于其他的基础关系及该基础关系不存在的情况，则应当由出票人承担举证不能的不利后果，推定直接当事人之间具有真实的交易关系或债权债务关系。若出票人能提供初步证据证明前述事实，则持票人须提出相反证据予以反驳，并由法院结合案件情况判断双方提供证据的证明力大小依法予以认定。

本案中，根据支票记载的出票人名称及收款人名称，某利达厂与某某乐废品收购站为票据的直接前后手，故作为票据债务人的蒋文某可以票据基础法律关系对持票人进行抗辩。与一般票据抗辩不同，双方当事人对有无原因关系本身存在争议。如果认定当事人之间存在买卖合同关系，则在卖方已履行交货义务的情形下，买方有义务交付货款，故其应当继续履行交付货款的义务。由于买方系以开具支票的形式支付剩余货款，故对卖方行使票据追索权法院应予支持。如果认定当事人之间不存在买卖合同关系，则蒋文某无须履行某某乐废品收购站主张的支付剩余货款的义务，其票据义务亦无须承担。蒋文某对此提供送货单、收据及收条，该些证据反映的送货人、货款金额及收货人情况与蒋文某的主张及支票出具时记载的事项能相互关联，应认定蒋文某已承担初步的举证责任。持票人某某乐废品收购站虽然提供送货单及证人证言，但送货单与其主张及支票记载事项不符、证人证言不能单独作为认定本案事实的依据，该些证据始终未能提供足够否定蒋文某提供的证据及主张。因某某乐废品收购站不能就其主张提供证据加以证实，应当认定某某乐废品收购站与蒋文某之间不具有真实的交易关系和债权债务关系，其取得票据时无给付票据债务人认可的相应对价。某某乐废品收购站不享有票据权利，其诉讼请求不能成立。需要明确一点的是，持票人丧失票据权利，并不意味着基础民事权利丧失，其仍有权依据基础合同主张民事权利。某某乐废品收购站可基于原因债权向其存在真实债权债务关系的相对人另案主张权利，亦可依据侵权关系向侵权人另案主张损害赔偿。

编写人：广东省广州市南沙区人民法院　谭茗

167 商业承兑汇票前手之间基础合同纠纷不得对抗持票人行使票据权利

——金某建筑公司诉光某建设公司票据追索权案

【案件基本信息】

1. 裁判书字号

北京市第一中级人民法院（2015）一中民（商）终字第2216号民事判决书

2. 案由：票据追索权纠纷

3. 当事人

原告（被上诉人）：金某建筑公司

被告（上诉人）：光某建设公司

【基本案情】

2014年1月8日，光某建设公司出具一张商业承兑汇票。根据汇票记载，付款人为光某建设公司，开户银行为某银行北京公主坟支行。收款人为恒某公司，出票金额为96万元。汇票到期日为2014年7月7日。上述汇票落款处注明有："本汇票已经承兑，到期无条件付票款"字样，其上加盖有光某建设公司财务专用章及法定代表人的人名章。上述汇票落款处另注明有"本汇票请予以承兑于到期日付款"字样，其上亦加盖有光某建设公司财务专用章及法定代表人的人名章。汇票所贴粘单的记载内容显示，恒某公司此后将上述汇票背书转让给工贸公司。之后，工贸公司又将上述汇票背书转让给金属镁公司。随后，金属镁公司又将上述汇票背书转让给矿业公司。

此后，金某建筑公司因与矿业公司签署承包合同，矿业公司作为背书人，金某建筑公司作为被背书人合法取得上述商业承兑汇票。2014年7月22日，金某建筑公司向光某建设公司开户行某银行北京公主坟支行提示付款，光某建设公司以票据收款人恒某公司违反基础合同为由拒绝付款。金某建筑公司认为其作为汇票的持票人，汇票到期遭付款人拒绝付款后，有权向出票人即光某建设公司行使追索权，故金某建筑公司诉至法院，诉讼请求：判令光某建设公司向金某建筑公司支付票面金额96万元人民币及利息（按照中国人民银行同期贷款利率标准，自2014年7月7日起计至实际付清之日止）。

【案件焦点】

商业承兑汇票持票人如果已合法取得票据，而其前手与出票人之间因基础合同的履行产生纠纷，出票人能否据此免除付款义务。

【法院裁判要旨】

北京市海淀区人民法院经审理认为：金某建筑公司提起本案诉讼的依据在于合法持有的汇票，而其取得汇票的基础合同关系系该公司与矿业公司签订的合同书，且合同义务已经履行完毕，矿业公司亦已支付相应合同价款。金某建筑公司取得的本案所涉汇票具有真实的交易关系和债权债务关系。

光某建设公司与恒某公司之间围绕合同关系发生的权利义务纠纷，并不改变本案中金某建筑公司作为汇票背书人的法律地位，两者完全分属不同的法律范畴，并不影响金某建筑公司在本案中依据票据法律关系享有的程序权利与实体权利。金某建筑公司有权要求出票人光某建设公司支付相应票据款项。金某建筑公司有权自汇票到期日起，按照中国人民银行同期贷款基准利率标准要求光某建设公司支付相应的利息。

北京市海淀区人民法院依照《中华人民共和国票据法》第二十六条、第三十九条、第五十三条第一款第二项及第三款、第六十一条、第七十条第一款第一项及第二项，《中华人民共和国民事诉讼法》第一百四十四条之规定，判决：

光某建设公司向金某建筑公司支付汇票金额96万元，并向金某建筑公司支付相应利息（按照中国人民银行同期贷款基准利率标准，自2014年7月7日起计算至实际清偿完毕之日止），均于本判决生效后十日内付清。

光某建设公司提起上诉，北京市第一中级人民法院经审理判决：驳回上诉，维持原判。

【法官后语】

本案中，金某建筑公司作为涉诉商业承兑汇票的持票人，要求光某建设公司付款。但该公司以恒某公司合同违约为由拒绝承兑。票据纠纷有别于基础合同纠纷。票据行为无因性的实质就是票据基础关系与票据法律关系的分离，二者的相互独立使作为基础关系的交易关系和债权债务关系不影响独立存在的票据关系的效力，使在票据的转让中持票人的交易风险大大降低，并减轻持票人的审查责任，从而能够保障持票人特别是善意持票人的合法权益。就本案而言，金某建筑公司系基于其与前手之间的合同关系取得商业承兑汇票，且已履行了相关合同义务，故其应为善意的持票人。其与付款人光某建设公司本身不存有相关合同关系，而光某建设公司与恒某公司之间的合同履行过程中的违约纠纷，与本案分属不同法律范畴，并不能构成光某建设公司拒付金某建筑公司款项的理由，故金某建筑公司有权要求用其合法取得的商业承兑汇票，依照票据行为的无因性特征，向光某建设公司主张票据权利。光某建设公司拒付理由中所述恒某公司违约一事，光某建设公司可就其所遭受的相应损失，另行通过诉讼予以解决。

编写人：北京市海淀区人民法院　宋硕

168 善意合法的持票人的认定

——某信建业公司诉某四福公司票据追索权案

【案件基本信息】

1. 裁判书字号

北京市第二中级人民法院（2015）二中民（商）终字第08733号民事判决书

2. 案由：票据追索权纠纷

3. 当事人

原告（被上诉人）：某信建业公司

被告（上诉人）：某四福公司

【基本案情】

2015年2月4日，某信建业公司从某四福公司的人员陈某一手中得到支票一张，票面金额为人民币25万元，某信建业公司于2015年2月7日入账时，该支票被银行退票，退票理由为支票密码不符，故某信建业公司要求某四福公司给付票据款25万元。

某四福公司认为与某信建业公司没有业务往来，陈某一不是某四福公司的人员，某四福公司不认识这个人。某四福公司称本票据系某四福公司用于姚某某借款作抵押之用，该票据非用于正常票据的流转，本票据的出票目的是抵押，出票行为违法，票据的流转违法，所以此票据不发生票据法的票据效力。起诉某四福公司的应该是抵押权人，而不是某信建业公司。

法院查明：某信建业公司持有某四福公司出具的支票号为16468×××的北京农商银行转账支票一张，该转账支票载明，出票日期为2015年2月7日，金额为25万元，收款人为某信建业公司，该支票加盖有某四福公司的财务专用章以及法定代表人陈某二的人名章。后某信建业公司持该张支票去银行承兑，于2015年2月12日被银行以“支票密码不符”为由退票。

关于开具支票的过程，某四福公司称其与某信建业公司没有业务往来，开具涉案支票是为了给某四福公司法定代表人陈某二的老乡姚某某向他人借款提供抵押，于是姚某某找到陈某二，向陈某二借一张转账支票作为抵押，并承诺等他还清借款，就把抵押的支票还给陈某二，于是，某四福公司将涉案支票给了姚某某，支票上只加盖了某四福公司的财务专用章和法定代表人陈某二的人名章，票面金额、出票日期、密码等均未填写。

关于如何取得的涉案支票，某信建业公司陈述其是向一个叫陈某一的人供应混凝土，陈某一为了支付货款，在2015年2月4日将涉案支票给了某信建业公司，某信建业公司收取了涉案支票后，就将双方往来的结算单据给了陈某一，并让陈某一在涉案支票复印件上签名，陈某一给某信建业公司涉案支票的时候自称是某四福公司的员工。某信建业公司拿到涉案支票后，在收款人处填写了某信建业公司，并于2015年2月9日至银行入账，在2015年2月12日因“支票密码不符”被银行退票。某信建业公司称现在已联系不到陈某一。庭审中，某四福公司称陈某一不是其员工，也不认识陈某一这个人，无法联系陈某一。

庭审中，证人姚某某陈述证言称：姚某某与某四福公司的法定代表人陈某二是老乡，姚某某向陈荣某借款，陈荣某说自己没有钱，他哥陈某一有钱，但从陈某一处借钱需要抵押，于是姚某某就找陈某二借了涉案支票，当时该支票上只盖了某四福公司的财务专用章和陈某二的人名章，姚某某拿到支票后自行填写了出票日期、出票金额以及密码，但收款人没有填写。姚某某当时只想着用这张支票作为短期抵押向陈某一借款，就随便填写了密码，并告诉陈某一不要去银行入账。后来，陈某一借给了姚某某10万元，姚某某将涉案支票抵押给了陈某一，双方没有签订借据或其他书面手续。就为何借了10万元，却在涉案支票金额处填写了25万元的问题，姚某某称因为是第一次向陈某一借款，为了让陈某一觉得更有保障一些，所以就在金额处填写了25万元。姚某某还称陈某一是做建筑生意的，除了向陈某一借款10万元，其和陈某一之间再无其他业务往来。后来，姚某某和陈某一电话联系，想偿还借陈某一的10万元借款，并让陈某一将抵押的涉案支票给拿回来，但并未联系到陈某一，于是姚某某就往陈某一的银行卡上汇了1万元，想着陈某一看到后会与姚某某联系，但陈某一后来一直没有与姚某某联系，因此姚某某抵押给陈某一的涉案支票也一直没有取回来。

【案件焦点】

1. 某信建业公司与某四福公司是否存在基础合同关系；2. 某四福公司以与某信建业公司不存在交易关系的抗辩是否合理。

【法院裁判要旨】

北京市大兴区人民法院经审理认为：某信建业公司所持有的支票上记载事项及签章均符合票据法的相关规定，故该支票为有效票据。根据票据的无因性原则，票据法律关系与取得票据的原因关系相互分离，持票人非因重大过失或恶意取得票据，即享有票据权利。某信建业公司称涉案支票系自称是某四福公司的员工陈某一向其购买混凝土时作为货款交付的，某四福公司虽否认陈某一系其员工，但其并未举证证明某信建业公司系因不正当原因取得了涉案支票，在此情况下应当认定某信建业公司善意合法取得支票，因此陈某一是否系某四福公司的员工，均不影响某四福公司作为出票人应承担相应的票据责任。某信建业公司持该支票交银行委托收款时以支票密码不符为由被退票，其享有对出票人某四福公司的追索权。某四福公司关于其与某信建业公司之间没有业务往来的抗辩，法院不予采信。对某信建业公司要求某四福公司支付票据款 25 万元的诉讼请求，于法有据，法院予以支持。

北京市大兴区人民法院依照《中华人民共和国票据法》第七十条、第八十九条、第九十三条的规定，判决：

某四福公司于本判决生效后十日内支付某信建业公司票面金额 25 万元。

某四福公司持原审抗辩意见提起上诉。北京市第二中级人民法院经审理认为：票据是要式证券，将票据法所规定的必须记载事项记载完整的票据，即为有效票据。某信建业公司提交的涉案支票必须记载事项记载完整，故为有效票据。同时，票据是无因证券，持票人非因重大过失或恶意取得票据，即享有票据权利。某信建业公司能够向法院说明其取得支票的来源、事由，且该陈述与某四福公司的有关陈述相印证，在此情形下，某四福公司应提供证据证明某信建业公司因不正当原因取得支票，但其未提交有效证据证明该事实，故应当认定某信建业公司善意合法取得支票。根据双方当事人的陈述，某信建业公司并非直接从某四福公司取得支票，某四福公司以其与某信建业公司之间无交易关系为由进行抗辩，法院不予支持。某信建业公司持该支票交银行委托收款时以支票密码错误为由被退票，其享有票据追索权。某信建业公司要求某四福公司支付票据款25万元的诉讼请求，于法有据，法院予以支持。一审判决认定事实清楚，适用法律正确，应予维持。

北京市第二中级人民法院依照《中华人民共和国民事诉讼法》第一百七十条第一款第一项之规定，判决：

驳回上诉，维持原判。

【法官后语】

票据具有无因性的特征，只要持票人合法持有票据法规定的有效票据，即享有票据权利，无因性是指基础关系和票据关系相分离，即使基础关系无效或存有瑕疵，均不影响票据的效力。这一特点的优势是有利于票据的流通，提高民商事活动的效率，保护交易安全。但票据的无因性也是相对的，根据《中华人民共和国票据法》的规定，票据的签发、取得和转让，应当遵循诚实信用的原则，具有真实的交易关系和债权债务关系。如果持票人与出票人是直接前后手，存在基础关系，那么持票人应当对其已履行了基础关系中的义务而合法持有票据进行举证，这构成票据行为无因性的例外。

本案争议的焦点在于：1. 某信建业公司与某四福公司是否存在基础合同关系？就这个问题，某信建业公司称涉案支票系自称是某四福公司的员工陈某一向其购买混凝土时作为货款交付的，陈某一在涉案支票复印件上签名。某四福公司否认与某信建业公司存在基础合同关系，亦否认陈某一系其员工，因此笔者认为不宜认定某信建业公司与某四福公司存在基础合同关系，某信建业公司能够说明其取得支票的来源、事由，且某信建业公司的陈述与某四福公司的有关陈述互相印证，在某四福公司未举证证明某信建业公司系因不正当原因取得了涉案支票的情况下，应当认定某信建业公司是善意合法取得了涉案支票。2. 某四福公司以与某信建业公司不存在交易关系为由的抗辩是否合理？笔者认为，鉴于流转涉案支票的关键人物陈某一未能出庭，确实不宜认定某信建业公司与某四福公司存在交易关系，但某信建业公司作为善意合法的持票人，其取得涉案支票已支付了相应的对价，如某四福公司不能证明某信建业公司系因重大过失或恶意取得票据，那么某信建业公司即享有票据权利，这也是与票据无因性原则相契合的。基于此，笔者认为，在某信建业公司持涉案支票交银行委托收款时被银行以支票密码错误为由退票，那么某信建业公司即享有票据追索权。当然，享有票据追索权有期限的限制，即持票人对前手行使追索权的期限为自被拒绝承兑或者被拒绝付款之日起六个月内，如果持票人超出票据权利期限再提起票据追索权诉讼，则无法获得支持。

编写人：北京市大兴区人民法院　陈珊珊

169　以合法方式取得非经背书转让票据的持票人是否享有票据权利

——陆妙某诉电子公司票据案

【案件基本信息】

1. 裁判书字号

浙江省台州市中级人民法院（2015）浙台商终字第117号民事

判决书

2. 案由：票据纠纷

3. 当事人

原告（上诉人）：陆妙某

被告（被上诉人）：电子公司

【基本案情】

塑料经营部取得编号为3130005129159×××的银行承兑汇票一张，该承兑汇票记载如下：出票人为电子公司、收款人为电气公司，出票日期为2013年10月15日，汇票到期日为2014年4月15日。该汇票记载的被背书人依次为塑料经营部、某银行宁波观海卫支行委托收款，但汇票上均未记载背书时间。另查明，2013年11月28日，电子公司以遗失上述汇票为由向温岭市人民法院申请公示催告，温岭市人民法院于2014年3月27日以（2013）台温催字第133号民事判决书作出民事判决，宣告浙江民某商业银行出具的号码为3130005129159×××的银行承兑汇票无效，申请人电子公司有权向支付人请求支付。塑料经营部在取得该汇票后，在汇票承兑到期前委托某银行宁波观海卫支行委托收款，被拒绝支付。故请求法院判令：电子公司赔偿塑料经营部损失人民币10万元及利息。

【案件焦点】

1. 实质取得方式与形式背书不一致的，持票人是否可以背书连续和合法方式取得汇票的行为，证明其享有讼争票据权利；2. 经公示催告程序对遗失票据所作出的除权判决能否对抗票据的善意取得。

【法院裁判要旨】

浙江省台州市温岭市人民法院经审理认为：根据《中华人民共和国票据法》的规定，票据的签发、取得和转让，应当遵循诚实信用的原则，需具有真实的交易关系和债权债务关系。本案陆妙某虽持有讼争票据，但提供的证据无法证明陆妙某与第三人车业公司存在真实交易关系，也未提供证据证明其主张的前手第三人车业公司取得票据的途径，且从汇票记载情况分析，第三人车业公司既未在汇票上被记载，也未在汇票上签名盖章，显然第三人车业公司并非票据当事人，其转让票据的行为并不能发生票据转让的效力，故虽陆妙某善意取得讼争票据，但以此方式取得票据自身存在重大过失。陆妙某的诉讼请求，不予支持。

浙江省台州市温岭市人民法院依照《中华人民共和国票据法》第十条、第十二条、第三十一条之规定，判决驳回陆妙某的诉讼请求。

陆妙某不服一审判决，提出上诉。

浙江省台州市中级人民法院经审理认为：《最高人民法院关于审理票据纠纷案件若干问题的规定》第四十九条规定："依照票据法第二十七条和第三十条的规定，背书人未记载被背书人名称即将票据交付他人的，持票人在票据被背书人栏内记载自己的名称与背书人记载具有同等法律效力。"上诉人作为讼争票据的最后持有人，在最后被背书人栏内自行记载自己的名称，该行为合法有效，外观上符合背书连续性的要求，且上诉人在诉讼中提供了其与原审第三人车业公司签订的购销合同，已经对其持票的合法性承担了举证责任。因此，上诉人以背书连续和合法方式取得汇票的行为，可以证明其是合法的持票人，享有讼争票据权利。而被上诉人未提供证据证明其系讼争票据的最后合法持有人，且不能举证证明上诉人是通过欺诈、偷盗或胁迫等手段取得汇票，又不能举证证明上诉人明知讼争票据系非法取得而出于恶意取得，故上诉人持票不属于票据法列明的以非法手段取得票据的范围。被上诉人以原审第三人车业公司未在票据上被记载，上诉人不是合法持票人的抗辩理由不能成立，法院不予采纳。被上诉人电子公司向原审法院申请涉案票据公示催告时，其并非票据上记载的权利人，故其通过公示催告程序取得权利的行为不当，侵害了上诉人的合法权利，故上诉人据此要求被上诉人电子公司赔偿上诉人的损失并无不当。上诉人的上诉理由成立，法院予以支持。原判认定事实清楚，判决不当，法院予以纠正。

浙江省台州市中级人民法院依照《中华人民共和国民事诉讼法》第一百四十四条、第一百七十条第一款第二项之规定，判决：

一、撤销浙江省温岭市人民法院（2014）台温商初字第1788号民事判决；

二、被上诉人电子公司于本判决发生法律效力之日起十日内支付给上诉人陆妙某人民币10万元及利息。

【法官后语】

本案的结案案由为票据纠纷，进一步细分应为票据损害责任纠纷。在本案中，依法作出判决前需厘清两个问题：一是合法的持票人如何界定，其诉求的立足点是什么？二是经公示催告程序对遗失票据所作出的除权判决能否对抗票据的善意取得？

第一，持票人可以背书连续和合法方式取得汇票的行为，证明其享有讼争票据权利。电气公司和塑料经营部依次在票据上签章，尽管电气公司陈述其在讼争票据上签章后并未将该票据实际流通，但电气公司在票据上的签章构成了空白背书，所谓空白背书是指不记载被背书人名称而仅由背书人签章的背书，在日内瓦票据法体系中，空白背书的效力与正式背书的效力相同。在我国，根据《最高人民法院关于审理票据纠纷案件若干问题的规定》第四十九条的规定，持票人在票据被背书人栏内记载自己的名称与背书人记载具有同等法律效力。因此，空白背书在依法补记后与正式背书具有同样的法律效力。在本案讼争的票据上，塑料经营部依法在被背书人栏内记载了自己的名称，并在背书栏处进行签章，依法背书给某银行宁波观海卫支行委托收款，可见，票据上的背书是连续的。

另外，塑料经营部是如何取得讼争票据的？在本案中，塑料经营部与车业公司之间存在买卖业务往来，讼争票据即是他们双方货款结算的一种方式，虽然车业公司并未在讼争票据上背书，但并不影响其以交付票据的方式与塑料经营部进行货款结算。在庭审中，电子公司认为其遗失票据后，塑料经营部或车业公司拾得讼争票据或者通过非法途径取得讼争票据，然后伪造虚假的交易合同，以获得票据权利。但电子公司仅以电气公司的证明来认定讼争票据的取得是非法的，显然不符合《中华人民共和国票据法》的相关规定，电子公司也没有进一步举证证明塑料经营部系非法取得讼争票据，故结合塑料经营部和车业公司之间的交易证明，可以认定塑料经营部是以合法方式取得讼争票据的。

究其原因，一、二审对塑料经营部的合法持票人身份认定不一，关键在于混淆了本案存在的基础法律关系和票据法律关系。讼争的票据票面上的必要记载事项明确，票据背书连续，票据已经作成，其票据法律关系应与基础法律关系相分离，至于本案涉及的基础法律关系是否存在瑕疵，也不能据此否定塑料经营部享有的票据权利。

第二，经公示催告程序对遗失票据所作出的除权判决能否对抗票据的善意取得。值得注意的是，讼争票据的到期日为2014年4月15日，而法院作出除权判决的时间为2014年3月27日，根据《最高人民法院关于适用〈中华人民共和国民事诉讼法〉的解释》第四百四十九条的规定，公示催告期间届满日不得早于票据付款日后十五日，法院在公告期间届满后依当事人申请再行作出除权判决。因此，讼争票据涉及的公示催告程序在程序上是存在瑕疵的，倘若法院对讼争票据的除权判决是在汇票到期后，塑料经营部在向银行委托收款的过程中，就会被告知该汇票处于法院止付程序中，该除权判决亦不会存在。

此外，从立法本意来看，同时设置公示催告程序和民事救济程序是为平衡保护合法持票人和失票人，但公示催告程序并不具有优于民事救济程序的功效。在本案中，电子公司通过除权判决取得了票据项下的款项，但其以电气公司未实际流通讼争票据为由主张塑料经营部不享有合法的票据权利，缺乏票据法上的依据，当然，电子公司更不能以除权判决的效力来否认最后持票人塑料经营部的票据权利。对于塑料经营部而言，其依法举证证明了其取得票据的方式，即从车业公司处合法取得票据，且通过在被背书人栏补记的方式使得票据的背书连续，在本案中，车业公司并未在票据上签章，其自然不享有票据权利，但车业公司是如何取得票据，系与票据法律关系相分离的基础法律关系，其取得方式是否合理均不影响塑料经营部的票据权利。总之，倘若公示催告程序可以对抗民事救济程序，那么民事救济程序便不复存在的价值，更有违法律的公平与公正。

编写人：浙江省台州市温岭市人民法院　陈泳滨

170 非背书转让承兑汇票持票人是否享有票据权利

——陆志某诉海某公司票据付款请求权案

【案件基本信息】

1. 裁判书字号

江苏省无锡市中级人民法院（2015）锡商终字第0917号民事判决书

2. 案由：票据付款请求权纠纷

3. 当事人

原告（被上诉人）：陆志某

被告（上诉人）：海某公司

【基本案情】

2014年4月18日，海某公司给坤某公司开具了三张票据号分别为00100061－20208×××、00100061－20208×××、00100061－20208×××的商业承兑汇票，金额均为100万元，汇票到期日均为2014年10月18日，付款人均为海某公司，收款人均为坤某公司，付款银行均为光某银行无锡分行。承兑人签章一栏均有海某公司签章并备注“本汇票已经承兑，到期无条件付票款”。

后丁福某取得上述三张承兑汇票，因其与陆志某有生意往来，结欠陆志某货款及欠款100余万元，丁福某遂于2014年6月28日交付陆志某尾号为137的票据用于还款。几日后，丁福某又交付陆志某尾号为140、141的两张票据进行贴现，陆志某陆续通过银行汇款及现金方式支付了丁福某170万元。陆志某取得三张票据后将票据贴现给焦玉某，焦玉某又再次贴现给施某。尾号为141的涉案票据最终由施某贴现给长某公司。涉案票据到期日前，长某公司在票据上背书后委托中国某银行江阴山观支行收款，2014年10月14日，光某银行无锡分行出具《拒绝付款理由书》，拒付理由为付款人拒绝付款。长某公司因票据遭拒付遂将涉案票据退回前手，最终退至陆志某手中，陆志某又向焦玉某支付了相应的对价。因向海某公司主张票据款无果，陆志某于2015年3月10日诉至法院。

另查明：2014年10月24日，海某公司向江阴市公安局徐霞客派出所报案，称其公司开具给坤某公司的包括诉争票据在内的价值2000万元的商业承兑汇票被骗，同年11月24日，江阴市公安局予以立案侦查。2014年12月16日，江阴市公安局徐霞客派出所出具证明一份，载明经初步审查，上述商业承兑汇票有被诈骗的嫌疑。

【案件焦点】

陆志某是否为合法持票人。

【法院裁判要旨】

江苏省江阴市人民法院经审理认为：以背书转让的汇票，背书应当连续。持票人以背书的连续，证明其汇票权利；非经背书转让，而以其他合法方式取得汇票的，需依法举证，证明其汇票权利。票据的私人贴现或买卖，并非不给付对价，也不违背双方当事人的真实意思，而且贴现或买卖本质上也是一种债权债务关系，没有法律规定将其排除在基础关系的范围之外。本案中，陆志某支付了相应的对价，海某公司未举证证明陆志某存在欺诈、偷盗、胁迫或恶意取得票据的情形，故陆志某系诉争票据的合法持有人，依法享有票据权利。海某公司提出诉争票据已涉嫌诈骗被公安机关立案侦查故不能兑付的抗辩，因陆志某非其直接后手，亦非诈骗行为的嫌疑人，故对该抗辩意见，法院不予采信。

江苏省江阴市人民法院依照《中华人民共和国票据法》第十条、第二十六条、第三十一条、第四十四条、第七十条，《最高人民法院关于审理票据纠纷案件若干问题的规定》第二十一条，《中华人民共和国民事诉讼法》第六十七条第一款之规定，判决：

海某公司应于本判决生效之日起十日内给付陆志某涉案汇票票款 100 万元，并赔偿相应的利息损失。

海某公司不服一审判决，提起上诉。

江苏省无锡市中级人民法院经审理认为：根据《中华人民共和国票据法》第三十一条的规定，票据权利的转让可以背书转让，也可以其他合法方式转让，所不同的是被背书人以持有票据及背书内容来证明享有票据权利，以其他合法方式转让的受让人以持有票据及票据来源的相关证明来证明享有票据权利。陆志某持有涉案汇票，并且涉案汇票最后一手被背书人长某公司出具情况说明明确将票据权利转让给了陆志某，因此在承兑付款人海某公司未提供相反证据的情况下，可以认定陆志某是合法持票人。海某公司提出坤某公司从海某公司处诈骗取得涉案汇票的抗辩，并以该事由向江阴市公安局报案获立案侦查，但即使海某公司主张的诈骗事实存在，也仅是其与坤某公司之间票据转让的基础关系存在瑕疵，另根据票据的无因性，票据转让的基础关系瑕疵只能用于抗辩直接后手也即坤某公司，不能用于抗辩坤某公司之后的非直接后手长某公司，也不能用于抗辩受让长某公司票据权利的陆志某。故陆志某根据其持有的票据和长某公司出具的情况说明，有权要求承兑付款人海某公司支付票款并赔偿利息损失。据此，海某公司的上诉请求和理由不能成立。

江苏省无锡市中级人民法院依照《中华人民共和国民事诉讼法》第一百七十七条第一款第一项的规定，判决：

驳回上诉，维持原判。

【法官后语】

随着市场经济的发展，票据作为一种支付方式在商事主体中流转频繁。但司法实践中，票据的单纯交付转让大行其道，一是很多转让人不愿意留下签章，成为汇票不能兑付时的被追索对象；二是很多票据流转的中间环节，受让、转让人是个人，按照中国人民银行《票据管理实施办法》《支付结算办法》等规定，个人的票据权利能力受到限制，如果在汇票上签章，会使汇票的兑付受阻，所以个人不能在汇票上签章。由此带来票据权利能否通过背书以外的方式移转的问题。

票据权利属于金钱债权，并非有人身性质债权、不作为债权、从债权等依性质不得转让的债权，除当事人约定不得转让者外，对其可转让性应予肯定。根据《中华人民共和国票据法》的规定，票据可以背书或其他合法方式进行转让，以其他合法方式转让的受让人以持有票据及票据来源的相关证明来证明享有票据权利。两者的区别在于，票据法上的背书转让，转让人不退出原有的债权债务关系，而成为新的债务人，受让人不仅享有转让人的原有权利，还享有对转让人的追索权。而以其他合法方式转让的，就是民法上普通债权的转让方式，转让人在转让债权后即退出原有的债权债务关系，由受让人承继其原有债权，其再无任何责任。

本案中，陆志某对票据权利的受让，依循的就是民法上普通债权的转让方式，陆志某给付了票据双方当事人认可的相对应的代价，并且涉案汇票最后一手被背书人长某公司出具情况说明明确将票据权利转让给了陆志某，因此在承兑付款人海某公司未提供相反证据的情况下，可以认定陆志某是合法持票人，陆志某可以行使票据本身载明的对承兑付款人的付款请求权。

票据具有无因性，在持票人主张票据权利时，无须证明授受票据的原因，而只以提示票据为要件，票据债务人也无须审查票据的原因关系是否存在或真实，也不得以票据基础关系的瑕疵对抗基础关系之外的非直接后手，这是票据抗辩权的切断和抗辩权的限制的体现。这也使得票据纠纷案件与普通民事纠纷相比具有相对独立的特征。也正是因为票据特有的无因性特点，才使得某一票据行为的交易危险得以被切断，从而有效地保障和维护票据的流通性和交易安全。

编写人：江苏省江阴市人民法院　孙妍　陈艳红

171　票据取得重大过失的认定

——罗尔某公司诉江阳劳某公司票据返还请求权案

【案件基本信息】

1. 裁判书字号

江苏省扬州市江都区人民法院（2015）扬江商初字第 00669 号民事判决书

2. 案由：票据返还请求权纠纷

3. 当事人

原告：罗尔某公司

被告：江阳劳某公司

【基本案情】

开关公司为向罗尔某公司支付货款，将票号为3080005393576×××的银行承兑汇票转让给罗尔某公司，该承兑汇票的出票人为电力设备公司，出票日期为2013年11月28日，出票金额为人民币100000元，付款行为某银行芜湖分行新时代支行，收款人为电气公司，汇票到期日为2014年5月28日。该汇票显示的背书人依次为电气公司、真空开关公司、电器公司、电器开关公司、开关公司，被背书人依次为真空开关公司、电器公司、电器开关公司、开关公司、罗尔某公司，其中罗尔某公司仅在票据上被记载为被背书人，未签章。2014年4月23日，罗尔某公司报案称上述承兑汇票被盗窃，并以上述承兑汇票遗失为由向安徽省芜湖市弋江区人民法院申请公示催告。法院受理后于2014年5月24日发出公告，催促利害关系人在60日内申报权利。在法定期限内，江阳劳某公司申报了权利，芜湖市弋江区人民法院于2014年7月15日裁定终结公示催告程序。

2014年4月21日，江阳劳某公司工作人员袁传某从陈文某手中取得上述承兑汇票。同日，袁传某通过银行转账向陈文某汇款574000元。2014年4月22日，江阳劳某公司持上述承兑汇票到江都农村商业银行查询，查询结果为：暂无挂失止付冻结他查公催，真伪自辩。

2014年4月23日，罗尔某公司工作人员张某报案，称包括上述承兑汇票在内的五张承兑汇票及其他财物被盗，扬州市江都区公安局宜陵中心派出所经审查于同年5月4日立案。2014年4月23日，张某在派出所对其询问时陈述的主要内容是：2014年4月23日9点多，其老公带着一个男的（袁传某）到其办公室，该男子拿出4张承兑汇票让其盖罗尔某公司财务章。看过承兑汇票之后，张某觉得不对劲，就问该男子这几张承兑汇票是从哪儿来的，该男子告诉她说他是做承兑兑现生意的。张某当时觉得不放心，便让袁传某等会儿，然后就到存放承兑汇票的卧室进行核实，一进卧室就发现存放承兑汇票的密码抽屉被拉开，包括承兑汇票在内的财物都被盗了，于是立即报警。同日，袁传某在宜陵中心派出所对其询问时陈述的主要内容是：2014年4月21日10点钟，其朋友陈文某到其经营的小纪某通寄卖行对其说："我有个朋友差我钱，给了我几十万元的承兑，这些承兑是罗尔某公司的，现在我把这些承兑跟你兑现金，你现在有没有钱？"袁传某当时就告诉陈文某有钱，两人并商量好陈文某贴3个点将承兑汇票给袁传某。经计算陈文某带来的四张承兑汇票面额加起来共计536000元，陈文某又讲其还有一张100000元的承兑汇票也要给袁传某兑现，后两人就按636000元的承兑汇票兑现，袁传某需给陈文某610000元左右的现金，当时袁传某家中现金不够，就答应先给陈文某574000元，并通过手机银行当场转账574000元至陈文某的三个银行账户中。后陈文某将四张承兑汇票交给袁传某并复印了这几张承兑汇票，在承兑汇票的复印件上签署了陈文某的名字和交易日期。同时两人商量，陈文某当天下午将另一张100000元的承兑汇票带来交给袁传某，袁传某再给付40000元现金给陈文某。但当天下午陈文某并未到袁传某处，袁传某电话联系时发现陈文某手机已经关机。袁传某当时心里就有点不放心，于是打电话给罗尔某公司老板罗有某，询问其是否付了几十万元的承兑给别人，罗有某就问是哪家单位的承兑，袁传某将四张承兑汇票的出票人报给了罗有某，罗有某听后回复说："是的，都是我们公司的业务单位，这些承兑汇票是我们厂里的。"袁传某说："我身上现在有几十万元从你们厂里付出来的承兑，但是还差你们厂里的财务章。"罗有某告诉袁传某他正在苏州开会，过两天就回来。之后两人没有再通电话。袁传某还是不放心，就到华阳信用社查询承兑汇票的真伪，银行告知其系有效的承兑汇票。2014 年 4 月 23 日早上袁传某夫妇到罗尔某公司找到罗有某，罗有某带着他们去财务室找公司总账会计张某，张某查看承兑汇票后离开办公室，回来之后就说四张承兑汇票是罗尔某公司的，但已经被人偷了，并立即报警。

陈文某因涉嫌犯罪被公安机关羁押。扬州市江都区公安局宜陵中心派出所在 2015 年 10 月 12 日至 13 日期间就陈文某向袁传某出售承兑汇票一事对陈文某进行了四次讯问。在上述四次讯问过程中，陈文某陈述称，2014 年 4 月 21 日八九点钟，其驾车去小纪，途中下车小便时一陌生男子向其兜售香烟、海参、汇票等，其以 5000 元将价值 60 多万元的几张承兑汇票买下来，然后到袁传某处以贴 5 个点的价格卖给袁传某，袁传某当天通过银行转账向其汇款 574000 元。在此过程中，陈文某没有告诉袁传某上述承兑汇票的真实来源，袁传某也未向陈文某询问承兑汇票的来源情况。

【案件焦点】

涉案汇票的票据权利为哪一方所享有。

【法院裁判要旨】

江苏省扬州市江都区人民法院经审理认为：罗尔某公司享有票据权利，江阳劳某公司应向罗尔某公司返还案涉汇票。理由是：1. 罗尔某公司享有票据权利。涉案承兑汇票票面显示最后一个被记载为被背书人的是罗尔某公司，背书人是开关公司，虽然由于罗尔某公司没有签章，致使承兑汇票背书不连续，但罗尔某公司已提供增值税发票证明其取得案涉汇票是基于其和开关公司之间存在真实的买卖关系，开关公司亦出具证明予以证实，据此，可以证明罗尔某公司系以其他合法方式取得了案涉汇票，应享有票据权利。2. 江阳劳某公司不能证明其合法取得票据。第一，案涉汇票票面显示，江阳劳某公司并未被记载于案涉票据上，江阳劳某公司也未能提供证据证明其与前手之间的背书连续。第二，江阳劳某公司未能提供证据证明其与票据上记载的某一前手存在基础关系来证明自己合法取得票据。第三，江阳劳某公司作为最后的持票人，其取得案涉汇票系从案外人陈文某处购买所得。案涉汇票票面显示最后的被背书人是罗尔某公司，但罗尔某公司并未签章，可以明显看出该汇票背书不连续，此时汇票若要正常流转必须经罗尔某公司签章。根据江阳劳某公司的银行打款记录、江都农村商业银行票据查询事务信息，结合公安机关对张某及袁传某的询问笔录及对陈文某的讯问笔录可以看出，江阳劳某公司在陈文某而非罗尔某公司向其转让该汇票时，当场就支付了转让价款，支付价款之前并未向陈文某询问罗尔某公司未在票据上签章的原因，也未向罗尔某公司进行询问。在联系不上陈文某的情况下，江阳劳某公司才产生怀疑，打电话给罗尔某公司进行询问，并到银行查询汇票的真伪及是否有效。很明显，江阳劳某公司在取得案涉汇票时虽然支付了对价，但没有尽到最基本的审核义务，存在重大过失。江阳劳某公司不享有案涉票据权利。

扬州市江都区人民法院依照《中华人民共和国民法通则》第一百三十四条第一款第四项，《中华人民共和国票据法》第十条、第十二条第二款、第三十条、第三十一条之规定，经法院审判委员会讨论决定，判决：

江阳劳某公司应于本判决生效之日起十日内向罗尔某公司返还某银行芜湖分行新时代支行签发的号码为3080005393576×××、金额为人民币100000元的银行承兑汇票（出票人：电力设备公司，收款人：电气公司）。

判决后，双方当事人均未上诉，本判决现已生效。

【法官后语】

针对本案的纠纷应当审查争议双方是否是合法持票人，票据流转是否具有真实的交易关系和支付对价以及取得票据的手段是否合法。本案中，罗尔某公司取得涉案汇票的方式是背书转让，提供了增值税发票证明其取得案涉汇票是基于其和前一手之间存在真实的买卖关系，且支付了相应的对价。而江阳劳某公司主张票据所有权，但从票面形式上无法反映，且未能提供相应证据，后查明是从他人处购买，此处涉及江阳劳某公司取得票据的过错程度，即对重大过失的理解。

按照通说，关于注意义务的标准，分为：普通人的注意，是指在正常情况下，只用轻微的注意，即可预见的情形；应与处理自己事务为同一注意，是指应以行为人平日处理法律上、经济上、身份上属于自己利益范围内的事务的注意为标准；善良管理人的注意，是指要以交易上的一般观念认为具有相当知识经验的人对于一定事件所用的注意标准。与此相对应，违反三种注意义务，则构成三种过失，即重大过失、具体轻过失和抽象轻过失（一般过失）。相对于一般过失，重大过失可以理解为，一般人稍作注意即可预见和避免，而专业人士或组织却未预见和避免的不可原谅的疏忽或懈怠行为。

对于过失的认定，特别是对过失程度的判断，因案件的具体情况不同而有所不同。票据流转须有后手与前手的实际交易和完整的背书是使用票据最基本的规则，任何票据持有人都应有所了解。本案中江阳劳某公司工作人员从案外人处购买票据，一般人都应具备一定的注意义务，进行初步的形式审查，如票据的来源和背书的连续性等，但江阳劳某公司工作人员未对票据进行最基本的审核，应属于重大过失行为。本案认定江阳劳某公司系因重大过失取得票据，不得享有票据权利。

编写人：江苏省扬州市江都区人民法院　王琼

172　票据权利善意取得的认定要件

——天某公司诉信某物资公司等票据损害责任案

【案件基本信息】

1. 裁判书字号

山东省聊城市中级人民法院（2015）聊商终字第350号民事判决书

2. 案由：票据损害责任纠纷

3. 当事人

原告（被上诉人）：天某公司

被告（上诉人）：飞某公司

被告（被上诉人）：信某物资公司、肖某、杨习某

【基本案情】

本案所涉银行承兑汇票票面信息如下：票号为1020005222018×××，票面金额为20万元；出票日期为2014年5月16日，到期日期为2014年11月14日；付款行为某银行聊城茌平支行营业室，出票人为铝业公司，收款人为信某物资公司；该票据背书记载：信某物资公司在背书人处签章，被背书人为天某公司。

2011年6月1日，信某物资公司与飞某公司签订高温蝶阀、物料阀买卖及相关服务合同、技术协议各一份，飞某公司依照合同约定向信某物资公司发送货物，信某物资公司依照约定支付货款。2014年6月26日李某（系被告天某公司股东）持盖有飞某公司财务专用章的授权委托书及收据来到信某物资公司处，收取所欠货款35.9万元。经核对后，信某物资公司将三张银行承兑汇票（票据金额共计35万元）交付给李某，用于支付货款。三张银行承兑汇票的票面金额分别为20万元、10万元、5万元，其中票面金额20万元的承兑汇票即为本案涉案承兑汇票，且该银行承兑汇票在交付给李某时背书人处已签字印章完毕，被背书人处空白，为空白背书票据。三张银行承兑共计35万元，另外9000元，信某物资公司通过银行转账方式汇入飞某公司的银行账户并向飞某公司进行了通知，此后该9000元通过银行转账转入李某的银行账户。

李某拿到上诉20万元的银行承兑后，将其交付给杨习某用于偿还其个人债务。此后，杨习某于2014年6月29日将该银行承兑交付给天某公司用于支付货款。天某公司收到该承兑后即将该承

兑上被背书人、背书人的信息填写完备并盖上财务章。2014 年 10 月底，天某公司在使用该银行承兑汇票进行付款时，在银行查知，该银行承兑汇票已因飞某公司的公示催告申请，被茌平县人民法院做出除权判决，并且除权判决已经生效。得知承兑汇票无法使用后，天某公司即向杨习某询问，杨习某回称该承兑系因个人债务从李某处取得，且李某享有处分该票据的权利。此后，天某公司以其票据权利受到侵害为由要求被告信某物流公司、飞某公司、杨习某、李某、肖某赔偿损失未果，于 2014 年 11 月 12 日诉至法院，要求确认天某公司对涉案票据享有票据权利，要求各被告赔偿损失 20 万元并承担本案的诉讼费用。

2014 年 7 月 14 日，飞某公司以涉案承兑汇票丢失为由向茌平县人民法院提出公示催告申请，并提供茌平信某物资公司所出具的证明一份，以证实其为该票据的最后合法持有人。茌平法院经审核后，于 2014 年 7 月 18 日发出公告，催促利害关系人在 60 日内申报权利。2014 年 9 月 18 日，公告期满后，无利害关系人申报权利，茌平法院遂作出（2014）茌民催字第 4 号民事判决书，宣告上诉承兑汇票无效，且自公告之日申请人飞某公司有权向支付人请求支付。

飞某公司为有限责任公司，其股东为龙启某持股 60%、李某持股 30%、周立某持股 10%。李某、肖某为夫妻关系。

【案件焦点】

1. 天某公司是否为涉案票据的合法持有人，是否享有票据权利；2. 天某公司要求信某物资公司、飞某公司、杨习某、李某、肖某承担赔偿责任是否有事实及法律上的依据。

【法院裁判要旨】

山东省聊城市茌平县人民法院经审理认为：依照《中华人民共和国票据法》相关规定，票据为未设权证券，其权利的内容以票据作成时的记载为限，判定票据权利关系，应当充分考虑票据的无因性和文义性，以票面记载内容为依据，以诚实信用和保护善意第三人正当利益为原则。首先，根据涉案承兑汇票记载，承兑汇票上背书连续，最后持票人为天某公司，依照《中华人民共和国票据法》第四条之规定，天某公司持有背书连续的汇票，能够证明其汇票权利。其次，涉案承兑汇票先由信某物资公司交付给李某用于支付飞某公司的债务，后李某以公司内部约定持有该票据并交付给杨习某用于偿还个人债务，再后杨习某将该票据交付给天某公司用于支付货款。虽然天某公司并未直接从其前手信某物资公司处取得该汇票，但是，依照《最高人民法院关于审理票据纠纷案件若干问题的规定》第四十九条之规定，背书人未记载被背书人名称即将票据交付他人的，持票人在票据被背书人栏内记载自己的名称与背书人记载具有同等法律效力。信某物资公司、李某、杨习某未作背书而通过单纯交付方式转让该票据，并没有产生违反票据文义性和背书连续性的后果，也没有违反法律法规和诚实信用原则，天某公司取得该空白背书票据后在被背书人处记载自己的名称与背书人信某物资公司的背书具有同等法律效力，其持有票据合法有效。再次，从李某提供的飞某公司的股东决议及证人证言来看，其依据飞某公司的委托到信某物资公司收取欠款并获得涉案票据，其后因个人债务将该票据交给杨习某，天某公司基于与杨习某之间的买卖合同关系善意取得该票据，显然不存在欺诈、盗窃、胁迫或其他恶意取得票据的情形。飞某公司辩称天某公司存在重大过失，与李某、杨习某等骗取其承兑汇票，但并未提供相关证据予以证实，其依法应当承担举证不能的法律后果。最后，从天某公司提交的证据来看，其于2014年6月28日收到该承兑汇票。茌平法院于2014年7月14日收到飞某公司申请公示催告的申请，并于2014年7月18日作出公告。涉案票据通过李某、杨习某转到天某公司的时间在飞某公司申请公示催告之前。飞某公司辩称票据转让行为无效，缺乏法律依据，飞某公司股东内部之间的矛盾不影响天某公司合法取得涉案票据。天某公司善意取得该票据并完全背书、合法持有，其依法享有该票据所记载的权利。

本案发生在除权判决已经生效但公示催告申请人尚未依照除权判决行使票据权利之间，票据关系并未消灭。虽然除权判决已经作出，但除权判决属于非讼事件，其结论不具有实体上的既判力，不影响本案实体结果的审判，故飞某公司以除权判决已经生效及天某公司应当先行撤销之诉为由，缺乏法律依据，法院不予支持。庭审过程中，飞某公司承认：其并没有遗失票据，而是向李某索要涉案票据未果后，假借票据丢失之名，向茌平法院提起公示催告申请。依照《最高人民法院关于审理票据纠纷案件若干问题的规定》第三十九条之规定，飞某公司伪报票据丢失的事实，向茌平县人民法院申请公示催告，存在重大过错，其要求享有票据权利于法无据。飞某公司明知票据为李某持有，如果其认为依法应当享有票据权利，可以向李某要求返还，而不是以丢失之名，虚假诉讼。信某物资公司已经支付货款并依照事实出具证明，其对天某公司的损失不存在过错，依法不应当承担责任。李某、肖某与天某公司并无直接关系，故天某公司要求李某、肖某承担赔偿责任缺乏法律依据，法院不予支持。杨习某将空白背书的承兑汇票交付给天某公司用于支付货款，且天某公司收到承兑汇票后经查询并没有提出异议，杨习某对原告的损失没有过错，依法不应承担赔偿责任。天某公司作为合法持票人，依法享有票据权利，自本判决依法生效后，（2014）茌民催字第4号民事判决书即视为撤销，不再具有法律效力。涉案票据权利义务关系，以本案判决为据。飞某公司恶意申请公示催告存在重大过错，依法应当承担本案的诉讼及保全费用。

山东省聊城市茌平县人民法院依照《中华人民共和国票据法》第四条、第十二条、第十五条、第三十条、第四十四条，《最高人民法院关于审理票据纠纷案件若干问题的规定》第三十九条、第四十九条，《中华人民共和国民事诉讼法》第一百三十四条、第一百四十四条之规定，判决：

一、确认天某公司为银行承兑汇票（票号为1020005222018×××，票面金额为20万元，出票人为铝业公司，收款人为信某物资公司，出票日期为2014年5月16日，到期日为2014年11月14日，付款行某银行聊城茌平支行营业室）的票据权利人；

二、驳回天某公司的其他诉讼请求。

飞某公司不服此判决提起上诉。山东省聊城市中级人民法院经审理认为：原审法院认定事实清楚，程序合法，证据充分，判决并无不当，依法予以维持。

山东省聊城市中级人民法院判决：

驳回上诉，维持原判。

【法官后语】

本案中争议的关键所在即票据权利的善意取得问题。

票据是当今商业社会一项重要的金融工具，对商业交易的便捷性有着重要的意义。提高票据使用的安全度一直是完善票据法律制度的重要目标，其中，票据的善意取得便是一个关键。但由于目前《中华人民共和国票据法》中没有正面规定该制度，因此在其构成要件的解读上仍有模糊之处，有待研究。

根据《中华人民共和国票据法》相关规定，票据具有要式性、文义性、无因性和流通性，正是由于这些鲜明的特性，使票据的善意取得与民法制度中的善意取得既有通性又存在明显的不同之处。在票据权利善意取得的要件认定中，应当充分考虑票据的无因性和文义性，以票面记载内容为依据，以诚实信用和保护善意第三人正当利益为原则，以促进流通和提高交易安全性为落脚点。笔者认为应当包括以下几个部分：1. 票面记载项目无瑕疵；2. 票据背书连续合法；3. 受让人取得票据须基于善意；4. 受让人须支付对价。

1. 票面记载项目无瑕疵。依照《中华人民共和国票据法》相关规定，票据为未设权证券，其权利的内容以票据作成时的记载为限，因此，基于票据的文义性，票据上记载的每一项内容都应当是明确、清晰的，票面权利记载不符合标准的票据不足以证实票据权利的存在，也无法确定是否善意的客观基础和支付对价的合理标准。因此，受让人主张善意取得的票据前提应当是记载内容完备的票据。

2. 票据背书连续合法。票据既不是普通物件，也不是任意流通的货币，票据的交付和流通采用票据特有的方式——背书，因此，在受让人善意取得票据时也只能通过背书的合法方式。对于直接背书取得的票据，需要票据背书连贯，并且记载受让人的身份信息。对于空白背书票据，应当由出让人签章完备后直接交付受让人，票据持有人要求票据权利时也必须保证被背书人处的完整性。

3. 受让人取得票据须基于善意。受让人的主观善意是整个善意取得制度的基石，以诈骗、盗窃、侵占等明显恶意或者犯罪的方式取得的票据，当然不应享有票据权利。基于票据的无因性，受让人持有票面记载明确且背书连续的票据即应当推定为善意，否定的一方应当承担证明持票人存在恶意或重大过失的举证责任。

4. 受让人须支付对价。虽然票据具有无因性，但是票据是可以流通的有价证券，并且往往价值巨大，如允许持票人无需任何付出，占有票据即享有票据权利，则与公平、诚信的社会主义核心价值观明显不符。为促进票据的流通性，此处的支付对价应当做适当宽泛的解释，持票人支付的对价可以是现金的方式也可以是以债权抵偿的方式，可以向前手支付也可以向交付票据的一方支付，可以与票面价值相当也允许有理由的不等价交易。

本案中，涉案票据记载完备，天某公司以空白背书的方式取得承兑汇票并支付了对价，其他相对人也未能证明天某公司存在主观恶意或重大过失，天某公司即依法善意取得票面记载的权利。飞某公司明知票据的去向而采取虚报票据丢失进而让法院作出除权判决的方式，侵占票据权利，其行为显然与法律规定相悖，应当依法承担相应的法律责任。

票据的善意取得制度一直存在颇多争议，本案结合票据的特性详细梳理了票据善意取得的构成要件，将该制度进一步条理化、标准化，对于同类纠纷的统一裁判具有积极的参照价值。

编写人：山东省聊城市茌平县人民法院　甄伟

173 撤销票据除权判决的条件与事由

——津某公司诉富士某公司票据案

【案件基本信息】

1. 裁判书字号

天津市第二中级人民法院（2014）二中保民终字第82号民事判决书

2. 案由：票据纠纷

3. 当事人

原告（被上诉人）：津某公司

被告（上诉人）：富士某公司

【基本案情】

2012年12月5日，案外人爱赛某公司向收款人富士某公司签发并交付票面金额200000元的银行承兑汇票，到期日为2013年6月5日，付款人为某银行。2012年12月27日，富士某公司财务经理孙志某将涉案票据交与案外人天某公司业务员王育某，用于支付欠付货款。此后，涉案票据依次转让至案外人张某，张某取得票据后又将其转让给案外人乐某公司。上述转让过程至张某，均未进行票据背书。

乐某公司取得涉案票据后，在票据背面被背书人处记载公司名称，此后涉案票据最后背书至津某公司，票据转让人为案外人海某公司，津某公司与海某公司之间存在买卖合同关系。前述票据转让中，背书人与被背书人在汇票上的签章依次前后衔接，但均未注明背书日期。

2013年1月16日，富士某公司以票据遗失为由向法院申请公示催告。公示催告期间，无人申报权利。法院于2013年4月3日作出除权判决，宣告涉案票据无效，并确认富士某公司有权向支付人请求支付。涉案票据到期后，津某公司委托银行向承兑人某银行提示付款。某银行出具拒绝付款理由书，载明涉案票据已经法院公示催告程序。富士某公司至今未取得除权判决项下权利。

【案件焦点】

撤销公示催告除权判决的条件与事由，具体包括哪些内容。

【法院裁判要旨】

天津市滨海新区人民法院经审理认为：津某公司系通过正常商业往来，从其前手处取得诉争票据，并支付了相应对价，其持有票据具有正当性。涉案票据的转让，背书人与被背书人在汇票上的签章依次前后衔接，背书连续性客观属实，票据真实无瑕疵，津某公司取得票据时已尽到必要的审核义务。津某公司系涉案票据的善意持票人，其享有的票据权利应受到保护。津某公司持有票据并待票据到期后，委托银行提示付款，知晓因富士某公司申请公示催告致票据权利受阻后提起诉讼，并非怠于主张权利，津某公司未在公示催告期间申报权利，具有正当性。本案中，涉案票据虽经除权判决，但富士某公司并未持判决取得票据项下的20万元款项。津某公司作为善意持票人，其主张票据权利，具有正当性。

天津市滨海新区人民法院依照《中华人民共和国票据法》第二十七条、第二十八条、第二十九条、第三十条、第三十一条、第一百零六条，《最高人民法院关于审理票据纠纷案件若干问题的规定》第四十九条、第五十条，《中华人民共和国民事诉讼法》第二百二十三条之规定，判决：

一、撤销天津市滨海新区人民法院（2013）滨功民催字第3号民事判决；

二、确认津某公司系涉案票据合法持票人。

富士某公司持原审意见提起上诉。天津市第二中级人民法院经审理认为：津某公司提供的汇票票面记载事项完整，转让汇票的背书人与受让汇票的被背书人在汇票上的签章依次前后衔接，背书连续，津某公司作为诉争汇票的最后持票人，已尽到相应的审核义务。且津某公司提交的其与前手海某公司之间签订的《自行车零件采购合同》、出库单等，足以证明双方存在真实的交易关系。津某公司并不存在出于恶意取得汇票或者因重大过失取得不符合票据法规定的汇票的情形，应享有票据权利。《中华人民共和国民事诉讼法》第二百二十三条规定：“利害关系人因正当理由不能在判决前向人民法院申报的，自知道或者应当知道判决公告之日起一年内，可以向作出判决的人民法院起诉。”津某公司在汇票到期后，向付款人提示付款被拒绝后，自知道富士某公司已对涉案汇票申请公示催告并取得除权判决后，即向法院提起诉讼，请求撤销除权判决，确认票据所有权的归属，表明津某公司在知道除权判决后即及时行使了权利，并不存在怠于行使权利的情形。

天津市第二中级人民法院依照《中华人民共和国民事诉讼法》第一百七十条第一款第一项的规定，判决：

驳回上诉，维持原判。

【法官后语】

撤销票据除权判决的条件为：1. 申请撤销的当事人是善意利害

关系人，如是合法的最后持票人等；2. 善意利害关系人有正当理由未能在公示催告期间提出异议的，包括不可抗力、无法获知公示催告的公告信息等理由。撤销票据除权判决的事由为：1. 公示催告程序中出现程序性重大违法事由，如不符合公示催告程序的条件、裁判者组成不符合法律规定等；2. 恶意提起公示催告，如当事人通过虚假陈述或伪造票据等不法行为申请公示催告等。在必须同时满足撤销条件的情况下，满足任一撤销事由，裁判者即可对除权判决进行撤销。

本案中，津某公司系涉案票据的善意持票人，其享有的票据权利应受到保护，满足撤销条件之一。津某公司在整个交易过程中已经履行了必要的审查手续，尽到了票据审查的勤勉义务并不存在怠于行使权利的情形，符合法律规定的"正当理由"情形，满足撤销条件之二。且，根据本案查明的事实，富士某公司实际上是将涉案票据交予了案外人用于支付货款，并非其在公示催告程序中声称的"票据遗失"原因，明显属于"恶意提出公示催告"，该情形满足撤销事由之二。

编写人：天津市第二中级人民法院　姚强　王丽平

174　无对价占有票据，行使票据权利是否受法律保护

——某科院诉安力某某集团等票据追索权案

【案件基本信息】

1. 裁判书字号

北京市第一中级人民法院（2014）一中民（商）终字第09104

号民事判决书

2. 案由：票据追索权纠纷

3. 当事人

原告（上诉人）：某科院

被告（被上诉人）：安力某某集团、康某公司、某航公司

【基本案情】

在某科院与某航公司进行经济往来的过程中，某航公司向某科院交付一张由安力某某集团于2012年10月24日开具的商业承兑汇票，票号210068××，金额8415486.25元，到期日为2012年11月16日，收款人为康某公司。此汇票经康某公司背书转让给某航公司，某航公司又背书转让给某科院，但汇票被银行拒付。某科院作为汇票最后合法持有人，依法享有票据权利，故提起诉讼，请求判令：1. 安力某某集团向某科院偿付汇票金额8415486.25元，并赔偿自2012年11月16日起至清偿完毕之日止的利息（按照中国人民银行同期贷款基准利率计算）；2. 康某公司、某航公司对安力某某集团应偿付的全部款项承担连带清偿责任；3. 本案诉讼费用由安力某某集团、康某公司和某航公司共同承担。

某航公司称，出票人有保证其出具汇票在承兑时能够及时承兑的义务，某航公司的前手康某公司有在交易时审查出票人履行票据能力的义务，故某航公司认为应由康某公司、安力某某集团承担本案的票据责任。安力某某集团称，其承认该欠款，票据确实是其出具的，因为经营发生困难，一直没有能力偿付，未来会支付这笔款项。

康某公司称，票据关系应该基于基础关系而发生，而本案基础

关系是个循环贸易，实际出资人为某科院，用资人系安力某某集团，循环交易各方在合同签订之初是明知的，因此安力某某集团找封闭交易环路的各买方预先出具《货物签收单》，而并不出现实际的货物流通，从而实现向某科院借款的目的。安力某某集团在签订合同之初就已按合同约定支付了10%预付款，经康某公司、某航公司最后转账至某科院，某科院在本案中的诉请数额，并不是循环交易中的全部款项，其之前已经取得了其中10%。在基础合同到期后，安力某某集团仍未还款，后某航公司找到康某公司，两公司又找到安力某某集团，从安力某某集团处取得汇票，由康某公司背书给某航公司。基于以上事实，康某公司并未实际收到货物，因此也并无付款责任，但愿意协助各方完善付款事宜。在票据的流转过程中，某科院没有符合《中华人民共和国票据法》严格规定的提示承兑的票据法律行为，没有符合《中华人民共和国票据法》规定的"定日付款，自到期日起十日内向承兑人提示付款"的提示付款行为，且"拒绝付款理由书"缺乏合法性及客观性，丧失了对前手的追索权利，依据《中华人民共和国票据法》的规定，康某公司不应该承担偿还责任。

【案件焦点】

持票人未实际交付货物，属无对价情形时，其行使票据追索权是否受法律保护。

【法院裁判要旨】

北京市海淀区人民法院认为，本案是商业承兑汇票持票人与出票人、背书人之间的纠纷，某科院作为涉案票据的持票人，向票据出票人安力某某集团、背书人康某公司和某航公司行使票据追索权，要求安力某某集团、康某公司和某航公司承担票据责任，连带支付票据金额及利息等，适用我国《中华人民共和国票据法》等规定。

根据《中华人民共和国票据法》第十条第二款规定，票据的取得，必须给付对价，即应当给付票据双方当事人认可的相对应的代价。该规定确定了票据持票人应该给付票据双方当事人认可的相对应的代价这一基本原则。对于没有遵循该原则的持票人，即使占有票据，但因“无对价”原因而不享有票据权利，为“无权利持票人”，其行使票据权利，不受法律保护。在双务合同中，给付对价指的是当事人双方互负的给付义务。具体到本案，如某科院所言，其与某航公司签订《中控系统设备采购合同》和《中控系统（二期）设备采购合同》建立交易关系，则某科院给付对价是向某航公司交付货物，某航公司给付对价是向某科院支付货款。某科院称其收取某航公司背书转让的票据，给付的对价是向某航公司交付了上述两份合同中的货物，但从法院查明的事实看，某科院并未向某航公司交付货物：第一，涉案货物由安力某某集团卖予兴安某达公司和某某信息公司，兴安某达公司和某某信息公司再卖予中某杰公司，中某杰公司再卖予某科院，某科院再卖予某航公司，某航公司再卖予康某公司，康某公司再卖予安力某某集团，由此看，卖方、买方均是安力某某集团，系典型的循环贸易，安力某某集团已明确表示没有货物。第二，在案的某科院、康某公司、某航公司均没有参与货物交接过程，没有见到货物，案外的中某杰公司和某某信息公司也没有见到货物。就某科院对某航公司的供货来看，某科院虽称是由其卖家中某杰公司交付货物，但中某杰公司又称是由其卖家兴安某达公司和某某信息公司交付货物，某某信息公司又称是由其卖家安力某某集团交付货物。据此说明，货物最终是由安力某某集团实际交付，但该集团已明确表示没有货物。第三，某航公司为某科院出具的《货物签收单》是案中反映某科院向某航公司交付货物的唯一证据，其形式上虽符合证明合同义务履行、货物交付的要求，但实质上却缺乏客观依据和事实基础；某科院和某航公司又不能提供其他可以认定货物已实际交付的证据，应承担对己不利的法律后果。

综上，法院认为持票人某科院未向某航公司实际交付货物，属无对价情形，其行使票据追索权不受法律保护，其诉讼请求不予支持。

北京市海淀区人民法院依照《中华人民共和国票据法》第十条，《最高人民法院关于民事诉讼证据的若干规定》第二条之规定，判决：

驳回原告某科院的诉讼请求。

某科院上诉。北京市第一中级人民法院认为，一审法院认定事实清楚，适用法律正确，应予维持。北京市第一中级人民法院依照《中华人民共和国民事诉讼法》第一百七十条第一款第一项之规定，判决：

驳回上诉，维持原判。

【法官后语】

本案是商业承兑汇票持票人与出票人、背书人之间的纠纷，某科院作为涉案票据的持票人，向票据出票人安力某某集团、背书人康某公司和某航公司行使票据追索权，要求安力某某集团、康某公司和某航公司承担票据责任，连带支付票据金额及利息等，适用《中华人民共和国票据法》等规定。本案的争议焦点为：持票人未实际交付货物，属无对价情形时，其行使票据追索权是否受法律保护。

笔者认为，依据《中华人民共和国票据法》第十条第二款规定，票据的取得，必须给付对价。在双务合同中，给付对价指的是当事人双方互负的给付义务。该规定确定了票据持票人应该给付票据双方当事人认可的相对应的代价这一基本原则。未支付对价，即使占有票据，亦不享有票据权利，其行使票据权利亦不受法律保护。具体到本案中，根据合同签订情况，涉案货物由安力某某集团卖予兴安某达公司和某某信息公司，兴安某达公司和某某信息公司卖予中某杰公司，中某杰公司卖予某科院，某科院卖予某航公司，某航公司卖予康某公司，康某公司再卖予安力某某集团，该买卖系典型的循环贸易。货物系由安力某某集团卖出并负责交付，再最终由安力某某集团买入。现安力某某集团明确表示没有货物。作为循环贸易其中一环的某科院，虽主张其是委托中某杰公司交付货物，但中某杰公司又称系由兴安某达公司和某某信息公司实际交付货物。在安力某某集团承认没有货物的情况下，某科院实际并无可交付的货物，且某科院除了康某公司出具的产品签收单之外，并无其他交付货物的证据。某科院所称其所支付的对价，实为其向中某杰公司支付的货款，并非系票据基础关系中其所应履行的交货义务。故某科院主张已经支付对价缺乏事实基础和客观依据，其行使票据追索权不应受法律保护。

编写人：北京市第一中级人民法院　吴扬新

175 银行承兑汇票民间贴现的效力认定

——赛富某公司诉新某中公司票据返还请求权案

【案件基本信息】

1. 裁判书字号

江苏省苏州市中级人民法院（2013）苏中商再终字第0016号民事判决书

2. 案由：票据返还请求权纠纷

3. 当事人

原告（上诉人）：赛富某公司

被告（被上诉人）：新某中公司

【基本案情】

2012年10月25日，赛富某公司的出纳会计顾红某与新某中公司的会计范某联系，称有一张315万元的承兑汇票想变现，后顾红某私自将赛富某公司的票号为31300051/25455402、出票人为贸易公司、收款人为实业公司、出票日为2012年8月1日、出票金额为3150000元、承兑银行为浙江稠州商业银行的银行承兑汇票交由其丈夫宋卫某，宋卫某到新某中公司与新某中公司会计范某签订了向新某中公司借款的借款协议，宋卫某将上述315万元承兑汇票交给新某中公司会计范某，新某中公司于当日通过其在张家港某丰工商银行的账户将307.05万元汇至宋卫某在中国某银行张家港某丰支行个人账户上，新某中公司于当日在该承兑汇票的背书栏内进行了签章，该承兑汇票的背面及粘单上背书人按顺序依次记载为实业公司、销售公司、海某公司、新某中公司，上述背书均未记载日期，被背书栏均为空白。嗣后，赛富某公司在财务盘库时发现上述票据遗失，后在公安机关侦办顾红某涉嫌挪用资金罪一案过程中，发现新某中公司持有上述票据。另查明，赛富某公司会计顾红某因涉嫌挪用资金罪于2012年11月16日被张家港市公安局刑事拘留。

【案件焦点】

1. 新某中公司在取得讼争票据时是否存在重大过失；2. 讼争承兑汇票的票据权利应由哪一方当事人享有。

【法院裁判要旨】

赛富某公司与新某中公司票据返还请求权案，江苏省苏州市中级人民法院作出民事判决，已经发生法律效力。经江苏省苏州市中级人民法院审判委员会讨论决定，作出民事裁定，再审本案。

江苏省苏州市中级人民法院再审认为：从新某中公司与宋卫某交接讼争票据的过程看，双方实质以借款的名义进行了票据转让。本案中，宋卫某将讼争票据交付新某中公司，新某中公司业已向宋卫某支付了相应对价，并不违背双方当事人的真实意思，本质上也是一种债权债务关系。且对于新某中公司与宋卫某之间票据转让关系效力的认定，属于票据的原因关系，根据票据原因关系与票据关系相分离的票据法基本理论，新某中公司作为持票人，仍能享有票据权利。

对于赛富某公司认为新某中公司在取得讼争票据时存在重大过失的主张，法院认为，新某中公司从宋卫某处取得讼争票据，并给付了相对应的对价，由于票面背面背书人、被背书人均无赛富某公司的签章，新某中公司无法明知讼争票据与赛富某公司之间的关系，也无从知晓宋卫某系票据无权处分人，故对赛富某公司的该项主张不予采纳。

此外，赛富某公司对讼争票据失去控制是由于其会计顾红某挪用资金的犯罪行为所造成，且赛富某公司在本案讼争票据上没有任何签章，其本身也存在管理疏漏与过失。

本案经江苏省苏州市中级人民法院审判委员会讨论决定，依照《中华人民共和国民事诉讼法》第一百七十条第一款第二项、第二百零七条第一款，《最高人民法院关于民事诉讼证据的若干规定》第二条，《最高人民法院关于审理票据纠纷案件若干问题的规定》第九条第一款以及《中华人民共和国票据法》第四条第二款、第十条、第十二条第二款之规定，作出如下判决：

一、撤销法院（2013）苏中商终字第0417号民事判决。

二、维持江苏省张家港市人民法院（2013）张商初字第0025号民事判决，即驳回赛富某公司的诉讼请求。

【法官后语】

票据流通功能决定了票据行为的无因性是其本质属性，但票据无因性原则也有例外，《中华人民共和国票据法》第十二条第二款规定："持票人因重大过失取得不符合本法规定的票据的，也不得享有票据权利。"如何理解和把握此款规定的重大过失，笔者认为，《中华人民共和国票据法》鼓励票据转让流通，而不是把票据作为一种一次性的支付工具来规定，对票据转让行为不宜作法律上的否定评价。"私人贴现"本质上也是真实的交易关系，没有法律规定将其排除在基础关系范围之外。关于票据取得中的重大过失的认定，应侧重于票据本身的真实性、记载事项的完整性、背书的连续性和文意的规范性而言，从维护票据信用和流通功能出发，坚持票据无因性原则，从宽掌握。同时，在票据流转过程中，后手未参与前手的实际交易，其对前手的交易关系和债权债务关系的审查应该也只能是形式审查，而非实质审查。

本案中，新某中公司从宋卫某处取得讼争票据，并给付了相对应的代价，由于票面背面背书人、被背书人均无赛富某公司的签章，新某中公司无法明知讼争票据与赛富某公司之间的关系，也无从知晓宋卫某系票据无权处分人，故其取得讼争票据应当认定为善意。对于不符合《中华人民共和国票据法》规定的票据，主要是指因票据记载事项和记载方式不符合《中华人民共和国票据法》的规定致使票据自始无效等情形，如出票人出票时未记载票据金额，出票人未签章以及欠缺其他绝对应记载事项，票据金额的中文大写与数码两种记载不符合，更改了票据金额、日期、收款人名称等。本案中，新某中公司所持有的票据也不存在上述情形。

编写人：江苏省苏州市中级人民法院　孙一鸣

176　收款人是否一定享有票据权利

——盛某二公司诉顺宏某公司、万某厂票据案

【案件基本信息】

1. 裁判书字号

天津市第一中级人民法院（2014）一中民三终字第142号民事判决书

2. 案由：票据纠纷

3. 当事人

原告（上诉人）：盛某二公司

被告（被上诉人）：顺宏某公司、万某厂

【基本案情】

2013年10月8日，案外人即出票人津海某公司签发了若干张银行承兑汇票，其中包括诉争汇票。诉争汇票上载明付款行为某银行天津市分行、票面金额为1000万元、收款人为盛某二公司以及汇票到期日为2014年4月8日等内容。2013年10月18日，刘某春等人持加盖有盛某二公司公章、财务章以及法定代表人人名章的"委托书"向万某厂转让汇票，"委托书"载明："兹有某银行天津分行签发的银行承兑汇票四张（含诉争汇票）……本单位同意将以上票据贴现款分别划入以下账户，即刘某春等人账号……"同日，万某厂委托案外人盛某公司将上述贴现款2898万元支付给刘某春等人，万某厂由此取得了上述四张汇票。盛某二公司主张没有收到上述贴现款，也没有实际拿到过诉争汇票，"委托书"中加盖的其公司印章和法定代表人人名章均系伪造。

另查，顺宏某公司与万某厂于2013年8月1日签订买卖合同，由顺宏某公司向万某厂供应橡胶、再生胶以及促进剂等原料，总金额为32628505.35元。2013年9月29日，顺宏某公司向万某厂履行了全部供货义务并开具了增值税发票。万某厂于2013年10月20日将上述四张汇票（含诉争汇票）背书转让给顺宏某公司用于支付货款。

再查，盛某二公司以诉争汇票遗失为由，曾向天津市河西区人民法院申请公示催告，该院于2013年10月21日发出公告，催促利害关系人申报权利。后顺宏某公司在规定的期限内申报权利，该院于2013年11月8日作出（2013）西民催字第58号民事裁定书，终结公示催告程序。

【案件焦点】

诉争汇票权利的所有权如何认定。

【法院裁判要旨】

天津市北辰区人民法院经审理认为：诉争汇票的必要记载事项完备，背书依次、连续，系有效票据。持票人顺宏某公司向法院出示了汇票原件，并提供了与万某厂之间的买卖合同等证据材料，能够证明其系合法取得诉争汇票，成为票据权利人。盛某二公司提出诉争汇票上所加盖其公司的财务专用章及法人人名章系伪造，但未提供充分证据加以证明，且签章的真伪亦不影响其他被背书人取得并享有票据权利。就盛某二公司的权利救济问题，其可向相关责任人依法主张相应的民事权利。

天津市北辰区人民法院根据《中华人民共和国票据法》第四条、第十条、第十四条之规定，判决如下：

驳回盛某二公司的诉讼请求。

盛某二公司不服上诉。天津市第一中级人民法院经审理认为：顺宏某公司提供的证据能够证实顺宏某公司向前手万某厂支付了对价，系合法取得诉争汇票，基于票据的无因性和权利外观原则，万某厂是否与盛某二公司存在真实交易、是否向盛某二公司支付了对价，并不影响其后手即顺宏某公司善意取得票据权利。且诉争汇票并未向盛某二公司交付，盛某二公司亦未能举证证实其与出票人有真实的交易关系，故其不享有诉争汇票权利。

天津市第一中级人民法院判决：

驳回上诉，维持原判。

【法官后语】

本案中，诉争汇票背书连续完整，基于票据是无因证券、文义证券和权利外观理论，持票人顺宏某公司仅应对票据作外观形式上的审查，因信赖票据的形式要件齐备，从而善意取得票据权利。且最后持票人顺宏某公司又能提供取得诉争汇票时与前手万某厂之间的买卖合同、税票、清单等，能够证实顺宏某公司向前手万某厂支付了对价，系合法取得诉争汇票，依法享有诉争汇票权利。

关于盛某二公司是否享有诉争汇票权利。根据《中华人民共和国票据法》第四条第二款，持票人行使票据权利，应当按照法定程序在票据上签章，并出示票据。本案中，诉争汇票虽记载了盛某二公司名称，但出票人并没有实际向盛某二公司交付票据，盛某二公司亦承认没有拿到过诉争汇票，且未能举证证实其与出票人有真实的交易关系或债权债务关系，其所主张的票据权利欠缺基础关系。因此，盛某二公司既未现实持有诉争汇票又欠缺基础关系，不享有诉争汇票权利，其诉请确认诉争汇票权利归其所有，并要求现实持票人返还票据，不能得到支持。

对于盛某二公司主张“委托书”中加盖的公司印章和法定代表人人名章均系伪造，万某厂与其并无真实交易，没有向盛某二公司支付对价的问题。根据《中华人民共和国票据法》第十四条第二款，票据上有伪造、变造的签章的，不影响票据上其他真实签章的效力。二审法院认为，票据上的各种行为独立发生法律效力，其中一个行为无效，不影响其他票据行为的效力。基于票据的无因性，以及诉争汇票背书转让的连续完整性和顺宏某公司取得诉争汇票的合法性，能够认定“委托书”是否真实、万某厂是否与盛某二公司存在真实交易及是否向盛某二公司支付了对价，均不影响顺宏某公司基于真实的交易关系，且已向前手万某厂支付了对价，从而善意取得诉争汇票，成为诉争汇票权利人。

至于盛某二公司的权利救济问题，其虽不能主张票据权利，但可依法主张相应的民事权利。

需要指出的是，现在民间私下买卖票据（私下贴现）现象普遍，基于票据无因性和权利外观原则，出于对善意持票人的保护，不宜认定转让无效。如果经公安机关侦查发现，票据签发和流通环节系票据诈骗或被盗，应当对存在犯罪的流通环节和犯罪当事人进行追赃查处，失票人可从追赃款中要求偿还，而不应剥夺善意持票人的权利。

编写人：天津市第一中级人民法院　苗法礼

177 厂商银三方交易模式中生产商违约供货应承担何种责任

——某银行诉创博某公司等金融借款合同案

【案件基本信息】

1. 裁判书字号

北京市第三中级人民法院（2014）三中民终字第05507号民事判决书

2. 案由：金融借款合同纠纷

3. 当事人

原告（上诉人）：某银行

被告（被上诉人）：创博某公司、河北某某公司、汪某

【基本案情】

2011年6月20日，创博某公司作为经销商及汇票出票人，与某银行签订《主协议》，约定：1. 创博某公司与厂商河北某某公司签订买卖合同，向其购买钢材。2. 某银行同意给创博某公司汇票承兑额度4500万元，用于创博某公司开立以河北某某公司为收款人的汇票并向某银行申请承兑。3. 某银行审查同意承兑汇票的，创博某公司在办理承兑手续前，应向某银行支付手续费，并缴存不低于票面金额30%的首笔保证金，此后每次提取货物前，向保证金账户追加提货金额70%的提货保证金，某银行将同意其提取相应货物。在汇票到期日前，创博某公司应追加存入足够的保证金，使保证金总额不低于汇票金额。4. 创博某公司未及时足额付款，应向某银行支付罚息并承担其他违约责任。

嗣后，创博某公司作为经销商及汇票出票人、某银行作为承兑人与河北某某公司签订《差额回购协议》，约定：1. 河北某某公司同意就汇票下创博某公司已偿付款项与汇票金额之间的差额承担回购责任。2. 创博某公司对某银行在汇票项下承担的票据责任和其他法律责任承担最终偿付责任。3. 提货程序为：某银行向创博某公司签发《提货通知单》，河北某某公司根据创博某公司的《提货通知单》向其交付相应货物。4. 汇票到期日前，河北某某公司统计《提货通知单》的累计金额，如金额小于汇票金额，则河北某某公司应于汇票到期日将差额支付给某银行，履行上述义务

后，河北某某公司即取得对创博某公司的追偿权。某银行又作为债权人，与保证人汪某签订《保证合同》，约定：汪某自愿为创博某公司提供连带责任担保。

2012年1月20日，创博某公司开具并交付河北某某公司一张某银行承兑的汇票，金额为800万元。后创博某公司未按期足额缴存票款，河北某某公司未承担差额回购责任，汪某未承担保证责任。在该汇票到期日，某银行向创博某公司账户垫付了相应款项，并向最终被背书人兑付了该汇票款。后某银行诉至法院，要求创博某公司偿还欠款差额3584316.65元及利息995155.82元，并按照约定标准支付相应利息；要求汪某对上述应付款项承担保证责任；要求河北某某公司承担差额回购责任，即相当于承担保证责任。

各方均认可：在实际履行中，创博某公司每次提货前都未追加提货保证金，某银行从未向创博某公司签发《提货通知单》，创博某公司提货时不持有《提货通知单》，河北某某公司收到汇票时未向某银行出具《收到银行承兑汇票确认函》，也不曾书面通知汇票项下已收到的《提货通知单》的累计提货金额。河北某某公司与创博某公司亦认可800万元汇票项下的货物已全部交易完毕。

【案件焦点】

河北某某公司是否应承担差额回购责任，该责任究竟为何种责任。

【法院裁判要旨】

北京市朝阳区人民法院经审理认为：《主协议》《保证合同》《差额回购协议》均真实有效，故创博某公司应向某银行偿付欠款本金、利息；汪某应承担连带清偿责任。

关于河北某某公司的责任。从《差额回购协议》的内容看，差额回购责任不是法律规定的保证责任。三方对交易程序均进行了明确约定，但实际各方均未履行相应义务，约定流程无一得以执行。在无法证明该合同已经实际履行的情况下，某银行要求河北某某公司承担差额回购责任，并明确为类似承担保证责任，缺乏依据。

北京市朝阳区人民法院依照《中华人民共和国合同法》第二百零五条、第二百零六条、第二百零七条、《中华人民共和国担保法》第十八条、第三十一条之规定，判决：

一、创博某公司于判决生效之日偿付某银行承兑汇票差额及利息；

二、汪某对上述第一项确定的创博某公司应付的款项承担连带清偿责任；

三、汪某承担保证责任后，有权向创博某公司追偿；

四、驳回某银行的其他诉讼请求。

某银行就一审判决第四项提起上诉，认为《主协议》及《差额回购协议》已实际履行，河北某某公司未按约定履行，应承担违约责任，即对某银行垫款损失承担赔偿责任。河北某某公司答辩称，某银行自行替创博某公司垫款后，即不存在差额；且某银行在合同履行过程中有瑕疵，未提供发货通知单，在汇票到期前亦未书面通知河北某某公司承担差额回购责任，故河北某某公司不应根据差额回购协议履行义务。

北京市第三中级人民法院经审理认为：综合《差额回购协议》及《主协议》的内容看，货物购买方创博某公司与发货方河北某某公司是以某银行开出的承兑汇票作为交易的付款方式。在此交易模式下，发货方仅能根据银行签发的提货凭证向购买方交付货物，实际赋予了银行一种保证其资金安全的交易监管的权利。

现各方均认可，在实际履行中，各方均未按照协议约定履行提货程序，即创博某公司每次提货前均未向某银行追加补齐保证金，某银行未签发《提货通知单》，创博某公司提货时也从未持《提货通知单》，河北某某公司在没有《提货通知单》的情况下，自行将货物交给了创博某公司，而800万元汇票项下的货物已全部交易完毕。故可以认定本案800万元汇票项下的货物，河北某某公司与创博某公司未按照《差额回购协议》约定的模式通过某银行进行交易，而是私自交易完毕，该行为逃避了某银行的监管，致使在汇票到期日出现了提货金额和汇票票面金额之间的票款差额。该差额造成了某银行的损失，故创博某公司与河北某某公司对某银行的损失应承担相应的清偿责任。

关于二者应承担的清偿责任的性质，法院认为，创博某公司作为货物购买方，已全部取得了汇票金额项下的货物，故应就某银行的损失承担最终清偿责任。而河北某某公司违约交付货物，对某银行的损失亦应承担清偿责任，但其承担的责任并非终局性的最终清偿责任，故其性质应为连带清偿责任，而非共同清偿责任。河北某某公司在承担相应连带清偿责任后，可向负有最终清偿责任的创博某公司进行追偿。

北京市第三中级人民法院依据《中华人民共和国合同法》第一百零七条、《中华人民共和国民事诉讼法》第一百七十条第一款第二项之规定，判决：

一、维持一审判决第一项、第二项、第三项；

二、撤销一审判决第四项；

三、河北某某公司对创博某公司偿付某银行承兑汇票差额及利息承担连带清偿责任；

四、河北某某公司对创博某公司偿付某银行承兑汇票差额及利息承担连带清偿责任后，有权向创博某公司追偿；

五、驳回某银行的其他诉讼请求。

【法官后语】

本案处理重点在于：对于在汇票到期后出现的提货金额和汇票票面金额之间的差额损失，未按约定履行义务的厂商应承担何种责任。

从对本案交易模式的分析可以看出，银行之所以能够在经销商仅缴纳小部分保证金（本案为30%）的情况下开出全额承兑汇票，是基于对厂商的信誉和实力的信任。尤为重要的是，该模式赋予了银行保障其资金安全的交易监管权。在交易中，实际控制着商品的是银行（通过提货通知单），因为在每次发货时，只有经销商缴齐相应保证金后，银行才会开具提货通知单，而厂商只能根据提货通知单向经销商发货，这样就能够保证交易模式的安全。

本案中，河北某某公司收到汇票后，在没有提货通知单的情况下就将汇票项下的全部货物交给了创博某公司，最后导致汇票金额与累计提货金额之间出现了巨额差额，河北某某公司的行为显然违反了协议约定，导致某银行本应享有的交易监管权不复存在，也使得创博某公司在未缴齐货款的情况下就将全部货物提走，最终使某银行承担了巨大的差额损失。故河北某某公司对于上述差额应与创博某公司一起承担清偿责任。但河北某某公司收到了全部货款，同时也将全部货物交付给了创博某公司，故河北某某公司对于差额损失承担的不应是最终的清偿责任，而是连带清偿责任为宜。创博某公司既收到了全部货物，又未缴纳齐货款，所以对银行的差额损失应承担最终的清偿责任。

编写人：北京市第三中级人民法院　王占维　董沛

178 票据返还纠纷中的举证责任

——陈学某诉星某伟业公司等票据案

【案件基本信息】

1. 裁判书字号

北京市第二中级人民法院（2013）二中民终字第12986号民事裁定书

2. 案由：票据纠纷

3. 当事人

原告（上诉人）：陈学某

被告（被上诉人）：星某伟业公司

被告：业德某某公司、天某公司

【基本案情】

2012年12月18日，陈学某以其个体经营的鑫某板厂的名义就银行承兑汇票（金额50万元）向法院申请公示催告。同年12月20日报上刊发该院受理公告。2013年1月8日，星某伟业公司以合法持票为由向法院申报权利，并出示该汇票，同时提交了甲行巩义市支行向交行天津分行查询涉案汇票的查复书。上载：查询日期2012年12月20日、涉案汇票“冻结挂失停止支付”。该汇票正面记载出票日期2012年9月26日，收款人为陆某公司，其他记载内容跟公告所述一致。汇票背面及粘单记载：收款人陆某公司将汇票背书转让给河北某建公司，此后河北某建公司、丽某亚公司、鑫某板厂、天某公司、业德某某公司先后作为被背书人、背书人连续签章，星某伟业公司是业德某某公司的后一手被背书人。天某公司之前的背书转让均未填写背书转让汇票的时间。据此，法院裁定终结公示催告程序。

陈学某起诉认为，天某公司取得上述汇票无合法依据，天某公司、业德某某公司先后背书转让票据的行为均无效，要求判决星某伟业公司将涉案汇票返还给陈学某。诉讼过程中，陈学某明确诉讼请求为，如星某伟业公司无法返还票据，则请求判决确认陈学某为该汇票的权利人。星某伟业公司、业德某某公司、天某公司分别辩称合法取得汇票，陈学某伪报挂失、恶意诉讼。

另查明：某星公司在公示催告程序终结后经星某伟业公司背书转让取得汇票，但委托银行收款时被退票。星某伟业公司已另付50万元从某星公司取回汇票。

丽某亚公司、安某顺达公司分别书面证明，丽某亚公司因履行《石材订货合同》于同年11月16日将汇票交给安某顺达公司，11月19日安某顺达公司将汇票交给鑫某板厂业主陈学某，以付板材款。陈学某称其在饭店喝多了酒，将含有4张汇票的手包丢失，因记不清丢在哪里，故未报警。除涉案汇票外，鑫某板厂就其他3张汇票分别向3个法院申请公示催告，有法院已通知其有人申报权利，有法院已经作出除权判决。

某羽公司书面证明，天某公司交付涉案汇票，用于支付货款，后因汇票背书中一枚骑缝章模糊不清，天某公司将汇票退回，退还时天某公司已在背书人栏签章，被背书人栏空白。天某公司为此提交了相应的购销合同、增值税发票，并称某羽公司已另行向其付清了价款。

纪某安作为业德某某公司的证人出庭作证，称：2012 年 11 月 27 日或 28 日，其从陈学某处借款，陈学某交给其 4 张承兑汇票，其中包括涉案的汇票（另 3 张也说明了票号、金额）；纪某安给陈学某书写的借条上写的金额为 80 万元，包含了给陈学某的利息等，陈学某还让业德某某公司盖章证明二人有债权债务关系；纪某安最终要向陈学某偿还该借款，如汇票遗失，陈学某应将借条退还给纪某安，纪某安也就不再欠陈学某款；纪某安将收到的 4 张汇票交给业德某某公司用于支付 2012 年上半年买不锈钢的欠款，其余材料欠款其另给业德某某公司出具了欠条，业德某某公司收到 4 张汇票也给纪某安开具了收条；2013 年 3 月 12 日，业德某某公司的委托代理人曾向纪某安调查，进行录音并制作笔录。

业德某某公司表示，其从纪某安处取得汇票后，曾将汇票交付给与其有业务往来、做铝材生意的何某，后何某将票退回，退回的汇票已经加盖了天某公司背书的签章；业德某某公司与天某公司没有任何业务往来，也没有直接交接过汇票，业德某某公司不清楚何某与某羽公司、天某公司的关系；业德某某公司将何某退回的汇票交给了星某伟业公司，以支付 2012 年 10 月 6 日所签《工业品买卖合同》的价款。

【案件焦点】

票据实际流转过程与票据背书顺序不一致，持有票据是否合法。

【法院裁判要旨】

北京市朝阳区人民法院认为：根据票据的无因性，如没有充足的相反证据推翻，不能否定基于连续背书的持票人的权利。涉案汇票背书连续，但实际流转过程与背书顺序不完全一致。业德某某公司第一次取得汇票有纪某安的证言直接证明，纪某安承认自己是在鑫某板厂之后第一个取得汇票的人，并认可业德某某公司是基于交易关系并支付对价后从其手中取得的汇票。其关于因借款非基于背书从陈学某处取得汇票后又以非背书形式转让给业德某某公司等证言存在一定合理性。无相反证据推翻，业德某某公司该次持票的合法性不应被否定。有证据证明天某公司是基于与某羽公司的买卖合同关系，因支付了对价而从某羽公司处取得汇票，且天某公司完成背书后又将汇票退回某羽公司。无证据证明天某公司取得汇票以及业德某某公司第二次持票是基于恶意或重大过失。有证据表明星某伟业公司基于真实的交易关系在支付对价后合法取得汇票，作为四手中的最后一手，其以背书的连续证明汇票权利，公示催告程序终结后，其将该汇票背书转让给某星公司，在某星公司委托收款被退票后，其向后手支付对价并取回汇票，均不违反票据法的规定。汇票上连续背书的天某公司、业德某某公司、星某伟业公司分别就其取得、转让汇票的过程、原因等进行了一定程度的举证。而陈学某作为前手对其自己遗失汇票的主张，只有本人陈述而无他证。从各方举证情况以及各证据与案件事实的关联程度、各证据间的联系等综合判断，陈学某有关返还汇票、确认汇票转让行为无效的诉讼请求，缺乏事实与法律依据。其与纪某安另有交易或其他法律关系，可以另行主张权利救济。

北京市朝阳区人民法院依照《中华人民共和国票据法》第三十一条，《最高人民法院关于审理票据纠纷案件若干问题的规定》第九条，《最高人民法院关于民事诉讼证据的若干规定》第二条、第七十六条之规定，判决如下：

驳回原告陈学某的诉讼请求。

陈学某不服一审判决提出上诉，后又撤回了上诉。

【法官后语】

陈学某是鑫某板厂的业主，鑫某板厂是曾经的持票人、与本案诸被告连续背书的第一手，其对在后的几手被背书人取得票据的合法性持有异议，并要求向其返还票据，由其享有票据权利。从请求对象上讲，陈学某应当向最后持票人星某伟业公司请求返还票据。虽然背书连续，但星某伟业公司并非从票据记载的前手天某公司直接取得汇票，而是从业德某某公司取得汇票，其成为最后持票人也是在将汇票背书转让后因未能兑现又取回所致。

三名被告在票据流转过程中存在一定利害关系。故有必要就取得汇票的合法性进行审查，以排除恶意串通或者后手明知前手非法取得汇票而出于恶意取得汇票，或因重大过失不当取得汇票。如一审判决分析，三名被告均就取得汇票提交了证据，但是业德某某公司取得票据仅有纪某安证言；天某公司取得票据虽有某羽公司证明材料，但汇票如何到某羽公司，又怎样回到业德某某公司只有业德某某公司的解释；星某伟业公司取得汇票有业德某某公司的证明和双方的合同，而业德某某公司又是紧接鑫某板厂背书的一手，其取得汇票的合法性最为关键。证人纪某安非票据记载的被背书人，仅凭其证言，恐怕既不足以肯定也不足以否定业德某某公司取得汇票的合法性。而三名被告的证据和陈述能够在一定程度上自圆其说，难以认定业德某某公司与其后的两手串通或者后两手明知前手汇票来路不明而恶意取得汇票。

从另一方面分析，鑫某板厂作为持票人可能因欺诈、胁迫、盗窃等原因失票，也可能因其他法律关系而转让汇票。公示催告案件适用特别程序审理，申请人就票据被盗、遗失或灭失的事实不提供证据，仅凭陈述也会被受理，但一旦有权利人申报权利，公示催告案件就终结。故仅有曾经申请公示催告的事实，不足以认定失票就是非主观意思的原因所致。陈学某有关喝酒遗失汇票的陈述无任何证据佐证，四张汇票一并遗失，却没有报案，疑点重重。

本案是票据纠纷，票据无因性本不容忽视，且被告一方除有连续背书的汇票外还有案外人的证言，而原告方仅有己方陈述，权衡之下，被告证据具有优势，原告诉请不能成立。本案是对双方证据进行优势分析的结果，票据返还及确权案件，持票人应就持票合法性承担举证责任仍是不变的原则。从裁判效果上看，一审判决也对陈学某可能的救济指明了出路。

编写人：北京市朝阳区人民法院　李有光

179　如何确定未在票据背书的失票人的公示催告权利

——上海锦某公司诉纪建某票据案

【案件基本信息】

1. 裁判书字号

北京市第一中级人民法院（2013）一中民终字第 11077 号民事判决书

2. 案由：票据纠纷

3. 当事人

原告（被上诉人）：上海锦某公司

被告（上诉人）：纪建某

【基本案情】

2012年11月1日，中某科技公司作为出票人开出银行承兑汇票一张，票号为10300052/2090××××，收款人为凯某公司，付款行为甲行延庆康庄支行，出票金额为50万元，汇票到期日为2013年5月1日。

2012年12月15日，纪建某报警称其车内存放的银行承兑汇票（面值共200余万元）遗失。随后，纪建某以遗失票号为10300052/2090××××的银行承兑汇票为由向法院申请公示催告。2013年2月21日，北京市延庆县人民法院作出（2013）延民催字第00002号民事判决，宣告票号为10300052/2090××××的银行承兑汇票无效。

2012年11月19日，上海锦某公司因买卖合同关系从无锡某达公司取得票号为10300052/2090××××的银行承兑汇票。2013年3月21日，上海锦某公司持票号为10300052/2090××××的银行承兑汇票诉至法院，请求法院撤销对该银行承兑汇票的除权判决。

诉争银行承兑汇票记载：票号为10300052/2090××××，出票日期为2012年11月1日，出票人为中某科技公司，收款人为凯某公司，付款行为甲行延庆康庄支行，出票金额为50万元，汇票到期日为2013年5月1日；票据背面第一背书人处盖有凯某公司财务专用章和李某安名章，被背书人为斯某特公司，第二背书人处盖有斯某特公司财务专用章和刘某新名章，被背书人为上海锦某公司；第三背书人处盖有上海锦某公司财务专用章和徐某名章，被背书人为华某化纤公司；第四背书人处盖有华某化纤公司财务专用章和余某弘名章，被背书人为远某工业公司；第五背书人处盖有远某工业公司财务专用章和王某婷、许某维名章，被背书人空白。

【案件焦点】

如何确定未在票据上背书的失票人的权利。

【法院裁判要旨】

北京市延庆县人民法院认为：依据有关法律规定，可以申请公示催告的失票人，是指按照规定可以背书转让的票据在丧失票据占有以前的最后合法持票人。纪建某是否存在遗失涉案银行承兑汇票的事实是争议的焦点之一，根据纪建某的陈述，其于2012年11月15日因业务关系合法取得涉案银行承兑汇票，之后该票据一直由其保管，2012年12月15日该票据遗失，纪建某及时报案并申请公示催告来保障自己的合法权益，其遗失票据的证据是公安机关接处警记录单。一审法院认为，纪建某提供的公安机关接处警记录单只能证明纪建某曾经报案的事实，因记录单记录内容为纪建某个人陈述，在没有公安机关查实结果和其他证据证实的情况下，不能据此认定纪建某确实在2012年12月15日遗失了票号为10300052/2090××××的银行承兑汇票，而且票号为10300052/2090××××的银行承兑汇票上并没有纪建某为被背书人的记录。庭审中上海锦某公司提供证据证明其于2012年11月19日合法取得诉争票据，因纪建某不能提供反证推翻上海锦某公司提供的证据，纪建某主张的其于2012年12月15日遗失票号为10300052/2090××××的银行承兑汇票的事实不成立，据此应认定纪建某申请公示催告及除权判决的理由不成立。上海锦某公司是否应当享有票号为10300052/2090××××的银行承兑汇票的票据权利是本案的另一争议焦点。依照《中华人民共和国票据法》的有关规定，背书人未记载被背书人名称即将票据交付他人的，持票人在票据被背书人栏内记载自己的名称与背书人记载具有同等法律效力。本案涉案票据记载上海锦某公司为第二手被背书人，根据上海锦某公司提供的证据，涉案票据背书连续，可以认定上海锦某公司为合法的票据持有人，其应当享有相应的票据权利。上海锦某公司在得知涉案票据被宣告无效后及时向法院主张权利，亦符合相关法律规定。综上，纪建某申请公示催告的理由不成立，据此作出的除权判决亦应予以撤销。

北京市延庆县人民法院依照《最高人民法院关于审理票据纠纷案件若干问题的规定》第二十六条、第四十九条，《中华人民共和国民事诉讼法》第二百一十八条、第二百二十三条，判决：

撤销北京市延庆县人民法院于2013年2月21日作出的（2013）延民催字第00002号民事判决书。

纪建某提起上诉。北京市第一中级人民法院认为：上海锦某公司享有本案涉案汇票权利。上海锦某公司已举证证明其是基于买卖关系取得涉案票据，上海锦某公司作为被背书人已在涉案票据上签章，涉案汇票签章完整、背书连续。故在纪建某未能提供证据证明上海锦某公司取得涉案票据存在恶意的情形下，上海锦某公司应认定为涉案票据的合法持有人并享有票据权利。上海锦某公司存在不能在除权判决前向法院申报的正当理由。因上海锦某公司是合法的持票人，其不知道票据被公示催告的情况符合正常行为习惯。在涉案票据被宣告无效后，上海锦某公司向法院主张权利的时间亦符合相关规定的限制。

正当持票人的权利优于失票人的权利。《中华人民共和国票据法》第十四条规定，票据上有伪造、变造的签章的，不影响票据上其他真实签章的效力。因上海锦某公司经过背书转让有偿取得涉案票据，是善意的合法持票人，所以在纪建某丧失票据后，票据权利即为善意第三人上海锦某公司享有。纪建某既未加入背书，也不持有涉案汇票，即便纪建某确为失票人，票据丧失的事实亦不能妨碍后续的合法票据行为。

北京市第一中级人民法院依照《中华人民共和国民事诉讼法》第一百七十条第一款第一项，判决：

驳回上诉，维持原判。

【法官后语】

票据诉讼相较于一般民事诉讼具有其特殊性。审理票据纠纷，应当注意遵循票据的外观解释原则，在对票据上的意思表示内容进行真假判断时，应当以存在形式的意思表示内容来确定效力，即以票据外观上的记载事项为裁判标准，不允许综合票据记载外的情况来确定行为人的真实意思。

本案中，纪建某虽然主张曾依据买卖合同关系获得涉案票据，但是因为没有在票据背书栏进行记载，故纪建某并非票据关系当事人。而本案的原告上海锦某公司作为被背书人已在涉案票据上签章，如果认为上海锦某公司是以欺诈、偷盗或者胁迫等手段取得票据或者明知有前列情形或者出于恶意取得票据的，纪建某作为主张者应对此负有举证责任，但是纪建某仅依据报案记录难以证明其主张。

转让双方在转让中为方便省事，未按照《中华人民共和国票据法》所规定以票据背书的必要形式进行转让，只是单纯交付，这就是纠纷发生的原因所在。《中华人民共和国票据法》第三十一条第二款规定，在票据转让中，转让票据的背书人与受让票据的被背书人在汇票上的签章依次前后衔接。票据的背书转让要求转让的票据要能够反映其流通过程，所有的经手人都要在票据上有显示，以对权利人即持票人负责，增加票据的安全性，增加票据信用，促进流通。票据法不要求持票人审查背书的实质原因。因上海锦某公司经过背书转让有偿取得涉案票据，是善意的合法持票人，所以在纪建某丧失票据后，票据权利即为善意第三人上海锦某公司享有。纪建某既未加入背书，也不持有涉案汇票，即便纪建某确为失票人，票据丧失的事实亦不能妨碍后续的合法票据行为。

本案反映出我国公示催告制度尚存在一定缺陷。法院在决定是否受理公示催告申请时，主要进行形式审查。由于票据具有无因性，权利人转让票据系单方法律行为，出票人、付款人、背书人等票据关系人并不知道票据最终持有人的身份。法院在受理此类案件时，很难确定申请人是否就是票据被盗、遗失或灭失前的最后持有人。伪报者有利用公示催告程序达到非法目的的可乘之机。即使利害关系人请求恢复票据权利而提起撤销除权判决之诉，由于此前除权判决已确认公示催告申请人为持票人，但究竟谁系真正的持票人，还须经过司法确认。

编写人：北京市第一中级人民法院　谭峥

180　善意取得票据的认定标准

——昌某公司诉百瑞某公司票据损害责任案

【案件基本信息】

1. 裁判书字号

浙江省温州市中级人民法院（2012）浙温商终字第1088号民事判决书

2. 案由：票据损害责任纠纷

3. 当事人

原告（上诉人）：昌某公司

被告（被上诉人）：百瑞某公司

【基本案情】

2010年12月17日，百瑞某公司以与塑料公司发生交易需要，向银行申请开具50万元承兑汇票（出票人为百瑞某公司、收款人为塑料公司）。2011年1月30日，百瑞某公司以该票据未交付给收款人，已不慎遗失为由，申请法院公示催告，因无人在法定期限内申报权利，法院于2011年4月15日判决宣告上述票据无效。

2011年1月5日，昌某公司因与商贸公司发生业务关系，商贸公司将其持有的上述承兑汇票背书转让给原告，之后昌某公司又多次背书转让，最后被背书人为苏州苏信某钢有限公司。至汇票到期日，苏州苏信某钢有限公司委托银行收款遭拒付时知悉，上述票据已被法院作出除权判决，宣告上述票据无效。相关汇票当事人依次向前退票，直至退回给昌某公司。

昌某公司认为其持有票据系合法取得，要求法院进行确认并要求出票人赔偿因其申请除权判决而给原告造成的票据款损失50万元及利息损失；百瑞某公司认为其不慎遗失该汇票，未将该汇票交付给收款人，收款人塑料公司背书签章系虚假且没有真实交易关系，出票人申请公示催告不存在恶意，因此昌某公司应向其前手主张权利。

【案件焦点】

涉案票据是否有效，昌某公司是否善意且合法取得涉案汇票。

【法院裁判要旨】

浙江省温州市瓯海区人民法院认为：昌某公司虽因与商贸公司发生交易而合法取得涉案票据，但该票据已被生效的除权判决宣告无效，故昌某公司已不能向百瑞某公司行使票据权利。百瑞某公司陈述其向银行申请开具50万元承兑汇票后，未将该票据交付给收款人，而票据上收款人的背书签章，与收款人庭审中提供的公司财务专用章及法人章明显不一致，同时昌某公司也未提供证据证明收款人背书签章的真实性，故可认定票据上收款人的背书签章系他人伪造。故百瑞某公司向法院申请公示催告不存在恶意行为，现昌某公司请求百瑞某公司赔偿票据损失，不符合法律规定，不予支持。对昌某公司的票据损失，可依据基础法律关系，向商贸公司行使民事权利。

浙江省温州市瓯海区人民法院依照《中华人民共和国民法通则》第一百零六条第二款，《中华人民共和国民事诉讼法》第六十四条第一款，判决：

驳回原告昌某公司的诉讼请求。

昌某公司持原审起诉意见提起上诉，温州市中级人民法院认为：涉案汇票具有法定的必要记载事项，应为有效票据。涉案汇票若正常、合法流通，出票人即百瑞某公司应承担保证该汇票承兑和付款的责任。但本案汇票流通过程中，在塑料公司向商贸公司这一背书环节存在事实上不连续的背书转让行为。因此商贸公司的后手昌某公司现请求百瑞某公司赔偿其票据损失，应审查昌某公司是否善意且合法取得涉案汇票。本案并无证据表明昌某公司取得涉案票据系以欺诈、偷盗或者胁迫手段取得，也无证据表明昌某公司取得涉案票据系因重大过失。昌某公司持有票据应推定为善意。昌某公司从其前手商贸公司处背书取得涉案汇票，其能够说明其与商贸公司之间的商务关系并能提供部分增值税发票予以印证，应认定昌某公司与商贸公司之间存在债权债务关系。昌某公司持有涉案汇票系其善意且合法取得。百瑞某公司仍应对昌某公司承担保证涉案汇票承兑和付款的责任。百瑞某公司即使确实遗失了涉案汇票，亦应通过其他途径救济其利益。依照《中华人民共和国票据法》第十条第一款、第十二条、第二十二条、第二十六条，《中华人民共和国民事诉讼法》第一百五十三条第一款第二项，判决：

一、撤销温州市瓯海区人民法院（2012）温瓯商初字第57号民事判决；

二、百瑞某公司应于判决生效之日起十日内支付昌某公司票据损失50万元及利息损失。

【法官后语】

本案处理重点是涉案票据是否有效及昌某公司取得汇票是否合法善意。一、二审法院审理思路出现分歧，一审认为涉案票据已被生效判决除权宣告无效，昌某公司已不能向出票人百瑞某公司主张票据权利，因此认定案件主要争议系百瑞某公司有否恶意申请公告催告而损害了昌某公司的合法权益。二审认为涉案汇票具备法定的必要记载事项，应为有效票据，因涉案汇票流通过程中事实上存在不连续的背书转让行为，故昌某公司请求百瑞某公司赔偿其票据损失的重点在于审查昌某公司是否善意且合法取得涉案汇票。

汇票具有货币资金的可支付和实际流动功能，是市场业务往来重要的交易手段，有利于缓解企业间的货款拖欠，维护正常的商品交易秩序，因此对流通中的汇票应侧重于保护善意合法持有人的权利，以促进汇票市场的稳定、安全。

本案中百瑞某公司已完成汇票签发，涉案汇票与其签发时记载的内容一致，昌某公司及其前手作为被背书人对票据只能进行形式性审查，故涉案汇票虽在程序上已被宣告失效，但因其客观真实存在，且符合票据法规定，应认定为有效票据。二审在认定票据有效的基础上，进一步审查昌某公司是否善意合法取得涉案汇票，更有利于保护票据流通环节持票人的合法权利，有利于票据市场的交易秩序及其健康发展。

编写人：浙江省温州市瓯海区人民法院　蔡雄强

181　票据纠纷中合法持票人的认定

——襄阳某纺织公司诉襄阳某金属材料公司票据案

【案件基本信息】

1. 裁判书字号

湖北省宜昌市中级人民法院（2012）鄂宜昌中民二终字第352号民事判决书

2. 案由：票据纠纷

3. 当事人

原告（被上诉人）：襄阳某纺织公司

被告（上诉人）：襄阳某金属材料公司

【基本案情】

2011年12月2日，出票人宜都某工具制造公司签发银行承兑汇票一张，出票金额为人民币40万元，付款银行为某银行宜都支行，收款人为武汉某经贸公司，汇票到期日为2012年6月2日。2012年1月7日下午经湖北某投资担保公司郭某联系，徐某持该汇票与襄阳某纺织公司业务经理冀某进行了交易。交易前，徐某提供了其本人的身份证和名片，证明徐某系武汉某经贸公司业务员。冀某在某银行襄阳高新区支行以转账方式向徐某A账户上转入80000元。当天下午，冀某又从自己的银行卡上支取现金30万元，通过郭某代办将25万元存入徐某A账户。徐某在已由武汉某经贸公司签章背书的该汇票背面背书人一栏记载了襄阳某纺织公司的名称。2012年1月11日上午，襄阳某纺织公司业务员胡某通过银行转账向徐某B账户转入48000元。当天，徐某将汇票交给襄阳某纺织公司，并在该票据复印件上批注“款已全部结清”。

2012年2月13日，襄阳某金属材料公司以该汇票不慎遗失为由向法院申请公示催告，法院于2012年2月21日在《人民法院报》(总第9522期）发出公告，公告期限届满后，因无利害关系人申报权利，法院于2012年4月21日作出湖北省宜昌市宜都市人民法院（2012）鄂宜都民催字第1号除权判决，宣告该银行承兑汇票无效，襄阳某金属材料公司有权向支付人请求支付。

2012年5月30日，在该汇票到期前两日，襄阳某纺织公司委托襄阳市甲行樊城支行向付款行某银行宜都支行提示承兑。2012年6月4日付款行以“挂失止付”“法院通知止付”为由作出退票处理。

【案件焦点】

原告襄阳某纺织公司是否构成善意持票人。

【法院裁判要旨】

湖北省宜都市人民法院认为：本案争议的焦点在于襄阳某纺织公司是否构成善意持票人。票据是流通证券，具有无因性，如果票据具备了《中华人民共和国票据法》上规定的条件，票据权利即可成立，而票据权利一旦成立，便与其赖以发生的原因关系相分离。本案中，徐某持已由武汉某经贸公司背书的汇票与襄阳某纺织公司进行交易，襄阳某纺织公司支付了37.8万元对价，襄阳某金属材料公司未就襄阳某纺织公司不享有票据权利提出证据，即便徐某无权处分，襄阳某纺织公司作为善意受让人仍享有票据权利。票据债务人不得以原因关系对抗善意第三人，这正是票据行为的无因性决定的。襄阳某纺织公司通过背书转让取得该票据后，在提示承兑时通过付款行得知该票据被公示催告除权符合常理。根据审理结果，湖北省宜昌市宜都市人民法院（2012）鄂宜都民催字第1号民事判决书应予撤销。湖北省宜都市人民法院依据《中华人民共和国票据法》和《中华人民共和国民事诉讼法》相关规定，判决：

一、撤销湖北省宜昌市宜都市人民法院（2012）鄂宜都民催字第1号民事判决书和襄阳某纺织公司对诉争银行承兑汇票享有票据权利；

二、驳回襄阳某纺织公司其他诉讼请求。

襄阳某金属材料公司不服一审判决，提起上诉。二审经审理查明，原审法院查明的事实属实。二审法院予以确认。湖北省宜昌市中级人民法院认为：襄阳某金属材料公司主张襄阳某纺织公司不是合法持票人，不享有票据权利，缺乏事实和法律依据，不予支持。一审法院判决撤销湖北省宜昌市宜都市人民法院（2012）鄂宜都民催字第1号民事判决亦无不当，应予支持。湖北省宜昌市中级人民法院依照《中华人民共和国民事诉讼法》第一百二十八条、第一百五十三条第一款第一项，判决：

驳回上诉，维持原判。

【法官后语】

持票人在支付了合理对价后取得由票据收款人武汉某经贸公司背书的汇票，襄阳某金属材料公司未就持票人襄阳某纺织公司不享有票据权利提出证据，即使徐某无权处分，襄阳某纺织公司作为善意受让人仍享有票据权利。

本案中，可以具体从三个方面审查襄阳某纺织公司的票据行为：支付对价、背书连续及善意取得。襄阳某纺织公司通过湖北某投资担保公司介绍，在票据转让前审查了徐某提供的身份证件和公司名片，转让过程中通过银行账户转入或者存入转让款并审查票据的背书连续后收受票据，在票据转让后要求徐某出具“款已全部结清”的收据，已尽到了应尽的注意义务。同时，襄阳某金属材料公司未提出相应证据证明襄阳某纺织公司出于欺诈、偷盗或者胁迫等手段或者明知有前列情形，恶意取得票据。因此，对于襄阳某金属材料公司认为襄阳某纺织公司不是合法持票人、不享有票据权利的主张应不予支持。

编写人：湖北省宜昌市西陵区人民法院　周芳

182　公示催告程序作出的除权判决能否被撤销

——某某车桥公司诉光某伟业公司票据案

【案件基本信息】

1. 裁判书字号

北京市第二中级人民法院（2013）二中民终字第828号民事判

决书

2. 案由：票据纠纷

3. 当事人

原告（被上诉人）：某某车桥公司

被告（上诉人）：光某伟业公司

【基本案情】

2011 年 12 月 29 日，某铁建公司作为出票人开出银行承兑汇票一张，收款人为光某伟业公司，出票金额为 30 万元，汇票到期日为 2012 年 6 月 29 日。

某某车桥公司认为其为合法持票人，持上述汇票原件主张票据权利。该汇票原件背书连续，被背书人分别为路某公司、汽车销售分公司、多功能汽车厂、某某车桥公司、某银行诸城支行。

诉讼中，路某公司出具《关于承兑汇票转让背书的证明》，载明："路某公司为汽车销售分公司授权的北京区域一级经销商，于 2012 年 1 月 6 日受五金公司及刘书某个人所请，对其持有的三张承兑汇票进行贴现，合计金额 150 万元，在向建行沙河支行对汇票进行电查确认真实有效，无挂失止付之后，支付了 1437000 元的对等价格，取得三张承兑汇票，成为票据的善意持有人，当日我公司向汽车销售分公司回款，即将三张承兑汇票作为车辆销售的货款背书给汽车销售分公司。"

光某伟业公司辩称："收到某铁建公司为支付工程款开具的上述票据后，于 2012 年 1 月 5 日将上述票据交付韩某办理贴现，韩某出具相应收条，韩某于 2012 年 1 月 13 日交付转账支票一张作为对价，后经核实为空头支票。"

2012年2月7日，光某伟业公司就上述汇票向北京市朝阳区人民法院申请公示催告，北京市朝阳区人民法院于2012年4月12日作出（2012）朝民催字第07420号民事判决书，宣告上述票据无效。

根据向山东省德州市人民检察院调查取证的报案材料载明：光某伟业公司与大洋某某公司分别承建某铁建公司的工程项目，张某在上述两公司从事劳务承包，光某伟业公司、大洋某某公司于2011年12月29日向张某交付四张银行承兑汇票作为劳务费，金额共计180万元。因临近春节，张某急于将承兑汇票兑换现金给民工发工资，而此时王某、韩某承诺能够兑换现金并提取报酬，张某于2012年1月5日将四张承兑汇票交给王某、韩某，王某、韩某写下欠条一张但未付现金，此后王某、韩某于2012年1月13日交付一张金额为172万元的转账支票，但为空头支票。2012年1月16日，王某、韩某再次出具145万元的欠条（截至此时王某分五次支付了35万元）并保证2012年1月19日付清，但至今未支付。张某认为王某、韩某以虚假承诺和空头支票进行诈骗，故进行报案。

【案件焦点】

1. 公示催告期间某某车桥公司是否享有票据权利；2. 除权判决能否被撤销。

【法院裁判要旨】

北京市朝阳区人民法院认为：根据本院调取的刑事卷宗，光某伟业公司将其所持票据交付张某作为劳务费，张某找到韩某办理票据贴现，因韩某未能及时足额支付贴现对价款，张某以韩某涉嫌诈骗为由向公安机关报案，现案件正在审查起诉阶段。光某伟业公司将票据交付张某，其主观上是为了支付劳务费，张某将票据再次交付韩某，其主观上是期待通过贴现行为，实现其票据权利，故光某伟业公司对票据的去向是明知的，对自身并不是票据的最后持有人亦是明知的。在明知票据去向的情况下，光某伟业公司以票据丢失为由向人民法院申请公示催告及除权判决，其主观上具有将其损失转嫁给其他票据持有人的故意，因此应认定光某伟业公司申请公示催告及除权判决的理由不成立。根据某某车桥公司提供的证明以及后附的相应凭证，可以佐证某某车桥公司为合法的票据持有人，其应当享有票据权利，光某伟业公司辩称某某车桥公司持有该票据不具备合法性缺乏依据，对此不予采信。光某伟业公司申请公示催告的理由不符合法律规定，应认定该申请公示催告的理由不成立，据此作出的除权判决，亦应当予以撤销。

北京市朝阳区人民法院依照《中华人民共和国民事诉讼法》第一百九十五条、第二百条，《最高人民法院关于适用〈中华人民共和国民事诉讼法〉若干问题的意见》第二百三十九条，判决：

撤销北京市朝阳区人民法院（2012）年朝民催字第07420号民事判决书。

光某伟业公司不服一审判决，提起上诉。北京市第二中级人民法院认为：关于光某伟业公司主张其有权申请公示催告程序的问题，现光某伟业公司认可其是要通过对该票据进行贴现而实现票据权利，光某伟业公司对该票据通过张某找到韩某办理贴现的过程亦是明确知晓的，现光某伟业公司认为该票据被韩某诈骗是属于票据丧失而有权申请公示催告的主张，没有法律依据。光某伟业公司以票据丢失为由申请公示催告及除权判决，亦没有事实依据。某某车桥公司已提供了相应凭证佐证其是合法的票据持有人，而光某伟业公司未提供证据证明某某车桥公司不是票据的合法持有人。故光某伟业公司的上诉理由不成立，不予支持。

北京市第二中级人民法院依照《中华人民共和国民事诉讼法》第一百七十条第一款第一项，判决：

驳回上诉，维持原判。

【法官后语】

本案处理重点主要在于公示催告期间受让票据的持票人是否享有票据权利及除权判决能否被撤销。

就第一个问题，我国票据理论界一直存在争议。《中华人民共和国民事诉讼法》第二百二十条第二款明确规定：公示催告期间，转让票据权利的行为无效。故根据这一规定，公示催告期间内以背书转让取得票据者不受法律保护。支持本条规定者认为票据为流通证券，若票据丧失后仍允许其继续流通转让，不仅违背票据持有人意志，还会给不法分子带来可乘之机，故考虑到票据持有人、失票人及其后手的利益，公示催告期间转让票据无效。而反对者则认为，上述规定从客观上阻碍票据的流通使用，且违背了善意取得制度，不利于交易秩序的维护，故应当予以删除或修改。笔者认为，第一，根据《中华人民共和国票据法》第十二条规定，在取得票据时是出于善意且不存在重大过失的就应该得到保护，故票据取得者是否应获得保护，与票据取得行为发生在公示催告期间还是期外并没有任何关系；第二，除权判决为形成判决，除权判决后票据丧失效力，故除权判决下达后，其判决效力不可能追溯至公示催告程序开始前，而除权判决之前所失票既然为有效票据，即无任何理由阻止善意取得的发生；第三，该条规定系在特定的社会背景下考虑票据交易中静的安全，现在经济交易中更加注重效率，故过分强调静的安全的上述规定不符合现在经济发展形势。综上，笔者认为上述规定应当考虑予以修订。

就第二个问题，申请人滥用权利恶意申请公示催告现象时有发生，《中华人民共和国民事诉讼法》第二百二十三条规定：利害关系人因正当理由不能在判决前向人民法院申报的，自知道或者应当知道判决公告之日起一年内，可以向作出判决的人民法院起诉。从该条规定看，能够适用该条救济途径的人仅限于那些“因正当理由不能在判决前向人民法院申报权利”的利害关系人，对于其他因除权判决遭受不利益的利害关系人无法适用该条规定。且根据《最高人民法院关于适用〈中华人民共和国民事诉讼法〉若干问题的意见》第二百三十七条的规定，对“因正当理由不能在判决前向人民法院申报权利”的利害关系人依据《中华人民共和国民事诉讼法》第二百二十一条提起的诉讼，法院应按票据纠纷适用普通程序审理，在法院支持利害关系人诉讼请求时，必然出现对同一事项适用普通程序所作判决与适用公示催告程序所作除权判决相互矛盾的情况。上述现象的存在既不利于保护利害关系人的合法权益，也有损于司法的严肃性和权威性，表明《中华人民共和国民事诉讼法》设定的对公示催告程序中利害关系人的救济制度无论在救济范围上还是在救济手段上都是不完善的。因此，笔者认为，《中华人民共和国民事诉讼法》有必要明确规定除权判决的撤销制度。

编写人：北京市朝阳区人民法院　孙璟钰

十、信用证纠纷

183 《跟单信用证统一惯例》下信用证通知行表面审查义务的判断标准

——脉某公司诉某银行信用证议付案

【案件基本信息】

1. 裁判书字号

上海市高级人民法院（2017）沪民终408号民事判决书

2. 案由：信用证议付纠纷

3. 当事人

原告（上诉人）：脉某公司

被告（被上诉人）：某银行

【基本案情】

某银行向受益人脉某公司通知了一份由美国银行开立的不可撤销跟单信用证。脉某公司表示收到邮件寄送的修改件，请某银行核实真实性。某银行于是用环球银行金融电信协会（SWIFT）系统向开证行发送电文求证修改件的真实性。之后，某银行亦收到邮件寄送的修改件，再次向开证行发送标题为MT999的SWFIT电文："关于贵行邮寄的修改件，涉及……信用证，请以SWIFT电文方式向我行确认上述修改件的真实性，以便我们通知受益人。"之后，开证行向某银行发送SWIFT密押电文："关于贵行发送的标题为MT999的报文，关于我行开具的……信用证。我们在此确认上述两份信用证（原文用语为‘L/C'S’）的真实性。请尽快将两份信用证（原文用语为‘L/C'S’）通知到受益人。”之后，某银行向脉某公司通知了修改件。脉某公司根据修改后的信用证办理货物出口运输手续并委托某银行向开证行交单请付。开证行以单证不符为由拒付，并表示未对信用证进行过修改。某银行向开证行发送 SWIFT 电文：“我行经通知行确认贵行确实出具了信用证修改件。通知行还告知我行，贵行的修改件是通过邮寄方式发送给他们的。通知行向贵行发送了 MT999，要求贵行确认修改件真实性。该信息如下……贵行通过 MT799 回复了该信息，确认了信用证（原文用语为‘L/C’）的真实性。请马上调查此事并承担开证行的责任，尽快完成付款。”开证行回复 SWIFT 电文：“我行从未通过邮寄方式发出过任何修改件，仅通过验证的 SWIFT 发送。我行仅核实过信用证的真实性，未核实过任何修改。”脉某公司出口的货物抵达外国目的港后，因信用证问题遭拒付被滞留港口，最终无法办理退运或转港手续。

【案件焦点】

1. 某银行对信用证修改件的表面真实性是否负有审查义务；2. 某银行将开证行 SWIFT 电文中的“L/C'S”理解为信用证的修改件，是否合理。

【法院裁判要旨】

上海市第一中级人民法院经审理认为：《跟单信用证统一惯例》（UCP600）就信用证及修改通知一节不再使用“合理审慎”的表述，是为避免不同国家和地区对这一弹性较大的概念产生不同理解，通知行“确信信用证及修改的表面真实性”仍应基于合理理由。通知行对信用证及修改的审查限于表面真实性，审查方式应符合国际银行实务惯例，以一个理性银行信用证业务人员运用与其专业知识及普通常识能够做到的注意和谨慎为参考，以密押 SWIFT 电文向开证行求证属于合理有效的审查方式。当 SWIFT 电文内容有歧义时，应当根据电文发送的背景和目的来判断通知行的理解是否合理。系争 SWIFT 电文中，“L/C'S”有时表示信用证修改件，有时表示信用证的复数。某银行已将信用证通知脉某公司，并明确要求开证行确认信用证修改件的真实性，开证行对信用证有无修改、是否邮寄过信用证修改件均未作出否定表示，而是确认两份“L/C'S”的真实性并请某银行尽快通知受益人，在此情况下，某银行有理由相信开证行确认了信用证修改件的真实性。交单行、议付行对同一电文内容的理解可以作为“一个理性银行信用证业务人员运用与其专业知识及普通常识能够做到的注意和谨慎”的具体表现，用以横向判断通知行的理解是否合理。依照《中华人民共和国民法通则》第一百四十二条第三款，《中华人民共和国涉外民事关系法律适用法》第四十一条，《跟单信用证统一惯例》（UCP600）第九条 a 款、b 款的规定，判决如下：

驳回脉某公司的诉讼请求。

脉某公司不服一审判决，提起上诉。

上海市高级人民法院经审理同意一审法院裁判意见，依照《中华人民共和国民事诉讼法》第一百七十条第一款第一项、第一百七十五条之规定，判决如下：

驳回上诉，维持原判。

【法官后语】

UCP600 就信用证及修改通知一节不再使用“合理审慎”表述，由此引发以下争议：一是通知行仍否负有审查表面真实性的义务；二是如何判断通知行“确信表面真实性”具有合理理由。本案判决对此作出明确回应：首先，通知行审查信用证的表面真实性，是国际信用证交易制度功能实现的必然要求。UCP600 虽然删除了“合理审慎”的表述，但明确“通知行通知信用证及修改的行为表示其已确信信用证及修改的表面真实性”，而确信的前提必然是经过审查，因此通知行“确信信用证及修改的表面真实性”仍应基于合理理由。其次，通知行对信用证及修改的审查仅限于表面真实性，审查方式应当符合国际银行实务惯例，以一个理性银行信用证业务人员运用与其专业知识及普通常识能够做到的注意和谨慎为参考。在 SWIFT 电文系统已经成为国际银行间数据交换的标准语言这一背景下，通知行以 SWIFT 电文系统向开证行询问修改件的真实性，并基于开证行回复的附密押电文来判断真实性，属于合理和审慎的审查方式。最后，当 SWIFT 电文内容有歧义时，应当根据电文发送的背景和目的来判断通知行的理解是否合理。交单行、议付行对同一电文内容的理解，可以作为横向判断通知行的理解是否合理。

随着我国对外开放步伐加快，国际信用证业务作为跨境交易的重要支付方式，其数量可能伴随跨境交易规模的扩大而不断增加。本案所争议的通知行审查义务在国际信用证纠纷中具有典型性和代表性，该案判决对于今后审理此类案件具有指导意义。

编写人：上海金融法院　沈竹莺

184 信用证欺诈应当从严认定

——C 商业银行诉东亚咨询公司信用证案

【案件基本信息】

1. 裁判书字号

北京市第二中级人民法院（2017）京 02 民终 5995 号民事判决书

2. 案由：信用证纠纷

3. 当事人

原告（上诉人）：C 商业银行

被告（被上诉人）：东亚咨询公司

【基本案情】

2013 年 7 月 16 日，C 商业银行应德某公司的申请，通过 swift（环球同业银行金融电讯协会）系统向中国某银行北京分行工体路支行发送了×××号跟单信用证开立报文，开立了受益人为东亚咨询公司的不可撤销、可转让的跟单信用证，即案涉信用证。该跟单信用证载明：开证行为 C 商业银行，开证申请人为德某公司，受益人为东亚咨询公司，适用规则为最新版本跟单信用证统一惯例，即 UCP600。

在案涉信用证规定的期限内，东亚咨询公司依信用证的要求进行交单。2013 年 11 月 15 日，C 商业银行向通知行发送报文，该报文描述：关于贵司提款×××美元，请知悉我行收到了下令“暂停处理关于×××号跟单信用证之一切请求”的法院命令，请知会受益人并将贵司指示告知我行。后C商业银行按照受益人的要求通过DHL寄送了法院下令“暂停处理关于×××号跟单信用证之一切请求”的法令副本。

另查，2013年11月14日西班牙加的斯法院作出的裁决书显示：德某公司于2013年11月14日提交申请书，要求采取诉讼保全措施，内容是要求巴塞罗那储蓄银行（C商业银行的曾用名称）中止支付编号为×××号的跟单信用证项下的款项，计×××美元。加的斯法院审查后认为，信用证的受益人即本案东亚咨询公司“恶意违反买卖合同，涉嫌诈骗，其向买方交付的商品与合同约定的规格不符，导致商品无法在市场上流通和出售”，故同意采取针对东亚咨询公司的保全措施，内容为要求巴塞罗那储蓄银行中止支付编号为×××号的跟单信用证项下的款项。

【案件焦点】

1. 在信用证纠纷中，如何适用准据法；2. 如何认定信用证欺诈例外原则中的欺诈。

【法院裁判要旨】

北京市东城区人民法院经审理认为：一、关于本案的法律适用问题。对于信用证欺诈等UCP600没有涉及的内容应适用哪个国家的法律，东亚咨询公司与C商业银行没有明确约定。对此，东亚咨询公司主张其为中华人民共和国法人，应以中华人民共和国法律作为准据法，C商业银行在法庭辩论中亦援引中华人民共和国法律作为其主张东亚咨询公司构成信用证欺诈的法律依据，故应视为C商业银行对于信用证欺诈的认定等内容适用中华人民共和国法律与东亚咨询公司达成了一致。

二、关于东亚咨询公司是否存在信用证欺诈的问题。本案中，C商业银行依据加的斯法院裁决书中有关本案东亚咨询公司“恶意违反买卖合同、涉嫌欺诈、交付的商品无法在市场上流通和出售”的文字表述，认为东亚咨询公司交付的货物属于《最高人民法院关于审理信用证纠纷案件若干问题的规定》第八条第二项规定的“交付的货物无价值”之情形，构成信用证欺诈。而东亚咨询公司认为其不存在违约行为，亦不存在欺诈。结合加的斯法院的裁决书与双方的陈述，一审法院认为，加的斯法院的裁决书并未对亦不可能对东亚咨询公司是否构成信用证欺诈做出最终认定。另，案涉信用证的拒绝条款规定“本信用证项下的所有付款义务应在提呈欧盟/西班牙当局宣布本跟单信用证项下的商品不适合人类食用的声明后停止”，然而C商业银行未能向法庭提出确切证据。

北京市东城区人民法院依照相关法律规定，判决：

C商业银行给付东亚咨询公司59022.56美元并支付相应利息。

C商业银行不服一审判决，提出上诉。北京市第二中级人民法院经审理认为：虽然C商业银行在一审中并未明确表示同意适用中华人民共和国法律，但是二审中C商业银行认可西班牙王国法律对于信用证欺诈的规定与中华人民共和国相关法律规定并无实质性区别。二审法院认为，如果不同国家的法律对于相关实体问题的规定不产生冲突，则实际上没有以牺牲诉讼效率、诉讼经济原则为代价，纠结讨论法律适用问题的必要。

本案中，C商业银行依据加的斯法院在裁决书中有关东亚咨询公司“恶意违反买卖合同、涉嫌欺诈、交付的商品无法在市场上流通和出售”的文字表述，认为东亚咨询公司交付的货物属于“交付的货物无价值”的信用证欺诈情形，显然属于依据不足。C商业银行既未能提出上述有关“不适合人类食用的声明”，又未能提交充分证据证明东亚咨询公司存在“交付的货物无价值”等信用证欺诈行为，故C商业银行有关东亚咨询公司构成信用证欺诈的主张，二审法院不予支持。

北京市第二中级人民法院作出判决：

驳回上诉，维持原判。

【法官后语】

本案主要涉及涉外民事法律关系中准据法的适用规则和信用证欺诈的认定标准两个问题。

案涉信用证已经明确适用最新版本跟单信用证统一惯例，即UCP600。但是UCP600没有规定信用证欺诈的内容，且双方认可没有约定关于信用证欺诈所适用的准据法。根据《中华人民共和国涉外民事关系法律适用法》第四十一条的规定，中华人民共和国的法律与该合同有最密切联系，适用中华人民共和国法律规定。同时，本案的特殊性在于就信用证欺诈而言，中华人民共和国的法律规定与西班牙王国的法律规定没有根本性的区别。法院在处理涉外民事法律关系中确定准据法的意义在于排除不同国家、地区对同一法律事实的不同规定，进而避免对同一法律关系作出不同的处理结果。本案中，无论适用中华人民共和国法律还是西班牙王国法律，处理结果都是一致的。

案涉信用证例外条款明确规定“本信用证项下的所有付款义务应在提呈欧盟/西班牙当局宣布本跟单信用证项下的商品不适合人类食用的声明后停止”。本案中，C商业银行以西班牙加的斯地方法院的裁决书中记载东亚咨询公司“恶意违反买卖合同、涉嫌欺诈、交付的商品无法在市场上流通和出售”为由拒绝承担信用证项下付款义务。但该裁决书记载的情形与案涉信用证的例外规定不符，因此不能适用该规定。《最高人民法院关于审理信用证纠纷案件若干问题的规定》（以下简称《信用证规定》）第十条规定，人民法院认定存在信用证欺诈的，应当裁定中止支付或者判决终止支付信用证项下款项。《信用证规定》第八条规定：“凡有下列情形之一的，应当认定存在信用证欺诈：（一）受益人伪造单据或者提交记载内容虚假的单据；（二）受益人恶意不交付货物或者交付的货物无价值；（三）受益人和开证申请人或者其他第三方串通提交假单据，而没有真实的基础交易；（四）其他进行信用证欺诈的情形。”上述裁决书的表述是东亚咨询公司存在“恶意违反买卖合同、涉嫌欺诈、交付的商品无法在市场上流通和出售”的行为，而“商品无法在市场上流通和出售”与《信用证规定》第八条的表述不符。C商业银行有关东亚咨询公司构成信用证欺诈的主张不应当得到支持。

编写人：北京市第二中级人民法院　葛红　余周祺

185 议付行对受益人享有追索权

——东某银行诉汇丰某公司信用证议付案

【案件基本信息】

1. 裁判书字号

辽宁省高级人民法院（2013）辽民三终字第276号民事判决书

2. 案由：信用证议付纠纷

3. 当事人

原告（被上诉人）：东某银行

被告（上诉人）：汇丰某公司

【基本案情】

2011年7月5日，被告汇丰某公司以韩国首尔韩亚银行开具的信用证向原告东某银行申请办理信用证（L/C）项下有追索权出口押汇业务。该信用证项下金额为1002060美元；跟单形式为不可撤销跟单信用证；适用规则为最新版本的《跟单信用证统一惯例》（以下简称《UCP 600》）；受益人为被告汇丰某公司；信用证有效期及地点分别为2011年9月7日和受益人所在国家；议付适用银行为任何议付行；汇票付款期限为受益人出具的即期汇票，金额为100%的发票值。被告在其向东某银行提交的《出口押汇申请书》中承诺，上述出口押汇如遭开证行/托收行/付款人拒付或付款发生逾期，其保证全额偿还该单据项下的融资金额，并承担因此所产生的所有利息和费用，逾期欠款所产生的罚息，以原告现行信贷政策为准；并指示将款项划入其在原告处的账户。同年7月7日，原告在扣除利息1164.91美元、邮费20美元及信用证议付手续费1252.58美元后，将净付金额999622.51美元划入被告指定的其在该行的账户。

2011年7月5日，原告向韩亚银行请求对信用证项下款项付款，并指示韩亚银行将款项汇至原告在摩根大通银行纽约的账户。2011年7月12日，原告的信用证出口部收到韩国首尔韩亚银行发送的电子报文，主要内容为案涉信用证由于以下不符点被拒付：1）伪造单据（检验证书）被提交；2）存在欺诈行为。2011年8月2日，原告向被告送达出口押汇到期通知书，向其说明上述信用证被开证行拒付，并要求被告尽快协助返还款项；若逾期不还，将会产生罚息，利息将会按照7.18505%计算。该通知书由被告工作人员签收。2011 年 8 月 12 日，原告的信用证出口部再次收到韩国韩亚银行发送的电子报文，主要内容为：案涉信用证，申请人已于 2011 年 8 月 11 日获得法院止付令。

原、被告双方就案涉信用证被拒付一事多次交涉，但被告一直未予偿还款项。原告诉至法院，请求法院判令：1. 被告汇丰某公司立即偿还借款本金 1002060 美元及至款项付清之日止的利息（计至 2011 年 8 月 17 日为 2562.80 美元）、罚息（计至 2011 年 8 月 17 日为 1799.96 美元）；2. 请求判令被告承担本案全部诉讼费用和律师费用 30 万元。

【案件焦点】

议付行遭遇开证行拒付，议付行对受益人是否享有追索权。

【法院裁判要旨】

辽宁省大连市中级人民法院认为：本案系因信用证结算引起的纠纷。根据《最高人民法院关于审理信用证纠纷案件若干问题的规定》的相关规定及当事人在案涉信用证中的约定，本案应适用《UCP 600》和中华人民共和国相关法律。

因被告在申请时作出如遭开证行拒付，其保证全额偿还该单据项下的融资金额、利息和费用的真实意思表示，因此本案的议付行为是附有受益人保证的议付行为。第一，开证行以单证不符为由对议付行拒付，受益人理应按照其承诺履行全额偿还融资金额，并承担因此所产生的利息、罚息和费用的义务；第二，开证行以单证不符为由对议付行拒付，亦说明议付行受让的信用证项下的权益具有瑕疵，受益人理应对其权利的瑕疵承担责任；第三，与韩亚银行拒付的信用证共同返还给本案原告的还有由被告出具的汇票等单据，即议付银行与受益人之间还存在票据法中的汇票出票人和执票人的关系，参照《中华人民共和国票据法》关于票据法律关系中当事人的规定，议付银行不论开证银行因何种原因不付款，都可以向受益人追偿，享有票据偿还请求权；第四，本案中遭到拒付的信用证是由于单证不符和申请人获得法院止付令，这些问题的产生都与受益人有直接和根本的关系，肯定议付行的追索权亦符合实质正义的精神；第五，肯定议付行的追索权，亦维护了国际贸易实践中受益人利用信用证议付这一融资渠道的畅通。此外，在《UCP 600》第八条中规定了“若信用证由保兑行议付，无追索权的议付”，原告只是普通的议付行，并非保兑行，且议付过程中亦没有明确表示是无追索权的议付，所以原告对受益人享有追索权。《UCP 600》中没有界定追索权的具体内容，参照《中华人民共和国票据法》第七十条的规定和被告的承诺，被告应向原告支付信用证票面金额（亦为汇票金额）1002060.00 美元和 1002 060.00 美元自信用证到期日（即 2011 年 9 月 7 日）起至判决确定的给付之日止，按照中国人民银行规定的美元逾期贷款利率计算的利息。

辽宁省大连市中级人民法院依照《最高人民法院关于审理信用证纠纷案件若干问题的规定》第一条、第二条、第三条、第四条，《UCP 600》第二条、第八条，《中华人民共和国合同法》第六十条，《中华人民共和国民法通则》第四条、第五条，《中华人民共和国票据法》第二十六条、第六十一条、第七十条，判决：

一、被告汇丰某公司于判决生效后三十日内向原告东某银行返还议付款项 1002060.00 美元；

二、被告汇丰某公司自 2011 年 9 月 7 日起至判决确定的给付之日止，按照中国人民银行规定的同期美元逾期贷款利率给付原告东某银行上述议付款1002060.00美元项下的利息；

三、驳回原告东某银行其他诉讼请求。

一审判决后，汇丰某公司提起上诉。辽宁省高级人民法院作出判决：

驳回上诉，维持原判。

【法官后语】

关于议付行对受益人应否享有追索权的问题，实践中基本肯定了议付行的该项权利。在《跟单信用证统一惯例》中没有明确赋予议付行该项权利，也没有明确否认普通议付行该项权利，仅规定了保兑行的议付是无追索权的议付，对普通议付行对受益人的追索权利，可从以下方面探寻理论支持和法律依据。

第一，议付行在进行议付的过程中通常会与受益人达成合意，如果信用证遭遇拒付，则由受益人全额偿还信用证金额等。在此情况下，议付行可以以合同为依据对受益人进行追索。第二，进行议付的跟单信用证中还附有受益人出具的汇票，议付行与受益人之间还存在基于汇票的出票人与持票人的法律关系，基于票据法上出票人在汇票得不到承兑或者付款时，应当向持票人清偿相关汇票的金额和费用的规定，作为持票人的议付行也可以向作为出票人的受益人主张权利。第三，信用证遭到拒付的原因，比如单证不符和法院止付令等都与受益人有直接和根本的关系，肯定议付行的追索权亦符合实质正义的精神。第四，肯定议付行的追索权，亦维护了国际贸易实践中受益人利用信用证议付这一融资渠道的畅通。

肯定了议付行对受益人享有的追索权，完善了信用证制度，对出口商取得货款、进口商少交押金并收取货物、银行提供服务并利用资金都有积极的作用，促进了国际贸易领域的繁荣发展，因此本案具有典型意义。

编写人：辽宁省大连市中级人民法院　胡俊杰

十一、其他

186　议付行的独立审单义务与善意议付的认定

——普某公司诉传某公司等信用证欺诈案

【案件基本信息】

1. 裁判书字号

最高人民法院（2020）最高法民申2937号民事裁定书

2. 案由：信用证欺诈纠纷

3. 当事人

原告（被上诉人、再审被申请人）：普某公司

被告（被上诉人、再审被申请人）：传某公司、诚某公司、商某公司

第三人（被上诉人、再审被申请人）：光某银行

第三人（上诉人、再审申请人）：东某银行

【基本案情】

传某公司、诚某公司均系陈某实际控制的公司，其中诚某公司在我国香港特别行政区登记设立。

2013年5月27日，传某公司与普某公司签订《代理进口合同》，约定传某公司委托普某公司代为从诚某公司进口棉花801吨，合同总价1906380美元。同日，普某公司与诚某公司签订《买卖合同》，约定普某公司自诚某公司购买原棉801吨，合同价款1906380.48美元，付款方式为90天后见票付款信用证，通知行

为东某银行，信用证不可撤销并适用UCP600。

随后，普某公司向光某银行申请开立信用证。光某银行开立了受益人为诚某公司、金额为1906380美元的759号信用证，自由议付，适用规则为跟单信用证统一惯例最新版，需要的单据包括全套清洁已装船提单一式三份不可转让的副本提单，指示提单、空白背书并注明“运费预付”等。

2013年5月30日，诚某公司收到东某银行关于759号信用证的通知后，陈某向东某银行递交《交单委托指示》，申请东某银行议付跟单信用证。在递交《交单委托指示》期间，由于其提交的提单没有托运人的背书，陈某按照东某银行工作人员的要求，在该文件“其他指示”栏书写了“担保一切不符点，不用审单直接寄单”。

诚某公司提交的信用证项下提单系商某公司作为承运人的CAQI285××××号、GAGJ284××××号提单。GAGJ284××××号提单托运人为艾伦伯格公司，收货人凭指示，通知方为中国储备棉公司。CAQI285××××号提单托运人为杰斯史密斯父子公司，收货人凭指示，通知方为冠县冠某公司，诚某公司使用的CAQI285××××号、GAGJ284××××号提单，没有提单载明的托运人的背书，仅有诚某公司的签章背书。前述提单并非商某公司签发的真实提单，而是陈某自案外人处购买的虚假提单。

东某银行收到诚某公司的前述申请和提交的单据后，同日即通过快递将信用证项下单据转交给光某银行。2013年6月4日，光某银行向东某银行发出电文，同意承兑汇票/单据，付款日期为2013年8月29日。2013年6月6日，东某银行在扣除利息、预收费、手续费等后，向诚某公司支付了信用证项下款项 1890368.7 美元。

普某公司收到光某银行转交的单据后，即在提单上背书，并委托第三方办理提货手续，但被告知提单项下货物已被提走。

2013 年 8 月 12 日，普某公司以诚某公司、商某公司共同串通通过虚假提单进行信用证欺诈为由，提出诉前财产保全申请，请求裁定光某银行中止支付 759 号信用证项下的款项 1906380 美元。一审法院经审查，准许了普某公司的前述申请。此后，普某公司提起本案诉讼，请求终止支付 759 号信用证。

另查明，普某公司在发现提单项下货物被提走后，向公安机关报案。经公安机关侦查，南京市人民检察院以陈某犯信用证诈骗罪向南京市中级人民法院提起公诉。经审理，南京市中级人民法院作出刑事判决，认定陈某犯信用证诈骗罪。陈某不服，上诉至江苏省高级人民法院。江苏省高级人民法院经审理，驳回了陈某的上诉。

【案件焦点】

涉案 759 号信用证是否应当被终止支付。

【法院裁判要旨】

武汉海事法院经审理认为：在法律适用方面。首先，商某公司的住所地在韩国，诚某公司的住所地在我国香港特别行政区，海运欺诈、信用证欺诈系侵权行为，依法适用侵权行为地法律，故本案应适用侵权行为地即中华人民共和国法律。其次，因本案涉及有关信用证项下议付等信用证纠纷问题，根据《最高人民法院关于审理信用证纠纷案件若干问题的规定》（以下简称《信用证司法解释》）

第二条的规定，人民法院审理信用证纠纷案件时，当事人约定适用相关国际惯例或者其他规定的，从其约定；当事人没有约定的，适用国际商会《跟单信用证统一惯例》或者其他相关国际惯例。本案759号信用证明确约定受国际商会《跟单信用证统一惯例》最新版本约束，且本案信用证开立时的最新版本为UCP600，故处理本案信用证议付等法律争议应适用国际商会UCP600的有关规定。759号信用证是否应当被终止支付，应当考虑如下几个方面：1. 本案中是否存在信用证欺诈；2. 东某银行对759号信用证的融资行为是否构成善意议付；3. 东某银行对涉案信用证的议付，是否构成信用证欺诈例外的例外。

关于本案中是否存在信用证欺诈。诚某公司在涉案信用证项下使用的提单，是伪造的虚假提单。根据《信用证司法解释》第八条第一项“受益人伪造单据或者提交记载内容虚假的单据”的规定，诚某公司的行为，构成信用证欺诈。

关于东某银行对759号信用证的融资行为是否构成善意议付。第一，东某银行对759号信用证的融资行为是否构成议付。诚某公司向东某银行提交了759号信用证项下单据及《交单委托指示》，委托东某银行“议付跟单信用证”。东某银行接受诚某公司的指示后，向光某银行递交了信用证项下单据，并于信用证到期日2013年8月29日前，向诚某公司支付了扣除国外银行费用、利息、信用证议付手续费后的信用证金额余额。东某银行的前述行为，符合UCP600第二条对于议付的定义，即“议付是指定银行在相符交单下，在其应获偿付的银行工作日当天或之前向受益人预付或者同意预付款项，从而购买汇票（其付款人为指定银行以外的其他银行）及/或单据的行为”，构成信用证议付。第二，东某银行对759号信用证的议付是否构成善意议付。首先，根据 UCP600 第二条关于议付的定义，以及第十四条 a 款的规定，议付行应当审核交单，并在相符交单的情况下办理议付。东某银行作为议付行，应当审慎审核诚某公司提交的单据，确保单证相符。本案 759 号信用证明确规定，相应提单应当为“指示提单、空白背书并注明运费预付”。在信用证已对相应提单作出明确要求的情形下，东某银行应当严格依照信用证要求和审单标准对诚某公司提交的提单进行审核。其次，从《跟单信用证统一惯例 1993 年修订本》（国际商会第 500 号出版物，以下简称 UCP500）起，国际商会制定《关于审核跟单信用证项下单据的国际标准银行实务》（通称 ISBP），作为银行业审核信用证项下单据的依据。提单代表着货物权利，是信用证项下的核心单证。在 UCP500 之后的 ISBP645 第八十五条、ISBP681 第一百零二条、ISBP745 第 E13 条 a 款均要求，对于指示提单，必须经托运人背书。审核指示提单是否经托运人有效背书，是银行审核跟单信用证项下单据的重要环节，也是一项长期存在的行业惯例。前述针对指示提单的审单标准，来源于航运惯例，要求指示提单须经托运人背书，正是为了确认持有提单的人系提单的合法持有人，保障提单背后贸易合同的顺利履行。诚某公司向东某银行提交的指示提单均仅有诚某公司的背书，没有托运人或托运人的代理人背书，不符合 759 号信用证的要求。在东某银行严格依照 759 号信用证要求和 ISBP 的相关指引进行审单的情况下，完全可以避免出现该种单证不符的情形。东某银行对诚某公司提交提单予以交单并议付的行为，不符合 759 号信用证的要求和信用证审单标准，存在重大过失，不能构成善意议付。东某银行辩称 UCP600 并未对议付行的审单义务作出规定，其对 759 号信用证予以议付，完全是基于光某银行承兑该信用证的信赖，是基于光某银行的指示所从事的议付。该抗辩意见违反 UCP600 第十四条 a 款的规定，属于规避其应尽的审单义务，不能成立。因此，东某银行对 759 号信用证的议付，不构成善意议付。

关于东某银行对涉案信用证的议付，是否构成信用证欺诈例外的例外。东某银行对 759 号信用证的融资行为，不构成善意议付，不属于《信用证司法解释》第十条规定的例外情形。

综上，武汉海事法院判决：

终止支付以诚某公司为受益人的 759 号信用证项下款项。

东某银行不服一审判决，上诉至湖北省高级人民法院。

湖北省高级人民法院经审理认为：根据 UCP600 第二条“定义条款”，相符交单是指与信用证条款、本惯例的相关适用条款以及国际标准银行实务一致的交单。按照前述规定，审单的银行应当根据信用证条款、国际标准银行实务（ISBP）来审查单证是否相符。虽然 UCP600 没有规定“合理谨慎”的审单要求，但并不意味着银行审单可以不“合理谨慎”。案涉信用证条款明确要求“指示提单、空白背书”。同时，ISBP745（该国际惯例 2013 年启用）第 E13 条 a 款规定：若提单收货人为“凭指示或凭托运人指示”，则该提单须由托运人背书。然而，案涉提单背面仅有诚某公司印章背书，无托运人背书，故东某银行在审核单据时未严格按照国际标准银行实务惯例进行审查。东某银行审单过程中发现诚某公司提交的提单没有发货人（即托运人）背书，遂要求陈某在《交单委托指示》注明“担保一切不符点，不用审单直接寄单”，可见东某银行尽管在审核单据时注意到提单的背书瑕疵，但未按照 ISBP745 的规定来履行审单义务，仅要求受益人书面担保确认，不属于善意的议付行。据此，湖北省高级人民法院判决：

驳回东某银行的上诉，维持一审判决。

东某银行不服湖北省高级人民法院的二审判决，向最高人民法院申请再审。

最高人民法院再审审查认为：案涉信用证条款明确适用UCP600。因UCP600没有涉及信用证欺诈或欺诈例外的内容，故在本案出现信用证欺诈的情况下，案涉信用证项下款项应否被止付应依据《信用证司法解释》的规定来认定。《信用证司法解释》第十条规定："人民法院认定存在信用证欺诈的，应当裁定中止支付或者判决终止支付信用证项下款项，但有下列情形之一的除外……（四）议付行善意地进行了议付。"本案中，已有生效刑事判决认定了陈某实施信用证欺诈的事实。东某银行主张两家开证行应继续支付案涉信用证项下款项，应以其议付是善意的为前提。关于东某银行的议付行为是否善意，应综合考虑该银行在议付之前是否参与或知晓欺诈，是否尽到了其应尽的审单义务。首先，东某银行作为议付行具有独立的审单义务。UCP600第十四条规定了单据审核标准。该条a款规定："按指定行事的指定银行、保兑行（如果有的话）及开证行须审核交单，并仅基于单据本身确定其是否在表面上构成相符交单。"根据该规定，东某银行作为议付行，应当审慎审核诚某公司提交的单据，确保单证相符。东某银行应在相符交单的情况下办理议付，该银行具有独立的审单义务。东某银行关于两家开证行接受了案涉提单背书的瑕疵，东某银行的议付行为属于善意之主张缺乏依据，不能成立。其次，案涉提单存在不符点。国际商会制定了ISBP，作为银行业审核信用证项下单据的依据。案涉信用证明确：相应提单应当为"指示提单、空白背书并注明运费预付"。诚某公司向东某银行提交了指示提单。对于如何审核该指示提单，ISBP745（2013年启用）第 E13 条 a 款要求，对于指示提单，必须经托运人背书。审核指示提单是否经托运人有效背书，已经成为银行审核跟单信用证项下单据的重要环节，也是一项长期存在的行业惯例。诚某公司向东某银行提交的指示提单均仅有诚某公司的背书，没有托运人或托运人的代理人的背书，不符合案涉信用证的要求，属于单证不相符。东某银行虽主张诚某公司系托运人的代理人，但缺乏证据证明，该主张不能成立。最后，东某银行未尽到其应尽的审单义务。在信用证已对相应提单作出明确要求的情形下，东某银行应当严格按照信用证要求和审单标准对诚某公司提交的提单进行审核。东某银行员工参与了案涉信用证的全部开立过程，知悉信用证背后的交易流程，并明知陈某同为诚某公司和传某公司的法定代表人和实际控制人。在案涉信用证交易存在较大风险的情况下，东某银行应该尽到专业银行应尽的审慎的审单义务。但东某银行在发现案涉指示提单没有托运人或托运人代理人的背书时，在对提单背后的贸易合同是否能顺利履行仍然存疑的情况下，仅要求受益人在《交单委托指示》中其他指示栏填写“担保一切不符点，不用审单直接寄单”，即予以议付。根据 UCP600，在单据存在不符点时，开证行可以自行决定联系申请人放弃不符点。东某银行已知悉本案信用证交易情况及风险，让受益人签署担保不符点即予议付，不符合相关规定，而且对于单据的审查未尽到一般注意义务，议付行为不属于善意议付行为。据此，最高人民法院驳回了东某银行的再审申请。

【法官后语】

信用证交易，是一种基于规则的单据交易，若参与方不遵守相应规则，则制度难以持续。信用证的有关规则由商业习惯而来，国际商会制定的信用证交易规则虽然不断完善，但无法涵盖全部的实践，无法充分考虑各个国家的不同司法实践和不同语言的表述习惯，且其本身也有语义上的模糊性，需要在具体的司法实践中予以厘清；同时，UCP600 对于信用证欺诈也未涉及，由各国依据国内法予以规制。本案的核心，是对议付和善意议付的认定。

一、关于信用证议付的认定

在信用证业务实践中，不同的银行往往采取不同的业务形式和名称，如打包放款、票据贴现、出口押汇、出口贷款、福费廷等。不论其形式和名称如何，对于某一信用证项下的融资是否构成议付，均应当严格按照 UCP600 第二条关于议付的定义进行审查，而不必受限于具体银行对该业务的命名和描述。同时，预付或同意预付款项购买受益人单据的银行，在收到受益人的单据后，可能利用该单据向第三方进行融资，此类融资不应同议付行与受益人之间的议付相混淆，其融资方式、手段不影响符合议付的定义而成立的议付行为。

值得注意的是，UCP600 第二条关于议付的定义中“在相符交单下……”的描述，是否要求必须是客观上满足“相符交单”前提才构成议付，还是以议付行主观上的认识来判断。笔者认为，此处应以议付行在主观上的认识状况来判断。即使受益人提交的单据在客观上并不构成 UCP600 第二条关于“相符交单”的定义，但议付行审查后认为构成相符交单并预付信用证项下款项，仍应认定其构成议付。至于其客观上是否符合“相符交单”，应当作为判断议付行是否善意地议付了信用证的考量因素。

本案中，信用证的到期付款日为 2013 年 8 月 29 日，东某银行在此之前接收并审查了诚某公司递交的单据，认为单证相符，并向诚某公司支付了信用证项下款项，构成对涉案信用证的议付。东某银行是否对诚某公司提交的虚假提单进行了合理审查，应当从其是否善意地履行了相符交单审查义务的层面进行论证。

二、关于善意议付

《信用证司法解释》第十条第一款第四项规定："议付行善意地进行了议付"，系信用证欺诈例外的例外情形之一。在此情况下，即使存在信用证欺诈，也不能裁定中止支付或者判决终止支付信用证项下款项。议付行的议付行为是否善意，应当结合议付行在议付之前是否参与或知晓欺诈，是否尽到了其应尽的审单义务来进行判断。

本案中，东某银行始终主张其并无审单义务，其交单系相符交单，且光某银行已经承付了涉案信用证，故应被认定为善意议付行。但其意见均不能成立，理由为：

首先，东某银行作为议付行，负有UCP600下的独立审单义务。UCP600第二条关于议付的定义，以及第十四条a款，均对议付行的独立审单义务作出了明确规定，东某银行主张其并无审单义务，违背了前述规定。议付行的独立审单义务，意味着该义务不因开证行放弃不符点或同意承付而免除。东某银行以光某银行放弃不符点且同意承付为由，主张其系相符交单基础上的善意议付，不能成立。

其次，东某银行作为议付行，依据规则履行审单义务，是其议付行为被认定为善意议付的基本条件。议付行在相符交单下具有审单注意义务。UCP600第二条关于议付的定义，表明议付在相符交单情况下才应议付；该条关于相符交单的定义，则指明了对单据的审查方法，即审查受益人提交的单据是否与条款一致，是否符合该惯例的相关适用条款以及国际标准银行实务。前述国际标准银行实务即指国际商会制定的《关于审核跟单信用证项下单据的国际标准银行实务》（通称ISBP）。从《跟单信用证统一惯例1993年修订本》

（国际商会第500号出版物，以下简称UCP500）起，国际商会制定了ISBP作为银行业审核信用证项下单据的依据。按照ISBP的相关规定审核单据，是负有审单义务的信用证交易方应当承担的最基本的注意义务。未尽到该等注意义务而进行的议付，便不能被认定为善意的议付。本案中，东某银行发现诚某公司提交的提单未背书，诚某公司称其系托运人的代理人后，东某银行仅要求诚某公司承诺"担保一切不符点"便进行交单。ISBP745第E13条a款已经明确表明了指示提单应当由托运人背书，或非托运人背书但应当表明其系为托运人或代表托运人作出。而东某银行完全未按照前述指南进行审查，而是以要求受益人承诺"担保一切不符点"来企图规避自身的审单义务，未尽到最基本的注意义务，不属于善意议付。在信用证欺诈成立的情况下，东某银行提出的信用证欺诈例外的例外抗辩不能成立。

编写人：武汉海事法院　邓毅

187 涉外独立保函不符合受益人滥用付款请求权情形下应依法驳回止付申请

——上海某研究所与B国某能源公司申请中止支付保函项下款项案

【案件基本信息】

1. 裁判书字号

上海金融法院（2019）沪74行保复1号民事裁定书

2. 案由：申请中止支付保函项下款项纠纷

3. 当事人

申请人：上海某研究所

被申请人：B 国某能源公司

第三人：某银行上海市分行

【基本案情】

2013 年 12 月，上海某研究所与 B 国某能源公司就电站建造项目分别签订了《施工合同》《离岸供货合同》《项目桥接协议》。2014 年 1 月，应上海某研究所的申请，第三人某银行上海市分行以 B 国某能源公司作为受益人开立了 8 份见索即付独立保函，共计金额 2.4 亿元人民币。履约过程中，除失效的保函外，上海某研究所就其余 7 份保函先后十次主动申请延长保函期限，到期日均延至 2019 年 4 月 1 日。2019 年 3 月 27 日，B 国某能源公司向某银行上海市分行提出索兑电文，要求兑付保函项下款项，上海某研究所认为根据两家公司签订的《关于 120 兆瓦联合发电项目的建造合同》第 11.9 条“最终验收证书申请”的约定，其在 2018 年 5 月 3 日发送邮件催促 B 国某能源公司出具最终验收证书，但 B 国某能源公司既未予拒绝，亦未予签发，应视为 B 国某能源公司已出具最终验收证书，由此证明上海某研究所已经按合同完成了义务，B 国某能源公司属明知没有付款请求权而索兑保函构成保函欺诈，因此向上海金融法院提起中止支付保函项下款项的申请。

【案件焦点】

涉外独立保函业务中，独立保函上载明见索即兑，但开立人提供初步证据认为其和保函接受人之间的基础债权债务关系存在违约情形，同时开立人又多次支付的，是否影响独立保函兑付。

【法院裁判要旨】

上海金融法院经审理认为：受益人明知其没有付款请求权仍滥用该权利的情形构成独立保函欺诈，而申请止付一方提供证据证明存在上述情形的证明标准，由相关司法解释明确规定为具有高度可能性；在涉外案件中，由于此类保函止付案件审理期限较短，需在48小时内做出判断，在涉外企业即受益人难以到庭参加诉讼的情况下，申请止付一方仅以基础债权债务交易关系中存在的违约情形作为证明受益人存在保函欺诈的依据，尚不足以达到高度可能性的证明标准；第三人金融机构在举证证明其受托开立涉外独立保函的过程合法合规，且能够证明申请止付一方在涉外独立保函履行过程中存在多期支付行为，则在申请止付人提供证据尚不充分的情况下不宜认定构成受益人滥用付款请求权情形。

上海金融法院认为申请人的申请依据不足，难以支持。裁定：

驳回申请人中止支付保函项下款项的请求。后上海某研究所不服，向原审法院提出复议申请。

上海金融法院经审理认为：依照《最高人民法院关于审理独立保函纠纷案件若干问题的规定》第十二条、第十四条、第十七条，《中华人民共和国民事诉讼法》第一百零八条、第一百五十四条第一款第十一项，《最高人民法院关于适用〈中华人民共和国民事诉讼法〉若干问题的解释》第一百七十一条之规定，裁定：

驳回上海某研究所的复议请求。

【法官后语】

随着我国与各国之间的贸易、金融交往日益增多，国际投资及基础设施建设规模不断扩大，应涉外企业的要求对外开具独立保函等金融工具的数量快速递增，诉至法院的独立保函纠纷案件亦逐年增长。独立保函纠纷作为我国对外开放新格局下出现的新类型纠纷，对其处理的过程中不可避免将涉及国际通用规则的适用、国内司法解释相关规定的理解以及金融机构跨境支付结算过程中的信用保障等金融司法实践难题。

本案中，根据《最高人民法院关于审理独立保函纠纷案件若干问题的规定》第十二条、第十四条、第十七条的相关规定，申请人诉称的保函欺诈行为所依据的理由及证据无法排除合理怀疑地认定被申请人构成独立保函欺诈。

编写人：上海金融法院　周荃

188　银行直接扣划错汇至债务人账户的款项，构成对错汇人的不当得利，不适用货币“占有即所有”原则

——金某公司诉鼎某公司、华某支行不当得利返还请求权案

【案件基本信息】

1. 裁判书字号

江苏省无锡市中级人民法院（2019）苏02民终759号民事判决书

2. 案由：不当得利返还请求权纠纷

3. 当事人

原告（上诉人）：金某公司

被告（被上诉人）：鼎某公司、华某支行

【基本案情】

2018年9月30日，金某公司向鼎某公司转账汇款50万元，转账至鼎某公司开户于华某支行、尾号为8776的银行账户，转账摘要为货款。同日，华某支行以还本付息名义，分13笔扣收了上述50万元款项，在金某公司转账汇款前，鼎某公司账户余额为0元。

另查明：2015年11月27日，鼎某公司（甲方）与华某支行（乙方）签订《借款合同》，合同约定鼎某公司向华某支行借款500万元，借款期限自2015年11月27日至2016年11月25日，合同第九条第五款第七项约定，出现上述任一违约事件，乙方有权分别或同时采取下列措施：从甲方存款账户中扣收或商请其他金融机构代为扣收。因鼎某公司未按期归还贷款，华某支行诉至法院，法院于2017年10月11日作出（2017）苏0281民初8669号民事判决，判决鼎某公司还本付息，该判决现已生效。现鼎某公司涉及多起被执行人案件。

审理中，金某公司陈述其与鼎某公司之间的往来款早已全部结清，与鼎某公司之间正在发生业务往来，由金某公司向鼎某公司采购货物并支付货款，双方签订了《产品购销合同》。金某公司在2018年8月到10月分别汇款四次至鼎某公司账户，鼎某公司亦开具了增值税发票。后金某公司诉至法院，请求鼎某公司、华某支行返还50万元。

【案件焦点】

1. 金某公司汇给鼎某公司的涉案款项50万元是否为错汇；2. 如果是错汇，扣收该款项的华某支行是否具有返还义务。

【法院裁判要旨】

江苏省江阴市人民法院经审理认为：关于争议焦点一，金某公司汇给鼎某公司的涉案款项 50 万元是否为错汇。根据庭审查明的事实及各方提供的证据，应认定涉案 50 万元款项系错汇。关于争议焦点二，如果是错汇，扣收该款项的华某支行是否具有返还义务。

货币具有不特定性，在民事法律领域，占有货币之人即为货币的权利人，在银行账户内存款，是开立账户之人占有货币的一种形式，银行账户内的款项，其权利人即为开立账户之人。除非法律、司法解释有明确规定外，对于货币这一种类物，一般均应适用占有即所有的规则认定其权属，故金某公司的汇款行为并非因此而不能产生转移款项实体权益的法律效果，相反，汇款在到达鼎某公司账户即发生了权属转移。故对金某公司上述主张不予采纳。

因他人没有法律根据，取得不当利益，受损失的人有权请求其返还不当利益。本案中，华某支行对鼎某公司享有合法的到期债权，其依据与鼎某公司合同的约定，扣收鼎某公司账户内的款项，应视为鼎某公司清偿债务的行为，华某支行对鼎某公司账户内款项的来源，并无审查义务，其取得该款具有合法依据；且该 50 万元系鼎某公司应偿还的款项，华某支行取得该款，属于实现自己的合法债权，并非取得不当利益。鼎某公司取得金某公司的款项并通过清偿行为减少对华某支行所负债务，取得不当利益、造成金某公司损失，该款应由鼎某公司返还。金某公司享有的对鼎某公司的不当得利之债从性质上应属于普通债权，并不具有优先受偿性，如华某支行负有该笔款项的返还义务，则实质上赋予了此种债权优先于其他普通债权获得清偿的权利，无疑违背了对普通债权而言债权平等的基本原则。

此外，对于本案三方的法律关系，基于金某公司的错汇行为，金某公司与鼎某公司产生债权债务关系；基于贷款合同，鼎某公司与华某支行之间存在债权债务关系，故金某公司与华某支行之间并没有直接的合同关系或侵权关系。

综上，华某支行扣收鼎某公司账户内存款的行为，具有合法根据，华某支行并无返还涉案款项的义务。鼎某公司取得不当利益，应予返还，故法院对金某公司主张鼎某公司返还50万元予以支持。鼎某公司经法院传票传唤无正当理由拒不到庭参加诉讼，应承担不利诉讼后果。

江苏省江阴市人民法院依据《中华人民共和国民法总则》第一百二十二条及《中华人民共和国民事诉讼法》第一百四十四条之规定，判决：

一、鼎某公司于判决发生法律效力之日起十日内返还金某公司50万元；

二、驳回金某公司的其他诉讼请求。

金某公司不服一审判决，提起上诉。

江苏省无锡市中级人民法院经审理认为：金某公司汇给鼎某公司的涉案款项50万元为错汇，鼎某公司对涉案款项50万元已构成不当得利，应返还金某公司。由于错汇50万元已被华某支行扣划，用于偿还鼎某公司贷款，在此情况下，华某支行负有返还金某公司50万元的义务。理由如下：

当事人行使权利、履行义务应当遵循诚实信用原则。华某支行虽然拥有从鼎某公司账户直接划扣款项的技术条件，但其亦只是鼎某公司的债权人之一，并不具有优于其他权利人的特殊法律地位，其从鼎某公司受让的合同权利亦不应优于鼎某公司自身有权处置的权利范围。

在确定该款项并非鼎某公司合法取得的情况下，华某支行继续占有该款项，缺乏正当性。按照一般交易原则，占有货币之人即为货币所有权人，在银行账户内存款，是开立账户人占有货币的形式，银行账户内的款项，其权利人即为开立账户之人。据此，华某支行对鼎某公司账户内款项的来源，并无审查义务，华某支行根据双方合同约定扣划鼎某公司账户内的款项，也并无不当。但在确定该款项并非鼎某公司合法取得的情况下，华某支行应予以返还。因为：(1) 款项汇入鼎某公司账户后，金某公司仍是该笔款项的权利人。虽然货币是种类物，但在本案中，金某公司错汇款项时，鼎某公司账户余额为0，并未出现涉案款项50万元与鼎某公司账户内的其他款项发生混同的情形，该笔款项可以被特定化，款项权利人仍是金某公司。(2) 鼎某公司有对华某支行到期债务未清偿的情形，且被列为多起案件被执行人，其支付能力有限已是既成事实，如果华某支行无须返还而继续保有该笔错误汇款，金某公司将承担鼎某公司不能偿还的风险。而若无金某公司错误汇入该笔存款，华某支行将承担鼎某公司不能偿还该笔款项的风险。从利益衡量的角度，金某公司向鼎某公司汇款并非其真实意思表示，鼎某公司作为无权收款人，其无力还款的风险本应由其债权人即华某支行承担，若金某公司因一时的错误汇款行为，即被转嫁本应由鼎某公司债权人承担的风险，显然有违公平原则。(3) 通过诉讼的方式确定权利人对错汇款项的权利，属个案对权利状态的修复、调整，并不危及货币流通的属性。

鉴于鼎某公司目前经营情况，从资金转移的经济、安全角度考虑，由华某银行将从鼎某公司银行账户扣划的50万元款项直接返还给金某公司为宜。

江苏省无锡市中级人民法院判决：

一、撤销江阴市人民法院（2018）苏 0281 民初 14899 号民事判决；

二、华某支行于本判决发生法律效力之日起十日内返还金某公司 50 万元；

三、驳回金某公司的其他诉讼请求。

【法官后语】

1. 本案不适用货币“占有即所有”的原则。虽然货币属特殊种类物，在一般情况下适用“占有即所有”原则，但本案中金某公司向鼎某公司错汇 50 万元，系通过银行账户转账实现，并非以交付作为“物”的货币实现，鼎某公司事实上并未从金某公司处获得与案涉款项相等价的货币；即使认为账户资金系货币，但在本案中，鼎某公司账户余额一直为 0 元，金某公司错误汇入案涉款项后，该账户除此款及由此产生的结息外，并无其他资金进出该账户，该款并未因为进入鼎某公司的该账户而与其他货币混同，已经特定化。此外，“占有即所有”原则主要基于保护货币国家强制的流通性及社会信赖，但本案中，鼎某公司的账户在华某支行的控制下，账户上资金的价值媒介和流通功能事实上处于锁定状态，并无“占有即所有”原则的适用基础。

2. 华某支行返还不当得利后，并不影响社会货币信用制度，也不是对“占有即所有”制度的彻底否定。占有即所有，是一种权利推定。华某支行基于与鼎某公司之间借款合同的约定扣划后者银行账户上的款项，并无审核该款项实际来源的义务，事实上银行也不可能全面掌握鼎某公司所有业务往来和账户款项来源，要求华某支行审查鼎某公司账户款项来源的合法性超出银行的合理注意义务，对华某银行来说，亦有失公平。对此，应认为华某支行在扣划款项时，确实无审慎审查款项来源是否合法的义务。但是，在事后查明账户金额非合法财产后，仍不返还，即与恶意处分无异。事实上，与现金货币相比，银行账户资金并非国家发行的法定货币，而是银行创造的信用货币，不是法定的债务清偿手段，但在银行账户资金与现金一样发挥着支付、结算、记账和储藏财富的功能时，笔者认同一般情况下直接适用现金货币“占有即所有”原则，但本案有不能适用该原则的例外情形：一是如前文所述，鼎某公司的银行账户被华某支行控制，该账户上资金的价值媒介和流通功能事实上处于锁定状态，鼎某公司并未实际“占有”该款项；二是转账行为已被确定为事实行为，不产生款项权益变更的法律后果。本案系银行账户资金适用“占有即所有”原则的例外，并非一般情形，对货币的高度流通性和社会信赖并不产生不利影响。

编写人：江苏省无锡市中级人民法院　谢伟　韦苇

189　已出让的优先受益权份额附注权利保留的效力及后果

——刘某波诉中某信托公司营业信托案

【案件基本信息】

1. 裁判书字号

北京市朝阳区人民法院朝民（商）初字第13922号民事判决书

2. 案由：营业信托纠纷

3. 当事人

原告：刘某波

被告：中某信托公司

第三人：某银行

【基本案情】

刘某波签署《信托合同》，约定：刘某波取得国元一号信托计划优先受益权150万份，受托人是中某信托公司，保管人是某银行，优先级回购人是某省农业综合开发公司（以下简称农开公司）；委托人对应信托受益权转让后，不再享有上述权利；受益人根据所持有的受益权份额享有受益权等。同日，刘某波向合同约定的账户汇款150万元认购款，1.5万元认购费。至2015年1月，刘某波共分得收益226863.32元，并累计赎回96万份优先收益权份额，尚持有54万份。

同年1月23日，刘某波签署《回购申请》回购优先受益权份额539999份。刘某波在下方空白处手书申明：1. 后续就该信托产品有任何形式的收益分配，保留同等收益补偿的权利；2. 坚持信托公司按5年定期存款利息支付收益；3. 对中某信托公司在订立合同过程中的过失行为和失职行为，保留诉讼等追索权利；4. 对某银行在产品发行过程中的失职或过失，保留诉讼等追索的权利。同年1月26日，中某信托公司委托某银行将回购价款442097.18元汇入刘某波账户。

2014年7月至2015年1月，刘某波与其同期投资者张某等陆续与某银行、中某信托公司进行交涉。首次谈话中，中某信托公司人员表示：目前三个项目可能无法退出，强行退出折损比较大；

投资者有要求书面申请回购的权利；“不是说您签了中某信托就不管您了，这是两方面的事情”；如果签了回购申请，会把本金收回来；如果不签，可能产品变现了，也有可能盈利。张某等提出当时介绍过较好情况、正常情况、最差情况的收益率，现要求收回正常情况下年化13.72%的收益。中某信托公司人员表示：“这个是农开公司的一个预测”；“要求肯定带到，本金要回来，不影响你要后面的”；“我们信托公司不可能给投资者做出任何承诺”；“可以把要求都写下来”等。末次谈话中，中某信托公司也反复劝各投资人先办理回购拿回本金。张某等与某银行联系过程中，某银行人员表示希望大家签署回购函保住本金，后续再协调；回购申请不影响追索剩余的权益等。

【案件焦点】

已出让的优先受益权份额附注权利保留的效力及后果。

【法院裁判要旨】

北京市朝阳区人民法院经审理认为：

一、关于就信托产品后续任何形式的收益分配保留同等收益补偿、按5年定期存款利息计取收益的要求

该约定与《信托合同》规定的回购后果不相符合，因此该附注相当于变更合同的意思表示。从中某信托公司接受刘某波等人在《回购申请》上书写保留意见的前后语境，结合其向优先回购人转达等表述，应认为其是从帮助委托人收回本金、避免后续风险、尽可能维护受托人利益的角度出发，百般劝解后收受，并无实际执行的意思表示，未构成承诺，因此不能认为双方达成变更合同的一致意见。而且，如果一方面选择通过回购取回确定的财产并终止后续风

险，另一方面又要求参与后续收益的分配，既不符合合同中有关回购安排的本意，也有失公平。因此，上述附注只是刘某波单方意见，对中某信托公司不发生合同效力。

二、有关保留追究中某信托公司、某银行失职责任的权利问题

从合同权利转让层面分析，委托人出让受益权份额，追究信托计划延期期间受托人管理责任的权利已归受让人享有。但是，受益权转让之后，新受益人可能并不知晓受托人此前的行为及该行为对出让人权益的影响，也可能难以主张，还可能因无损失或有责任等不主张。从合同救济层面分析，回购是合同约定的信托到期资金未收回使信托计划延期的办法，投资人选择适用该条款即选择继续履行合同。出让人是此前信托合同的相对一方，不排除通过转让受益权不能弥补损失的情形。此外，刘某波提出保留该权利，中某信托公司、某银行均表示同意。因此，刘某波声明保留就回购不能弥补的损失追究责任的权利，既不违反信托法关于委托人权利的立法本意，又有事实和合同法依据。但是，保留诉权的声明不等于确认实体权利成立。仅就损失构成而言，刘某波以预期年化收益率判定损失，没有依据。再者，回购为委托人限制损益范围提供一种安排，不回购则信托期限延长，后续可能有更高收益，也可能损失更大，委托人选择适用该条款，则是自行控制损益的表示。

依照《中华人民共和国信托法》第二十条、第二十二条、第四十八条、第四十九条，《中华人民共和国合同法》第十三条、第二十一条、第七十七条，《中华人民共和国民事诉讼法》第六十四条，《最高人民法院关于适用〈中华人民共和国民事诉讼法〉的解释》第九十条之规定，判决如下：

驳回原告刘某波的全部诉讼请求。

判决后，双方当事人均未上诉，本判决现已生效。

【法官后语】

刘某波对其已转让的受益权份额是否享有受益权和诉权是本案的争议焦点。本案对权利保留的认定进行了多角度的分析，具体而言：

第一，投资者与信托公司对已转让优先受益权保留收益权和诉权是否形成合意。意思自治原则是指合同当事人可以自由选择处理合同争议所适用的法律原则。只要不违反法律强制性规定，就应当充分尊重当事人的意思自治。本案深入阐释了刘某波附注权利保留内容的法律效力，明确本案关键在于当事人是否对附注内容达成合意。涉案《信托合同》明确约定，委托人信托受益权转让后，不再享有合同项下权利。本案结合刘某波在《回购申请书》上书写保留意见的背景及中某信托公司有关转达投资人意见的意思表示，认定中某信托公司未向刘某波承诺保留收益权。而中某信托公司明确承诺了诉权的保留，故刘某波与中某信托公司关于诉权的保留已达成合意。是否形成变更合同约定的合意是本案对收益权、诉权的保留认定不同的原因所在。

第二，保留收益权与诉权的条款是否与合同条款设立的初衷，与信托法关于委托人、受益人权利的立法本意相违背。本案在认定过程中不局限于法律适用，站在更高的维度上探究了合同条款设立的初衷及立法本意，得出收益权的保留不符合回购权转让风险设立的初衷，而诉权的保留与信托法、《信托合同》保障当事人工具性权利的意图相契合，进而得出相应结论。

第三，是否违反公平原则、是否有利于当事人寻求损害救济。

法官在判案过程中应平衡各方的利益，以社会正义、公平的观念来处理当事人之间的纠纷，从而达到法律效果和社会效果的统一。本案中，若转让优先受益权后保留收益权，投资人在转移风险的同时仍享有收益，有违公平原则；若转让优先受益权后诉权的保留不成立，当事人在转让优先受益权难以弥补的损失时无法寻求权利救济，亦有违公平原则。本案从公平原则的角度，提供了判定权利保留是否成立的另一依据。

本案的判案思路兼顾意思自治原则与公平原则，深入探究合同条款的设立初衷和立法本意，并综合考虑了投资者的权益保护，具有借鉴意义。

从长远来看，本案裁判的价值导向有利于实现投资收益与风险的匹配，有利于信托公司等资管机构提升资产管理能力和投资者提升投资能力和风险意识，对于营造良好营商环境具有积极的促进作用。

编写人：北京市朝阳区人民法院　李有光　项丹

190　抵押合同有效但未办理抵押登记的处理

——南宁甲贷款公司诉孙某等小额借款合同案

【案件基本信息】

1. 裁判书字号

广西壮族自治区崇左市中级人民法院（2019）桂14民终3号民事判决书

2. 案由：小额借款合同纠纷

3. 当事人

原告（被上诉人）：南宁甲贷款公司

被告（上诉人）：孙某等

【基本案情】

2015年1月5日，崇左某公司与南宁甲贷款公司签订《贷款合同》，合同约定：崇左某公司向南宁甲贷款公司借款300万元；月利率为1.86%，贷款逾期后除继续按照约定利率计收利息外，还可按约计收罚息；借款期限12个月，即从2015年1月5日至2016年1月4日；借款用于弥补经营产生的流动资金缺口；贷款发放日5日内为首期结息日，180日为一个结息期，采用按结息期结息、到期一次性还本的方式还款；贷款发放至朱某在中国某银行南宁东葛支行开设的账户。

签订《贷款合同》当日，孙某、梁某、孙某某与南宁甲贷款公司签订《抵押合同》，以其位于南宁市某大道××号香百合二期·花样年华某房作为抵押担保，但未办理抵押登记。

签订《贷款合同》当日，孙某、梁某与南宁甲贷款公司签订《保证合同》，由孙某、梁某为崇左某公司的债务提供连带保证担保；保证期限为崇左某公司债务履行期限届满之日起两年。

上述《抵押合同》《保证合同》约定的担保范围均包括《贷款合同》项下的本金及利息、复利以及实现债权的费用。《保证合同》第6.2条约定："无论债权人对主合同项下的债权是否拥有其他担保（包括但不限于保证、抵押、质押、保函、备用信用证等担保方式），不论上述其他担保何时成立、是否有效、债权人是否向其担保人提出权利主张，不论是否有第三方同意承担主合同项下的全部或部分债务，也不论其他担保是否由债务人自己所提供，保证人在本合同项下的担保责任均不因此减免，债权人均可直接要求保证人照本合同约定在其担保范围内承担担保责任，保证人将不提出任何异议。”

孙某、梁某、孙某某与南宁甲贷款公司《抵押合同》第2.1条约定：“乙方（抵押人）担保的范围为主合同项下全部债务，包括但不限于全部本金、利息（包括复利和罚息）、违约金、赔偿金、债务人应向甲方（南宁甲贷款公司）支付的其他款项、甲方实现债权与担保权利而发生的费用（包括但不限于诉讼费、仲裁费、财产保全费、差旅费、执行费、评估费、拍卖费、公证费、送达费、公告费、律师费等）。”第7.2条约定：“本合同《抵押物清单》记载的抵押物价值为暂定价值，无论是否记载于登记机关的登记簿，均不表明抵押物的最终价值，其最终价值为甲方处分抵押物所得价款在扣除各项税费后的净额。”第11.2条约定：“为了办理抵押登记，登记机关可能要求双方约定担保债权额，而约定的担保债权额可能小于本合同2.1约定的担保范围，双方在此特别约定：虽然合同附件或合同签订条款约定了担保债务债权额，但乙方担保的范围仍然以本合同2.1的约定为准。”该《抵押合同》将《抵押物清单（房产）》作为附件，《抵押物清单（房产）》载明抵押价值为55万元，担保债权额为50万元。

2015年2月5日，南宁甲贷款公司向朱某在中国某银行南宁东葛支行开设的账户发放贷款300万元。贷款发放后，被告向原告支付了利息共计232800元。2017年6月21日，原告向被告崇左某公司、朱某催收款项，但无果。

另查明，南宁甲贷款公司的控股股东是金融投资公司，孙某是金融投资公司崇左办事处的副总经理，包括本案贷款在内的辖区内的贷款事宜需要经过其审批。

【案件焦点】

原告主张对孙某、梁某、孙某某的共有房产享有抵押权是否有事实和法律依据。

【法院裁判要旨】

广西壮族自治区崇左市江州区人民法院经审理认为：孙某、梁某与原告签订《保证合同》，为崇左某公司300万元借款提供连带保证担保，并在《保证合同》中约定保证期间为主债务履行期限届满之日起两年。《贷款合同》约定贷款期限至2016年1月4日，原告于2017年12月25日提起诉讼，并未超过保证期限。根据《中华人民共和国担保法》第十八条第二款的规定："连带责任保证的债务人在主合同规定的债务履行期届满没有履行债务的，债权人可以要求债务人履行债务，也可以要求保证人在其保证范围内承担保证责任。"原告主张被告孙某、梁某对崇左某公司的借款本息承担连带清偿责任，有事实和法律依据，予以支持。

关于孙某某是否应当承担本案连带清偿责任的问题。根据鉴定结论显示，《抵押合同》中"孙某某"的签名及捺印不是孙某某所为。但基于以下三点事实：《抵押合同》所约定用于抵押的南宁市某大道××号香百合二期·花样年华某房是孙某、梁某、孙某某共同购买，孙某某的签名捺印属于其父母孙某、梁某真实意思的表现，孙某作为南宁甲贷款公司的管理人员清楚抵押担保的法律后果；根据《中华人民共和国合同法》第四十九条"行为人没有代理权、超越代理权或者代理权终止后以被代理人名义订立合同，相对人有理由相信行为人有代理权的，该代理行为有效”的规定，法院认为，南宁甲贷款公司有理由相信《抵押合同》中“孙某某”的签名及捺印确实是孙某某所为，可以依照《抵押合同》向孙某某主张相应的责任。孙某、梁某、孙某某以其名下共有的房产与南宁甲公司签订《抵押合同》，说明双方达成了以房产为崇左某公司的借款提供担保的合意，抵押合同成立；但由于抵押权属于物权性质，须经登记才产生物权效力，而办理抵押登记应由抵押权人和抵押人共同申请，本案抵押权未设立系双方均未履行义务所致，双方对此均有责任；法院确定双方当事人对抵押权未设立所造成的、原来由南宁市某大道××号香百合二期·花样年华某房屋担保的这一部分债权变成无担保的这一后果，各自应承担 50%的责任，即基于《抵押合同》，孙某、梁某、孙某某应以上述房产 50%的价值为限对崇左某公司的债务承担连带清偿责任。但孙某、梁某与南宁甲贷款公司另行签订了《保证合同》，因此孙某、梁某的连带清偿责任并不以上述房产价值为限。

广西壮族自治区崇左市江州区人民法院依照《中华人民共和国合同法》第一百九十六条、第二百零六条，《中华人民共和国担保法》第十八条，《中华人民共和国物权法》第一百七十六条、第一百九十五条，《中华人民共和国民事诉讼法》第一百四十四条规定，判决如下：

一、被告崇左某公司偿还原告南宁甲贷款公司借款本金 300 万元并支付利息（利息以 300 万元为基数，按照月利率 1.86%从 2016 年 1 月 5 日起计算至清偿之日止）；

二、被告孙某、梁某对被告崇左某公司的上述债务承担连带清偿责任；

三、被告孙某某以南宁市某大道××号香百合二期·花样年华某房屋50%的价值为限对被告崇左某公司的债务承担连带清偿责任。

孙某、梁某、孙某某不服一审判决，提起上诉。广西壮族自治区崇左市中级人民法院同意一审法院裁判意见。依照《中华人民共和国民事诉讼法》第一百七十条第一款第一项，判决如下：

驳回上诉，维持原判。

【法官后语】

《中华人民共和国民法典》第四百条规定，设立抵押权，当事人应当采用书面形式订立抵押合同。本案中，梁某代孙某某签名的行为视为梁某代理孙某某所为，综合考虑梁某、孙某、孙某某三者间的身份关系及孙某某的个人经济能力，确认梁某的代理行为有效，说明合同的双方已达成用房产为借款提供担保的合意，抵押合同的生效仅以其符合合同生效的要件为准，未办理抵押登记不影响抵押合同的效力。故孙某、梁某、梁某代孙某某签名与南宁甲贷款公司签订的抵押合同有效。抵押权作为担保物权，须办理抵押登记才产生物权效力。而办理抵押登记须抵押人与抵押权人共同向登记部门申请，本案的抵押权未设立系双方均未履行义务所致。原来有南宁市某大道××号香百合二期·花样年华某房屋担保的这一部分债权变成无担保的这一后果，由签订抵押合同的双方各承担50%的责任，即基于《抵押合同》，孙某、梁某、孙某某应以上述房产50%的价值为限对崇左某公司的债务承担连带清偿责任。

对抵押物未能进行登记导致债权变成无优先受偿的后果。民法典第三百八十八条规定，设立担保物权，应当依照本法和其他法律的规定订立担保合同。担保合同包括抵押合同、质押合同和其他具有担保功能的合同。担保合同是主债权债务合同的从合同。主债权债务合同无效的，担保合同无效，但是法律另有规定的除外。担保合同被确认无效后，债务人、担保人、债权人有过错的，应当根据其过错各自承担相应的民事责任。该条文所规定的是担保合同无效的情况下，债务人、担保人、债权人以其过错责任承担相应的民事责任。民法典中对抵押合同有效但抵押权未设立的情况如何分担民事责任并未有明确规定。笔者认为，对债权人而言，物权担保相对于保证担保本更有保障，抵押权未设立但根据双方签订抵押合同的本意及目的，是要求抵押人就债务人的债务进行担保，如仅因抵押权未设立而免除抵押人的担保责任，对债权人不利，也未能达到双方签订抵押合同的目的。故对抵押权未设立的情况下可参照上述第三百八十八条的规定采用过错责任，即对未能订立抵押登记的后果由签订抵押合同双方各承担50%的责任。抵押合同原则上仅在抵押权人与抵押人之间产生债权债务关系，抵押权人得以请求抵押人为其办理抵押登记等使抵押权得以成立的行为。若抵押人不按约定或抵押权人不要求履行抵押登记的，则构成违约行为。双方签订抵押合同的目的是债权人为保证债权的实现而要求债务人提供担保，债务人的抵押担保责任以所约定的担保物的价值为限，不动产的抵押登记须双方共同履行各自义务而实现，如若任何一方未履行己方义务，则导致抵押权未能登记，根据双方的过错各承担50%的责任并以抵押物50%的价值对担保债务承担连带清偿责任则体现公平原则。

编写人：广西壮族自治区崇左市江州区人民法院　黄洁

191 具有欺诈性的股票交易行为依法不受保护

——陈某武诉李某、紫某公司股票交易案

【案件基本信息】

1. 裁判书字号

湖北省通山县人民法院（2019）鄂 1224 民初 1220 号民事裁定书

2. 案由：股票交易纠纷

3. 当事人

原告：陈某武

被告：李某、紫某公司

【基本案情】

2017 年 9 月下旬，陈某武的一位微信好友推荐其购买李某所持游戏公司的股票。在上述交易过程中，陈某武与李某、紫某公司均未见面洽谈，陈某武对李某的身份也未核实。紫某公司通过陈某武微信好友谈好转让条款后，将其拟好的《股票转让协议》从福州寄到通山交由陈某武签字，协议约定 14000 股以 25 元/股的价格转让给陈某武，并承诺交割期为“紫某股份”转增股本后 30 个工作日内，通过全国中小企业股份转让系统交易给陈某武。紫某公司作为游戏公司的母公司承诺游戏公司 2017 年度净利润未达到 4000 万元时，保证回购陈某武的股票并按 10%年化率补偿损失。陈某武于 2017 年 9 月 25 日通过中国某银行通山营业部的个人账户向紫某公司的账户付款 35 万元。陈某武于 2018 年 6 月查询

到游戏公司2017年度报告中累计营业收入才6400万元，与承诺时的净利润4000万元存在差别。后陈某武与李某、紫某公司均无法联系，上述交易股票亦未办理任何交割手续，《股票交易协议》中仅盖有“李某”的印章。2019年5月20日，陈某武以李某、紫某公司明知游戏公司2017年度不可能实现4000万元净利润，并利用其对游戏公司掌握的信息不熟悉，恶意串通对其实施欺诈行为，导致其向被告紫某公司账户转账35万元，造成损失为由，诉至法院。

湖北省通山县人民法院受理后，在通知李某、紫某公司应诉审查过程中，发现紫某公司为游戏公司的控股股东，李某系游戏公司的个人股东之一。李某已于2017年7月27日将其在游戏公司（股票上市简称紫某股份，证券代码：832900）中全部股份25万股，以25元/股价格卖出，共计获得625万元。从2017年7月31日起，李某在游戏公司中再无股份，而紫某公司却在2017年9月，擅自以李某名义与陈某武进行游戏公司的股票交易，并直接收取了陈某武支付的股票交易款35万元。

【案件焦点】

1. 紫某公司是否具有非法占有的目的，即是否涉嫌经济犯罪；2. 本案应如何处理。

【法院裁判要旨】

湖北省通山县人民法院经审理认为：紫某公司作为游戏公司的控股股东，明知李某于2017年9月前已不再持有游戏公司的股票，擅自以李某名义与陈某武进行游戏公司的股票交易，并直接收取了陈某武支付的股票交易款35万元，具有非法占有的目的，已涉嫌经济犯罪，即本案不属于经济纠纷。依照《最高人民法院关于在审理经济纠纷案件中涉及经济犯罪嫌疑若干问题的规定》第十一条“人民法院作为经济纠纷受理的案件，经审理认为不属经济纠纷案件而有经济犯罪嫌疑的，应当裁定驳回起诉，将有关材料移送公安机关或检察机关”之规定，本案应裁定驳回起诉，并将涉嫌经济犯罪的线索、材料移送公安机关。

为此，湖北省通山县人民法院依照《中华人民共和国民事诉讼法》第一百一十九条第四项、第一百五十四条第一款第三项和《最高人民法院关于在审理经济纠纷案件中涉及经济犯罪嫌疑若干问题的规定》第十一条的规定，作出如下裁定：

驳回陈某武的起诉。

同时，另将本案涉嫌经济犯罪的线索、材料移送至湖北省通山县公安局。

判决后，双方当事人均未上诉，本判决现已生效。

【法官后语】

随着市场经济发展，越来越多的企业奔着上海证券、深圳证券和中小企业板上市。但是有的在中小企业板上市的企业并没有上海证券、深圳证券管理的企业更加规范。本案中在中小企业板上市的紫某公司，就存在这方面的问题。在上市前，其母公司紫某公司并没有法律风险防范具体规范，公司的股东和法人代表变更频繁。在本案的诉讼中，承办法官深入实地，即案涉母、子公司的注册地，居然是人去楼空，或者根本没有在所谓的注册地注册登记，亦未办理迁址变更登记。因为财务管理上的不规范，在子公司游戏公司成功在中小企业板上市不久，其个人股东之一李某就利用了该上市公司财务管理不规范的漏洞，即并没有上市公司股东在公司上市多长时间内不得抛售所持公司股份的禁止性规定。李某就利用了这一点，将其所持有的该上市公司25万原始股（1元/股），在公司上市不久，按当时的挂牌交易价25元/股，委托中小企业板管理人一次性予以抛售，获得625万元的高额回报。紫某公司作为该上市公司的母公司及控股公司，只能眼睁睁地看着李某“一夜暴富”。为了平衡局面（因为还有几十位其他个人股东），以及发泄不满，竟然虚构了按25元/股价格，代李某转让已实际不存在的该上市公司的25万股股份。本案中所转让的14000股，仅是其中的一小部分。本案法官为了寻找到紫某公司，到其公司注册地所在地辖区法院进行了解，得知其辖区法院已经受理了同类案件8起，已判决了7起，均系公告送达；另外湖南省还有1起，已作调解处理。而李某作为被告，在所有的结案文书中均不承担责任。因为李某在答辩中声明他的股份早已不存在，也从未参与这类转让行为。

根据案情，紫某公司以虚构的事实，代为转让他人（即李某）不存在的案涉公司股份，并自行收取转让费，数额达35万元，具有非法占有的目的，已涉嫌经济犯罪。其他法院对李某陈述的早已抛售了所持该上市公司股份的事实，未去中小企业板进行调查核实，以民事类结案，是司法理念不同所致。

本案的典型意义，就在于刑民交叉案件，法官如何把握审判尺度的问题。本案法官侧重于刑事打击，考量的是，紫某公司涉嫌经济犯罪，不能放纵，所诈骗的财产应通过刑事追赃程序处理，而非民事返还给付。这样的司法价值衡量，符合《最高人民法院关于在审理经济纠纷案件中涉及经济犯罪嫌疑若干问题的规定》第十一条“人民法院作为经济纠纷受理的案件，经审理认为不属经济纠纷案件而有经济犯罪嫌疑的，应当裁定驳回起诉，将有关材料移送公安机关或检察机关”的规定。

本案原告陈某武被欺诈成功，由其不审查李某股份的真实性，不理会紫某公司是否有权代为转让李某股份的确定性，以及寻找资金出路想搭乘上市公司“富贵”之车的资本性混合所致。这一教训，也值得总结。

编写人：湖北省通山县人民法院　冷绪昌

ISBN 978-7-5216-2988-0

9 787521 629880 >

图书在版编目（CIP）数据

金融纠纷裁判规则理解与适用 / 国家法官学院，最高人民法院司法案例研究院编 .—北京：中国法制出版社，2023. 3

（中国法院年度案例集成丛书）

ISBN 978-7-5216-2988-0

Ⅰ. ①金… Ⅱ. ①国…②最… Ⅲ. ①金融-经济纠纷-审判-案例-中国 Ⅳ. ①D922. 280. 5

中国版本图书馆 CIP 数据核字（2022）第 193741 号

责任编辑：李小草　韩璐玮（hanluwei666@163. com）
责任编辑：王　熹　　　　封面设计：李　宁

金融纠纷裁判规则理解与适用

JINRONG JIUFEN CAIPAN GUIZE LIJIE YU SHIYONG

编者/国家法官学院　最高人民法院司法案例研究院
经销/新华书店
印刷/三河市紫恒印装有限公司
开本/880 毫米×1230 毫米　32 开　　印张/ 33. 5　字数/ 695 千
版次/2023 年 3 月第 1 版　　2023 年 3 月第 1 次印刷

中国法制出版社出版
书号 ISBN 978-7-5216-2988-0　　定价：169. 00 元

北京市西城区西便门西里甲 16 号西便门办公区
邮政编码：100053　　传真：010-63141600
网址：http：//www.zgfzs.com　　**编辑部电话：010-63141833**
市场营销部电话：010-63141612　　**印务部电话：010-63141606**

（如有印装质量问题，请与本社印务部联系。）